C. G. Jung

榮格論
心理類型

本書作者／編者

——卡爾‧榮格（Carl G. Jung, 1875-1961）

　　瑞士精神病學家、心理學家，分析心理學（Analytische Psychologie）始祖。一八七五年生於瑞士凱斯韋爾（Kesswil），二十歲開始在巴塞爾大學（Universität Basel）學醫，並旁聽法律和哲學課程，一九〇〇至〇九年，於蘇黎世大學（Universität Zürich）的附設醫院繼續其學業和研究工作，一九〇五至一三年，擔任蘇黎世大學的講師，一九三三至四三年，於蘇黎世聯邦理工學院（ETH Zürich）與巴塞爾大學授課，一九四八年，榮格於蘇黎世邦的庫斯納赫特（Küsnacht）創立榮格學院（C. G. Jung-Institut Zürich），作為分析心理學的人才培育與研究中心，一九六一年逝於當地。

　　榮格和精神分析學家佛洛伊德（Sigmund Freud, 1856-1939）與個體心理學家阿德勒（Alfred Adler, 1870-1937）同為現代深層心理學（Tiefenpsychologie）的先驅。一九一三年，他與亦師亦父且為工作伙伴的佛洛伊德決裂之後，開創了自己的學說「分析心理學」。

　　榮格一生著作等身，尤以一九二一年出版的《心理類型》（Psychologische Typen）最為重要，並讓其名揚國際，多次遠赴英美等地交流其學說。在書中，他闡述了人類特定的心理類型結構與心理運作方式，以促使人們能更了解自己和他人，並多次親自編修，以期讓內容更臻完善。在最後修訂的第八版裡，末章新增了「本質我」（Selbst／self）這個詞條，這是因為榮格後來決定採用「本質我」，以區隔他在先前的版本中所使用的「自我」（Ich／ego）。由於「本質我」在榮格思想中意義重大，所以榮格認為，有必要在該章中讓它單獨成為一個詞條，並清楚界定它的意義。

　　本書正文後附有四篇榮格的論文。第一篇論文〈關於心理類型的問題〉（Zur Frage der psychologischen Typen）是他在一九一三年參加於德國慕尼黑（München）舉行的精神分析學會議的演講稿，內容極富啟發性，通常被視為他在撰寫本書前對「心理類型」的初步研究。其餘的三篇論文同樣以「心

理類型」為主題，有的內容具有總結性質，有的則屬於補充性質。

　　《心理類型》曾多次再版，顯見人們對此始終抱有濃厚的興趣，榮格當年在書中率先提出的一些心理學概念，現在多已應用於人們的日常生活中。榮格學問淵博，不僅在精神病學和心理學界備受尊崇，其思想對人類學、考古學、文學、哲學和宗教研究等領域的影響亦極為深遠。

本書譯者

—— 莊仲黎

　　一九六九年生，女，德國漢堡大學民族學碩士、博士候選人。目前從事英、德語譯介工作，譯筆簡明流暢、清晰易讀，譯有《心理韌性訓練》、《怎麼有人研究這個？》、《看懂了！超簡單有趣的現代藝術指南》、《讀書別靠意志力：風靡德國的邏輯K書法》、《守護者的凝視：八個不放棄生命的動人故事》、《達爾文密碼》、《香料之王：胡椒的世界史與美味料理》、《七天學會用哲學思考》、《帶著兩隻大象翻越阿爾卑斯山》、《德意志領導：足球場的哲學家 —— 勒夫，德國足球金盃路》、《柏林：歐洲灰姑娘的重生與蛻變》、《想像之城：與二十三位經典人物穿越柏林五百年》、《德國文化關鍵詞：從德意志到德國的 64 個核心概念》等書。

譯序

　　「內向」？「外向」？這兩個早已融入中文日常用語的詞彙，就是由瑞士心理學大師榮格率先在他的名著《心理類型》裡提出的。這本著作是他辭去國際精神分析學會主席的職務、和佛洛伊德正式決裂後，經過七年的醞釀才出版的第一部論著，其中的內容已被視為榮格理論體系的主要構成部分之一。

　　榮格認為，每個人都擁有兩種機制，即心理能量流向內在主體的內傾機制（即內向）以及心理能量流向外在客體的外傾機制（即外向），而且只有當內傾或外傾機制在個體裡占有優勢地位時，才會形成內傾型或外傾型。此外，他還提出分別由思考、情感、感知、直覺這四大基本心理功能居於優勢地位的四種類型，即思考型、情感型、感知型和直覺型。這四種功能類型會跟內傾型或外傾型結合在一起，而組合成八種心理類型。全球最著名的性格測驗之一 MBTI 性格分類法的十六種性格類型，就是以榮格這八種心理類型為基礎而發展出來的。

　　本書《心理類型》的原文篇幅長達五百多頁，但是，與八種心理類型直接相關的論述卻不到兩百頁，這是因為，榮格一直到第十章才真正進入正題，至於前面九章的內容則是榮格對於心理類型的思想醞釀過程的呈現，所以，大多屬於相關的西方思想史和文化史的回顧。本書附錄裡還有四篇論文，榮格曾坦言，第一篇是他早期想法尚未成熟的、未定稿的報告，而其餘三篇則是榮格對於心理類型理論的總結、補充和申論。

　　榮格在本書裡所使用的「原始人」和「野蠻人」這些字眼，現在看來實在頗為刺眼，而且充滿種族歧視的意味。他所引用的民族誌資料不僅大部分未交代出處，而且全未經過民族學家和人類學家實地的田野調查，盡是一些

根據西方人士的海外報導所撰寫的民族學、或非民族學著作的內容。他所接受的進化論及歐洲中心主義的觀點——人類的社會都在進化的過程裡,都從野蠻蒙昧的初始階段逐步往更美好的文明社會發展,而歐洲文明則是這個進化過程的最高發展階段——雖盛行於當時,卻已在二戰後不敵尊重文化多元性與少數民族的普世價值而被揚棄。還有,他把所謂的原始人和心智發展未成熟的孩童及心理不健全的精神病患等同視之,而且還深信,原始人慣於混淆主觀和客觀,而他們的「神祕參與」就是本身的主體無法清楚地區別於外在客體的現象等等,都是以未獲證明的、充滿偏見的假說,解讀「落後的」部落文化的結果。總之,上述的種種都是我們當今在閱讀榮格的心理學著作時,所應該給予的民族學和人類學的批判。

儘管如此,我們仍不得不佩服榮格這位心理學大師,對於人類社會和人性的深刻洞察,以及那些頗具警世意味的生活智慧:在本書第二章第一節〈席勒的《美育書簡》〉裡,他曾表示:「這些個體在文化要求的催促下,會特別發展資質中特別有利於生存的、可被造就的功能。……除此之外,那些被忽略的劣勢功能——正如我曾指出的——其實往往藏有許多較高的個人價值,對於集體生活而言,它們雖然意義不大,但對於個人生活來說,卻具有最重要的意義,而且還能展現生命的價值。這些生命價值能為個體帶來生命的豐富與美好,不過,它們並不存在於個體的集體功能裡。已分化的心理功能雖能使個體獲得集體存在的機會,卻無法為個體創造生命的滿足與喜悅,畢竟能賦予個體這些的,只有個體價值的發展。個體價值的缺乏經常使人們陷入深刻的失落感,因為,人們只要遠離了個體價值,就會出現內在的分裂。」大師的這番話是否讓我們警覺到,我們可能因為我們所身處的、以外傾為典範的社會,而使得我們的普遍態度過度定向於外在世界,從而喪失了本身的個體性?

此外,榮格在提出各種不同的心理類型的同時,還不忘提醒我們,應該意識到自己所屬類型的局限性,並尊重和包容他人與自己在類型上的差異性。在第八章第二節〈詹姆斯類型學特有的二元對立〉裡,榮格曾指出:

「這個無關緊要的『人性紀實』（document humain）在我看來，卻是一個很有價值的證據，因為，它證明了這兩種類型之間確實存在著令人困惑的差異性。或許我在此對這兩種類型在情感上的不相容性的強調，顯得有些小題大做，但是，許許多多的經驗卻讓我深信，正是這種隱藏於意識背後的負面情感有時會歪曲人們最理智的判斷，阻礙人們對於人事物的理解，從而帶給人們不利的影響。」在書末的結語裡，他還說道：「我一直深信，個人認可與自己不同的態度類型的存在，並承認自己在某種程度上會受限於本身的類型、以致於無法完全理解他人觀點的這個事實，才是平息人際之間因為觀點不同而引發的爭端的基礎。如果人們無法認可這種頗具挑戰性的要求，就必然會扭曲他人的觀點。正如法庭上彼此針鋒相對的雙方必須放棄直接的暴力、而把本身的要求交付給法律和法官的公正性一樣，凡是意識到本身受限於自己所屬的心理類型的個體，也必須懂得克制自己不去謾罵、猜疑和貶損對方。」

　　大陸出版界曾兩次翻譯榮格的《心理類型》，其中一個版本還由臺北的桂冠圖書公司轉成繁體字印行出版。四位大陸譯者都很優秀，但由於他們間接從英譯本轉譯成中文，所以，誤譯情況相當嚴重，全書高達百分之九十的段落都出現輕重不一的錯誤，因此，這兩個簡體版的譯本已無法再使用。這不啻意味著，榮格的《心理類型》這本論著已出版近一百年，但中文讀者至今卻還遲遲無法確實得知其中的內容。本書前兩次的中譯之所以會出現嚴重的翻譯錯誤，主要是因為由英譯本間接轉譯的緣故。由於英文的結構性和犀利度都不如德文，德文書籍在轉譯為英文後，語意會變得比較模糊，致使譯者更難以掌握德文作者的原意。由此可見，思想類的德文書籍不宜間接透過英譯本進行中譯，畢竟這類書籍的言理推論前後環環相扣，遣詞措句相當精細，往往差之毫釐失之千里，的確需要特別講究翻譯的準確度。

　　除此之外，英譯本若有誤譯之處，譯者再轉介成中文時，如果無法對照德文原文而發現其中的錯誤，便只能照單全收，而把這些錯誤的英譯再繼續傳遞給中文讀者。本人在譯介本書時，曾參考 H. G. Baynes 和 B. C. Cantab

的英譯本。以下是我從這個英文版本裡舉出的兩個相當明顯的誤譯的例子：

一、在本書第五章〈詩歌作品的類型問題〉裡，即原著第 272 頁第 11 和 12 行 Ich selbst muß Sonne sein, ich muß mit meinen Strahlen/Das farbenlose Meer der ganzen Gottheit malen（我本身一定是太陽，我必定用自己所綻放的光芒，／為整體神性的那片暗淡無光的海洋著上色彩。）被英譯為 To illuminate my God/The sunshine I must be;/My beams must radiate/His calm and boundless sea.（為增添我主上帝的榮光／我一定是陽光／我的光芒必定綻放在／祂那片風平浪靜的、無邊無涯的海洋；請參照相關英譯本第 318 頁第 1 至 4 行）。中文讀者只要對照這兩段詩的中譯，便知道英文譯文已偏離了德文的原意。

二、在本書第七章〈美學的類型問題〉裡，即原著第 312 頁第 20 行 durch Annäherung an abstrakte Formen（藉由採用抽象形式的方法）被英譯為 within the sphere of abstract form（在抽象形式的範圍裡；請參照相關英譯本第 364 頁第 17 和 18 行），但其實它應該被英譯為 through the approach of abstract forms。光是這個介系詞片語的翻譯，就出現三個錯誤。

德語和英語雖同屬日耳曼語系，語言的親緣關係頗為密切，而且彼此還有很多對等詞彙，不過，這兩個語言也有許多一詞多義的詞語，即使對等詞彙的第一義最常在譯介時被採用，但有時從上下文的脈絡看來，卻應該採用第二義或第三義，如果譯者此時仍習慣性地採用第一義，就會出現誤譯的情形。此外，有些德文的表達會脫離字面直接的意思而取其引申義，在這種情況下，如果譯者只依照字面的意思而直接譯為英文，也會產生翻譯的錯誤。這些都是英譯本所出現的問題，在此不再一一舉例說明。

榮格在《心理類型》裡所表達的心理學思想具有一定的深度，所使用的將近四十種瑞士德語和舊式德語的用法，也與現代標準德語有所出入，不過，榮格的德文原文在語意上卻是清楚明確的。為了增進讀者對於內容的了

解，本人在處理內文許多段落的翻譯時，已將代名詞還原成相關的名詞，以進一步提高譯文的清晰度，同時考慮到有些深度心理學的概念頗為近似，為了避免讀者混淆，有時還會重複引用原文，以方便讀者對於內容的理解和掌握。此外，榮格在本書第一、二章的一些段落裡直接引用法文的部分，乃由法語譯者許淳涵小姐協助翻譯，在這裡本人要特地向她表示內心的感謝。

現代人的生活壓力較大，心理健康已是不容忽視的課題。榮格心理學對於心理諮商及心理治療至關重要，榮格原典中譯工程的推動確實有其必要性和迫切性，這項使命就有待出版界以及德語譯界同仁共同努力！

譯者 莊仲黎
二〇一七年初秋於臺北

目錄

第十一章 定義

抽象化（Abstraktion）· 情緒（Affekt）· 情緒性（Affektivität）· 阿尼瑪／阿尼姆斯（Anima／Animus）· 統覺（Apperzeption）· 古老的原始性（Archaismus）· 原型（Archetypus）· 同化（Assimilation）· 意識（Bewußtsein）· 意象（Bild）· 思考（Denken）· 分化（Differenzierung）· 異化（Dissimilation）· 移情作用（Einfühlung）· 態度（Einstellung）· 情緒（Emotion）· 感知（Empfindung）· 反向轉化（Enantiodromie）· 外傾（Extraversion）· 情感（Fühlen）· 功能（Funktion）· 思維（Gedanke）· 情感（Gefühl）· 自我（Ich）· 觀念（Idee）· 認同（Identifikation）· 同一性（Identität）· 想像（Imagination）· 個體性（Individualität）· 個體化（Individuation）· 個體（Individuum）· 智識（Intellekt）· 內向投射（Introjektion）· 內傾（Introversion）· 直覺（Intuition）· 非理性（Irrational）· 集體性（Kollektiv）· 補償（Kompensation）· 具體化（Konkretismus）· 建構（Konstruktiv）· 力比多（Libido）· 權力情結（Machtkomplex）· 劣勢功能（Minderwertige Funktion）· 客觀層面（Objektstufe）· 定向（Orientierung）·「神祕參與」（*Participation mystique*）· 人格面具（Persona）· 幻想（Phantasie）· 投射（Projektion）· 心理（Psyche）· 理性（Rational）· 還原（Reduktiv）· 心靈（Seele）· 心靈意象（Seelenbild）· 本質我（Selbst）· 主觀層面（Subjektstufe）· 象徵（Symbol）· 綜合（Synthetisch）· 超越功能（Transzendente Funktion）· 驅力（Trieb）· 類型（Typus）· 無意識（Unbewußte）· 意志（Wille）

第七版自序

　　與前一版相較，這份新版雖然未做更改，但這並不表示，《心理類型》已不需要在內容方面有所增添、補充及改進。尤其是本書對於心理類型的描述仍顯不足，這方面的確有待加強和充實。此外，本書自從一九二一年出版以來，心理學界便陸續針對本人的心理類型學提出相關的探討，因此，本人相當期待能有學者發表一份論文來回顧並總結這些論述。本書目前的篇幅幾乎過長，如果沒有迫切的需要，應該儘量避免再擴增內容，況且在心理類型學的諸多元素未獲得真正了解之前，把相關的問題複雜化並沒有什麼實質的意義。

　　那些批判我所提出的心理類型的人經常犯下相同的錯誤：他們總是誤以為，本書所談論的心理類型是我本人憑空臆想出來的，而且我一定還把它們強行套用在某些實證資料上。對於這樣的觀點，我必須在此強調，我所提出的心理類型學其實是我長年從事心理治療所歸納出的結論，而在學院從事教學研究的心理學家根本無法獲得這種臨床經驗。我在職場的主要角色是開業的精神科醫師與心理治療師，我所有的心理學論述全都來自平日棘手的診療經驗。因此，我在本書所撰寫的內容全部來自我本人治療精神病患的臨床經驗，而且還經過上百次的證實，當然，也只有治療精神異常者的專業人士，才有機會取得並了解這些醫療經驗。一些心理學的門外漢往往會提出一些奇怪的論斷，來質疑我的心理類型學，或甚至認為，我的理論充其量只不過是我在不受打擾的、恬靜的書齋裡自行構想出的思維產物。雖然，這樣的無知不該受到責備，不過，我卻也必須質疑，他們是否有能力提出恰當的批判。

卡爾・榮格

一九三七年九月

第八版自序

　　大致上，這個新版本的內容沒有出現什麼更動，只不過，之前的版本有許多細節上早該處理的小錯誤，現在終於在這個版本裡有所訂正。連帶地，主文後面的索引也一併重新處理。

　　如此瑣碎的文字工作既麻煩又費事，所以，本人在此要特地向蕾娜‧胡薇茲—愛思納小姐（Frau Lena Hurwitz-Eisner）致上由衷的謝忱。

卡爾‧榮格

一九四九年六月

初版自序

　　這本書是我從事臨床心理學將近二十年的工作心得。其中的思想是逐漸成形的，它們一部分來自我個人在治療精神疾病方面所獲得的、以及與各個社會階層人士互動時所形成的無數的印象和經驗，另一部分則來自我個人後來和朋友以及對手的討論和爭論，最後還有一部分來自我本人對於自己的心理特質的批判。

　　我希望以歷史學和心理學術語的角度，把我從經驗所抽象而出的思想與既有的知識連結起來，而不是列舉許多個案來增加讀者的閱讀負擔。我這麼做，並不是因為我的論述需要某種歷史的正當性，而是希望我能把自己身為精神醫學專家的經驗，從狹隘的專業領域帶入比較普遍的知識脈絡當中。如此一來，連受過高等教育的非心理學專業人士也可以在這種知識脈絡裡，運用這些來自心理學專業領域的經驗。如果我自己不確信，這本書所呈現的心理學觀點具有普遍的意義與應用性——所以，最好能在普遍的知識脈絡裡，而不是在原來的專業假設的形式裡作處理——我其實不敢把這些心理學觀點與既有的知識銜接在一起，因為，人們會很容易誤以為，這是在侵犯其他的領域。為了符合我撰寫本書的目的，我把自己的探討圈限在幾位與本書處理的問題有關的作家的思想裡，所以，不會呈現一切與我們的問題有關的內容，畢竟這樣的研究規模已超出我的能力好幾倍。如果完全撇開這一點不談，即使所完成的相關資料與意見的索引已近乎完備，但是，這些資料的蒐集與整理卻對於這些問題的研究和發展沒有全面而徹底的貢獻。所以，為了讓自己儘可能地專注於一些主題，我毫無遺憾地捨棄了許多這幾年我所蒐集的資料。

　　在大量未採用的資料中，有一份很珍貴的檔案曾讓我受益匪淺，也就是我和我的巴賽爾朋友 H・史密特博士（Dr. med. H. Schmid）彼此針對類型問

題的切磋而留下的一大批信件。我非常感謝這樣的意見交流讓我的觀念得以釐清，我後來還把其中許多內容——其呈現的形式當然已有所改變，且已經過多次修改——寫進這本書裡。基本上，這些在書信往返中所進行的討論就相當於撰寫本書的準備工作，但是，把這些內容直接收錄在本書裡，卻可能造成讀者更多的困惑，而不是理解。不過，如果不是這位朋友的付出，我實在無法完成本書，所以，我要在這裡衷心地表達我對他的感謝。

卡爾·榮格
一九二〇年春於庫斯納赫特 / 蘇黎世

導論

　　柏拉圖和亞里斯多德！他們不僅代表兩個思想體系，還體現了人類性情的兩種不同的類型。自遠古以來，這兩種類型無論在哪個時期或哪個地區，都或多或少互有敵意而彼此對立。這種衝突仍持續至今，不過，以整個中世紀時期最為激烈，當時的衝突還成為基督教會史最重要的內容。人們經常談到柏拉圖和亞里斯多德，雖然這些談論主要聚焦在其他的人物上。屬於熱情的、神祕的、柏拉圖式性情的人從情感的深處揭示了基督教的觀念與相關的象徵。屬於務實的、條理分明的、亞里斯多德式性情的人則從基督教的觀念與象徵中，建立了一個穩固的思想體系、一種教義學以及一套敬拜儀式。基督教會終究包含了這兩種性情的人，其中一種性情的人大多在教會裡任職，而另一種性情則的人則隱身於修道院，不過，他們仍持續不斷地相互攻擊。

──德國詩人海涅（Heinrich Heine）《德意志論》（*Deutschland*）第一卷

　　身為精神科醫師，我在診治精神病患的臨床工作裡早已發現，人類的心理除了個體的差異之外，還存在著**類型的區分**。首先，我注意到**兩種心理類型**，我把它們稱為「內傾型」（Introversionstypus）和「外傾型」（Extraversionstypus）。

　　當我們在觀察人們的生命歷程時，我們會看到，某些人的命運比較受到他們所關注的客體的支配，而另一些人的命運則比較受制於他們自己的內在以及他們的主體。由於我們所有的人都或多或少偏向這一方或那一方，所以，我們會自然而然習於站在自己所屬類型的角度來理解一切。

　　為了避免造成讀者的誤解，我想先在這裡討論一種情況。這種情況當然會嚴重困擾我嘗試對這兩種類型所進行的一般性描述，所以，我如果期待自己的論述能獲得正確的理解，就必須先假設，讀者已對我懷有高度的肯定。如果每位讀者都知道，自己屬於哪一種類型，情況就比較簡單，畢竟要確定人們屬於哪個類型並不是一件容易的事，尤其是那些本身已出現問題的人。人們對於本身的人格（Persönlichkeit）的判斷往往相當模糊，這是因為每一種顯著的類型都同時具有**補償（Kompensation）本身類型的片面性的特殊傾向**，因此，主觀的判斷往往含糊不清。不過，從生物學的角度來看，這種補

償的傾向卻是合理的,因為,人類需要維持心靈(Seele)[1]的平衡。由於經由補償作用所形成的次要性格(sekundärer Charakter)或次要類型(sekundärer Typ)會模糊化個體的心理類型,所以,人們會傾向於否定類型的存在,而只相信個體的差異。

為了替我在後面所表述的內容的某種特性進行辯解,我必須先強調我在研究心理類型時,所碰到的困難:呈現這兩種類型最簡單的方法似乎就是描述並同時剖析它們的具體情況。由於每個人都擁有兩種機制,即外傾與內傾的機制,只有當某一機制比另一機制占有相對的優勢時,才足以形成一個類型。但為了讓類型浮現出必要的圖像,人們必須進行高度修飾,而修飾過的類型圖像便或多或少變成一種無傷大雅的欺騙。此外,人類的心理反應是如此複雜,我的敘述能力幾乎無法完全正確地反映它的面貌,這又是另一個困難。因此,在迫不得已的情況下,我必須把論述局限於一些已從大量觀察到的個別事實抽象而出的原則的闡明。這些論述與「先驗演繹」(deductio a priori)無關——儘管從表面看來似乎是如此——,而是對於有經驗依據的洞察所進行的演繹推理的說明。我希望,這些關於心理類型的洞察有助於處理分析心理學和其他學術領域的困境,尤其是那些在人際關係裡已出現、而且還不斷出現的誤解和衝突。這些洞察還告訴我們,為什麼兩種不同類型的存在早已是人們所熟知的事實,它們或以這種形式、或以那種形式顯現出來,不僅人情練達的人,就連搔首苦思的思想家也會注意到它們的存在。或如大文豪歌德的例子:他曾經藉由直覺而發現兩種普遍的原則,即「心臟的收縮」(Systole)和「心臟的舒張」(Diastole)。[2]

人們透過名稱和概念來理解內傾和外傾的機制,這些名稱和概念儘管極其不同,卻能各自適應各個觀察者的各種觀點。外傾機制就是對於外在客體的關注,而內傾機制則是外傾的反向翻轉,也就是對於主體以及主體的心理

1　譯註:關於榮格對「心理」(Psyche)和「心靈」(Seele)兩個概念的區分,請參照第十一章〈定義〉裡的「心靈」這個詞條。

2　譯註:歌德在他的代表劇作《浮士德》第一部的開頭,便透過主人翁浮士德在兩種對反的狀態中不斷地流轉,來表達自己的二元對立觀。

過程的關注。在前一種情況裡，客體宛如磁鐵般地影響著主體的傾向，它會強力地吸引和制約主體，讓主體出現自我疏離，而且還大幅改變主體的性質，好讓主體主動地迎合它。這麼一來，人們就會認為，客體對主體而言，具有更重要的、甚至是關鍵性的意義，因為，客體是絕對的支配者，是生命和命運的特殊意義，所以，主體會毫無保留地把自己交給客體。後一種情況則相反：主體是、而且仍然是一切關注的中心，所有的生命能量最終似乎都流向主體，因此，往往阻礙了客體取得強勢的影響力。此時，能量似乎從客體流出，而主體就好比一塊想吸住客體的磁鐵一般。

以易於理解和清晰的方式，來描述這種主體與客體的對立關係的特性，並不是一件容易的事。因為，這樣的嘗試會面臨高度的危險，所提出的論述也會充滿矛盾，最終只會帶來更多的困惑，而不是清晰的理解。極為普遍的是，人們會把內傾的觀點說成自我和主觀的心理過程無論如何都凌駕於客體和客觀的心理過程之上，或至少在面對客體時，總是力圖維護自身。因此，內傾的態度（Einstellung）[3] 賦予主體的價值會高於客體，換句話說，客體所得到的價值總是比較低，只具有次要意義，有時甚至只作為主觀內容的外在和客觀的表徵。比方說，客體會作為某種思想的體現，但主角卻還是思想本身；或者，客體會成為情感的對象，但重要的卻是情感的經歷，而不是擁有實在個體性的客體。反之，外傾的觀點會使主體從屬於客體，客體便因此而獲得了高度的價值。此時，主體只具有次要意義，主觀的心理過程有時只表現為客觀事件的多餘的附屬物、以及帶來干擾的附屬物。顯然地，由這兩種對立的觀點共同衍生出的心理勢必會裂解為兩種完全不同的心理定向（Orientierung）；其中一種定向會根據自己的看法來看待一切的人事物，而另一種定向則是根據客觀發生的種種。

外傾和內傾這兩種相反的態度主要代表著兩種相反的機制：外傾機制往外捕捉客體，就類似心臟向外的舒張，內傾機制收回傾注於外在客體的能量，就類似心臟向內的收縮，而且每個人都以這兩種機制來呈現本身自然的

3　　譯註：請參照本書第十一章〈定義〉裡的「態度」這個詞條。

生命節奏。歌德不僅使用心臟跳動的收縮與舒張這兩個生理學概念表達了這種生命的節奏，同時還認為，兩種與心臟的收縮和舒張相仿的、彼此交替出現的心理活動方式也符合了人類正常的生命發展。不過，這種有規律的心理活動卻難以不受那些構成生活的複雜的外在條件，以及可能更複雜的個人心理氣質（Disposition）的條件的干擾。外在的狀況和內在的氣質往往有利於某一種機制，但同時也限制或阻礙了另一種機制，因此，某一種機制便自然而然地取得優勢地位。如果這種狀態長期如此，就會形成固定的**心理類型**，也就是一種持續受到某一機制所支配的習慣性態度。這種強勢的機制當然無法完全壓制弱勢的機制，畢竟弱勢機制也屬於必要的心理活動。因此，我們可以從這一點知道，純粹的心理類型——也就是單單擁有一種機制、而另一種機制已完全萎縮的類型——絕對不可能存在。一種類型的態度充其量只意味著某一機制占於相對的優勢。

隨著心理的內傾和外傾的發現，人們才有機會在心理層面上把個體區別為兩個龐大的群組。不過，這種分類的本質卻是膚淺而籠統的，因此，我們只能約略地進行區分。如果我們更詳細地研究這兩種心理類型，就會發現，屬於同一類型的個體之間，也存在著不小的差異。因此，我們必須繼續探索，屬於相同類型的個體之間存在哪些差異。根據我的診療經驗，若要大致劃分個體的類型，其實不應該只依據內傾與外傾這兩種普遍性差異，還應該參考人類的各種基本心理功能。因為，外在的狀況和個人的心理氣質不僅可以讓外傾機制取得優勢，也可以讓某種基本心理功能占有支配地位。依照我的經驗，人類的基本心理功能從實際和本質來說，可以被區分為「思考」（Denken）、「情感」（Fühlen）、「感知」（Empfinden）[4] 和「直覺」（Intuieren）這四種。如果其中某種心理功能持續居於主導地位，個體便屬於以該功能作為優勢功能（mehrwertige Funktion）的心理類型。因此，除了這四種基本心理功能以外，還存在著與其相應的四種心理類型，即「思考型」、「情感型」、「感知型」（Empfindungstypus）[5] 和「直覺型」，而且

4　譯註：請參照本書第十一章〈定義〉裡的「感知」這個詞條。

5　譯註：在所有關於榮格心理學的中文書籍裡，Empfindungstypus 不是被譯為「感覺型」，就是被

誠如我在前面所敘述的，個體對於客體會採取不同的態度，所以，**這四種類型都會出現內傾化或外傾化。**

我從前曾寫過兩份關於心理類型的未定稿的報告，由於我當時的想法尚未成熟，所以，沒有論述這裡所提到的心理類型的劃分，而是錯謬地把思考型等同於內傾型，把情感型等同於外傾型。[6] 其實，只要人們深入探究心理類型的問題，就會發覺，這種等同根本站不住腳。為了避免再次引起誤解，我在此要懇切地請求讀者，務必切記我在本書裡所區分的心理類型。此外，為了保證如此複雜的論述可以達到絕對必要的清晰度，我還特地在本書的最後一章，逐一定義了我所使用的心理學概念。

譯為「感官型」，本書譯者則將其譯為「感知型」，理由如下：由於「感覺」這個中文詞語比較接近日常德語裡的 Fühlen（即英文的 feel），但在榮格所使用的心理學詞彙裡，Fühlen 卻應該中譯為「情感」，也就是另一種基本心理功能，因此，把 Empfindungstypus 譯為「感覺型」，很容易造成讀者在觀念上的混淆。至於把 Empfindungstypus 譯為「感官型」，也有不妥之處，因為，作為四大基本心理功能之一的 Empfinden 雖然主要依賴於客體的感官知覺，但仍有一部分依賴於主體的主觀感知，因此，把 Empfindungstypus 譯為「感官型」只涵蓋了 Empfinden 的「具體感知」（或感官感知），卻忽略了所謂的「抽象感知」，也就是出現在藝術家身上的那種較高度發展的「審美感知」。

6　*Zur Frage der psychologischen Typen*｛Paragr. 858-882 dieses Bandes｝. *Die Psychologie der unbewußten Prozesse*, p. 58 (Neuausgabe: *Über die Psychologie des Unbewußten*｛GW VII｝).

第一章

古希臘羅馬時期與中世紀思想史的類型問題

第一節　古希臘羅馬時期的心理學：特圖良與奧利金

　　人類自有史以來，便有心理學的存在，然而，客觀心理學的出現卻是晚近的事。早期的心理學曾出現這樣的現象：心理學的主觀內容如果增加，它的客觀性就會隨之降低。歐洲古代雖充斥著許多心理學的著作，但其中只有少數能稱得上客觀心理學的論著，這種現象大多可歸因於古希臘羅馬時期與中世紀的人際關係的特性。或許我們可以這麼說，古希臘羅馬時期的生活習慣和法律環境在在都透露著，人們當時幾乎只會從生物性的角度來評斷他人；到了中世紀時期，人們對於他人的評斷已具有形而上的性質——如果人們可以表達價值判斷的話——而這種包含價值的論斷則來自基督教所強調的人類靈魂的永恆價值。儘管中世紀對人的評價已具有對於個人的尊重，能平衡古希臘羅馬人在價值觀上的偏頗，不過，這種形而上的評判卻跟古希臘羅馬時期對人的生物性評判一樣，仍不足以作為客觀心理學的唯一基礎。

　　仍有不少人認為，應該把心理學視為一門具有絕對正確性的學科。目前大多數的人都還相信，客觀心理學應該以實際的觀察和經驗材料作為主要的根據。當然，這樣的研究基礎如果可以獲得，那肯定是再好不過了！然而，學術研究（Wissenschaft）的目的與理想卻不在於儘可能精確地描述事實，畢竟它無法與現代的錄影、錄音技術匹敵。只有當學術研究有能力提出精簡表達現象多樣性、一貫掌握事物演變過程的原理原則時，才能達成它的宗旨與目的。令人遺憾的是，學術研究雖然具有普遍的、已被證實的有效性，但研究者對於可被經驗的研究對象的觀點卻逐漸淪為研究者主觀心理狀態的產物。由此可見，學術理論與概念的形成其實含有許多個人的偶然性。

　　在這個世界上，不只存在著心理物理學的方程式（psychophysische Gleichung），還存在著個人的心理學方程式（persönliche psychologische Gleichung）。我們的肉眼雖然可以看見顏色，卻無法看到顯現顏色的光波長度，沒有人比心理學家更重視這個眾所周知的事實。個人方程式（persönliche Gleichung）早在研究者從事觀察時，便已開始產生作用：由於

人們會看到，自己最容易看到的東西，所以，人們首先會看到弟兄的眼中有刺。無疑地，弟兄的眼中確實有刺，但人們自己的眼裡也有梁木，[1]因此，個人的察看行為在某種程度上往往會受到阻礙。我本人並不信任所謂的客觀心理學所倡導的「純觀察」的研究準則，除非研究者的觀察僅限於盯住測時器、瞬間顯示器以及其他的「心理學」研究儀器。我認為，過度依賴觀察方法的研究者其實無法從心理學的經驗事實裡，獲取豐碩的研究成果。

研究者在報告或採用觀察資料時，個人的心理學方程式甚至還發揮了更大的作用，但是，他們卻絕口不提自己如何理解、如何將這些經驗材料形塑成概念的過程。所幸的是，沒有一門學科會像心理學這樣，把觀察者和研究者必須恰當處理他們的研究對象視為絕對必要的基本要求。這種作法不啻意味著，觀察者和研究者必須有能力進行全方位的觀察，不得顧此失彼。至於絕對客觀的觀察根本無法做到，研究人員的觀察只要不**過於**主觀，就已經相當不錯了！如果研究者主觀的觀點與觀察能與研究對象的客觀事實相符合，這也只是表示，該觀點的有效性僅及於與研究對象有關的範圍，並不具有普遍的有效性。如果人們發現，每當自己眼中有梁木時，就會看到弟兄的眼中有刺，這種情況並不表示，自己眼中的梁木可以證明弟兄眼中沒有刺。令人遺憾的是，人們在意識到自己眼中的梁木所造成的視覺阻礙時，很可能會進一步得出一個輕率的、自認為具有普遍性的原理：所有弟兄眼中的刺，都是自己眼中的梁木。

被觀察者的心理會因為觀察主體的不同，而出現各種不同的樣貌。因此，承認並謹記知識的主觀局限性——尤其是心理學知識的主觀局限性——是進行正確的學術判斷的基本條件。只有當觀察者（知識的生產者）充分了解自己的人格類型與概貌時，這個條件才會獲得滿足。而且，只有在觀察者已大幅擺脫穩固的集體觀點的影響，並因此而清晰地領會自身的個體性之

1　譯註：這句話的典故出自《新約聖經》的〈馬太福音〉第七章第三及第四節：「為什麼看見你弟兄眼中有刺，卻不想自己眼中有梁木呢。你自己眼中有梁木，怎能對你弟兄說，容我去掉你眼中的刺呢。」此外，〈路加福音〉第六章第四十一及第四十二節也提到：「為什麼看見你弟兄眼中有刺，卻不想自己眼中有梁木呢。你不見自己眼中有梁木，怎能對你弟兄說，容我去掉你眼中的刺呢。」

後，他才有機會充分認識自己。

我們愈往回追溯歷史，便愈能發現，人類個體的人格特質已被群體的集體性淹沒而消失無形。如果我們繼續回溯時光而來到人類的原始時代，我們就會察覺到，一些與個體有關的概念根本不存在，換句話說，存在的不是個體性，而是集體的關聯性或「神祕參與」（participation mystique）[2]。由於具有集體態度（Kollektiveinstellung）的個體只存在投射性的思考和感覺，這種集體態度便因此阻礙了隨主體的不同而有所差異的個體心理所進行的認識與評估。在人類的思想史與文化史上，「個體」（Individuum）這個概念的形成是比較晚近的發展成果。因此，我們毋須訝異，從前那種強勢無比的集體態度使得人們完全無法對於個體差異進行客觀的心理評估，這種情況就如同人們嘗試讓個體的心理過程達到學術的客觀化一般。由於人類的先民缺乏個體的獨立思考，他們的知識便被「心理化」，也就是充滿著心理的投射（projizieren），一些初民社會的世界觀就是很貼切的例子。隨著人類社會的個體性的發展以及由此而來的心理分化（psychologische Differenzierung），客觀知識的去心理化（Entpsychologisierung）才逐漸發生。

以上的討論或許可以說明，為何在古希臘羅馬時代所流傳下來的諸多史料中，客觀心理學可以使用的研究資料竟然少之又少。古希臘醫學曾把人劃分為四種性情（Temperamente），由於這些性情幾乎是心理暨生理之綜合體（psycho-physiologische Komplexionen）[3]，因此，這樣的區分幾乎與本書所討論的心理類型無關。儘管古希臘羅馬時期的相關研究資料相當缺乏，但這並不表示，我們無法在這個時期的思想史中，發現一些受到質疑的心理類型對立的效應所留下的軌跡。

混雜基督教教義、波斯神祕宗教與希臘哲學思想的諾斯底教派（Gnosis）是基督教早期的異端派別。諾斯底主義把人分為三等，它們大致上與人類的三個基本心理功能相符，即「思考」、「情感」和「感知」。知

2　LÉVY-BRUHL, *Les fonctions mentales dans les societies inférieures.*

3　譯註：古希臘醫學家曾根據人體的四種體液—即血液、黏液、黃膽汁和黑膽汁—在體內的比例而把人區別為多血質、黏液質、黃膽質和黑膽質這四種性情類型。

識豐富的屬靈人（Pneumatiker）的思考功能特別發達；屬魂人（Psychiker）深受情感的影響；屬體人（Hyliker）則受到感知的左右。由於諾斯底教派在基督教界向來堅持知識的價值，因此，把偏重情感的屬魂人置於思考發達的屬靈人之下，完全符合該教派的精神。但是，主流的基督教會所宣揚的信仰與愛的準則卻排斥知識：依照基督教的價值觀，只因為擁有知識而顯得卓爾出群的屬靈人，其實是比較沒有價值的人。

基督教界一開始便長期對旁支的諾斯底教派展開具有殺傷力的鬥爭。當我們在觀察這場鬥爭時，不妨想想人們在心理類型上的差異。早期的基督教會以務實為主要路線，智識型的人如果順從本身的戰鬥驅力而與基督教的衛道人士展開論戰，通常無法承擔失敗的風險，畢竟當時基督教的信仰準則已日趨嚴格，無法允許教會內部出現具有自主性的宗教運動。這些基督教的信條相當缺乏正面的知識內容，寥寥可數的思維雖然很有價值，卻會阻礙人們的思考。在基督教界所倡導的智識的犧牲（sacrificium intellectus）之下，智識型的人往往比情感型的人受到更大的打擊。然而，從現今西方的思想發展來看，該教派大部分的知識內容不僅沒有因為外部的排擠而喪失價值，反而還變得更重要，而且這些知識對於當時教會內部的智識型的人確實具有極大的吸引力，幾乎與俗世的誘惑不相上下。當時亦被視為異端的幻影派（Doketen）甚至還聲稱，耶穌基督不過是幻影，並沒有真正的肉身，祂在世為人所承受苦難的種種全是假象。幻影派的這項宣稱也讓純粹的思維成分遠比含有人性的情感成分受到更多的矚目。

正統的基督教界為捍衛教義而對諾斯底教派發動激烈的鬥爭，活躍於第二世紀末葉的基督教神學家特圖良（Tertullian, 150-230）與奧利金（Origenes, 185-254）大概是其中最鮮明的兩位衛道人士。他們不僅是基督教早期教父（Väter der Kirche）[4]，本身還是非常精彩的人物。二十世紀初期的奧地利哲學家沃夫岡・舒茲（Wolfgang Schultz, 1881-1936）曾在他的著作中談論這兩位古羅馬時期的神學家：

4　譯註：基督教早期教父就是基督教會早期重要的神學作家和宣教師。

　　一個生物體幾乎毫不停歇地吸收食物的營養素，並使它們化為身體的一部分，而另一個生物體則在激烈的抗拒下，幾乎不停地把營養素排出體外。特圖良和奧利金對於諾斯底教派，就是採取這種全然相反的態度。這兩位人物對於該教派的回應不只凸顯了本身以及本身的世界觀，在當時的精神生活與宗教潮流裡，如此截然不同的回應對於諾斯底教派的立場而言，還具有關鍵性的意義。[5]

　　特圖良大約是在西元一六〇年出生於北非腓尼基城邦迦太基（現在的突尼斯）。這位基督教早期的著名神學家起先並未信仰基督教，直到三十五歲那一年，才受洗成為基督徒，結束了從前在迦太基城那種聲色犬馬的生活，甚至後來還榮升為該城的主教。特圖良勤於撰文立說，他的人格特質——我們最關注的部分——也在這些豐富的著述中顯著地表露出來。最明顯的是，他本身帶有一種獨特而高貴的熱情、如火焰般的、富於激情的特質，以及在宗教見解上所表現出的深刻的內向性。他會為了維護一個自己已認識的真理，而變得既狂熱又主觀，對於不同的意見毫不寬容。他是一位冷酷無情、不把對手徹底毀滅決不罷休的鬥爭者，好鬥的性情幾乎無人能及。他在使用語言這把閃閃發亮的寶劍時，既純熟又殘酷。他是沿用一千多年的拉丁文教會用語的創始人，而且曾為草創時期的基督教會建立了一套神學術語。「當他已採取某個觀點時，便宛如受到一批地獄大軍的鞭策，會不計一切後果地表述該觀點，即使正當性早已不站在他這邊，而且所有理性的秩序已在他的面前崩塌下來。」[6]

　　思考的熱情會讓特圖良的態度變得極其強硬，而讓他本身和原本打算奉獻心力的事物愈來愈疏離。同樣地，他在倫理方面也顯得苛刻而嚴厲。他要求苦難與犧牲，而不是逃離它們，以尋得生活的安逸。他不允許再婚，而且女人必須以頭巾蒙頭。他曾用毫不留情的狂熱態度對付諾斯底教派，雖然該教派跟他同樣熱中於思考與知識，而且他們的哲學與學說在內容上其實分歧

5　*Dokumente der Gnosis*, p. XXIX.

6　l. c., p. XXV.

不大。他認為人的理性是有限的，若要突破這個限制，就需要信仰的指引。世人至今仍普遍認為，「因為荒謬，所以相信」（Credo quia absurdum est.）這句拉丁文名言應該是這位神學家對於基督教信仰的表白。不過，根據歷史的考證，這句格言應該與他無關，他其實只曾寫下：「上帝的兒子死了，這絕對是可信的，因為這件事很荒謬。祂從墳墓中復活，這是確實的，因為這不可能發生。」[7]

由於特圖良的腦筋相當敏銳，早已看出諾斯底教派和一些哲學流派在理論學說上的貧乏，因此，鄙夷地否定了它們。他以自己內在世界的見證、以及一些符合自身信仰的內在事實為依據，並把這些內在事實擴充成一些彼此相關的神學概念。直到今天，特圖良所建立的這些神學概念仍然是天主教思想系統的根基。特圖良認為，這些非理性的內在事實的本質基本上充滿生命的動能，它們就是基督教會對抗凡俗世界以及理性的學術知識和哲學的原則與基礎。以下是我引自特圖良著作中的一段話：

我呼喚一個新的見證，或更確切地說，一個比任何一部重要的著作更令人熟悉的見證，比任何一個理論體系更頻繁被討論的見證，比任何一份出版品更廣為傳播的見證。它比整個人類更偉大，因為，它讓整個人類得以形成。所以，請靠近這個見證，我的靈魂！倘若你是某種神聖和永恆的東西──就像某些哲學家所相信的那樣──你就比較不會撒謊。倘若你根本不是什麼神聖的東西，而終究會死亡──正如古希臘哲學家伊比鳩魯所獨自主張的那樣──你就更不可以撒謊。不論你是從天而降或出生於人間，不論你是由數字或原子所組成，不論你的存在開始於肉體誕生的那一刻，或隨後才進入肉體，不論你來自何方，不論你多麼頻繁地把人們變成現在這個的樣子，也就是能夠察覺和認識的理性存在體。然而，我的靈魂，我卻沒有呼喚那個在學校接受教育、對圖書館裡的一切瞭如指掌、在高等學府和雅典式的列柱大廳裡用餐飽食，以及宣告智慧的你！哦，不，我的靈魂！我想交談的

7　TERTULLIAN, *De carne Christi* 5.

對象，就是那個純樸的、未受教育的、遲鈍笨拙的、沒有經驗的，除了自己之外一無所有的你！那個彷彿剛從巷弄、從街角、從作坊走來的你！我所需要的，正是你的無知。[8]

　　虔誠的特圖良遵從基督教會所提倡的智識的犧牲，等於是在自我殘害。這讓他毫無保留地認可非理性的內在事實，並以此作為自己的基督教信仰的真正基礎。由於他的內心體驗到信仰歷程的必要性，於是便寫下了「人類靈魂的本質是基督徒」（anima naturaliter christiana）這句相當重要的基督教格言。他認為，哲學以及其他的知識學問終將因為智識的犧牲而衰落，諾斯底教派也會因此而走投無路。特圖良的著述內容後來隨著人生的發展而愈來愈尖銳。當基督教界愈來愈受迫於情勢，而必須容忍廣大的信眾一些不合教義與教規的行為時，不願隨波逐流的他便決定與主流的基督教會決裂，轉而跟隨當時銳意改革教會風氣的腓尼基先知孟他努（Montanus），而成為孟他努教派的一員。孟他努強調屬靈的體驗，要求信徒必須展現出絕對拒絕世界的態度，過著超凡脫俗的信仰生活。後來特圖良還撰寫宣傳冊，發動教義的論戰，並激烈地攻擊羅馬教宗加里斯都一世（Calixtus I.），而致使本身所屬的孟他努教派在基督教界愈來愈邊緣化。兩百年後，即羅馬帝國末期，出身於北非、曾在迦太基求學的神學家奧古斯丁（Augustin, 354-430）曾在著作中提到，前輩神學家特圖良後來因不滿孟他努學說而退出該教派，並自行另立宗派。

　　特圖良可以說是內傾思考型的典型代表。他那斐然可觀的、極度敏銳的思考力還伴隨著明顯的感官性（Sinnlichkeit）。不過，**歸信基督教**卻讓他在心理發展過程上付出高昂的代價，因為，他必須切除自己身上最有價值的器官，即智識（Intellekt），同時還必須放棄智識所賦予他的透徹的理解力，甚至他的智識後來還接受了一些具有神話色彩的思維，比如上帝之子**犧牲受難**的偉大的典範性象徵。當他走在基督教所倡導的犧牲智識的道路上時，便已

8　SCHULTZ, *Dokumente der Gnosis*, p. XXVf.

自絕於純粹理性的心理發展之外，因此，他必須承認，心靈深處的非理性動能（irrationale Dynamis）就是他的本性所在。特圖良當然會厭惡諾斯底教派的思維成分，也就是對人類心靈深處充滿生命動能的現象進行智識方面的利用，因為，他為了認可宗教的情感原則，早就已經排除了這條智識的路線。

另一位基督教早期教父奧利金則是與特圖良徹底相反的人物。奧利金約在西元一八五年出生於埃及繁華的港都亞歷山卓城。他的父親因改宗基督教，違反了羅馬帝國的法律，最終殉道身亡。他個人則在非常特殊的氛圍中成長，畢竟亞歷山卓城向來就是東、西方文化和思想的交匯之地。求知欲旺盛的他在亞歷山卓城接觸並學習到十分豐富的知識和思想，諸如基督教、猶太教以及希臘和埃及文化。他全盤接受了這一切，而且還曾在一所教導基督教教義的學校擔任導師。奧利金過世之後，不信仰基督教的新柏拉圖學派哲學家波菲利（Porphyrius, 234-305）——即新柏拉圖主義之父普羅提諾（Plotins, 204-270）的門生——還曾這麼談論他：奧利金的外在生活雖然過得很像基督徒，但卻不合乎基督教的律法。這位基督教教父對於事物和神祇的觀點已經希臘化，因此，他會把希臘民族的觀念強加於非希臘民族的神話上。[9]

早在二十六歲——即西元二一一年——之前，奧利金便已自我閹割，人們雖然可以更細膩地猜測他的動機，但這方面其實已無相關的史料可供考證。他的口才很好，擅於藉由說話來打動人心，發揮龐大的影響力。他經常被學生和一群崇拜他、等著記錄他珍貴的談話的速記員圍繞著。他還是一位相當多產的神學作家，而且經常外出遠行，在各地展開精采的講學活動。他曾親自在土耳其南部的港都安提阿（Antiochia）為羅馬帝國皇帝的岳母講授基督教神學，曾在以色列的古城凱撒利亞（Caesarea）擔任一所學校的校長，也曾因頻繁的長途旅行而必須多次中斷講學活動。他本身非常博學多聞，具有仔細探究事物的驚人能力。他曾費心尋找聖經的手稿，因此，對於聖經的文本批評有卓越的貢獻。「他是一位偉大的學者，是早期基督教會中

9　l. c., p. XXII.

唯一真正的學者。」活躍於十九、二十世紀之交的德國神學家暨基督教史學家阿道夫・馮・哈那克（Adolf von Harnack, 1851-1930）曾這麼評論奧利金。奧利金不僅不排斥諾斯底主義的影響，甚至還以和緩的方式把它引入基督教會裡，這個作法就跟特圖良完全相反。不論其成效如何，至少這是他努力的目標。沒錯，就他的思維和基本觀點而言，他本身就是所謂的「基督教界的諾斯底主義者」。馮・哈那克曾用下面這段頗具心理學意義的文字敘述奧利金對於**信仰**和**知識**所抱持的立場：

> 信仰者與求知者都一樣，他們都需要聖經：前者從聖經中取得他們所需要的信仰事實與戒律，後者則從聖經中解讀出一些宗教思想，並從這些思想裡獲得可以體驗上帝的愛與觀點的力量。換言之，一切的物質性可以藉由宗教的解釋（以比喻方式作解釋，也就是詮釋學）而轉化成一個思想的宇宙。沒錯！所有的一切終究會因為信仰的提升而被超越，被當成過往的階段而被拋在後方，獨獨只有上帝所創造的人類靈魂對於這位造物者的那種喜樂而平靜的關係會存留下來（愛與異象；amor et visio）。[10]

　　與特圖良不同的是，奧利金的神學在本質上是哲學，而且還與新柏拉圖哲學的理論架構完全契合。在他的著作中，希臘哲學、諾斯底主義以及主流的基督教思想彼此和諧地交融著。然而，這種明智的高度寬容與公正性卻讓奧利金最終難逃被教會公開譴責的命運。晚年的奧利金因為羅馬帝國皇帝德西屋斯（Decius, 201-251）迫害基督徒而遭拷打，不久便因為禁不起刑求的折磨而撒手人寰。基督教會對於奧利金的譴責則發生在他亡故之後：西元三九九年，羅馬教宗阿納斯塔修斯一世（Anastasius I., 430-518）公開對奧利金發表譴責。五四三年，拜占庭帝國的查士丁尼大帝（Justinian I., 483-565）召開一場關於教義與教規的宗教會議（Synode），貶斥奧利金的「異端邪說」，並在後來舉行的高階神職人員的宗教會議（Konzilien）中對奧利金

10　無法找到這段引言的出處。

「不當的」神學理論正式提出評判。

奧利金是外傾型的典型代表。他的心理主要定向於外在客體，因此，他會認真地考慮客觀事實及其相關條件。他的外傾還顯現在最高原則的陳述裡，比如基督教對於上帝的愛與異象的闡述裡。基督教的發展過程在奧利金身上碰上了他所屬的外傾類型。與客體的關係就是這種心理類型原本的基礎，而且這種與外在客體的關係一向都以象徵的方式顯現在個體的性欲中，因此，某些心理學理論會把人類所有重要的心靈功能 (Seelenfunktionen) 都歸結為性欲。在這個脈絡下，只有閹割生殖器才能讓個人恰當地表達自己對於最有價值的心理功能的犧牲。不論是特圖良的智識的犧牲，或是奧利金的陽具犧牲（sacrificium phalli），毀棄絕對是基督教的特徵。因為，該教的信仰過程會要求信徒徹底斷絕與客體的感官性聯繫，更確切地說，信徒必須犧牲自己向來最重視的心理功能、最貴重的物品以及最強烈的驅力。從生物學的角度來看，這種犧牲是為了約束信徒，但在心理學上，這種犧牲卻是為了消除信徒舊有的連結，以便為他們的精神注入新的發展可能性。

內傾思考型的特圖良改宗基督教後，便摒棄**智識**，因為，知識曾是他與世俗最堅實的連結。此外，他還攻擊諾斯底教派，因為，該派對他而言，正是一條通往智識的歧途，更何況智識還能駕馭感官性。這些事實還讓我們發現，諾斯底教派其實存在兩大派系，內部並未團結一致：其中一派的諾斯底教徒追求極致的精神生活，而另一派卻迷失在行為的反常、放蕩和淫穢當中，會肆無忌憚地做出令人相當厭惡的變態和無恥的行為。換句話說，他們一部分是嚴謹的克制者，而另一部分則是秩序與法律的違反者。後者計有尼古拉派（Nicolaiten）、阿康提派（Archontiker）和柏柏利派（Borborianer），他們通常會犯下過失，而且還根據他們所宣稱的某些事理，刻意讓自己耽溺於毫無節制的縱欲中。在諾斯底教派裡，看起來立場完全相反的派別彼此能多親近？關於這一點，其實只要看看阿康提派就知道了：阿康提派是諾斯底教派的一個分支，後來分裂為節制派與放縱派，而且他們還各自依照自己的邏輯，堅定不移地貫徹自己的觀點。如果人們想知道，曾被大膽實踐的唯智主義（Intellektualismus）在倫理上意謂著什麼，不妨研究一下諾斯底教徒的生活

史，然後就會明白，為什麼主流的基督教界會主張智識的犧牲。當時那些奉行犧牲智識的基督徒也同樣堅定不移地維護，並在生活中力行自己所構想出的主張，其中還不乏一些荒謬的言論與行為。

外傾型的奧利金則透過自閹來放棄自己與世間的**感官性連結**。對他而言，具有威脅性的東西顯然不是智識，而是連繫於客體的情感和感知。因此，割下自己的生殖器可以讓他從諾斯底主義所帶有的感官性中解放出來，從而毫無畏懼地沉浸在豐富的諾斯底主義的思想中。特圖良則與奧利金相反，他以放棄智識來排斥該教派，並藉此獲得了奧利金所缺乏的深刻的宗教情感。對此，哲學家舒茲曾表示：

> 特圖良用最深刻的情感體驗自己所表達的每一句話，他不會像奧利金那樣受到理智（Verstand）的引導，而是順從自己的內心。所以，就情感的處理而言，特圖良比奧利金出色。然而，曾身為最積極的思考者的特圖良後來卻幾乎棄絕了知識，而且還把對付諾斯底教派的鬥爭擴大為反對人類思考的鬥爭。所以，就理智的處理而言，特圖良就不如奧利金了！[11]

我們在這裡可以看到，信徒在信仰基督教的過程中，原本的心理類型已發生徹底的轉變：特圖良從一個敏銳的思考者變成一位偏重情感的人，而情感型的奧利金則變成一名學者，並自陷於思考當中。如果我們顛倒這件事的邏輯而聲稱，特圖良向來是個偏重情感的人，而奧利金骨子裡本來就屬於智識型，這當然是一件很容易的事。不過，心理類型的不同畢竟不是環境造成的，而是與生俱來的，即使我們撇開這個事實不談，而採取相反的觀點來看待這種轉變，那麼，我們還是無法解釋，為何特圖良會把諾斯底教派的思想視為最危險的敵人？為何奧利金會把性欲當作自己最大的威脅？人們或許可以這麼說，他們兩人可能當時沒有搞清楚狀況；或許人們還可以因此而認為，這就是造成這兩個人物不幸的人生結局的原由；或許人們還會認為，這

11　*Dokumente der Gnosis*, p. XXVII.

兩位神學家並沒有為了信仰而犧牲生命中最重要的東西，而只是犧牲了比較不重要的東西，似乎只是用買賣母牛的方式來跟命運討價還價。其實，這個觀點的原則具有值得認可的有效性：在原始社會中，不也有這種滑頭鬼，他們到神像前祭拜時，把一隻黑母雞夾在腋下，但卻對神像說：「看，我要把這隻漂亮的黑豬獻給祢！」話說回來，我本人倒認為，這種貶抑人物的解釋方式雖然可以讓普通的老百姓因為看到大人物受到鄙夷而心情變得輕鬆起來，但這種方式卻不一定是正確的，即使它的出發點具有濃厚的「生物學」色彩。以上是我們對於早期基督教會的兩位著名的神學家的了解，在這裡我們還必須強調，他們兩位的整體作風是認真而嚴肅的，他們歸信基督教既沒有欺瞞也沒有朦騙世人，而是真心虔誠地信仰這個宗教。

當我們在討論這兩位神學家的個案時，如果可以注意到他們天生的驅力方向（Triebrichtung）的中斷——肇因於信仰基督教後所出現的自我犧牲的過程——在心理學上的意義，那麼，我們就不會誤入歧途而迷失了自己：也就是清楚地認識到，個人的心理類型的大翻轉意味著個人已轉向另一個態度。同時我們也可以知道，驅使這種類型翻轉的動機來自何處，還有，「人類靈魂的本質是基督徒」這個特圖良的主張有多少正確性。天生的驅力方向就跟所有的自然現象一樣，都適用最小作用量原理（Prinzip des kleinsten Kraftmaßes）——也就是以最簡便有效的方法來產生作用——只是每個人天性不一，再加上父母的作風和環境狀況的不同，個人對於最初的、童年時期的外在環境的適應也會採取不一樣的方式：有的人會比較矜持審慎，有的人就比較能設身處地替別人著想。各種不同的心理類型就這樣自然而然地出現，也各自擁有特定的優先態度（Vorzugseinstellung）。因此，具有相對的穩定性、且擁有所有基本心理功能的個體如果想要徹底適應環境，均等地使用這些心理功能，在心理學上是必要的。

人類會出現各種不同的心理適應方式一定有原因：比方說，人們如果把外在客體僅僅片面地視為純粹的思考或情感的對象，這種主觀的作法顯然無法讓個體充分適應環境，因為，片面的（「類型化的」）態度會造成心理適應不良，而且會隨著年紀的增加而愈來愈嚴重。個體遲早會出現適應障礙，

而迫使主體產生補償作用，以藉此彌補在生活中所遭遇的挫折。然而，補償作用卻只在個體**捨棄**（犧牲）向來所抱持的片面態度之後，才能有所發揮。在此之前，適應不良會導致能量的暫時性滯積（Aufstauung），這些過剩的能量會流入一些個體向來在意識上未曾使用、卻已存在於無意識（Unbewusste）[12] 裡的隱密渠道中。適應不良就是個體出現類型的**翻轉過程**的有效原因（causa efficiens），個體會因此而主觀地感受到一股隱約的不滿足感。這種不滿足感卻是紀元前後那個歷史時代的普遍氛圍。當時人們內心對於獲得解救的需求已強烈到不尋常的驚人程度，各種我們所能想像以及無法想像的狂熱的宗教崇拜紛紛出現在古羅馬城，而且盛況空前。其中，當然也不乏一些縱欲理論（Auslebetheorie）的代表者，他們選擇以當時的知識學問進行論證，而非「生物學」的生理需求。當時的人們並沒有充分地探討，為什麼生活會過得這麼不好，畢竟那個時代的因果論的嚴謹度遠不及現代的學術研究。他們不只追溯童年時期，探討宇宙起源論（Kosmogonie），甚至還提出許多理論體系證明，古代所發生的一切還會繼續發生作用，而後世的人仍得繼續面對一些令人難以忍受的狀態。

特圖良和奧利金為宗教信仰所做的犧牲是激烈的，而且以我們現在的眼光來看，其程度已過於激烈。不過，這樣的犧牲卻符合當時的時代精神，也就是絕對具體的精神。基於這樣的精神，諾斯底教派索性將他們的異象視為真實或至少與真實直接相關，而且還把個體對於態度轉變過程的主觀內在察覺（Wahrnehmung）投射為一套關於宇宙起源的理論系統，並堅持其心理人

---

12 譯註：為了避免混淆，我們應該釐清「潛意識」（subconsciousness／Unterbewusstsein）和「無意識」（unconsciousness／Unbewusste）這兩個概念。中文用語和新時代運動（New Age Movement）經常使用的「潛意識」一詞是由法國心理學家暨哲學家皮耶・賈內（Pierre Janet, 1859-1947）所提出的概念。佛洛伊德雖曾在早期的論著裡，使用「潛意識」這個概念，但他後來在《非專業分析的問題》（*Die Frage der Laienanalyse*）這部於一九二六年出版的著作中已明確表示，「潛意識」這個詞彙究竟是指存在於意識之下的心智裡的東西，還是指意識之外還存在另一種隱藏的意識，這不僅他個人無法區辨，連使用這個詞語的人恐怕也不清楚。因此，他主張「意識」和「無意識」才是一組可靠的對比概念，而不是「潛意識」和「無意識」。榮格後來雖在深度心理學領域與佛洛伊德見解相左而與他決裂，但榮格卻一直沿用這位前輩所定義的「無意識」概念。由此可見，中文使用者在談論佛洛伊德的精神分析學和榮格的分析心理學時，不宜使用「潛意識」這個詞語。

物的真實性。至於該教派的死對頭特圖良，則把客觀性賦予自己內在的情感事實。

我在《力比多的轉變與象徵》（*Wandlungen und Symbole der Libido*）[13] 這本著作裡，曾留下一個尚未解決的問題：在基督教的信仰過程中，信徒真實的力比多（Libido）[14] 流向是如何產生的？我在該書中曾提到，力比多的能量流向會一分為二，分裂成相互對立的兩半。這個解釋是依據人們的心理態度的片面性，由於人們的心理態度已變得如此片面，以致於補償作用不得不從無意識裡發揮作用。在基督教早期的那幾個世紀中，教會內部的諾斯底運動曾在補償作用發揮的時刻裡，以極其清晰的方式反映出無意識內容。基督教的出現不啻意味著古希臘羅馬的文化價值——即古希臘羅馬人民的心理態度——的崩壞與被淘汰。我們現今在處理這個關於力比多的問題時，如果還要額外強調，不論我們談論的是當前的時代或是兩千年前的時代都沒有什麼區別，這似乎是多此一舉了！

第二節　早期基督教會的神學論爭

在充斥著神學論戰的早期基督教會分裂史與異端支派史裡，我們應該會看到類型的對立：以便尼派（Ebioniten）幾乎可以被視為史上最早的一批基督徒。這群改宗基督教的猶太人相信，主耶穌基督具有絕對的人性，是瑪麗亞和約瑟夫的兒子，後來還透過施洗約翰接受了聖靈的洗禮，從而展開傳道的工作。因此，光就這一點而言，以便尼派便與否定耶穌具有真實肉身的幻影派處於極端的對立，而且這種對立的狀態還持續了一段很長的時間。約當西元三二〇年，這種對立還以另一種變異的方式——也就是教會內部鬥爭更尖銳化、但爭執的內容卻比較溫和的方式——在往後被斥為異端的阿利烏教

13　Neuausgabe:*Symbole der Wandlung*〔GW V〕.

14　譯註：Libido 亦被中譯為「慾力」，這個概念由精神分析學家佛洛伊德率先提出，並將其定義為一種與性欲或性衝動有關的本能。榮格也在他的分析心理學裡使用這個概念，不過，卻把它當作一種普遍的心理能量，不一定與性或生殖有關。

派（Arius）內部暴露出來。阿利烏教派認為，父神耶和華是至高的存在，聖子耶穌和聖靈只不是祂的受造物，位階在祂之下，因此便否定了正統基督教會所主張的父、子、聖靈三位一體的傳統教義。如果我們更仔細地回顧阿利烏教派內部曾經爭論上帝與耶穌基督在本質上究竟是相同或相似的歷史，就可以看出，主張此二者本質相似的派別明顯地強調人們可以感受到的、以及感官可以知覺的部分，而主張本質相同的另一派卻比較看重純粹思考性與抽象性的事物。同樣地，我們還可以發現，聲稱耶穌只有一種本質的基督一性論者（Monophysiten）對於出席迦克墩宗教會議（Konzil von Chalcedon）的那些強調耶穌是**神**、**人**二性同時共存、無法劃分的基督二性論者（Dyophysiten）的憤恨，似乎又是著重抽象的、不可思議的事物的一派與青睞感官所能知覺的、存在於自然界的事物的另一派的對立。

　　阿利烏運動的內部衝突以及基督一性論者與二性論者的爭執，全都顯示了一個令人深深震撼的事實：這些宗派的首腦們雖把處理細微的教義問題視為本身最重要的任務，不過，那些立場鮮明、積極參與因教義的歧見所引發的鬥爭的廣大信眾卻不會關注教義問題。因為，對那個時代的人們來說，只有無關於神學爭論的政治勢力的問題和要求才是激發他們的力量，而不是細微的教義問題。如果心理類型的差異在這裡真的透露著什麼意義的話，那就是領導人一喊出口號，信眾粗暴的直覺便以諂媚奉承的方式為這些口號貼上標籤，而不需要具體地分析爭執的問題。因此，我們應該承認這個事實：關於上帝與耶穌基督究竟是本質相同或本質相似的爭論，其實是一件嚴肅的事。畢竟從歷史和心理學的角度來說，這起神學爭執的背後隱藏著兩個敵對的派別對於信仰的表白：以便尼派認為，耶穌基督根本就是人，具有絕對的人性與相對的（「顯然的」）神性；幻影派則主張，耶穌基督是神，具有絕對的神性，人們所看到的肉身只不過是祂的幻象。

　　如果我們對於這場教會的分裂進行深度的剖析，就會發現其中存在著顯著的心理類型的對立：其中一方聲稱，主要的價值與意義存在於感官可以掌握的事物上，相關的主體即使不一定是具體而確實存在的個人，卻往往是人們所投射出來的感知（projiziertes menschliches Empfinden）；另一方則主張，

主要的價值存在於抽象的、與人們無關的事物上，相關的主體就是人們身上的某種功能，也就是說，客觀的自然過程的發生具有無關於個人的規律性，它發生在人們的感知之外，但卻又是人們感知的基礎。前者的觀點以人們所體現的功能綜合體（Funktionskomplex）為優先而忽視了功能；後者的觀點則以功能為優先而忽視了人們，即執行功能所不可缺少的載體（Träger）。這兩種觀點都相互否定彼此的主要價值，而且個人愈堅決地認同己方的觀點，就愈容易侵犯對方的觀點，並以此攻擊對方的主要價值，儘管他可能自以為，自己是出於最大的善意。

　　類型對立的另一面，似乎出現在第五世紀初期北非神學家奧古斯丁與不列顛神學家伯拉糾（Pelagius, 360-418）的神學論戰中。特圖良曾深刻體驗到，基督徒在受洗後仍無法避免過犯，在許多方面與特圖良相似的奧古斯丁則進一步把這種現象發展成悲觀的、基督教所獨有的原罪論，而且還主張，原罪的本質存在於人類從先祖亞當所承繼而來的欲望（concupiscentia）[15]中。在奧古斯丁的神學理論裡，與原罪的事實對立的，就是上帝的救恩，以及拜上帝恩典之賜而得以建立的、負責掌管人類靈魂的救贖管道的教會組織。這樣的神學觀點讓人的價值變得非常低落。人類已一無是處，只是可憐的、被丟棄在世間的受造物，如果沒有透過那唯一能解救世人的教會而獲得上帝的恩典，無論如何一定會落入魔鬼的掌控中。這種看法不只讓人們或多或少失去本身的價值，還讓人們喪失了自主性以及道德的自由，當然，從另一方面來看，教會**思想**的價值與意義卻因此而獲得提升，從而符合了奧古斯丁在「上帝之城」（civitas Dei）[16]這個概念裡所論述的神學綱要。

　　相對於如此壓制人心的觀點，人類對於自由和道德價值的情感卻愈來愈強烈。這種情感已無法再被一些如此鄙薄人類的判斷或如此尖刻的邏輯長期地壓抑著。伯拉糾和他的大弟子賽勒西（Caelestius）就是人類的價值情感

15　我們傾向於把「欲望」稱為「尚未馴化的力比多」。這種力比多被視為命運的束縛，會把人類帶往罪惡與墮落。

16　譯註：奧古斯丁在他的名著《上帝之城》裡，把世界歷史描寫為兩種社會的對峙史，即位於天上的、屬於上帝的「上帝之城」以及屬於魔鬼的「地上之城」。

（Wertgefühl）的捍衛者，我們可以在他們的身上發現他們對於維護這種價值情感的堅持。他們的神學理論以人類的道德自由為根基，而且還把這種自由視為既定的事實。伯拉糾的立場與基督二性論者的觀點在心理學上具有特殊的關聯性，因為，基督二性論者聶斯脫里（Nestorius, 386-451）——即當時的君士坦丁堡大主教——後來還為一些曾與他為敵的伯拉糾派信徒提供了避難所。聶斯脫里強調基督的神性和人性的區別，因此，不宜混淆此二者，這一點與後世的拜占庭帝國傳教士西里爾（Cyrill, 826/827-869）所主張的理論完全不同：即基督是神、人二性合一的神人（Gottmenschen）。聶斯脫里大主教反對把耶穌的母親瑪利亞神化，因此，不願意尊她為「上帝的生育者」，而只稱她為「基督的生育者」。他甚至還進一步指出，把瑪利亞當成上帝的母親根本是異教徒的思想。聶斯脫里的這些觀點後來引發了聶斯脫里派內部的爭執，這場爭端最終因為該派的分裂才平息下來。

第三節　化體說的問題

隨著政治情勢出現大翻轉，以及後來羅馬帝國的瓦解和古希臘羅馬文明的沒落，上述的教義論爭也跟著劃上句點。不過，當歐洲的局勢在數百年後再度達到某種程度的穩定時，不同的心理類型也以它們特有的方式重現。一開始，它們還顯得畏縮而遲疑，但後來便隨著文化的提升而變得愈來愈強烈。雖然，它們已不再與那些造成早期基督教會動盪不安的問題有關，而是以新的形態出現，但它們隱匿在表象下的那些心理卻是一樣的。

約在第九世紀中期，法國修道院院長帕斯卡修斯・拉貝圖斯（Paschasius Radbertus, 785-865）發表了一本關於聖餐的著作，並提出他的聖餐觀，即化體說（Transsubstantiationslehre）：聖餐儀式中的無酵餅和紅葡萄酒一經祝謝後，便立即轉化成耶穌基督真實的身體和血。我們都知道，拉貝圖斯的聖餐觀後來還正式成為基督教的教條。根據這個教條，聖餐中的聖餅和葡萄酒的化體是「確實的、實在的以及實質的」過程，儘管餅和酒的「非本質的屬性」（Akzidentien）的外觀並未改變，但就它們的實質性來說，確實

已是基督的聖體和寶血。後來在拉貝圖斯主持的修道院裡，一位叫拉特蘭努（Ratramnus）的修士由於不贊同院長把聖餐中的酒和餅象徵如此極端地具體化，竟敢於出言反對所謂的化體說。不過，根據德國十九世紀神學家暨教會史家卡爾・哈瑟（Karl August Hase, 1800-1890）在《教會歷史》（*Kirchengeschichte*）這本論著裡的說法，化體說最關鍵的反對者其實是斯哥特・艾琉根納（Scotus Eriugena, 815-877）。

出身愛爾蘭的艾琉根納不僅是中世紀早期的神學家，也是偉大的哲學家以及富有原創性的思想家。由於他在世時，如此孤獨而超前地走在時代的前端，因此，在他過世數百年後，教會才發現他所留下的著作含有異端成分，而正式發表對他的譴責。艾琉根納晚年在英格蘭南部小鎮馬姆斯伯里（Malmesbury）擔任當地修道院的院長，最後不幸在八八九年左右被院內幾位修士合謀殺害。對於艾琉根納來說，真正的哲學就是真正的宗教。他具有獨立的思考，不會盲目地附和權威，包括那些曾一度存在的權威，這一點正是他與他那個時代的大多數人不同的地方。甚至連那些已通過所有神學論辯的考驗的基督教早期教父，如果他們的著作沒有蘊含人類理性的寶藏，他也不會認可他們的權威。或許他當時曾以非常不合時宜的方式把理性置於權威之上，不過，在他逝世幾個世紀之後，他對於理性的重視已無疑地獲得了世人的肯定。

此外，他還堅持，聖餐禮的意義僅僅只是信徒對於耶穌和他的門徒最後一次聚會的那頓晚餐的紀念，其實，不論在哪個時代，只要是有理性的人也都會這麼認為。然而，艾琉根納如此清晰、且合乎人性的思考以及保留基督教儀式的信仰意義和價值的用心，卻不符合當時的時代精神以及周遭人們對他的期待，這種處境很可能就是導致他最後在修道院院長任內被手下的修士謀殺的原因。儘管他可以理性地、合乎邏輯地思考，卻沒有受到普遍的肯定。相反地，懂得揣摩與迎合時代潮流的拉貝圖斯雖然不會思考，而且還把「餅與酒的化體」象徵和豐富的意義粗糙化為感官所能知覺的東西（das Sinnfällige），不過，這樣的作風卻能投合當時追求信仰內容具體化的時代精神，而讓他在這場神學論戰中穩居上風。

在這裡，我們不難看出，已在早期基督教會的教義爭端中出現過的那些類型對立的基本要素，又重新出現在第九世紀的這場神學論爭裡，即從客體抽離的抽象觀點和關注於客體的具體觀點。

我們在這裡決不想從智識的角度，片面而貶抑地評判拉貝圖斯本人以及他在神職生涯裡所取得的種種成就。雖然，我們現代人會覺得，拉貝圖斯提出的化體說教義荒謬無稽，但我們卻不該因此而認為，這個神學理論毫無歷史價值可言。它雖是呈現人類謬誤的最佳例證，但卻不該因此而被斷定不具有價值。我們在對化體說下判斷之前，其實應該詳盡地探究這個教義曾如何影響歐洲基督徒數百年的宗教生活，以及我們這個時代尚有哪些部分仍間接受益於這個影響。換言之，我們不該忽略，信徒對於奇蹟真實性的信仰勢必會使得自身的心理過程脫離那些獨獨只有感官所能知覺的東西，而且這種脫離還會進一步影響信徒的心理過程的本質。由於感官所能知覺的東西具有過高的閾限值（Schwellenwert），因此，會持續侵入人們的心理，而破壞並消除某種以排除不適合的事物為基礎的功能，即已定向的思考功能，進而使得具有特定方向或目標的思考過程無法進行。聖餐裡的儀式與教義的實際意義就是出於這個簡單的考量，而且這些儀式和教義在這個觀點下，還能經得起純粹投機的生物性思考方式的探索。至於那些因為信仰化體說而對個人產生直接而特定的宗教效應，就更不用說了！

我們愈推崇艾琉根納，就愈不該低估拉貝圖斯的成就。這個論爭告訴我們，內傾型思維與外傾型思維是不能比較的，因為，這兩種類型的思考方式具有不同的目的性，所以，它們根本完全不同。或許人們可以這麼說，內傾者的思考是**理性**的，而外傾者的思考則是**注重實際**的（programmatisch）。

我在此想特別強調，以上這些闡述並無法讓我們對這兩位神學家的個體心理做出任何的定論。畢竟我們對艾琉根納本人所知甚少，僅有的相關文獻實在不足以讓我們明確地判斷他的類型。就我們所掌握的資料來說，他應該比較傾向於內傾型。至於拉貝圖斯，我們幾乎完全不了解，只知道他的主張有違人們普遍的思維，但他卻憑藉本身那穩當的情感邏輯（Gefühlslogik），提出他那個時代認為恰當的、可以接受的神學見解。或許我們可以依據這個

事實，而把他歸類為外傾型。不過，考慮到我們對這兩位歷史人物的認識相當有限，因此，不宜再對他們下任何的判斷，尤其是拉貝圖斯。或許他的情況跟我們的設想完全不同：他也可能是內傾型，但由於他的理智受到外在的制約，所以，他不會抱持與周遭的人們不同的觀點；此外，他的邏輯推理也會因為個人缺乏原創性，而只能依據基督教早期教父的著作所建立的信仰前提，做出最簡便的結論。同樣地，原先我們認為內傾型的艾琉根納實際上也可能是外傾型，只要我們可以證明，他會被自己身處的環境所左右，而外在環境就反映在普遍存在的知識和想法裡，以及一些被人們視為適當的、值得追求的事物上。不過，這種受制於外在環境的情況並未在艾琉根納身上獲得證實。另一方面，我們還知道，那個時代的人們對於宗教奇蹟的真實性的渴望有多麼強烈！對當時的時代精神的特質來說，艾琉根納的觀點必然顯得冷酷而壓抑，至於拉貝圖斯那種把人心企盼的東西具體化的見解，肯定會令人感到振奮。

第四節　唯名論與唯實論

　　第九世紀的這場關於聖餐禮的爭執只不過是另一場更激烈的論戰的開端，即「唯名論」（Nominalismus）與「唯實論」（Realismus）之爭。這場中世紀的論戰導致經院哲學的派系分裂長達數百年，而且還造成一些難以估量的後果。支持唯名論的哲學流派主張，所謂的共相（Universalia）只是一些名稱或字詞——比如美、善、動物、人類等抽離於事物之上的普遍概念或類概念（Gattungsbegriffe）——他們有時還把共相戲稱為「一陣由聲音的震動所產生的微風」（flatus vocis）。當代法國小說家暨諾貝爾文學獎得主阿納托爾‧法朗士（Anatole France, 1844-1924）曾寫道：「思考究竟是怎麼一回事？我們是如何思考的？請想想，我們是在用字眼思考。一個形而上學家用以建構他的世界體系的，充其量只是一些修飾過的猴子和狗的叫聲罷了！」法朗士的這個說法就是極端的唯名論。此外，哲學家尼采還曾依據這個哲學觀而把理性稱為「語言形上學」（Sprachmetaphysik）。

　　而思考究竟是怎麼一回事呢？我們是如何思考的？請想想，我們在用字母思考。為了延續世界的體系，一個形而上學家有的，充其量是符號精心剪裁之下的吶喊與狗吠。

　　反之，唯實論者則主張事物具有客觀實在的共相，由於觀念世界的出現早於感官世界，因此，共相先於事物而存在。這也就表示，共相的普遍概念大致不脫柏拉圖所謂的理型（Idee）。唯名論者雖篤信基督教，卻是懷疑論派的一支，換句話說，唯名論就是最僵化的基督教教義學（Dogmatik）當中的哲學懷疑論。它否定抽象所固有的特殊存在，所以，它所謂的實在性（Realität）必然吻合於感官所能知覺的事物的實在性，而且這種事物的個別性還會顯示出實在性，而不是抽象觀念。嚴格的唯實論則恰恰相反，它始終強調抽象的東西、觀念以及先於事物而存在的共相的真實性（Wirklichkeit）。

一、古希臘羅馬時期的共相問題

　　我們如果探討柏拉圖的理型論（Ideenlehre），就會發現，它與一場古代的衝突有關。柏拉圖在他的著作裡所寫下的一些惡意的評語，比如「迂腐守舊的老人」和「精神貧乏者」，就是在暗指當時兩個彼此相關的哲學流派——即「犬儒學派」（Kyniker）和「麥加拉學派」（Megariker）——的代表人物，因為，他們都對於柏拉圖的哲學精神不以為然。

　　犬儒學派的代表人物安提西尼（Antisthenes, 445-365 B.C.）雖曾受教於蘇格拉底，熟悉蘇格拉底的思想氛圍，甚至還與他的弟子、也是歷史學家的色諾芬（Xenophon, 430-354 B.C.）成為好友，不過，他顯然很厭惡另一位蘇格拉底的弟子柏拉圖所提出的那個美妙的理型界。他甚至寫了一本攻擊柏拉圖的小冊子，並且故意把柏拉圖的名字寫成 Σάθων，這個希臘字的涵義是男孩或男人，但從性的角度來看，這個字詞卻源自 σάθη，即陰莖。安提西尼就以這種我們所熟知的心理投射方式巧妙地暗示，他打算如何攻擊柏拉圖了！正如我們所看到的，對於六百年後的基督徒奧利金而言，問題的根源就是與上帝敵對的魔鬼。他試著透過自閹來制服魔鬼，並因此而得以毫無窒礙

地進入諾斯底主義豐富的思想世界。活躍於西元前第五至第四世紀之交的安提西尼則是基督教仍未興起之前的異教徒，他本人也相當重視陰莖這個自古以來就被當作感官愉悅的象徵。我們都知道，犬儒學派以「回歸天性」為中心思想，因此，不只是他這個領導者，連底下所有的成員都很看重這個性器官的象徵。

促使安提西尼開始重視本身具體的情感和感知的原因其實不少，其中最主要的因素在於他本身是一位無產階級的勞動者，而且他還懂得把對於上層階級的羨慕與嫉妒昇華為正面的情操。這位犬儒主義的典範人物並不是血統純正希臘人。他在世時，住在雅典城外的郊區，並在城門外教學講課。他的言行與態度總是以無產貧民為榜樣，所建立的犬儒學派全由貧窮的無產階級或生活於郊外邊陲地區的人民組成。這些成員共通的特點，就是對於既有的世俗價值提出破壞性批判。

安提西尼的弟子第歐根尼（Diogenes, 412-323 B.C.）是犬儒學派傑出的代表人物。他稱自己為「犬」，墓碑上還放著一隻以愛琴海帕羅斯島的大理石雕刻而成的狗作為裝飾。雖然他對人類充滿溫情，對人性充滿同情和諒解，但他卻毫不留情地貶斥他那個時代的人所尊崇的一切。他還會嘲笑劇場裡那些觀賞堤厄斯忒斯（Thyestes）吃下人肉做的餐點[17]或伊底帕斯王（Oedipus）弒父戀母等悲劇而感到驚恐的觀眾。吃人肉哪有多可怕？人肉跟其他肉類相比，並沒有多麼特別！亂倫的不幸也不是什麼大災厄，我們畜養的家畜不也如此？牠們對我們人類而言，難道不是很有啟發性的例子？

麥加拉學派與犬儒學派在許多方面彼此相關。麥加拉（Megara）這個城邦曾是雅典的競爭者，但後來卻屈居劣勢，無法東山再起。麥加拉城邦後來分別在拜占庭（現在的伊斯坦堡）及西西里島建立殖民地，這個擴展一開始很順利，前景一片看好，但沒過多久，它便爆發內亂而導致本身的衰敗與沒

---

17 堤厄斯忒斯是英雄珀羅普斯（Pelops）的兒子，他與哥哥阿特柔斯（Atreus）為了爭奪邁錫尼王國的王位而展開一場戰鬥。後來阿特柔斯殺死了弟弟堤厄斯忒斯的兩個兒子，而且還假意和解，設宴邀請弟弟堤厄斯忒斯出席，堤厄斯忒斯在不知情的情況下，吃下了用自己兒子的肉所做成的美饌佳餚。

落，而全面地被雅典城邦所超越。雅典人後來還把愚蠢的農夫笑料稱為「麥加拉的笑話」。麥加拉學派的哲學特色或許就在於這群被擊敗的弱勢者從生命的開始便逐漸產生的嫉妒。這個學派和犬儒學派都是不折不扣的唯名論者，他們都堅決反對柏拉圖的理型唯實論（Ideen-Realismus）。

麥加拉學派後來出現了斯提波（Stilpon, 360-280 B.C.）這位出色的領導人物。我們可以從以下這則關於他的趣聞軼事看到他的性情特徵：斯提波有一次來到雅典，他在山丘上的衛城看到一幅由藝術家菲迪亞斯（Phidias, 480-430）以自己的女兒帕拉絲為模特兒所繪製的雅典娜女神的肖像畫。當時他對於這幅繪畫的評語——她不是宙斯的女兒雅典娜，而是菲迪亞斯的女兒帕拉絲（Pallas）——委實展現了麥加拉學派的本色。這則流傳至今的趣談充分顯示了麥加拉學派的唯名論思想的整體精神，因為，斯提波曾主張，類概念並不具有實在性和客觀的有效性。當我們說「人」這個字詞時，其實並沒有涉及任何人，因為，「人」這個字詞既不是指這個人，也不是指那個人。古羅馬帝國時期的希臘傳記作家普魯塔克（Plutarch, 45-120 A.D.）曾寫下斯提波曾說過的一句格言：「我們不能從一件事情推斷另一件事情。」實際上，犬儒學派的安提西尼也曾有類似的教誨，至於最早探討判斷的形成（Urteilsbildung）的代表人物，大概非拉莫努斯的安提豐（Antiphon of Rhamnous, 480-411 B.C.）莫屬。他是一位與蘇格拉底同時代的詭辯學派辯士（Sophist），至今仍流傳著一句他的名言：「曾經辨識出任何長形物體的人，既無法用眼睛看到長度，也無法用心靈確知長度。」安提豐這句話等於直接否定了類概念的實質性（Substantialität）。

以上這種知識判斷的獨特方式已讓柏拉圖的理型失去論據的基礎，因為，在柏拉圖看來，只有理型才擁有永恆的、不會改變的有效性與持續性，至於那些「真實的」、「大量存在的」東西只會短暫地留下它們的殘跡，但卻經不起時間的考驗。與柏拉圖持相反立場的犬儒學派和麥加拉學派則從「真實」的觀點指出，類概念即使被視為依個案鑑別（Kasuistik）的、純粹描述性的名稱，仍不具有任何實質性，因為，重點在於個別的事物。

當代奧地利哲學家暨語言學家提奧多‧龔培茲（Theodor Gomperz,

1832-1912）[18] 曾清楚地表示，唯名論與唯實論之間鮮明而徹底的對立其實就是語言學的「內屬性」（Inhärenz）與「述謂」（Prädikation）的問題。舉例來說，當我們說「熱的」和「冷的」這兩個詞語時，我們就是在談「熱的」和「冷的」東西。對於這些東西而言，「熱的」和「冷的」就是它們個別的屬性（Attribute）、述詞（Prädikate）或人們對於它們的看法（Aussagen）。這些看法與感官所察覺到的、真實存在的東西有關，也就是和一件熱的或冷的物體有關。我們可以從許多類似的例子裡抽象出「熱的」和「冷的」這兩個概念，有了這些概念，我們便能直接將它們與某些事物（etwas Dinghaftes）連繫在一起或聯想在一起。由於在抽象過程中個體的察覺仍在進行，因此，我們就會把「熱的」和「冷的」等概念當作是某些事物了！把具體事物從抽象過程中去除，對我們來說是一件困難的事，因為，每個抽象過程都會自然而然地被它所抽象的事物緊緊地依附著。在這個意義上，述詞所指涉的事物性（Dinghaftigkeit）其實是先驗的（a priori）知識，與人們的經驗無關。

如果我們現在轉到「溫度」這個比冷、熱更高一級的類概念，我們仍可輕易地感受到它的事物性，儘管它的感官知覺的明確性已經減少。不過，人們對於「溫度」這個類概念所抱持的種種設想卻仍緊密地依附在人們對它的感官知覺上。如果我們再往上到更高一級的類概念，即「能量」，此時它的事物性特質已經消失，而且人們對於「能量」這個類概念所能設想的東西已出現某種程度的降低。這麼一來，就會引發人們對於能量的「性質」的爭執：能量究竟是純粹的抽象概念？還是某種「真實存在的東西」？雖然，當今那些學問淵博的唯名論者仍深信，「能量」只不過是一個名詞，一個人們思考的「憑藉」。不過，他們卻無法阻止人們在慣常的語言使用上，將「能量」這個詞彙當成絕對的事物，並持續在大腦裡為自己製造認識論（Erkenntnistheorie）的混亂。

純粹思維的事物性會以如此自然的方式滲透到我們內在的抽象過程，並

18　THEODOR GOMPERZ, *Griechische Denker* II, p.143

讓述詞或抽象觀念獲得「實在性」，但是，純粹思維的事物性卻不是藝術家的作品，也不是人們任意對於概念的實體化（Hypostasierung），而是人類本質的某種必然性。換句話說，現代的人類並未將抽象概念恣意地實體化，且進一步將它們移植到另一個同樣也是人為的世界中。不過，早期人類真正的歷史過程卻與此相反：以原始人為例，他們的無意識影像（Imago）是如此強大，他們對於感官感知（Sinnesempfindung）的心理共鳴是如此強烈，且具有極高度的感官性，以致於當他們出現對於內在世界的模擬時——即自發的記憶影像（Erinnerungsbild）浮現時——有時甚至會進入幻覺狀態。所以，當原始人的腦海裡突然出現亡母的記憶影像時，他會覺得自己看見了母親的鬼魂，也聽見了該鬼魂所發出的聲音。記憶影像的浮現對現代人來說，只是「想起」死者，但原始人卻因為這些影像的強烈感官性而將它們視為真實，他們對於鬼魂的信仰就這麼形成了！相較之下，我們現代人卻只將原始人所謂的鬼魂稱為「思想」。當原始人在「思考」時，他們會認為自己出現了靈視（Visionen），[19] 這是因為當下浮現的影像相當真實，致使他們經常把心理層面的東西誤以為真。

　　十九世紀美國西部探險家約翰‧鮑威爾（John W. Powell, 1834-1902）曾談到：「野蠻人普遍習慣於混淆主觀和客觀，這才是混亂中的混亂。」[20] 英國人類學家華爾特‧史賓賽爵士（Sir Walter Baldwin Spencer, 1860-1929）和澳洲人類學家法蘭西斯‧吉倫（Francis J. Gillen, 1855-1912）也曾在他們合寫的著作中提到：「一個野蠻人在夢境中所經歷的一切，對他來說，就跟他在清醒時所看見的東西同樣地真實。」[21] 至於非洲黑人的心理，我本身的研究也完全證實了上述的觀點。未開化的原始人的鬼魂信仰並非基於他們本身對於解釋某些現象的需要——一如歐洲人所認為的——，而是基於一個基本的事實：相對於歐洲人以感官感知的獨立自主性為基礎的心理唯實論（psychischer Realismus），原始人的心理唯實論還擴及記憶影像的

19　譯註：Vision 這個詞語還有另一個相當普遍的中譯，即基督教所謂的「異象」。

20　*Sketch of the Mythology of the North American Indians*, p. 20.

21　*The Northern Tribes of Central Australia*.

獨立自主性。對原始人而言，思維具有靈視性和聽覺性，因而也具備了神啟的性質。所以，身為靈視者的巫師就是部落裡的思想家，負責把鬼魂和諸神的啟示傳遞給眾人。此外，思維也因為本身的實在性而擁有行動一般的果效，因此，思維也能產生魔力效應（magische Wirkung）。同理可知，詞語作為思想的外衣，其本身也具有實在性。既然詞語能召喚「實在的」記憶影像，當然也具有「實在的」效應。

原始人的迷信之所以令我們驚異不已，其原因就在於我們現代人的心理意象（psychisches Bild）已達到普遍的去感官化（Entsinnlichung），換句話說，我們現代人已學會了「抽象」思考，儘管這種思考仍無法完全擺脫原始人思考的局限性。從事分析心理學的人都知道，即使前來求診的病人是「受過良好教育的」歐洲人，他們還是必須經提醒這些病人，「思考」並不是「行動」。其中有些病人需要這種提醒，是因為他們認為，思考已足以產生行動的效應；另一些病人需要這樣的提醒，則是因為他們認為，自己如果不思考，就得有所行動。

正常人的夢境以及精神錯亂者的幻覺都讓我們清楚地看到，人類心理意象的原始實在性其實可以輕易地再現。神祕主義者的宗教活動甚至還努力地透過人為的內傾，而再現了無意識影像的原始實在性，並藉此增強對於外傾的抗衡力。摩拉王（Mollâ-Shâh）曾為伊斯蘭教神祕主義者特威庫爾—貝格（Tewekkul-Beg）主持入教儀式，特威庫爾—貝格事後對於該儀式的描寫對於以上的論述來說，就是一個很貼切的例證：

說了這些話之後，他（摩拉王）叫我坐到他的對面，這時的我就好像進入了精神恍惚的狀態。他還命令我，在自己的心裡描繪他本人的形象。當他把我的眼睛矇住後，便要求我把自己所有的靈力集中在心上。我遵從他的指示，在上帝的恩寵與摩拉王的精神支持下，我的心在頃刻間被打開了。我在我的內心裡看了一個東西，好像是一只被弄翻的杯子；當它被擺正後，我整個人便沉浸在無上的喜悅中。我對摩拉王說：「在這個小房間裡，就在您的面前，我在心裡看見一幅真實的圖像，好像另一個特威庫爾——貝格正坐

在另一個摩拉王的面前。」[22]

　　而後，摩拉王向特威庫爾－貝格解釋，這只是他入教儀式中的第一個現象。一旦那條通往原始的實在圖像的道路開通之後，其他的靈視就會隨即接踵而至。

　　述詞的實在性是先驗的，因為，它原本就存在於人類的心理。只有後來的批判才能剝除抽象化思維的真實性。即使到了柏拉圖的時代，人們依然深信，詞語概念具有魔力的實在性。由於這種信念非常強大，哲學家們便紛紛藉由詞語的絕對意義，而勉強地提出一些荒謬的回答，進而編造出一些謬誤的結論，以迎合當時流行的觀點。麥加拉學派的歐布里德斯（Eubulides）就是一個簡單的例子。他曾提出一個名為「戴面紗的人」（Enkekalymmenos）的謬論：「你能認出你的父親嗎？能。那你能認出這個戴面紗的人嗎？不能。你已自相矛盾，因為，這個戴面紗的人就是你父親。你能認出你父親，但同時你也認不出他來。」這個謬論的重點僅在於，被詢問者天真地假設，「認出」這個動詞在任何情況下都是指向同一個客觀的事實情況（Tatbestand），但在現實中，這個動詞的有效性卻被局限在某些特定的情況。這個原則也同樣適用於所謂的「帶角的人」（Keratines）的謬論：「你沒有失去東西，所以你還擁有它。你並沒有失去犄角，所以你還擁有犄角。」這個謬論的關鍵也在於被詢問者的天真，因為，他已假設，「沒有失去就等於擁有」這個特定的事實情況在任何情況下都是正確的。這些謬論以頗具說服力的方式告訴我們，詞語具有絕對意義其實是人們的幻覺。人們後來也據此質疑類概念的實在性，雖然這些類概念曾以柏拉圖的理型的形式出現，甚至還具有形而上的存在（Existenz）以及絕對的有效性。龔培茲曾說道：

　　人們對於語言存有疑慮，但還未完全失去信任。我們受到這種疑慮的提

22　BUBER, Ekstatische Konfessionen, p. 31ff.

醒，而且還發現，它經常存在於詞語對於事實極不恰當的表達裡。然而，人們卻往往天真地相信，概念範圍和整體上與其相符的詞語運用範圍，必須全面而徹底地相互吻合。[23]

　　詞語意義的絕對性與魔力性其實已經預設，事物的客觀行為始終可以藉由詞語意義而存在。在這一點上，詭辯學派的批判確實一針見血。此外，這個學派還很有說服力地證明了語言的無能。如果理型只不過是一些名稱——這個看法仍有待證實——人們對於柏拉圖的攻擊就算是合理的了！類概念如果可以表明事物的類似性與一致性，它們就不再只是名稱。那麼，接下來要探討的問題就是，這種一致性是否客觀？事物之間的一致性的確是存在的，因此，類概念也具有實在性。類概念包含著實在的事物，就如同包含著對於事物精準的描述。類概念之間的區別只在於，它本身是在描述事物或是在表明事物的一致性。因此，問題並不在於概念或理型本身，而是在於它們的語言表達。然而，語言表達無論在任何情況下，都無法貼切地再現所指稱的事物或事物的一致性。由此看來，唯名論派對於柏拉圖的理型唯實論的攻擊，原則上是一種不合理的侵犯，所以，柏拉圖憤怒地對這些攻擊展開防衛完全是正當的。

　　依照犬儒學派——即唯名論者——的安提西尼的看法，內屬性原則（das Inhärenz-Prinzip）存在於以下的語言事實裡：人們不只是只能使用少數幾個述詞來修飾一個主詞，甚至還不可以使用任何與主詞無涉的述詞。安提西尼認為，只有與主詞相符的敘述才是有效的。至於一些主詞與述詞相同的句子（例如，「甜的東西是甜的」）由於毫無敘述內容可言，因此，這樣的句子並沒有任何意義。如果撇開這種情況不談，那麼，內屬性原則的弱點就在於，即便使用的詞語正確無誤——也就是詞語與其指涉的事物彼此相符一致——但詞語卻和所指涉的事物本身無關，舉例來說，「草」這個字詞其實跟「草」這個事物沒有任何關聯性。此外，內屬性原則也同樣高度受制於古

---

23 *Griechische Denker* II, p. 158.

老的詞語崇拜（Wortfetischismus），帶有這種癖習的人們竟然天真地以為，詞語就是所指稱的事物。因此，唯名論者如果對唯實論者這麼叫囂，「你在作夢！你以為自己在跟事物打交道，其實你只是在跟詞語這個怪物纏鬥！」唯實論者也可以用相同的說詞回應唯名論者的攻擊，因為，唯名論者所考慮的也是描述事物的詞語，而不是事物本身。即使唯名論者會針對不同的事物使用不同的詞彙，但這些詞彙畢竟還是詞彙，並不是事物本身。

　　儘管大家都認為，「能量」這個理型只是一個詞語概念（Wortbegriff），但它卻具有極高度的實在性，甚至連電力公司都要靠它來配發股利。電力公司的董事會決不會相信能量的非實在性（Irrealität）以及形而上的性質。「能量」這個詞語所表明的，正是某些力學現象的一致性。能量不僅不容否認，而且每天還以最令人信服的方式證明本身的存在。如果某個事物是實在的，而某個詞語又被習慣性地用來指謂該事物，那麼，這個詞語便因而獲得了「實在的意義」（Realbedeutung）。事物之間的一致性如果是實在的，表明事物的一致性的類概念也會因此而具有「實在的意義」，不過，類概念的「實在的意義」並沒有比指稱個別事物的概念的「實在的意義」還要重要或不重要。人們的價值重心從一邊轉移到另一邊，其實跟個體的態度以及那個時代的心理狀態有關語言哲學家龔培茲在安提西尼身上，也感覺到了這種心理基礎，並做了以下的表示：

　　　　人類健全的理智、對於所有幻想的排斥，或許還有個人情感的力量，這些都影響著個體的人格，因此，個別的個體便成了一種完全真實的人格類型。[24]

　　此外，我們在這裡還要探討人們的嫉妒，尤其是那些未充分獲得公民權利的人、無產的勞動者以及那些想往上攀爬而不惜使用卑劣的手段，或至少會貶低他人的人。犬儒主義者最明顯的特徵就是嫉妒。他們總是在挑剔別

24　l. c., p. 148.

人，而且別人所擁有的東西沒有什麼是神聖而不可觸犯的。他們甚至會為了在別人身上貫徹自己的主張，而不惜破壞別人家庭的和諧。

柏拉圖的理型界及其永恆的本質性（Wesenhaftigkeit）恰與犬儒學派根本的批判態度截然對立。這位提出理型界的唯實論哲學家在心理定向上，顯然也與該學派那種批判的、具有破壞性的判斷相背離。柏拉圖對許多事物進行抽象化思考，並創造了一些綜合性的（synthetisch）和建構性的（konstruktiv）概念。這些概念表達了事物的普遍一致性才是真正存在的事物（das eigentlich Seiende）。它們無形且超凡的性質直接對立於內屬性原則的具體化。內屬性原則傾向於將思維的材料還原成獨特的、個別的以及實質的事物，不過，這種作法卻跟述謂原則（Prädikationsprinzip）所主張的絕對有效性一樣，都是行不通的。述謂原則希望把人們對於個別事物的描述提升為永恆的實質（Substanz），而讓它們得以從此擺脫原本的薄弱性。這兩種判斷的形成都有其存在的合理性，而且它們還會同時出現在每個人身上。

在我看來，以下的事實最能清晰地說明這種情況：麥加拉學派的創立者歐幾里得（Eukleides von Megara, 435-365 B.C.）曾提出一種至高無上的、人類所無法企及的、超乎個體與個案鑑別的「統一於一」（All-Einheit）的原則。他結合了伊利亞學派（die eleatische Schule）[25] 的「存在」與「善」這兩個原則，並且認為，「存在」和「善」是一致的，與它們對立的只有「非存在的惡」。這種樂觀的「統一於一」當然就是關於最高秩序的類概念，它涵蓋了一切的存在，卻也悖離了所有顯而易見的事物，它的崇高性已遠遠超越了柏拉圖所提出的理型。歐幾里得用「統一於一」這個聽起來頗為響亮的概念來補救唯實論的建構性判斷極可能面臨的瓦解。不過，「統一於一」這個概念實在過於渺遠而籠統，它甚至無法表達事物的一致性，因此，它不是類型，而是內心渴望統一的產物，畢竟這種統一可以把一堆雜亂無序的個別事物整合起來。只要人們試著擺脫負面的批判態度，這種對於

---

25 希臘哲學的伊利亞學派是由伊利亞（Elea）的色諾芬在西元前五百年左右創立的。色諾芬的理論核心就是將存在的統一性與不變性視為唯一的真實。對他而言，豐富多樣的現象世界只不過是表象，因此他認為，所有企圖解釋我們這個世界的嘗試都是沒有意義的。

「統一於一」的渴望就會迫使他們崇奉一種極端的唯名論。所以，我們會發現，這些人往往對於高度不可能性與高度專斷性抱持著相同的基本概念。因此，在形成判斷的過程中，他們不可能只依據內屬性原則。對此，龔培茲有十分中肯的評論：

> 在任何一個時代，這樣的嘗試大概都會失敗。更何況在一個缺乏歷史理解力，以及毫無深度心理學的時代，這種嘗試決不可能成功。那些比較清楚明白的、顯而易見的、但卻比較不重要的益處已迫使那些隱藏的、實際上比較重要的益處退居次要地位。這個危險不只具有威脅性，甚至是無可避免的。當人們為了剪除人類文化的弊端而以動物世界和原始人類為模範時，就必然會否定許多人類已經過數萬年而整體仍不斷向上發展的成果。[26]

以事物的一致性為根據、且與內屬性原則相對立的建構性判斷，創造了一些隸屬於最有價值的文化財的普遍觀念。即使這些觀念是由那些已去世的先人所創造的，但我們和他們之間仍存在著一些強韌到幾乎無法被撕裂的連結。對此，龔培茲繼續談到：

> 就像已失去靈魂的屍身一般，已故的先人也能擁有受到愛護、獲得榮譽以及犧牲自我的權利；那些雕像、墳墓和兵士的旗幟就是最好的證明。如果我強制自己努力地撕毀將那些虛構編造的東西，我就會墮入野蠻狀態，而且還必須忍受因為喪失所有的感知而造成的痛苦，這些感知會用一片開滿芳花的草地來掩飾地表下的堅硬岩層，也就是赤裸裸的真相。重視地表這些繁花似錦的植被以及人們一切既有的價值就是在為所有美化人生——所有生活的裝飾與優雅，所有動物性力比多以及所有藝術活動與藝術享受的高尚化——的努力提供基礎。然而，這一切卻都是犬儒學派所致力於剷除的，而且他們的作法還顯得毫無顧忌、毫不留情。當然，在這個問題上，總是有人願意對

26　*Griechische Denker* II, p.137.

犬儒主義者以及他們為數不少的現代追隨者讓步。總之，這裡還存在著一個局限，突破這個局限，我們就可以擺脫聯想原則（Assoziationsprinzip）的支配，也就不會因為愚蠢和迷信－完全根植於聯想原則無限制的支配－而受到譴責了。[27]

我們會如此詳盡地探討內屬性原則與述謂原則的問題，不只是因為這個問題會再度出現在中世紀經院哲學的唯名論和唯實論的論爭裡，而且還因為這個問題一直未獲解決，而且以後大概也無法解決。此外，這個問題也涉及了抽象觀點（其決定性價值在於思考過程本身）與具體思維、具體情感（受制於個體在意識或無意識裡對於感官所知覺的外在客體的定向）之間的類型對立。對於偏好內屬性原則的後者而言，採取述謂原則的前者所著重的心理過程只不過是為了凸顯其人格特質的手段。因此，我們就不需要訝異，為何內屬性原則會受到犬儒學派的無產階級哲學的採用了！只要有充足的理由將價值重心移往個體的情感，客觀取向的具體思維和具體情感勢必因為缺乏創造正面性的能量（因為這種能量已被導入個人的目的上）而出現負面性與批判性，而且它們的分析也會縮減為具體的細節。這些個別事物會因此而出現雜亂無章的積累，這時最好的方法就是把它們全部歸入「統一於一」之下，這個概念雖然模糊籠統，不過，它的性質卻或多或少符合人們的盼望。相反地，如果價值重心移向心理過程，大量心理活動的結晶便會轉為統整繁雜的具體事物的上層觀念。由於觀念必須儘量去個人化（depersonalisieren），個人的感知便儘可能轉入已被其實體化的心理過程中。

除了以上的論述之外，在這裡我們也順便提出兩個問題：是否我們可以從柏拉圖理型論的心理學當中推論出，柏拉圖本人屬於內傾型？是否支持唯名論的犬儒學派和麥加拉學派的心理學允許我們把它們的代表性人物——諸如安提西尼、第歐根尼和斯提波——歸類為外傾型？不過，光是這個問題的提問方式就會讓我們無法找到答案。或許只有在鉅細靡遺地研究柏拉圖的

27　l. c., p. 138.

「權威性著作」後，我們才有可能判斷柏拉圖屬於哪一種類型，而我本人實在不敢冒然對此提出任何看法。不過，如果有人能拿出證據說明柏拉圖確實屬於外傾型，我也不會感到詫異。至於其他的歷史人物，由於流傳下來的相關資料相當殘缺不全，因此，我認為，要判別他們的人格類型幾乎是不可能的事。

　　既然這裡所探討的兩種判斷的形成方式——即內屬性原則和述謂原則——都來自於價值重心的轉移，那麼以下的情形也可能發生：如果在內傾型的人身上，個人的感知基於某些理由而被賦予重要性，並得以支配思考時，他的思考就會因為缺乏正面能量而轉為負面性與批判性；對於外傾型的人來說，價值重心落在自己與客體的關係上，但卻不一定落在自己對於客體的個人態度上。當個人與客體的關係占據重要的地位時，如果個人只關注客體的本質，並未混入個人的感知，那麼個人的心理過程雖退居次要的從屬地位，卻不會出現批判性與破壞性。因此，我們把內屬性原則與述謂原則之間的特殊衝突當作一種不尋常的情況，在往後的研究裡，我們應該對這種衝突進行更深入的研究才是。這種衝突的特殊之處其實在於個人的感知所扮演的角色究竟是正面，還是負面。如果類型（類概念）能凌駕於個別事物之上，並使其喪失重要性，類型這個觀念便獲得了真實性；反之，如果個別事物的價值已高漲到足以終結類型（類概念）時，就會對類型造成破壞而導致混亂失序。雖然這兩種情況既極端，又不合理，但它們卻形成了一幅對比鮮明、畫面清晰、由誇大的手法來凸顯特色的圖畫。這種傾軋與對立也會出現在內傾型本質與外傾型本質之間——當然是以比較溫和的、因此也比較隱蔽的方式——即使個人的感知在這些人格類型裡並不具有重要性。

　　舉例來說，心理究竟是主人還是奴僕，這已是本質上的截然差異，畢竟主人的思考和情感不同於僕人。所以，即使為了維護普遍價值而對個人領域進行廣泛的抽象化，也無法將個人因素的涉入完全排除在這種思考過程之外。而且，只要這種情形還存在，思考和情感就會含有破壞性傾向。這種破壞性傾向源自於個人在面對不利的社會環境時，所採取的自我維護的行為。不過，人們如果為了維護個人的傾向而把既有的普遍價值歸結為個人的潛在傾向，那可就

大錯特錯了！那就是一種偽心理學，不過，這種心理學也存在著。

二、中世紀經院哲學的共相問題

由於「不存在第三種可能性」（tertium non datur），內屬性原則與述謂原則這兩種判斷的形成方式的矛盾便一直懸而未決。第三世紀的新柏拉圖學派哲學家波菲利則是把這個問題留給了中世紀，他說：「就普遍概念和類概念而言，真正的問題在於，它們到底具有實質性，或只具有純粹的智識性？它們是實體的，還是非實體的？它們與感官所察覺到的事物是分開的，或是存在於這些事物的裡面，或是圍繞著這些事物而存在？」大體上，中世紀的經院哲學家是以這種方式來處理這個問題。他們從「共相先於事物」（universalia ante rem）這個柏拉圖的觀點出發，也就是說，作為典型與模範的普遍概念或觀點比個別事物更早出現，而且完全脫離個別事物而獨立存在於「天堂般的地方」，一如柏拉圖《對話錄・饗宴篇》裡的那位睿智的古希臘女先知狄俄提瑪（Diotima）跟蘇格拉底在談論「美」時，所表示的：

> 對他來說，這種美不會顯現在漂亮的面容、雙手或身體的其他任何部分，它既不是概念性的表達或知識，也不是任何屬於他人的東西，而就是它本身。它為了本身而存在，同時也為了本身的永恆性而存在。別的美在他看來，只部分地展現了這種美。它本身並不會因為別的美的出現和消逝而有所增減，也不會因此而被糟蹋。[28]

正如我們所看到的，與柏拉圖理型論針鋒相對的就是唯名論的批判性觀點：類概念只不過是一些詞彙而已。唯名論者主張「共相後於事物」（universalia post rem），也就是實在事物的存在居前，而理型的存在居後。柏拉圖的學生亞里斯多德所主張的溫和的唯實論則介於這兩派意見之間，也就是「共相存在於事物中」（universalia in re），換句話說，就是形式和物

---

28 *Symposium* 211 B.

質同時並存。亞里斯多德當時試圖藉由具體化來綜合這兩派相反的意見，並提出折衷的見解，而且這種作法完全符合了亞里斯多德的性情。

相對於恩師柏拉圖的先驗論（Transzendentalismus）立場——柏拉圖學派後來因執迷於畢達哥拉斯學派的神祕主義而沒落——亞里斯多德則是一位徹底講求真實性的哲學家。我們必須這麼說，他在古希臘時期所探究的真實性由於包含許多具體的內容，而讓後世人可以不斷從中受益，因此，他的思想早已成為人類共同的精神遺產。面對當時唯名論與唯實論的爭執，亞里斯多德的解決方式就是將古希臘人所知道的常理具體化。

後來中世紀發生了激烈的共相之爭，這場長期的論戰基本上就是經院哲學最重要的部分，它的格局並未脫離上述三個古希臘哲學派別的歧異與衝突。不過，我在這裡並不打算進一步探討中世紀這場論爭的細節——部分是因為本人才疏學淺的緣故——而只想大致地描述這場大規模的紛爭。只要能在此清晰地勾勒出它的輪廓，我就很滿意了！

支持唯名論的法國經院哲學家約翰・羅賽林（Johannes Roscellinus, 1050-1125）在十一世紀末期，引發了中世紀的共相之爭。羅賽林當時表示，共相只是事物的名稱，或如同唯名論者向來的主張，只是「一陣由聲音的震動所產生的微風」。對他來說，只有個人和個別事物才存在——當代美國歷史學家亨利・泰勒（Henry Osborn Taylor, 1856-1941）曾貼切地以「整個人已被個體的實在性所盤踞」[29] 這句話來描述他——因此，他得出了「連上帝也只是一個個體」的結論，上帝的三位一體（Trinität）便因而分解成聖父、聖子和聖靈三個不同的神，祂們不再是一體，而是三個分離的個體，也就是所謂的「三位異體」（Tritheismus）。身為教會主流勢力的唯實論者當然無法容忍這種牴觸教義的神學理論，於是便在一場於一〇九二年在法國北部斯瓦松（Soissons）所召開的宗教會議裡，把羅賽林的見解貶斥為異端。在唯實論的陣營裡，法國襄波地區的主教威廉（Wilhelm von Champeaux, 1070-1121）雖是一位極端的唯實論者，卻也受到亞里斯多德學說的影響。知名的

---

29 TYLOR, *The Mediaeval Mind* II, p. 340.

經院哲學家皮耶・阿伯拉（Pierre Abaerlard, 1079-1142）曾受教於他，但後來卻與他完全對立，不僅否認他的唯實論觀點，也反對共相的存在。根據阿伯拉的說法，馮・襄波在講課時會教導學生，一個東西既存在於本身的完整性（Totalität）裡，也存在於不同的個別事物裡。不同的個別事物之間並沒有根本的差異，只有各式各樣的「非本質的屬性」。就「非本質的屬性」這個概念而言，偶然性才是事物實際多樣性的特徵。這就如同基督教聖餐中的聖餅和葡萄酒，依照該教義的化體說，它們在化體為基督的聖體與寶血之前，只具有「非本質的屬性」。

　　十一與十二世紀之交的坎特伯里人主教安瑟倫（Anselm of Canterbury, 1033-1109）被後世譽為經院哲學之父以及基督教最後一位教父。這位原籍義大利的神學家是一位不折不扣的柏拉圖主義者，就他的唯實論的觀點來說，共相就存在於上帝的道（Logos）裡。在這種思想的脈絡下，我們還應該知道，安瑟倫曾提出一個被稱為「本體論」（Ontologie）的、且具有心理學重要性的概念，即「證明上帝存在的證據」（Gottesbeweis）。這個概念闡明了上帝的存在就來自於「上帝」這個觀念，十九世紀德國哲學家伊曼紐・費希特（Immanuel H. Fichte, 1796-1879）曾對此有簡短的概述：「在我們的意識中，絕對存在者（das Unbedingte）這個觀念的存在就證明了絕對存在者的真正存在。」[30] 安瑟倫則主張，「至高的存在」（das höchste Wesen）這個屬於智識領域的概念也含有存在的性質。他還接著推論：「真的有這樣一種存在，人們無法想像還有比它更偉大的東西，所以，人們也無法想像它不存在。它就是祢，我們的上主。」[31] 這個本體論論證的邏輯缺陷是如此明顯，以致於需要心理學的解釋來說明，為什麼像安瑟倫這樣一號人物要提出這個論證。其中最有可能的原因應該在於唯實論者普遍的心理氣質當中，也就是在這樣的事實裡：當某個特定的階層以及某些特定的群體——符合時代潮流的團體——將本身的價值重心轉移到觀念上時，觀念在他們看來，就比個別事物的真實性顯得更有實在的價值，或更有存在的價值。因此，這些人根本

30　*Psychologie* II, p. 120.

31　*Proslogion seu Alloquium de Dei existential*, p. 110.

無法接受，那些對他們來說最重要的、最有價值的東西竟然不是**真實的**存在。當他們的生活、思考和情感顯然都完全依從某種觀點時，他們就能對該觀點的有效性提出最有力的證明。觀念的無形其實無關緊要，因為，觀念具有卓著的**有效性**，而且這種有效性就相當於**真實性**，也就是觀念的真實性，而不是感官知覺的真實性。

　　馬爾毛帖的高尼羅（Gaunilo of Marmoutiers, 994-1083）是法國南部圖爾（Tours）的馬穆提耶修道院的修士，也是經院哲學之父安瑟倫同時代的對手。高尼羅曾公開反對盛行於當時、而真實性卻難以被證明的「幸福島」[32]的說法。他所提出的異議確實合乎理性，與此類似的反對意見在往後幾個世紀裡仍層出不窮，不過，卻不足以威脅本體論論證持續至近代的存在，畢竟連黑格爾、費希特和魯道夫‧羅采（Rudolf Hermann Lotze, 1817-1881）這些十九世紀哲學家也都是本體論的代表人物。然而，這個長期存在於西方思想史的矛盾卻不該歸因於人們貧弱的邏輯推理或大幅衰退的理智。如果我們這麼做，那可就糊塗了！這種矛盾其實和人們根本的心理差異比較有關係，因此，我們應該承認並牢記這些心理差異的存在。有些人會認為，世上只有**一種**心理學或**一種**心理學的基本原則。這樣的看法實在令人難以忍受，因為，它已專橫地把偽科學的偏見強加在普通的正常人身上。這些人總是在談論**人**，以及關於人的「心理學」，然而，這種「心理學」卻往往被輕率地化約成一些如「A 等於 B」之類的公式化結論。同樣地，他們也經常在討論真實性，在他們看來，似乎單單只存在一種**真實性**。實際上，只有對人類心靈能產生作用的真實性才算得上是真實性，而不是那些被某些人認定具有作用力的真實性。他們甚至還以充滿偏見的方式，將他們所發現的「真實性」普遍化，並作成一些**概括性**結論。即使他們的研究過程顯得如此客觀、如此具有學術性，但我們卻不該忘記，學術研究並無法「完全涵蓋」人們的生活，學術研究其實只是一些與研究者心理有關的見解，充其量只是一種人類的思維模式罷了！

32　譯註：「幸福島」是古希臘詩人荷馬的史詩《奧德賽》裡的一座位於茫茫大海中的島嶼，菲肯人（die Phääken）就在這座島上建立了他們的理想國度。

本體論論證並不算是論證，也不是什麼證據，而是人們內心對於這個事實的確認：某個觀念對某一群人來說，是真實的、能起作用的，而且它的真實性幾乎可以和感官世界的真實性相匹敵。感官主義者（Sensualist）主張感官世界的「實在性」；注重觀念的人則堅持心理的真實性。心理學必須接受這兩種（或更多種）類型的存在，同時在任何情況下，都要避免將其中一種類型誤認為另一種類型，而且決不可試圖把某一類型化約為另一類型，而讓該類型的一切好像只是另一類型的一種功能。由此可知，信實可靠的學術原則——不宜依照人們的需求而任意擴大解釋的基礎——不應該被人們揚棄，畢竟大部分的心理學解釋原則對人們來說，是不可或缺的。除了以上有利於客觀的心理學研究的表述之外，我們還應該看到一個值得注意的事實：雖然本體論論證似乎已遭康德徹底推翻，但在康德之後，卻有不少哲學家又紛紛地接受了這個論證。今天的我們不只難於理解一些二元對立的學說——例如唯心論（Idealismus）和唯實論（Realismus），精神主義（Spiritualismus）和唯物主義（Materialismus）——及其相關的附屬問題，甚至我們在這方面所碰到的挑戰，還比中世紀早期那些至少擁有一致的世界觀的人們要嚴峻許多。

邏輯論證如果有利於本體論的證明，現代人的智識大概就不會去關注它。本體論的論證本身其實跟邏輯毫無關係，唯實論者安瑟倫所留給後世的那個論證就是一個後來被智識化、或被理性化的**心理事實**，而且還得借助循環論證（petitio principii）以及一些似是而非的詭辯。當時公眾的共識（consensus gentium）便已證明，本體論論證就是一個普遍存在的事實，這個論證穩固地存在也正顯示出它那無可撼搖的有效性。不過，我們卻應該考慮它存在的事實，而不是它所使用的詭辯術，因為，它的缺點就在於：它想用邏輯進行論證，但它卻遠遠不只是純粹的邏輯論證。實際上，它的存在與公眾的共識這個心理事實有關，由於這個心理事實的存在與效應是如此明確，而使得它不再需要任何的論證。公眾的共識「證實」了安瑟倫的論斷——「上帝存在著，因為，人們會想到祂」——是正確的。然而，這個普遍被接受的真理，卻也只是一種同一性陳述（ein identischer Satz）。因此，

安瑟倫如果想證明他對上帝所抱持的觀念含有事物的真實性，「邏輯」的論證不僅完全派不上用場，甚至還是錯誤的。他曾表示：「這個東西的存在是無庸置疑的，人們無法想像還有比它更偉大的東西，而且它不僅存在於人們的智識裡，也存在於事物中（事物性，也就是『實在性』）。」[33]

對於中世紀的經院哲學來說，「事物」（Ding，即拉丁字 res）這個概念已和思想處於相同的高度。為了釐清一些概念，第一世紀的基督教早期聖人阿略帕哥的狄奧尼修斯（Dionysius Areopagita）還在他那些影響中世紀早期哲學甚深的著作中，區辨「理性的事物」、「智識的事物」、「感官所能察覺的事物」和「絕對存在的事物」這些概念的不同。中世紀著名的神學家托馬斯・阿奎那（Thomas Aquinas, 1225-1274）則認為，「事物」既「存在於靈魂之內」，也「存在於靈魂之外」。這兩者的等同不僅值得我們注意，也讓我們認識到當時人們觀點裡的原始事物性（即「實在性」）。如果我們從這種心理狀態出發，就可以輕鬆地掌握本體論論證的心理學意涵。觀念的實體化在該論證中根本不是什麼重要的推論步驟，而是思維的原始感官性的後續作用。從心理學的角度——而非從邏輯的角度——來看，高尼羅修士用以反對安瑟倫的論據其實還不夠充分：儘管公眾的共識已「證實」，「幸福島」的觀念確實經常出現，但在效應方面，卻比不上「上帝」這個觀念，因此，「上帝」就取得了比「幸福島」更高的「實在性價值」（Realitätswert）。

此後，所有接受本體論論證的思想家都重複了安瑟倫的謬誤，至少在原則上都重蹈覆轍。到了十八世紀，康德所提出的反證似乎有望終結本體論論證。接下來，我將簡略地介紹康德在他的名著《純粹理性批判》（Kritik der reinen Vernunft）裡，對於本體論無法證明上帝的存在的論述：

絕對必然的存在體（Wesen）的概念是一個純粹的理性概念，也就是一個純粹的觀念。只要人們的理性還需要它的客觀實在性，它的客觀實在性就難以獲得證實……判斷的無條件的必然性卻不是事物的絕對必然性，因為，

33　l. c., p. 109.

判斷的絕對必然性只是事物的有條件的必然性，或只是判斷中的述詞的有條件的必然性。[34]

康德在這段引文之後，立即舉了一個關於必然的判斷的例子——即一個三角形有三個角——並提出自己的論述：

以上的命題（Satz）並不表示，三個角具有絕對必然性，而是表示，在三角形存在的前提下，必然有三個角的存在。這個邏輯的必然性還證明了其中的幻覺（Illusion）的力量是如此強大：當人們對於某件事物已形成先驗的概念時，人們就會依照這個既有的想法，在自己所能理解的範圍內去理解該事物的此在（Dasein），從而相信，自己可以正確無誤地下結論，因為，人們已經認為，這個概念所指涉的客體必然存在。也就是說，當我認為某件事物已經存在（Exist）時，在這個條件下，它的此在就具有必然性（依據形式邏輯的同一律〔Regel der Identität〕），而且它的此在也因此而取得了必然性，因為，我是在一個任意設定的概念裡，而且是在我已替這個概念設定了對象的條件下，思考它的此在。[35]

康德在這段話中所提到的「幻覺的力量」就是原始人的**詞語魔力**（magische Macht des Wortes），這種魔力也暗藏於概念之中。人類需要經過一段長期的發展，才能徹徹底底地認清，原來詞語——即唯名論者所謂的「一陣由聲音的震動所產生的微風」——並非每次都能體現或產生魔力的實在性。然而，仍有些人雖已看清這一點，本身卻遲遲無法排除這股存在於詞語概念的迷信力量。在這種「本能的」迷信裡，顯然還存在著某些不願被根除的，並顯示至今仍未得到足夠的重視和此在的合理性的東西。這種不合邏輯的錯誤推斷（Paralogismus）便以類似的方式進入了本體論的論證中，也就是藉由幻覺。關於幻覺的說明，康德首先提到「絕對必然的主體」這個命題，這個命題的概念恰恰就是「存在」這個概念所固有的。「絕對必然的主

34　KANT, *Die Kritik der reinen Vernunft*, p. 468f.

35　l. c.

體」沒有內在的矛盾，也不會被人們揚棄。這個概念就是「最實在的存在體」（das allerrealste Wesen）的概念。

　　你們說，它具有全然的實在性，而且你們有權假定，這樣的存在體是可能的。……既然全然的實在性也包含了此在，所以，此在就存在於一個可能的存在體的概念中。假如這個事物被揚棄，它的內在可能性也就被揚棄，而這卻是在自相矛盾。對此，我的回答是：你們如果把存在的概念引入一個你們只依據其可能性進行思考的事物的概念裡，那麼，不論這個概念隱藏在什麼名稱之下，你們便已經陷入了矛盾當中。如果人們允許你們這麼做，表面上，你們似乎獲得了勝利，但實際上，這根本不意味著什麼，因為，你們只不過提出了一些同義反覆（Tautologie；或中譯為「套套邏輯」）的贅述冗詞。[36]

　　存在（Sein）顯然不是真正的述詞，不是可以被加在某一事物的概念裡的某種東西的概念。它只是對於某一事物或某種確定性本身的設定。在邏輯的運用上，它只是判斷的係詞（Copula）。「上帝是全能的」這個命題包含兩個概念，這兩個概念所指涉的客體就是「上帝」和「全能」。至於「是」並不是述詞，它只是依照述詞與主詞的關係而把述詞加在主詞之上的東西。如果我現在把主詞（上帝）和它所有的述詞（其中也包括「全能」）聯繫在一起，並說「上帝是」或「有一個上帝」，那麼，我就沒有把述詞加在「上帝」這個主詞之上，而只是把主詞本身設定在它所有的述詞當中，也就是把主詞設定為一個和我的概念有關係的對象。在這種情況下，對象和概念的內容必然完全相同，所以，我並沒有為這個只表達可能性的概念增添任何東西，我只是認為，概念所指涉的對象確實存在（透過「他是」的表達）。由此看來，真實的東西所包含的並不會比純粹可能的東西更多。一百個真實的塔勒幣（Taler）[37] 所包含的絲毫不比一百個可能的塔勒幣更多。……不過，在我的財產狀況裡，一百個真實的塔勒幣卻多於一百個塔勒幣的純粹概念（即可能的塔勒幣）。

36　l. c., p. 470ff.

37　譯註：塔勒是十八世紀流通於日耳曼地區的銀質貨幣。

　　我們對於一個對象（Gegenstand）的概念，可能包含我們認為這個對象將會擁有什麼以及擁有多少，因此，我們必須讓自己超越這個概念，才能讓這個概念獲得真正的存在。這在感官的對象上，是透過我們對於經驗法則的任何一種察覺的關聯性而發生的；然而，對於純粹思維的客體來說，我們根本沒有辦法認識它們的此在，因為，思維只有在完全先驗的方式裡，才能被我們所認識。我們所意識到的一切存在卻……完完全全屬於經驗的統一體（Einheit），在經驗範圍以外的存在雖然不會被認為不可能，但是，這樣的存在卻成為我們無法為它的真實性辯護的預設。[38]

　　我覺得詳細地回顧康德的一些基本論述是必要的，因為我們在這裡必須相當清晰地區別「在智識裡的存在」（esse in intellectu）以及「在事物裡的存在」（esse in re）這兩個概念。黑格爾曾指責康德，因為他認為，康德不該在幻想（Phantasie）中把「上帝」這個概念和一百個塔勒幣做比較。不過，康德卻提出一個恰如其分的看法：邏輯主要是對內容進行抽象化，如果內容占盡優勢，邏輯就不再是邏輯了！從邏輯的角度來看，在邏輯的非此即彼之間，總是不存在第三者；然而，在「智識」與「事物」之間，卻還有「心靈」的存在，而且「在心靈裡的存在」（esse in anima）已使得一切的本體論論證顯得相當多餘。康德在他的三大批判的第二部論著《實踐理性批判》（*Kritik der praktischen Vernunft*）中，曾很有氣魄地嘗試對「在心靈裡的存在」提出哲學性的評斷。他在該書中，把上帝當作實踐理性的假設，而且還指出，這項假設是基於「人們對於追求至高的善（das höchste Gut）的意願以及由此而形成的客觀實在性的前提。此外，這種追求至高的善的意願對於道德法則的推崇——一種在先驗上已認知的推崇——也是必要的。」

　　這麼一來，「在心靈裡的存在」就成了一種心理事實。我們只需要確定，它在人類的心理中，究竟出現過一次、多次，或是經常地出現。「上帝」和「至高的善」這兩個詞語不啻意味著——正如這兩個名稱所顯示

38　l. c., p. 472ff.

的——最高的心理價值。換句話說，它們在決定我們的思想和行為時，就已被賦予、而且實際上已接受了那種最高的、最普遍的意義。在我們的分析心理學的語言裡，「上帝」這個概念恰好是匯集最大量的力比多（心理能量），且與前面的定義相符的觀念群（Vorstellungskomplex）。不同的人對於上帝的實際概念會不一樣，這正好也符合了人們的信仰經驗。上帝從來就不會固定地存在於人們的觀念裡，更別提在現實之中了！因為，正如大家都知道的，人們對於能夠發揮效應的最高價值的認定頗為紛歧：對一些人來說，「他們的神就是自己的肚腹」[39]，而對另一些人來說，金錢、科學、權力和性等才是他們的神。由於人們對於「至高的善」有各自不同的定義，個體的整個心理也會因此而有所差異，至少在主要的特徵上。因此，人們如果把一種完全植基於某種基本驅力（Grundtrieb）——比如權力欲或性欲——的心理學「理論」套用在那些驅力定向不同的個體上，那麼，這種心理學理論就只能解釋他們身上的一些次要特徵了！

三、阿伯拉對於共相之爭的調解

　　探討中世紀的經院哲學如何靠著本身的努力，試圖平息沸沸揚揚的共相之爭，並且在「不存在第三種可能性」的情況下，如何竭力地平衡兩種類型之間的對立，其實是一件頗有意思的工作。十二世紀著名的法國經院哲學家皮耶・阿伯拉便曾試著調解這場共相之爭。阿伯拉的一生是不幸的，他曾瘋狂地愛上哀綠綺思 (Héloise, 1097-1164)——他和哀綠綺思的愛情悲劇以及流傳下來的情書已成為世界文學的一部分——後來因為一些誤會，女方家族便展開報復，而派人將他閹割。熟悉阿伯拉生平的人都知道，他的心靈存在著一些彼此分裂的對立，如何消弭這些對立而達到內在的和諧，一直是他很關注的哲學議題。十九世紀法國作家夏爾・德・雷米薩（Charles de Rémusat, 1797-1875）[40] 曾表示，阿伯拉的個人特色就是崇奉折衷主義（Eklektizismus）：阿伯拉雖會批評和駁斥所有在討論共相方面比較有分量

39　《新約・腓立比書》第三章第十九節。

40　Charles de Rémusat, Abélard.

的理論，但他也會從中汲取一些含有真理性、站得住腳的思想內容。此外，阿伯拉的著作只要涉及共相之爭，就會變得難以理解，且令人感到困惑，因為，他在處理這個主題時，總是不斷地斟酌所有相關的論證與觀點。他在面對兩派的論辯時，並沒有採納任何一派的觀點，而是嘗試了解他們的衝突所在，並試圖讓他們達成共識。但是，這樣的作風卻只會讓他不斷遭到門生的誤解。在某些門生的眼裡，他是唯名論者，但在另一些門生的眼裡，他卻成了唯實論者。這其實是一種很典型的誤解，畢竟人們會以某一特定的類型進行思考，這會比同時兼顧兩種類型還要輕鬆許多，因為，在前一種情況下，人們的思考可以合乎邏輯並維持前後的一致性，而後一種情況卻還缺乏所謂的「折衷觀點」（mittlerer Standpunkt）。總之，唯名論者和唯實論者都致力於本身論述的完整性、清晰性與統一性。只要人們試著考量和平衡這兩種類型的對立，就會讓自己陷於迷惑之中，而且所產生的結果都無法讓這兩種類型感到滿意，因為，任何一方都不會認同折衷觀點的解決方法。雷米薩曾從阿伯拉的著作中整理出許多充滿矛盾的命題——這些命題也與我們在這裡所探討的主題相關——而且還不解地質疑：「我們是不是該承認，每個人的腦袋中存在著一大堆空泛且互不連貫的信條，還有，阿伯拉的哲學，其實只是一片混沌？」[41]

　　阿伯拉從唯名論中學到了一個真理：共相就存在於「詞語」的意義裡，共相就是語言所反映的心理習慣。此外，他還從唯名論中汲取了另一個真理：現實中的事物並不是普遍的存在（共相），而是個別的存在（殊相）；還有，現實中的實質（Substanz）也不是普遍的事實，而是個別的事實。除此之外，阿伯拉也從唯實論裡吸收了一些真理：比如說，種類的名稱就是出自於個別事實和事物基於本身無可質疑的相似性的結合。在他看來，「概念論」（Konzeptualismus）不僅是整合唯名論和唯實論的折衷觀點，而且還應被理解為一種可以掌握感官所察覺到的個別事物，並按照它們之間的相似性而為它們進行「分類」的功能。如此一來，個別事物絕對的龐雜性便得以轉

41　l. c. II, p. 119.

為相對的統一性。如果說，個別事物的龐雜和差異有多麼不容置疑，那麼，它們的相似性也是如此，而且這種相似性還能使它們集結在某個概念之下。如果誰的心理態度以察覺事物的相似性為主，那麼對他而言，集合概念（Sammelbegriff）便已存在，換句話說，著重相似性的集合概念會得力於感官知覺無可否認的事實性而自動浮現出來。如果誰的心理態度以察覺事物的差異性為主，那麼對他來說，事物的相似性就不存在，而是差異性，同時這種差異性也會挾著與前者所察覺的相似性同等的事實性而湧現出來。

這麼看來，**對客體的移情**（Einfühlung ins Objekt）似乎就是一種關注客體差異的心理過程，至於**對客體的抽象化**（Abstraktion vom Objekt）則可能是一種刻意忽視個別事物實際的差異，而著眼於它們普遍的相似性的心理過程，而且這種相似性還是觀念所賴以存在的基礎。當移情和抽象化相互結合時，個體就會產生一種唯一能真正消融唯名論與唯實論的歧見、並使它們相互協調一致的心理功能。概念論就是以這種心理功能為基礎而建立起來的。

雖然，中世紀的經院哲學家知道如何以華美的詞采談論心靈，但這些論述卻與心理學無關，畢竟心理學是歐洲學術史上最年輕的一門學科。假設那個時代就有心理學的存在，或許阿伯拉會把「在心靈裡的存在」（esse in anima）這個概念提升為一道調解共相之爭的公式（Formel）。作家雷米薩便曾清楚地認識到這一點，他說道：

在純粹的邏輯裡，共相不過是通用語言中的一個詞彙。在物理上——相較於邏輯，物理的超越性多於實證性，而且物理還是邏輯真正的存在基礎——類別則建立在事物實際構成和運作的方式上。總之，在純邏輯和物理之間，存在著一門能調和此二者的學科，我們姑且稱之為「心理學」。至於阿伯拉所研究的，正是我們的觀念如何相互衍生的過程，而且還由此得出人們的智識譜系，而這份譜系也是存在物的層次關係及其實際存在的圖像或符號。[42]

42　l. c. II, p. 112.

　　無論在後來的哪一個世紀，關於共相先於事物或後於事物而存在的問題，一直都是歐洲知識界所爭執的焦點，儘管它已脫下經院哲學的外衣，而改以新的樣貌出現。基本上，共相是一個古老的問題，人們對於這個問題所提出的解答有時會偏向唯實論，有時則偏向唯名論。西方哲學在十九世紀初期曾以唯實論為主流觀點，此後，由於時代風氣的轉變，知識界轉而崇尚科學精神，於是共相問題的探討便再次被推向了唯名論陣營，只不過當時唯名論與唯實論的對立已不像阿伯拉時代那麼尖銳。現在我們有了心理學這門學科，它可以協調並統合觀念與事物的差異，而不需要去扭曲任何一方。我覺得，化解唯名論與唯實論這場長期衝突的可能性就存在於心理學的本質裡，雖然至今仍沒有人能宣稱，心理學已完成了這項使命。這麼看來，我們應該對雷米薩以下的這番話表示贊同：

　　因此，阿伯拉還是取得了勝利；儘管他提出的唯名論或概念論，在經過人們深入的檢視後，仍有嚴重的局限，但他確實具有原創的現代精神。他宣告、預示也堅持了這種現代精神。那道點亮地平線的曙光實際上來自一個尚未露臉的太陽，而它應當照耀這個世界。[43]

　　如果我們忽視了心理類型的存在，並因此而忽視了一種類型的真理往往意指另一類型的謬誤這個事實，那麼阿伯拉的努力就意味著經院哲學的鑽牛角尖。如果我們肯定這兩種類型的存在，我們就會覺得，阿伯拉對於共相之爭的處理非常重要。這位經院哲學家會在「遣詞措句」（sermo，即句子）中尋找折衷觀點，尋找一種為了鞏固本身的意義而援用某些詞語的定義，因此，他比較不把「談話」（Rede）當成人們所打造的、為了某種特定的涵義所組合而成的句子。此外，阿伯拉並不會討論構成句子的「詞語」（verbum），因為，對唯名論者來說，它只是「聲音」（vox），只是「一

43　l. c. II, p. 140.

陣由聲音的震動所產生的微風」。實際上，這一點正是古希臘羅馬時代與中世紀的唯名論者對於人類的心理發展的偉大貢獻，因為，他們所支持的唯名論徹底消解了詞語和客觀事實之間那種原始的、具有魔力的、神祕的同一性（Identität），從而使得人們不再以事物、而是以那些從事物抽象出來的觀念作為立足點。阿伯拉會忽視唯名論的這項貢獻，或許是因為他的視野過於開闊的緣故。在他看來，詞語只是聲音，但句子——他所謂的「遣詞措句」——卻含有較多的東西，因為，句子本身帶有固定的涵義，句子描述了事物本身普遍的、在觀念上的、被人們所思考的、被感官所察覺的種種。由於阿伯拉主張，共相存在於「遣詞措句」中，並且只存在於其中，所以，人們因此而把他劃入唯名論陣營是可以理解的。不過，這樣的歸類並不正確，畢竟共相對他而言遠遠不只是聲音，還具有更大的真實性。

　　阿伯拉在表達他的概念論時，一定感到很吃力，因為，這些採取折衷觀點的論述必然由各種矛盾所構成。在牛津大學的手稿收藏中，一份紀念阿伯拉的墓誌銘可以讓我們深刻地洞察他的學說所隱含的矛盾：

> 他告訴我們，詞語只有在與事物發生關聯時，才具有意義，
> 他還告訴我們，詞語藉由名稱的指謂而讓事物具有可辨認性；
> 他糾正了一些關於種類名稱和抽象名稱的錯誤觀點。
> 當他把這兩種名稱僅僅轉成詞語時，
> 還明確地表示，這些名稱就是組合而成的定義。
> ……
> 故得證，動物與非動物都是類概念。
> 人類與非人類也是類概念。

　　只要人們想依據某種立場——阿伯拉就是依據智識的立場——來概括這兩種觀點的對立，他們所表達的內容幾乎都會自相矛盾。我們不該忘記，唯名論與唯實論的基本差別並不只在於邏輯與智識方面，而且還在於心理方面。這種心理方面的差異主要起因於，個體的心理態度對於外在客體和內在

觀念所顯示的類型差異。

心理態度定向於觀念的人，會從觀念的角度來理解和反應；心理態度定向於客體的人，則會從感知的角度來理解和反應。在後者看來，抽象是次要的，所以，他會覺得，對於事物的思考並不是很重要，而前者的情況則完全相反。心理態度定向於客體的人當然是唯名論者——「名稱是過眼雲煙」——只要他還沒有學會以補償作用來彌補本身定向於客體的心理態度的片面性。一旦他的補償作用開始發揮作用，他就會變成一位邏輯思考十分縝密的人——假如他具有這方面的能力的話——變成一位事事講求精確與方法的人，而且還會變成一位乏味單調的人。心理態度定向於觀念的人當然擅長邏輯思考，由於他在這方面已具備充足的能力，這反而讓他無法理解、也無法重視那些邏輯學的教科書。這種類型所產生的補償作用會讓他本身轉變成一位熱情的、且注重情感的人——正如我們在基督教早期神學家特圖良身上所看到的——不過，他的情感仍舊會受到他的觀念的影響。基於相同的道理，那些因補償作用而成為精通邏輯思考的人，他的觀念世界依然會受到外在客體的影響。

以上的探討讓我們碰觸到了阿伯拉思想的缺點：他試圖解決問題的智識方式是片面的。如果唯名論與唯實論的對抗只關乎一場邏輯與智識的論戰，我們就無法明白，為什麼阿伯拉對於這場論戰的最終論述會充滿了矛盾。既然這兩個哲學流派的衝突還涉及一種心理的對立，那麼，片面的、邏輯與智識的論述就必定會出現矛盾而無法繼續存在。誠如上述的阿伯拉墓誌銘的最末一句：「人類與非人類也是類概念」。即使透過「遣詞措句」的形式，邏輯與智識的表達仍無法給我們一道可以公正地對待兩種對立的心理態度的本質的折衷公式（mittlere Formel）調解方式，因為，這種表達完全受制於抽象層面，完全缺乏對於具體真實性的肯定。

所有邏輯與智識的論述——儘管如此無懈可擊——都在去除客體印象（Objekteindruck）的生動性與直接性。為了完成論述，這種作法雖然勢在必行，卻也因此而失去了對於外傾態度而言最重要的東西，也就是與真實客體的關聯性。由此可見，任何一種心理態度都無法提出可以調和對立的

雙方、且令雙方感到滿意的折衷公式。不過，人們卻不該讓自己陷於這種衝突的拉鋸中──即使他們的思維可以應付這種分裂狀態──因為，這種分裂狀態並不只是遠離生活現實的哲學問題，它還是每天不斷重複出現在人們跟自己以及跟外在世界的關係裡的問題。由於這場流派之爭基本上牽涉了這個問題，所以，人們即使對這兩派的論證有所討論，卻還是無法解決他們之間的矛盾。如果人們要解決這個問題，就需要能夠調解雙方矛盾的第三種觀點：「在智識裡的存在」缺少可被感官察覺的真實性，至於「在事物裡的存在」則顯得思想貧乏不足。然而，觀念和事物已交會於人們的心理，而心理也盡力地維持這兩者之間的平衡。如果心理無法讓觀念獲得具有生命力的價值，觀念最後會如何？如果心理把制約的力量從感官印象中抽離，客觀事物又會如何？假如實在性不是我們內在的真實性，不是「在靈魂裡的存在」，那麼實在性到底是什麼？具有生命力的真實性既不是透過事物確實而客觀的行為，也不是透過觀念的公式而存在，而是藉由此二者在生動的心理過程中的連結，即「在靈魂裡的存在」。只有透過特定的心理活動，感官的察覺才會深入客體所帶來的印象中；只有透過特定的心理活動，觀念才能獲得可以產生效應的力量；此二者都是構成具有生命力的真實性所不可缺少的部分。

　　心理所固有的活動就跟所有的生命過程一樣，是一種持續不斷的創造性活動，人們既不可以把它們解釋為對於外在感官刺激的反射性反應，也不可以把它們當作負責實現永恆觀念的執行體（Exekutivorgan）。人類的心理每天都在創造真實性，我只能用「幻想」（Phantasie）這個詞彙來表達這種心理活動。由於幻想和情感、思考、直覺以及感知這四大基本心理功能有關，所以，它既是情感的、也是思考的，既是直覺的、也是感知的。在幻想裡，每一種心理功能都與其他的心理功能緊密相繫。幻想有時顯得很原始，有時卻呈現為個體所有能力的整體成果，而且是最新的、最大膽的成果。因此，在我看來，幻想可以相當清晰地反映出特殊的心理活動。幻想主要是一種創造性活動，可以提供所有可以解答的問題的答案。它還是一切可能性的源頭，而且還以充滿生命力的方式把內在世界和外在世界，以及所有心理的二

元對立連結起來。幻想始終都是溝通客體與主體、外傾與內傾之間那些互不相容的要求的橋梁。只有在幻想裡，兩種原本對立的、無法調和的機制才能結合在一起。

假如阿伯拉當時能深刻地洞察出唯名論和唯實論這兩種觀點之間的心理差異，他必定會以合乎邏輯的方式把幻想運用在調解雙方矛盾的論述上。在學術的領域裡，幻想就和情感一樣，是一種禁忌。不過，如果我們認識到這兩個陣營的對立基本上是心理的對立，那麼，心理學就不得不贊同情感觀點，同時也必須肯定可以調解矛盾的幻想觀點。這裡還出現一個棘手的問題：絕大部分的幻想都是無意識的產物。幻想含有意識的成分，這是無可懷疑的，但從整體來看，幻想卻是非自主的（unwillkürlich），而且原本就和意識內容對立，這就是它最特殊的特徵。幻想和夢之間雖然具有共同的特性，但是，夢的非自主性與奇異性（Fremdartigkeit）卻遠遠高於幻想。

人們與幻想的關係高度取決於本身和無意識的關係，而本身和無意識的關係又特別受制於時代精神。個體會隨著理性主義風氣的強弱而程度不一地傾向於無意識以及無意識產物。毋庸置疑地，基督教界——就如同所有封閉式的宗教系統——歷來都傾向於全力壓抑信徒的無意識，因此，也癱瘓了信徒的幻想。此外，宗教往往會採用一些固定的象徵觀點，以便充分而有效地取代個體的無意識。所有宗教的象徵概念都是無意識過程以典型的、具有普遍約束力的形式所塑造出來的。宗教的教義和信條會針對「終極的事物」（die letzten Dinge）以及人類意識所無法企及的界域，把一些具有權威性的相關訊息傳遞給信眾。

如果我們觀察某個宗教的興起過程，我們就會發現，教義的人物形象如何以神啟的方式——也就是透過無意識幻想的具體化——進入宗教創立者的腦袋裡。從他的無意識所產生的一些形式會被解釋為具有普遍的有效性，從而取代信徒們的個人幻想。《新約·馬太福音》關於耶穌基督生平的記載讓我們得以窺知這種過程當中的一個片段：在耶穌被聖靈引到曠野並接受魔鬼試探的故事裡，我們可以看到，「王權」這個觀念如何以魔鬼現身這個異象（Vision）的形式——魔鬼向耶穌提供了統轄世間的權力——從耶穌的無意

識裡浮現出來。假如耶穌基督當時把這個幻想信以為真，而如實地接受了它，這個世界就會多了一個瘋子。不過，他當時非但沒有這麼做，甚至還拒絕將本身的幻想具體化，畢竟他是以**屬天國度**的君王身分來到地上的人間。有時人們會從精神醫學的角度談論耶穌病態的心理，這種理性主義的看法簡直荒謬可笑，因為，他們實在無法理解人類的歷史會出現這種心理過程。耶穌在傳教上的成果也已證明，自己決不是妄想症患者。

　　基督徒接受了耶穌基督把他的無意識內容呈現給這個世界的方式，而且還認定它具有普遍的約束力。這麼一來，信徒所有的個人幻想不僅因此而失去了有效性與價值性，甚至還被視為邪說而受到基督教會的迫害，諾斯底運動以及後來的異端分子的遭遇都是顯著的例證。在舊約聖經中，先知耶利米就曾說道：

　　　萬軍之耶和華如此說，這些先知向你們說預言，你們不要聽他們的話。他們以虛空教訓你們，所說的異象，是出於自己的心，不是出於耶和華的口。[44]

　　　我已聽見那些先知所說的，就是託我名說的假預言，他們說，我作了夢，我作了夢。說假預言的先知，就是預言本心詭詐的先知，他們這樣存心要到幾時呢？他們個人將所作的夢對鄰舍述說，想要使我的百姓忘記我的名，正如他們列祖因巴力忘記我的名一樣。得夢的先知可以述說那夢。得我話的人，可以誠實講說我的話。糠粃怎能與麥子比較呢？這是耶和華說的。[45]

　　同時我們還看到，基督教早期的主教如何處心積慮地剷除僧侶的個人無意識所產生的種種效應。第四世紀亞歷山卓城大主教亞他那修（Athanasius of Alexandria, 296-373）曾為基督教隱修運動之父 —— 即埃及的「沙漠教父」—— 聖安東尼（St. Antonius, ?-356）立傳，而且他所撰寫的這部傳記[46]

44　《舊約‧耶利米書》第二十三章第十六節。

45　《舊約‧耶利米書》第二十三章第二十五節至第二十八節。

46　*Life of St. Antony* in *The Book of Paradise* by PALLADIUS, HIERONYMUS etc. Herausgegeben von E.

還為我們的無意識研究，提供了相當有價值的資料。大主教亞他那修當時為了訓誡他所帶領的修士們，曾在這部傳記裡描述一些現象與幻覺，也就是孤獨的禱告者和齋戒者的靈魂所面臨的危險。此外，他還叮嚀他們，魔鬼為了讓聖徒墜入墮落的深淵，會多麼狡猾地偽裝自己。其實，所謂的魔鬼就是隱修者本身的無意識所發出的聲音，就是無意識對於宗教強行壓制個體天性的反抗。以下是我從這本不容易取得的古代傳記中，所摘錄的幾個段落。它們非常清楚地反映出，當時過隱修生活的基督徒的無意識如何遭到系統性的壓抑與貶損：

　　有時我們一個人也沒看見，卻聽見魔鬼活動的聲音，它聽起來就像有人在放聲高歌；有時我們還聽到不斷反覆朗讀《聖經》某段經文的聲音，就像我們平常聽到有人出聲念誦《聖經》一般。有時他們（魔鬼）還會在半夜把我們從床上拉起來禱告，並慫恿我們起床。此外，他們也會在我們面前偽裝成僧侶和憂傷者（即隱修者）的模樣，讓我們無法分辨真偽。當他們接近我們時，宛如從遠方跋涉前來，而且還會發表一些足以削弱膽怯者的理解力的言論：「我們（魔鬼）喜歡踐踏和破壞，現在這條定律已凌駕於上帝對於萬物的創造。不過，當我們接近你們時，卻無法透過上帝的意志進入你們的寓所，來行使這項權利。」如果他們這些魔鬼無法用這種方法貫徹自己的意志，就會放棄這種騙人的技倆，並對人們說：「你怎麼還能生活下去呢？你自己想想，你對於不少事情的作法並不正當，而且已經犯下罪惡。你以為，聖靈沒有跟我透露你幹的這一切？你以為，我不知道你做過哪些事？」試想，如果一個心思單純的弟兄聽到這些魔鬼的話語，卻無法了解這是惡者的詭詐，那麼，他的靈魂就會立刻陷入迷惑。他會感到絕望，而且還會出現信仰的倒退。

　　我親愛的弟兄們，我們並不需要受到這些事情的驚嚇，不過，如果魔鬼們要進一步指教我們，**什麼是真理和真相**，我們就必須戒慎恐懼，嚴厲地呵斥他們……因此，我們一定要好好保護自己，不要傾聽他們的話語，即使他

A. Wallis BUDGE.

們聲稱，自己所說的都是真理。如果讓那群背叛上帝的惡勢力成為我們的教導者，這將是我們的一大恥辱。我的弟兄們，讓我們武裝自己，穿上正義的盔甲，戴上救贖的頭盔，在奮戰的當刻，基於我們的信仰，把心靈的箭矢從張滿的弓中射出。因為，他們（魔鬼）什麼都不是，即使他們算是個什麼，他們的力量也無法抵擋十字架的威力。」[47]

聖安東尼還談道：

有一次，一個舉止非常傲慢無恥的魔鬼出現在我的面前，他說話的嗓音就好像一大群人聚集時的喧嘩聲，而且他居然敢對我說：「我，就是我，擁有上帝的權柄；我，就是我，是世界的主宰。」他還繼續對我說：「你希望我給你什麼？你只要開口要求，就會得到。」當時我便對他厲聲斥責，並以基督之名回絕他……還有一次，我在禁食齋戒時，那個狡猾的魔鬼化身為一個弟兄。他拿著麵包出現在我的面前，並建議我：「起來吧，這裡有麵包和水可以讓你不再飢渴，你已過度勞累，需要休息一下。畢竟你是人，即使你將來可能成為了不起的人物，你終究還是血肉之軀，所以，你應該擔憂自己的疾病和苦痛。」我把他的話考慮了一下，便繼續保持鎮靜，矜持地不做任何回答。然後我安靜地彎下身子，在禱告中懺悔地祈求：「我的主啊！請祢趕走他，就如同祢一直以來所做的。」我的禱告一結束，這個魔鬼便立刻消失。他化成了一道塵埃，像一縷輕煙似地從屋門飄散出去。

有一天晚上，撒旦還來我的住家敲門。我當時便走出門外，看看到底是誰在敲門，抬頭一瞧，赫然發現一位體型高大而強壯的男人出現在我的面前。於是我問他：「你是誰？」他回答：「我是撒旦。」然後我又問他：「你在找什麼？」他便反問我：「為什麼基督教的信徒、隱士和僧侶要辱罵我？為什麼他們總是在詛咒我？」他這番愚蠢的質問讓我感到相當莫名其妙，於是我也反問他：「為什麼你要折磨他們？」然而，他卻這麼回答：「不是我

47　{l. c., p. 24f.}

在折磨他們，而是他們自己在折磨自己。如果我不對他們宣告，**我**就是敵人，他們之間的殺戮就不會停止，這就是我經歷過的事。不過，這麼一來，我就失去了容身之地，不僅身邊沒有一把閃閃發亮的利劍，連那些曾經真正臣服於我、為我效勞的人也都很鄙視我。由於他們認為不該擁護我，便不肯再追隨我。他們隨時都準備逃開，所以，我不得不用鎖鏈捆住他們。基督徒已經遍布這個世界，甚至在沙漠裡，也可以到處看到他們的修道院和住所。如果他們繼續咒罵我，他們自己就得小心了！」在讚揚上主的憐憫和恩典之餘，我這麼告訴他：「為什麼你在其他的場合都在說謊，現在卻要說實話？怎麼會這樣？你現在雖然說了實話，但你已經習慣說謊，這該怎麼解釋？當基督降世為人，來到這個世界時，你已被丟入深淵中的深淵，你的罪惡已被連根拔除，已從這個世界消失，這是千真萬確的事實。」撒旦一聽到基督這個名字，他的形體便立刻消失，而且緘默無聲，不再言語。[48]

　　以上這些引文顯示，個體的無意識雖能以透徹的方式呈現出真相，卻受到一般宗教信仰的摒棄。無意識被人們刻意冷落應該可以歸因於思想史上的一些特殊原因。我們在這裡並不打算進一步地探究這些原因，我們只需要知道無意識受到壓抑的事實，這樣就夠了！從心理學的角度來說，無意識的壓抑來自於力比多的抽離（Entziehung der Libido），也就是心理能量的抽離。從無意識抽離出來的力比多會轉入意識層面，而促進意識態度（bewußte Einstellung）的發展，並逐漸形成新的世界觀（Weltanschauung），而且經由這個過程所形成的確鑿無疑的優勢又自然而然地強化了意識態度。因此，我們毋需訝異，為什麼特別排拒無意識的態度正是我們的心理學的特徵。

　　所有的學科都排除了情感觀點和幻想觀點，這種作法不只是可以理解的，還是必要的，而且這也是學術之所以是學術的原因。然而，這種作法會給心理學帶來什麼效應呢？心理學以這種作法處理研究材料是否恰當呢？每個學科都試圖以抽象的方式來論述和表達所取得的研究材料，只要心理學還

48　{l. c., p. 33ff.}

把本身當作一門學科，就必須遵循學術研究的遊戲規則。心理學會透過智識的抽象化來掌握情感、感知與幻想的過程，這種處理方式雖能確保智識和抽象的觀點，卻無法顧及其他可能的心理學觀點。因此，後者在強調學術性的心理學裡，只會被提及，卻無法作為獨立的心理學原理。無論如何，學術都無法脫離智識的屬性，因此，情感、感官和直覺這些心理功能都只不過是屈從於智識的客體。

　　智識的確主宰了學術領域，不過，學術如果進入了實際應用的範疇，那可就另當別論了！因為，智識會因此而從一位高高在上的君王，變成一個純粹的輔助工具，雖然，它是被學術精緻化的工具，但卻已成為工匠師傅所使用的工具。在這裡，智識不再是目的本身（Selbstzweck），而純粹只是達成目的的條件。智識和學術都轉而效力於人們創造性的力量和意向（Absicht）。心理學在這種情況下，已成為一門廣義的心理學，雖然它還是心理學，但已不再具有學術性質。它的研究對象是具有創造性的心理活動，其中以創造性的幻想最為重要。人們在這裡如果不想提到「創造性的幻想」，也可以換成另一種說法：在這種實用的心理學裡，**生命**本身扮演了主要的角色。因為，生命一方面雖是作為學術研究的輔助工具的建設性和創造性幻想，但從另一方面來看，生命也代表著外在現實的各種不同的要求，而且這些要求還會激起創造性幻想的活動。

　　以學術研究作為目的本身，肯定是一種崇高的典範，但如果要堅定地實現這種典範，就會衍生出和學術研究以及藝術創作相同數量的目的本身。這麼一來，一些受到關注的心理功能的研究就會出現高度的分工化和專門化，而致使研究遠離了現實的世界和生活。此外，不斷增加的專業領域也會讓各領域之間逐漸失去整體的關聯性，而且這種學術現象還會引發心理學各領域以及心理學家的心理的貧乏化和封閉化。這些心理學家不僅已被區分為、甚至還會墮落為各種不同的心理學領域的專家。其實學術不只可以扮演主人、也可以扮演傭僕的角色，而且只有透過傭僕的角色，學術才能證明本身的存在價值，學術也決不會因此而失去體面！

　　心理學的研究讓我們認識到心理失衡和心理障礙，因此，我們應該向學

術的智識屬性致上最高的敬意。不過，如果我們因此而認為學術就是目的本身，那就大錯特錯了！因為，目的本身會使學術無法成為純粹的輔助工具。倘若我們帶著智識及其所主導的學術進入真實的生活領域，我們就會立刻發現，自己已受到限制，而且還被隔離在真實的生活領域之外。所以，我們必須把學術典範的普遍性當成一種限制性，而且還應該為自己尋覓一位精神導師。由於精神導師會考量一個完整的生命的諸多要求，因此，他們比智識——即學術的主宰——更有能力向我們擔保心理的普遍性。

當浮士德這位歌德劇作的主人翁宣稱「情感就是一切」時，他同時也表達了自己對於智識的不以為然，因此，他也受限於另一種片面性，並未獲得生命的、以及自身心理的完整性，也就是一種能讓對立的思考和情感統合於更超然的第三者的完整性。正如我在前面提過的，這裡所謂的更超然的第三者既可以被視為實際的目標，也可以被當作設定目標的幻想。我們既無法從作為目的本身的學術、也無法從缺乏思考洞察力的情感發現這種完整性的目標。此二者都需要借助對方作為輔助工具，才可能讓自己變得更完整，不過，由於它們之間的矛盾過於強烈，因此，需要在它們當中架設一座可以溝通彼此的橋梁。這座橋梁就存在於我們的創造性的幻想中，並不屬於這兩者的任何一方。這座橋梁其實就是它們的培植者，同時還為它們孕育出一個完整性的目標，成功化解了它們之間的衝突。

如果心理學對我們而言，只是一門學科，我們就只能為心理學——作為學術研究的目的本身——而服務，卻無法藉由心理學而觸及生命。雖然學術研究可以讓我們認識事情的具體狀況，但它除了自己的目的以外，總是一味地排拒其他所有的目的。智識如果不願意認可其他目的的價值而犧牲本身的權威性，就會處於故步自封的狀態。它畏於跨出離開自身的那一步，也對於否定自身普遍的有效性感到恐懼，畢竟其他的一切對它來說都只是**幻想**，因此，僵化的、存在於學術的目的本身的智識便自絕於能帶來活力的生命泉源之外。然而，一些曾經存在的偉大事物起先不也只是出自人們的幻想？對智識來說，幻想不過只是表露願望的夢（Wunschtraum），因此，學術的一切在表露願望的夢裡受到低估，不僅是人們所樂見的，也是必要的。只要涉及

學術的發展，學術作為目的本身就是不可避免的事，不過，當學術涉及應該
獲得發展的生命本身時，卻會令人感到厭惡。在基督教的文化過程中，壓抑
人們自由的幻想確實有歷史的必要性，同樣地，我們這個科學掛帥的時代也
有必要從其他方面遏阻人們的幻想。我們不該忘記，創造性的幻想如果沒有
受到合理的限制，就會恣意蔓延，而墮落成最具破壞性的東西。然而，這些
限制卻不是人們用智識和理性的情感所設下的束縛，它們的存在是基於必要
性以及無可爭辯的真實性。

　　每個時代都負有不同的使命，人們只有在回顧歷史時才能確知，從前有
什麼必須是如此，又有什麼不該是如此。每個時代總是充斥著人們對於信念
的爭執，畢竟「戰爭是萬物之父」。[49] 然而，只有歷史是最終的裁判者。所
謂的真理並不是永恆，而只是綱領。真理愈顯得**永恆不朽**，就愈缺乏生機與
價值，因為，它們的存在已如此理所當然，所以，已無法再告訴我們什麼
了！

　　只要心理學還是純粹的學術研究，我們就能從精神分析學家佛洛伊德
（Sigmund Freud, 1856-1939）和個體心理學家阿德勒（Alfred Adler, 1870-
1937）那些著名的觀點中得知，心理學如何評斷人類的幻想。佛洛伊德的解
析是把幻想歸結為基本的、前後具有因果關係的驅力過程（Triebprozeß），
而阿德勒的觀點則是把幻想歸結為自我最終的基本意向。由此可知，前者是
一種驅力心理學（Trieb-Psychologie），而後者則是一種自我心理學（Ich-
Psychologie）。驅力是一種無關於個體的生物現象。以驅力為基礎的心理學
當然會忽略自我，因為，自我是依憑個體化原則而存在的，也就是個體的分
化。由於這種分化就是個體的個別化，所以，不是普遍的生物現象。儘管普
遍存在的驅力動力（Triebkräfte）也能促成個體人格的形成，不過，單獨的
個體與普遍的驅力之間卻不只是本質的差異，甚至還是截然的對立。畢竟作
為人格的個體總是與群體的集體性有所區別，更何況個體的本質正好就存在
於這種區別當中。由此可知，所有自我心理學的研究都必須忽略和排除驅力

49　HERAKLIT. Zit. aus HERMANN DIELS, *Die Fragmente der Vorsokratiker* I, p. 88, Spruch 53.

心理學所強調的集體性，因為，自我心理學是在探索不同於集體驅力的自我過程（Ich-Prozeß）。這兩種觀點的代表人物互相仇視對方，這場激烈的衝突源自於一個事實：因為，一個觀點的成立就意味著對另一個觀點的鄙夷與貶損。只要驅力心理學與自我心理學之間的根本差異還未獲得認可，雙方就不會罷休，必然會理所當然地認為，自己的理論才具有普遍的效力。但這種衝突決不表示，驅力心理學——舉例來說——無法提出關於自我過程的理論。驅力心理學當然可以完全做到這一點，只不過自我心理學會認為它的處理方式是在否定自己的理論。其實佛洛伊德也受到自我心理學的影響，所以，偶爾會在論著中使用「自我驅力」（Ichtrieb）這個概念，但從整體來說，這樣的影響還是相當微不足道。同樣地，阿德勒也只把佛洛伊德所強調的性欲當成一種透過某個方式、而純粹為基本的權力意向（Machtabsicht）效勞的工具。阿德勒所提出的心理學原則就是確認超越於生物驅力的個人權力，佛洛伊德的心理學原則則在於利用自我為自己服務的驅力，因此，自我在佛洛伊德的理論裡，僅僅是一種驅力的功能。

佛洛伊德和阿德勒的心理學都傾向於把所有的心理現象歸結為自己所主張的原理原則，然後再據此展開演繹與推論。這種處理方式特別容易出現在幻想的研究上，因為，幻想對於現實的適應並不像意識的功能具有定向於客體的特性，不過，它卻能同時與驅力和自我協調一致：誰如果接受佛洛伊德的驅力觀點，就不難發現「願望的達成」（Wunscherfüllung）、「嬰兒期的願望」（infantiler Wunsch）以及「被壓抑的性欲」這些精神分析學的概念；誰如果接受阿德勒的自我觀點，要發現那些關於自我保衛與自我分化的基本意向也並不困難。由於幻想就是調合個別的自我與普遍的驅力的產物，因此，幻想便含有這兩者的基本要素。由此看來，任何一方的片面性解釋都帶有些許的牽強和武斷，因為，另一方的特性總是會因此而受到壓制。但從整體上來說，一種可被證明的真理還是出現了，只不過它僅僅是部分的真理，並不具備普遍的有效性。換句話說，它的有效性只限於本身原則的範圍，至於在其他原則的領域裡，就失去了作用。

佛洛伊德心理學的特徵在於「潛抑」（Verdrängung; repression）彼此矛

盾的願望傾向（Wunschtendenzen）這個核心概念。在他看來，人就是願望的集合體，而其中只有部分的願望能適應於客體。環境的影響、教育以及種種客觀條件會局部阻礙驅力的自由發展，這也是精神官能症的起因。除此之外，父母的影響還會讓個體陷入道德的衝突，而且嬰兒期的親子關係也會讓個體往後的人生蒙上陰影。人類原初的驅力本質是不容改變的、既有的存在，但在生活中，卻往往因為客體的影響而受到妨害，因此，讓主體的驅力盡量不受干預地自由發展，並選擇適合面對的客體，顯然是一種必要的治療方法。相反地，阿德勒心理學的特徵則在於「自我優越性」（Ichsuperiorität）這個核心概念。對他來說，個人主要是一個自我基點（Ichpunkt），無論在任何情況下，都不該屈從於客體。佛洛伊德認為，個人對於客體的渴望、與客體的聯繫以及某些對於客體的欲求的不可能性非常重要，而阿德勒則以主體的優越性作為一切的依歸。阿德勒把主體在面對客體時所出現的驅力壓抑這個佛洛伊德的主張，改成了主體的自我確保，因此，他所採用的治療方法就是消除使主體孤立的自我保護。但佛洛伊德卻堅持，解除足以妨礙主體親近客體的潛抑，才是治療之道。

由此可知，**性**是佛洛伊德心理學的基本模式，它顯示了主體與客體之間最強烈的連結；至於阿德勒心理學的基本模式則是主體的**權力**，它不僅最能對抗客體，同時還可以讓主體處於不受攻擊的、與外界斷絕所有聯繫的孤立狀態。佛洛伊德希望確保驅力可以不受阻礙地採取行動，以滿足主體的需求；但阿德勒卻想破除客體所散發的惡意的魅惑力，而讓自我得以離開本身的保護殼，從窒息中解脫出來。由此可見，佛洛伊德的觀點基本上是外傾的，而阿德勒的觀點則是內傾的。外傾的理論其效力僅止於外傾類型，而內傾的理論其效力也僅止於內傾類型。既然純粹的類型就是片面化發展的產物，那麼，它也必然是失衡的。此外，對某一種功能的過度強調，也就意味著對其他功能的潛抑。

如果佛洛伊德的精神分析學（Psychoanalyse）所使用的方法是根據患者所屬類型的理論，那麼它就無法解決患者的潛抑問題。換句話說，依照精神分析學的相關理論，外傾型會把從無意識浮現出的幻想歸結為驅力的內容，

而內傾型則把幻想歸結為權力意向，但精神分析學所得出的這些結果卻只會讓原本的狀況失去平衡。由此可見，這種分析方法只會強化既有的類型，擴大類型──無論是內在的或外在的──之間的隔閡，卻無法促使它們相互理解和調和，而且還會貶斥，並再度壓抑出現在無意識幻想裡（例如，夢境等）的一些其他功能的片斷，從而導致個體的內在分裂。這也難怪有一位批評者曾經聲稱，佛洛伊德的理論就是一種精神官能症的理論。即使他的說法可能帶有惡意，或是為了逃避嚴肅處理相關問題的責任，但在某種程度上，他確實言之有理。總的來說，佛洛伊德和阿德勒的觀點都是片面的，它們都只能反映某一類型的特徵。

這兩位心理學家的理論都排斥想像原則（Prinzip der Imagination），也都貶抑幻想的重要性，充其量只是把幻想當作一種符號學（Semiotik）[50] 的表達。實際上，幻想的意義遠不止於此，因為，幻想還體現了其他的心理機制，也就是說，幻想會在內傾型身上顯露出被潛抑的外傾，而在外傾型身上顯露出被潛抑的內傾。被潛抑的功能會停留在無意識裡，而得不到充分的發展，所以，仍不成熟，仍處於古老而原始的（archaisch）狀態，無法與更高層次的意識功能協調一致。不過，人們無法接受幻想主要還是因為無法認可這種無意識功能的特性。基於這些理由，所有把適應外在現實當作主要原則的人也會認為，想像（Imagination）是無用的、可以丟棄的東西。儘管我們都知道，任何出色的想法和創造性的行為都來自人們的想像，都在人們所慣稱的「嬰兒期幻想」（infantile Phantasie）裡醞釀成形。其實不單是藝術家，所有富有創造力的人都把生命中最了不得的東西歸功於他們的想像。幻想的動力原則屬於輕鬆的**遊戲性質**，它也是孩童的特點，因此，會顯得與工作的鄭重原則格格不入，不過，人們如果不玩幻想的遊戲，就不會產生任何創作性質的作品。我們當然很感謝想像的遊戲帶給我們無法預見的東西，如果我們只是因為幻想的荒誕性與不被接受性而藐視它，那就太過短視了！此外，

---

50 我在這裡使用「符號學」，是為了和「象徵性」做對比。佛洛伊德所謂的「象徵」就是基本的驅力作用（Triebvorgänge）的符號（Zeichen）。象徵是一種或多或少透過近似類推（nahe Analogie）的思考所能達到的最貼切的表達方式。

我們還應該切記，人們最有價值的東西也許就存在於他們的想像中。我在這裡會說「也許」，是因為從另一方面來看，幻想如果只是原始材料，便不具有可利用性，因此，也毫無價值可言。倘若人們想從幻想中發掘出富有價值的東西，就應該先讓它們獲得充分的發展。

唯名論和唯實論這兩種觀點的矛盾是否曾在智識上獲得令人滿意的解決？這個問題至今依然無解。雖然在某種意義上，中世紀經院哲學家阿伯拉的嘗試應該獲得高度的重視，但實際上，他的努力卻沒有取得任何值得一提的成果，因為，他無法在他的概念論或立言論（Sermonismus）之外，成功地建立能夠調解雙方矛盾的心理功能。他的論證似乎只是以片面的智識性重複基督教傳統教義中關於「上帝的道」的思想。「上帝的道」作為調解爭執的折衷觀點，顯然比論述的「遣詞措句」更具有優勢，因為，道成肉身（即上帝之子降世為人）的上帝已融合了神性與人性，所以，也會恰當地看待人們的非智識性的期待。

然而，我始終無法擺脫這樣的印象：阿伯拉雖曾以卓越的才智撰寫《是與否》（*Sic et Non*）這本辯證法的名著，以證明基督教仍有許多尚未解決的神學問題，不過，他卻對自己已在放棄創造性行為後，所提出的那個內容互有矛盾的概念論從未感到滿意，雖然，他大抵未因本身悲劇性的命運而喪失熱情的動力。人們如果要評斷我所保留的這個印象，其實並不難，只要把阿伯拉的概念論和老子及莊子這兩位偉大的中國哲人或德國大文豪席勒（Friedrich Schiller, 1759-1805）對於同一問題的解決方式進行比較就可以了！

第五節　路德和茲文里對於聖餐禮的爭辯

如果我們要探討中世紀以後歐洲在思想觀念上的類型對立，就應該談到新教和宗教改革運動。由於這個現象相當複雜，若要以它作為心理分析的研究對象，就必須先把它拆解成許多個別的心理過程。然而，這卻不是我的能力所能達成的，在權宜之下，我只能從這場基督教思想的論辯中選出一個例

子來討論，也就是馬丁・路德（Martin Luther, 1483-1546）和烏利希・茲文里（Ulrich Zwingli, 1484-1531）這兩位宗教改革家對於聖餐禮的爭辯。

我們在前面提到的化體說，已於一二一五年的拉特蘭宮宗教會議（Laterankonzil）獲得正式的認可，而成為基督教固定的教義，十六世紀的新教神學家路德就是在這樣的信仰背景下成長的。實際上，新教並不主張儀式及其具體的施行具有客觀的救贖意義，因為，新教的教義原本就是在反對天主教體制的意義，不過，路德卻還是無法擺脫在聖餐禮中取用餅和酒時，本身所直接產生的感官印象。直接體驗餅和酒，對他來說，絕對是必要的宗教需求，因為餅和酒就是感官所能知覺的事實性，而不是純粹的符號。因此，他宣稱，信徒在聖餐中所取用的餅和酒就是耶穌基督的聖體和寶血的真實臨在（wirkliche Gegenwart）。由於他認為，在聖餐禮中直接體驗這兩項客體具有無上的宗教意義，因此便完全沉迷於基督聖體的物質臨在的具體化之中。由此看來，他所有詮釋的嘗試都是在這種感官所知覺的事實上進行的，儘管基督的聖體在聖餐禮中只是「非空間性的」臨在。根據路德的同質說（Konsubstantiationslehre），餅和酒的實質並沒有轉化成基督的身體和血，而是與基督聖體的實質同時存在。為了支持基督真實臨在於聖餐中的說法，路德後來還發展出基督聖體普遍存在（Ubiquität）的概念，以說明在各地舉行的聖餐都有基督聖體的同在。這樣的主張後來雖被上帝隨時且多處的臨在（Volipräsenz）的神學概念——上帝想臨在於何處，就能臨在於何處——所取代，但它當時卻令信眾感到難以理解。不過，路德本人卻對於這些問題毫不在意，仍堅持感官印象的直接體驗，寧可用荒謬的、或不充分的解釋來消除人們所有在理解上的顧慮。

假如路德只是因為基督教傳統的力量才固守住這個教義，這實在令人難以置信，因為，他早已充分地證明，自己有能力摒棄基督教傳統的信仰形式。新教的信眾大概不會當真認為，自己在聖餐禮中已與基督聖體有「真實的」、物質性的接觸，但是，對於路德這位日耳曼新教領袖來說，與基督聖體直接接觸的情感意義卻已凌駕於新教的教義原則之上，也就是上帝的話語是傳達上帝恩典的唯一工具，而不是教會的禮拜儀式。路德當時主張，上帝

的話語具有救贖的意義，而且領受聖餐也可以獲得上帝的恩典。這種看重聖餐禮儀式的主張從表面看來，是他對於天主教的教會體制和儀軌的讓步——就如同我在前文所指出的——但實際上，認可這種直接建立在感官體驗的情感事實，卻是出於他本人的心理需求。

瑞士的新教領袖茲文里則對聖餐禮抱持純粹的象徵觀點，因此，和路德的見解恰恰相反。對他而言，領受聖餅與聖酒就是從「精神上」有份於耶穌基督的聖體和寶血。這種觀點不只具有理性以及儀式概念化的特色，而且不會違背新教的教義原則，同時又可避免一切有悖於理性的假設，不過，它卻無法恰當地看待，路德想從聖餐禮中獲得的感官印象及其特殊情感價值的實在性。茲文里雖然也參加聖餐禮，也跟路德一樣領受了餅和酒，但他對於這個儀式的觀點卻沒有包含任何能適切反映主體對於客體獨特的感知價值和情感價值的公式。相反地，路德在這方面雖然提供了一道公式，但卻牴觸了人們的理性以及新教的教義原則。他那種注重感知與情感的觀點並不在乎理性和教義，而這也的確是合理的，畢竟人們對於客體的感知幾乎不涉及觀念，即「原則」。總而言之，路德和茲文里的宗教觀點是相互排斥的。

路德的論述偏重於外傾觀點，而茲文里的論述則傾向於觀念化的立場。後者的論述僅僅是觀念性的見解，並沒有扭曲主體對於客體的情感和感知，因而留給了客體發揮效應的空間。然而，路德的外傾觀點似乎不滿足於客體所擁有的空間，因此，還進一步要求一種觀念依從於感知價值的論述，就像茲文里的觀念性論述會要求情感與感知的服從一樣。

本章對於古希臘羅馬與中世紀時期的類型原則的探討，已接近尾聲。我很清楚，自己在這裡只提出問題，畢竟處理這麼困難、龐雜、且令人精疲力盡的研究主題，絕對超出了我的能力範圍。如果讀者能對本章所介紹的類型觀點的差異留下印象，那麼，我的目的就算達成了！我很清楚，這裡所涉及的材料全未經過總結性的處理，不過，我並不需要在此強調這一點。總之，我應該把這方面的研究留給比我更了解這個領域的人來處理。

第二章

席勒對於類型問題的探討

第一節　席勒的《美育書簡》

一、優勢功能與劣勢功能

　　我個人雖然學識有限，但就我所知，十九世紀德國著名文學家席勒似乎是第一位有意識地以更高的標準以及更完整的細節呈現，試圖區分類型態度的人。席勒這項意義重大的嘗試——即呈現兩個相互質疑的功能，並找到調解它們的可能性——就出現在《美育書簡》（*Über die ästhetische Erziehung des Menschen*）這本於一七九五年首次出版的著作中。該書的內容全是他寫給霍斯坦·奧古斯登堡公爵（Herzog von Holstein-Augustenburg）的一些書信。

　　席勒在這本美學著作裡所表現的思想深度，對於研究材料所進行的透徹的心理分析，並運用心理學解決衝突的開闊視野，都促使我願意更廣泛地呈現並評價他的思想，而且我大概是第一位詳盡地討論他的哲學思想的人。從我們的心理學的角度來看，席勒有不少的建樹，對此我將在後面進一步闡明。早在一百多年前，這位大文豪便已提出一些經過他深思熟慮的觀點，而我們的心理學現在卻才剛要開始探索它們。我在本章所進行的相關探討當然不輕鬆，因為，別人可能隨時會批評我，擅自以不符席勒本意的方式來闡釋他的思想。有鑑於此，我當然會盡力在所有重要之處引用作者的原著內容，只不過要把他的思想引入我在這裡所建構的論述中，仍無可避免地要賦予它們某些注解與闡釋。一方面，我只能盡量讓我的論述符合作者的本意，但另一方面，我們也不該忽略一個事實：席勒本身就屬於某一特定的心理類型，因此，他會不自覺地提出某種片面性的說法。我們所進行的心理學闡述大概最能顯露我們本身在觀點和認知上的局限，由此可見，我們在這類說明中，幾乎只會描繪那些已在我們自己心靈留下清晰的基本特徵的圖像。

　　我從席勒的許多個人特質中，得出一個結論：席勒屬於內傾型，而歌德比較傾向於外傾型，如果我們不把歌德本身突出的直覺力列入考慮的話。[1]在

1　譯註：歌德與席勒被後世尊為德國威瑪古典文學的兩大代表人物。

席勒那些關於理想類型的描述裡，我們可以輕易地發現，他在其中所顯露的
自我圖像。席勒的論述會因為本身所屬的類型而出現一種不可避免的局限
性，如果我們想更全面地掌握席勒的思想，就不該忽略這個事實。這種局限
性會使內傾型的席勒更容易發揮本身某一種已達到更充分發展的心理功能，
卻難以表現那些發展不完全、且帶有劣勢特徵的功能，而且這些劣勢特徵還
因為本身發展不足而必須依附在這些功能之下。由此看來，席勒的論述實則
需要我們的批判和指正，而這種局限性也促使席勒使用了一套缺乏普遍適用
性的術語。由於席勒屬於內傾型，因此，他和內在觀念之間的連結遠遠強過
他和外在事物的連結。至於內傾個體與內在觀念之間的關係究竟是偏向情感
或思考，就端視個體的類型比較傾向於情感型或思考型而定。

　　本書的讀者如果受到我從前發表的那幾份不成熟的論文的影響，而把情
感型和外傾型、思考型和內傾型等同視之，我在這裡就要請求他們，務必牢
記本書最後一章〈定義〉裡的那些專有名詞的定義。我在該章中，把人區分
為兩種普遍的類型，即內傾型和外傾型，而且它們都各自包含了四種功能類
型，即思考型、情感型、感知型和直覺型。由此可見，內傾者和外傾者都可
能是思考型或情感型，因為，思考型和情感型不僅會受到內在觀念的制約，
也會受到外在客體的支配。

　　如果我依據席勒的性情 —— 尤其是從他本身與歌德相反的性格
（Charakter）來看——而把他歸類為內傾者，那麼，接下來就會出現這樣的
問題：席勒究竟屬於內傾型之下的哪種類型？這個問題實在難以回答。無疑
地，直覺是他身上的重要特徵，如果人們只把他當作詩人，往往會認為他就
是直覺型。不過，《美育書簡》中的書信內容卻也讓我們看到身為思考者的
席勒。我們可以從席勒在該書中一再坦承的內容中知道，思維的要素在他身
上有多麼強大。因此，我們必須把他的直覺性往思維的那一邊挪移，畢竟只
有從內傾思考型心理的角度出發，我們才能更了解這位文學家。

　　我希望，接下來的探討可以充分地證明，我提出的這個觀點確實與事實
相符，因為，席勒的著作裡顯然已提供了不少的例證。所以，本書的讀者務
必要記住，我在本章裡的闡釋和說明是以剛才提出的看法為基礎。對我而

言，這樣的提醒是必要的，因為，席勒在處理他所面對的問題時，總是以他自己的內在經驗作為出發點。由於不同類型的人在處理相同的問題時，可能會採取截然不同的方式，這個事實等於是在提醒我們，席勒所提出的一些極度概括性的闡述可能是帶有偏見的論斷或是輕率的普遍性結論。不過，我這個看法也可能是錯誤的，因為，像席勒這樣受困於充分與未充分發展的心理功能彼此分隔的人確實為數不少。因此，我如果在接下來的討論中指出了席勒思想的片面性和主觀性，那並不表示，我有意貶低席勒所提出問題的重要性和有效性，我其實只是想藉此為其他的論述爭取更多的空間。由此可知，我批判席勒的意義就是以另一種表達方式來「改寫」他的思想，因為，這樣的作法可以消除席勒論述的主觀局限性。其實，我對於席勒思想的闡述相當貼近席勒的原意，因此，它們甚少涉及我在第一章所單單處理的內傾與外傾的普遍性問題，而更多涉及了**內傾思考型的席勒的類型衝突問題**。

席勒首先探討的是，造成充分與未充分發展的兩種心理功能彼此分隔的原因及其背景，而他確信，個體的分化就是導致這種現象的基本原因。「正是文化本身致使現代人承受了這種創傷。」[2] 光是這句話便足已顯示，席勒對於我們的問題已有廣泛的理解。在本能的生命中，種種心靈力量已無法彼此諧調地產生作用，這對於人們而言，就如同身上一個始終無法癒合的傷口，一個真正的「安佛塔斯的創傷」（Amfortaswunde）[3]，因為，在諸多心理功能中，某一種功能的分化將無可避免地導致該功能的過度發展，以及其他功能的荒廢和萎縮。席勒曾這麼說：

如果我們把現代人視為一個整體，並以理性的尺度來衡量他們，我們便會發現，那些讓現代人可能拿來聲稱自己已超越最傑出的古代人物的優勢。不過，這樣的比較卻還必須在封閉的圈子裡以競賽的方式進行，而且整體和整體之間也必須摩拳擦掌以分出高下。試問，有哪個現代人敢站出來和雅典

2　*Über die ästhetische Erziehung des Menschen*, 6. Brief.
3　譯註：安佛塔斯（Amfortas）是德國作曲家華格納最後一部樂劇《帕西法爾》（Parsifal）裡的聖杯騎士之王。

人一對一地單挑，比試一下自己身為人類的價值？在人類整體的優越性裡，個體之間怎會出現這種有害的關係呢？[4]

席勒把現代人在這方面的劣勢歸咎於文化，也就是心理功能的分化。他首先指出，藝術的直覺性理解和知識學問的思辨性理解如何發生衝突，而且如何在各自的應用領域裡相互排擠。

人們不只把活動局限在某個範圍，而且還聽從於某個支配者。這個支配者經常壓制人們身上某些與自己不同性質的能力，從而造成一種結果：不是高度發展的想像力破壞了理智所辛勤耕耘的成果，就是抽象精神撲滅了那把曾溫暖我們的內心、點燃我們的幻想的熱火。

如果一般人把職位的高低當作衡量人的尺度，並因此而只重視某一位公民的記憶、某一位公民的規範化和準則化的埋智，以及某一位公民熟練的機械操作；如果人們只是追求知識，卻不在意性格，而且還諒解那些遵紀守法的人在理智上最大的無知；如果人們要求某項個別能力的發展達到某種強度——就如同要求主體必須達到某種廣度那般——也就是讓某個可以帶來榮耀的、值得關注的能力獲得個體所有的照應，那麼，我們就毋須訝異，個體其他的天賦會受到忽視。[5]

席勒的這些思想相當重要。在席勒的時代，北方的日耳曼人對於南歐的希臘文化的認識仍然不足，只能藉由那些流傳下來的偉大名著來評價希臘人，因此，便出現了許多對於希臘文化過於誇張的溢美之詞，這樣的情況是可想而知的。希臘文化的獨特美感實際上得歸功於它本身及其所賴以發展的外在環境的鮮明對比。希臘人的優點就在於他們的心理功能的分化比現代人還少——如果人們傾向於把這一點當作優點的話——不過，話說回來，較少的功能分化也會造成一些顯著的缺點。

---

4 {l. c.}

5 l. c.

　　心理功能的分化就如同所有自然界的現象一樣，並不是出於人們有意的謀畫，而是來自人們急迫的生存困境。如果從前有一位非常欣賞希臘蔚藍的晴空以及田園牧歌般的美妙生活的日耳曼人，在偶然的情況下淪落為雅典的奴隸，那麼，他可能會以全然不同的目光來看待希臘的美景。早在西元前第五世紀，希臘未開發的環境便已能提供個人較多的機會來全面發展自己的特質和能力，不過，這種環境條件的形成卻是以奴隸制度為基礎，也就是以成千上萬的民眾在惡劣的生活環境裡承受著壓迫和傷害作為代價。古希臘的某些地區確實已達到高水準的個體文化，不過，卻普遍對於集體文化感到陌生，直到基督教出現之後，歐洲才有集體文化可言。由此可見，作為群眾的現代人不僅可以和古代的希臘人較量，甚至在集體文化上，也遠遠超越了他們。不過，席勒卻指出，我們西方的個體文化並沒有跟上集體文化的發展步調。這是個完全正確的見解，而且這種情況從席勒發表《美育書簡》之後這一百二十年間，不僅沒有絲毫改善，甚至還出現倒退的現象。如果我們沒有進一步陷入不利於個體發展的集體文化中，就幾乎不需要像十九世紀德國哲學家尼采和麥克斯・施蒂納（Max Stirner, 1806-1856）那樣，做出個人化的激烈反應。所以，席勒的說法依然適用於我們這個時代。

　　正如古希臘社會為了促進上層階級的個體發展而壓迫大多數的平民百姓（服苦役者、奴隸）一般，之後的基督教會也透過這種過程儘可能地壓制內部而達到集體文化的狀態，只是施行的對象已由下層人民轉向信徒個體（也就是提升到個人的主體層面，如果我們要比較講究地表達的話）。當基督教會以靈魂不滅的教義宣告個人的價值時，大多數的下層民眾雖已不必再為少數的上層階級的自由而受到箝制，但壓抑卻沒有消失，只是轉移了目標，改由個體比較有價值的優勢功能（mehrwertige Funktion）來壓抑比較沒有價值的劣勢功能（minderwertige Funktion）。這麼一來，個體價值的重心便被移往優勢功能，從而妨害了其他所有的心理功能。對心理學來說，這就是古希臘文化具有壓制性的外在社會形勢轉化為個人的主體狀態。原先某種在古希臘文化的外在狀態，而今卻轉變成個體心理的內在狀態，更確切地說，一種具有支配性的、被優先使用的優勢功能為了本身的發展和分化，而妨礙了大

多數的劣勢功能。人類的集體文化就是經由這種心理過程而逐漸形成的。比起古希臘時期，這種集體文化雖能為個人提供更多「人權」的保障，但卻也不乏缺點：集體文化是以內在主觀的奴隸文化為基礎，也就是把古希臘時代大多數人的奴役狀態轉化為個體心理的奴役狀態。集體文化雖藉此而獲得提升，但個體文化卻遭到貶低。對民眾的奴役如果是古希臘文化一道無法癒合的傷口，那麼，對劣勢功能的奴役就是一道仍在現代人的心靈上不斷滲血的傷口。

席勒曾指出，「雖然，片面地訓練某些能力必然會導致個體的偏差，不過，卻能展現出個體所屬類型的真實性。」[6]個體如果偏好使用優勢功能，會有利於本身的社會性（Sozietät），但卻有害於個體性。這種對於個體的損害已大為蔓延，以致於我們現代社會的一些大型組織已把全面抹殺個體性當作努力的目標，因為，這些組織的存在必須仰賴人們對於自己所偏重的優勢功能的自動使用。在這裡，人已不算數，而是人的內在的某一種已分化的心理功能。因此，個人在集體文化中所展現的，並不是自己本身，而只是自己身上的某一種優勢功能，甚至還會把自己完全等同於這種優勢功能，而排拒其他的劣勢功能。由此可知，現代社會的個人已淪為一種純粹的優勢功能，因為，只有這種功能才能代表集體的價值，而且還可以保障個人的生存機會。此外，優勢功能只能經由一種方式而達成分化，席勒對此曾有清楚的認識：

> 若要發展人類許多本有的能力，唯一的方法就是讓它們彼此對抗。這種能力的對立是人類文化的重要工具，不過，也只是工具而已。由此看來，只要有這種對立存在，人類就會走在通往文化的道路上。[7]

依據席勒的這個觀點，我們目前的能力的對立狀態只促使我們走向文化，卻未使我們達到文化狀態。針對這一點，人們其實有不同的意見，因為，有些人會把集體文化的狀態視為文化，另一些人則把集體文化的狀態只

6　l. c.

7　l. c.

當作**文明**（Zivilisation），而對於文化提出更嚴厲的個體發展的要求。在這方面，席勒卻糊塗地採取了第二種觀點，而把我們現代人的集體文化對比於希臘的個體文化。這種比較之所以不恰當，在於他忽視了希臘文化的缺點，而正是這種缺點才使得希臘文化的絕對有效性受到質疑。畢竟沒有任何一個文化是完美的，若不是偏向一方，就是偏向另一方。換句話說，有些文化的主要價值在於**客體**以及客體與它們本身的關係，而有些文化則以內傾為典範，其主要價值在於個人（或**主體**）以及個人與其內在觀念的關係。以外傾為典範的文化會採取集體的形式；以內傾為典範的文化則採取個體的形式。所以，在基督教會倡導的基督之愛（其對比概念為「侵犯個體性」）的原則下，出現了一種以吞沒個體作為威脅的集體文化，因為，在基督教裡，個體早已由於低價值原則（Prinzip einer Minderbewertung）而衰落，這是可想而知的。到了十八、十九世紀之交，德國古典主義文學家——以歌德和席勒為代表——之所以特別渴慕古希臘文化，這是因為該文化已成為他們一心嚮往的個體文化的象徵，所以，往往被他們賦予過高的評價，並被他們過度理想化。此外，當時還有不少人致力於模仿和傳揚古希臘精神，這些嘗試在今天看來雖然顯得有些愚蠢，卻仍可被視為歐洲當時追求個體文化的前兆。

　　自席勒撰寫《美育書簡》至今這一百二十年當中，與個體文化有關的狀況不僅沒有好轉，反而還變得更糟。如今個人的關注遠比從前受到更多集體活動的滲透，個人發展個體文化的空閒時間也因而減少許多。我們如今已擁有高度發展的、遠遠超越一切組織的集體文化，而個體文化卻也因此而受到愈來愈多的危害。在「個人是什麼」與「個人表現出什麼」之間，也就是在「個人作為個體」和「個人作為集體的一分子」之間，存在著一條幽深的鴻溝，這就是當前的情況。儘管個人的心理功能已獲得開展，但他的個體性卻仍在原地踏步。如果他有傑出的表現，而受到社會的認可，那麼，他和他的集體功能便是協調一致的；如果他表現平庸，儘管本身所發揮的社會性功能會受到重視，但他的個體性卻已完全處於未開發的劣勢功能這一邊，所以，他看起來就像個野蠻人，而前者（表現傑出者）卻能幸運地掩飾本身實際存在的野蠻性。當然，個體片面對某個功能的倚重對於他的社會性來說，確實

具有不可低估、且無法透過其他方式而達成的優勢。對此，席勒曾貼切地表示：

　　唯有將我們精神的全部能量匯聚在一個焦點上，將我們全部的本質集中到一股單一的力量裡，同時為它裝上翅膀，並藉由我們的施力，才能讓它遠遠地飛越自然界為它設下的界限。[8]

　　然而，個體獨厚優勢功能的這種片面性發展，必然會使一些備受壓抑的劣勢功能有所反應，因為，劣勢功能不可能完全不發展，也不可能徹底被排除在個體的生命歷程之外。個體為了給予劣勢功能生存的機會，總有一天必定會「再度終結其內在的分裂」。

　　我已在前文中提過，文化發展所出現的分化終究會導致人們的基本心理功能的分裂，它不只超越了個體能力的分化，甚至還影響了人們掌控能力運用方式的普遍心理態度。在這種情況下，文化會致使個體所擁有的某種優質學習天賦的心理功能產生分化：比方說，有些人的思考能力會取得進一步的發展，另一些人則在情感方面獲得加強。這些個體在文化要求的催促下，會特別發展資質中特別有利於生存的、可被造就的功能。在這裡，所謂的可造就性當然不表示，該功能與生俱來便擁有表現出色的潛力。或許我們可以這麼說，可造就性其實只預設了該功能的靈敏性、易變性和可塑性。在這種功能裡，我們或許只能尋找並尋得最高的集體價值——如果該功能已發展出集體價值的話——而不是最高的個人價值。除此之外，那些被忽略的劣勢功能——正如我曾指出的——其實往往藏有許多較高的個人價值，對於集體生活而言，它們雖然意義不大，但對於個人生活來說，卻具有最重要的意義，而且還能展現生命的價值。這些生命價值能為個體帶來生命的豐富與美好，不過，它們並不存在於個體的集體功能裡。已分化的心理功能雖能使個體獲得集體存在的機會，卻無法為個體創造生命的滿足與喜悅，畢竟能賦予個體

8　l. c.

這些的，只有個體價值的發展。個體價值的缺乏經常使人們陷入深刻的失落感，因為，人們只要遠離了個體價值，就會出現內在的分裂。對席勒來說，這種分裂就好比身上一處疼痛的傷口：

不論我們或全世界可能從這種人類能力的專門訓練中得到多大的收穫，卻始終無法否認，接受這種訓練的個人仍受到現世目的（Weltzweck）的詛咒而感到痛苦。體操的訓練雖能打造運動員強健的體格，但身形的美感卻只能藉由四肢自由而協調的活動才能獲得。同樣地，個體精神能力的砥礪琢磨雖可以造就傑出的人才，但只有這些精神能力受到協調的鍛鍊時，個體才能獲得幸福與圓滿。倘若人類秉性的培育必須以某種犧牲作為代價，那麼，我們和過去以及未來的時代將處於何種關係？我們從前曾當過奴隸，曾被**役使**數千年之久，這種順服所留下的恥辱早已烙印在我們飽受殘害的天性上，儘管這些犧牲已讓後世得到幸福的悠閒、良好的道德以及人性的自由發展。那麼，人類是否註定，會因為某個目標而讓自己有所錯失？難道大自然會為了本身的目的，而剝奪了理性曾對我們所要求的完整性？如果個體能力的培育必須犧牲個體本身的完整性，那肯定是錯誤的作法。**當自然的規律也力求如此時，我們就應該以一種更高超的技藝（藝術）來重建我們在本質上已遭技藝破壞的完整性。**[9]

席勒顯然已在他的個人生活中，相當深刻地感受到這種衝突，而且正是這種內在的衝突讓他對於統一性和協調性滿懷渴望，因為，它們不僅可以解放那些被壓抑的、因奴役而受損的功能，還可以恢復生命本有的和諧性。這個想法後來還成為作曲家華格納創作他的宗教樂劇《帕西法爾》的動機。藉由聖杯騎士之王的聖矛的失而復得和傷口的痊癒，華格納賦予了該劇一種象徵性的表達。他嘗試在這種象徵性的藝術表達中所訴說的，正是作家席勒力圖在哲學思考裡所闡明的東西。他的音量雖然不大，但表達的內容卻夠清

9　l. c.

晰。由於席勒的問題主要圍繞著**古希臘生活方式和人生觀點的復興**，人們便從中直接得出了這樣的結論：席勒在解決這個問題時，不是忽視、就是刻意罔顧基督教的解決方式。無論在任何情況下，他的思維總是比較關注古希臘文化的美感，而不是基督教救贖的教義，儘管他也為上帝救贖的目的而努力，也就是把世人**從罪惡中拯救出來**。

基督教的「叛教者朱利安」（Julian der Apostat, 331-363）是第四世紀的羅馬帝國皇帝，他在談論古埃及托勒密王朝的赫利俄斯國王（König Helios）[10]時曾提到，人們的內心已「充滿了激憤的鬥爭」。這句話不僅貼切反映了朱利安皇帝本身的特徵，還凸顯了他那個時代的問題所在，也就是古羅馬帝國在解體之前內部的四分五裂。這種撕裂的狀態就表現在當時人們的心靈與思維所陷入的史無前例的混亂中，而基督教的教義則承諾，要把人們從這個動蕩紛亂的局勢中拯救出來。然而，基督教帶給信眾的救贖，並不是解決他們所遭逢的問題，而是在心理層面上，讓一種優勢功能脫離其他所有的功能，也就是一些當時也專橫地要求共同控制權的心理功能。基督教只允許一種特定的發展方向，而排除了其他所有可能的發展方向。這種情況必然會讓席勒絕口不談基督教所提供的救贖的可能性，因為，古希臘文化與自然界的密切關係似乎已對人們承諾了某種基督教所無法提供的可能性。席勒曾寫道：

自然在它既有的造物中，為我們指出了一條大家應該在道德狀態下行走的道路。原始自然力的鬥爭必須先在較低組織性的團體中緩和下來，自然才會提升為自然人（der physische Mensch）的高貴形式。同樣地，倫理人（der ethische Mensch）本身一些盲目的驅力衝突必須先被化解，粗暴的對抗必須終止，人們才能發展本身的多樣性。另一方面，只有人們性格的獨立性先獲得保障，對於他人專橫的屈從先轉為有尊嚴的自由，人們才能讓內在的多樣性歸服於某種典範的統一性。[11]

10　Oratio IV, *In regem Solem*

11　SCHILLER, l. c., 7. Brief.

其實，人們不僅不該讓優勢功能脫離其他的劣勢功能，或把它從中救贖出來，反而還應該顧及劣勢功能，也就是以自然的方式和劣勢功能對話，並整合這兩種對立的功能，而使其達到和諧統一的狀態。不過，席勒卻認為，接受劣勢功能可能會導致「一些盲目的驅力衝突」，而「典範的統一性」卻會讓優勢功能再度取得支配地位，而重新回到原本和劣勢功能的對峙狀況。劣勢功能和優勢功能彼此對立，其原因並非在於它們最根本的性質，而是在於它們當時的形成過程。劣勢功能起初總是受到忽略和壓抑，因為它們已被文化人（Kulturmensch）視為達成目標的阻礙。然而，這些目標充其量只是文化人片面的關注，並不能等同於個體性的完成。實際上，未獲認可的劣勢功能對於人們完成本身的個體性是不可或缺的，而且就本質而言，它們也沒有牴觸人們所設定的目標。不過，只要文化的目標和完成人性（個體性）的理想尚未取得一致，這些劣勢功能就不會受到重視，甚至還會因此而陷入相對的壓抑狀態。接納劣勢功能就意味著展開一場內戰以及解除從前由於劣勢功能受到抑制而形成的對立狀態，這麼一來，個體「性格的獨立性」就會消失，只有等到這場內在的爭鬥平息之後，「性格的獨立性」才能再度達成。由於這場紛爭的擺平只能借助於足以掌控這些矛盾勢力的專制力量，這便使得個體的自由因此而受到危害。個體如果失去自由，端正的自由人格就不可能形成；不過，個體如果獲得自由，卻會因此而陷入一些驅力的衝突當中。關於這方面，席勒曾表示：

一方面，由於曾被自由所驚嚇（人們最初幾次在嘗試自由時，往往視自由為敵人），於是人們便願意接受束縛，過著安適的生活；另一方面，人們卻因為受到徹底的保護而失去自由，在絕望之餘，便逃回了原始自然狀態的無拘無束中。篡奪起因於人性的弱點，反抗則是基於人性的尊嚴。這種爭執會一直持續下去，直到人間一切事物（盲目的力量）的偉大掌控者出現。他在裁決這種因為不同的原則而發生的無謂的衝突時，就像在裁判一場普通的拳擊賽一樣。[12]

---

12 l. c.

　　當時發生的法國大革命為席勒的這段敘述提供了一個生動、卻血腥的歷史背景。雖然，這場驚天動地的革命一開始是以哲學和理性的象徵作為號召，並受到那個時代蔚為風潮的理想主義的推波助瀾，不過，它最後卻演變成一場殺伐不休的混亂，而拿破崙這位專制獨裁的政治天才便在這樣的動盪中趁勢崛起。當時的暴民有如掙脫鎖鏈的野獸，他們所發動的攻擊，連理性女神也不知該如何是好。席勒有感於理性與真理的渺小和薄弱，於是便假設，真理本身將變成一股力量：

　　真理至今仍很少展現致勝的力量，其原因並不在於不知如何揭示真理的理智，而在於排拒真理的心靈以及不為真理付諸行動的驅力。哲學和經驗既已為世人帶來了亮光，為何偏見和思想的蒙昧仍掌控人心？**這個時代已受到啟蒙**，已經過啟蒙運動所揭櫫的理性主義的洗禮，換句話說，人們已透過理性取得知識，並已公開地將知識揭示出來，而且這些知識至少還可以修正我們的實踐原則。自由探索的精神已驅散了一些源自於妄想的觀念——也是長期阻攔人們親近真理的觀念——並沖毀了狂熱與欺騙的聲勢基礎。理性已去除了感官的錯覺以及欺騙性的詭辯。哲學曾促使我們背棄大自然，現在卻大聲地呼喚我們，並急切地要把我們召回到大自然的懷抱裡。為什麼我們總還是野蠻人？[13]

　　這段出自席勒的《美育書簡》的引文讓我們切身感受到法國啟蒙運動以及法國大革命所崇奉的唯智主義有多精采。「這個時代已受到啟蒙」，這句話對於人類的智識是何等的高估！「自由探索的精神已驅散了那些虛妄的概念」，這句話所展現的理性主義是何等的強烈！我們應該還記得，在歌德的劇作《浮士德》第一部第二十一場〈瓦爾普吉斯之夜〉（Walpurgisnacht）出場的那位肛門幻視者（Proktophantasmist）[14]對著一群美麗的魔女高聲喊道：

13　l. c., 8. Brief.

14　譯註：與歌德同時代的柏林啟蒙主義作家弗利德里希・尼可萊（Friedrich Nicolai, 1733-1811）曾公開宣稱，自己得過幻視症，所以，看過一些幽靈鬼怪。他當時認為這個病症是由腦部瘀血所引起的，於是便把水蛭放在肛門上吸血，後來據說他終於藉由這種放血的方法而痊癒。歌德為了諷刺尼可萊，便在他的劇作《浮士德》裡塑造了「肛門幻視者」這個角色。

「快給我滾！我們已經啟蒙了！」高估理性的意義與效力的確是當時的時代精神，不過，人們是否已經忘記，理性如果真的具有這樣的力量，那麼，它早就獲得最充分的機會來證明這一點了！此外，我們不該忽視一個事實：當時並不是所有的權威人士都有這種想法。因此，這種曾經喧騰一時、帶有強烈理性主義色彩的唯智主義，大概可以歸因於席勒本身的理性要素獲得了特別強烈的主觀發展。我們可以這麼說，理智在席勒的身上所占有的地位雖未高於他的詩性直覺，但卻可能勝過他的情感能力。席勒似乎覺得，他的內在世界存在著想像與抽象的衝突，也就是直覺與智識的衝突。一七九四年八月三十一日，他在一封寫給摯友歌德的書信中曾談到：

尤其是早年，不論我在思考推論或從事文學創作時，總是一副笨拙的模樣。通常，當我應該進行哲學思考時，卻往往被我的詩人性情所糾纏；而當我想寫詩時，卻又被我的哲學思維所俘虜。在我的內在世界裡，想像力會攪亂抽象化思維，冷靜的理智會干擾文學的創作，直到現在還是經常如此。

席勒由衷地佩服歌德的才智。他在寫給歌德的信件中，時常對這位好友的直覺力表露出近乎女性化的感受與讚賞。席勒對歌德的這些反應恰恰由於他已透徹地察覺本身內在的直覺與智識的衝突。相較於歌德近乎完美的綜合性本質，席勒必然會比這位知心密友加倍地感受到這種內在的矛盾，而這些矛盾就來自於這樣的心理狀態：即情感的能量為了顧及個體心理的平衡，便以等量的方式同時流向智識與創造性的想像。席勒似乎已認識到這種情況，因為，在剛才提到的那封寫給歌德的書信裡，他曾這麼談到：當他開始「認識並運用」本身的道德力量後，他的身體便出現某種疾病，並以此威脅要衝垮那些由道德力量為想像及智識所設下的「正當」的限制。

就像我們在前面經常提到的，一個發展不足的功能會有以下的特徵：它會脫離意識的支配，而在無意識裡自願地──即出於某種程度的自主性──和其他的功能交混在一起。這些無意識的功能由於沒有機會分化，於是便顯示為一種純粹的原動力（Impetus）或一種純粹的強化作用，而讓意識的分化

功能受到壓迫或失去自主性。所以，在某一種情況下，意識功能會被帶離本身的意向與決定所設下的限制之外；在另一種情況下，意識功能會在達到目標之前停頓下來，並被帶到岔路上；還有，在第三種情況下，意識功能最終會被引入與其他意識功能的爭執之中，而且只要混雜於無意識裡的、製造干擾的驅力動力沒有為了本身而自行分化、且未受到意識的支配，這種爭執就得不到解決。人們如果表示，「為什麼我們總還是野蠻人？」這樣的吶喊不僅是受到法國大革命時期的影響，而且還反映了席勒的主觀心理。席勒和他那個時代的人一樣，都沒有在正確的地方找到罪惡的根源，因為，人類的野蠻性從未存在於、也將不存在於理性或真理的效應不足之處，而是存在於人們對理性或真理的效應的過度期待，或甚至因為迷信「真理」而高估「真理」，進而誇大了理性的效應。總之，野蠻性存在於片面、極端，以及不良的失衡當中。

席勒就在法國大革命——當時的屠殺蕭殺已達到恐怖的巔峰——這個令人印象深刻的例子裡發現，一籌莫展的理性女神所能發揮的威力竟如此有限，相較之下，人們身上那些非理性的野獸卻因為戰鬥勝利而顯得如此得意洋洋！此外，這起歷史大事件還讓席勒特別注意到，一個基本上是個人的、且似乎是主觀的問題，卻往往在突然間爆發成一個涵蓋整個社會的普遍問題；也就是說，一個關乎個人的、主觀的問題在碰到外在事件的衝擊時，這些外在事件也會因此而含有跟個人內在衝突相同的心理要素。個人的問題便因為受到外在事件的認可而獲得了前所未有的尊嚴，而在此之前，內在的不諧調總會造成一些令個體感到羞愧和低卑的狀況。不論對內或對外，個體都會因此而感到屈辱，就如同一個國家因為發生內戰而失去威望一般。

由此可見，人們如果沒有受到大膽且過度自我高估的驅使，也會畏於把純粹個人內在的衝突攤開在大庭廣眾面前。不過，如果人們成功地找到並認清個人問題和時代的大事件之間的關聯性，這樣的交集就可以把個體從純粹個人的孤獨寂寞中解放出來，而且這個主觀的個人問題還會進一步擴展為涉及社會性的普遍問題。從解決問題的可能性來看，這個收穫可不小。因為，從前個人問題的解決只能運用個體在意識層面所關注於本身的微弱能量，現

在不僅獲得了集體的驅力動力，而且還能與自我的關注相結合。因此，一種新的形勢便隨之出現，而且還提供了一些新的解決問題的可能性。個人的意志力或勇氣從未達成的東西，集體的驅力動力卻可以達成。它們帶著人們穿越種種的阻礙，而這卻是人們單憑自己個人的能量從來都無法實現的。

所以，我們也可以推測，時代的重大事件的衝擊讓席勒獲得了十足的勇氣，願意放膽地試圖解決個體與社會功能之間的衝突問題。十八世紀啟蒙思想家盧梭（Jean-Jacques Rousseau, 1712-1778）也曾深刻地感受到這種對立，這甚至促使他在日後提筆撰寫他的教育小說《愛彌兒》（*Emile ou de l'Education*）。在這本名著裡，有幾段文字對於我們所探討的問題相當重要：

文明人只不過是一個分數單位，必須倚賴社會這個分母，而他的價值也是透過他和整體的關係——也就是和整個社會的關係——來界定的。一個社會組織的成功，在於懂得把人去自然化，並以相對存在來取代他的絕對存在，而後再將那個「我」整合入團體裡。

一個人如果想在文明秩序中保有原初的自然情感，就會不知道自己究竟想要什麼。他會一直陷於自我衝突的狀態，會在本身的喜好和應盡的責任義務之間掙扎徘徊。所以，他既不再是一個人，也不再是一個社會人；不論對他人或自己，他都將一無是處。[15]

盧梭首先用他的一句名言為這本書開場：「一切事物在造物者手中都好端端的；一到了人類手上，就變糟了。」這句話不只表明了盧梭的個人特質，也體現了他那個時代的特色。

席勒同樣回顧了人類的過去，不過，他關注的焦點並不是盧梭的自然人，而是那些曾在「希臘的天空下」生活的人。儘管這兩種人截然不同，但討論他們的方式卻共同以**時間的回溯**為導向，更確切地說，就是將人類古老

15　*Emile*, Livre I, p.9.

的過往理想化，而且還給予過高的評價。席勒一味地追捧希臘文化之美，卻
忘記了那些真實的日常生活中的希臘人；盧梭則大膽地說：「自然人為自己
而活，他是完整的統一體，是絕對的整體。」然而，他卻忽略了自然人的個
體的確具有集體性這個事實，也就是說，這種集體性不只存在於自己身上，
也存在於別人身上，而且別人身上所有的集體性還超越了本身的統一體。盧
梭還在該書中提到：

> 我們仰賴整體，靠向整體。所有的時代、地方、人群、事物、現有的一
> 切以及將來會發生的一切，都與我們息息相關。個體不過是整體的一個微小
> 的部分。如此一來，在這個世界上的每個人都能體察到這個巨大的表象……
> 難道是自然使人遠離了自己的本性？[16]

　　盧梭相信，這種狀態是不久前才出現的。其實他搞錯了！事實並非如
此！這種狀態一直都存在，而且愈往人類發展的起源回溯，它就愈明顯，我
們只不過是最近才**意識到**它的存在。盧梭所敘述的就是原始人的集體思維方
式（Kollektivmentalität），法國當代社會學家暨人類學家呂西安・列維布呂
爾（Lucien Lévy-Bruhl, 1857-1939）則貼切地把它稱為「神祕參與」。壓迫
個體性絕非晚近才出現，而是從還沒有個體性存在的遠古時代遺留下來的。
換句話說，這種現象並不是最近才出現的，而是人們最近才意識、並感受到
集體這種強大的勢力。人們當然會把這種勢力投射在國家和教會的體制上，
不過，不是每個人都能找到可以讓自己逃離道德戒律的方法和途徑。這些體
制並未擁有世人所高估的、強大無比的勢力──正因為這個緣故，它們才會
受到各種不同的改革者的攻擊──而是具有壓迫性的勢力。這種勢力就存在
於我們的無意識裡，也就是存在於野蠻人流傳給現代人的集體思維方式裡。
這種集體心理在某種程度上會排斥一切個的發展，如果個體沒有直接效力
於集體目標的話。由此可見，一個功能的分化──正如我們在前文所討論

16　l. c., Livre II, p.65.

的——雖然是一種個體價值的發展，但由於仍受制於集體的觀點，個體本身終究會因此而受到危害。

由於盧梭和列維布呂爾都不了解早期人類的心理狀態，因而誤判了古代的價值。這種誤判還使他們深信，早期人類就是人類的完美類型這個幻象，而且人類會隨著時間的流逝而逐漸從這種巔峰狀態倒退。這種回顧的思維取向其實就是古希臘思維的殘留，因為，大家都知道，所有古希臘人和野蠻人都認為，在現在這個墮落的時代之前，人類曾有過樂園般的黃金時代，這是他們在思維方式上的共同特色。基督教在社會與思想史方面的偉大成就便是讓人們對於未來懷有希望，並承諾人們有機會在未來實現自己的理想。[17] 在近代思想史的發展裡，歐洲人曾特別強調這種回顧的思維取向，這其實跟他們當時普遍希望回歸基督教化以前的古希臘羅馬時代有關，而且這種現象還隨著中世紀末期文藝復興時代的來臨而愈來愈顯著。

我似乎覺得，這種回顧的思維取向勢必已對人類在教育方式的選擇上產生了一定的影響，因為，這種思維取向就是在人們對於過往時代的幻象裡尋求立論的依據。不過，如果這種思維取向只讓我們看到不同的類型和類型機制之間的衝突，但卻無法進一步促使我們找到如何讓它們協調一致的方法，或許我們就不必理會這種思維取向。我們可以在以下的引文中發現，席勒也很關心這一點。他在這些文字中所表達的基本思想正是以上論述的總結：

某個仁慈的神祇及時把一名嬰兒從他母親的懷裡帶走，讓一位比他的生母更良好的年長婦人為他哺乳，並讓他在高遠清朗的希臘天空下生活，直到長大成人。當他成為男人後，便以陌生人的形貌重返他原本所屬的時代，但他的回歸並不是要讓那個時代雀躍歡樂，而是要潔淨那個時代，就像返國為父報仇的阿迦門農（Agamemnon）[18] 的兒子一樣。[19]

17　早在古希臘的祕密宗教裡，便已出現這種思想的雛形。

18　譯註：阿迦門農是希臘邁錫尼城邦的國王。他在打贏特洛伊戰爭、並凱旋歸國後，卻慘遭不忠的妻子與她的情夫聯手謀害。

19　*Über die ästhetische Erziehung des Menschen*, 9. Brief.

再也沒有其他的敘述能像這段文字如此清晰地呈現，席勒是何等尊崇古希臘的典範！不過，這寥寥幾行的內容也讓我們看到席勒思想的局限性，因此，他接下來還需要做一些關鍵性的擴充，於是他繼續說道：

他所取得的材料雖然來自現代，但形式卻源於一個更高貴的時代，一個超越了所有時代的時代。**正是這樣的時代孕育了他的本質的絕對永恆的統一體。**

席勒清楚地感覺到，自己應該繼續往遠古時代回溯，也就是古希臘神話的英雄時代。由於他認為，那個時代的人類還具有一半的神性，因此，他接著表示：

在這裡，美的泉源從他那具有魔力的本質的精氣（Äther）裡流淌而出。這道水源並未因為世人與時代的墮落而受到汙染，因為，一切的敗壞都在它下方深處的那些混濁的渦流中翻滾。

席勒對於美好的黃金時代的幻象在這裡出現了！那個時代的人類還是神，而且還因為觀賞永恆之美而感到心曠神怡。在這裡，席勒的詩人特質已強過他的思考者特質；不過，在接下來這幾頁的討論裡，他的思考者特質卻比較強勢。席勒說：

實際上，這個現象必然會引發我們的深思：在所有令人沉醉於藝術的蓬勃與品味的講究的歷史時代裡，我們**幾乎舉不出**，哪一個擁有政治自由和公民品德（即端正的習俗和善良的社會風氣、行為的榮光和真理所取得的共同發展）的民族，還兼具美學文化的高度發展和普及性。[20]

20　l. c., 10. Brief.

　　以我們的認知來說，那些古代的英雄應該不會喜歡特別講求道德的生活作風，這是無法否認的個別現象和普遍現象。所以，不論是古希臘或其他民族的神話，沒有一則神話是在描述英雄過著嚴謹的生活。在古代裡，所有的美都會喜悅本身的存有（Dasein），因為，那是個沒有刑法，也沒有風紀警察的時代，而且只有當具有生命力的美超越了充滿晦暗、折磨和醜陋的現實時，它才會閃現金色的光芒。席勒因為承認了這個心理事實，而讓自己原先的想法失去了依據。他原本想表示，已處於分裂狀態的個體心理會因對於美的審視、享受和創造而重新達到統一性，換句話說，美應該調解人類內在的衝突和矛盾，從而讓人類本質得以恢復原有的統一性。然而，和這個想法有所出入的是，他本身所有的經驗都在告訴他，美的存有必然需要一個反面的對應物（Gegenstück）。

　　在前文裡，席勒的詩人特質勝過了他的思考者特質，不過，在這裡，他的思考者特質卻占了上風。他不僅**不信任**美，甚至依據自己的經驗而認為，美可能會對人們造成不利的影響：

　　不論我們把目光聚焦於過往的世界的哪一處，我們都會看到，品味和自由是相互排斥的，**美只有在英雄們淪喪道德（即反面的對應物）之後，才會成為盛行的風氣**。[21]

　　這個經驗所帶來的洞察，已讓席勒幾乎無法再堅持原先對美的主張。在深入探索美這個研究對象之後，他甚至能以一種難能可貴的清晰度，闡明美比較不為人知曉的另一面：

　　如果人們對於美的效應的觀點只單憑本身至今所取得的相關經驗的教誨，就不會受到鼓舞而去發展這種**足以危及人類的真實文化的情感**。人們寧可冒著性情可能變得粗魯和嚴厲的風險，也不願享有美感所帶來的溫暖人心

21　l. c.

的感染力，而且也不想為了得到文化精緻化的好處而讓自己勞累不堪。[22]

　　如果席勒內在的那位思考者能以**象徵**的方式解讀他的對手——內在的那位詩人——的創作，也就是以詩人期待他的語言被理解的方式，而不是完全按照字面的意義，那麼，這兩者的矛盾和衝突就會平息下來。席勒是不是對自己有所誤解？情況似乎是這樣，不然他後來就不會寫下一些論述來反駁他自己。身為詩人的席勒曾頌揚美的泉源，這種泉源不停歇地在每個時代和每個族群的底層流淌著，所以，會從每個人的心靈中湧現而出。詩人身分的席勒其實不關心古希臘人，他真正在乎的是我們內在的那個未被基督教化的、本土古老宗教的信仰者，以及其永遠純真的本質和自然之美。這些美好的質素雖潛藏在我們的無意識裡，卻富有活潑的生命力。在它們餘光的映照下，古代的人物已蒙上一層美妙的色彩，因此，我們會誤以為，這些人物已經獲得了我們所要尋求的東西。潛藏在我們身上那位未被基督教化的、被我們集體傾向的意識所摒棄的、遠古的未開化者，雖然讓我們覺得如此醜陋，如此難以接受，但同時他也承載著一種我們無處尋覓的美。作為詩人的席勒所討論的這位遠古的未開化者，卻被作為思考者的席勒誤以為是具有典範意義的古希臘人。思考者因為無法從他的證據材料中，以**邏輯推理**的方式得出結論而白忙一場，而詩人卻已在他的象徵語言裡對思考者預示了一條脫困的途徑。

　　以上的闡述已足以表明，所有試圖平衡我們現代人片面分化的本質的努力，都必須慎重地接納那些被壓抑的劣勢功能，畢竟人們本來就應該把這些未充分分化的劣勢功能納入整體的考慮之內。如果我們想調解優勢功能和劣勢功能的衝突，卻不知道要先讓劣勢功能釋放本身所蓄積的能量，並運用這些釋放出來的能量來進行本身的分化，那麼，任何調解的嘗試終究都會徒勞無功。這個調解衝突的過程必須遵循能量學（Energetik）的原理原則，更確切地說，必須先建立一個位能的落差（Gefälle），以便讓潛藏於高處的能量

22　l. c.

有機會產生作用。

　　人們總是想把劣勢功能直接轉化為優勢功能，但卻皆以失敗收場，因為，這就跟打造一臺永久轉動的機器一樣，根本是個不可能的任務。較低能量的形式不可能轉變成較高能量的形式，除非它當時能獲得更高能量值的來源，換句話說，這種轉換的完成必須犧牲優勢功能。這種高值的能量形式如果把它原初的能量給予劣勢功能，便無法再達到原初的能量值，不過，在優勢功能和劣勢功能之間卻能形成一種能量的平衡。對於那些認同本身已分化的優勢功能的個體來說，這種能量的向下流失雖然意味著整體能量的平衡，但從優勢功能的原初能量值來看，它卻也讓個體處於較低能量值的狀態。總之，這樣的結果是無可避免的，而且人類所有以追求本質的統一性和和諧性為目標的教育都必須面對這個事實。席勒雖然以他的方式得出了這個結論，但另一方面，他的內心卻抗拒這個結論，因為，他不想因此而承擔必須放棄美的風險。身為思考者的席勒在提出他那不容挑戰的結論後，身為詩人的席勒便再次跳出來表示：

　　倘若我們要透過評斷來解決關於美的問題，那麼在賦予論證重要性之前，就必須先確認，它是否就是我們所談論的且能舉出反例的那種美。不過，**經驗**或許不是裁決此問題的法官。[23]

　　可以看到，席勒在這裡嘗試讓自己超越經驗。換句話說，席勒力圖賦予美一種無法從經驗層次獲得的品質。他相信，「**美必須展現為一種人性的必要條件**」，也就是說，美必須顯示為一種必然的、無可否認的範疇，所以，他還談到關於美的純粹理性概念以及一條能讓我們脫離「現象界域以及事物活潑的當下」的「先驗的途徑」（transzendentaler Weg）。「誰如果不敢跳脫出現實的界限，就不可能獲得真理。」[24] 由於席勒主觀地抗拒那條與經驗相符且不可避免的下行道路，於是他便強迫邏輯性的智識必須為情感而服

23　l. c.

24　l. c.

務，而且必須建構出一條最終可以達到他原本的目標的公式，即使關於它可能遭逢的失敗已經有不少的討論。

盧梭也用他的假設對於智識做了類似的逼迫：人類對於自然的依賴並不會導致惡習，但是，對於人的依賴卻可能會。所以，他便得出以下的結論：

如果國家的法律像自然的法則一樣恆定不變，而且任何人的力量都無法歪曲它，那麼，人與人的相互依賴就會成為物與物之間的依賴。在共和國裡，人們便能以此而集結自然狀態的所有益處，並使這些益處能為文明狀態所用；如此一來人們便有可能達到自由，而免於落入弊端，並達到已提升為美德的精神水準。[25]

基於上述的考量，盧梭還提出這樣的建議：

把孩子放在只仰賴實物的環境裡，這麼一來，你在教育孩子的進程中，就可以依循自然的法則。
當孩子想往前時，絕對不能局限他，但當他留在原地時，也不能催促他邁步。當孩子的意志不再沾染我們本身的錯誤時，他的心願就不再是一無是處。[26]

然而，不幸之處卻在於，「國家的法律」無論在任何情況下，都未曾與自然的法則協調一致，換句話說，文明的狀態從來都不是自然的狀態。人們如果認為，有可能讓這兩者達成一致，那麼，這種一致也只能被視為一種雙方的妥協。在這種妥協之下，任何一方都無法實現自己的理想，都與理想有一大段的落差。人們如果想要達成文明狀態或自然狀態的理想，就必須遵循盧梭說的這句話：在成為自然人和社會人之間，我們必須兩者擇一，因為我

---

25 *Emile*, Livre II, p. 68f.

26 l. c., p. 69.

們無法兩者兼得。」

自然和文化必然存在於我們身上。實際上，我們不只是我們自己，我們還必須與他人聯繫，因此，還必須有一條途徑存在：它不只是一種理性的妥協，也是一種絕對合乎生命的狀態或過程。就如同《舊約·以賽亞書》的那位先知所說的：「在那裡必有一條大道，稱為聖路。……行路的人雖愚昧，也不至失迷。」[27] 在這裡，我傾向於應該合理地看待身為詩人的席勒（雖然在這種情況下，他會強烈地干擾身為思考者的席勒），因為，最終存在的並不只是理性的真理，還有非理性的真理。那些不可能出現在人類事物的智識道路上的東西，卻經常出現在非理性的道路上。一切衝擊人類社會的最劇烈的變遷並未發生在智識算計的道路上，而是在那些被同時代的人所忽視、或視為荒唐愚蠢而不列入考慮，但在經歷一段很長的時間後，才在它的內在必然性裡明白它的重要性的道路上。然而，這些飽受漠視的道路在大多時候並未獲得應有的認可，畢竟人類心理發展最重要的法則就像天書一般，實在難以解讀。

我比較不想賦予詩人席勒的哲學任何特殊的價值，畢竟為詩人效勞的智識不是可靠的工具。在這個情況下，智識其實已達成了它所能達成的，也就是揭露願望與經驗之間的矛盾，不過，如果我們想在哲學思考裡尋找這個矛盾的解決之道，終究會白忙一場。就算我們終於想出解決的辦法，卻還是會碰到阻礙，因為，解決之道並不在如何思考或尋得理性的真理，而在於發現一條能接受真實生活的道路。我們並不缺乏建言和睿智的學說。如果只藉由建言和學說就能解決問題，那麼，生活在古希臘先哲畢達哥拉斯（Pythagoras, c. 570- c. 495 B.C.）時代的人們不就擁有最好的機會，可以在各個方面達到智慧的高峰。因此，人們不該完全按照字面的意義解讀席勒所提出的建議，而是應該把它當作象徵，而且依據席勒的哲學傾向，這種象徵會以哲學概念的形式出現。

由此可見，席勒打算走上的那條「先驗的途徑」不宜被理解為具有知識

27　《舊約·以賽亞書》第三十五章第八節。

批判性且合乎理智的判斷。這條途徑其實比人們在無法以理性來克服困難，從而無法完成任務時，所普遍採用的方法更具有象徵性。為了找到並走上這條「先驗的途徑」，席勒首先一定花許多時間停留在一些從他原先的道路分岔開來而形成的相互對峙裡。他的生命之河只要受到攔阻，河水就會蓄積，換句話說，他身上的力比多的流動如果因受阻而出現能量滯積的現象，那麼，連先前那些存在於不停流動的生命之河裡的和諧的對立面也會隨之崩解，而轉變為兩個充滿戰鬥欲、相互敵視的陣營。由於這兩個陣營在經歷一場無法預見將在何時、將以何種方式結束的漫長戰鬥後，已精疲力盡，他們身上所流失的能量便形成了新興的第三勢力，這股勢力正是一條新路徑的起點。

當我們不斷碰到阻礙時──如果恰恰是一個很困難的阻礙──主體本身的意向與違抗主體的客體所發生的爭執，會很快地變成我們內在的矛盾。這是因為，我如果努力使不順服的客體臣服在我的意志之下，我的整個本質就會逐漸與該客體建立關聯性，也就是說，我的本質的某一部分會因為本身高漲的力比多而被拉向該客體。透過這個過程，我的人格的某些類似該客體的部分會對於該客體的本質產生局部的認同。只要主體認同於客體，原本屬於主體和客體的衝突就會變成我內在的心靈衝突。與客體的衝突所出現的「內向投射」（Introjektion）會讓我無法和自己本身協調一致，因而讓我不知道該如何面對客體，進而使我產生一些表露內在矛盾的情緒（Affekte）[28]。如果我不是遲鈍麻木的人，這種情緒會讓我轉而察覺自己，並關注於自己以及內在種種衝突的發生。

席勒便根據這個心理律則而深入地探索一些能產生效應的矛盾。席勒曾在《美育書簡》第十一封書信的開頭談到，他所發現的衝突並不是國家和個體之間的分裂，而是「個人與狀態」（Person und Zustand）之間、也就是自

28　譯註：Affekt 這個德語詞彙可被中譯為「情緒」或「感情」。由於「感情」在中文裡易與「情感」發生混淆，而且榮格在本書第十一章〈定義〉的「情緒」這個詞條裡，已清楚地表示，他把 Affekt 和 Emotion（情緒）這兩個詞彙當成同義詞使用，因此，譯者認為，應該將 Affekt 中譯為「情緒」。

我及其變化不定的易感性（Affiziertsein）的二元性（Zweiheit）。自我具有相對的穩定性，而自我與他者的關係狀態（即易感性）則是變化不定的。因此，席勒便想探究這種不一致性的根源。事實上，其中的一方是意識的自我功能（Ichfunktion），而另一方則是自我與集體的關係。這兩個基本的事實都屬於人類的心理，但不同的心理類型卻會以不同的眼光看待它們。對於內傾型而言，自我的觀念無疑是意識的連續性與支配性，自我的易感性或與他者的關係狀態則是一種心理狀態。與此相反的是，外傾型更重視本身與客體關係的連續性，而比較忽視自我的觀念，因此，他所面對的衝突問題與內傾型並不相同。假如我們還想繼續探索席勒的思維，就必須切記並盯住這一點。比方說，當他談到個人在「永恆穩定的自我中，而且獨獨在此之中」揭示自己時，就是採取內傾者觀點的說法。

如果從外傾者的觀點來看，個人只會在與他者的關係狀態中以及與客體關係的功能裡展現自己。內傾者認為，「個人」完全等同於自我，但外傾者卻認為，個人存在於自我受到外在刺激的易感性裡，而非存在於受到外在刺激的自我當中。也就是說，外傾者的自我在某種程度上，不如他的易感性——也就是他與外在的關係——那麼重要。外傾者處於變動之中，而內傾者則處於穩定的狀態。就外傾者而言，自我決不是「永恆穩定的」，因此，外傾者極少關注自我。反之，內傾者則過度關注自我，因而畏懼於任何干擾他的自我的外在變動。易感性對於內傾者來說，可能直接意味著為難和不快，而外傾者卻無論如何都不想失去它。以下的這段引言可以讓我們清楚地看到席勒的內傾型人格：

> 在一切變化中，維持個體本身始終不變，是個體的理性本質為自己所設下的準繩。因此，個體會把所有的察覺轉為經驗，也就是轉為統一的知識，而且還把他在時間裡的各種表現方式轉為適用於各個時代的法則。[29]

29　SCHILLER, l. c., 11. Brief.

內傾者這種抽象化的、固守自身的態度顯而易見，甚至還被尊為最高準則。所以，內傾者必須立刻把每個經歷提升為普遍的經驗，並儘快從所有的經驗當中歸結出一條適用於恆久未來的法則；然而，人們卻還有另一種狀態：外傾者並不會把個別的經歷轉化為普遍的經驗，以免進一步總結出阻礙人們未來的法則。

席勒把上帝看成是**永恆的存在**（ewig seiend），而不是正在形成的存在（werdend），這樣的宗教觀點完全符合他的內傾型人格；而且，他還憑藉準確的直覺而認識到，內傾者的理想狀態已「類似於上帝」：

被設想為完美無缺的人，應該是在變化的潮流中保持本身永恆不變的統一體……人們某些近乎神性的性情並不會與他本身的人格產生矛盾。[30]

席勒對於上帝本質的觀點，其實不同於基督道成肉身的教義以及新柏拉圖主義者那些類似的看法。比方說，席勒對於聖母與聖子——以造物主的身分而降臨世間——的觀點已經透露出，他把最高的價值（神性）賦予了自我觀點的穩定性。對他來說，最重要的東西莫過於從易感性抽象而出的自我，因此，他也跟所有的內傾者一樣，極力發展自我的觀念。他的上帝——也就是他的最高價值——就是自我的抽象化與存續。然而，外傾者卻完全相反，上帝對他們來說，就是對於客體的體驗，就是完全投身於現實當中，所以，道成肉身的上帝就顯得比永恆不變、頒賜律法的上帝更具有同理心。在這裡，我有必要預先指出，這種觀點的有效性其實僅限於某些類型的意識心理，至於在他們的無意識裡，與上帝的關係就會完全顛倒過來！席勒似乎也知道這一點：他的意識雖然相信一個以永恆不變的方式存在的上帝，但他卻認為，通往神性的道路是在感官裡、在易感性裡、在變動裡以及在活躍的心理過程裡被開闢出來的。不過，對他來說，通往神性的道路只是次要的功能。在某種程度上，他已經把他自己和自我劃上等號，並把自我從諸多變化

30　{l. c.}

之中抽象出來，他的意識態度也因而具有完全抽象化的能力。至於他的易感性以及與外在客體的關係狀態，則無可避免地愈趨陷入無意識裡。

　　這種情況造成了一些值得注意的後果：內傾者具有抽象力的意識態度會導致本身某種特有的局限和貧乏。這種意識態度就是遵從既有的典範而把經歷轉化為經驗，然後再從經驗當中總結出法則。席勒在他自己與歌德的關係裡，明顯地感覺到自己的局限和貧乏，因為，歌德較為外傾的天性，在客觀上正好和他本人形成一種顯著的對比。[31] 我們可以從歌德的一些自述，看到這位大文豪的人格特質：

　　偏好觀察的我，就是一個徹底的現實主義者。所以，我不會想從一切呈現在我面前的事物中獲得什麼，也不會想強加給它們什麼。對我來說，外在客體的差別只有合不合乎我的興趣，此外沒有其他的不同。[32]

　　歌德還曾在一封信件裡告訴席勒，自己如何受到他的影響：

　　如果我在您看來，就是某些外在客體的代表，那麼，您對我的意義，就是**讓我擺脫自己對於外在事物過於認真的觀察，以及自己與它們之間的關係，而得以回歸自己本身。您教我學會了如何經由更恰當的方式觀察人們內在豐富的多樣性**。[33]

　　其實，席勒也受益於歌德的人格特質。他在歌德身上發現了一種顯然可以補充或完善他的本質的東西，而且還感受到他們之間的差異。對此，他曾做如下的表示：

　　請您不要期待我會擁有什麼豐富的思想內容，在您身上，我反而可以發

31　Brief an GOETHE, 5. Januar 1798.
32　Brief an SCHILLER, 27. April 1798.
33　Brief an SCHILLER, 6. Januar 1798.

現這些東西。把少變為多是我的需要，也是我的追求。如果您進一步看到，我其實缺乏人們所熟悉的知識，那麼，或許您還會發現，我可能已因此而在某些方面取得了成果。由於我的思想範圍比較狹小，所以，我能更快速、更頻繁地穿梭其中，也因此而能更充分地利用有限的資源，並經由形式的創造而讓內容貧乏的思想獲得了多樣性。您致力於簡化您那淵博的思想世界，我則一心追求本身單薄思想的多樣化；您擁有一個可以執掌的思想王國，而我所擁有的只是有一個枝繁葉茂的觀念家族，因此，我衷心希望自己能把它擴充成一個思維的小天地。[34]

席勒這段話已在某種程度上顯露出內傾者典型的自卑感。如果略此不談，我們在這裡更希望指出席勒的一個誤解：外傾者（歌德）其實比較可能成為「淵博的思想世界」的臣僕，而不是統治者。由此看來，席勒的這段話已貼切地反映出他本身在思想方面的貧乏，而且這種貧乏還因為本身那種具有抽象力的意識態度而惡化。

除了思想的貧乏之外，具有抽象力的意識態度——我們會在往後的討論裡，發現它的重要性——還導致另一個結果：無意識會因此而發展出一種補償的態度。意識的抽象化愈限制主體與客體的關係（由於從經歷裡得出過多的「經驗」和「法則」），主體在無意識裡就會愈來愈強烈地渴求客體，這種渴求最終會讓主體在意識裡**不得不與客體建立感官性聯繫**，主體對於客體的感官性聯繫便因此取代了薄弱的、被意識的抽象化所壓制的**情感性聯繫**。由於這個緣故，席勒便把**感官**、而不是把**情感**視為人類邁向神性的道路。他的自我會運用思維，但他的易感性和情感卻是在運用感官知覺。對他來說，這就是自己的才智（以思維的形式）和感官知覺（以易感性或情感的形式）之間的矛盾。至於外傾者的情況則剛好完全相反：他與客體的聯繫雖然獲得了發展，但他的觀念世界卻屬於個人的、具體的和感官的範疇。

感官性情感（das sinnliche Fühlen）——或更確切地說，存在於感官知覺

34　Brief an SCHILLER, 31. August 1794.

狀態裡的情感——具有**集體性**。它為個體帶來某種易感性或某種與他者的關係狀態，這種狀態往往同時讓個體處於「神祕參與」的狀態，也就是一種與被感知的客體產生局部認同的狀態。主體和客體的同一性（Identität）[35] 會讓主體不得不依賴客體，而這種強迫性依賴又會透過惡性循環促使內傾者再度強化意識的抽象作用，這是因為，抽象作用可以為他消除麻煩的外在關係，以及由此而來的強迫性依賴。席勒也認識到這種感官性情感的特色：

> 如果人們只會感受、只會欲求、而且只依憑欲望而行動，那麼**人們就只能以世俗的形式存在著**。[36]

但是，內傾者意識的抽象作用畢竟不可能無止境地持續下去，為了逃避本身的易感性，他最終不得不讓自己著手塑造外在的形式。席勒繼續說道：

> 如果人們不希望自己只是以世俗的形式存在著，那麼，就必須賦予內容某些形式。人們應該把所有內在的東西外顯出來，並為外顯的一切塑造形式。如果人可以徹底達成這兩項任務，就可以回到我所依據的神性的概念。[37]

這一點相當重要。如果我們假設，主體的感官性情感的對象是一個人，那麼，他是否會接受這種情況？如果與他有關係的人就是他的創造者，他是否願意被塑造？模仿上帝的造物主角色是人類的天職，但是，沒有生命的東西，其本身也有自行存在的神聖權利。當第一個猿人開始製造石器時，這個世界便已脫離了混沌狀態。然而，如果所有的內傾者都想把自己有限的觀念世界外顯出來，並著手塑造這些外顯之物，那就會令人擔憂不已。這種事情每天都在上演，個體雖受到本身這種類神性（Gottähnlichkeit）的折磨，卻也

35　譯註：請參照本書第十一章〈定義〉裡的「同一性」這個詞條。

36　*Über die ästhetische Erziehung des Menschen*, 11. Brief.

37　l. c.

是咎由自取的。

有這麼一道適用於外傾者的公式：「內化所有外顯的一切，並為內在的一切塑造形式。」席勒在歌德身上所激發的——誠如我們在前面的引文所看到的——就是這種反應，而且歌德在寫給席勒的信件上也曾做過類似的描述：「我幾乎可以這麼說，我所有的行動全都符合**唯心論**的精神：**我並不關心外在的東西，我只要求一切都能切合我的想法。**」[38] 歌德這番話等於是在告訴我們，外傾者在進行內在思考時，就跟內傾者在採取外部動作時同樣地專斷。[39] 適用於外傾者和內傾者的公式只有在個體達到某種近乎完美的狀態時，才具有效力：也就是在內傾者已擁有一個豐富的、靈活的、具有表現力的觀念世界，而不再強求客體符合本身的思維時，或是在外傾者已掌握了關於客體的完整知識，並能充分尊重客體，而不再用本身的思維來扭曲它們時。我們在席勒的身上可以看到，他曾以最高度的可能性建立起他的內傾者的公式，並以超高的標準要求個體的心理發展。在這裡我們假設，身為內傾者的席勒已對於他的公式瞭若指掌。

無論如何，有一點是很清楚的：「外顯所有內在的一切，並為外顯的一切塑造形式」這道公式就是典型的內傾者的意識態度。這道內傾者的公式建立在兩個假設上，即個體內在觀念世界與形式原則的理想範圍，以及感官原則被理想地運用的可能性。感官原則在這種情況下，已不再顯示為易感性，而是一種積極的潛力。只要人們具有「感官性」，「就只能以世俗的形式存在著」。如果人們不想讓自己「只是以世俗的形式存在著，就必須賦予內容某些形式。」這裡存在著一種與消極的、充滿忍耐的感官原則完全悖離的現象。這種現象究竟是怎麼發生的？這就是問題的關鍵所在。我們幾乎難以接受這樣的情況：人們讓自己的觀念世界擁有非常寬廣的領域，但這樣的領域卻需要賦予它的實質內容適合的形式，同時還需要把本身的易感性和感官性從消極轉為積極狀態，以藉此讓它們可以達到觀念世界的高度。除非人們具

38　Brief an SCHILLER, 27. April 1798.

39　在這裡我要指出，我在本章裡對於外傾者和內傾者的所有論述，只適用於本章所探討的類型，即歌德所代表的直覺的外傾情感型，以及席勒所呈現的直覺的內傾思考型。

有類神性，不然人們無論在哪裡都必須與他人連結，也就是受制於他人。曾經有人指出，席勒一定是個敢於扭曲外在客體的人，而且還以粗暴的方式讓原始的劣勢功能獲得毫無限制的存在權利。就像我們所知道的，哲學家尼采在一百年後也這麼做過——至少在理論上。不過，這樣的說法在席勒身上根本行不通，因為，就我所知，他從未在任何地方刻意表達過這一點。他的內傾者的公式其實帶有更多天真的、唯心論的本質。這種本質大致符合了當時的時代精神，畢竟那個時代還未受到人們高度懷疑人性本質和人性真相的不良影響，不像後來的尼采所開啟的那個充斥心理批判癖的時代。

人們如果抱持冷酷的權力觀點，就不會顧及客體是否獲得合理且適當的對待，或認真考慮本身實際的能力範圍。不過，也只有運用冷酷的權力觀點，人們才能實踐席勒的公式，也只有在這種情況下——席勒肯定從來不知道——劣勢功能才有可能在個體的生命中占有一定的重要性。這麼一來，個體古老而原始的本質雖被偉大的話語和動人的手勢所散發的光芒所掩蓋，卻可以樸實地在無意識裡不斷有所發揮，並幫助我們塑造當前的「文化」，儘管人們至今對於文化的本質仍眾說紛紜。人類古老而原始的權力驅力（Machttrieb）總是隱藏在文化的包裝下，現在卻露出了真面目，並以令人無法反駁的方式證明：我們「總還是野蠻人」。所以，我們不該忘記：正如意識的態度可以因為持有崇高而絕對的觀點而誇耀本身在某種程度上的類神性一樣，無意識的態度在發展時，也擁有類神性，只不過這種類神性會往下趨近某個具有感官和暴力性質的、古老而原始的神祇。古希臘哲學家赫拉克利特（Heraklit, 535-475 B.C.）所指出的反向轉化（Enantiodromie）[40]已為我們預告了一個時代的到來：我們所不解的那位隱藏的上帝會浮現出來，並把我們心目中理想的上帝逼到角落裡。這種情形就如同在十八世紀末期的法國大革命期間，人們不但沒有確實發現當時巴黎所發生的一切，還讓自己維持一種愛好藝文的、熱情的或嬉遊的態度，似乎只要這麼做，就可以讓自己不用面對人性黑暗的深淵。席勒在他的詩作〈潛水伕〉（Der Taucher）裡曾寫道：

40　譯註：請參照本書第十一章〈定義〉裡的「反向轉化」這個詞條。

下面那裡卻是恐怖的，

人們不會去試探諸神，

也決不會渴望看到

諸神仁慈地用黑夜和恐怖所掩蓋的東西。

　　席勒在世時，那個探究人性黑暗面的時代尚未到來，而十九世紀後期的尼采的內在世界已相當接近那個時代，因此，這位存在主義哲學家很清楚，人們當時正走向一個史上最激烈的殺伐時期。身為叔本華唯一真正的門徒，他掀開了穿戴在人類身上的那層天真單純的面紗，並在自己所塑造的主人翁查拉圖斯特拉（Zarathustra）的身上挖掘出某些東西，而且還讓這些東西成為即將到來的時代的生動內容。

二、關於基本驅力

　　席勒在《美育書簡》的第十二封書信中，探討人類的兩個基本驅力（Grundtriebe），並對它們做了相當詳盡的描述。其中之一便是「感官的」驅力，這種基本驅力就是把人「置於時間的限制之內，並使人轉變為物質素材」，而且還要求「變化，要求時間具有內容。個體在純粹被內容所充滿的時間裡的狀態，被稱為**感知**。……在這種狀態下，人根本就是一個量的統一體（Größe-Einheit），就是時間洪流中的一個被內容所充滿的片刻──或甚至可以說，他已不存在，因為，只要他受制於感知，而被時間之流帶著走，他的人格就會消失。……他用無法扯斷的紐帶，把積極向上的精神緊緊地繫住了感官世界，並把抽象化思維從漫無邊際的自由遨遊中，拉回到當前的界域內。」[41]

　　席勒把這種感官驅力的表現理解為「感知」，而不是蠢蠢欲動的、感官的渴望（Begehren），這樣的闡述也非常符合席勒本身的心理特徵。這無異於顯示，感官性對他而言，具有**易感性**和反應性，而且這種觀點正是內傾者

---

[41]　*Über die ästhetische Erziehung des Menschen*, 12. Brief.

的特徵，倘若是外傾者，就會首先把感官性視為一種渴望。除此之外，感官驅力還要求變化，然而，觀念卻盼望不變與永恆。誰如果受到觀念的支配，就會追求恆久性，如此一來，所有會變化的一切必然存在於觀念的對立面。在這裡，我還要指出，席勒的情感和感知因為處於未發展的狀態，因此，在心理法則的效應下，會相互錯雜在一起。下面這段引文便可以證明，席勒無法清楚地區辨「情感」和「感知」：

> 情感只意味著：對於這個主體和這個片刻，它是真實的；倘若主體和時間發生改變，那麼，對於當前感知的說詞就必須收回。[42]

這段話已清楚地顯示，席勒在用語上混淆了情感和感知這兩個詞語的概念，而且還讓我們看到，他並未充分評斷和精確界定情感，以致於無法把它和感知區分開來。已分化的情感也能產生普遍的有效性，所以，不只具有個案的有效性。不過，內傾思考型的情感感知（Gefühlsempfindung）卻由於帶有消極性和反應性，所以，其有效性確實僅止於個案，換句話說，內傾思考型的情感感知從來都無法超越個案——也就是情感感知唯一的刺激來源——而達到可以和所有的案例進行抽象比較的層面，因為，抽象的比較在內傾思考型的人身上，是由思考功能、而不是由情感功能來執行的。不過，這種情況在內傾情感型的人身上卻恰恰相反，因為，內傾情感型的情感已具有抽象性和普遍性，所以，已經形成了普遍而長久的價值。

此外，我們還可以從席勒的描述中得知，情感感知（我用這個詞彙表示內傾思考型的情感和感知相互交雜的特徵）是一種不被自我所認同的心理功能，它具有抗拒性和異質性，能支配個體，「消蝕」個體的人格，並把個體帶往自身之外，而讓個體與自身疏離。為了和情感感知做對照，席勒還提到一種能把個體**帶往自身之外**[43]的「情緒」。如果個體再度轉為謹慎時，就可

---

42 l. c.
43 即外傾。

以把這種轉變稱為「**個體回到了自身** [44]，也就是返回他的自我（Ich），而重新塑造他的個人（Person）。」這裡已清楚地指出，情感感知對於內傾者的席勒來說根本不屬於個人，它或多或少是一種棘手的伴隨現象，有時「堅定的意志還會以勝利者的姿態來與它對抗。」但是，對於外傾者來說，情感感知似乎構成了他的真正本質，而且只有在受到客體的影響時，外傾者似乎才真正回到了自身。當我們考慮到，對於外傾者而言，與客體的關係就是已分化的優勢功能，而其對立面就是對於內傾者不可缺少的抽象思考和抽象情感，這一點大概是我們可以理解的。感官性的偏見不僅對於外傾情感型的思考，也對於內傾思考型的情感造成了不良的影響。對這兩種類型來說，感官性的偏見就相當於受到物質素材和個案的極端「限制」。實際上，不只是席勒的抽象化思惟，主體對於客體的經歷也可以是「漫無邊際的自由邀遊」。

由於席勒已從個人的概念和範疇裡排除了感官性，所以，他才能宣稱，個人是「絕對的、不可分割的統一體，而且從來不會自相矛盾」。這種個人的統一體對於智識而言，是不可或缺的，因為，智識希望它的主體能維持在最理想的整合狀態，所以，作為優勢功能的智識會把對它而言屬於劣勢功能的感官性排除在外。然而，這卻導致人類的本質變得支離破碎，而這一點正好是席勒進行探究的動機和出發點。

既然在席勒看來，情感和情感感知擁有共同的性質，那麼，情感便只具備個案的特殊性。因此，具有塑造力的思想——也就是席勒所謂的形式驅力（Formtrieb）[45]——便自然而然地被賦予最高的價值，即真正永恆的價值。對此，席勒曾說道：

然而，當思想表示「這就是這樣」時，它便已做了一個**永久的裁決**。它的說詞的有效性已藉由**人格**本身而取得穩固性，因為，**人格會抗拒一切的變化**。[46]

44　即內傾。

45　對席勒來說，「形式驅力」就等同於「思考力」（Denkkraft）。Vgl. 13. Brief.

46　l. c., 12. Brief.

　　但是，人們卻不得不問：難道只有固定不變的東西才是真正的人格意義和價值？比起純粹「抵拒」變化，難道改變、形成和發展沒有體現更高的價值？[47] 席勒則表示：

　　當形式驅力握有支配力，而且純粹的客體在我們內在產生作用時，就是個體存在的極致擴張，所有的限制都會消失，我們會從受限於貧乏的感官的量的統一體躍升為足以囊括整個現象界的觀念的統一體（Ideen-Einheit）。……我們不再是個體，而是種類。我們自己就可以判斷所有的精神，我們的行動就可以表現人們一切內心的選擇。[48]

　　毋庸置疑地，內傾者的思想非常尊崇古希臘神話的光之神海珀里翁（Hyperion），但可惜的是，觀念的統一體只是某一群少數人的理想。思考只不過是一種功能，不過，當它得到了充分的發展而且只依循自己的法則時，當然會想進一步取得普遍的有效性。由此看來，人們透過思考只能認識世界的某一部分，而另一部分的了解就只能透過情感，至於第三部分的掌握則只能藉由感知等。人類具有各種不同的心理功能，從生物學的角度來看，心理系統只能被視為一種適應系統，就如同眼睛的存在大概是因為光存在的緣故。就心理系統的整體意義而言，思考功能在任何情況下都只占其中的三分之一或四分之一，儘管它在自己的領域裡具有絕對有效性。各種心理功能就像視力和聽力分別是個體接收光波和聲波唯一有效的功能一樣，因此，人們如果把「觀念的統一體」捧到最高處，卻認為情感感知與個體的人格相對立，這就好比一個人雖擁有不錯的視力，但耳朵卻聾了，而且完全處於感覺麻木的狀態。

　　「我們不再是個體，而是種類。」確實是如此！當我們單單認同思考這個功能時，我們雖然成為普遍被接受的集體存在，卻也和自己徹底地疏離。除了這四分之一的心理之外，其餘的四分之三卻處於被壓抑、被蔑視的黑暗

47　後來席勒自己也批判了這一點。

48　{l. c.}

中。在這裡我們可否提出一個盧梭曾問過的問題：「難道是自然使人遠離了自己的本性？」其實，問題的關鍵不在於大自然，而在於我們自己的心理如何以粗暴的方式過度偏重某一種心理功能，並任其支配自己。滯留在無意識裡的原動力——即未被馴服的驅力能量（Triebenergie）——當然也是自然的一部分。一旦這種驅力能量「偶然」顯現在某種未分化的劣勢功能裡，而未能出現在以神聖的熱情而受到讚美和崇拜的、理想的優勢功能裡，就會讓那些已分化的類型感到畏懼。關於這一點，席勒曾清楚地表示：

> 不過，你的個體和你現在的需求將會出現**變化。你現在所熱切渴望的，有一天會成為你所厭惡的**。[49]

未被馴服的、放肆的、失衡的能量不論出現在感官性裡——在受到壓抑的地方——或出現在被神聖化的、最高度發展的優勢功能裡，基本上都是一樣的：都是**野蠻**。只要人們仍舊惑於行動的**目標**，而忽略了如何行動，就無法洞察這個事實。

個體如果認同某一種已分化的優勢功能，便已獲得了集體性，不過，這種集體性已不再是對於**集體的認同**——如同原始人那般——而是對於集體的**適應**。如果我們的所思所言確實適應了集體，那麼，「我們自己就可以判斷所有的思想」，就像一些思考功能已分化、且已適應集體的人所普遍期待的那樣。還有，只要我們的思維和行動可以符合大家的期待，那麼，「我們的行動就可以表現出人們所有內心的選擇」。由於盡可能地認同一種已分化的優勢功能可以讓自己達到最明顯的社會優勢，因此，所有的人都相信而且都希望獲得這種最好的、也最值得追求的價值；不過，人類一些比較沒有發展的方面卻是個體性的主要構成部分，而且還會為個體帶來最大的劣勢。席勒曾提到：

49　l. c., 12. Brief.

　　人們只要確定，感官驅力和理性驅力之間存在著必然的對立，那麼，使感官驅力無條件地服從於理性驅力，當然就是唯一可以達到內在統一性的方法。然而，這種作法卻只會導致內在的單一性，而非和諧性，因此，人們至今仍處於分裂的狀態。……由於人們在情感的高度活躍下，難以忠於自己的基本原則，因此，會採取一種簡便的權宜之計，也就是**透過情感的鈍化來穩定自身的性格**；畢竟在卸除武裝的敵人面前保持鎮定，總比制服勇猛且戰鬥力旺盛的敵人要容易許多。這種壓抑情感的作法絕大部分就是對於人的塑造，也就是確實地改造人的外在和內在這兩個部分。如此所形塑出來的人就不再具有、也不再表現出粗野的本性；同時他還會透過原則的堅守而強硬地抗拒所有本性的感知，所以，不論是外在世界或內在世界都難以影響他本身。[50]

　　席勒也知道，思考和易感性（情感感知）這兩種功能會相互轉移（正如我們所看到的，當其中一種功能取得優勢時，這種情況就會出現）。

　　他會把主動作為的功能所需要的強度給予被動承受的功能（易感性），讓物質驅力（Stofftrieb）優先於形式驅力，並把感受性能力變成決定性能力。他會把被動承受的功能所應有的**廣度分配**給主動作為的功能（積極的思考），讓形式驅力優先於物質驅力，並讓決定性能力取代感受性能力。在前一種情況下，他決不會做他自己；在後一種情況下，他決不會出現什麼改變。[51]

　　以上這段相當值得注意的引文包含了許多我們在前面已討論過的東西。當積極思考的動能流向情感感知時——即內傾型出現翻轉時——未分化的、古老而原始的情感感知便占有主導的地位，個體便因此而陷入了一種極端的關係狀態，也就是認同本身所感知的客體。這種狀態符合所謂的**劣勢的外

50　l. c., 13. Brief, Anm.

51　l. c., 13. Brief.

傾，換句話說，這種外傾會讓個體完全脫離自我，而完全消融於古老而原始的集體關係和集體認同之中。然後，他便不再是「他自己」，而是一種純粹的關係狀態，由於他認同了外在的客體，便因此而失去了自己的立足點。內傾者本能地感覺到，必須全力抵制這種狀態，但他卻還經常不自覺地陷入這種狀態。無論如何，這種狀態都不該和外傾者的外傾相混淆，雖然，內傾者總是犯這種錯誤，並輕蔑這種外傾，其實他向來就是這麼看待自己本身所維繫的關係。[52] 上述的後一種情況純粹呈現出內傾思考型，而與認同外在的客體相反。由於內傾思考型排除了劣勢的情感感知，這無異於宣告了自己的匱乏，等於是讓自己處於「不論是外在世界或內在世界都難以影響他本身」的狀態。

在這裡我們也可以很清楚地看到，席勒的論述仍是從內傾者的觀點出發。相較之下，外傾者的自我並不存在於思維之中，而是存在於和客體的情感聯繫裡，所以，外傾者是藉由客體而找到自己，而內傾者卻反倒因為客體而迷失自己。當外傾者內傾時，他和集體思維的聯繫會弱化，他對於古老而原始的、具體化的集體思維所形成的認同，則被稱為**感知的設想**（Empfindungsvorstellen）。總之，外傾者會在內傾時（在思考的劣勢功能中）迷失自己，就如同內傾者會在外傾時迷失自己一般。所以，外傾者會排斥、畏懼或沉默地蔑視內傾，而內傾者對於外傾也是如此。

對於席勒來說，外傾與內傾這兩種機制的對立就是感知與思考之間的對立——或誠如他所說的——也是「物質與形式」或「被動的承受與主動的作為」（即易感性和積極的思考[53]）之間的對立。他已感受到，這種矛盾**無法被消除**，因為，「感知和思考之間的距離無限遙遠，人們根本無法調和這兩者的矛盾」，而且這兩種「狀態還相互對抗，從來都無法達到和諧一致。」[54] 此外，這兩種驅力必須以「能量」——席勒曾以非常現代的觀點對此進行思

52　為了避免誤解，我想在此說明：這種輕蔑至少在原則上與客體無關，它只涉及主體對於客體的關係。

53　這裡的「積極的思考」與前面提到的「反應的思考」是相對的概念。

54　SCHILLER, l. c., 18. Brief.

考——的形式存在，而能量則要求且需要「釋放」。[55]

物質驅力和形式驅力的要求都是真切的，因為，就人們的認知而言，前者關係到事物的**真實性**，而後者則關係到事物的**必然性**。[56]

感官驅力的能量釋放決不是肉體的無能為力，以及感知的鈍化所產生的結果，因為，這種情況無論發生在哪裡都只會受到鄙視；感官驅力的能量釋放必須是一種自由的行動，一種個人的作為，這種作為可以透過道德的強度來緩和感官的強度……因為，感官只會遷就於精神。[57]

由此我們還可以推論：精神也只會遷就於感官。雖然，席勒從未直接這麼說過，但卻曾意有所指地提到：

同樣地，形式驅力的能量釋放也不該起因於精神的無能為力，以及思考力或意志力的薄弱，因為，這是對人性的貶低。感知的豐富性必然是它榮耀的泉源。感官性本身必定會用致勝的力量來維護自己的領域，並抵拒精神藉由率先的行動而強加給它的暴力。[58]

席勒在上述的文字中，不僅贊同人類的「感官性」可以和思維性平起平坐，具有同等的權利，而且還賦予感知本身存在的權利。同時我們也看到，席勒這段話還涉及了一個更深刻的思想，即感官驅力和思考驅力彼此「交互作用」的概念，如果用比較現代的表達方式來說，就是「利益共同體」或「共生」的概念。在這種概念下，某種活動所產生的廢料就是另一種活動所需要的養料。席勒曾談道：「這兩種驅力的交互作用存在於，一種驅力的作用的**建立**和**限制**會同時影響到另一種驅力的作用。……雙方都只能憑藉對方

55　l. c., 13. Brief.

56　l. c., 15. Brief.

57　l. c., 13. Brief.

58　l. c.

的活動而達到本身最高的表現。」[59]

依據席勒的這個思想，人們不僅不該把感官驅力和思考驅力的對立視為某種有待解決的問題，反而還應該把這樣的對立當作有益的、能促進生命的東西，而且還應該維護並支持它。不過，這樣的要求卻直接牴觸了已分化的、具有社會價值的優勢功能所占有的支配地位，畢竟優勢功能主要是透過壓制和剝削劣勢功能才得以存在。這樣的要求就相當於奴隸群起反抗某種英雄的典範，也就是反抗某種強迫人們為了**某項**東西而犧牲**一切**的原則。這種原則在西方首先是透過基督教致力於人們的精神化而獲得了長足的發展，後來在促成人們的物質化也做了最有力的貢獻。但是，如果這個權力原則可以被打破，劣勢功能自然就可以獲得解放，而且還可以要求——不論是合理或不合理——和已分化的功能獲得相同的認可。經由這種方式，內傾思考型的感官性和思維性之間，或情感感知和思考之間的徹底對立會公開地顯現出來。就如席勒曾說過的，這種徹底的對立會引發雙方相互牽制，表現在心理方面就是優勢功能壓制劣勢功能的權力原則的廢除，也就是放棄某種已分化的、普遍適應良好的集體功能所帶來的普遍的有效性。

這種權力原則的廢除便直接導致**個人主義**的產生。換句話說，人們必須認可個體性的存在，必須認可個體的**真實樣態**。在這裡，我們不妨聽聽席勒如何試圖解決這兩種驅力的矛盾：

處理這兩種驅力的相互關係完全是理性的任務，儘管理性只有在人的生存的完善狀態下，才有能力徹底解決這個問題。人的觀念確實是無限的，所以，人只能隨著時間的推移而不斷接近它，卻從未能掌握它。[60]

這裡已經顯示，席勒受到了他所屬類型的片面性的限制，不然他決不會把這兩種驅力的交互作用視為「理性的任務」，畢竟對立的雙方在「排除第三方」（tertium non datur）的情況下，不可能以理性的方式統合起來，換句

59　{l. c.}

60　l. c., 14. Brief.

話說，排除第三方正是它們彼此對立的原因。席勒所認為的理性並不是拉丁文的 ratio（理性），而是一種層次更高的、近乎神祕的能力。實際上，對立的雙方只有透過妥協或**非理性**的方式才能達成統一，在這種情況下，雙方之間會出現某種**新的事物**，即第三方。它雖然不同於雙方，但卻可透過從雙方獲取相等的能量來同時表達它們，而不是只表達其中的一方。這種表達毋須透過策畫，只能經由生命來完成。正如我們在以下這段節錄的文字裡所看到的，席勒事實上也意識到這種可能性：

> 不過，倘若出現這樣的情況：人們同時擁有這種雙重的經驗，也就是說，人們不僅意識到自己的自由，也感受到本身的存在，不僅認識到自己是物質的存在，也是精神的存在，那麼，在這種情況下，而且只有在這種情況下，人們才能對本身的人性具有完整的觀點，而且那個賦予人們完整的人性觀點的對象（Gegenstand）還會變成人們某項已達成的使命的象徵。[61]

如果人們可以讓思考和感官這兩種驅力或力量同時活躍地存在，也就是以思考的方式進行感知，並以感知的方式進行思考，人們的內在就會出現某個**象徵**。這種象徵是從人們本身的經歷（席勒所謂的「對象」）衍生而來的，而且還表達了人們已達成的使命，也就是一條已統合肯定面和否定面的道路。

在進一步探究這個思想的心理內涵之前，我們希望更清楚地掌握，席勒如何理解象徵的本質與形成。

> 感官驅力的對象……以最廣義來說，就是**生命**（Leben）；這個概念是指一切物質的存在以及感官裡的每個直接的當下。形式驅力的對象……則是**構形**（Gestalt）……；這個概念是指事物所有形式的性質以及事物與思考力的所有關係。[62]

61　l. c.

62　l. c., 15. Brief.

　　根據席勒的看法，「有生命的構形」（lebende Gestalt）就是調解對立的功能的對象，也就是讓對立協調一致的象徵，而且還是「一種描述現象的所有美學質素的概念，換句話說，就是人們所認為最廣義的美的概念。」[63] 然而，象徵的存在卻是以創造象徵和理解象徵這兩種功能為前提。由於後一種功能並未參與象徵的創造，所以，它反而是一種為本身而存在的功能，人們可以把這種功能稱為象徵的思維或象徵的理解。象徵的本質就存在於，它本身所呈現的一些人們無法完全理解的實質內容，且僅以直覺的方式暗示這些實質內容可能具有的意義。至於象徵的創造並不是理性的過程，因為，理性的過程只會產生一些在內容上可被人們理解的意象（Bild）。象徵的理解還需要一些直覺，因為，直覺可以察知被創造的象徵所包含的意義，並把這種意義傳遞給意識。席勒把這種直覺功能稱為「第三驅力」，即「遊戲驅力」（Spieltrieb）。遊戲驅力和相互對立的感官驅力及思考驅力之間並沒有相似之處，但它卻存在於這兩者之間，而且只要這兩者都是嚴肅的功能（席勒並沒有覺察到這一點），遊戲驅力就可以正確地評斷它們的性質。然而，卻有不少人認為，感官驅力和思考驅力並不完全是**嚴肅的**功能，所以，嚴肅性應該可以取代遊戲性而存在於這兩者之間。

　　雖然，席勒在其他地方否認了可以調解矛盾的第三驅力的存在，[64] 但我們還是認為，他在這方面所做的結論比較貧乏，相形之下，他的直覺就顯得比較準確。因為，在彼此對抗的雙方之間確實存在某種東西，只不過在純粹已分化的類型身上，它的存在已無法被發覺，如果在內傾型身上，它就是我所謂的「情感感知」。劣勢功能由於本身受到相對的壓抑，所以，只有一部分依附於意識，而其他部分則依附於無意識。已分化的功能會盡量適應外在的現實，所以，根本就是一種具有真實性的功能，因此，它會儘可能排除本身的幻想要素，致使幻想要素和同樣受壓抑的劣勢功能連結在一起，因此，內傾者通常帶有感傷色彩的感知會強烈影響本身的無意識幻想。在這裡，調和對立雙方的第三方一方面是創造性的**幻想活動**（schöpferische Phantasietätigkeit），另一方面

63　{l. c.}

64　l. c., 13. Brief.

則是感受性的**幻想活動**（rezeptive Phantasietätigkeit），它們都是席勒所謂的遊戲驅力。關於這方面，席勒心裡所想的已多過他實際所說的。席勒曾大聲疾呼：「終於可以這麼說：只有當人確確實實是人的時候，他才會遊戲；只有當人在遊戲時，他才是一個完整的人。」對他來說，遊戲驅力的對象就是美。「人們應該只用遊戲的態度來對待美，而且也應該只和美遊戲。」[65]

席勒已經意識到，把「遊戲驅力」置於首要地位可能意味著什麼。其實我們也看到，解除對於劣勢功能的壓抑，必然會使原本已取得平衡的對立雙方出現新一輪的衝突，並導致既有的最高價值的崩落。雙方要等到一番角力之後，才會重新趨於另一種平衡。我們現在還會認為，當歐洲人野蠻的那一面想要有所表現時，就會出現文化的災難。畢竟誰能保證，這樣的人開始遊戲時，會把審美的心境（Stimmung），以及對真正的美的享受當作他的目的？實際上，既有的文化成就必定會貶低人們遊戲的態度，所以，我們對於遊戲的審美預期根本是不合理的，而且還應該事先料到，會有完全不同的情況出現。席勒以下的這番話說得很有道理：

> 在最初幾次的嘗試裡，人們幾乎還察覺不到本身審美的遊戲驅力，因為，感官驅力會不斷以任意不羈的態度和粗野的欲望進行干預。所以，我們首先會看到，在人們粗劣的偏好裡充斥著新鮮的、令人驚奇的、五花八門的、冒險刺激的、稀奇古怪的、強烈而狂野的東西，而徹底排拒了純樸與平靜。[66]

從以上這段引文中，我們可以得出一個結論：席勒已經意識到這種審美的發展所帶來的危險。這種不利的情況也可以說明，席勒為何對於既有的解決方法不但不滿意，反而還體認到，為人性建立一個更穩固的基礎才是人們迫切的需要，畢竟審美遊戲的態度無法為人們帶來保障。實際上也必須如此，因為，人們內在的兩種功能或功能群之間的矛盾是如此重大而嚴肅，以

65　l. c., 15. Brief.

66　l. c., 27. Brief.

至於幾乎無法靠遊戲來緩解這種衝突的危急性和嚴峻性。有鑑於「同類法則」（similia similibus curantur），[67] 這時就需要第三方的存在，因為，第三方兼具對立雙方的某些質素，所以，至少可以讓雙方獲得同等的嚴肅性。

遊戲的態度必定會排除所有的嚴肅性，而後才有可能獲得絕對的可確定性（Bestimmbarkeit）。遊戲驅力有時會受到感知的吸引，有時又受到思考的引誘，所以，它便一會兒跟客體、一會兒跟思維打交道。不過，如果人們關注於如何脫離野蠻狀態，而獨獨跟美打交道，那麼，人們就可能不再是野蠻人，而是已受過審美教育洗禮的人了！所以，首先必須確定的是，人們到底立足於自己最內在的本質的哪一處。人類在先驗上既能思考，也能感知。人類本身處於這兩種驅力的對立當中，因此，必須把自己安置在這兩者之間的某處，並讓自己作為內在最深處的一個存在體。這個存在體雖同時涉及這兩種驅力，卻能讓本身跟它們有所區分。如此一來，人們雖然受到這兩種驅力的影響，而且有時還必須順從它們，但有時卻也可以使用它們。總之，人們並沒有把自己等同於這兩種驅力，雖然受制於它們，卻能把自己和它們區別開來，就像區別於自然力一般。關於這一點，席勒曾做如下的說明：

> 只要人們能使本身和這兩種基本驅力區分開來，它們就不會牴觸人們精神的絕對統一性。這兩種驅力存在於人們身上，也在人們身上產生作用，然而，人們本身既不是物質，也不是形式，既不是感官性，也不是理性。[68]

我認為，席勒在這裡已指出一些相當重要的東西，也就是**個體核心的可區分性**。雖然，個體的核心有時是這兩種對立功能的主體，有時則是它們的客體，但總是可以和它們有所劃分。這種劃分本身不僅是智識的判斷，也是道德的判斷。前者是透過思考，後者則是經由情感。如果個體所進行的劃分沒有成功或根本沒有進行劃分，那麼，就會出現一個無可避免的後果：個體

---

67 譯註：similia similibus curantur 這句拉丁文在這裡中譯為「同類法則」，不過，這句話原先是指歐洲順勢療法所採用的「以同類來治療同類」的重要原則，類似中醫的「以毒攻毒」。

68 l. c., 19. Brief.

會消融於這兩種對立的功能之中，而與它們完全等同。此外，還可能出現更
嚴重的後果：個體本身會一分為二，或恣意地決定要偏向哪一種功能，而受
到對立功能的強力潛制。這種思維過程是一個非常古老的思考課題，就我所
知，第五世紀初期擔任北非利比亞的托勒密城（Ptolemais）主教的西內修斯
（Synesius, ca.373- ca.414）——西方第一位女數學家希帕蒂亞（Hypatia, 370-
415）的門生——曾提出就心理學而言最有趣的相關論述。這位主教在《論
夢》（De somniis）這本著作中所闡述的幻想精神（spiritus phantasticus），其實
和席勒所謂的遊戲驅力以及我提出的創造性的幻想有相同的心理學意義，只
不過他採取了**形上學**的表達方式，而不是心理學。他的論述對於我們在這裡
的探討來說，就像一種古老的用語，所以，不在我們的考量範圍之內。西內
修斯在該書中寫道：「我們最常透過幻想精神的活動而活著，這種精神就介
於永恆現象與暫時現象之間。」依據他的看法，對立的雙方在幻想精神裡達
成了統一，幻想精神也因而落入了驅力的性質，甚至還淪落到獸性的層面，
從而轉變為一種本能，並激起惡魔般的欲望：

> 這種精神（即幻想精神）本身具有某種特殊性，似乎就是一些來自周邊
> 領域和兩個極端的要素。這些要素雖然彼此之間存在不少的紛歧，卻能聚集
> 在一個客觀實體（Wesenheit）裡。此外，大自然還透過本身的許多領域而擴
> 大了幻想的作用範圍。幻想甚至下降到沒有智力的動物身上。是的，幻想就
> 是動物本身的理性，動物經由幻想而獲得了知識。各種惡魔也因為幻想的活
> 力而得以存在，他們在本身整體的存在裡不僅具有想像性，而且還在人們內
> 在所發生的種種裡被想像出來。

　　從心理學的角度來看，惡魔就是來自無意識的干涉，也就是無意識情結
（unbewußter Komplex）自發地侵襲意識過程的連貫性。無意識情結和惡魔
相似，會乖張地干擾我們的思考和行動，因此，古希臘羅馬時代和中世紀時
期的人們會認為，重度精神官能症患者就是被鬼魂附身。當個體堅定地站在
某一方時，無意識就會站在對立的另一方來反抗個體。新柏拉圖學派或基督

教的經院哲學家只要支持絕對的精神化，就一定會注意到這種現象。西內修斯主教曾指出，魔鬼具有想像的本質，這個說法十分有價值。正如我在前面所探討的：在無意識裡與被壓抑的劣勢功能相聯繫的正是這種幻想的要素。個體（個體核心的簡稱）倘若無法與兩種對立的功能區分開來，就會與它們完全等同，而導致內在的分裂，於是便成為一個痛苦的、矛盾的存在。以下是西內修斯的看法：

> 這種本能的精神——也被虔誠的人們稱為生命的精神——會變成上帝以及外觀多變的魔鬼和圖像。在這種精神裡，人們的靈魂遭受著折磨。

精神因為涉入了驅力而變成「上帝以及外觀多變的魔鬼」。西內修斯主教這個獨特的想法其實不難理解，如果我們還記得這個心理事實的話：感知和思考本身都是集體的功能，而且個體（即席勒所謂的「精神」）如果無法和這兩種對立的功能有所區隔，就會消融於其中，而成為一種集體性的存在，也就是一種類神性的存在，因為，上帝就是「無所不在的存在」這個集體概念。這位托勒密城的主教還表示，「在這種狀態下，人們的靈魂遭受著折磨。」人們如果要脫離這種困境，就得讓自己和這兩種對立的功能區分開來，也就是讓精神先下降到深處，在那裡與客體糾結交纏，從而變得「潮濕而粗野」；等到它被苦難淨化而變得「乾燥和熾熱」後，便會再度上升，而且還能以現在的乾熱狀態區別於從前在地底停留時的濕漉。

接下來，便出現了一個問題：當個體無法和彼此分裂、且對立的驅力有所區分而充滿內在的矛盾時，個體究竟是以哪種力量來對抗這些驅力？其實席勒後來也不再主張，可以透過遊戲驅力——他所謂的「第三驅力」——來解決這個問題。因為，這個問題必然關乎某種嚴肅性，也就是涉及一種重要的、能有效地讓個體與對立的驅力劃分開來的力量。畢竟在這種對立當中，個體一方面會受到最高價值和最高理想的召喚，另一方面則會受到強烈的興致的誘惑。席勒曾說道：

這兩種基本驅力只要處於發展之中，都必然會依照本身的性質而追求本身的滿足。由於對立的這兩者必定會追求相反的對象，所以，它們便因此解除了對於彼此的壓迫。在這兩者之間，意志則聲稱本身擁有完全的自由。意志就是一股對抗這兩種驅力的勢力，但是，這兩種驅力的任何一方都無法成為一股勢力來抵拒對方。……在人們的身上，只有意志是唯一的勢力。只有當人們死亡或失去意識時，這種內在的自由才會消失。[69]

席勒認為，這兩種驅力的對立會以上述的方式消失，這**從邏輯上來說**是正確的，但實際的情況反而是它們相互而積極地對抗，從而出現無法解決的衝突，只有當我們可以預期自己應該達到什麼狀態時，意志才有能力裁決這種衝突。然而，人們至今對於如何脫離驅力的對立所導致的野蠻狀態，仍沒有解決之道，而且人們也還沒有達到那種能使意志正確了解這兩種驅力，並使它們協調一致的狀態。意志由於必須具有內容和目標，因此，會片面地受制於某一種功能，這一點也正好反映了人類無法調和驅力對立的野蠻狀態。

意志的目標如何產生？如果不是經由前面討論過的那種心理過程，也就是智識和情感的判斷或感官的渴望如何賦予意志本身所需要的內容和目標的過程，情況會如何？如果我們讓感官的渴望成為意志的動機，並依從它們，那麼，我們的行動就會符合感官驅力而違反理性的判斷。相反地，如果我們憑藉理性的判斷來解決爭端，即使個體給予這兩種驅力的尊重已是最公正的分配，卻仍必須仰賴理性的判斷，這麼一來，思考驅力就會凌駕於感官驅力之上。所以，無論如何，只要意志還依靠這兩種驅力的任何一方提供本身所需要的內容，它不是偏向於感官驅力，就是偏向於思考驅力。意志在這種情況下，的確可以裁決這兩種驅力所發生的衝突，不過，它所根據的某種賦予本身所需內容的立場或心理過程雖介於這兩種驅力之間，卻沒有和它們維持等距關係，不是距離一方比較近，就是比較遠。

依照席勒的定義，意志的內容必須具有**象徵性**，因為，只有象徵才能居

69　SCHILLER, l. c., 19. Brief.

間調解這兩種驅力之間的種種矛盾，畢竟這兩種對立的驅力是以截然不同的真實性為前提，一方的真實性對於另一方而言，不是**假象**，就是不具**真實性**，反之亦然。象徵則擁有實在與非實在的雙重性質。如果某件事物只具有實在性，那麼它就是一種實在的現象，而不是象徵。象徵只會存在於某個東西之內，但同時又包含了其他的東西。如果某件事物是非實在的，它就是一種無關於實在的、空洞的幻想，所以，也不是象徵。

就本質而言，理性功能並無法創造象徵，因為，它們只會產生內容明確的、理性的東西，而無法同時包含相互矛盾的東西。一些感官功能也同樣無法創造象徵，因為，它們會透過對於外在客體的知覺而產生內容明確的東西，所以，它們只包含本身，並不包含其他的東西。為了替意志尋找一個中立的、不偏向任何一方的存在基礎，人們必須轉而求助於另一股勢力。這股勢力雖無法清楚地**區辨**對立的雙方、但卻能讓雙方維持原初和諧的統一性。此外，意志顯然不存在於意識的領域裡，因為，意識從它整體的本質來說，就是對於自我和非自我（Nicht-Ich）、主體和客體、肯定與否定等等的辨別和區分。劃分對立的雙方實際上應該歸功於意識的區辨力，因為，只有意識才有能力察知什麼是適當的東西，並把它們從不適當的、或沒有價值的東西當中區別開來。只有意識可以認定某種功能是否具有價值，而把意志的力量賦予有價值的功能，並抑制沒有價值的功能的要求。然而，在意識領域之外，也就是在本能所主導的無意識領域裡，卻不存在思考，不存在贊成和反對，也不存在任何分歧和矛盾，存在的就只是事物的出現與發生、驅力方面的規律性以及生命的平衡（當然，這是本能處於本身可以適應的情況，如果它遇上本身無法適應的情況，就會出現壓抑所造成的能量的滯積、情緒的激動、困惑和恐慌）。

由此可見，借助意識來裁決驅力之間的衝突，根本是行不通的。因為，意識對於這種爭端的裁決會流於純粹的專斷，況且它根本無法賦予意志象徵性內容。象徵性內容對於這種衝突的解決非常重要，因為，它們能以非理性的方式調解邏輯上的對立。為了掌握象徵性內容，我們必須更深入地探索，必須觸及意識賴以存在的基礎，也就是仍保存原初本能的無意識。人類所有

的心理功能都不分彼此地混雜並交集於原初而基本的無意識心理活動中，這主要是因為人類腦部的各個部位彼此近乎直接的聯繫，其次則是因為能量值較低的無意識要素[70]會導致無意識裡的心理功能缺乏可區分性。無意識要素的能量值較低，不過，只要其中的某一要素一受到看重，就不再陷於意識閾限（Bewußtseinsschwelle）之下，因為，它已獲得特殊能量的挹注而立刻升入意識領域裡。依照十九世紀德國哲學家暨心理學家約翰‧赫巴特（Johann F. Herbart, 1776-1841）的看法，這種進入意識裡的無意識要素會變成一種「突然出現的想法」和「自由浮現的觀念」。具有強大能量的意識內容在發揮作用時，猶如一道強光，在它的照射下，心理功能之間的差異會清晰地顯現出來，所以，不會出現任何混淆。至於無意識的情況則完全相反：異質性最高的無意識要素由於本身微弱的光亮——較少的能量——彼此之間會存在模糊的類似性，而且還會產生相互替代的現象。此外，異質性的感官印象也會交雜在一起，正如當代瑞士精神病理學家尤金‧布魯勒（Eugen Bleuler, 1857-1939）所指出的「光幻覺」（Photismen）和「色彩聽覺」（audition coloriée）的現象。甚至在語言裡，也含有許多無意識要素的混淆，為了說明這一點，我曾提出關於聲音、光線和精神狀態的例證。[71]

　　無意識也算是重要的心理部位，因為，所有在意識中彼此分裂和對立的東西都會以成群且有構形的方式停留在無意識裡。當它們後來有機會上升到意識領域裡時，就會顯露出含有來自於對立雙方的成分性質，不過，它們卻不屬於任何一方，因此，可以保有獨立自主的中間立場（Mittelstellung）。這種中間立場對於意識來說，有時有價值，有時卻沒有價值：當意識無法清楚察覺它們之間的可區分性時，它們就不具有價值，意識也會因此陷入行動的困境中；當它們之間的不可區分性具有象徵性質時，它們就具有價值，而且這種象徵性質必須賦予調解衝突的意志某些內容。

　　除了意志（也就是完全依賴本身內容的意志）以外，人們在處理驅力之

70　Vgl. NUNBERG, *Über körperliche Begleiterscheinungen assoziativer Vorgänge* in JUNG, *Diagnostische Assoziationsstudien*, 2. Bd., p. 196ff.

71　*Wandlungen und Symbole der Libido*, p. 155 ff. (Neuausgabe: *Symbole der Wandlung* {GW V}).

間的衝突時，還擁有無意識——孕育創造性幻想的園地——作為輔助工具：
因為，無意識可以隨時經由基本心理活動的自然過程而塑造出象徵，象徵則
「可以」協助意志達成調解紛爭的任務。我在這裡使用「可以」這個字眼是
因為，象徵不會為了效力於意志而自行進入意識領域裡，而是留在無意識
裡，只要意識內容的能量強於無意識象徵的能量，這種情況就不會改變，而
且這也是正常的情況。不過，在不正常的情況下，這兩者的能量高低就會出
現翻轉，也就是無意識的能量會強過意識的能量。此時，象徵雖能借助無意
識的能量而浮現於意識的表面，但卻不被意識的意志和執行功能所接受，因
為，意識的能量已低於無意識的能量。無意識能量的高漲會讓個體處於不正
常的精神狀態而出現精神疾病。

在正常的情況下，心理能量會被**人為**導向無意識的象徵，以便讓無意識
獲得較多的能量而得以趨近於意識。倘若「本質我」（Selbst）可以和對立
的兩種驅力有所劃分——在這裡我們又再度觸及席勒所提出的「個體核心的
可區分性」的觀點——，倘若力比多可以被支配，這種劃分就相當於把力比
多從對立的兩種驅力中拉回本質我，這麼一來，心理能量就會往無意識流
動。把能量投入驅力的力比多**可被自由支配**的範圍，正是意志力的作用範
圍。意志力所顯現的大量能量則任由自我（Ich）「自由地」支配，在這種情
況下，意志會把本質我當成一個可能實現的目標。驅力之間的對抗愈是阻礙
進一步的發展，這個目標就愈有可能實現。此時，意志並不會裁決驅力之間
所發生的衝突，它只會顧及**本質我**，也就是讓可受支配的力比多能量往本質
我回流，換句話說，就是**內傾**。內傾只意味著，力比多被留在本質我當中，
而且不被允許涉入驅力之間的衝突。由於力比多通往外界的道路已被阻斷，
便自然而然地往內轉向思考，但這種方向的**翻轉**卻會再度使力比多陷入衝突
的危險當中，因為，本質我與對立驅力的劃分以及力比多能量回流本質我的
內傾，會致使可受支配的力比多不僅脫離了外在的客體，也脫離了內在的客
體，即思維。這麼一來，力比多便完全失去了作用的對象，不再與意識內容
有任何關聯，而落入無意識裡。它會自動攫取無意識裡既有的幻想材料，之
後憑藉幻想的能量而往意識領域上升。

　　席勒曾以「有生命的構形」來表達象徵，這個詞語的選擇很恰當，因為，具有上升能量的幻想材料包含了個體隨後的一些心理發展狀態的意象，這些幻想材料在某種程度上能預示或呈現對於驅力衝突進一步的解決途徑。雖然，具有區辨力的意識活動經常難以直接理解這些意象，但直覺卻具有活潑的生命力，可以對意志發揮決定性的影響。意志的支配性會對於兩種對立的驅力產生作用，所以，在經過一段時間後，驅力之間的衝突會再度轉強。重新出現的衝突需要重複上述的過程，而得以不斷地促成進一步的發展。我把調解驅力衝突的功能稱為「超越功能」（transzendente Funktion），這種功能並沒有什麼神祕性，它純粹是一種意識要素和無意識要素的綜合功能，就像數學中的虛數和實數的共同功能。[72]

　　除了重要性不容否認的意志之外，我們還擁有創造性幻想，這種幻想就是一種非理性的、本能方面的功能，而且可以單獨賦予意志某種匯聚著矛盾的本質內容。席勒把創造性幻想理解為象徵的泉源，不過，由於他還把它稱為「遊戲驅力」，因此，無法進一步從激發意志的積極性當中獲益。為了讓意志獲得本身所需要的內容，席勒還求助於理性，因此，他便倒向了兩種對立的驅力的某一方。令人訝異的是，他以下的這番論述竟如此接近我們的問題：

　　在建立法則（即理性的意志）之前，感知的勢力必須被摧毀。只是讓以前不存在的東西從現在開始存在，這是不夠的，我們還必須使原本存在的東西不再存在。人無法從感知直接進入思維；**他還必須往回退一步**，因為，只有某種確定性再度消失時，與其相反的確定性才能形成。他必須……暫時擺脫一切的確定性，而讓自己處於一種純粹可以自己參與決定的狀態。因此，在他的感官取得任何印象之前，他必須先經由某種方式退回到毫無確

72　我必須強調，我在這裡原則上只敘述這種功能。它是一個相當複雜的問題，其中以意識接受無意識材料的方式最具有關鍵性意義。相關的討論請參考本人的著作：*Die Beziehungen zwischen dem Ich und dem Unbewußten; Über die Psychologie des Unbewußten* {je GW VII}；*Psychologie und Alchemie* {GW XII}；*Die transzendente Funktion* {GW VIII}．

定性的負面狀態中。但這種狀態卻沒有內容可言，所以，接下來的關鍵就在於，如何讓同等的無可確定性（Bestimmungslosigkeit）、無限的可確定性（unbegrenzte Bestimmbarkeit）與最有可能的內容取得協調一致，因為，這種狀態會直接產生某些正面的東西。他必須保存經由感官知覺所得到的確定性，畢竟他不能失去實在性；不過，只要這種實在性帶來限制，就必須被揚棄，因為，一種無限的可確定性將會出現。[73]

如果我們不斷注意到，席勒總是傾向於在理性的意志裡尋找解決之道，那麼，我們就可以根據前面的討論輕鬆理解這段艱澀的文字。不過，如果我們不這麼做，席勒的闡述其實已經很清晰。他所謂的「往回退一步」就是讓個體本身和對立的驅力區分開來，也就是把力比多抽回而讓它脫離內在和外在的客體。當然，席勒在這裡首先會關注感官所知覺的客體，正如前文的說明，他總是在打算，如何跨入理性思維的那一方，因為，在他看來，理性思維似乎對於意的確定性是絕對必要的。不過，他卻被迫必須除去一切的確定性，從而讓本身脫離內在的客體（思維），不然，就不可能讓意志徹底失去它的內容和確定性，而回到無意識的原初狀態，也就是無法區辨主體和客體的意識的存在狀態。我們可以明確地把席勒的這個看法稱為「內傾於無意識」（Introversion ins Unbewußte）。

席勒所謂的「無限的可確定性」顯然是在表示一種類似無意識的狀態，也就是一切混合不分，且相互作用的狀態。這種意識的空洞狀態應該和「最有可能性的內容達成協調一致」，而且這種內容——作為意識空洞狀態的對應物——必須是無意識內容，此外再無其他合適的內容。席勒還清楚地述說意識與無意識的統合，而且「這種狀態應該會產生一些正面的東西」。在我們看來，這些「正面的東西」就是**意志的象徵確定性**，對於席勒來說，它們則來自於可以協調感知和思考這兩種對立功能的「中間狀態」。席勒還把這種「中間狀態」稱為「中間心境」（mittlere Stimmung），此時感官性和理

---

[73] SCHILLER, l. c., 20. Brief.

性會同時發揮它們的功能，相互展現本身的決定性影響力的結果，就是彼此的對抗，進而衍生出對於對方的否定。然而，這種衝突一旦消解，就會出現一種真空狀態，也就是所謂的無意識。無意識狀態並不受制於矛盾和對立，因此，可以容納任何的確定性，曾被席勒稱為「審美的」狀態。[74]

　　值得注意的是，席勒忽略了一個事實：感官性和理性並不會在「中間狀態」下同時「起作用」。因為，就像他自己曾指出的，這兩種對立的功能終究會透過相互的否定而產生衝突。既然一定要有某些東西在發揮作用，而席勒又無法想到其他的功能，於是他便主張，這兩種對立的功能必定會再度產生作用。當然，這兩功能勢必會有所活動，而且是在無意識裡，因為，意識此時已處於「真空狀態」。[75]不過，由於席勒當時沒有無意識的概念，因此，他在這方面的看法顯得混淆不清，且自相矛盾。至於他所謂的「中間的審美功能」，就相當於創造象徵的活動，即創造性幻想。席勒把「審美的質素」（ästhetische Beschaffenheit）定義為一件事物和「我們諸多能力整體（心靈能力）的關係，而不是其中某個能力和某個特定客體的關係」。[76]其實，他在這裡如果能重新採用從前提出的象徵概念，或許會比這個模糊的定義更好一些，因為，象徵的性質和所有的心理功能有關，並不是任何一種心理功能的特定客體。此外，席勒還把以下的事實視為達成這種「中間心境」的成果：人們「從今以後，可以本著自己的天性，隨著自己的意願來做自己——並且可以重新獲得完全的自由，讓人們以應有的存在而存在。」[77]

　　由於席勒偏好智識和理性的處理方式，所以，便淪為本身判斷的犧牲品。他選擇「審美」這個詞彙來表達時，便已反映了這一點。如果他熟悉印度文學，他就會明白，他內在所浮現的**原初意象**（urtümliches Bild）的意義根本不同於「審美」，至於他的直覺所發現的無意識模式，其實從遠古以來便已存在我們的心靈當中。他把這種無意識模式解釋為「審美」，雖然他自

74　l. c.

75　一如席勒曾正確指出的，人在美學的狀態下就是「零」（Null）。l. c., 21. Brief.

76　{l. c.}

77　l. c.

己先前曾強調無意識的象徵性。我在這裡談到的原初意象是東方文明所特有的觀念，這種觀念曾出現在古印度的「大梵[78]——真我」（Brahman-Âtman）哲學理論，以及中國古代哲學家老子的道家思想中。

印度的哲學觀念強調，人們可以從對立中獲得的解脫，而且人們一切的情緒狀態以及與客體的情緒連結都可以因此而獲得理解。當力比多從所有的內容撤退之後，個體便獲得解脫，而且還出現完全的內傾。印度先哲曾以極具特色的方式把這種心理過程稱為「苦行」（Tapas）[79]，而「自身的沉思」就是這個概念最佳的解釋。它貼切地描述了毫無內容可言的冥想狀態，在這種狀態裡，力比多在某種程度上如同孵化所需要的熱量一般，被導向本質我。當力比多徹底從客體中抽離後，獲得力比多能量挹注的個體內在必然會形成一種客觀實在性的替代物，或是內在和外在的完全同一性，這種同一性在古印度的梵語裡可被稱為「那就是你」（tat twam asi）。透過本質我和客體關係的融合，使形成本質我（即梵語的 Âtman）對於世界本質（即主體與客體的關聯性）的認同，進而讓人們可以認識到內在的本質我與外在的本質我的同一性。「大梵」（Brahman）這個概念與「真我」（Âtman）只存在些微的差別。「大梵」所包含的本質我的概念並不明確，它只是一種普遍而無法被清楚界定的、內在與外在的同一性。

在某種意義上，與「苦行」平行的概念就是「瑜珈」（Yoga）。「瑜珈」應該被視為一種達到自身的沉思狀態的意識技巧，而比較不是一種沉思狀態。按照瑜珈的方法，力比多會被「拉回」，並因此而擺脫與對立雙方的牽連。自身的沉思與瑜珈的目的就是要打造一種中間狀態，以便由此產生具有創造性的、能解放身心的東西。對於個體而言，這方面的心理成果就是「大梵」、「至上之光」或「狂喜」（ânanda）的實現。這也是這種解脫修行的終極目的，而且這種過程還被認為和宇宙的起源有關，因為，一切的創造都源於「大梵——真我」這個世界的本源（Weltgrund）。宇宙起源的神話，就

78　譯註：大梵是一切萬有的本質、根源及終極目的，也就是所謂的「宇宙我」。此外，它也是古印度婆羅門教的核心思想。

79　譯註：Tapas 是一種內傾機制，在印度瑜珈的用語中，意指「淨化自我的刻苦修行」。

跟每個神話一樣，是無意識過程的投射。這種神話的存在正好可以證明，人們在練習「自身的沉思」時，無意識裡會形成一些創造性過程，這些過程應該被當作力比多在面對客體時，所出現的新的調整。席勒曾說：

只要人們的內心出現**亮光**，身外就不再是漆黑一片；只要人們的內心平靜沉著，世界上的風暴就會停止，自然界抗爭的力量也會在恆久存在的邊界內平息下來。所以，這也難怪古老的詩歌在表達人們內心這個偉大的事件時，就像在談論外在世界所發生的革命一般。[80]

透過瑜珈，力比多與客體的關係會出現內傾，而且力比多會因為能量的喪失而落入無意識裡，並與其他的無意識內容建立新的連結。不過，在個體完成「自身的沉思」的修行之後，無意識會出現一些創造性過程，力比多便得以藉此而再度趨近於客體。當力比多對於客體的關係發生改變時，客體就會出現不同的樣貌，彷彿新打造一般，而宇宙起源的神話便貼切地象徵著「自身的沉思」這種修行所產生的創造性成果。在印度宗教修行的絕對內傾取向裡，力比多對於客體新的適應方式並沒有什麼意義，因為，它會固守於無意識所投射的宇宙起源論的神話，而不會有實際的創造。就這方面而言，印度的宗教態度可以說和西方基督教的態度完全相反，因為，基督教的博愛原則是外傾的，所以，絕對需要外在的客體。總的來說，印度宗教的原則可以使人們獲得豐富的知識，而基督教的原則可以促成人們大量的行動。

「大梵」這個概念也包含了 Rita（正確的途徑）這個概念，即世界秩序。在「大梵」裡，也就是在創造性世界的本質和本源裡，事物的運作依循正確的途徑，因為，它們已永遠消融於「大梵」裡，並已被重新創造出來。從「大梵」所衍生出的一切發展都在有律則的道路上前進。Rita（正確的途徑）這個梵語概念把我們的目光引向老子的「道」。「道」就是「正確的道路」，也是符合律則的存在。它是一條在對立雙方之間的中間道路，不僅不

80　l. c., 25. Brief.

受雙方的操控，還能把它們統合起來。生命的意義就是不偏不倚地在這條中間道路上行走，決不倒向任何一方。老子的道家思想完全沒有迷狂的因素，而是哲學的超然與清明，是未被神祕之霧所模糊的智慧，也是智識與直覺的智慧。老子的智慧體現了人類所能達到的精神優越性的最高層次，由於它已遠離了真實世界的失序，所以，沒有任何的混亂。它馴化了一切的粗野，卻不會為了淨化它們而有所侵犯，也不會為了讓它們有所提升而改造它們。

　　儘管把席勒的思維過程附會於古老的、看起來相當冷僻的東方思想的作法太過牽強，而且很容易遭到批駁，不過，人們卻不該忽視，這類思想在席勒之後不久，還獲得了哲學天才叔本華的強力支持，從而扎根於歐洲的日耳曼精神裡，並延續至今。叔本華當時已有機會參考法國首位印度學家安克提爾・迪培隆（Anquetil du Perron, 1731-1805）[81] 所翻譯的《奧義書集》（*Upanishads*）──婆羅門教的經典──的拉丁文譯本，相較之下，席勒在他的年代卻難以取得這方面的訊息。不過，在我看來，這些事實都不重要，因為，我從自身的實際經驗中已清楚地看到，思想的關聯性的形成並不需要雙方直接的交流。比方說，我們可以發現，在中世紀後期日耳曼的基督教神祕主義者埃克哈特大師（Meister Eckhart, 1260-1328）的基本觀點以及十八世紀哲學家康德的部分觀點裡，存在某些和古印度《奧義書》的思想非常相似的東西，但它們之間卻不曾有過任何直接或間接的交流。這就有如人類的神話和象徵，它們在世界的各個角落自行生成，在毫無交流下所出現的同一性，實際上就是源自人類共通的、普遍存在的無意識，而且這些無意識內容的差異甚至遠低於種族和個體之間的差異。

　　我也認為，有必要把席勒的思想和東方的思想做對照，以便讓席勒的思想可以從審美主義（Ästhetismus）[82] 的狹隘中解放出來。席勒所提倡的審美主義並不適合解決人類過於嚴肅和困難的美學教育問題，因為，它往往預設

81　*Oupnek'bat* (id est, Secretum tegendum).

82　我在這裡所使用的「審美主義」（Ästhetismus）這個概念就是「審美的世界觀」的簡略表達。因此，我所提出的「審美主義」並不是所謂的「唯美主義」（Ästhetizismus），也就是人們普遍會聯想到的審美行為以及種種審美的感觸。

了本身應有的教育內容，也就是熱愛美的能力。這種態度會阻礙人們深入掌握相關的問題，因為，它會讓人們只關注那些能帶來愉悅的東西——包括高貴的享受——而不是那些惡劣、醜陋、困難的東西。由此可見，這種審美主義缺乏道德的動力，從最深刻的本質來說，它只是一種精緻化的享樂主義（Hedonismus）。雖然，席勒曾努力為他的審美主義引入絕對的道德動機，但這卻是沒有說服力的作法，因為，他的審美態度讓他無法認識到，認可人性的另一面可以讓自己獲得什麼樣的收穫。審美態度的片面性所產生的衝突會造成個體的惶惑和痛苦，在最順利的情況下，他可以藉由美的審視而再度抑制這種矛盾，但他卻無法回歸從前的「中間狀態」——這畢竟是最好的方式——而讓自己從中獲得解脫。人們如果想幫助個體脫離這種衝突，就需要一個不同於審美的態度，而這種態度其實已顯現在某些東方思想的觀點上。印度的宗教哲學對於這個問題曾有相當深刻的理解，而且已指出解決這種衝突的關鍵所在：即個體最大的道德努力、最大的自我否定和犧牲，以及在宗教上讓自己達到最高度的虔誠並回復本有的聖潔。

我們都知道，叔本華在肯定一切的審美的同時，還以最清楚的方式指出審美問題的某一方面。當然，我們不該錯誤地認為，「審美」和「美」等這些詞彙的涵義對於我們和對於席勒來說，是一樣的。如果我指出，「美」在席勒的心目中，就是一種**宗教的典範**，我相信，這樣的說法應該不會言過其實。美就是他的宗教。他的「審美心境」（ästhetische Stimmung）幾乎就是一種「宗教的虔誠」。席勒的審美直覺已成為宗教問題，也就是原始人的宗教問題，儘管席勒不曾如此表示，也不曾明確地把審美的核心問題稱為宗教問題。他雖曾在著作中相當仔細地探討這個問題，後來卻沒有沿著這條思路繼續探索下去。

值得注意的是，「遊戲驅力」的問題後來由於席勒著重於討論顯然已取得某種神祕價值的審美心境，而在論述中退居次要地位。我相信，這不是偶然，而是有明確的原因。一部著作最精華、最深刻的思想經常會以最強硬的方式反對某種清晰的理解和闡述，即使這些理解和闡述已散見於書中，而且已能明確地提出綜合性的表達。在我看來，這裡似乎也出現了這樣的困境。

當席勒把自己的思想引入「審美心境」這個作為創造性的中間狀態的概念時，我們就不難發現，這個概念所具有的深刻性和嚴肅性。但另一方面，他也同樣明確地把「遊戲驅力」視為廣受歡迎的中間狀態的活動。席勒的這兩個概念在某種程度上互有衝突，畢竟遊戲和嚴肅彼此互不相容，難以協調一致，這是無法否認的。嚴肅來自深刻的內在敦促（innere Nötigung），遊戲則是這種敦促的外在表達，是這種敦促朝向意識的那個面向。這裡所涉及的問題並不是**想要遊戲**，而是**必須遊戲**，是幻想受到內在敦促而出現的遊戲活動，所以，既沒有受到外在情況、也沒有受到內在意志的強迫，這是可想而知的事。總之，這是一個**嚴肅的遊戲**。[83] 然而，從外部和意識的角度，也就是從集體判斷的觀點來看，它卻只是一個遊戲，一個源自內在敦促的遊戲。它的特質不僅模糊不清，而且還依附於一切的創造性。

如果遊戲發生於個體的內在，並未產生任何持久的、充滿生命力的東西，那麼，它只不過是遊戲罷了！不過，如果出現另一種情形，遊戲就會被稱為創造性活動。一些因素的相互關係起初並不固定，它們的遊戲性活動會產生某些組合，具有觀察力與批判力的智識只能在這些組合出現之後，才予以評價。因此，新的事物的創造並不是由智識、而是由源自內在敦促的遊戲驅力所完成的。創造性精神會和它所鍾愛的客體一起遊戲。

一切創造性活動雖然蘊藏著許許多多的可能性，卻很容易被人們視為遊戲，因此，具有創造性的人幾乎都受到耽溺於遊戲的指責。對於像席勒這種天才型人物，人們似乎傾向於抱持這種觀點。不過，席勒卻希望自己從特殊型人物以及他們特有的方式當中跳脫出來，而成為比較普通的人，如此一來，一般人也可以在審美上有所精進，並因為審美而讓身心獲得解脫，畢竟具有創造性的人本來就會因為極其強烈的內在敦促而擁有這些東西。以審美來教育人類的觀點是否具有擴展的可能性？這一點從來沒有獲得任何保證，

---

83 席勒曾表示，「對於高度審美的人來說，想像力即使在自由的遊戲裡，也會依循某些律則。感官樂於獲得理性的確定性，卻也往往被理性要求回報。感官在回饋理性時，會在理性訂立律則的嚴肅性裡跟隨從想像力的關注，而且還會向意志要求感官驅力的確定性。」Vgl. dazu SCHILLER, *Über die notwendigen Grenzen beim Gebrauch schöner Formen*, p. 195.

至少表面上看來，並沒有這樣的可能性。

我們如果要回答這個問題——就像所有這類的情形——就必須援用人類思想史上的一些見證。所以，我們有必要回想一下，自己在處理這個問題時，是從什麼樣的基礎出發。我們已經看到，席勒在要求人們脫離矛盾時，甚至連意識都必須達到徹底淨空的程度，但在這種意識狀態下，不論是感知、情感、思考或意向，都起不了作用。席勒所追求的狀態就是未分化的意識狀態，或是透過降低內容的能量值而讓所有的內容失去差別性的意識狀態，也就是所謂的「無意識」。只有在具有足夠的能量而形成差別性的內容存在的地方，才有真正的意識；只要內容無法被區分開來，就不存在真正的意識，即使意識的可能性無時不在。無意識關係到人為性質的「精神水準的低落」（此語出自法國心理學家暨哲學家皮耶・賈內〔Pierre Janet, 1859-1947〕），所以，近似於瑜珈以及「麻木、無感覺的」催眠狀態。

就我所知，席勒從未為了運用「技巧」，而表示自己看待營造審美心境的技巧。在《美育書簡》裡，他曾附帶地提到，[84]〈朱諾女神〉（Juno Ludovisi）這尊古希臘雕像向我們展現的「審美的虔誠」。這種虔誠的特性就在於人們全然沉浸於、並移情於自己所觀察的客體，但這種虔誠的狀態卻不是毫無內容和確定性的淨空狀態。這尊雕像的例子——與其他的出處一致——還顯示出，「虔誠」這個觀念曾浮現在席勒的腦海裡。[85]我們因為這種虔誠而再度進入宗教現象的領域裡，同時我們也看到，席勒的審美觀點確實有可能廣及一般民眾。因為，**信仰虔誠的狀態是一種集體現象，這種現象無關乎個人的才能。**

然而，這裡還存在一些其他的可能性。我們在前面看到，意識的空洞狀態或無意識狀態是由力比多降入無意識所造成的。在無意識裡，那些比較被強調的內容是為了隨時可供個體使用而存在的。這些無意識內容就是和個人過往有關的回憶情結（Reminiszenzkomplex），尤其是父母情結（Elternkomplex）——它幾乎等同於童年情結（Kindheitskomplex）。透過個

84　*Über die ästhetische Erziehung des Menschen*, 15. Brief.

85　l. c.「藉由女神強烈要求我們的禮拜。」

體的虔誠，也就是透過力比多落入無意識的過程，個體的童年情結會再度活化起來，而後童年的回憶——尤其是與父母的關係——就會重新被喚起。人們那些因為再度活化而出現的幻想會促使父神與母神的出現，同時也喚醒了孩童在信仰方面與上帝的關係以及相應的孩童情感。其中最典型的就是個體所意識到的父母象徵，不過，這種象徵卻不一定是父母真正的意象。佛洛伊德把這個事實解釋為，個體基於抗拒近親相姦而潛抑了無意識中父母的影像（Elternimago）。我雖然同意佛洛伊德的解釋，不過，我卻認為他的解釋還不夠詳盡，因為，他忽略了**象徵性替代**（symbolische Ersetzung）**的重大意義**：上帝意象（Gottesbild）的象徵化就是表示，個體已超越了回憶的感官性和具體性而往前邁出了一大步。個體如果接受這個「象徵」是真正的象徵，他對於過往的父母情結的回歸就會立即轉化為一種向前的發展。如果這個象徵最終只被個體當作一種代表父母的「符號」，它獨立的特性就會因此而消解，個體回歸過往的父母情結就不會出現向前發展的逆轉。[86]

接受象徵的真實性可以讓人類親近他們的神祇，也就是讓人類更相信自己已成為世間主宰的思想。虔誠——正如席勒所正確理解的那樣——是力比多往原初狀態的回流，也就是潛入原初的本源。這麼一來，反映所有無意識因素的綜合性結果的象徵，就會顯現為一種開始往前發展的意象。象徵被席勒稱為「有生命的構形」，在人類的歷史上，它往往體現為神的意象。由此可見，席勒在《美育書簡》裡，選擇朱諾女神這個神祇意象作為範型（Paradigma），應該不是偶然。席勒的文友歌德曾在他的代表作《浮士德》的第二部中，讓美男子帕里斯（Paris）和絕世美女海倫（Helen）的神祇意象出現在一群母親的三腳寶鼎所飄散出的香煙霧氣中。[87] 一方面，這對男女是年輕化的父母，另一方面，則是內在統合過程的象徵。歌德在後來的場景以及第二部接下來的發展裡都清楚地呈現出，主人翁浮士德曾如此熱烈地渴望這個被他視為至高無上的內在和解的過程。一如我們在浮士德這個主角身上

---

86 我曾在以下的著作中，詳細探討過這一點。*Wandlungen und Symbole der Libido* (Neuausgabe: *Symbole der Wandlung* ｛GW V｝).

87 譯註：請參照《浮士德》第二部第一幕第二場〈騎士大廳〉（Rittersaal）。

所看到的，象徵的靈視等於是在指引生命往後的發展方向，而且還吸引力比多往更遠的目標邁進。浮士德在獲得象徵的靈視後，便無法忘懷這個目標，他的生命彷彿是被點燃的火焰，由於充滿熱情而持續不懈地向遠處的目標前進。這就是象徵對於促進生命發展的特殊意義，同時也是宗教象徵的意義和價值。我在這裡所談論的象徵當然不是那些教條式的、僵化且沒有生命的象徵，而是從充滿生命力的人們的創造性無意識裡所形成的象徵。

只有那些認為世界歷史是從今天才開始的人，才會否認這類象徵的非凡意義。談論象徵的意義似乎顯得多此一舉，但令人遺憾的是，我們還是得對此費一番唇舌，因為，我們的時代精神甚至還認為，本身已超越了我們時代的心理學。我們時代在道德以及心理衛生方面所採取的觀點，往往只關注於一件事物究竟是有利或有害，正確或不正確。但真正的心理學卻不關心這些問題，對它來說，只要認識到事物本身，就已經足夠了！

由「虔誠」狀態衍生而出的象徵的創造與個人才能無關，而是一種宗教的集體現象。在這方面我們也可以看到，席勒的審美觀點擴展到一般人身上的可能性。因此，我相信，席勒的觀點應該可以適用於人類普遍的心理，至少其理論的可能性已獲得充分的闡明。為了論述的完整性和清晰性，我想在此補充說明一點：我本人長期以來一直在思考象徵與意識之間、以及象徵與意識的生活方式（bewußte Lebensführung）之間究竟存在什麼樣的關係。有鑑於象徵的重要性，我已從中得出一個結論：我們不宜小看象徵作為無意識的表徵所具有的價值。從平日治療易於激動焦躁的病人的經驗當中，我清楚地知道，無意識的干擾具有重要的實質意義。意識的態度與無意識的內容——不論是個體的或集體的內容——差距愈大，個體就會以愈不健康的方式抑制或強化意識的內容。因此，基於實際的考量，我們必須賦予象徵高度的價值。當我們認可象徵的價值時——不論價值的高低——象徵就獲得了意識的誘因動力，也就是說，象徵會被我們察覺，而且它在無意識裡的所有力比多也可以在意識的生活方式裡獲得發展的機會。在我看來，象徵會因為和**無意識的合作**而占有一種根本的、實質的優勢。由於無意識也可以和意識的心理能力融合在一起，因此，無意識原本對於意識的干擾便隨之消失。

　　我把這種與象徵有關的共同功能稱為「超越功能」，不過，我在這裡還是無法徹底闡明這個問題。因此，我認為，取得與無意識活動的結果有關的材料是絕對必要的。直到現在，心理學專業文獻所闡述的幻想並沒有為我們在這裡所探討的象徵性創造提供任何意象。至於在純文學裡，與幻想有關的例子應該不少，不過，作者對於它們的觀察和呈現並不「純粹」，因為，它們已經過密集的「審美」處理。在這些例證當中，我特別看重奧地利當代文學家古斯塔夫・麥林克（Gustav Meyrink, 1868-1932）於二十世紀初期所發表的《泥人哥連》（*Der Golem*）和《綠色的臉孔》（*Das grüne Gesicht*）這兩部長篇小說。關於這方面的問題，我將在後面再做進一步的探討。

　　席勒提出的「中間狀態」雖曾激發我們相關的思考，但我們在這方面的論述，其實已遠遠超越了他的觀點。儘管席勒能精準而深刻地掌握人類本性的對立與衝突，不過，他試圖解決問題的方式卻仍停留在初級階段。在我看來，他提出「審美心境」這個專有名詞，就是導致他無法解決人類本性矛盾的原因之一。席勒實際上把「審美心境」和「美」混為一談，而且他還認為，「美」把心性（Gemüt）置入了「審美心境」裡。[88] 他不僅自行建構因果關係，而且還透過「審美心境」和「美」的等同而賦予「毫無確定性的」的審美心境一種清楚的確定性，因此，完全違背了自己的定義。如此一來，這種審美心境所具有的調解對立的功能便失去了有效性，因為，作為美的審美心境會不加考慮地讓醜屈居劣勢，而無法維持不偏不倚的立場。與「我們諸多不同的能力所構成的整體」有關的事物被席勒定義為「審美的質素」，既然如此，「美」和「審美」就不能劃上等號，因為，個體擁有各自不同的能力，而這些能力在審美方面表現不一，有些被認為是美，有些則被認為是醜，只有那些無可救藥的理想主義者和樂觀主義者才會把人性的「整體」臆想為「美」。其實，更正確的看法應該是：人性的整體同時具有黑暗面和光明面。把它們所有的顏色綜合在一起，就是灰色，也就是暗色的背景上有亮色，亮色的背景上有暗色。

88　*Über die ästhetische Erziehung des Menschen*, 21. Brief.

　　這些概念的不充分和不完善也可以解釋，為何調解矛盾的狀態可以在一片黑暗混沌當中形成。席勒在《美育書簡》的許多段落裡，曾明確地談到，「享有真正的美」可以促成中間狀態的產生。例如，他曾說道：

　　在直接的感知裡，能迎合我們感官的東西雖能讓我們柔軟活潑的心性向所有的感官印象敞開，但同樣也會弱化我們奮鬥的能力。至於那些消耗我們的思考力，並使我們關注於抽象概念的東西，雖能幫助我們達到更高的主動性，但同樣也會把我們的精神推向各種各樣的反抗，而讓我們變得冷酷無情，失去易感性（Empfänglichkeit）。所以，這兩者必然會造成我們的耗竭……相反地，如果我們全然沉浸在對於真正的美的享受中，那麼，在這樣的片刻裡，我們在被動承受的能力和主動作為的能力方面，都已成為大師，可以毫不費勁地讓自己轉向嚴肅或遊戲，休息或運動，順從或反抗，抽象的思考或具象的直觀（Anschauung）。[89]

　　這段引文和前面討論的「審美的狀態」的定義截然對立。依據席勒在前文提到的見解，人在審美的狀態下應該是「零」，也就是一種淨空的狀態，但在這段論述裡，人卻在最高程度上受到美的制約（「全然沉浸於其中」）。我認為，席勒美學理論的這個自相矛盾的問題，並不值得我們繼續探討，畢竟他在這方面已達到了他自己以及他的時代的極限，一個他所無法跨越的極限。不論在哪裡，他都會碰到那種隱形的「最醜陋的人」，而揭露這種人的任務就留給了後來的哲學家尼采以及我們這個時代。

　　就像席勒自己曾說過的，他希望感官的人被轉化為理性的人之前，應該先成為審美的人。他表示，感官的人的性情必須被改變，肉體的生命必須「屈從於形式」，而且人必須「依照美的法則來實現肉體生命的使命」，「必須在肉體生命漠不關心的領域裡，展開他的道德生活」，必須「在感官的限制裡，開始他的理性自由，必須用意志的律則約束本身的愛好，……而且還

89　l. c., 22. Brief.

必須學習追求更高貴的東西。」[90]

席勒所謂的「必須」，其實就是我們口中的「應該」，當人們無路可走時，往往會以加強的語氣說「必須」。此外，我們在這裡還碰到了一個無可避免的限制：期待個人——即使是如此偉大的個人——解決這個只有時代和民族才能解決的大哉問，其實是不合理的。更何況時代和民族雖曾解決這種問題，卻往往不是有意為之，而是聽憑命運的安排。

席勒思想的偉大之處在於他的心理觀察以及對於觀察對象的直覺性理解。在這裡，我還想舉出他某種值得我們高度重視的思維過程：我們已經在前面看到，中間狀態是以創造某些「正面性」的東西——即**象徵**——為特色。象徵統合了它本質裡的矛盾，因此，也統合了實在與非實在的對立。它雖然一方面是心理的實在性或真實性（基於它的有效性），但另一方面，它卻不符合物質的實在性。也就是說，它既是事實，也是**表象**（Schein）。席勒為了替象徵的**表象**辯解，曾清楚地強調這個情況，[91] 更何況這樣的辯解從各方面來說，都很重要。

在極度的愚蠢和極度的理智之間，存在某種相似性，因為，這兩者都只尋求**可靠性**，而且完全不在乎純粹的表象。只有當感官所知覺的客體直接在場，愚蠢的人才會心慌意亂；只有讓概念回歸事實和經驗，理智的人才會心平氣和。簡言之，愚蠢無法超越真實性，而理智並不會止於真實性。因此，對於實在性的需求以及對於真實事物的依附僅僅是人性弱點所衍生出的結果，對於實在性的冷漠以及對於表象的關注就是人性真正的擴展，也是人類邁向文化的關鍵性一步。[92]

我在前面談到把價值賦予象徵時，便已指出，這種作法對於評斷無意識具有實際的優勢。倘若我們一開始就透過對於象徵的關注來考察無意識，就

90　l. c., 23. Brief.

91　l. c., 22. Brief.

92　l. c., 26. Brief.

可以把無意識的干擾排除在意識的功能之外。正如大家所知道的，未實現的無意識會持續地運作，會透過所有的管道散布虛假的表象：我們會看到，**這種虛假的表象總是出現在客體上**，這是由於所有的無意識內容被投射於客體的緣故。所以，我們如果可以意識到這一點，並以此理解無意識，就可以讓客體脫離這種虛假的表象，從而裨益於真理的顯明。席勒曾說：

　　在**表象的藝術**裡，人行使著本身的支配權。他愈嚴格地劃分我的所有物和你的所有物，就會愈仔細地區別所有物的構型和本質。他愈懂得給予這兩者更多的獨立自主性，就愈能拓展美的國度，也愈能自行保衛真理的地界。因為，他如果無法讓真實性脫離表象，也就無法將表象從真實性當中去除。[93]

　　個體若要追求獨立自主的表象，就需要比那些把自己圈限於實在性的人擁有更多抽象的能力、內心的自由以及意志的能量。總之，個體如果想達成這個目標，就必須先具備這些東西。[94]

第二節　席勒的〈論素樸的詩與感傷的詩〉

　　從前有一段時間，我總是覺得，席勒把詩人區分為「素樸的」和「感傷的」詩人[95] 所依據的觀點，似乎和我在此所闡述的心理類型的觀點是一樣的。不過，在經過一番仔細而深入的思考後，我卻發現，事實並非如此。席勒對於這兩種詩人類型的定義很簡單：**素樸的詩人就是自然，而感傷的詩人則探索自然**。當這句簡單的陳述呈現了兩種與客體不同的關係時，便散發著某種誘惑力，因此，人們往往會出現這樣的說法：把自然當成客體來探索或渴求，卻不占有自然的人，就是內傾者；相反地，自己本身就是自然，且與客體處於最親密的關係的人，就是外傾者。然而，這種略微牽強的解釋卻難

93　l. c., 26. Brief.

94　l. c., 27. Brief.

95　SCHILLER, *Über naive und sentimentalische Dichtung*, p. 205.

以觸及席勒的觀點。席勒把詩人劃分為素樸型和感傷型，但這樣的區分卻迥異於我們的心理類型的分類，因為，它實際上無關於詩人的個體思維方式（Mentalität），而是關乎其創造性活動的性質，或更確切地說，其作品的性質。所以，一位詩人往往在某一首詩裡是感傷的，而在另一首詩裡卻是素樸的。雖然古希臘詩人荷馬終其一生都是素樸型的詩人，不過，後世究竟有幾個詩人像荷馬這樣，一生絕大部分的創作都是素樸的？席勒顯然察覺到自己對於詩人的分類所出現的問題，因此，他曾表示：詩人在作為詩人而非作為個體時，會受制於他們的時代。他還寫道：

> 所有真正的詩人不是屬於素樸型，就是屬於感傷型。他們究竟屬於哪一種類型，就取決於他們所身處時代的特色，或取決於一些偶發狀況對他們整體的學識教養以及暫時的心情所造成的影響。[96]

因此，席勒對於詩人的分類其實無關於他們本身的基本類型，反而和他們的個別作品的某些特徵和特質較為相關。所以，很顯然地，內傾型詩人有時可能既是素樸的，同時又是感傷的。總之，只要涉及**類型**，就不可以把素樸型和感傷型分別等同於外傾型和內傾型。不過，如果關係到**類型的機制**，那就另當別論了！

一、素樸詩人的態度

首先，我將討論席勒對於這種創作態度所下的定義。誠如前面所提過的，素樸的詩人就是「自然」，他「依隨簡樸的自然天性和感知，並把自己獨獨限制在對於真實的模仿中。」[97] 我們「在素樸的作品裡，樂於感受客體在我們的想像力裡所表現的生動活潑的當下。」[98]「素樸的詩作是自然的恩賜，是幸運的創作之舉；如果它是成功之作，就不需要改善，如果它是失敗

96　l. c., p.236.

97　l. c., p.248.

98　l. c., p.250, Anm.

之作,創作者也無法改善。」「素樸的詩人天才難以透過他的自由、而必須透過他的自然天性來從事一切的創作;只要他的自然天性依照一種內在的必然性而有所發揮,創作就可以讓他實現自己的理念。」素樸的詩作「是生活的結晶,而且又回歸於生命之中。」素樸的詩人天才完全依賴「經驗」,依賴這個他所「直接接觸」的世界,換句話說,他「需要外在的支援」。[99]「平庸的周遭環境可能會讓素樸的詩人受到危害」,因為,「他的易感性總是或多或少取決於外界所留給他的印象,所以,只有保持創造力——我們不該期待人類與生俱來就擁有這種能力——的活潑性,才不會讓易感性受到外在訊息盲目的扭曲。如果這種不利的情況經常發生,詩人充滿詩性的情感就會變得平庸。」[100]「素樸的詩人天才會徹底受制於他的自然天性。」[101]

　　這些概念的釐清尤其彰顯出素樸的詩人對於客體的依賴。他對於客體的內向投射,也就是在無意識裡——或者也可以說先驗地——對於客體的認同,會導致他與客體的關係出現一種強制性。法國當代社會學家暨人類學家列維布呂爾把這種對於客體的認同稱為「神祕參與」。這種主體和客體的同一性的形成往往來自於客體和無意識內容的相似性。我們也可以這麼說:這種同一性是經由無意識的類比聯想(Analogieassoziation)對於客體的投射而產生的。這樣的同一性往往具有強制性質,因為,它在某種程度上涉及了力比多的總量。力比多的總量,就跟任何一股在無意識裡發揮作用的力比多一樣,與意識的強制性有關,雖能使主體對於客體的認同產生強制性,不過,這種對於客體的認同並不受制於意識。由此可見,抱持素樸態度的詩人高度受制於客體,因為,客體會透過詩人對它的認同而獨立地在他的內在世界裡發揮影響力,詩人也藉此而在某種程度上把他那富有表現力的功能賦予了客體。詩人呈現客體的方式,既不積極也不刻意,而是讓客體在他身上自行表現。詩人本身就是自然,自然也在他身上有所創造。他毫不設限地任憑自己受自然的支配,並把最高的權力交給客體。因此,素樸詩人的態度是外傾的。

99　l. c., p.303ff.

100　l. c., p.307f.

101　l. c., p.314.

二、感傷詩人的態度

前面還提到，席勒認為，感傷的詩人是在**探索**自然。

（他）沉思著客體留給他的印象，而且只有讓他自己和我們都處於沉思當中，他的內心才會受到感動。在這裡，客體和觀念相聯繫，他那洋溢著詩性的創造力便建立在這種聯繫上。[102]

（他）總是在處理兩元對立的觀念和感知。他的處理方式是把真實視為有限，而把自己的觀念視為無限。他的內心所出現的交雜的情感便源自於這種雙重的根源。[103]

感傷詩人的心境也包括他在沉思的狀況下，努力地對於素樸詩作的內容**再現本身感知**的結果。[104]

感傷的詩作促成了抽象的思維。[105]

感傷的詩人天才會因為努力排除人類天性的一切限制，以及追求人類天性的徹底提升而處於險境。他不只因為試圖超越一切有限的、已界定的現實而達到某種絕對的可能性——即理想化——甚至還因為努力超越這種可能性本身——即沉迷於追求——而讓自己暴露在危險當中。……為了升入觀念界，為了自由而獨立地支配創作的材料，感傷的詩人天才於是脫離了現實。[106]

我們可以輕易發現，感傷的詩人相較於素樸的詩人，其特徵就是對於客體抱持沉思的、抽象化的態度。他在「脫離」客體的狀態下，對客體進行「沉思」。當他展開創作時，他與客體已處於先驗的分離狀態，因此，在他身上發揮作用的並不是客體，而是他自己。至於他的作用力並非往內朝向自

---

102 l. c., p.249.

103 l. c., p. 250.

104 l. c., p. 301, Anm.

105 l. c., p. 303.

106 l. c., p. 314.

己，而是往外超越客體。他沒有認同客體，而是與客體有所區隔，不過，他會努力建立自己與客體的關係，以便於「掌握他的材料」。詩人和客體的區隔便形成了席勒所強調的雙重印象，因為，感傷詩人的創作來自兩處泉源，即客體──或更確切地說，詩人對於客體的察覺──和詩人本身。客體留給他的外在印象並不是絕對的存在，而是讓他按照本身的心理內容進行處理的材料。所以，他既位於客體之上，又與客體維持聯繫，不過，這卻不是一種易受客體影響的關係，而是可以任意把價值或特性賦予客體的關係。由此可見，感傷詩人的態度是內傾的。

這兩種詩人態度（內傾與外傾）的特徵，其實無法讓我們詳盡了解席勒在這方面的思想。畢竟我們所擁有的內傾和外傾的機制，只是人類極普遍的本性的基本現象，只能模糊地顯示出某些特殊性。如果我們想進一步了解素樸型和感傷型的詩人，就還必須求助於另外兩種原則，即「感知」和「直覺」這兩種要素。我將在後面的討論中，更詳細地論述這兩種基本心理功能，而在這裡，我只想指出一點：感知功能在素樸詩人的身上占有優勢地位，而直覺功能則在感傷詩人的身上占有優勢地位。感知連結於客體，甚至還將主體引入客體裡，因此，素樸的詩人所遭遇的「危險」就是沉溺於客體之中。直覺──作為主體本身的無意識過程的察覺──則從客體中抽離而凌駕於客體之上，因此，會不斷在客體裡尋求可掌握的材料，並依照主體的觀點來塑造這些材料，或甚至扭曲它們，儘管主體沒有意識到這些事情的進行。所以，感傷的詩人天才所面臨的「危險」就在於完全脫離外在現實，而沉淪於無意識所產生的幻想中（即「沉迷」）。

三、唯心論者與唯實論者

在〈論素樸的詩與感傷的詩〉這篇論文裡，席勒的一些思考還促使他提出人類的兩種心理類型。他在內容中表示：

這讓我從一群生活在文明時代的人身上，看到了一種相當值得注意的心理敵對：由於人們這種心理敵對是激烈的，而且還各自依憑內在不同的心性

形式（Gemütsform），因此，它所導致的人與人之間的分裂更甚於偶發的利益衝突所造成的分裂。這種心理敵對已使得藝術家和詩人完全不再期待，可以透過本身的創作來普遍地愉悅並感動人心，儘管這是他們應當肩負的任務；這種心理敵對已讓哲學家即使已竭盡全力，卻仍無法普遍地說服人們接受哲學概念的意涵；此外，這種心理敵對也讓現實生活裡的人們無法看到，自己的行動方式獲得了普遍的贊同。總之，這種敵對會使得任何源於心靈的成果或出自內心的行動，只要在某個群體裡取得決定性的成功，就必定會招惹另一個群體的咒罵。無疑地，這種衝突就跟人類文化的起源那般地古老，而且在人類文化結束之前，恐怕只有寥寥幾個主體有能力解決這種由來已久的心理對抗。但願這種人過去一直存在，而且將來也仍會存在，雖然，嘗試調解這種衝突的挫敗也算是他們所發揮的效應的一部分。這種調解之所以無法成功，其原因就在於不論人們如何努力，都無法承認己方的不足以及對方的實在性。如果人們能找到造成如此重大的分裂的真正起因，並藉此把雙方爭執的焦點至少歸結為一個更為簡要的公式，那麼，當人們力圖解決這種心理敵對時，就會無往不利了！[107]

我們可以從這段引文清晰地看到，席勒透過審視這兩種對立的機制，而提出兩種心理類型，而且它們在他的觀念裡所代表的意義，就跟我賦予內傾型和外傾型的意義是一樣的。關於我所提出的內傾型與外傾型的相互關係，我也可以在席勒對於人類的兩種心理類型的論述裡，逐字逐句地找到相同的內容。還有，席勒從機制而進一步觸及類型的探討，也和我在前面的主張完全吻合，因為，他所提出的類型「不只脫離了素樸的詩人，也脫離了感傷的詩人。」[108] 如果我們仍緊抱著「素樸的詩人」和「感傷的詩人」的分類，就會削減這兩種詩人的卓越性和創造性，那麼，素樸的詩人所剩下的，就是受制於客體的束縛以及客體在主體中的自主性；至於感傷的詩人所僅存的，則是凌駕於客體之上的優越性，而且這種優越性或多或少會表現在他對於客體

---

[107] l. c., p. 329f.

[108] l. c., p. 331.

的一些恣意的判斷或處理當中。對此，席勒曾表示：

　　前者（素樸的詩人）從理論層面來說，僅存有冷靜的觀察精神以及堅定地對於相同的感官見證的仰賴，而從實際層面來說，則只剩下對於自然的必然性的屈從。……傷感的詩人從理論層面來說，僅存有躁動不定的、堅決要求一切知識絕對性的沉思精神，而從實際層面來說，則只會嚴格地遵守道德，並堅持一切意志行動的絕對性。誰如果屬於前者，就會被當作**唯實論者**；誰如果屬於後者，就會被視為**唯心論者**。[109]

　　席勒接下來在這篇論文裡，對於他所提出的兩種類型的闡述，僅局限於一些提及唯實論者和唯心論者的態度，且為大家所熟悉的現象。由於這樣的內容已和本書的研究旨趣無關，所以，就不再多作討論。

---

[109] l. c.

第三章

太陽神精神與酒神精神

　　哲學家尼采在他那本於一八七一年發表的處女作《悲劇的誕生》（*Die Geburt der Tragödie*）裡，曾以嶄新而獨特的方式探討席勒所發掘並已做部分處理的類型對立的問題。他這部早期的哲學論著與叔本華及歌德的關係，遠比與席勒的關係更為密切，不過，至少都跟這三位前輩大師的理論有一些共通之處：比方說，席勒的審美主義以及對於古希臘文化的推崇，叔本華的悲觀主義和救贖主題，還有，歌德《浮士德》的許多內容。在這些相關性裡，與席勒思想的關係對於本書的研究目的來說，當然是最重要的。但我們卻不該忽視叔本華的貢獻：這位悲觀主義哲學家曾在某種程度上，把席勒僅能模糊掌握概略架構的東方思想引入了西方世界的現實裡。叔本華以他的悲觀主義否定了基督教所宣揚的信仰的喜樂以及救贖的確信。如果我們撇開作為回應基督教的悲觀主義不談，叔本華的救贖理論從整體來說，其實就是佛教的思想。他走進了東方的思想世界，而且毋庸置疑地，這樣的跨越就是在反抗當時西方世界的精神氛圍，就是對於他所身處的大環境的一種對比式的回應。大家都知道，我們西方人對於自身文明的反抗仍延續至今，而且廣泛出現在各種已一面倒向印度文化的運動裡。後來，這列開往東方的火車還為了深受叔本華影響的尼采，而在途中停靠了希臘。在尼采看來，希臘就處於東方和西方的交會點。單就這個看法來說，他和席勒所見略同，不過，他對於希臘文化的本質所抱持的觀點卻與席勒大異其趣。他看到了一幅以陰暗底色襯托出光輝朗亮的奧林匹斯山的繪畫，那裡正是希臘諸神所在的世界。

　　為了能夠活下去，希臘人迫於內在最深切的催促而不得不創造他們的神祇。……希臘人知道也感受到生存的恐怖和可怕：為了能夠活下去，希臘人必須在面對種種生存險惡的情況下，虛構出一個光輝耀眼的、屬於眾神的奧林匹斯世界。那位極度疑懼強大的自然力，且無情地端坐在一切知識之上的命運女神茉伊拉（Moira）、那隻不斷啄食一心想幫助人類的普羅米修斯的惡鷹、那位睿智而無所畏懼，最後卻難逃弒父娶母命運的伊底帕斯王、那個迫使奧雷斯特（Orest）殺害母親的阿特里德家族（Atriden）的詛咒……這一切都被希臘人透過那個虛構的、位於奧林匹斯山的諸神世界而重新征服，無

論如何，這些生存的不堪都已被遮掩，而消失在人們的視野中。[1]

　　希臘人的「開朗」以及希臘陽光燦爛的藍天，其實不過是在昏暗的背景下閃閃發亮的幻覺。尼采的這個洞見就等著後來的人前來探求，它也是人們反對道德的審美主義的一個有力的論據。

　　因此，尼采提出了一個顯然與席勒不同的觀點。從席勒的著作中，我們可以知道，他在《美育書簡》所撰寫的那些書信，其實是他處理自身事物的一種嘗試，同樣地，我們也可以從《悲劇的誕生》這本論著的內容裡完全確信，它對於尼采而言，是一本「極其私人的」書。當席勒在畫面上猶豫地使用灰白黯淡的顏色來描繪光與影，把本身心靈所感受到的二元對立理解為「素樸」與「感傷」之間的角力，並排除人性裡隱密的、深奧莫測的一切時，尼采對於這種對立則採取更深刻的觀點，且進一步強化了光與影的明暗對比。在尼采所繪製的圖畫裡，有一部分的表現絲毫不遜於席勒的靈視所綻放的輝煌美感，然而，另一部分卻是無邊無際的暗沉色調。如果提高畫面中某些色彩的明度，反而會凸顯出它的背景竟是一個更深沉的暗夜。

　　尼采把他的基本二元對立稱為「太陽神阿波羅」與「酒神戴奧尼索斯」的類型對立。首先，我覺得，我們應該回溯一下這個對立組的本質，因此，我從《悲劇的誕生》裡節錄了幾段引文，以便於讀者——包括那些尚未閱讀這本著作的讀者——能形成自己的判斷，同時對我的觀點提出批判。

　　如果我們不只達成了邏輯的洞察，而且還直接掌握了具象的直觀，也就是讓藝術的發展與**太陽神精神**和**酒神精神**的二元性相連結，那麼，我們的美學便可以收割豐碩的成果。這就類似動物的代代繁衍是依賴兩種性別——在通常的爭鬥狀態之外，還穿插著週期性的和解——的結合而形成的。

　　我們的知識與阿波羅和戴奧尼索斯這兩位藝術之神脫不了干係。在希臘的世界裡——就創作的來源和目標來說——視覺的造形藝術（阿波羅式藝

1　NIETZSCHE, *Die Geburt der Tragödie*, p. 31.

術）與非視覺的音樂藝術（戴奧尼索斯式藝術）之間存在著**激烈的對立**。這兩種如此不同的驅力呈現著平行的發展，它們通常處於公開的對抗狀態，相互的衝擊還不斷促成對方更強大的新生，而讓彼此之間的戰鬥沒完沒了地持續下去。它們似乎都會使用「藝術」來試圖調解彼此的對立，不過，還是要等到它們透過希臘人「意志」的形而上的神奇行動，而形成**配對**時，兼具阿波羅和戴奧尼索斯精神的希臘悲劇的藝術創作才會在這樣的結合下產生。[2]

為了更仔細地描述這兩種「驅力」，尼采便對它們所分別造成的**夢和恍惚迷醉**（Rausch）的特殊心理狀態進行比較。太陽神的驅力會產生一種類似夢的狀態，酒神的驅力則造成一種類似恍惚迷醉的狀態。尼采認為，所謂的「夢」基本上就是「內在的靈視」，就是「夢境世界的美好假象」。太陽神阿波羅「掌控內在幻想世界的美好的假象」，祂是「一切造型能力的神」，祂是尺度與數量，而且還限制並控制著狂野的、未被馴服的一切。「人們希望……把太陽神阿波羅刻劃成體現個體化原則（principii individuationis）的、崇高的神祇意象。」[3]

相反地，酒神精神則是驅力的放縱，是人類的獸性和神性裡不受約束的生命動力的釋放。因此，在古希臘神話的酒神合唱歌舞隊中，人類往往以上半身為神、下半身為公羊的森林之神**薩蒂爾**（Satyr）的造型登場。[4] 酒神精神既是對於破壞個體化原則的恐懼，同時也是「狂歡的陶醉」。因此，酒神精神可以被比作恍惚迷醉，這種狀態可以讓個體消融在集體驅力和集體內容當中，而且還可以透過這個世界而將封閉的自我徹底裂解開來。所以，在酒神的精神裡，人們會湊在一起，「就連疏離的、帶有敵意的、或受到奴役的大自然也再度慶祝與他那回頭浪子（人類）的和解。」[5] 每個人都覺得和身邊的人「合而為一」（「不只是和解、融洽和團結」），在這種情況下，個體

2 　l. c., p. 19f.

3 　l. c., p. 22f.

4 　l. c., p. 57ff.

5 　l. c., p. 24.

性必須完全被揚棄。

「人們已不再是藝術家，而是藝術品：整個自然的藝術力量就顯露在這種對於恍惚迷醉的恐懼之中。」[6]換句話說，創造性動力——也就是以驅力為形式的力比多——已把個體當作客體而占據了它，或利用它作為一種工具或表達。如果人們可以把與生俱來的本性視為一種「藝術品」，那麼，處於戴奧尼索斯式狀態的人們就自然而然地成了藝術品。不過，人類與生俱來的本性畢竟無關於「藝術品」這個詞彙所指涉的意義，而是純粹的自然。所以，它從來就不是一隻受制於本身與本質的動物，而是一條不受約束的、水流湍急的野溪。為了論述的清晰度以及後續的討論，我在這裡必須強調這一點，因為，尼采曾基於某些原因而忽略了這一點，致使這個問題披上了一層虛假的審美面紗，但在某些地方，他卻又不由自主地揭開這層面紗。舉例來說，他在提到戴奧尼索斯式狂歡時，曾表示：

　　幾乎在所有的地方，這種慶祝活動的重心就是極度的性放縱。它的浪潮衝垮了所有的家庭及其令人尊敬的家規；自然界最凶猛的野獸也會掙開束縛而參與其中，直到殘暴與性欲的快感以令人作嘔的方式交混在一起。[7]

尼采把古希臘聖地德爾菲（Delphi）的阿波羅和戴奧尼索斯的和解，視為這種對立已在文明的希臘人心中消弭的象徵。不過，他卻忘記了自己提出的那道能起補償作用的公式。按照這道公式，奧林匹斯山的諸神會因為祂們的光亮而感謝希臘人的黑暗靈魂的襯托。所以，阿波羅和戴奧尼索斯的和解是一種美好的現象，一種不可或缺的東西，它的產生可以歸因於希臘人在面對自身的文明面和野蠻面對抗時，所感受到的迫切性。希臘人的野蠻面也就在戴奧尼索斯式狀態下，獲得了毫無阻礙的發展。

一個民族的宗教和真正的生活風氣之間總是存在著一種平衡關係，不然宗教就會完全失去實際的意義。不論是信仰追求崇高道德的宗教的古代波斯

6　l. c., p. 24f.

7　l. c., p. 27.

人、生活習慣已出現道德爭議的古希臘羅馬時期的波斯人，或是後來信奉「基督教」——雖然高舉博愛精神，卻是人類歷史上一些最慘烈的戰爭的幫凶——的歐洲人，我們始終可以看到這種平衡關係的存在。因此，我們也可以從太陽神和酒神和解的象徵中推斷，希臘人的本質存在著一種特別激烈的矛盾。這種現象不啻意味著希臘人對於救贖的渴望，這種渴望讓希臘神話在希臘人民的生活中產生了重大的意義，不過，歐洲從前那些仰慕希臘文化的人士（例如，歌德和席勒等）卻完全忽視了這一點。他們對希臘人的觀察實在過於天真，因為，他們只想在希臘人身上看到自己所缺乏的一切。

在戴奧尼索斯式狀態下，希臘人不但不可能變成藝術品，反而還會被本身強勢的野蠻性所控制而喪失個體性，僅存的集體成分——經由放棄個人的目標——最終會跟集體無意識（das kollektive Unbewußte）以及「人類與生俱來的能力」融為一體。從阿波羅式的節制來說，酒神式的恍惚迷醉的狀態是可鄙的，因為，這種狀態會使人全然忘卻自己以及本身的人性，會使人變成一個純粹的驅力體（Triebwesen）。因此，這兩種驅力彼此開始磨合時，必定會爆發激烈的鬥爭，這是可想而知的。希臘的文明人的驅力當然有釋放的管道，但那些仰慕希臘文化的人士卻仍一廂情願地臆想，希臘人所展現的就是純粹的美。這個錯誤的認知可以歸咎於當時的人們極度缺乏心理學的知識。實際上，文明人身上由於壓抑而被阻滯的驅力動力往往具有可怕的破壞力，而且遠比原始人的驅力更具危險性，因為，後者在生活中願意讓負面的驅力持續以合理的方式進行宣洩。這也是為什麼，原始人所發動的戰爭的破壞性根本無法和文明國家之間的戰爭相提並論。

希臘人在這方面其實與原始人相去無幾。由於他們已感受到兩相爭鬥的恐怖，因此，他們便透過「形而上的神奇行動」——誠如尼采在《悲劇的誕生》中所表示的——而讓酒神精神逐漸與太陽神精神達成和解。就像其他的看法必須被記錄一樣，我們在這裡也必須把這樣的看法保留下來：太陽神和酒神的對立會造成一些問題，即使「透過『藝術』這個共同的詞彙來調和雙方，頂多也只能達到表面上的和解」。我們必須記住以上這幾句話，因為，尼采也跟席勒一樣，顯然傾向於賦予藝術斡旋爭執和救贖的角色，而且他們

都一致認為，藝術家的本質會要求回歸自我，他們特殊的創造與表達的可能性一概具有救贖的意義。因此，這個二元對立的問題便落入了審美裡。然而，醜其實也是「美」；在審美之美（Ästhetisch-Schön）的虛假的閃光中，卑鄙和邪惡甚至顯得如此誘人。

尼采已完全忘記，太陽神和酒神的爭鬥及其最終的和解，對於希臘人而言，根本不是審美的問題，而是**宗教的問題**。依照類比法（Analogie）的原則，洋溢著酒神精神的薩蒂爾慶典，就是一種藉由返回古代而認同神話中的先祖，或直接認同圖騰動物的圖騰慶典。酒神的狂熱崇拜在許多地方都具有神祕的、冥想的特質，無論如何都已對希臘人造成相當強烈的宗教激動的影響。希臘悲劇起源於宗教儀式，這個事實就跟我們現代的戲劇和中世紀的耶穌受難劇及其純粹的宗教基礎之間的關聯性一樣重要，因此，我們不能只從審美的角度來評斷這些戲劇。審美主義是一種現代的觀點，它雖然可以揭露希臘人狂熱崇拜酒神的心理祕密，卻絕對無法看到或體驗到它的古老的起源。在這方面，尼采也跟席勒一樣，不僅完全忽略了宗教的觀點，而且還以審美的觀點取而代之。

當然，這些與宗教有關的戲劇或神話都具有極度明顯的審美面向，這是人們所不該忽視的。[8] 不過，人們如果不以宗教的角度，而只以審美的角度來理解中世紀的基督教，那麼，它真正的特質就會遭到扭曲和膚淺化，就如同人們單單以歷史的角度來理解它一樣。由此可見，要達到真正的了解只能在相同的基礎上，畢竟沒有人會因為已對鐵橋有審美的感受而聲稱，自己已充分掌握鐵橋的本質。所以，人們如果認為，阿波羅和戴奧尼索斯的鬥爭只是一個關於兩種對立的藝術驅力（Kunsttriebe）的問題，這個問題就會以沒有歷史和實質根據的方式被轉移到審美的領域，這麼一來，人們就會依照某種片面的觀點，而無法正確理解它的內容。

8　審美主義當然可以取代宗教的功能，但又有多少東西無法取代宗教的功能？有什麼東西是我們還未徹底認識，但卻可以作為貧乏的宗教的替代品？當審美主義也成為一種非常高貴的替代品時，它充其量就只能取代貧乏的真實事物。除此之外，尼采後來改變對於酒神的看法最能表明，審美的替代物其實經不起時間的考驗。

當然，太陽神和酒神之間的矛盾後來被轉移到審美的領域，必定有它的起因和目的。要掌握這個過程並不困難：因為，人們對於這種矛盾的審美觀察與思考會立即形成一幅圖像，當鑑賞者悠閑安適地觀看這幅圖像時，會和隨之而起的感受及體驗保持安全的距離，只是感受著該畫面的激情，評定它的美與醜。審美的態度和歷史學的思考方法，都可以讓個體不至於以宗教的角度來理解這種矛盾，而且尼采還曾針對後者，而在一系列極為重要的論著裡提出他的批判。[9] 只以審美的態度處理如此棘手的矛盾——尼采所謂的「帶角的問題」（ein Problem mit Hörnern）——的可能性，當然很誘人，因為，以宗教觀點來理解這種矛盾——即使在這種情況下，是唯一恰當的觀點——就等於預設了某種難以令現代人引以為傲的體驗，不論是將會獲得的，或已獲得的體驗。但是，希臘酒神戴奧尼索斯後來似乎在尼采身上占了上風。我們在這裡不妨一窺尼采於一八八六年所完成的〈自我批判的嘗試〉（Versuch einer Selbstkritik）這篇文章，它也是尼采當時為再版的《悲劇的誕生》所寫下的序言：

> 什麼是酒神精神？答案已經在這本書[10]裡。一位「智者」說，它就是上帝的追隨者和門徒。[11]

尼采在撰寫《悲劇的誕生》時，其實仍醉心於審美，一直要等到撰寫《查拉圖斯特拉如是說》以及〈自我批判的嘗試〉那個值得大家深思的末段時，才轉而推崇酒神精神。以下是那段文字的內容：

> 振作起來，我的弟兄們，向上，再向上！別忘了雙腿！抬起你們的雙腿，你們這些優秀的舞者，如果你們能倒立，用手來跳舞，那就更美妙

9　Nietzsche, *Vom Nutzen und Nachteil der Historie für das Leben.*
10　譯註：這本書就是指再版的《悲劇的誕生》。
11　Nietzsche, *Versuch einer Selbstkritik*, p. 6.

了！[12]

　　尼采雖曾以審美來確保論述的立足點，但由於他特別深刻地處理太陽神與酒神之間的對立問題，而讓他得以如此接近真實，因此，他後來對於酒神精神的體驗幾乎是一個無可避免的結果。尼采在《悲劇的誕生》裡攻擊蘇格拉底，等於是在攻擊那些不受酒神式恣情縱歡影響的理性主義者。尼采的情緒完全符合審美思考所犯下的類似的錯誤，也就是**和處理的問題保持一定的距離**。尼采當時雖然抱持審美的觀點，但卻已知曉這個問題真正的解決之道，比方說，他會寫道，對立的消除不能透過藝術，而是透過「希臘人意志的形而上的神奇行動」。

　　尼采在做相關的論述時，把「意志」這個詞彙加上引號，由於他當時受到叔本華強烈的影響，我們便有理由認為，他所提到的「意志」和形而上的意志概念有關。「形而上的」東西對我們來說，具有「無意識的」心理意涵。倘若我們用「無意識的」這個詞語取代尼采論述裡的「形而上的」，那麼，解決這個對立問題的答案就從「形而上的神奇行動」變成了無意識的「神奇行動」。「神奇」是非理性的，神奇的行動就是一種無意識的、非理性的行為，它的形成並沒有受到理性以及目標明確的意向的支持，也不是來自人類才智的任何構想。它算是自然界生育萬物的現象，而且還成為人們熱切的期待、信仰以及希望的結晶。

　　我在這裡暫時不處理這個問題，因為，我們在後面還有機會更詳細地討論它。現在我們需要更深入地檢視「太陽神精神」和「酒神精神」這兩個概念的心理性質。首先，讓我們來思考酒神精神：尼采對這種精神的闡釋直接使我們看到，它是一種發揮與開展 —— 即歌德所比喻的「心臟的向外舒張」 —— 一種遍及全世界的運動，就如同席勒在他的詩作〈歡樂頌〉（Ode an die Freude）裡所描述的：

12　l. c., p.14.

擁抱吧，萬民！

這一吻送給全世界！

⋯⋯

一切受造之物都在大自然的胸脯裡，

吸吮著歡樂；

一切的善與惡，

都尋求大自然的恩澤。

它賜予我們親吻與美酒，

以及同生共死的好友；

蠕蟲也享受著歡樂，

天使已站在上帝面前。

　　這是酒神精神的發揚光大，是一切感知最澎湃的流動。它是無法遏止的噴發，猶如烈性最強的葡萄酒對於感官的麻醉。它是一種具有最高意義的醉態。

　　在酒神式狀態裡，「感知」的心理要素具有最高的參與度，不論是感官感知（Sinnesempfindung）或情緒感知（Affektempfindung）。這種狀態還關係到與感知要素密不可分的情感的外傾，也就是我們所謂的「情感感知」（Gefühlsempfindung）。此外，在這種狀態下，會有更多情緒爆發出來，也就是某種具有驅力性和盲目的強制性，尤其是透過身體方面的疾病所表現出來的東西。

　　相對於酒神精神，太陽神精神則是一種對節制、對受制於均衡的情感的察覺，以及對美的內在意象的察覺。如果與夢境相比較，太陽神精神狀態的特質就會清楚地顯現出來：它是一種內省的狀態，一種轉向內在、轉向永恆觀念的夢境世界的沉思狀態，也就是一種**內傾**狀態。

　　以上的討論已經顯示，我們的內傾和外傾這兩種機制與太陽神和酒神精神的相似性，幾乎是無可置疑的。不過，如果我們滿足於這種相似性，我們就無法完全正確地判斷尼采所提出的一些概念。

　　我們將在研究的過程中看到，內傾狀態如果成為個體的習慣，個體與觀念世界的關係就會出現分化；同樣地，外傾狀態如果成為個體的習慣，個體和外在客體的關係就會出現分化。然而，尼采卻沒有在他的太陽神精神和酒神精神的概念裡，談到這些分化。酒神式情感含有情緒感知所具備的、絕對古老而原始的性質，並不是純粹從某種與驅力有關的東西分化，而成為某種靈活的要素。此外，這種靈活的要素在外傾者身上，會順從理性的指示，而且還樂於成為效勞於理性的工具。同樣地，尼采也沒有在他的內傾概念裡提到個體與觀念的純粹關係和分化關係；實際上，這種關係——不論是受制於感官，或由創造性所產生——會脫離具象的直觀（Anschauung），而成為抽象與純粹的形式。內傾的太陽神精神是一種內在的察覺，是觀念世界的直覺。如果把它和夢做比較，我們就可以清楚地看到，尼采一方面把這種狀態視為純粹的具象的直觀，另一方面又把它當作純粹的意象。

　　我們無法將以上這些特徵所意味的特殊性歸入我們的內傾或外傾的概念。以沉思為主要態度的人們會基於直觀內在意象的太陽神精神狀態，而在符合智識思考的本質裡，處理自己所得到的訊息，觀念便由此而產生；以情感為主要態度的人們也會出現類似的過程，他們的內在意象會徹底被情感滲透（Durchfühlung），從而產生能與思維所產生的觀念相契合的情感觀念（Gefühlsidee）。由此可見，觀念可以是思維的觀念，也可以是情感的觀念，比方說，祖國、自由、上帝和永恆等。這兩種傾向的人對於外在訊息的處理，都是根據理性和邏輯的原則。除此之外，還存在另一種完全不同的觀點，也就是主張理性和邏輯的處理是無效的審美觀點。在內傾者身上，審美的觀點會停留在觀念的**直觀**上，而且會促使直覺和內在意象的直觀有所發展；在外傾者身上，審美的觀點則停留在**感知**上，而且會促使感官、本能和易感性有所發展。思考和情感對於審美的觀點來說，都不是觀念的內在察覺的原則，而純粹只是內在意象的直觀或感官感知的衍生物罷了！

　　因此，尼采的概念便把我們引向了第三和第四種心理類型的原則，即直覺型和感知型。相對於思考型和情感型這兩種理性類型，我們可以把直覺型和感知型歸類為審美類型。直覺型和感知型雖然跟兩種理性類型一樣，都具

有內傾和外傾的機制，不過，它們卻不像思考型會對於內在意象的察覺和直觀進行思考，也不會像情感型會讓內在意象的情緒內容出現情感的分化。直覺會把無意識的察覺提升為某種已分化的功能，並透過這種功能來適應外在的世界。此外，個體對於環境的適應，也依賴本身透過特別精細而敏銳地察覺和解析模糊意識的刺激而取得的無意識的指示。當然，直覺功能的非理性以及無意識的特質都讓我們難以對它有所描述。如果我們把直覺功能和蘇格拉底所謂的惡魔相比較，就會發現，蘇格拉底非比尋常的理性態度會極力壓抑直覺功能，而致使直覺功能因為缺乏通往意識的直接管道，而只能以具體的和幻覺的方式運作。直覺型的人就處於這種情況。

感知型在各方面都與直覺型相反。感知型只以感官感知的要素為基礎，他的心理定向於驅力和感知，因此，完全依賴實際的刺激。

尼采不僅重視直覺的心理功能，也強調感知和驅力的心理功能，這個事實正好凸顯出他個人的心理特質。這位存在主義哲學家應該算是具有內傾趨向的直覺型：早在尼采那本初試啼聲的哲學論著《悲劇的誕生》裡，我們就可以看到，身為直覺型的他所特有的直覺的、藝術的創造方式，不過，還是以他後來出版的《查拉圖斯特拉如是說》最能表現這種特徵。至於尼采內傾的、智識的那一面則充分表現在他那些箴言式的著作裡，這些作品雖富有強烈的情感色彩，卻也體現了十八世紀法國知識分子所特有的、極具批判性的唯智主義。一般說來，身為直覺型的他著實欠缺理性的節制和堅定。他在《悲劇的誕生》這本處女作裡，不自覺地讓個人的心理事實成為該書的焦點，這一點不僅不令人詫異，而且還符合他那種主要透過內在來察覺外在、有時甚至還必須犧牲實在性的直覺態度。尼采便透過這種直覺的態度，而得以深刻地洞察出本身無意識的酒神性質。就我們所知，他那種粗野的、未經修飾的無意識形式早已透露在著作裡的種種情欲的暗示中，不過，要等到他的精神疾病發作之後，才浮現在意識的表層。尼采在義大利北部大城都靈（Turin）精神崩潰後，身邊的友人和親人在整理他留下的一些未發表的手稿時，往往基於道德和審美的顧慮，而刪除其中某些富有其個人心理意義的內容。從心理學的角度來看，這實在相當令人惋惜。

———————

第四章

性格類型學的類型問題

第一節　喬丹類型學概述

在繼續探究先輩們曾留下哪些與心理類型這個我們所關注的主題有關的文獻時，我想在本章裡討論英國醫師費爾諾・喬丹（F. R. C. S. Furneaux Jordan, 1830-1911）於十九世紀末出版的著作《從軀體與家庭出身看人類的性格》（*Character as Seen in Body and Parentage*）。這本小而奇特的書是我所敬愛的倫敦心理治療界的同仁康絲坦斯・隆恩博士（Dr. Constance E. Long）推薦我閱讀的，謹在此向她表示謝意。

喬丹在這本僅一百二十六頁的小書裡，主要描述了兩種性格類型，即「冷漠型」和「熱情型」。儘管他對於它們所下的定義在許多方面很吸引我們，不過，我必須在此預先表明，他只觸及了我們的心理類型一半的部分，即思考型和情感型。至於另外的那一半，即直覺型和感官型的觀點，他雖曾提起，卻與他所提出的兩種類型混淆在一起。喬丹寫道：

> 人類有兩種不同的基本性格，也就是兩種明顯的性格類型（此外，還有第三種類型，即中間類型）：其中一種類型具有強烈的行動傾向以及薄弱的沉思傾向，另一種類型則由沉思傾向占據優勢地位，而其行動驅力（Tätigkeitstrieb）就比較微弱。不過在這兩種極端的類型之間，尚有許多類型和次類型的存在。在這裡，其實再指出第三種類型就足夠了……在這種類型裡，沉思和行動的力量或多或少取得了平衡。就這種中間類型的性格來說，有些還具有乖僻的傾向，或已凌駕於情緒性與非情緒性過程的不正常傾向。[1]

我們可以從以上的定義清楚地看到，喬丹把沉思和思考拿來跟行動或活動做對比。一位對於人類未能深入觀察的人，首先會注意到沉思者與行動者的對反，因而也會傾向於以這個角度來定義這種已觀察到的對反，這絕對是

---

[1]　JORDAN, *Character as Seen in Body and Parentage*, p.5.

可以理解的。不過，我們只要簡單思索一下，就可以知道，人類的行動不只來自本身的衝動（Impuls），也出於本身的思考，因此，喬丹對於性格類型的定義必須再被深刻化。此外，喬丹還把情感要素[2]——這種要素對於我們的心理類型研究特別具有價值——引入觀察和思考中，並在該書裡斷然地寫下這樣的結論：行動力較強的人比較缺少熱情（Leidenschaft），而性情上喜於沉思的人比較富有熱情。因此，喬丹還進一步把這兩種類型稱為「冷漠型」和「熱情型」。在該書的導論裡，他對於專有名詞的定義雖然忽略了情感要素，但這個要素後來卻在他的論述中成為固定使用的術語。還有，他往往把擅於行動的「冷漠型」視為「積極主動的」，而將擅於沉思的「熱情型」當作「消極被動的」，這也是他和我們的觀點的不同之處。

我無法認同喬丹在觀念上的混淆，因為，最熱情與最深沉的性格也會具有相當高度的行動性與行動力，同樣地，缺乏熱情以及膚淺草率的性格也可能不具有積極主動性以及低等形式的行動性的特色。我認為，喬丹如果能從完全不同的角度看待「積極主動性」和「消極被動性」，從而不再堅持這兩個術語所包含的性格類型的意義，那麼，他所提出的寶貴觀點就會變得相當清晰。

我將在接下來的討論裡指出，喬丹如何以「冷漠而富於積極主動性」的類型來描述我所謂的「外傾型」，並以「熱情而充滿消極被動性」的類型來描述我所謂的「內傾型」。內傾型和外傾型可能處於行動或非行動狀態，也就是說，人們不論處於哪一種狀態都不會改變他們的類型。因此，我認為，積極主動性的因素不應該作為性格類型的主要特徵，不過，如果作為次要特徵，它會具有一定的重要性，畢竟外傾型通常都比內傾型更靈活、更活躍，而且更富有行動力。然而，這種積極主動的特質卻完全取決於個體如何面對外在世界：當內傾者處於外傾狀態時，就顯得積極主動，當外傾者處於內傾狀態時，便顯得消極被動。此外，積極主動性本身——作為性格的基本特徵之一——有時會呈現內傾狀態，這是因為，當外在環境極度安靜時，個體的

---

[2]　l. c., p. 6.

積極主動性會轉而向內，進而發展出活潑的思想或情感的活動；同樣地，個體的積極主動性有時也會呈現外傾狀態，這是因為，當內在世界已存在某種平和而穩固的思想或冷靜的情感時，個體就會對外展開熱烈而活躍的行動。

　　為了概念的釐清，在更詳盡地討論喬丹的性格類型之前，我必須先提出以下這種狀況，以免造成讀者的困惑：我在本書導論的最後一段曾表示，自己在從前發表的論文裡，曾把內傾型等同於思考型，而把外傾型等同於情感型。後來──就如同我所談過的──我才明白，作為一般基本態度的內傾和外傾應該與思考型、情感型、感知型和直覺型這四種功能類型區分開來。辨別內傾和外傾這兩種基本態度是最容易的，相較之下，四種功能類型的劃分就需要廣泛的經驗，因為，人們有時實在難以掌握哪一種功能在個體身上占有優勢地位。內傾者由於本身抽象的態度，自然會給他人留下冥想和思考的印象，不過，這個事實卻往往讓人們誤以為，思考是內傾者的優勢功能。與此相反的是，外傾者會自然而然地表現出相當多的反應，而這些反應很容易讓人們以為，情感要素在外傾者身上占據了支配地位。然而，這些推測都是不正確的，因為，外傾者也可能屬於思考型，而內傾者也可能屬於情感型。喬丹大體上只描述了外傾和內傾這兩種類型，當他進一步探討這些類型的細節時，便由於資料的處理不夠充分，無法區辨各種功能類型的特徵，而讓這些特徵混雜在一起，因此，他對於功能類型的描述反而會誤導人們。不過，喬丹對於一般基本態度的類型特徵的描述所呈現的內傾態度的圖像，卻不會造成人們的誤解，所以，外傾和內傾這兩種基本態度的本質在他的論述裡是十分清楚的。

　　對我來說，喬丹在這本小書裡，以情緒性（Affektivität）的角度刻劃性格類型的特徵是很有意義的。我們已經看到，內傾者「沉思」和思考的本質已獲得無意識的、古老而原始的驅力生活（Triebleben）和感知生活（Empfindungsleben）的補償。其實，我們可以這麼說：內傾者由於必須超越本身古老而原始的、衝動的本質而達到穩定的抽象化高度，以便從這樣的高度掌控不順從的、狂放不羈的情緒，於是便形成了本身內傾的態度。反之，我們也可以這麼說：外傾者扎根不深的情緒生活（Affektleben）比情

感、無意識的、古老而原始的無意識思考，以及可能危及人格的幻想，更容易出現分化，也比較容易受到約束。因此，外傾者總是盡量讓自己處於忙碌狀態，並追求生活和經歷的豐富性，這麼一來，他就不需要面對自己以及本身那些負面的思想和情感。以上這些這種唾手可得的觀察正好可以解釋，為什麼喬丹在該書中的某個論述令人感到如此自相矛盾。他表示，智識在「冷漠型」（外傾型）的性情裡處於優勢地位，而且相當積極地參與生活的塑造；情緒則在沉思的「熱情型」（內傾型）的性情裡處於優勢地位，而且扮演更重要的角色。[3]

乍看之下，喬丹的這個觀點似乎牴觸了我對「冷漠型」和「熱情型」分別符合我所謂的外傾型和內傾型的主張。不過，如果我們詳加細察，就會發現情況絕非如此：沉思內傾的「熱情型」大致上會**嘗試**制服不順從的情緒，以便能在現實裡受到更多熱情的影響，但卻比較不想符合生活的意識準則裡種種定向於客體的期待。「冷漠型」的外傾者會試著讓自己到處吃得開，但也必然會經歷到，本身主觀的想法和情感會讓他到處受到干擾和阻礙。他受到心理的內在世界的影響已超出了他的認知。當他周遭的人已注意到他的追求帶有什麼個人的**意圖**時，他自己卻還渾然不覺。所以，一些自問必然會成為他的基本生存規則：「我到底要什麼？我私下的意圖是什麼？」至於內傾者，雖能察覺並構思自己的意圖，但總是忽視了周遭的人已清清楚楚察覺到的東西。換句話說，內傾者的意圖其實是為強大的、既無目的也無對象的驅力而服務，而且還高度受到驅力的影響。對外傾者進行觀察與判斷的人傾向於認為，這種類型的人所表現出來的情感和思維就像是一層薄紗，無法完全遮掩本身冷酷的、精心設想的意圖；試圖理解內傾者的人往往會覺得，這種類型的人若要透過表面的理性來控制本身強烈的熱情，其實是很辛苦的事。

以上這兩種對於外傾者和內傾者的判斷，既是正確的，也是錯誤的：當個體發現本身的意識很強大，且有能力對抗無意識時，他所做出的判斷就是**錯誤**的；當個體約略認識到本身的無意識很強大，有時必須對它讓步時，他

3　l. c., p. 6.

所做出的判斷就是**正確**的。在後一種情況下，一些隱藏在背後的東西會爆發出來，比如自私的意圖、毫無節制的熱情，以及讓個體拋開一切顧慮的基本情緒。

這些考量也同時讓我們看到喬丹觀察類型的方式：他顯然把關注聚焦於被觀察者的情緒性，所以，他會提出「熱情型」和「冷漠型」這些專有名詞。當他著眼於情緒的面向而將內傾者理解為富有熱情的人，並將外傾者視為欠缺熱情的人，甚至是理智的人時，其實他已表明了本身認知的特性，也就是被稱為「直覺」的特性。這也是為什麼我會在前面指出，喬丹犯了混淆理性與審美觀點的錯誤。當他把內傾者和外傾者分別以熱情和理智來標示他們的特質時，他顯然是從無意識方面來看待這兩種類型。喬丹是透過他的**無意識**來察覺它們，更確切地說，他是以**直覺**的方式進行觀察和認知。通常善於識人的人都採取這種作法。

儘管直覺的觀點有時是正確而深刻的，但它卻無法擺脫一種根本的限制：這種觀點始終只是從無意識的鏡像（Spiegelbild），而不是從被觀察者的真實表現進行判斷，因而忽略了被觀察者本身實際的真實性。這種判斷的錯誤和直覺密切相關，理性也因此而與直覺處於緊張的關係狀態，它只勉強地承認直覺的存在權利，儘管它在某些情況裡已確信直覺的客觀正確性。總之，喬丹的論述雖然完全符合真實性，但卻不是他的論述所呈現的理性類型的真實性，而是某種無意識的真實性。當然，這種情況可能會造成人們對於觀察對象理解的困難以及判斷的混亂，因此，關於這個問題的爭論從來不會聚焦在喬丹所提出的專有名詞上，而只是環繞在可被人們觀察到的、具有對反的差異性的事實上。儘管我依照我的方式所做的表達和喬丹完全不同，而且我們之間仍存在某些分歧，不過，我們對於觀察對象的類型分類基本上是一致的。

在開始討論喬丹根據所取得的個人觀察資料而提出的性格分類之前，我想要簡短地敘述前文曾提到的「第三種類型」或「中間類型」。正如我們所看到的，喬丹所假設的這種類型具有雙面性，一方面是完全平衡的性格，另一方面則是不平衡的性格。在這裡，我想介紹一下活躍於第二世紀的瓦倫廷

學派（die valentinianische Schule；即基督教諾斯底教派的一個分支）對於人的分類：依照這個學派的見解，「物質主義者」（der hylische Mensch）的位階低於心理主義者和靈魂主義者（der pneumatische Mensch）。物質主義者——就該學派的相關定義而言——符合我所提出的感知型，即個體強勢的支配性是透過感官而發揮作用，而且存在於感官以及感官知覺之中。感知型大致上只出現感知功能的分化，至於思考功能和情感功能都還處於未分化的狀態。我們都知道，原始人也是這樣，而且原始人身上的驅力感官性（triebmäßige Sinnlichkeit）還擁有一個反面的對應物，也就是心理的自發性（Spontanität）。所以，他們的精神和思想全是自發形成的，這些東西就這樣出現在他們身上，甚至還以幻覺的形式顯現在他們面前，不過，他們本身卻沒有能力創造或構思它們。這種原始人的思維方式可以被稱為直覺，因為，直覺就是對於浮現的心理內容在本能上的察覺。一般說來，原始人主要的心理功能是感官知覺，因此，直覺就扮演比較不顯著的補償功能。在較高的文明發展階段裡，人們的思考功能或情感功能已或多或少出現分化，此外，還有不少人的直覺功能已達到較高的發展，而成為重要的優勢功能，因此，這些個體便成為所謂的「直覺型」。總之，我相信，我的感知型和直覺型應該可以涵蓋喬丹的中間類型。

第二節　對於喬丹類型學的闡述與批判

針對熱情型和冷漠型這兩種類型的普遍現象，喬丹曾強調，冷漠型遠比熱情型更具備引人注意的鮮明人格。[4]這個說法是喬丹把冷漠型和個體的積極主動性劃上等號的結果，不過，這樣的推論在我看來並不合理。如果撇開這個錯誤不談，我們其實可以這麼說：冷漠型或外傾型的確會透過本身的言行舉止，而遠比熱情型或內傾型顯得更受人矚目。

4　l. c., p. 17.

一、內傾型女性（熱情型女性）

在《從軀體與家庭出身看人類的性格》一書中，喬丹首先討論內傾型女性的性格。以下的引文就是他所描述的重點：

（內傾型女性具有）從容的舉止以及難以察知的性格，有時她們會出現批判的、甚至是冷嘲熱諷的言語；即使她們有時會十分明顯地表現出惡劣的心情，但卻不會發脾氣、焦躁不安、「吹毛求疵」、發牢騷或好於責備別人。她們身上散發著寧靜閑適的氣息，不自覺地帶給人們慰藉和支持，但在這些表象之下，卻潛伏著情緒和熱情。她們富於情感的本性會隨著年齡的增長而逐漸成熟，她們的性格也愈來愈有魅力。她們「充滿同情心」，願意體諒並分擔別人的困苦……不過，人們也可以在這種性格類型裡，發現一些最壞的女人，比如最殘酷的繼母。她們雖是溫柔體貼的妻子，而且對於親生子女而言，還是滿懷愛意的母親，但由於本身的情緒和熱情是如此強烈，致使理性受到極大的壓制，而失去發揮的空間。她們的愛和恨都過於激烈，內心的嫉妒可以使她們變成凶暴的野獸。如果她們痛恨繼子女，甚至會不惜把他們折磨至死。

當邪惡在她們身上退居劣勢時，她們的道德觀念本身就是一種深刻的情感，這種情感會走上一條屬於自己的、獨立自主的道路，而不一定會遵照一般傳統的觀點。這條道路具有不偏不倚的獨立性，既不是出於仿效或服從，也不是為了獲得回饋或報酬。只有在親密的關係中，她們才會表現出本身的優點和缺點，才會顯露內在的豐富性、憂愁與喜悅、熱情與錯誤、不妥協、固執、憤怒、嫉妒、甚至是放縱。她們總是受到當下的影響，所以，很難去思考不存在於當前的種種美好。她們很容易忘記別人和時間。如果她們受到感動，就不會擺出做作的姿態，而且言行舉止還會隨著思想和情感的改變而改變。在社交方面，她們會在各種不同的場合儘可能讓自己保持不變，一如既往。不論在家庭生活或社會生活裡，她們的要求都不多，所以，很容易感到滿足。她們會自發地肯定或讚賞別人，而且也知道，該如何安慰或鼓勵別

人。她們對於弱者深具同情心，不論是人或是動物。「她們會抬頭挺胸，也會彎下身子，她們是自然萬物的姊妹和玩伴。」她們的評判既溫和又寬容。她們是認真的讀者，在閱讀時，會試圖掌握書本中最內在的思維以及最深刻的情感；她們不會善待書本，因為，她們喜歡在字裡行間畫線標重點，在頁緣空白處寫上自己的意見和評語，而且還會重複閱讀同一本書。[5]

　　從以上這些描述中，我們不難認識到內傾型的性格。不過，這些描述卻具有某種程度的片面性，因為，它們考慮的重點是在情感方面，因此忽略了這種類型的性格特徵，也就是被我賦予特別價值的**意識的內在生活**（das bewußte Innenleben）。喬丹雖曾提到，內傾型女性是「好沉思的」，但卻沒有更深入地探究這個類型。在我看來，他的描述似乎是在證明我對他的觀察方式的見解是正確的。他所看到的東西，主要是一些經由情感所凝聚而成的外在的言行舉止以及內在熱情的表達，而不是這種類型的意識本質，所以，他也不會提到意識的內在生活對於這種類型的意識心理具有什麼關鍵的重要性。舉例來說，為什麼內傾型女性在閱讀時顯得如此專注？因為，她們最熱衷於觀念的了解和掌握。為什麼她們可以心平氣和，又可以安定人心？因為，她們通常不會向他人表露自己的情感，而是留在內心裡，或控制在思維裡。她們那種不同於一般的道德觀是以深刻的思考和確實的內在情感為依歸。她們明理且從容不迫的性格所散發的魅力，不僅來自本身平心靜氣的態度，還由於人們可以和她們理性地、前後連貫地交談，而且她們也懂得欣賞對方的言論。她們不會用突如其來的言詞打斷對方的談話，或突然出言反對他們，而是用始終不變的想法和情感來傾聽對方的意見。

　　她們意識裡的心靈內容雖已擁有穩定的、發展完備的秩序，但卻受到本身混亂的、熱情的情緒生活的抵制。由於內傾型女性了解自己的情緒生活，因此，她們——至少從個人的角度來說——會經常意識到、而且還會畏懼於它的存在。她們會思索自己本身，所以，她們對外的關係也是穩定而協調

---

[5]　l. c., p. 17ff.

的。她們會認識並接納他人，所以，不會站在自己的立場強勢給予他人讚許或譴責。有鑑於情緒生活會損害本身美好的特質，她們會儘可能排拒驅力和情緒，不過，也因此而無法掌控它們。相對於意識的穩固性和邏輯性，她們的情緒既激烈又混亂，而且不受約束。她們的情緒缺乏根本的人性特質，既不平衡又不理性，就相當於一種破壞人類秩序的自然現象。此外，這種情緒也欠缺確實的想法和目標，所以，往往具有像山林裡的野溪那樣的破壞性。它既不會刻意製造、也不會避免任何毀損，除了依從自己的法則完成這個實現自身的必然過程之外，已經無所顧忌。

她們本身包容的，或具有善意的觀點可以影響並抑制部分的驅力生活，因此，她們能擁有美好的特質，不過，還是無法徹底掌控並改造本身全部的驅力。比起理性的思維和情感，內傾型女性比較無法清楚而全面地意識到自己的情緒性，即使已取得可運用的觀點，還是無法掌握本身所有的情緒性。她們的情緒性就像某種黏稠的液體，由於缺乏必要的流動性而難以有所改變，因此，遠不如她們的才智內涵那般機敏靈活。正因為情緒性處於停滯狀態，所以，她們會以無意識的規律性和質疑性來看待某些與情緒性有關的事物，而且她們在這方面還會固執己見，有時甚至到達非理性的頑冥不化的程度。

以上的闡述正好可以解釋，為什麼單單從情緒性這個面向來判斷內傾型女性——不論是褒是貶——是既不完整又不公正的。喬丹曾表示，自己在內傾型裡發現了最惡劣的女性，在我看來，這樣的宣稱只是由於身為研究者的他過於重視人們的情緒性的緣故。對他來說，似乎熱情才是真正的萬惡之母，因為他發現，內傾型女性也可以用傷害肉體以外的方式，活活地把非親生的孩子折磨至死。這麼說來，這種類型的女性並不總是擁有特別豐富的愛，而是經常著迷於這樣的愛意，她們通常不想在這方面改變自己，不過，一旦出現恰當的機會，就會出人意料地表現出自己的冷漠，而讓伴侶吃驚不已。基本上，內傾者的情緒生活就是她們的薄弱之處，無法令人完全信賴。不僅內傾者會受到本身情緒性的矇蔽，別人如果只根據內傾者的情緒性來判斷她們，也會受到欺騙而對她們感到失望。總的來說，她們的才智因為具備較強的適應力，所以比較可靠，至於她們的情緒性則仍是高度未馴化的本性。

二、外傾型女性（冷漠型女性）

我們現在要討論喬丹對於「冷漠型女性」的描述。在這裡，我必須排除已被喬丹混入積極主動性的所有觀念，因為，這樣的混雜只會使這種性格類型顯得模糊不情。所以，當我們談到外傾型的某種敏捷性時，並不是指他們身上那種積極主動的、精力充沛的要素，而是表示他們積極主動的心理過程的機敏性和活潑性。

以下是喬丹對於外傾型女性的刻劃：

與其說她們有耐性，做事堅持不懈，倒不如說她們敏捷、機靈且識時務。她們的生活通常被瑣事所占滿，而且比英國維多利亞時期的首相畢肯斯菲德勛爵（Lord Beaconsfield, 1804-1881）更信奉他那句名言：「不重要的事情並非真的不重要，重要的事情並非真的重要。」她們就跟她們的祖母一樣，總愛談論人心不古以及世間普遍的墮落，而且她們的孫輩以後也會這麼說。她們經常參與社會運動並深信，如果沒有親自照看，事情就無法做好。許多這種性格類型的婦女還會把家庭清潔的維護當作唯一的人生目標，而浪費了本身的精力。她們往往缺乏主見和熱情，無法讓自己安靜下來，不過，她們也不容易會犯錯。她們早早便已完成情緒的發展，十八歲就能像四十八歲那般地明白事理。她們的精神視野雖然不深刻也不寬廣，但從一開始就已對許多事情清楚明朗。如果她們擁有優秀的才能，就能取得領導的地位。

在社會上，她們對所有都會表現出親切友善的情感，而且慷慨而好客。她們會評斷每個人，但卻忘記別人也在評斷她們。她們樂於助人，卻沒有深刻的熱情。愛是她們的偏好，恨是她們的反感，嫉妒則是她們受損的自尊。她們的狂熱無法持久。她們享受著文學作品的美好，而比較不是文學作品的熱情。她們的信仰和質疑比較不強烈，不過，卻更具有完整性。她們對於許多事物雖缺乏正確的信念，卻沒有惡意的猜想，雖不相信，卻可以接受。她們不是不相信，而是不知道，既不會探究事情的原委，也不會質疑它們。在重大的事情上，她們會聽從權威，在小事上，她們會急於下結論。她們認為，在自己個人

的小世界裡，一切都不該如此，但在外面那個大世界裡，什麼都是對的。她們會出於本能地保護自己，而且還會把理性的結論付諸實踐。

她們在家裡所顯示的性格並不同於她們在社會上的表現。她們的婚姻強烈受制於企圖心、改變的樂趣、對約定俗成的社會習慣的順從、對生活得以建立在「穩固的基礎」上的要求，或對擴大個人能力的影響範圍的渴盼。她們的丈夫如果屬於「冷漠型」，他們對孩子的愛會勝過對她們的愛。在家庭的圈子裡，她們會表現出令人生厭的一切，同時也承受斷斷續續的責備。她們無法預見，在這樣的家庭環境裡，什麼時候天色可以暫時放晴。她們既不會觀察自己，也不會批判自己。當她們受到持續的批評和指責時，雖會感到訝異和受辱，但卻仍相信，自己只是想把事情做最好的處理，「只是有些人並不知道，什麼對他們才是有利的。」她們希望為家庭帶來幸福的方式，完全不同於她們希望為他人帶來幸福的方式。她們的家庭必須隨時做好接受外界檢視的準備。她們認為，社會必須獲得支持和發展，上層階級必然會受到矚目，下層階級則必須循規蹈矩。對她們而言，自己的家庭是冬天，外面的社會卻是夏天。不過，只要家裡有客人到訪，就會立刻出現溫暖的轉變。

她們沒有禁欲苦修的傾向，也不需要受到他人的敬佩。她們喜歡運動、休閒以及生活的變化，可以讓一天開始於教堂的禮拜，而結束於夜晚上演的某齣喜歌劇。她們樂於擁有社交關係，因為，她們可以在這種關係裡找到一切，包括工作和幸福。她們相信社會，而社會也相信她們。她們的情感極少受到偏見的影響，通常的表現「既正派又大方」。她們喜歡模仿別人，也會為自己挑選最好的榜樣，卻不會在這方面為自己多作解釋。她們閱讀的書籍必須涉及生活以及和生活有關的人。[6]

喬丹把這種大家所熟知的女性類型稱為「冷漠型」，無疑地，她們也是我所謂的「外傾型」，而且她們整體言行舉止的方式也顯現出「外傾型」的特徵。她們會持續不斷地發表自己的判斷，但卻不是根據自己真正的思考，

6　l. c., p. 9ff.

而是依照自己的一些粗淺的印象，所以，和她們實際的思維無關。我還記得，曾在某處讀到一句有趣的格言：「思考是如此困難，以致於大部分的人都寧願下判斷。」思考尤其需要花時間，因此，思考者根本沒有機會可以持續不斷地發表自己的判斷。判斷的不一致性、無條理性，以及對於傳統和權威的依賴，恰恰暴露出個體本身缺乏獨立自主的思考，同時個體缺乏自我批判以及自主的觀點也顯示了個體的判斷功能的缺陷。外傾型女性缺乏精神的內在生活的表現，比前面描述的內傾型女性擁有精神的內在生活的表現，更為明顯。人們很容易從這番論述中得出這樣的結論：外傾型女性的情緒性具有重大的缺陷或更為嚴重的缺陷，這種情緒性顯然是表面而淺薄的，且幾乎是虛假的，更何況與情緒性總是相互連結、或隱藏在它背後而隱約可見的意圖，已讓情緒性的追求幾乎完全失去了價值。

然而，我卻傾向認為，喬丹對外傾型女性的低估，就如同他在前面對內傾型女性的高估一般。雖然他有時會贊同外傾型女性的一些美好特質，但整體上他始終認為這種類型的女人不好。我認為這是喬丹個人的偏見。通常人們只要和這類型的一位或數位女性有過不好的經驗，就無法再喜歡這類型的其他女性。不過，我們不該忘記，外傾型女性在情緒上的靈活以及缺乏深刻，其實是對於人類社會的一般生活以完全融入的方式適應（Einpassung）的結果，就如同內傾型女性的明智是因為本身的精神內容已確實以完全融入的方式適應了群體的普遍思維。外傾型女性的情緒性具有已分化性、社會性，與不容質疑的普遍性，而且比內傾型女性情緒性的沉重、固執和熱情顯得更為優越。外傾型女性已分化的情緒性由於成功地去除了激情的混亂，因此已變成一種可供個體支配的適應功能，當然，這也意味著必須犧牲精神的內在生活，而且她們精神的內在生活還因有所匱乏而愈發引人注意。

儘管如此，外傾型女性的精神的內在生活卻仍存在於她們的無意識裡，而且還以一種符合內傾型熱情的形式存在著，也就是處於一種未發展的狀態。這種狀態的特徵就是幼稚型症（Infantilismus）和古老的原始性（Archaismus）。在無意識裡，未發展的心理會把內容和隱藏的動機賦予情緒性的追求。這些內容和動機一方面讓批判的觀察者留下惡劣的印象，另一

方面則受到不批判的觀察者的忽略。批判的觀察者由於持續地察覺外傾型女
性未能善加掩飾的自私的動機，而對她們留下不愉快的印象，所以，人們往
往不會記住，她們為了刻意表現所做的種種努力，以及由於適應良好而獲得
的益處。如果已分化的情緒不存在，生活中一切輕鬆容易、不受拘束、適
度、無害，且表面的東西就會消失。人們不是因為處於持續不斷的熱情，就
是因為處於熱情受壓抑的空茫狀態而透不過氣來。如果內傾者的社會功能主
要是察覺個體，那麼外傾者主要的社會功能便是促進社會生活，畢竟社會也
跟個體一樣，都有存在的權利。社會的存在需要個體心理的外傾化，因為，
這種心理機制主要是個體與他人溝通聯繫的橋梁。

我們都知道，情緒的表現可以產生強烈的影響，至於精神只能間接透過
費心的轉介，才能發揮作用。社會功能所需要的情緒不應該是深刻的，不然
會激起他人的熱情，進而妨礙集體的生活和發展。內傾者已分化、已達成環
境適應的心智並不具有深刻性，而是廣泛性，因此，不會給人們帶來干擾或
刺激，而是理性和慰藉，不過，內傾者強烈的熱情卻會妨害群體，就如同外
傾者部分不自覺的思維和情感會鼓動人們一樣。外傾者那些互不一致、互不
連貫的思維和情感會經常藉由不恰當且毫不留情的批判來評價他人。當人們
把外傾者這類批判全部組合在一起，並綜合地建構出一種心理學時，那麼，
首先就會浮現出一種獸性十足的基本觀點。這種觀點所顯示的令人絕望的野
蠻、粗暴、殘忍和愚蠢，並不輸給內傾者可怕的情緒本質。

喬丹認為，最糟糕的性格都出現在熱情的內傾型。不過，我卻無法為這
樣的說法背書，因為，在外傾者當中也存在與內傾者同樣多的性格惡劣者，
而且雙方都很惡劣，程度不相上下。當內傾型把熱情表現在粗暴的行為上
時，外傾型無意識的思維和情感則發動卑鄙的行徑來踐踏受害者的心靈。所
以，我實在不知道，到底哪一類型比較惡劣。內傾型的缺點在於表現出本身
具有爭議性的行為，外傾型的言行雖也卑劣不端，但他們卻懂得以群體能接
受的方式作為掩飾。在這裡，我還要特別強調外傾者主動關懷他人的福祉，
以及為別人帶來歡樂的顯著傾向。對於內傾者來說，這種性格的品質通常只
存在於他們的幻想中。

外傾型女性已分化的情緒還具有另一種優點，即優雅而美好的形式，而且還散發著一種審美的、愜意的氣氛。令人驚訝的是，許多外傾型女性都能從事藝術活動（大部分是音樂），這比較不是因為她們特別具有這方面的才能，而是因為藝術表演有助於她們的社交活動。此外，她們喜歡挑剔別人也不一定表示，她們的性格會讓人感到不舒服或毫無價值。其實她們這種好於責備的習慣往往僅限於一種已適應外在環境的、具有教育意義的傾向，所以，也能帶來不少的好處。同樣地，她們缺乏自主性的判斷不一定是負面的，因為，這些判斷反而更能抑遏個體的放肆，以及一些無益於集體生活和福祉的弊端。倘若有人主張，某一類型在任何方面都比另一類型更有價值，這種說法其實是毫無根據的，畢竟各類型之間會彼此互補，它們的差異在某種程度上所形成的張力（Spannung）正是個體和集體維繫生活所不可或缺的東西。

三、外傾型男性（冷漠型男性）

以下是喬丹對於外傾型男性的描繪：

他們的態度變化不定、難以捉摸。他們老是在抱怨、喜歡發脾氣、大驚小怪、妄下斷言，並以輕蔑的方式評判一切，不過，他們總是對自己感到滿意。雖然他們的判斷經常出錯，計畫不時失敗，但他們卻完全信任自己的判斷和計畫。十九世紀英國國教派牧師西德尼·史密斯（Sydney Smith, 1771-1849）曾這麼談論當時一位著名的政治家：他隨時都在準備接手指揮英吉利海峽的艦隊，不然就要砍掉自己一條腿。對於自己所遭遇的種種，他有一句固定的口頭禪：這件事如果不是真的，就是大家早已經知道的事。他的天空容不下兩個太陽。他本身就是太陽，如果在他之外還另有太陽存在，他會為了鞏固自己的地盤而不惜成為殉難者。

他們是早熟的人，喜歡經營和管理，所以，往往對於社會很有貢獻。如果他們是某個慈善團體委員會的成員，他們對於挑選委員會主席就跟挑選洗衣婦一樣，都很感興趣。他們會全力以赴地投入群體當中，並用自信和耐性

讓自己在群體裡大出風頭。他們總是追求經驗的累積，因為，他們可以從豐富的經驗中獲益。他們寧可在一個僅由三人組成的委員會裡擔任有知名度的主席，也不願在自己的國家裡當個不知名的行善者。他們的重要性並沒有因為本身擁有較少的才能而降低。他們是否忙著從事什麼？他們深信自己充滿活力。他們是否太多話？他們相信自己的口才。

他們很少提出創新的想法或開創新的道路，但卻能敏捷地跟隨、掌握、運用並實踐既有的主意。他們喜歡奉行一些早已存在、已普遍被接受的宗教和政治的信念。在某些情況下，他們還樂於欣賞自己那些怪異的想法有多麼大膽。他們的理想是如此崇高而堅定，所以，沒有什麼東西可以阻礙他們塑造開闊、恰當的人生觀。道德、真誠和理想性原則是他們生活的主要特徵，不過，有時他們對於直接效應的興趣會使他們陷入困境裡。

如果他們在公眾集會裡偶然無事可做時，比如沒有什麼可以建議、提議、支持或反對時，他們就會從座位起身，至少要求把窗戶關上，讓外面的寒風無法吹入，或者更有可能的是，要求打開一扇窗，以增加室內空氣的流通，因為，他們渴望新鮮的空氣就如同渴望他人的注意一般。他們總是喜歡做一些沒有人會要求他們做的事情，而且還深信，大家會以他們所期待的方式來看待他們，也就是把他們當作為了關照別人的福祉而忙到難以入眠的熱心人士。他們覺得自己對別人負有責任，但他們也希望能獲得別人的回報。他們可以透過言談來打動人心，不過，自己卻往往無動於衷。他們可以迅速而敏銳地發覺別人的期待和想法，會向大家預警即將到來的、具有威脅性的災禍，還會把大家組織起來，並以靈活的手腕和對手進行交涉談判。他們總是有一些計畫，而且表現出來的忙碌還會受到大家的矚目。如果可能的話，他們會讓自己廣受群體的歡迎；如果無法達成，他們至少會讓群體感到驚訝；如果還行不通，他們就會讓群體感到擔憂和驚恐。他們是專職的救世主，打從心裡對於扮演這種廣受眾人肯定的角色感到滿意。或許我們的行事不恰當，不過，我們可以相信和指望他們，為了他們的存在而感謝上帝，並請求他們多多指點我們。

他們不喜歡安靜，無法讓自己好好地休息。即使白天很忙碌，他們還是

需要讓自己的夜晚帶有刺激性，不論是在劇院、音樂廳、教堂、市集、晚宴、社團或所有這些場合。如果他錯過了某一場聚會，他一定會記得拍電報，高調地向大家表示歉意。[7]

　　喬丹這樣的形容或許能讓我們對於外傾型男性有所了解。在這裡，他雖然對外傾型男性偶爾會表示肯定，不過，他對他們的描述卻比他對外傾型女性的描述出現更多諷刺漫畫式的鄙夷觀點。其中部分的原因在於，喬丹的描述方法根本無法正確地剖析外傾者。換句話說，人們其實無法藉由智識的方法對這種性格類型的特殊價值形成正確的判斷；不過，人們卻能藉由智識的方法呈現內傾者意識裡的理性和動機，以及他們的熱情還有隨之而來的行動。與內傾者相反的是，外傾者的主要價值在於他們與外在客體的關係。在我看來，似乎只有生命本身才會承認，外傾者擁有不接受智識性批判的權利，只有生命才能體現並贊同他們的價值。雖然有些人斷言，外傾者對於社會是有用處的，而且對於人類社會的進步貢獻卓著，不過，我們如果進一步分析他們論述的方式和動機，就會得到否定的結論，因為，外傾者的主要價值並不在於他們本身，而在於他們和客體的相互關係。他們與客體的關係絕對是智識性論述所無法估量和掌握的。

　　為了完全明確地掌握被觀察者，智識性批判必定會持續分析一些與他們的動機和目的有關的資料。這種分析過程所形成的性格圖像對於外傾者的心理來說，等於就是一幅諷刺漫畫。誰如果相信，這樣的描述可以正確地察覺外傾者的態度，後來就會驚訝地發現，真正的外傾者並不會理會這樣的描述。智識性批判的片面性觀點會完全阻礙了人們對於外傾型的了解，因此，人們如果要正確地了解外傾者，就必須徹底排除對於外傾者的這類思考；同樣地，只有當外傾者能夠接受本身的精神內容不可能獲得實際的運用時，外傾者才會和內傾者有真正的契合。對於外傾者來說，智識性分析就是觀察者把本身所有可能的潛藏意圖和附帶目的加諸於他們身上，這些意圖和目的並

7　l. c., p. 26ff.

非真實的存在，它們頂多只是無意識背景所釋放出的、模糊不清的效應。

外傾者如果在集會的場合無話可說時，就會起身要求打開或關上某扇窗戶。然而，是誰發覺這種情形？這種情形到底引起誰的注意？誰會試圖說明這種行為背後可能的原因和意圖？當有人認真地思索、解析並建構這種情形的原委時，其他所有的人只會把這種小噪音當作生活中隨處可聽聞的聲響，不至於有任何動機，想在其中發掘出什麼。外傾者的心理其實屬於人們日常生活的普通事件，並沒有其他的意涵。誰如果要刻意思索它──從實際的生活來看──就會在扭曲的眼光下發現其他的東西；只有當人們關注於外傾者無意識的思維背景時，才是正確的作法，也就是單單關注於外傾者的**陰影**而不是他們的積極面，儘管這些陰影相當不利於人們對於有自覺的、積極的外傾者的評價。為了達到正確的理解，我相信，把個體和他的陰影──即無意識──區分開來是正確的，不然，這方面的討論就會籠罩在空前的概念混亂之下。

人們在觀察對象身上所察覺到的許多東西，往往不屬於觀察對象的意識領域，而是屬於他們的無意識領域，但人們卻會據此而讓自己誤以為，這些觀察到的性格品質屬於觀察對象的意識的自我（bewußtes Ich）。不過，關注於心理結構的認識且希望更正確理解人類的心理學家卻不該這麼做，而是應該清楚地區辨人們的意識和無意識。因為，只有適應意識的觀點，而不是把事情歸結於無意識的背景，研究者才能正確地理解並清晰地掌握個體的性格。

四、內傾型男性（熱情型男性）

關於內傾型男性（沉思的熱情型男性）的性格，喬丹曾有如下的描述：

他們不會時常改變自己的娛樂消遣，而且對於娛樂消遣的愛好是出於真正的本性，而不是因為閒不下來而必須用它們來讓自己有事可做。他們如果擔任公職，那是由於他們本身具有某種本領，或打算達成某一件事。一旦完成了工作，他們就會樂於離開。他們還願意肯定別人，對他們來說，與其讓

事情敗在自己的手中，倒不如把它們交給別人，由別人來完成。他們往往會高估工作伙伴的功勞，所以，從來不會、也不可能會習慣性地斥責別人。他們本身的發展緩慢，遇事經常猶豫不決。他們向來沒有自信，所以，無法成為宗教領袖。為了準確知道發生什麼錯誤，他們會為了追究錯誤而讓身邊的人吃足苦頭。雖然他們不缺乏勇氣，但卻無法堅信，自己所持有的真理不容質疑，並因此把自己搞得焦頭爛額。如果他們擁有傑出的才能，就會被周遭的人推向備受矚目的顯要地位，至於其他性格類型的人則是搶著出風頭，努力凸顯自己。[8]

　　就我的觀察來說，喬丹在他的著作中對於內傾型男性——即他所謂的「熱情型」男性——的描寫其實沒有超出以上這段引文所包含的內容，而且在大部分的內容裡，我們無法找到任何關於這種類型所富有的熱情的描述。作推測當然必須小心謹慎，但這裡的情況似乎讓人們覺得，喬丹大概是因為一些主觀的緣由，所以，他對於內傾型男性的描述才會顯得如此貧乏。喬丹在前面對於外傾型男性的描述雖有失公允，但卻是詳細的，因此，人們也會期待他對於內傾型男性也有類似的、細膩而徹底的刻劃。那麼，為什麼喬丹在這方面的表現會出乎人們的料想？

　　假設喬丹本身的性格屬於內傾型，這麼一來，我們或許就可以明白，我們對他如果也採取類似他對於與他相反的類型那種尖刻無情的描述，其實是不恰當的作法。我在這裡並不想表示，喬丹缺乏客觀性，我只是想指出，他的問題其實在於不了解自己本身的陰影。內傾者不可能會知道或料想到自己在外傾者的眼中是什麼樣的形象，除非外傾者願意冒著事後將被迫與他們決鬥的風險，而向他們吐露自己的看法。外傾者很難把內傾者喬丹對於自己性格特徵的描述視為善意而貼切的形容，同樣地，內傾者也難以接受外傾者對於自己性格特徵的觀察和批評，畢竟某一種類型對於另一種與其對反的類型總是抱持鄙夷的態度。內傾者如果試圖理解外傾者，必定會產生誤解；同樣

8　l. c., p. 35f.

地，外傾者如果從表面的形式而非從實質的內容，來嘗試了解內傾者精神的內在生活，必定也會出現偏差和訛謬。內傾者總是錯誤地把外傾者的行動歸結於他們的主觀心理，而外傾者則偏頗地把內傾者的精神的內在生活單單視為外在狀況所造成的結果。對外傾者來說，抽象的思維過程如果和客體沒有明顯的關聯性，就必定是幻想，也就是某種由大腦所編造出來的東西。事實上，內傾者的思維往往只是大腦的臆想。內傾型男性總是有許多話要訴說，而且還會賦予外傾者一幅完整、卻負面的陰影圖像（Schattenbild），正如喬丹在前文裡對外傾者的描寫那般。

我認為，喬丹對於內傾型男性的諸多見解當中，有一點相當重要，而且似乎體現了內傾型情感的特性：這種類型的男性對於娛樂消遣的愛好是出於「真正的本性」。這種本性是天生的，它就存在於自己本身，而且還扎根在更深層的人性裡，在某種程度上，它會為了自己的目的而有所表現；它滿足於實現自己，卻不效勞於其他的目的，也不讓自己供他人使喚。它和古老而原始的自然現象的自發性有關，而從未屈服於文明的目的和意圖。此外，不論對或錯，或根本罔顧對錯以及是否符合目的，這種類型還會把外顯的情緒狀態強加於主體，而且還違逆了主體的意志和期待。因此，這種類型的情緒狀態本身沒有一絲一毫是出於主體所構想的動機。

在這裡，我並不想繼續討論喬丹著作的後續章節的內容。總之，他還以一些歷史人物為例，其中也出現一些前文提過的錯誤所導致的許多偏差的觀點，比方說，喬丹在該書中使用了「積極主動」和「消極被動」這兩種判別類型的標準，而且還與其他的標準混為一談，因此，經常形成這樣的結論：性格積極主動的人可以被歸類為冷漠型，至於熱情型的性格應該是消極被動的。我本人對於心理類型的看法已儘量避免喬丹的錯誤，也就是不把積極主動性的因素當作判斷心理類型的標準。

就我所知，喬丹是第一位能比較正確描述情緒類型（emotionale Typen）的人。就這點來說，他實在功不可沒。

第五章

詩歌作品的類型問題：
施皮特勒的史詩《普羅米修斯和埃庇米修斯》

第一節　　施皮特勒類型學導論

如果類型問題只在於指責詩人情緒生活的糾葛，而本身並不具有重要性，這幾乎已表示，類型問題根本不存在。不過，我們卻在席勒的美學論述裡看到，類型問題曾激發席勒內心的熱情，不論是對於身為詩人的席勒，或身為思考者的席勒。在本章裡，我們把討論聚焦於一部幾乎只以類型問題這個主題作為創作基礎的詩歌作品，也就是瑞士詩人暨一九一九年諾貝爾文學獎得主卡爾・施皮特勒（Carl Spittler, 1845-1924）於一八八一年發表的處女作《普羅米修斯和埃庇米修斯》（*Prometheus und Epimetheus*）。

我並不想在本章一開頭便立即說明，在施皮特勒這部以希臘神話為題材的史詩作品裡，為何先知先覺的普羅米修斯和後知後覺的、喜於行動的埃庇米修斯這對兄弟，分別是內傾型和外傾型的代表。在心理學上，這兩位希臘神祇的衝突主要牽涉到內傾型和外傾型的發展路線在同一個體身上的鬥爭，只不過在這部敘事長詩裡，這兩種相反的發展路線分別是由兩個獨立的神話角色及其典型的命運所體現。

在這部史詩裡，普羅米修斯明顯地表現出內傾型的性格特徵，而且還為我們提供了一幅忠於自己的靈魂（Seele）[1]和內在世界的內傾者圖像。其中，他對於天使的回答已真切地表達了自己的本質：

然而，我卻無法評斷我的靈魂的樣貌。因為，它（靈魂）是我的主人，是我在歡喜和悲傷時的主宰。我的所是與所有全來自於它。我將與它分享我的榮耀，也會為它而放棄榮耀，如果情勢必須如此。[2]

1　譯註：德文的 Seele 就相當於中文的「靈魂」或「心靈」。原則上，Seele 在本書裡如果與宗教和神話有關，則譯為「靈魂」，若屬於心理學領域則譯為「心靈」。榮格在本章裡以心理學的角度探討以神話為主題的文學作品，本章內容所出現的 Seele 這個德文詞彙也可以依照上述的中譯原則而分別譯為「靈魂」或「心靈」，但為了不讓讀者誤以為它們不是出自同一個德文詞彙，因此，譯者在此一律譯為「靈魂」，也請讀者參照本書第十一章〈定義〉裡的「心靈」這個詞條。

2　CARL SPITTELER, *Prometheus und Epimetheus*, p. 9.

　　因此，普羅米修斯無條件地屈從於自己的靈魂，也就是屈從於那個把他和內在世界聯繫起來的功能，而且他的靈魂也因為與無意識的聯繫而具有神祕的、形而上的性質。普羅米修斯承認靈魂作為自己的主人與領導者的絕對意義，正如他的弟弟埃庇米修斯也以同樣無條件的方式順服於外在的世界一般。普羅米修斯把個體的自我獻給靈魂，獻給他與無意識——作為永恆的意象與意義的起源——的聯繫，因此，便失去了那股來自人格面具（Persona）[3]以及來自本身與外在客體的聯繫的抗衡力量，從而失去了自己的重心。普羅米修斯全然委身於靈魂而斷絕了自己與周遭世界一切的聯繫，所以，無從接受外在現實可能給予他的一些不可或缺的指正。失去與外在世界的聯繫會讓普羅米修斯無法與外在世界的本質協調一致，因此，會有天使——顯然是世界權柄的代表——降臨在他的面前，從心理學的角度來說，天使的顯現就是他本身為了適應現實的傾向所投射出的意象。所以，天使便對普羅米修斯說：

　　如果你無法擺脫靈魂不正當的掌控，讓自己獲得解放，就會發生這種情況：你將會失去多年來你所獲得的大好的獎賞、內心的幸福，以及豐富的心靈所結出的所有果實。

　　在這部敘事長詩的另一處，天使又告訴普羅米修斯：

　　由於靈魂的緣故，你將在榮耀的日子裡受到指責，因為，它（靈魂）既不認識上帝，也不尊重法律。在它的傲慢裡，不論是在天國或在世間，沒有什麼是神聖的。[4]

　　由於普羅米修斯只是片面地站在靈魂這一邊，這會讓他本身適應外在世界的所有傾向都受到潛抑，從而落入了無意識裡。即使普羅米修斯已察覺這

<hr>

3　JUNG, *Die Beziehungen zwischen dem Ich und dem Unbewußten* ｛GW VII｝.

4　SPITTELER, l. c., p.9.

些傾向，但它們的顯現卻也只是一種投射，並無關於他的人格。此外，這裡還出現了一個矛盾：連普羅米修斯所依從的、且已在意識裡完全被他所接受的靈魂也顯示出一種投射。由於靈魂就跟人格面具一樣，是一種聯繫的功能（Beziehungsfunktion），所以，靈魂在某種程度上是由兩個部分所組成：一部分屬於個體，另一部分則屬於它所聯繫的客體，在這種情形下就是無意識。只要人們不是哈特曼（Eduard von Hartmann, 1842-1906）哲學的追隨者，通常會傾向於承認，無意識只是某種心理因素的相對存在。根據哲學的認識論，我們對於無意識心理的現象綜合體（Erscheinungskomplexe）的客觀實在性的任何見解其實是無效的，這就像我們無法確實認識某些已超越我們的心理能力所能理解的實在事物的本質一般。然而，我卻必須根據我的經驗指出，與意識活動相關的無意識內容由於具有頑強性與堅持性，所以，也會跟外在世界的實在事物一樣，宣稱本身的真實性，即使這樣的宣稱就關注外在現實的思維方式而言，相當不可信。

我們不該忘記，還有相當多的人始終認為，無意識的內容比外在世界的實物更具有真實性。人類的思想史已見證了無意識和外在世界的真實性，所以，只要我們更深入地研究人類的心理，就可以發現，意識的活動通常會同等地受到這兩方面的影響。因此，從心理學的角度來說，我們完全有理由可以根據純粹的經驗，而把無意識的內容當作與外在世界的實物相同的真實性來處理，即使這兩種真實性彼此互有矛盾，而且在本質上似乎截然不同。不過，如果我們把其中一種真實性置於另一種之上，就是一種毫無根據的武斷，畢竟主張精神主義和神智論（Theosophie）就跟主張與其對立的物質主義一樣，都是一種粗暴的侵犯。由此可知，在人類的心理能力的作用範圍裡，我們應該安於自己的限制。

人們可以基於無意識內容特有的真實性，而把它們當作客體，就如同人們把外在的事物視為客體一般。個體的人格面具作為一種與外界聯繫的功能，往往也受制於外在客體，因此，它會同時固著於主體和外在客體；同樣具有連繫功能的靈魂，則透過內在客體而體現本身與內在客體的聯繫。由於靈魂在某種程度上仍不同於主體，所以，人們可以察覺它們與主體之間的差

異，在施皮特勒的這部希臘史詩裡，靈魂在普羅米修斯身上就表現出一種完全有別於他的個體自我的差異性。

即使有人毫無保留地獻身於外在世界，外在世界對他而言，仍舊是不同於他本身的客體；同樣地，即使有人全心全意地投入無意識世界，含有內在意象的無意識世界依然會以不同於主體本身的客體而活動著。一如神話意象的無意識世界會間接地透過對於外在事物的體驗，而表達對於外在世界的徹底屈從，實在的外在世界和它的要求也會以這種間接的方式，表達對於靈魂的徹底屈從，畢竟沒有誰可以脫離這兩種真實性。個體如果一味地投入外在世界，就必須活出他心裡的神話，如果單單聚焦於內在世界，就必須夢想著他在外在世界裡的現實生活。因此，靈魂會對普羅米修斯這麼說道：

我是領你離開正道而走上那些尚未開闢的荒徑的罪惡之神。由於你之前不肯聽命於我，所以，現在這一切就照我所說的那樣發生了：因為我的緣故，你的姓名已被剝奪了榮耀，你的人生已失去了幸福。[5]

普羅米修斯拒絕天使提供給他的王國——這也等於放棄了對於已存在的外在事物的適應——因為，他不願意拿自己的靈魂做交換。從本質上來說，主體——即普羅米修斯——具備絕對人性，而靈魂則擁有完全不同的屬性。靈魂是超自然的存在，因為，靈魂作為聯繫的功能可以連結內在客體——即非個人的、集體的無意識——而內在客體也透過靈魂而不時地顯現出來。無意識以濃縮的形式包含了一整個序列的記憶痕跡（Engramm），它們自遠古以來便開始積累，並逐步地打造出當今人類的心理結構。記憶痕跡就是人類歷來的心理功能的作用所留下的印痕，它們可以顯示出人類的心理曾如何運作，不論是以一般的方式，或是以極其頻繁和密集的方式。心理功能所留下的記憶痕跡會以神話的主題和意象表現出來，因此，各個民族的神話內容會有一部分彼此雷同，至於另一部分則仍具有驚人的相似性。就連在現代人的

5　l. c., p.24f.

無意識材料裡，要證明記憶痕跡的存在也不是一件難事。

在這些無意識內容裡，除了自古以來便陪伴人們走過人生的一些崇高的人物形象之外，還蟄伏著一些顯著的獸性特徵或要素，這是可以理解的。無意識涉及了一整個內在意象的世界，它的無限性比起「實在」事物的世界的無限性根本毫不遜色。外在世界會把親密的、令人喜愛的人物形象展現給徹底順從它的人，如果徹底委身於自己的客體是這些人的命運，那麼，他們就會在這些外在的人物形象上經歷到外在世界與自己本質的雙義性（Zweideutigkeit）。至於全心全意投入無意識世界的人則經歷到無意識的神祇化，這些神祇體現了內在意象世界的整體性、極端對立性以及雙義性。以上這兩種極端現象都已超出常態，因此，處於常態的人們無法理解這些殘酷的、令人費解的祕密，而這些祕密也不為這些人而存在。一直以來，只有少數人才能到達世界的邊緣，而且他們會在這種極端的狀態下開始看到自己的鏡像。不過，對於那些始終處於常態的人來說，靈魂卻具有可靠、非超自然的且人性的特質，而且他們從不覺得周遭的親朋鄰人有什麼問題。換句話說，只有處於任一個極端的人才會經歷到自己的本質與內在或外在世界的雙義性。實際上，施皮特勒這位瑞士詩人的直覺所領會的靈魂意象，並不是和善的，而是危險的，所以，我們會在他這部長篇詩作裡讀到這麼一段文字：

當他的舉動陷入奮發的狂熱時，它（靈魂）的嘴邊和臉龐卻奇怪地抽搐著，還不停地眨眼，眼瞼急促地閉合。它那雙潛伏在柔軟纖細的眼睫毛後面的眼眸帶有某種威脅性，還來回不斷地轉動，忙著向四處窺探。那雙眼眸既**像火焰一般**，狡猾地在屋宅裡暗自蔓延，**又像一隻蜷縮在灌木叢下的老虎**，被一束從暗色的樹葉裡射出的探照光，照在它那一身條紋鮮明的黃色毛皮上。[6]

普羅米修斯顯然選擇了一條內傾的生命路線。為了能夠先知先覺地創造

6　l. c., p.25.

遙遠的未來，他不惜犧牲當下的時光以及自己與當下的連結。但他的弟弟埃庇米修斯卻恰恰與他相反：埃庇米修斯知道，自己追求的目標是這個世界以及跟這個世界有關的東西。所以，他對天使說：

　　我現在渴望真理，看哪！我的靈魂已在你的手中，如果你喜歡，就請你賜給我良知，讓它教導我認識「實質存在的東西」，還有這些東西合理的本質。[7]

　　埃庇米修斯無法抗拒內心希望完成自身宿命的渴望，於是便臣服於一種「無靈魂的」（seelenlos）觀點。他後來與世界的連繫也讓他很快地獲得回報：

　　事情就這麼發生了：埃庇米修斯起身站立後，便發覺自己的身體在變高變大，勇氣在增加，他所有的本質已達到和諧和統一，他所有的情感充斥著強烈的愉悅，而且處於健全的狀態。他以穩健的步伐穿越山谷，走上筆直的道路，在在都顯得無所畏懼。他的目光坦率，由於行事端正而顯得正義凜然。[8]

　　就如普羅米修斯所言，埃庇米修斯以他自由的靈魂和天使換取實質存在的東西。所以，他失去了靈魂，而他的哥哥普羅米修斯則仍保有靈魂。他順從本身的外傾，也就是定向於外在客體的心理機制，並致力於符合這個世界的要求和期待。從表面上看來，他似乎一開始便處於最有利的狀態。實際上，向來以哥哥普羅米修斯（內傾型）為榜樣而長年過著孤寂生活的他，只不過是個模仿內傾者的「偽外傾者」，現在失去靈魂的他終於成為**真正的外傾者**。他從前的那種不自主的「性格的模仿」[9]其實是一般常見的現象。後

7　l. c., p.10f.

8　{l. c.}

9　譯註：這個術語出自法國當代心理學家弗雷德里克‧波朗（Frédéric Paulhan, 1856-1931）的著作

來，他發展為真正的外傾者就是往「真理」邁出一大步，這也讓他得到了應有的獎賞。

當普羅米修斯由於靈魂專橫的要求而使得自己與外在客體的聯繫受到阻礙，而且還必須為了效勞於靈魂而讓自己做出殘酷的犧牲時，埃庇米修斯卻能暫時獲得有效的保護，因為，身為外傾者的他可以避開全然迷失於外在客體所造成的危險。這種保護就來自於他所獲得的、且受到傳統的「正確觀念」所支持的良知。這些「正確觀念」就是不宜輕看的、代代相傳的生活智慧，社會大眾使用這些精神寶藏就像判案的法官援引刑事法典一樣。它們可以約束埃庇米修斯，使他不至於毫無節制地順從外在客體，正如普羅米修斯毫無節制地順從自己的靈魂一般。總之，他受制於已取代靈魂的良知，至於他的哥哥普羅米修斯則因為背棄人類世界及其已轉為成文規定的良知，而落入自己的靈魂——這個殘忍而專制的主人——的掌控中，而且還因為漠視這個世界而承受著永無止境的痛苦。

不過，埃庇米修斯用無可指謫的良知而對自己形成有益的約束，卻也等於搗住了他的雙眼，讓他只能盲目地活出自己的神話：他始終處於行事正確的感覺裡，因為，他總是可以符合普遍的期望，總是可以獲得成功而實現所有的願望。所以，人們如果希望有一位國王，埃庇米修斯就會扮演這個角色，雖然後來的結局並不光彩，但在他倒臺之前，他始終都受到人民普遍的稱頌和擁護。他的自信、自以為是、對於自身能力堅定不移的信任、在行事方面毋庸置疑的「正確性」，以及健全的良知在在都已清楚地告訴我們，他的性格屬於喬丹類型學的哪一種類型。下面這段引文還讓我們看到，已貴為國王的埃庇米修斯為了治癒生病的哥哥普羅米修斯，而到病榻前拜訪他的情景：

當一切已準備就緒時，國王埃庇米修斯便在左右兩位侍從的攙扶下，往前邁開步伐。他先問候躺在病床上的哥哥，並對他說了一些**善意的**話：「我由衷地為你感到悲傷，普羅米修斯，我親愛的兄長！現在你應該振作起來，

《性格的模仿》（*La simulation dans le caractère*）。

你看，我這裡有一塊能治百病的膏藥，不論人們受到暑熱或風寒的侵襲，都有療效。它相當神奇，同時還具有撫慰和處罰的用途。」

說著他便拿起拐杖，把那塊膏藥繫在上面，然後以**莊重的舉止**小心謹慎地把它遞給躺在床上的普羅米修斯。普羅米修斯一聞到那塊藥膏的氣味，看到它的樣子，便厭惡地把頭轉了過去。國王埃庇米修斯見此情景，便改變聲調地吼叫起來，而且還激動不已地預言道：「你確實會遭到更大的懲罰，因為，你到現在都還無法從命運的苦難中學到教訓。」

說著他便從長袍裡拿出一面鏡子，讓普羅米修斯知道一切事情的來龍去脈。此時，他已變得能說善道，而且還知道普羅米修斯所有的過錯。[10]

以上這些摘錄的段落所呈現的場景可以確切地說明喬丹的這句話：「如果可能的話，一定要讓社會感到歡喜；如果無法讓它感到歡喜，就一定要讓它感到驚訝；如果它無法感到歡喜也無法感到驚訝，就一定要讓它受到困擾和震驚。」[11]上文的場景裡也同樣反映出這種漸進式的發展。在東方，富人若要展現自己的尊貴，就會在兩位奴僕的攙扶下出現在公開的場合。埃庇米修斯為了讓別人留下這樣的印象，所以，也會擺出這種陣仗。愉悅舒適必須同時伴隨告誡和道德勸導。如果這樣的勸說起不了作用，至少必須讓對方受到自身惡劣形象的驚嚇。畢竟一切的努力都是為了製造印象。美國有一句俗話說，「在美國，有兩種人可以獲得成功：確實有能力的人和巧妙行騙的人。」這句話無異於表示，製造表面的印象和具有真正的能力都可以讓人們取得成功。外傾型的成功人士喜歡藉由表象的營造來達到目的，而內傾型的成功人士則逼迫自己透過工作的付出來達到成功。

如果我們把普羅米修斯和埃庇米修斯的特質融合成一種人格，就會出現一個表面像埃庇米修斯，而內在像普羅米修斯的人。此時，他的內傾和外傾這兩種心理機制會不斷地相互干擾，它們為了得到個體自我的最終支持，都會試著把它拉向自己這一邊。

10　l. c., p. 102f.

11　JORDAN, l. c., p. 31.

第二節　施皮特勒的普羅米修斯與歌德的普羅米修斯的比較

　　如果我們把施皮特勒對普羅米修斯的觀點，和歌德對普羅米修斯的觀點做比較，其實還蠻有意思的。我相信，我有足夠的理由可以這麼推測：歌德比較屬於外傾型而不是內傾型，至於施皮特勒應該算是內傾型。如果我要充分證明歌德屬於外傾型，就只有廣泛而仔細地研究歌德的傳記資料。我的推論是依據我對於歌德的各種印象，但因為我無法在這裡充分說明這些印象，因此，我決定略過不談。

　　實際上，內傾的態度不一定符合普羅米修斯的形象，因為，我認為，古希臘流傳下來的普羅米修斯的形象還有另一種解釋。例如，在柏拉圖《對話錄》的〈普羅塔哥拉斯篇〉（Protagoras）裡，把生命力賦予眾神用泥土和火所燒製出的萬物的神祇並不是普羅米修斯，而是埃庇米修斯。在這裡，一如在希臘神話裡，普羅米修斯（符合古希臘文化的品味）主要的形象其實是詭計多端，而且富有創造力。至於歌德的著作則呈現出兩個不同版本的普羅米修斯。歌德曾於一七七三年撰寫《普羅米修斯》（*Prometheus: Dramatisches Fragment*）這部劇作，在這個未完成的作品裡，普羅米修斯是一位固執自負、具有類神性卻又鄙視諸神的創造者和塑造者。他的靈魂是智慧女神，即宙斯的女兒密涅瓦（Minerva）[12]。歌德的普羅米修斯與密涅瓦的關係非常類似施皮特勒的普羅米修斯與自己的靈魂的關係：

　　從一開始，你的話語之於我就是天國的亮光！
　　每當我的靈魂對自己說：
　　她表明心迹，傾訴衷腸，
　　一陣和諧的樂音，
　　便從她裡面傳出。

12　譯註：古羅馬神話的密涅瓦就相當於古希臘神話的雅典娜，她們在這些神話裡都具有相同的能力和特徵。l. c., p. 26ff.

當我認為是自己在說話時，
卻是一位神祇在講話，
當我認為是一位神祇在說話時，
卻是我自己在開口做聲。
那是我的聲音，也是你的聲音，
我們如此親密，如此情真意切，
我對你的愛永恆不渝！
……
就像那美好的夕陽，
那即將消失的日頭，
仍然浮在陰暗的高加索山的上方。
我的靈魂被幸福的平靜所圍繞，
但我也時時感到靈魂的不存在。
所以我的力量已增強，
每一次的呼吸都吸入你天國的氣息。[13]

以上這段文字可以讓我們看到，歌德的普羅米修斯也很依賴自己的靈魂，這種依賴相當類似施皮特勒的普羅米修斯對自己的靈魂的依賴。舉例來說，施皮特勒的普羅米修斯便曾這麼告訴自己的靈魂：

不論我是否被剝奪了一切，只要你能與我同在，用你甜美的嘴稱我為「摯友」，並用你那自豪而慈愛的臉龐俯視著我，我就是非常富有的人。[14]

儘管這兩種普羅米修斯以及他們和自己的靈魂的關係具有相似之處，但彼此之間仍存在根本的差別：歌德的普羅米修斯是創造者和塑造者，他的靈魂密涅瓦會為他所捏塑的陶偶注入生命。但是，施皮特勒的普羅米修斯並不

---

13 GOETHE, Prometheus: Dramatisches Fragment, p. 201.
14 SPITTELER, l. c., p. 25.

具備創造力，而是承受著痛苦，只有他的靈魂才能有所創造，不過，這樣的
創造活動卻是隱密的，而且深奧莫測。當他的靈魂與他告別時，曾對他說：

現在我將與你分離。你看，一件偉大的作品在等待我完成，那是一件必
須付出許多辛勞，必須儘快趕工才能完成的作品。[15]

施皮特勒似乎認為，普羅米修斯的創造是由其靈魂所完成的，而普羅米
修斯自己只是承受著內在的創造性靈魂的折磨。然而，歌德的普羅米修斯卻
是主動的行動者，他以創造為優先，而且還依恃本身的創造力而敢於和諸神
公然對抗。

誰要幫助我
對抗泰坦神族的傲慢？
誰要把我從死亡中拯救出來，
從奴役中拯救出來？
神聖熾熱的心，
你難道沒有親自完成這一切？[16]

歌德在這部劇作裡，對於埃庇米修斯著墨不多。總的來說，這個希臘神
祇在歌德筆下所呈現的形象比哥哥普羅米修斯還低卑，是一位集體情感的維
護者，只會把普羅米修斯為靈魂效命當作是「頑冥不化」，因此，他會對普
羅米修斯說：

你總是形單影隻！
當諸神、你、你所擁有的一切、
還有世間和天國

---

[15] l. c., p. 28.
[16] GOETHE, l. c., p. 213.

全都感到彼此已融合成一個緊密的整體時，

你的固執卻讓自己錯失了如此無上的喜悅。[17]

　　由於歌德的《普羅米修斯》對於埃庇米修斯的描寫過少，使得我們無法掌握他的本質，不過，我們卻可以在這部劇作裡，清楚地看到歌德的普羅米修斯和施皮特勒的普羅米修斯之間的類型差異：歌德的普羅米修斯所進行的創造以及所發揮的影響都是針對外在的世界，他把由他塑造的、由他的靈魂賦予生命氣息的人物置於世間，他讓他的創造物遍及大地，同時他還是人類的教導者以及知識的傳遞者。施皮特勒的普羅米修斯則讓一切定向於內在，從而消失在靈魂深處的黑暗裡，就像他自己從人類的世界消失一樣。為了讓自己更不容易被看見，他甚至離開了自己那個封閉的家鄉。根據我們的分析心理學所主張的補償原則，靈魂作為無意識的化身必定會在這種情況下變得特別活躍，並已準備創造出某個尚未成形的作品。除了前面的引文之外，施皮特勒還在《普羅米修斯和埃庇米修斯》這部史詩的〈潘朵拉插曲〉（Pandorazwischenspiel）裡，完整地描述這種補償作用的過程。

　　施皮特勒史詩裡的潘朵拉是一位謎樣般的女性，也是上帝的女兒。她和普羅米修斯除了那種最深刻的關係之外，便沒有其他的關聯性。施皮特勒版的普羅米修斯是根據古希臘神話撰寫而成的，在這些流傳下來的故事裡，與普羅米修斯有關的女人不是潘朵拉，就是雅典娜（相當於古羅馬神話的密涅瓦）。古希臘神話裡的普羅米修斯也跟歌德的普羅米修斯一樣，不是與潘朵拉，就是與雅典娜維持著靈魂關係（Seelenbeziehung）。不過，在施皮特勒的史詩裡，卻出現了一個值得注意的差異，雖然這個差異也曾出現在史上所流傳的希臘神話中：普羅米修斯—潘朵拉的關係因為類似於赫菲斯托斯[18]—雅典娜（密涅瓦）的關係，因此，內容會出現相互混雜的現象。歌德則採用了普羅米修斯—雅典娜（密涅瓦）這個版本來撰寫他的戲劇《普羅米修

17　l. c., p. 200.

18　譯註：赫菲斯托斯（Hephaestus）是古希臘神話裡的火神，也是宙斯的兒子。他用斧頭劈開父親宙斯的頭，讓同父異母的妹妹雅典娜從宙斯的頭部誕生，後來還追求雅典娜。

斯》，而施皮特勒的《普羅米修斯和埃庇米修斯》則讓普羅米修斯脫離了神
性層面，並讓他擁有自己的靈魂。至於他的神性以及他與潘朵拉最初始的關
係──即宇宙的對立性──仍然保留在彼岸的天國裡。在現世的彼岸所發生
的事情，就等同於在我們的意識的彼岸──即無意識──所發生的事情。

　　施皮特勒詩作裡的〈潘朵拉插曲〉就是在表現普羅米修斯承受痛苦時，
他的無意識裡所發生的種種。當普羅米修斯從這個世界消失，並斷絕與人們
所有的聯繫時，他便沉入了本質我的深處，此時，他所面對的唯一的環境和
唯一的客體就是他自己。如此一來，普羅米修斯便獲得了「類神性」，因
為，根據普羅米修斯的定義，無時不在、無處不在的上帝就停留在祂自己裡
面，無限的臨在已讓祂自己成為自己的對象。不過，普羅米修斯不僅毫不覺
得自己擁有類神性，甚至還覺得自己已悲慘到無以復加的地步。當埃庇米修
斯為了唾棄普羅米修斯的痛苦而來到這位兄長的身邊時，一首插曲便開始在
彼岸的天國裡響起，當然，此時的普羅米修斯與外在世界的一切關係已斷得
一乾二淨。一些心理臨床經驗告訴我們，無意識內容在這個時刻最有機會取
得自主性和生命力，甚至還有可能進一步壓制意識。[19] 以下這段引文便可以
反映處於無意識狀態裡的普羅米修斯：

　　　　就在當天那個雲層厚重、天光晦暗的早晨，創造一切生命的上帝由於先
前染上了一種既特殊又神祕的惡疾而讓祂至今彷彿受詛咒似地，在一片荒僻
悄靜的草原上不停地兜著圈子行走。他因為患有這種疾病而無法停止這種周
而復始的繞行，也無法在步行途中駐足休息，只能以相同的步伐日復一日、
年復一年地在那片荒寂的草原上不斷地轉圈。祂垂頭喪氣地拖著沉重的步履
前進，臉面盡是皺紋和扭曲的表情，陰沉的目光一直注視著自己所繞行的圓
圈的中心點。

　　　　當祂今天仍重覆著每天無可避免的繞行時，祂的頭由於悲傷而垂得更

19　Vgl. Dazu JUNG, *Der Inhalt der Psychose*｛GWIII｝；*Wandlungen und Symbole der Libido* (Neuausgabe:
　　Symbole der Wandlung｛GWV｝)；*Die Beziehungen zwischen dem Ich und dem Unbewußten*｛GW
　　VII｝．

低，腳步因為疲勞而變得更遲滯。由於夜間不得休息，沒有睡眠的痛苦已讓
祂耗盡了生命的泉源。在歷盡黑夜和黎明之後，祂最小的女兒潘朵拉便在晨
光初露的時刻，以猶疑的步伐莊重地走向這個聖地。她恭順地走到祂的身
旁，以謙卑的眼神問候祂，並張開自己那張充滿敬畏的嘴來問祂。[20]

顯然地，上帝也染患了普羅米修斯的惡疾。正如普羅米修斯讓他所有的
熱情和靈魂所有的力比多全部流入內在的最深處，並單單效命於靈魂一般，
他的上帝也繞著世界的中心「不停地轉圈」，而像普羅米修斯那樣地耗盡自
己，而且幾乎是在滅絕自己。這種情況也意味著，祂的力比多已完全進入無
意識裡，而且無意識已開始醞釀補償作用。畢竟力比多是一種能量，即使流
入無意識裡，也不會無緣無故地消失，所以，必定會產生能量等值的相應
物，即潘朵拉以及她獻給父神的東西：一顆可以讓人類用來減輕痛苦的、珍
貴的寶石。

如果我們讓這個過程發生在普羅米修斯的人性層面，就會出現這種情
況：當普羅米修斯在「類神性」的狀態下受苦時，他的靈魂必定會準備展開
一種可以減輕人類痛苦的行動，以藉此接近人類。但是，他的靈魂實際上所
計畫和進行的工作卻不同於潘朵拉的工作。潘朵拉所帶來的寶石是無意識的
鏡像，這種鏡像以象徵的方式呈現了普羅米修斯靈魂的實際工作。施皮特勒
的這段文字已確切地指出，潘朵拉的寶石代表什麼：它就是拯救者上帝，就
是太陽的再生。[21] 上帝對於重生的渴望已顯露在祂的疾病上。祂渴求重生，
於是便讓全部的生命力往內回流到本質我的中心，即無意識的深處。就在那
裡，祂的生命得以重獲新生。這也是為什麼施皮特勒筆下的這個潘朵拉寶石
的故事會讓讀者覺得，他似乎採借了《方廣大莊嚴經》（*Lalita-Vistara*）所
描繪的佛祖誕生的情景：摩耶夫人在無花果樹下生下了釋迦牟尼，而潘朵拉
則是把她的寶石放在核桃樹下。施皮特勒詩作裡的〈潘朵拉插曲〉有一段這

---

20 SPITTELER, l. c., p. 107.
21 關於潘朵拉寶石與重生的主題，請參照：*Wandlungen und Symbole der Libido*（Neuausgabe:
Symbole der Wandlung〔GW V〕）und *Psychologie und Alchemie*〔GW XII〕.

樣的描述：

　　夜半深宵，寶石一直在核桃樹下的暗影裡閃閃發光，宛如夜空裡的一顆晨星，不斷向遠方發出如鑽石般耀眼的光芒。

　　在花園裡飛舞的蝴蝶和蜜蜂也朝那個**神奇的孩子**振翅疾飛，並圍繞著他玩耍、嬉戲。……雲雀從天空俯衝直下，渴望向這張**俊俏的、散發著榮光的稚嫩面容**獻上牠們的敬意。當牠們從近處注視這張發亮的臉龐時，早已心醉神迷。……這棵被挑中的樹木頂著碩大的樹冠，披著一件沉重的綠葉斗篷，像慈愛的父親一般，莊嚴地端坐著，而且還以那雙國王般的手保護這個孩子的臉孔。所有的枝枒都以可愛的姿態往下彎垂，宛若一道可以為這個孩子阻擋陌生的外來目光的樹籬，而且令人嫉妒的是，只有它們可以與他同在，並享有這種過度的恩寵；數千片鮮嫩的綠葉都因為這個無上的喜悅而顫慄抖動，一陣柔軟而清新的合唱由於陶然欣喜而輕輕地發出和諧的歌聲：「誰知道，在這個不起眼的樹葉叢下隱藏著什麼東西！誰知道，在我們的裡面隱藏著什麼寶石！」[22]

　　當生產的時刻來臨，旅途中的摩耶夫人便在一棵無花果樹下生下了釋迦牟尼，上方繁茂的大樹冠已垂到地面，剛誕生的佛陀便因此而獲得保護。此時已成為肉身的佛陀[23] 便向全世界散發出無與倫比的光輝，眾神和自然萬物也欣喜萬分地見證了釋迦牟尼佛的降世。剛誕生的祂在無人攙扶下已能行走，而且步步生蓮，踩踏之處皆長出一朵大蓮花。他在蓮花裡駐足時，還舉目觀望這個世界，因此，西藏人在祈禱時會念誦六字真言「唵嘛呢叭咪吽」，其字面意思就是「在蓮花裡的寶石」。當釋迦牟尼在菩提樹下悟道成佛時，便是祂再次獲得新生的時刻，而且跟初次誕生時一樣，有眾神的到來，也有萬丈的光芒和一些自然的奇觀。

22　SPITTELER, l. c., p. 126ff.

23　譯註：榮格在這裡的原文是「菩薩」（Bodhisattva）。有鑑於榮格在觀念上混淆了佛陀和菩薩，
　　譯者基於內容的正確性與上下文的連貫性而在此將「菩薩」改譯為「佛陀」。

在埃庇米修斯的王國裡，良知已取代靈魂而握有統治權，無價的寶石則已丟失，不知流落何方。天使對於埃庇米修斯的冷漠感到憤怒，便出言訓斥他：「沒有靈魂的你就跟禽獸沒啥兩樣，既粗野又不理性，哪比得上**奇妙的神祇**？」[24]

我們看到，潘朵拉的寶石就是已重生的上帝，即新的上帝。不過，這種情況只會發生在神性層面，也就是在無意識裡。個體對於這種過程的認知雖然會轉入意識裡，但是，以聯繫外在世界為主的埃庇米修斯式要素卻無法理解這種過程。在這部希臘史詩接下來的章節裡，[25] 施皮特勒還詳細地描述這個世界——即人類的意識及其理性，還有定向於外在客體的態度——為何無法評斷潘朵拉寶石所具有的價值和意義。這顆珍貴的寶石後來也從世界上消失無蹤，無法再被尋回。

已更生的上帝就意味著已更新的態度，即一種強烈的生命再生的可能性，一種生命的恢復，因為，從心理學的角度來看，上帝往往具有最大的力比多總量、最高的生命強度，以及最理想的心理活動。所以，施皮特勒已在他的詩作裡證明，普羅米修斯式的內傾和埃庇米修斯式的外傾都是不完備的心理機制。這兩種傾向彼此悖離，埃庇米修斯式的外傾可以和外在世界既有的狀態相互協調，但普羅米修斯式的內傾卻沒有這種能力，所以只能反轉向內，為生命的更新而努力。生命的更新（那顆送給世界的寶石）雖可以對外在世界形成新的態度，但埃庇米修斯式的外傾卻無法贊同這種轉變。儘管存在著這種矛盾，我們在施皮特勒對於潘朵拉的禮物的描述裡，仍不難發現解決這個問題的象徵性嘗試，而且我們在前面討論席勒的《審美教育書簡》時，也已經指出了這個問題，也就是如何統合已分化功能和未分化功能的問題。

在繼續討論這個問題之前，我們必須再次聚焦於歌德筆下的普羅米修斯。一如我們在前面所看到的，歌德創造性的普羅米修斯和施皮特勒受苦的普羅米修斯之間存在著明顯的差異，而他們與潘朵拉的關係又顯示出另一個

---

24 l. c., p. 160. 施皮特勒把埃庇米修斯強勢的良知描寫成一頭小獸，因為牠符合動物的投機本能（Opportunitätsinstinkt）。

25 l. c., p. 132ff.

重要的差異：在施皮特勒的敘事史詩裡，潘朵拉是普羅米修斯的靈魂在天國彼岸的、屬於神性層面的替身；而在歌德的劇作裡，潘朵拉完全是被普羅米修斯所創造出來的人，由於她是普羅米修斯這位泰坦巨神的女兒，所以，和普羅米修斯處於一種絕對的依賴關係。歌德的普羅米修斯已取代傳統希臘神話中火神赫菲斯托斯的角色，而與宙斯的女兒密涅瓦發展出靈魂關係。由於潘朵拉並非受造於諸神，而是普羅米修斯，這個事實便使普羅米修斯得以晉升為創造性神祇而脫離了人性的層面。所以，歌德的普羅米修斯會說道：

> 當我認為是自己在說話時，
> 卻是一位神祇在言語，
> 當我認為是一位神祇在說話時，
> 卻是我自己在開口做聲。

與此相反的是，施皮特勒去除了普羅米修斯所有的神性，連他的靈魂也說不上是個真正的魔鬼；在這裡神性是另一回事，與人性毫無瓜葛。至於歌德的版本則強調這位泰坦巨神的神性——就這點來說，它完全忠於古希臘神話——至於弟弟埃庇米修斯的表現當然遜色許多，儘管施皮特勒所塑造的埃庇米修斯具有比較積極的形象。值得慶幸的是，歌德在後來創作的戲劇《潘朵拉》（Pandora）裡所刻劃的埃庇米修斯，比我們剛才討論過的《普羅米修斯》這部早期未完成的劇作更完整地呈現了這個人物形象的性格特徵。以下是埃庇米修斯在《潘朵拉》裡的自我告白：

> 對我來說，白天和黑夜並沒有明顯的區別，
> 我承擔那些一直存在我名字裡的災厄：
> 父母把我命名為埃庇米修斯，[26]
> 於是我便沉思過往，追溯那些稍縱即逝的事物，

26　譯註：Epimetheus（埃庇米修斯）這個希臘字的涵義就是『後見之明』。

還費心地聯想，有哪些形形色色的人物可能屬於那個憂鬱的王國。

我這個小伙子承受了如此艱苦的勞累，

便焦躁地面對生活，

欠缺考慮地抓住現在，

但得到的卻是新的擔憂所帶來的折磨。[27]

　　歌德用以上這些詩句勾勒出埃庇米修斯的本質：他反覆地思索過去，無法忘記他的妻子潘朵拉（依據古希臘的神話傳說），換句話說，他無法擺脫與過去有關的記憶影像。此時潘朵拉早已帶著女兒艾波樂（Elpore；希臘文的字義是「希望」）離開了他，而把另一個女兒埃庇梅萊雅（Epimeleia；希臘文的字義是「憂慮」）留給他。在《潘朵拉》這部劇作裡，歌德對於埃庇米修斯的敘述比較清晰，所以，我們可以明白這個角色表現出哪一種心理功能。至於《潘朵拉》裡的普羅米修斯依然是個創造者和塑造者，他仍基於本身無窮盡的渴望而進行創造並影響這個世界，每天在營地裡都早早起床，而弟弟埃庇米修斯則沉湎於幻想、夢境和回憶裡，內心總是充滿著不安的驚恐和憂愁的思慮。女主角潘朵拉則是被火神創造出來的美女，曾遭到普羅米修斯的拒絕，但埃庇米修斯卻決定與她結為連理。關於這位美艷嫵媚的妻子，他曾表示，「雖然**這樣一塊寶石**帶給我痛苦，我卻覺得這是一種享受。」對他來說，潘朵拉不僅是一塊珍貴的寶石，甚至還是至高的善（das höchste Gut）：

她永遠屬於我，這位絕色佳人！

我已經感受到豐沛的、極致的幸福！

我擁有了美人，而且還深深地為她著迷；

當春天來臨時，她便絢麗地出場。

我認出她，抓住她，而後得到了她！

---

[27]　GOETHE, *Pandora*, p. 210.

憂鬱的思緒已如消散的霧靄般無影無蹤；

她帶我降落世間，也引我升上天國。

你斟酌詞彙，好讓她獲得應有的讚美。

你想追捧她，其實她早已不同凡響。

即使拿最美好的東西和她比較，你也會覺得這個東西不好。

她說話本來就很有道理，而你卻還在思考她的話語。

你若與她對抗，她會在戰鬥中獲勝。

你早已是她的奴隸，但你卻還在猶豫是否為她效勞。

善與愛都是她可能的回報。

高度的聲望有何用處？她會讓它失色。

她若設定目標，就能迅速達成；

她若擋住你的去路，你將無從脫逃。

你若想出價，她會讓你不斷抬高價格，

直到你為了成交而付出自己的財富、智慧及一切。

她以上千種形象降臨世間，

她飄在水面上，她邁步於原野間。

她閃耀神聖的光輝，發出響亮的聲音，

只有外表的模樣能使她的內涵臻於完美，

能授予她的內涵至高無上的權柄，

她以年輕女子的形貌出現在我面前。[28]

　　這段節錄的內容已清楚地指出，潘朵拉對於埃庇米修斯而言，就相當於靈魂的意象，她在他面前就是一個靈魂，因此，她具有神性的威力以及無可撼搖的優勢。如果某些人物擁有這些屬性，人們肯定會得出這樣的結論：這些人物對於被投射出的無意識內容而言，都是**象徵載體**或想像。這是因為，無意識內容就是借助前面提過的那種超強的威力來產生作用，特別是透過歌

28　l. c., p. 233f.

德在這句精采無比的文字裡所描述的方式：

> 你若想出價，她會讓你不斷抬高價格。

　　這句話尤其顯示出，某些意識內容是透過與類似的無意識內容的連結而獲得特有的、情緒性的強化。這種強化本身還帶有些許超自然的強迫性，即「神性」或「魔性」效應。

　　我們在前面討論歌德的劇作《普羅米修斯》時，曾把這位主人翁稱為外傾型。在後來的《潘朵拉》裡，普羅米修斯的形象雖未改變，卻缺乏與靈魂（即無意識的女性）的聯繫。埃庇米修斯在歌德戲劇裡的表現是以內在世界為導向，由於他經常苦思冥想，召喚過往的記憶，而且處於「思索」狀態，故屬於內傾型，因此，完全不同於施皮特勒所塑造的外傾型的埃庇米修斯。我們可以這麼說，《潘朵拉》的人物角色的類型對反，實際上已出現在前面討論過的施皮特勒的史詩中，只不過《潘朵拉》的普羅米修斯是具有行動力的外傾者，而埃庇米修斯則是喜歡搔首苦思的內傾者：普羅米修斯純粹為了集體的目的而進行創造，他在自己的山裡設立一座有模有樣的工廠，忙著為全世界生產生活必需品，並因此而脫離了自己的內在世界。在這裡，建立與內在世界的聯繫便落在內傾者埃庇米修斯的身上，也就是藉由這位內傾者的思考和情感，而這兩種功能對外傾者而言卻是次要的。這些思考和情感的功能具有純粹的反應性質，而且還包含了劣勢功能的一切特徵。所以，內傾型的埃庇米修斯會無條件地順服潘朵拉，因為這位妻子在各方面都比他更優越。從心理學的角度來看，外傾型身上的埃庇米修斯式的無意識功能——即幻想性的、冥想的、不斷回顧過去的思量——可以藉由親近靈魂的方式而獲得強化。當靈魂和劣勢功能聯繫在一起時，我們必定可以這麼推論：優勢功能會因為本身的集體性過高，而僅僅效勞於集體良知（Kollektivgewissen），[29]卻不效勞於個體的自由。每當這種情況出現時——實際上，相當頻繁地發生——已處於病態的自我中心便會強

29　依照施皮特勒的看法，這種集體的良知有助於人們認識實質存在的東西。

化劣勢功能，即優勢功能的對立面。此時，外傾者的空閑時光不是被歇斯底里的幻想和其他的症狀所占滿，[30] 就是充斥著憂鬱和過慮的苦思冥想；至於內傾者則受困於本身的自卑感，而落入沮喪抑鬱的心情中，所以，根本無從擺脫這樣的困境。[31]

歌德在《潘朵拉》裡所刻劃的普羅米修斯，和施皮特勒筆下的普羅米修斯全然不同，歌德的普羅米修斯只追求集體性質的活動，同時這種片面的追求也意味著肉欲的潛抑。他的兒子菲勒洛斯（Phileros；其希臘文的字面意義就是「喜愛肉欲」）就是肉欲激情的化身；身為一位如此抑制情色欲念的父親的兒子，菲勒洛斯就跟其他的孩子一樣，往往會在本身無意識的強迫下，補足自己的父母在生活中過度欠缺的東西。

埃庇米修斯行事毫無顧慮，總是在事後才追想過去的種種不當，所以，潘朵拉為他生下且留在他身邊的女兒就叫做埃庇梅萊雅，即「憂慮」的意思。普羅米修斯的兒子菲勒洛斯後來愛上了埃庇梅萊雅，普羅米修斯便因此而得以彌補從前拒絕潘朵拉的虧欠，而且普羅米修斯和埃庇米修斯也能相互協調一致：普羅米修斯的奔忙反映出一種未獲贊同的肉欲，而不斷回顧過去的埃庇米修斯則代表理性的擔憂。憂心忡忡的他希望阻攔普羅米修斯那種持續地生產製造，並透過一些限制讓他能合理地自我節制。

在《潘朵拉》裡，歌德對於解決問題的嘗試似乎來自於他本身外傾的心理。這樣的嘗試讓我們回想起施皮特勒也曾試圖解決問題，只不過我們在前面為了討論歌德筆下的普羅米修斯的人物形象，而沒有繼續探究施皮特勒如何解決問題。

在施皮特勒的《普羅米修斯和埃庇米修斯》這部希臘史詩裡，普羅米修斯就跟那位承受痛苦的上帝一樣，背離了世界，背離了外在環境，而把目光朝內，聚焦於內在的中心點，也就是那條通往重生的「狹窄過道」。這種向

30　在這裡，更強的合群性以及密集的社交活動也會以補償方式出現，而且在與人交際的快速轉變中，人們會尋求遺忘。

31　為此，一種病態的、工作量增加的勞動會以補償方式出現，而這種勞動也同樣會助長個體的壓抑。

內集中或內傾會逐漸把力比多導入無意識裡，無意識內容的活動會因此而增強，個體心理便展開「運作」而衍生出某種企盼脫離無意識而浮現於意識表層的產物。不過，意識此時卻持有兩種態度：把力比多從外在世界撤回，並傾注於內部的、普羅米修斯式的內傾態度，以及沒有靈魂、持續把力比多到導向外部，並順從外在事物所要求的、埃庇米修斯式的外傾態度。潘朵拉把禮物送給世間，從心理學來說，就是表示珍貴的無意識產物正要進入外傾的意識裡，也就是準備和外在的現實世界建立聯繫。

由於內傾的普羅米修斯類型 —— 以直覺掌握作品的高度價值的藝術家 —— 的個人與世界的關係處處受制於傳統，所以，他的作品頂多只被當作藝術品來賞玩，而作品真正的意義 —— 一種代表生命更新的象徵 —— 卻遭到漠視。如果這類作品可以擺脫純粹審美的意義而趨近於真實性，就可以進入生活當中而被人們接受，人們也可以因此而活出這些作品的精神。個體的態度倘若以內傾為主，只關注於抽象化，那麼，他的外傾功能就會成為劣勢功能，從而落入集體的限制裡。這種限制會阻礙靈魂所創造的象徵的生動性，潘朵拉的寶石也會就此遺失。其實，「上帝」 —— 表現於象徵裡的最高價值 —— 如果無法生動起來，人們就無法真正地過生活。所以，失去寶石同時也意味著外傾的埃庇米修斯已開始走向毀滅。

這裡便出現了反向轉化：理性主義者和樂觀主義者都傾向於認為，情況會愈來愈好，因為，一切都在「往更好的方向發展」。不過，擁有最佳良知和遵守普遍道德規範的埃庇米修斯卻反其道而行，竟與《舊約聖經》的那隻強大到足以與撒旦相提並論的河馬巨獸（Behemoth）及其邪惡的黨羽訂下了契約，甚至還出賣了那些托庇於他的上帝的兒女。在心理學上，這種對於世界未分化的集體態度會扼殺人類最重要的價值，從而發展成一股具有破壞性的勢力，而且它的影響力還會持續增加，直到內傾的普羅米修斯類型 —— 即思維的、抽象的態度 —— 開始效命於靈魂的寶石，並作為這個世界真正的火神普羅米修斯而點燃新的火焰為止。施皮特勒的普羅米修斯必須脫離自身的孤獨，並冒著生命的危險來告知人們，他們已犯下錯誤，而且犯下了哪些錯誤。施皮特勒的普羅米修斯必須認識到真理的不容挑戰性，就像歌德的普羅

米修斯必須體會他的兒子的愛情堅不可摧一樣。

在施皮特勒的這部長篇詩作裡，埃庇米修斯對於那些「代罪羔羊」（一幅顯然是在諷刺傳統基督教信仰的圖畫）的暴怒已經證明，存在於埃庇米修斯式的外傾態度裡的破壞性要素正是傳統與集體的限制。施皮特勒在描繪埃庇米修斯的情緒時所表露出來的東西，也出現在尼采大約於同一時期所撰寫的《查拉圖斯特拉如是說》的〈驢子節〉（Eselsfest）裡。這些內容我們都很熟悉，它們也都反映了當時的時代思潮。

人們總會忘記，曾經行得通的東西，不一定以後總是行得通，因此，人們還是會依循著過去行得通的方式。如果這類方式已不合時宜，他們就必須為此而忍受最大的犧牲以及前所未有的勞苦，畢竟過去的優點如今可能不再是優點，而且不論事情的大小，都是如此。人們幾乎無法擺脫童年時期的正面的經歷與順利的方式，即使本身已因此而長期受到危害。同樣地，如果我們把這種個人的情況大幅地擴大，就可以理解歷史上人類集體態度的一些轉變。每個宗教都有與本身相應的某種普遍的態度，所以，某個地區或某個時代的宗教信仰的集體轉換往往是世界歷史上最尷尬的時刻。我們這個時代當然也曾因為盲目順從過往的宗教經驗而承受了某些災禍，因此，曾有人主張，只要否定教條的正確性和有效性，就可以在心理上從傳統信仰——不論是基督教或猶太教——的一切箝制人心的影響中獲得解放。

我們現代人相信十八世紀啟蒙運動所揭櫫的理性主義。其實連這種智識的轉向對於人們心性的演變（Gemütsvorgänge），或甚至對於無意識都可能造成不容小覷的影響。人們（處於基督教文化圈的西方人）已經完全忘記，擁有兩千年歷史的基督教本身就是一種心理態度，一種適應內在與外在世界的特定方式。這種適應方式還形成了特定的文化型態，並創造了一種即使受到理性的否定，卻仍絲毫不受影響的精神氛圍。歐洲人自古羅馬帝國時期便紛紛放棄既有的民間信仰，而改宗基督教這個當時新興的宗教。這種智識的轉向表面上雖然作為一種與人們未來可能性有關的重要指示，然而，人們更深層的心理運作卻基於心理惰性（psychische Inertie），仍繼續停留在從前的民間信仰的態度裡，因而讓這些舊有的民間信仰得以在無意識裡生動地保存

下來。我們只要觀察歐洲中世紀晚期的文藝復興運動，就可以輕易地發現其中所蘊含的古希臘羅馬文化的精神。此外，我們這個時代還比從前任何一個歷史時期，更容易挖掘出那些殘存在我們身上的遠古的原始社會的精神。

某種態度愈是根深柢固，人們想要從中脫離的嘗試就會愈激烈。歐洲啟蒙運動曾對基督教界喊出「摧毀醜惡」（Ecrasez l'infâme）的口號，而後在法國大革命期間還引發了一場顛覆基督教的運動。這場反基督教運動的心理學意義就是態度的根本調整，但它所宣揚的理念當時仍缺乏普遍性，所以還成不了氣候。自那時起，關於普遍的態度轉變的問題便一直存在著，在接下來的十九世紀裡，許多社會傑出人士又再度關注這個問題，相關的討論也就更加熱烈。我們已在前面談到，席勒如何試圖解決這個問題。歌德在處理普羅米修斯和埃庇米修斯這個類型對立的問題時，我們也看到他如何試著統合分化程度較高的優勢功能——符合基督教典範對於善的推崇——和分化程度較低的劣勢功能——所承受的潛抑和否定也符合基督教典範對於惡的鄙棄。[32] 然而，席勒嘗試以哲學和審美來處理的問題，卻由於歌德提出普羅米修斯和和埃庇米修斯這兩個象徵，而被包覆在這件古希臘神話的外衣裡。這麼一來，人們在處理這個問題時，便發生我在前面已強調過的一種典型的、符合律則的心理狀況：當人們在面對一項困難的任務，而所能使用的工具和資源已無法讓他們完成任務時，力比多就會自動往個體內部回流，而出現力比多的退回（Regression）。個體會把力比多從當前的問題撤回並導入自己的內部，從而活化了無意識裡那些或多或少仍保有原始性的，且類似於意識情況的內容以及個體從前慣常的適應方式。

此外，這項心理法則還決定了歌德對於象徵的選擇：他選擇普羅米修斯作為象徵，難道只是因為這位火神是人類的救星，曾把火種和亮光帶給在黑暗中受苦的人類？歌德學識廣博，如果他要選擇某位救世者作為象徵，他當然

---

32 請參照歌德的詩作〈祕密〉（Geheimnisse）。歌德在這首詩裡嘗試了中世紀晚期的基督教祕密教派「玫瑰十字會」（Rosenkreuzer）的調解方式，也就是試著把希臘酒神和基督、玫瑰和十字架統合起來，不過，這首詩作卻未引起人們的共鳴，因為，他仍舊瓶裝新酒，沿用既有的形式來表現新的內容。

知道，除了希臘神話中的普羅米修斯以外，還有其他的救世者存在，因此，他採用普羅米修斯這個象徵不一定是因為他扮演了拯救人類的角色。真正的原因更有可能在於，在歌德從事創作的十八、十九世紀之交，歐洲知識界普遍重視古希臘精神，因為，這些知識分子認為，這種精神絕對可以補足當時歐洲文化的種種匱乏。所以，歐洲當時在各方面——不論在審美、哲學、道德，或甚至在政治方面——都出現了一股「熱愛希臘」（Philhellenismus）的潮流。歐洲人把古希臘的非基督教文化頌揚為「自由」、「質樸」和「美好」等，就是在面對那個時代的渴望。

誠如席勒所指出的，這種渴望恰恰產生於人們對於醜陋、道德的束縛、心理的野蠻和猶疑不定的諸多感受，而這些感受則起因於基督教的片面性價值及其所涉及的普遍的心理事實：即人們當時已感受到分化程度較高與較低的心理功能之間的分裂。較之於思維更靈敏的古希臘時代，當時的歐洲人已無法再忍受基督教硬生生地把人一分為二的作法，也就是粗暴地把人切割成有價值的（寶貴的）部分和沒有價值的（墮落的）部分。在那個已經過啟蒙運動洗禮的時代，基督徒的罪惡不僅遇上了地中海古文明的永恆和大自然的美感，而且這種美感的觀點在那個時代已有可能被人們所接受。於是人們便回溯歷史上的古希臘文明，在那個時代裡，人類的整體性尚未被基督教的罪惡觀所撕裂，人性的邪惡仍可以和美善彼此協調地共存於一種全然純樸的狀態，並未因為外在世界所倡導的道德和審美而感受到批判或侮辱。

中世紀晚期，文藝復興運動回歸古希臘羅馬文化的嘗試，在初期階段其實處於停滯不前的狀態，就像歌德遲遲無法完成《普羅米修斯》和《潘朵拉》這兩部劇作一般。這是因為，古希臘羅馬文化對於問題的解決方式在當時已行不通，畢竟基督教憑藉信徒那些最激動人心的信仰經歷，而在歐洲屹立一千多年的事實已不容否認。因此，這股向古希臘羅馬文化看齊的熱潮勢必逐漸而和緩地再度轉回當時的中世紀。在歌德的《浮士德》這部以中世紀為故事背景的劇作裡，這種轉化的過程尤其明顯。在這部戲劇一開始，上帝和魔鬼在爭論人性的善與惡時，支持性善的上帝便以象徵全人類的浮士德，跟主張性惡的魔鬼打賭。上帝同意讓魔鬼到人間引誘浮士德，所以，這場關

於性善與性惡的賭局便於焉展開。

當浮士德（中世紀的普羅米修斯）遇見魔鬼梅菲斯多（中世紀的埃庇米修斯）時，便與他立下契約，出賣了自己的靈魂。在這裡，問題的關鍵相當清晰，所以，我們可以發現，浮士德和梅菲斯多其實是同一個人。歌德的埃庇米修斯偏好回想過去的一切，還會把那些可能屬於他的憂鬱王國的形形色色的人物帶回遠古洪荒的混沌不明裡，只不過這種人格要素卻在魔鬼梅菲斯多身上被強化為一股邪惡的力量。這股力量會用「冷酷的魔鬼浮士德」（die kalte Teufelsfaust）來反對一切的生命體，而且還想把亮光逼回它所起源的「黑夜之母」（Mutter Nacht）裡。不論在哪裡，魔鬼梅菲斯多都具有真正的埃庇米修斯式的思維，也就是一種「虛無」的思維，並據此而將一切的生命體貶低為洪荒初始的空無（das anfängliche Nichts）。埃庇米修斯對於普羅米修斯的潘朵拉的那股天真的熱情，在魔鬼梅菲斯多身上就變成了一種對於浮士德的靈魂的惡意。普羅米修斯聰明而謹慎地拒絕具有神性的潘朵拉，就相當於浮士德出賣了自己的靈魂，而他所付出的代價就是戀人葛蕾卿（Gretchen）最後被下獄處死的悲劇，之後他與美女海倫的相戀也以抱憾收場。在浮士德倒地身亡後，魔鬼梅菲斯多便憑著浮士德以血簽下的契約，準備取走浮士德的靈魂，不過，卻遭到一群天使的攔阻而未能遂行其願，因為，浮士德在死前已心向上帝。眾天使帶著浮士德的靈魂騰空而起，榮光聖母（即聖母瑪利亞）於是飄然而至，赦免了他的罪愆，並引領他的靈魂升天（歌德最後以「永恆的女性，引領我們飛升。」結束了這部戲劇）。

歌德筆下的浮士德在日耳曼的民間傳說中，是一位法術高超的魔法師。在這位中世紀末期的魔法師身上存在著一種抗拒，就相當於普羅米修斯對於那些廣受尊重的眾神的對抗。魔法師浮士德還保有部分的古日耳曼部落的舊信仰，[33] 他的內在還擁有一種不受基督教二分法的切割所影響的本質，也就是通往仍保存古老部落信仰的無意識的管道。在這種無意識裡，相互背反的東西還和諧地共存於人類原初的純樸狀態中。這種得以接觸無意識的本質與

---

[33] 民族性比較古老的族群往往具有神祕的魔力，比方說，印度半島的尼泊爾人、歐洲的吉普賽人，此外還有歐洲天主教的嘉布遣修會的修士（Kapuziner）。

一切的罪惡無關，但若被意識生命所接受，它就會使用本身那股固有的、具有超自然效應的力量來製造善與惡（「這種力量有一部分會持續地製造善，同時也持續地製造惡。」）。因此，魔法師浮士德既是破壞者，也是拯救者（請參照《浮士德》第一部的〈散步〉〔Spaziergang〕），這樣的人物特別適合成為統合對立面的象徵載體。

此外，這位中世紀的魔法師不僅擺脫了當時不可能實現的古希臘的純樸性，還透過最強烈的信仰體驗而吸收了基督教所有的精神氛圍。他所信奉的基督教促使他徹底地自我否定與自我折磨，但由於他後來一心想從中解脫，所以，不得不抓住每一種可能的方法，那些殘存的日耳曼部落信仰當然會因此而進入他的內在世界。既然基督教救贖人類的嘗試最終還是起不了作用，於是日耳曼舊信仰對於拯救人類的渴望以及本身的一些堅持，便顯現出人類獲得拯救的可能性，因為，這種部落信仰的反基督教象徵已為當時的人們指出，對於邪惡的包容才是可能的救贖之道。由此可見，創作《浮士德》的歌德在直覺上，已能以難能可貴的敏銳度來理解這個人類的困境。不過，歌德早先未完成的劇作《普羅米修斯》和《潘朵拉》，以及中世紀晚期的基督教祕密教派「玫瑰十字會」以融合希臘酒神戴奧尼索斯式的歡樂與基督教的自我犧牲（請參照歌德的詩作〈祕密〉）的妥協式嘗試，都是較為膚淺且未完成的作為。這一點絕對是當時日耳曼地區試圖處理這個問題的特色。

浮士德的救贖開始於他的死亡。他的生命含有普羅米修斯式的神性，這種神性會隨著他的死亡而離開他，而這也是他的重生。浮士德的死亡和重生所代表的心理學意義是：如果個體不再抱持浮士德的態度，便可以獲得內在的統一性，而達到心靈的解脫。浮士德戀慕的對象從起初的純情少女葛蕾卿，到絕世美女海倫，最後則是天上的榮光聖母。由於詳盡闡述這個具有多重意義的女性象徵，並不在本書的論述範圍之內，因此，我在此只想指出，這種女性象徵與人類的某種原初意象（urtümliches Bild）有關。基督教早期尊崇神聖女性的諾斯底教派曾探討過這種女性的原初意象，也就是一些關於希臘神話的「海倫」、基督教的「夏娃」和「聖母瑪利亞」以及作為上帝的女性面向的聖靈「蘇菲亞—阿夏默」（Sophia-Achamoth）的觀念。

第三節　統合象徵所代表的意義

如果我們從現在的觀點，審視施皮特勒如何透過無意識來處理問題時，就可以立刻發現，與惡魔訂立誓約並不符合他所塑造的普羅米修斯的意願，而是出於他的埃庇米修斯的疏忽。因為，後者只具有集體良知，對於內在世界的事物毫無辨別力，他完全受制於集體價值，因而忽視了一些新穎而獨特的東西，就跟那些持有定向於外在客體的集體觀點的人一樣。人們或許可以用客觀的標準來衡量當前的集體價值，但卻無法以此衡量新的事物，因此，人們只有自由地評估——出於一種充滿生命力的情感——新的事物，才能做出正確的判斷。由此可見，人們不僅應該與外在的客體建立聯繫，本身還必須擁有「靈魂」。

當施皮特勒的埃庇米修斯失去重生的上帝意象時，便走上了衰敗的道路。他本身無可質疑的道德思維、情感和行為絕對無法抵拒那些惡劣、具破壞性和空虛的東西以變本加厲的方式不斷地潛入。惡意的入侵會使先前的善變成一種損害，因此，施皮特勒表示，道德原則雖然截至目前為止顯得完備無缺，但卻會隨著時間而逐漸喪失與生活的關聯性，因為，它已無法涵蓋大量的生活現象。理性的正確性是一個過於狹隘的概念，以致於無法全面且持續地了解和表達實際的生活。比方說，上帝的誕生這種非理性事件是在理性事件的範圍之外，它在心理學上所代表的意義，就是上帝這種最高的生命強度已獲得新的象徵以及新的呈現。人們身上所有的埃庇米修斯式特質，以及所有埃庇米修斯類型的人已經表明，無法理解上帝的重生，因此，從那個時刻起，這些人只能在新的路線上找到這種最高的生命強度，而通往其他方向的所有路線都會逐漸陷入破壞和瓦解裡，最後消失無蹤。

上帝的重生這個帶來生命的新象徵，源自於普羅米修斯對於他內在那個充分展現超自然本質的靈魂的愛。因此，人們可以相信，在這個新的象徵及其充滿生命力的美裡，已有邪惡的要素注入，不然，這個新的象徵就會缺乏美和光輝的生命，而且此二者還對道德很冷漠。埃庇米修斯的集體性含有道德觀點的片面性，其本身也因此受到徹底的蒙蔽，而無法在這個新的象徵裡

找到任何他認為值得重視的東西。埃庇米修斯的觀點和「代罪羔羊」的意象——即傳統的基督教信仰——是一致的。他後來對於那些「代罪羔羊」的憤怒就是以新的型態來「摧毀醜惡」，也就是在反抗傳統的基督教信仰，因為他知道，這個僵化的信仰已無法掌握新的象徵，因此也無法讓生命獲得新的發展方向。

　　詩人們如果無法察知集體的無意識，所提出的論斷就無法打動人心。這些文學創作者作為時代的先鋒，已經猜測出那些神祕莫測的潛流的存在，並且還按照各自的能力，分別以生動程度不一的象徵將它們表達出來。他們以真先知的身分宣告無意識所發生的種種，以《舊約聖經》的語言宣告「什麼才符合上帝的旨意」，而且依照上帝的旨意指點人們，哪些普遍的現象必定會在未來發生。施皮特勒的普羅米修斯的行動具有救贖人類的意義，埃庇米修斯的衰落、與獻身於靈魂的兄長普羅米修斯的再度連結，以及對於「代罪羔羊」——這些驚恐不已的羔羊讓人不禁聯想到但丁史詩《神曲》裡的貴族烏戈利諾（Ugolino）被大主教盧杰里（Ruggieri）活活虐死的場景[34]——的報復都是在準備解決衝突，而且這種衝突的解決還與徹底反抗傳統的、集體的道德息息相關。

　　平庸、格局不大的詩人的作品，即使是巔峰之作，也還是無法超越他們個人的喜悅、痛苦，以及願望的高點，我相信，這樣的看法並無可議之處。然而，諾貝爾桂冠詩人施皮特勒卻與此不同，因為，他的作品已超越了個人的命運。畢竟他在解決創作的問題時，並不是孤立的，因為，從他的詩作到尼采筆下的查拉圖斯特拉——搗毀舊權威的先知——僅有一步之遙。當叔本華率先提出否定理論（Verneinungslehre）而成為西方哲學史上首位公開反對理性主義的人之後，德國存在主義暨無政府主義先驅哲學家施蒂納便加入了他的行列。叔本華曾談到對於世界的否定。他所謂的「世界」在心理學上就是「我如何察知的世界」，而「我對於世界的態度」則可以被視為「我的意志」和「我的觀念」。人們的肯定和否定會讓自己以不同的態度面對世界，

34　請參照《神曲》〈地獄篇〉的第三十二首詩。

但世界卻不在乎人們對它的態度。叔本華否定了世界，他對於世界的態度一
方面雖純粹是基於自己的理性與智識，但另一方面，卻由於本身神祕地認同
了世界，而以最個人化的情感來體驗世界。他的態度是內傾的，由此可見，
叔本華還承受著類型對立的困擾。

　　叔本華的作品已遠遠地超越了他的性格本身，因為，這些內容已把眾人
原本模糊的思考與隱微的情感清晰地表達出來。他的後輩哲學家尼采也有類
似的作法：他的查拉圖斯特拉特別闡明了我們這個時代的集體無意識的內
容，所以，我們還可以在這位主人翁身上發現一些關鍵的基本特徵：以「上
帝已死」的宣稱來反對當時基督教世界的傳統道德氛圍，並且接受「最醜陋
的」人。後者則導致尼采身上出現了由先知查拉圖斯特拉所體現的、令人震
驚的無意識悲劇。總之，一些具有創造力的人士從集體無意識所提取的東西
確實是存在的，因此，遲早有一天，它們會以集體的心理現象顯露出來。無
政府主義、謀殺王公貴族、極左派的虛無要素，以及他們所崇奉的反文化方
針，這些分裂的情況在我們這個時代已愈來愈明顯，而它們都是詩人和具有
原創性的思想家早已經指出的集體的心理現象。

　　因此，我們會對這些詩人感興趣，因為，他們的主要作品與最深刻的靈
感都含有他們從集體無意識的深處所汲取的內容。他們會響亮地說出這些無
意識內容，而其他的人只能透過自己的夢境得知它們的存在。他們雖然會高
分貝地表達自己所探得的無意識內容，但只不過是從中塑造出某些讓他們感
受到審美喜悅的象徵，而他們本身並沒有意識到這些象徵的真實意義。我不
想在這裡爭論，詩人和思想家是否在教育上對自己的時代以及後世產生了影
響。在我看來，他們的影響似乎是由於他們比較清楚且大聲地說出某些大家
已隱隱約約知道的東西。只要他們把這些普遍的、無意識的「知識」表達出
來，他們所產生的影響就具有教育性或吸引力。只要他們知道如何以適當的
形式表達無意識最表層的東西，就可以發揮最直接、最強烈的影響力。

　　這些具有創造力的文人愈深入地探索無意識，社會大眾就對他們愈感到
陌生，而且還對於在某種程度上突出於群眾的他們產生愈多的抵抗。社會大
眾並不了解他們，但卻不自覺地活出了他們所表達的東西。這種現象並不在

於他們說了什麼，而在於大眾確實靠著他們所察知的集體無意識在過生活。至於素質較高的人雖然對這些文人在說什麼有些許的了解，而且這些文人的想法也能貼切地解釋發生在一般民眾身上的事情，不過，由於他們對自己的追求仍有所期待，因此會仇恨提出這些想法的文人。由此可知，他們內心的厭惡並非基於惡意，而是出於維護自我的生存本能。

當人們對於集體無意識已有深刻的認知時，他們在意識裡的表達便無法再掌握所取得的無意識內容，所以也無從判斷，這些無意識內容究竟跟病態心理，還是跟存在於非常深層而令人不解的無意識產物有關。這就是為什麼，有些令人費解，卻具有深層意義的無意識內容往往顯得病態的原因。儘管如此，病態的心理內容仍然具有它的意義性，不宜被忽視。總之，無意識和病態的心理內容都不容易掌握。具有創造力的文人如果有幸獲得名聲，也是他們亡故之後的事，有些人甚至要等到過世好幾百年，才終於獲得世人的肯定。一九〇九年德國諾貝爾化學獎得主威廉‧奧斯華德（Wilhelm Oswald, 1853-1932）曾聲稱，天才型人物在現代頂多只需要十年左右的時間，便可以獲得應有的肯定。我相信，他說這句話應該只是針對科學發明的領域，不然這樣的論斷實在很可笑。

在這裡，我還必須指出我認為特別重要的一點：不論是歌德的《浮士德》、華格納的《帕西法爾》、叔本華的哲學論著，或尼采的《查拉圖斯特拉如是說》，這些作品對於救贖問題的解決都具有宗教性。因此，當二十世紀的瑞士詩人施皮特勒也把他的作品壓縮到宗教層面時，並不會令人感到訝異。如果人們以宗教方式來理解某個問題，這在心理學上就意味著，該問題相當重要。它不僅具有特別的價值，而且還關乎全人類，所以，也和人類的無意識（諸神的國度、彼岸等）息息相關。施皮特勒的文學所採用的宗教形式甚至取得了豐富的成果，其中具有宗教特色的東西雖已喪失宗教的深度，但卻得到神話的豐富性、潛在的象徵性意義，以及對於宗教本身古老的原始性的重視。不過，那些豐富多采的神話卻讓人們比較無法清晰地理解並解決問題，而且人們也難以掌握這些作品。深奧費解的、怪誕不羈的、庸俗無聊的內容總是依附在這些神話裡，這不僅阻礙人們對於作品的領會，使人們無

法知悉作品的涵義，而且還給整體的作品添加了一股令人不舒服的怪味兒，畢竟作品的原創性只能透過小心翼翼與認真仔細地適應其他方面，才能夠成功地和病態的心理內容區別開來。

　　儘管這些創作者所描繪的神話內容可能令人覺得乏味和沉悶，但它們卻具有一項優點：它們裡面的象徵可以自由地擴展。這當然是在詩人不自覺的情況下發生的，因為，詩人意識裡的理解力並不知道如何改善這些象徵意義的表達，而只是獨自一味地致力於神話的羅織及其生動的、形象化的內容的擴充，施皮特勒的希臘史詩也因為這一點而有別於歌德的《浮士德》及尼采的《查拉圖斯特拉如是說》。歌德和尼采在賦予象徵意義時，意識的成分比較多，這兩位作者為了讓救贖的問題可以藉由作品而獲得解決，遂抑制了《浮士德》裡的神話以及《查拉圖斯特拉如是說》裡的思想的發展。這兩部作品所呈現的美都遠遠勝過了施皮特勒的《普羅米修斯和埃庇米修斯》，但後者卻能更真實地反映出集體無意識裡確實發生的種種。

　　《浮士德》和《查拉圖斯特拉如是說》這兩部作品顯示出，它們對於個人處理有待解決的問題極有助益；至於施皮特勒的《普羅米修斯和埃庇米修斯》則是以一切的方法促使神話的衍生，並藉此而使人們能更普遍地認識問題以及問題的集體表現方式。施皮特勒在這部作品裡所呈現的無意識的宗教內容，主要讓我們看到了「上帝的重生」這個象徵，而且他在後來出版的最具代表性的作品《奧林匹斯的春天》（Olympischer Frühling）當中，還進一步擴展了這個象徵。這個象徵極其密切地涉及了人格類型和心理功能的對反性，它的重要性顯然在於那種以更新普遍態度的方式來解決問題的嘗試，以無意識的語言來說，就是上帝的重生。

　　上帝的重生是一個普遍存在於人心的原初意象，我在這裡只討論與上帝的死亡和復活相關的一切，還有人們在上帝未出現之前的宗教初期階段，以及那些具有魔力的神物和可以飛翔的、神奇的風箏所承載的意義的更新。上帝重生的意象意味著人們的態度已發生轉變，新的能量張力（Energiespannung）已隨之形成，而且還可能出現新的生活內容以及嶄新而豐富的成果。這種意義的類比也可以解釋，為何人們已充分地證實上帝的重生和四季的更迭、草木的榮枯

和生命的週期之間的關聯性。人們當然喜歡從一些可以類比於季節、植被、星辰或月亮的神話的事物進行推斷，但卻完全忘記，這些神話就跟所有的心理內容一樣，並非單單取決於外在事件。人類的心理會受到本身的內在條件的影響，所以，我們同樣也可以表示，人類所創造的神話也具有純粹的心理性質，而且人類在利用氣象和天文方面的觀察資料來創造神話時，只是把它們當作表達神話的材料。我相信，這樣的見解往往比其他的說法更能解釋許多原始的神話所表現出的專斷性和荒謬性。

當人們的心理狀態產生了上帝的重生這個意象時，人們運用心理能量——即力比多——的方式便出現了愈來愈嚴重的分裂。其中一半的能量運用屬於普羅米修斯式，而另一半的能量運用則屬於埃庇米修斯式。當然，這種對立性不只存在於社群內部，它也存在於個體內部而對個體的心理造成阻礙。由此可見，生命的狀態愈理想，就和對立的極端離得愈遠，因為，處於這種生命狀態的個體會尋求一個中間位置，這個中間位置必定屬於非理性和無意識的領域，而對立性則屬於理性與意識的領域。由於這個可以調解對立面衝突的中間位置具有非理性和無意識的性質，於是便被人們的心理投射為折衝協調的上帝、彌賽亞或某個至高無上的斡旋者。我們西方的宗教形式仍處於比較原始的發展階段，因此，在西方的宗教裡，生命新的可能性會以上帝或救世主的角色出現，而祂之所以消除了人們的矛盾和分裂，除了基於祂本身對於世人的愛或父性的關懷之外，也出自於祂自己內在的決定。換句話說，由於人們無法了解事情的緣由，所以事情會在何時以及以何種方式發生，都必須依照祂的心意。在這裡，西方宗教觀的幼稚性已不言自明。東方早在數千年以前便已知曉這個過程，因此，早已提出屬於心理層面的救世說，也就是讓救贖之道存在於世人的意向（有別於上帝的意向）當中。所以，不論是印度本土的宗教或連繫印度和中國這兩大文化圈的佛教都含有「中道」的思想，這條中道不僅擺脫了超自然的魔力效應，也讓人們可以透過意識的態度來實踐它。古印度婆羅門教的一些主要經典，也就是所謂的「吠陀文獻」（Vedas），所表現的宗教觀，曾經刻意致力於擺脫這種二元對立的困境，並為世人找到了一條解脫之道。

一、婆羅門教關於對立問題的觀點

古印度梵文的 dvandva 就相當於現代心理學所謂的「二元對立」。這個梵文詞彙除了表示二元對立之外，還有成雙成對（尤其是指男性和女性）、爭執、鬥嘴、對決和質疑等涵義。依據婆羅門教規範信徒倫理道德的《摩奴法典》（*Mânava-Dharmaçâstra*）的說法，這些二元對立的概念起源於創世者：

此外，為了辨別行為，祂（創世者）便把優點和缺點區分開來，而且還讓祂的創造物受到二元（對立）概念的影響，例如痛苦和快樂。[35]

《摩奴法典》的注解者古盧卡‧巴塔（Kullûka Bhatta）還另外列舉了一些二元對立的概念，諸如願望與惱怒、愛與恨、飢餓與口渴、憂慮與妄想、榮譽與恥辱。古印度兩大史詩之一的《羅摩衍那》（*Râmâyana*）也有這麼一句話：「這個世界總是持續承受著二元對立的折磨。」[36] 因此，使自己不僅不受二元對立的影響，而且還要超越二元對立，便成為人們一項重要的倫理道德的任務。因為，只有脫離這種對立，個體才能獲得解脫。

以下我所列出的一連串出自古印度吠陀文獻的引言，便是相關的例證：《摩奴法典》曾記載：

當他藉由情感的調整而對於一切客體無動於衷時，不論在生前或死後，他都將獲得永恆的喜悅。任何人只要能以這種方式逐漸放棄與一切客體的聯繫，從而脫離所有的二元對立，便可以獨自安歇於大梵（Brahman）之中。[37]

35　*Mânava-Dharmaçâstra* I, 26 in *Sacred Books of the East* XXV, p. 13.

36　*Râmâyana* II, 84, 20.

37　*Mânava-Dharmaçâstra* VI, 80f., l. c., p. 212f.

在《薄伽梵歌》（*Bhagavadgîtâ*）裡，黑天神（Krishna）曾說過一句著名的警語：

吠陀文獻曾提到三種屬性（Guna）[38]，而你，阿朱那（Arjuna），卻不關心它們，也不在乎那些二元對立，總是堅定地保持你的勇氣。[39]

古印度聖哲帕坦加里（Patanjali）曾在他撰寫的《瑜珈經》（*Yogasûra*）裡表示：

然後（在心靈最深處的極度專注與寧靜裡，即三摩地（Samâdhi；或譯為三昧）便出現一種毫不受這些矛盾對立影響的狀態。[40]

《梨俱吠陀本集》（Rig-veda）裡的《考史多啟奧義書》（*Kaushîtaki-Upanishad*）曾這麼談論智者：

就在那裡，他甩落了自己的善行與惡行。而後，那些對他友善的熟人便接收他的善行，而對他不友善的熟人則接收了他的惡行；這就如同疾速駕車、不斷看著前方的兩個車輪的人，不論白天或黑夜，當他在看著這一左一右的車輪時，就像在觀看善行與惡行以及一切的對立一般；此時，他已從善行和惡行當中解脫出來，而成為大梵智者，並進入了大梵的境界。[41]

《光明點奧義書》（*Tejobindu-Upanishad*）曾提到人們受到呼召而進入心靈的深處：

38　這三種屬性是指世界的性質、因素和構成成分。

39　*Bhagavadgîtâ* II, in *Sacred Books of the East* VIII, p. 48.

40　DEUSSEN, *Allgemeine Geschichte der Philosophie* I, 3, p. 527. 正如大家所知道的，瑜珈是達到更高度解脫狀態的一種練習系統。

41　*Kaushîtaki-Upanishad* I, 4. DEUSSEN, *Sechzig Upanishad's des Veda*, p. 26.

如果有誰能克服貪婪、惱怒、感官的樂趣以及對於世界的眷戀，而從此脫離矛盾對立，放棄自我情感（Ichgefühl），或更確切地說，不再自私自利，那麼，他就不會因為內心有所期待而受到束縛。[42]

在古印度的另一部偉大的史詩《摩訶婆羅多》（*Mahâbhârata*）裡，一心渴望成為隱士的潘都（Pându）曾說到：

塵土滿身，餐風露宿，我希望穴居在樹木的根部。我放棄了一切所愛與所憎，沒有感到憂傷也沒有感到歡樂，責難與稱讚一概等同視之，既沒有抱持希望也沒有崇敬的對象。我已從對立之中解脫開來，而且一無所有。[43]

誰如果能對生與死、幸與不幸、獲得與失去、愛與恨一視同仁，就可以得到解脫。誰如果脫離了對立，既不追求什麼，也不鄙夷什麼，他的靈魂就不知道什麼是熱情，他也就因此而徹底解脫了！誰的行事為人如果已無正確或不正確之分，而且還放棄了在從前狀態下的一切行為（不論善惡）所積聚的珍寶，那麼，即使他的軀體逐漸衰弱，靈魂卻可以平靜下來。誰如果能持續地脫離對立，就可以獲得解脫。[44]

《薄伽梵往世書》（*Bhâgavata-Purâna*）也有這兩段文字：

我享受感官的愉悅已足足一千年。雖然我內心還不斷欲求這些東西，但我卻想捨棄它們，以便讓我的心靈能接近大梵；我對於那些矛盾對立已無動於衷，我已擺脫了自我情感，現在我想跟野獸一起四處流浪。[45]

人們如果受到萬物的愛護，透過禁欲苦行而有所轉變，鄭重地立下誓言而過著無可責備的生活，而且還懂得自我克制，使內心不再懷有期待，並能

42　*Tejobindu-Upanishad* 3. Vgl. DEUSSEN, l. c., p. 664.

43　*Mahâbhârata* I, 119, 8f.

44　*Mahâbhârata* XIV, 19, 4ff.

45　*Bhâgavata-Purâna* IX, 19, 18f.「當他不再理會自己是否該保持緘默時，就變成了大梵。」
　　Brihadâranyaka-Upanishad 3, 5. DEUSSEN, l. c., p.436

冷靜沉著地包容對立的存在，那麼，他們就可以在沒有色相的大梵中獲得狂喜。[46]

此外，《大鵬往世書》（*Garuda-Purâna Pretakalpa*）也提到：

誰如果能擺脫傲慢與迷惑，改正本身仍有所依戀的錯誤，誰如果能持續地忠於最高的真我（das höchste Âtman），消除內心的願望，而且不受快樂與痛苦的二元對立的影響，那麼，他就是已脫離迷惘、已抵達那個永恆聖所的自由人。[47]

首先，我們可以從以上這些引文中看到，[48] 外在的對立性——例如冷和熱——並無法參與心理機制的運作，此外，具有極端情緒落差的對立性——例如愛與恨等——也是如此。情緒的反差既然會持續地伴隨一切心理的二元對立，因此，也會隨著所有道德和其他方面的對立觀點而出現。就我的經驗來說，令人激動的因素愈是觸及個人的整體，個人的情緒波動就會愈強烈。由此看來，印度宗教在這方面的用意就顯得很清楚：它希望人們能脫離人性的二元對立，能在大梵中獲得生命的更新，從而達到解脫的狀態，也就是與至高無上的神同在。大梵必須以非理性的方式統合對立，所以，它就是對立的終結者。由於大梵還是世界的基礎和創造者，因此，它也是一切對立的根源。如果它還意味著一種解脫的狀態，那麼，它就必須消除存在於本身內部的對立。以下幾段摘錄的引文就是我提出的例證：

德國印度學家暨哲學家保羅・多伊森（Paul Deussen, 1845-1919）曾在他的論著《哲學通史》（*Allgemeine Geschichte der Philosophie*）裡寫道：

46　*Bhâgavata-Purâna* IV, 22, 24.

47　*Garudaa-Purâna Pretakalpa* 16, 110.

48　本人在此要特地感謝蘇黎世大學印度學系的阿貝格教授（Prof. E. Abegg）協助翻譯這裡所引用的部分梵文。

大梵既是存在（sat）也是非存在（asat），既是實在（satyam）也是非實在（asatyam）。[49]

《廣林奧義書》（*Brihadâranyaka-Upanishad*）曾有這麼一句話：

大梵確實具有雙重形態：有形的與無形的，終有一死的與永生的，靜的與動的，現世的與彼岸的。[50]

在《白淨識者奧義書》（*Çvetâçvatara-Upanishad*）裡，曾出現兩段相關的內容：

神——萬物的創造者——就是偉大的自己。祂永遠存在於人們的內心，同時人們的內心、思維與靈魂也可以察覺到祂的存在：誰如果明白這一點，就可以獲得永生。當祂的亮光出現時，既不是白天也不是夜晚，既非存在也非不存在。[51]

永恆的、無限的和至高的大梵隱含著二元性：**明**（Wissen）與**無明**（Nichtwissen）；無明是暫時的，明是永恆的，不過，掌控明與無明的主宰者卻不同於此二者。[52]

《羯陀奧義書》（*Kâthaka-Upanishad*）曾提到：

---

[49] DEUSSEN, *Allgemeine Geschichte der Philosophie* I, 2, p. 117.

[50] *Brihadâranyaka-Upanishad* 2, 3. DEUSSEN, *Sechzig Upanishad's des Veda*, p. 413.《東方聖典系列》第十五冊（*Sacred Books of the East* XV, p. 107.）這段文字的英譯內容和這段引文略有出入：「……同時是物質與非物質，終有一死的與永恆的生命，固態與液態，sat（確定，現世的存在）與 tya（不確定，彼岸的存在）。」

[51] *Çvetâçvatara-Upanishad* 4, 17f. in *Sacred Books of the East* XV, p. 253.

[52] *Çvetâçvatara-Upanishad* 5, 1. DEUSSEN, l. c., p. 304.《東方聖典系列》第十五冊（*Sacred Books of the East* XV, p. 255.）這段文字的英譯內容也和這段引文略有出入：「在無限的、永恆不朽的、至高無上的大梵裡，隱藏著明與無明。無明終有衰亡，明卻能永恆不朽。祂雖掌控此二者，卻不同於它們。」

　　祂自己比微者更微，比大者更大，而且還隱藏於受造物的內心裡。從渴望和憂慮中獲得解放的人，可以藉由神的恩典看到自己的崇高與莊嚴。祂雖紋風不動地坐著，卻已漫遊至遠方；祂雖安靜無聲地躺著，卻又無所不在。除了我，還有誰能認識這位既高興又不高興的神呢？[53]

　　《自在奧義書》（*Îçâ-Upanishad*）記載著：

　　祂雖動也不動，身手卻像思考那般敏捷。
　　當祂行動時，連眾神祇也追趕不上。
　　當祂止步時，還超越了所有的奔跑者。
　　風之神已為祂織出一片原初之水（Urwasser）。
　　祂在休息，卻又片刻不停。
　　祂在遠方，卻又近在咫尺。
　　祂在一切的裡面，
　　卻也在一切的外面。[54]

　　《廣林奧義書》曾談到：

　　就像一隻在空中遨翔的鷹或雕，在四處飛來飛去之後，由於感到疲倦而降落地面，並收攏雙翅地蹲伏著。人們的心靈也跟這隻鳥禽一般，急於進入一種既沒有欲望、也沒有夢境出現的睡眠狀態……人們在這種本質型態（Wesensform）裡，已超越了渴望與企盼，脫離了痛苦與恐懼。正如男人被自己心愛的女人擁抱時，已無法意識到內在與外在的一切那般，當心靈被具

53　*Kâthaka-Upanishad* 2, 20f. DEUSSEN, l. c., p. 274f.《東方聖典系列》第十五冊（*Sacred Books of the East* XV, p. 11.）這段文字的英譯內容也和這段引文稍有不同：「祂自己存在於受造物的內心裡，是微者當中最微小的，大者當中最大的。人們的觀點已擺脫了渴望和憂慮，真我已停止了感官的追求，這是何等美妙啊！祂雖然坐著，卻已漫遊到遠方；祂雖然躺著，卻又無所不在。除了我，還有誰能認識這位搖擺不定、變化無常的神呢？」

54　*Îçâ-Upanishad* 4 und 5. DEUSSEN, l. c., p. 525.

有認知性質的自己（大梵）擁抱時，也會無法意識到內在與外在的一切。[55]
（已消彌主觀與客觀的對立）

「凝望海洋的人已超脫了二元性；這就是大梵世界！啊，國王！」瑜珈
聖者亞納瓦卡亞（Yâjñavalkya）曾這麼教導當時的國王。這就是他最高的目
標、最高的成就、最高的境界以及最高的狂喜。[56]

《阿闥婆吠陀》（*Atharvaveda*）則指出：

什麼東西活躍敏捷，什麼東西在飛行遨翔卻又靜止不動，
什麼東西既呼吸又不呼吸，什麼東西可以讓眼目閉上，
什麼東西促成了大地各處的千態萬狀，
當它們相互連結時，就融合成一個統一體。[57]

以上這些引文已讓我們看到，大梵是二元對立的調和者和消除者，因此，
它在這方面還具有非理性[58]的重要意義。它是神的存在體（Gottwesen），同時
也是本質我（其指涉的範圍，當然小於與其類似的「真我」概念）以及一種
與對立性所導致的情緒落差相隔絕的心理狀態。既然痛苦是一種情緒，個體
如果擺脫了情緒的影響，等於已從情緒當中獲得解脫。個體脫離情緒的起伏
也就意味著，本身已從二元對立的緊張關係中解放出來，而且已逐步走在通
往大梵的解脫道路上。因此，就某種意義而言，大梵不只是一種狀態，它還
是一種過程，一種「創造性的持續存在」。許多奧義書都以象徵——也就是
我在前面所闡述的力比多象徵[59]——來表達大梵的概念，這並不會令人感到
驚訝。在接下來的討論裡，我將逐一列出一些與此相關的例證。

---

55 *Brihadâranyaka-Upanishad* 4, 3, 19, 21. DEUSSEN, l. c., p. 470.

56 *Brihadâranyaka-Upanishad* 4, 3, 32 in *Sacred Books of the East* XV, p. 171.

57 *Atharvaveda* 10, 8, 11. *Allgemeine Geschichte der Philosophie* I, 1, p. 320.

58 由此可見，人們完全無法以理性來認識和了解大梵。

59 JUNG, *Wandlungen und Symbole der Libido* (Neuausgabe: *Symbole der Wandlung* {GW V}).

二、婆羅門教關於統合象徵的觀點

《百道梵書》（*Çatapatha-Brâhmanam*）：

人們如果說：「大梵首先誕生於東方」，這句話其實是在表示，大梵就是日復一日從東方升起的那顆太陽。[60]

《鷦鴣氏森林書》（*Taittirîya-Âranyakam*）：

在太陽裡的那個人是帕拉摩西丁（Parameshtin），是大梵，也是真我。[61]

《海螺氏梵書》（Çânkhâyana-Brâhmanam）：

他們所指的那個在太陽裡的人，是眾神之王因陀羅（Indra），是創世之神普拉加帕底（Prajâpati），而且也是大梵。[62]

《蛙伽薩尼耶本集》（*Vâjasaneyi-Samhitâ*）：

大梵就是和太陽一樣的發光體。[63]

《百道梵書》：

大梵就是那輪發光發熱的太陽所散放出的東西。[64]

---

60 *Çatapatha-Brâhmanam* 14, 1, 3, 3. DEUSSEN, l. c., p. 250.

61 *Taittirîya-Âranyakam* 10, 63, 15. DEUSSEN, l. c., p. 250.

62 *Çânkhâyana-Brâhmanam* 8, 3. DEUSSEN, l. c., p. 250.

63 *Vâjasaneyi-Samhitâ* 23, 48. DEUSSEN, l. c., p. 250.

64 *Çatapatha-Brâhmanam* 8, 5, 3, 7. DEUSSEN, l. c., p. 250.

《鷦鴣氏梵書》（*Taittirîya- Brâhmanam*）：

大梵首先誕生於東方；
祂從地平線升起並覆蓋了精靈（Holde）的光輝；
祂指出這個世界的一些最深刻、最高層次的形式，
祂指出那個孕育存在與非存在的搖籃。
祂是光明的父親，是寶藏的**創造者**，
祂以千變萬化的形貌顯現於天穹；
萬物以頌歌讚揚祂；
小伙子，**大梵**透過默禱便能增長擴展。
大梵包羅了眾神祇，大梵也創造了世界。[65]

透過以上的引文，我強調了某些特別具有代表性的內容。從這些內容裡，我們可以清楚地看到，大梵不僅是創造者，還是受造者，而且始終處於發展狀態。在其他的內容裡，「精靈」（Holde; vena）還被稱為「先知」（Seher）。先知這個稱謂和太陽有關，而且還因為神的恩賜而具有神性的光輝。先知的靈魂也跟大梵太陽（Brahman-Sonne）一樣，漫遊於「大地與蒼穹，而這一切都在大梵的覺察中。」[66] 人的真我和神性本質關係密切，甚至還具有同一性，這應該是大家普遍知道的事。以下這段引文是我在《阿闥婆吠陀》裡找到的例證：

師法大梵者將振興這兩個世界。
一切眾神在他裡面團結一心。
他擁有並且支撐著大地和蒼穹，
他透過淨化的苦行（Tapas）[67] 來滿足自己所師法的大梵。

65　*Taittirîya- Brâhmanam* 2, 8, 8, 8ff. DEUSSEN, l. c., p. 251f.

66　*Atharvaveda* 2, 1. 4, 1. 11, 5.

67　Vgl. dazu JUNG, *Wandlungen und Symbole der Libido* (Neuausgabe: *Symbole der Wandlung*｛GW V｝).

> 眾神與父親們，或單獨地或成群地，
> 紛紛接近並拜訪這位師法大梵者；
> 他透過淨化的苦行來滿足一切眾神。[68]

師法大梵者本身正是大梵的化身。在他的身上，我們必定可以察知，大梵的本質其實和人們的某種心理狀態是一致的。《阿闥婆吠陀》也提到這一點：

> 由於眾神的鼓舞，**太陽**在那裡綻放著無與倫比的光芒；
> **太陽於是變成了大梵威力**，即最高層次的大梵，
> 大梵威力能使一切眾神和祂的創造物永恆不朽。
> **師法大梵者**輝煌光耀地**傳揚**身上的大梵，
> **一切眾神都彼此交融地存在於他的內在**。[69]

大梵也是 Prâna（生命氣息和宇宙原則），而且在《廣林奧義書》裡，大梵還是作為宇宙暨心理的生命原則的 Vâyu（風）。[70] 此外，《鷓鴣氏奧義書》（*Taittirîya- Upanishad*）也有這麼這一句話：

> 存在人們裡面的大梵與存在太陽裡面的大梵是相同的。[71]

《廣林奧義書》曾記述一位垂死者在彌留之際的禱詞：

> 真實者（大梵）的面貌被一塊金色圓盤覆蓋著。揭開它吧，啊，太陽（Pûshan; Savitar），這麼一來，我們或許可以看到真實者的本質。啊，太陽，唯一的先知，亡靈的引導者閻摩（Yama），太陽神蘇利耶（Sûrya），

68　DEUSSEN, l. c., p. 279.

69　*Atharvaveda* 11, 5, 23f. DEUSSEN, l. c., p. 282.

70　*Brihadâranyaka-Upanishad* 3, 7. DEUSSEN, *Allgemeine Geschichte der Philosophie* I, 2, p. 93ff.

71　*Taittirîya- Upanishad* 2, 8, 5. in *Sacred Books of the East* XV, p. 61. Vgl. DEUSSEN, *Sechzig Upanishad's des Veda*, p. 233.

創世之神普拉加帕底的兒子，請發出並聚集你的光芒。我看到了你的亮光，它是你最美的形象。我就是那個在太陽裡的人。[72]

《唱贊奧義書》（*Chândogya-Upanishad*）裡寫著：

這道來自蒼穹上方的光輝高於一切，已沒有任何界域高於它所存在的至高天界。這道光輝也是人們內在的亮光，所以，我們獲得了一個顯而易見的明證：我們可以透過感受自己體內的溫暖而察覺它的存在。[73]

《百道梵書》則指出：

內在自我的精神體就像一顆稻米粒、或大麥粒、或小米粒、或小米粒的胚芽，其金黃色的光亮宛如沒有煙霧的火焰；它大於一切萬物，也大於大地、蒼穹和宇宙。它是生命的靈魂，也是我的靈魂。我將在身亡之後到它那裡去。[74]

在《阿闥婆吠陀》裡，大梵被視為生機論（Vitalismus）[75]的原則，也就是構成一切器官及其附屬驅力的生命力。「是誰在他裡面播下種子，使他得以接續世代的繁衍？是誰在他身上積聚精神的力量，使他能有聲音和臉部表情的變化？」[76]

就連人們的**勢力**也來自於大梵。以上這些例證——它們的數量還可以再大幅增加——已清楚地顯示，「大梵」這個概念由於它本身所有的屬性和象

---

72 *Brihadâranyaka-Upanishad* 5, 15, 1ff. in *Sacred Books of the East* XV, p. 199f. Vgl. DEUSSEN, l. c., p. 499f.

73 *Chândogya-Upanishad* 3, 13, 7f. in *Sacred Books of the East* I, p. 47. Vgl. DEUSSEN, *Allgemeine Geschichte der Philosophie* I, 2, p. 154.

74 *Çatapatha-Brâhmanam* 10, 6, 3. DEUSSEN, *Allgemeine Geschichte der Philosophie* I, 1, p. 264.

75 譯註：生機論者主張，凡生命體都具有一種特殊的生命力，這種生命力無法以物理或化學作用做解釋。

76 *Atharvaveda* 10, 2. DEUSSEN, l. c., p. 268.

徵，因此，和那些揭示生命力或創造重要意義的觀念——也就是我所謂的「力比多」的觀念——是一致的。「大梵」這個詞語的意思是：禱告、咒語、聖言、神聖的智慧（吠陀）、神聖的轉化、神聖的社會階級（即種姓制度的最高階級——婆羅門）以及絕對性。德國印度學家多伊森則強調，在「大梵」的諸多涵義中，禱告尤其具有獨特性。[77]「大梵」（Brahman）一詞源自於 barh，相當於拉丁文的 farcire（塞滿、鼓起）[78]，因此，作為「大梵」詞意之一的「禱告」也可以被理解為「人類向上追求神聖性與神性的意志」。

「大梵」的引申義也指出了某種心理狀態，即力比多的特殊集結。高度集中的力比多會因為過多的刺激而形成一種普遍的緊張狀態，而且還伴隨著高漲的情感。所以，當人們以日常語言表示這種心理狀態時，往往喜歡使用「溢出」、「爆開」、「無法控制」等這類形象化的語彙（「內心所充斥的、就會從口中流溢出來。」）。印度的修行者為了達到這種力比多滯積或蓄積的能量高漲狀態，會進行系統性的練習，而讓自己把（力比多的）注意力從外在的客體以及某些對立的心理狀態中轉移開來。個體與感官知覺的分離以及意識內容的消失，勢必會造成意識的弱化（恰如催眠狀態），從而活化了無意識內容，也就是那些基於本身的普遍性以及存在的永久性而具有宇宙和超自然性質的原初意象。然後，所有關於太陽、光芒、火焰、風，以及生命氣息等等的譬喻便以這種方式進入無意識領域，它們自古以來就被人類認為是那股創造的、生成的、促使世界運轉的力量的象徵。由於我已在《力比多的轉化與象徵》[79] 這本專著中，詳盡地處理過力比多的譬喻，所以，我在這裡就不再重複闡述這個主題。

「創造性的世界原則」（schöpferisches Weltprinzip）這個觀念，就是人們在察覺出自身具有生命活力的本質之後，所出現的一種投射。為了一開始就排除生機論對我們的誤導，我們最好以抽象的方式把人類這種活力的本質

77　DEUSSEN, l. c., p. 240ff.

78　「大梵————生命氣息（Prâna）————母體裡的膨脹者（Mâtariçvan）」這組關係也說明了「大梵」這個詞語的來源。*Atharvaveda* 11, 4, 15. DEUSSEN, l. c., p. 304.

79　JUNG, *Wandlungen und Symbole der Libido* (Neuausgabe: *Symbole der Wandlung*｛GW V｝).

理解為能量。另一方面，我們當然還必須嚴正地駁斥當代的能量論者（Energetiker）所主張的能量概念的實體化。能量概念包含了二元對立的概念，因為，能量的流動過程是以兩種不同狀態的存在——即位能的高低落差——為前提，如果缺乏這種二元對立的反差，能量就無法流動。所有的能量現象（所有的現象其實都是能量現象）都顯示著二元對立性，諸如開始與結束、上與下、熱與冷、先與後、起源與目標等。能量概念不僅無法有別於和二元對立的概念，而且還依附在力比多概念上。力比多的象徵具有神話和哲學思辨的本質，因此，不是透過二元對立來直接表現本身，就是最後消融在二元對立裡。從前我曾指出力比多的內在分裂，卻遭到不合理的批評，儘管如此，我還是認為，力比多的象徵和二元對立的概念之間存在的直接關聯性已肯定了我的觀點的正確性。此外，大梵的概念或象徵也和二元對立的概念密切相關。大梵以最受矚目的方式表現為人們的祈禱以及原初的創造力，在以下這首《梨俱吠陀》（Rigveda）的讚美詩中，作為原初創造力的大梵已經消融在性別的二元對立裡：

> 這位歌者的祈禱已經傳開，
> 並化為一隻創世之前便已存在的母牛；
> 眾神祇一起居住在創世之神的懷抱裡，
> 都承蒙祂的照料，也獲得同等的關愛。
> 木材成為木材之前，曾經是什麼，
> 樹木成為樹木之前，曾經是什麼，
> 大地與蒼穹在最初始的本質裡被塑造出來，
> 此二者不會衰老，而且永遠帶來助益，
> 即使白天已消失，而清晨的曙光尚未出現。
> 在祂以外，已不再有和祂一樣偉大的存在，
> 祂是一隻撐持大地與蒼穹的公牛，
> 祂把浮雲如同毛皮一般地繫在腰間，
> 當這位主宰者駕著由棕黃色馬匹拖拉的車輛時，

看起來就像太陽神蘇利耶。

祂化身為太陽的光芒，普照大地，

祂從萬物當中呼嘯而過，猶如風吹開一片迷霧；

作為**密多羅神**（Mitra）和**伐樓拿神**（Varuna），

祂四處奔波並分散**光亮**，宛若森林裡的火神**阿耆尼**（Agni）。

當母牛被趕向祂時，便生產了，

產後的母牛走動著，自由地在草地上吃草，

生下的那隻動也不動的小公牛，卻比父母還年長……[80]

　　在《百道梵書》裡，與創世主直接相關的二元對立則以另一種方式顯現出來：

　　這個世界起初只存在創世之神普拉加帕底；[81]祂心想：「我自己如何能繁衍後代？」他費盡心力地刻苦修行，而後便從嘴裡生出了火神阿耆尼；由於阿耆尼是從普拉加帕底的嘴裡誕生的，[82]所以，一出世便是個嗜食者……普拉加帕底思索著：「我從嘴巴裡生出了阿耆尼這個嗜食者，但這個世界**除了我以外**，卻沒有任何可以讓他吃食的東西。」因為，當時的大地草木不生，仍是光禿禿一片，這樣的思維一直縈繞祂的心頭。後來，**嗜食者阿耆尼便轉而對祂張開大口**……祂本身的崇高感告訴他：「犧牲吧！」祂當時便明白：「我本身的崇高感已對我說話。」於是祂就犧牲了……隨後祂便向上飄升，在上空發光發熱（太陽），之後又繼續上升，在那裡濾淨著一切（風）……因此，普拉加帕底便經由自我的犧牲而得以生殖繁衍。所幸在阿耆尼將要吞食祂的那一刻，祂還能及時把自己從這場死亡的災厄中拯救出

80　*Rigveda* 10, 31,6. DEUSSEN, l. c., p. 140f.

81　創世之神普拉加帕底是宇宙的創造原則，也是力比多。《鷓鴣氏本集》（*Taittirîya- Samhitâ* 5, 5, 2, 1.）：「他創造了萬物之後，便把愛灌注到它們裡面。」DEUSSEN, l. c., p. 191.

82　火和語言都產生於嘴裡，所以，它們之間存在著值得注意的相關性。Vgl. dazu JUNG, *Wandlungen und Symbole der Libido* (Neuausgabe: *Symbole der Wandlung*, p. 239ff.〔GW V〕).

來......[83]

　　犧牲就是放棄很有價值的東西，犧牲者也因為放棄而不至於被吃掉。換句話說，犧牲不僅不會造成對立，反而還導致對立的協調和統一，從而產生了新的力比多形式或生命形式，也就是太陽和風的出現。《百道梵書》還有另一處提到，普拉加帕底有一半是必死之身，而另一半則是永恆不朽。[84]

　　創造萬有的普拉加帕底把自己裂解為公牛和母牛，並以類似的方式，把自己分裂為理智（Manas）和言語（Vâc）這兩個原則。《般遮雲夏梵書》（*Pancavinça-Brâhmanam*）記載著：

> 普拉加帕底孤獨地存在這個世界上；言語就是祂本身，就是祂的第二自我（alter ego）；祂忖度著：「我要讓她（言語）出現，她應該離開我並充滿這個宇宙。」於是，祂便讓她出現，為了充滿這個宇宙，她便離開了祂。[85]

　　當言語在這段引文裡被理解為創造性的、外傾的力比多流動時，就特別引起人們的注意，大文豪歌德還曾把這種外傾的心理活動比擬為心臟跳動時的向外舒張。關於言語和普拉加帕底的關係，德國印度學家阿布雷希特·韋伯（Albrecht Weber, 1825-1901）也曾做過類似的描述：「普拉加帕底確實就是這個世界；對祂而言，言語就是祂的第二自我；她（言語）和祂交媾而受孕後，便離開祂並創造了萬物。在完成創造後，她又回到了普拉加帕底的裡面。」[86]

　　在《百道梵書》裡，言語也具有重要的意義：「言語的確就是智慧的工藝創造之神維什瓦卡馬（Viçvarkarman），因為，整個世界是藉由言語而被

83　*Çatapatha-Brâhmanam* 2, 2, 4. DEUSSEN, l. c., p. 186f.

84　JUNG, *Wandlungen und Symbole der Libido* (Neuausgabe: *Symbole der Wandlung*, p. 334f.〔GW V〕). 請比較其中關於「永不分離的一對」的主題（Dioskurenmotiv）。

85　*Pancavinça-Brâhmanam* 20, 14, 2. DEUSSEN, l. c., p. 206.

86　WEBER, Indische Studien 9, 477. DEUSSEN, *Allgemeine Geschichte der Philosophie* I, 1, p. 206.

創造出來的。」[87] 不過，在這部經典裡的另一處卻對理智和言語之間的主導權之爭，做了不同的裁決：

理智和言語曾經為了取得優先權而發生爭執。理智說：「我比你更好，因為，我無法預知的事，你就不知道該說什麼……」言語接著說：「我比你更好，因為，你已經知道的事，都是由我表明，由我宣布的。」為了解決這個糾紛，他們便懇求普拉加帕底做裁判。普拉加帕底後來贊同了理智的說法，並對言語說：「理智當然比你更好，因為，理智做的事情，你都照著做，都依循著它的軌跡；較差者會效法較優者……」[88]

以上這段文字已為我們指出，創世之神也會分裂成相互對立的言語和理智。然而，這兩個原則——就如同印度學家多伊森所強調的——起初卻存在於普拉加帕底裡面。下面這段出自《般遮雲夏梵書》的引文就顯示了這一點：

普拉加帕底渴望地說：「我要把自己變多，我要增生繁衍！」祂在祂的理智裡不發一語地沉思著；祂的理智裡的一切，都變成了歌曲；祂心想：「這就是我體內的胎兒，我要透過言語把它生出來。」於是，祂創造了言語……[89]

上面這段文字已顯示出，理智和言語這兩種原則在本質上就是不同的心理功能；換言之，理智是一種力比多的內傾，而且還製造了內在的產物；言語則與之相反，它是一種外傾的心理功能。有了這樣的基本認識，我們就可以理解下面這段與大梵有關的文字內容：大梵創造了兩個世界。

87　*Çatapatha-Brâhmanam* 8, 1, 2, 9. DEUSSEN, l. c., p. 207.

88　*Çatapatha-Brâhmanam* 1, 4, 5, 8-11. DEUSSEN, l. c., p. 194.

89　*Pancavinça-Brâhmanam* 7, 6. DEUSSEN, l. c., p. 205.

當大梵進入另一個世界後，便思量著：「我現在如何能讓自己延伸到這兩個世界？」藉由**形態和名稱，他便擴展到這兩個世界裡。……形態和名稱就是大梵的兩大巨獸；誰如果了解大梵的這兩頭巨獸，就會變成牠們。牠們就是大梵的兩大形象。**[90]

略進一步地說，「形態」可以被解釋為理智（理智就是形態，因為，人們透過理智才能了解指涉物的形態），而「名稱」則可以被解釋為言語（因為，人們透過言語才能為指涉物命名）。大梵的兩大「巨獸」化身為理智和言語這兩種功能，所以，大梵便藉由這兩種功能而讓自己得以「伸入」這兩個世界，而「伸入」在這裡顯然有「聯繫」之意。人們憑藉理智，而以內傾的方式「理解」或「接受」事物的形態，並憑藉言語而以外傾的方式賦予事物名稱。換句話說，理智和言語都是指涉物本身的牽涉、適應和同化（Assimilation）。在思維方面，人們顯然還把這兩大巨獸擬人化，夜义（Yaksha）——其語意大致相當於魔鬼或超自然存在體——就是它們的別稱。這種擬人化在心理學上還意味著已擬人化的心理內容的相對自主性，也就是說，這類內容已相對地脫離了人類心理的掌控系統。它們並不服從外來任意的複製，而是自動自發地複製自己，或自動自發地從意識裡脫離。[91] 當自我和某個心理情結彼此無法協調一致時，就會產生分離。我們都知道，在自我和性情結（Sexualkomplex）之間，可以相當頻繁地觀察到這種現象。至於其他的心理情結也會與自我處於分裂的狀態，例如權力情結（Machtkomplex），也就是一切以獲得個人權利為目標的追求和想法的總和。除此之外，人類心理還存在另一種分裂現象：**當意識的自我倚恃本身所青睞的某種功能時，就會和人格的其他組成部分脫離開來。** 這種分離現象也可以被視為自我對於某一特定的功能或功能群的認同。人們如果特別仰賴某種心理功能、且使其發展成唯一的意識適應功能，這種現象就會經常發生在他們身上。

在文學領域裡，《浮士德》這部劇作的主人翁浮士德博士在一開頭的表

90　*Çatapatha-Brâhmanam* 11, 2, 3. DEUSSEN, l. c., p. 259f.

91　Vgl. dazu JUNG, *Über die Psychologie der Dementia praecox*〔GW III〕.

現就是個很好的例子。浮士德人格除了思考以外的所有組成部分，先後表現在惡魔梅菲斯以及他所化身的那隻獅子狗的身上。雖然許多相關的聯想的確已證實，梅菲斯多顯露了性情結，但有些人卻把他的性情結解釋為他與自我的分離，而且還把他當作性壓抑的例子。這樣的說法在我看來，實在過於牽強，也過於狹隘，因為，梅菲斯多這個人物形象不只關乎性，同時也關乎權力。他是浮士德除了思考和研究以外的一切，這一點在梅菲斯多成功和浮士德立下契約的那個時刻，表現得最清楚，更何況那些令人難以想像的可能性之所以會出現，其實與已回復年輕的浮士德無關。總的來說，浮士德本身單單認同某一種心理功能，從而導致與其他所有人格部分的分裂，似乎才是正確的觀點。後來，連浮士德身為思考者的這個部分——由他的助手、後來成為學者的瓦格納所體現——也脫離了他本人。

　　有意識地發展片面的能力雖是最高度發展的文化的表徵，但是，個體不由自主的片面性——也就是只能片面地存在——卻是粗暴野蠻的標記。所以，我們會在一些過著極端生活型態的群體或族群身上發現最片面的分化和發展，比方說，基督教苦行僧粗暴地損害鑑賞的審美興味，而且印度的瑜珈行者和西藏的佛教徒也有類似的表現。因為任何一種片面性的存在而遭受損害，從而無法全面掌握自己的人格，這種情況對人類來說，一直是個不可小覷的危險，比如美索不達米亞的《吉爾伽美什史詩》（Gilgamesh-Epos）就是產生於這種片面性所引發的衝突裡。此外，在那些過著極端生活型態的群體或族群身上所出現的片面的力比多流動，還具有一種著魔的強制性，有點兒類似莽漢的暴怒和瘋狂的濫殺行為。這種粗暴的片面性之所以形成，是因為人們的本能在某種程度上已受到損害而處於萎縮狀態。由於原始人的本能仍健全完善，所以，他們普遍未受到這種粗暴的片面性的危害。

　　個體如果認同某一種功能，該功能和其他諸功能之間就會立刻出現對立的緊張關係。這種片面的認同愈具有強制力，換句話說，把個體往單一方面催逼的力比多愈不受約束，這種片面性就愈偏離常態而愈顯張狂。當人們不由自主地受制於本身狂野的、未被馴化的力比多時，就會表現出著魔的狀態或瘋狂的錯亂狀態。

理智和言語便經由這種方式而成為真正的大魔獸，而對人們產生強大的作用；人們則把一切能產生強大效應的事物視為神祇或魔鬼。在基督教早期的諾斯底教派裡，理智已化身為精明的蛇（Nous），而言語則被擬人化為耶穌基督（Logos）。言語和普拉加帕底的關係，就如同耶穌基督和上帝的關係。我們每天——幾乎可以說——都在經歷理智和言語這兩大魔獸所執行的內傾和外傾。不論在求診的心理患者或在我們自己身上，我們都可以發覺，力比多會以何等的力量強勢地向內或向外流動，或堅定不移地鞏固本身內傾或外傾的態度。力比多一旦產生，就會立刻分成兩道流向相反的能量流，因此，把理智和言語稱為大梵的兩大魔獸確實完全吻合人類的這個心理事實。這兩道力比多的能量流通常會以交替的方式分別往內或向外流動，但有時它們卻會同時往內外的方向流動而造成衝突。這兩股力比多流動的魔力在於力比多本身的優勢性和衝動性。當原始人的本能受到較多的限制時，抗拒片面性的那股自然的、合乎生存目的的反向力比多流動就會受到阻礙，而使得人們開始關注力比多的性質。由於原始人的文化發展仍相當有限，其力比多受馴化的程度只能讓他們以自願和刻意的方式，參與控制力比多流動的內傾和外傾。

三、具有動態規律性的統合象徵

透過印度婆羅門教典籍裡的一些引言，我們追溯了使人類從二元對立獲得解脫的原則的發展，以及二元對立在相同的創造性原則裡的形成過程。從這些探討中，我們得以窺見，人類心理所發生的種種顯然具有規律性，而且我們不難發現，這些心理事實和一些現代心理學的概念有相通之處。印度的宗教經典所傳達的信息讓我們對那些符合規律性的事實發生留下了印象，其中包括了大梵和 Rita 的等同。那麼，什麼是 Rita 呢？Rita 具有多重詞意，諸如秩序、規定、方向、決定、神聖的習俗、規章、神的律法、公理、正義以及真理。相關的語源學資料則指出，Rita 原本的詞意為既定的安排、（正確的）途徑、方向和方針。Rita 所造成的種種事實的發生充斥著整個世界，它尤其顯現在自然力的作用裡，而且這些恆久不變的自然過程還率先讓人們

產生了關於周而復始的規律性觀念：「天空的曙光依循著 Rita 而在黎明時分亮了起來。」維持世界秩序的先祖們已經「依循著 Rita 而把太陽拉上天空」，太陽本身就是「Rita 明亮的、看得見的面容」。Rita 的永恆之輪在天上運轉繞行，穿越輪心的十二支輪輻則象徵一年的十二個月分。火神阿耆尼被稱為 Rita 的後裔。Rita 對人們的作為發揮了真理和道德規範的效應，它要求人們走在正道上。「**誰若跟隨 Rita，就會步上美好的坦途，不會遇上阻礙與磨難。**」

只要文化領域可以作為一種具有魔力的、周而復始的循環，可以促成宇宙種種的發生，Rita 就會出現在文化領域裡。在 Rita 的指示下，地面的河流流動著，天邊的朝霞也綻放出璀璨的光輝。獻祭用的牲口「被 Rita 套上馬具」[92] 後，便被點燃，火神阿耆尼則遵照 Rita 的規定，把牲品獻給眾神。「我純粹用魔力來呼喚眾神，並且用 Rita 來進行我的工作，塑造我的思想」，獻祭者說道。Rita 並未以擬人化的形象出現在印度的吠陀文獻裡，不過，依照法國印度學家阿貝爾・貝庚尼（Abel Bergaigne, 1838-1888）的看法，Rita 仍帶有某些**具體的本質**。既然 Rita 表達了事情發生的方向，因此，便存在「Rita 的道路」、「Rita 的車伕」[93] 和「Rita 的船隻」這些說法，而且有時對眾神也出現了類似的說法：比方說，一些關於 Rita 的形容會被套用在伐樓拿身上，就連老邁的太陽神密多羅也和 Rita 相關（如同前文的敘述）。對於阿耆尼，則有這樣的描述：「如果你全心全意地追隨 Rita，就會變成伐樓拿。」[94] 總之，眾神是 Rita 的守護者。[95] 我在這裡把 Rita 和諸神祇之間的一些重要關係列舉如下：

92　這樣的敘述是在暗指獻祭用的牲口是馬匹，同時也表明了 Rita 這個概念的動態本質。

93　阿耆尼亦被稱為 Rita 的車伕。*Vedic Hymns* in *Sacred Books of the East* XLVI, p. 158, 7, p. 160, 3, p.229, 8.

94　Vgl. dazu OLDENBERG, *Zur Religion und Mythologie des Veda*, 1916, p. 167ff.; *Die Religion des Veda*, p. 194ff. 這裡的引文乃由蘇黎世大學印度學系的阿貝格教授熱心提供，本人謹在此向他表示感謝。

95　DEUSSEN, *Allgemeine Geschichte der Philosophie* I, 1, p. 92.

《百道梵書》：

Rita 就是密多羅，因為，Rita 和密多羅都是大梵。[96]

《阿闥婆吠陀》：

誰若把母牛送給大梵，就可以得到全世界[97]，因為，母牛不僅包含了 Rita 和大梵，也包含了淨化的修行（Tapas）。[98]

普拉加帕底被稱為 Rita 的長子。[99]

《吠陀讚歌集》：

諸神遵行 Rita 的律法。[100]

看到隱身者（阿耆尼）的那個人，便往 Rita 的生命之流走去。[101]

啊，Rita 的智者，您多麼了解 Rita！請掘取 Rita 豐沛的生命之流。[102]

　　上面的這首讚歌是獻給火神阿耆尼的，因為，祂讓人類學會了鑽木取火。（在這首詩歌裡，阿耆尼還被稱為「Rita 的紅色公牛」）。在崇拜阿耆尼的宗教儀式中，鑽木取火已成為生命重生的魔力象徵。Rita 的生命之流被人們掘出並取用，這顯然意味著生命動能 —— 從固定關係中解放的力比多 ——[103] 被再次開發出來。婆羅門教的信徒當然會認為，透過鑽木取火的儀

96　*Çatapatha-Brâhmanam* 4, 1, 4, 10 in *Sacred Books of the East* XXVI, p. 272.

97　譯註：此處的「世界」為複數。

98　*Atharvaveda* 10, 10, 33. DEUSSEN, l. c., p. 237.

99　*Atharvaveda* 12, 1, 61 in *Sacred Books of the East* XLII..

100　*Vedic Hymns*, in *Sacred Books of the East* XLVI, p. 54.

101　l. c., p. 61.

102　l. c., p. 393.

103　力比多的解放會隨著儀式活動的完成而出現。這種解放讓意識得以使用力比多，力比多也因此而獲得馴服，從未馴化的本能狀態轉入可受支配的狀態。在《吠陀讚歌集》裡，還有這麼一節詩

式或頌歌的吟唱所產生的效應，就是客體的魔力效應。但實際上，它卻是主體所「施加的魔法」，也就是主體生命情感的提高、生命力的解脫與強化，以及心理潛力的恢復。

祂（阿耆尼）雖已悄悄離開，但禱告卻仍跟隨著祂。這些祈禱引來了 Rita 的生命之流。[104]

當個體對生命和流動能量的情感又再度湧現時，人們通常會把這種情況和一處泉源的發現、冬冰在春天的融化，或久旱後的降雨做比較。[105] 下面這段讚歌便貼切地闡明了這一點：

Rita 那些哞哞叫的乳牛……由於牠們的乳汁過於充足，而從飽漲的乳房裡滿溢出來。那些河流用它們豐沛的水量切穿岩石，從遠方前來祈求（眾神的）恩典。[106]

這個意象清楚地指出能量張力的釋放和力比多滯積的排解。Rita 在這裡顯現為神的恩賜——即「哞哞叫的乳牛」——的擁有者，以及所釋放的能量的源頭。

以下這段讚歌的內容也吻合了前面那個久旱逢甘霖的意象，也就是力比多的釋放：

迷霧飄動，雲層裡雷聲隆隆作響。已吸飽 Rita 的乳汁的祂（阿耆尼），

句：「當統治者們————這些慷慨的主子們————用本身的力量讓祂（阿耆尼）從深淵裡、從公牛的形體裡顯現出來時……」（*Vedic Hymns*, l. c., p. 147）.

104 l. c., p. 147.

105 Vgl. das *Tishtriya-Lied*, siehe JUNG, *Wandlungen und Symbole der Libido* (Neuausgabe: *Symbole der Wandlung,* p. 446 und p. 494 Anm. 43 ｛GW V｝).

106 *Vedic Hymns*, l. c., p. 88f.

被領到 Rita 最筆直的道路上，並改造了大地。而後，阿利耶門、密多羅和伐樓拿便在天空的下方用空氣灌飽了一只皮囊（雲團）。[107]

吸飽 Rita 乳汁的阿耆尼和那股從厚積的、充滿雨滴的雲層裡爆發出的閃電威力呈現出一種對比。在這裡，Rita 再度成為孕育阿耆尼的能量根源，一如《吠陀讚歌集》[108] 裡所表達的內容。此外，Rita 也是一種途徑，一種符合律則的過程。

他們用歡呼來迎接 Rita 的生命之流。在神的誕生處和寶座旁，這些生命之流是隱藏的。當神把自己散入水裡時，便飲著……[109]

這段讚歌等於是對剛才談到 Rita 作為力比多的根源，做了補充的說明。神就住在這個根源裡，而且還由此而進一步顯現在神聖的儀式中。阿耆尼是過去潛藏的力比多的正面表現，他是 Rita 的實現者或完成者，是 Rita 的「車伕」（請參照前文），並為 Rita 的兩匹長鬃毛的赤色牡馬套上了馬具。[110] 祂對 Rita 的掌握就像在駕馭一匹套著韁繩的馬。[111] 祂把眾神帶到人類的面前，也就是把眾神的力量和恩賜帶給人類。這些來自神祇的祝福，其實就是人類的生命情感和生命能量可以更自由、更幸福地流動的心理狀態，就是冬冰已破裂融化的心理狀態。尼采在《歡悅的智慧》（*Die fröhliche Wissenschaft*）這本以格言風格撰寫而成的著作中，曾用一些美妙的文字捕捉這種狀態：

你那支燃起火焰的長矛
融化了我那已冰凍的靈魂，

---

107 l. c., p. 103.
108 l. c., p. 161, 7.
109 l. c., p. 160, 2.
110 l. c., p. 244, 6 und p. 316, 3.
111 l. c., p. 382, 3.

它現在已朝海洋飛奔而去

正奔向它最大的希望。[112]

此外，尼采的詩句也切合了下面這幾段禱文：

　　但願諸神國度的大門可以打開，Rita 的傳衍者……眾神希望走出這些讓祂們充滿期待的大門而讓自己得以顯現出來。但願黑夜和黎明……孕育 Rita 的年輕母親們一起坐在獻祭的草地上……[113]

　　這段文字的敘述顯然與清晨的日昇有類似之處。Rita 在這裡代表太陽，因為，新的太陽源起於黑夜和黎明。

　　啊，為了獲得救贖，請為我們敞開諸神國度的大門。帶來永恆幸福的牲品已愈來愈多：我們一邊祈禱，一邊走向黑夜和黎明——**走向生命力的傳衍者，走向孕育 Rita 的兩位年輕的母親**。[114]

　　關於 Rita 作為力比多象徵——例如太陽和風等——的概念，我認為已不需要再舉例說明。Rita 這個概念比較不具體，它含有某種方向性和規律性（即某種依照規定的途徑或過程）的抽象元素。它是一個已蒙上哲學色彩的力比多象徵，因此，我們可以直接把它和古希臘斯多噶學派的「命運」（ειμαρμένη）概念做比較。大家都知道，「命運」這個詞語對斯多噶主義者來說，具有雙重涵義，它既是創造性的原始熱能（Urwärme），也是某種符合律則的過程（所以，它還包含了「命運的束縛」這層意思）。所以，這個「命運」概念的特徵會理所當然地成為力比多概念——作為一種心理的能量概念——的內容：能量這個概念本身當然還指涉某種既定的流向，也就是

112　《歡悅的智慧》卷四〈天主教聖人聖雅納略〉（Sanctus Januarius）開場的詩句。

113　l. c., p. 153 und p. 8.

114　l. c., p. 377.

從位能較高處往較低處流動的過程，因此，力比多這個概念就代表著生命過程的能量。

作為能量概念的力比多是一道與強度不一的生命現象有關的量化公式。力比多就跟物理學的能量一樣，會出現各種可能的變化，神話和無意識的幻想就產生於這些變化之中，並顯現在我們的面前。大致說來，這些幻想首先是能量轉變過程的自我呈現。能量轉變過程當然會依循某種法則，也就是該過程所經由的「途徑」。這條途徑相當於直接或間接地達到引發能量的最佳條件及其成果，所以，它絕對是流動和外顯的心理能量的表達。這條途徑就是 Rita。它是「正道」，是生命的能量流，是力比多的能量流，是一條可以讓能量流動過程不斷出現變換的特定**軌道**。此外，這條途徑也是命運，只要命運還取決於個體的心理。總之，Rita 就是我們的天命和存在法則所遵循的途徑。

如果有人聲稱，這樣的方向和主張人類已徹底屈從於本身驅力的**自然主義**（Naturalismus）根本沒啥兩樣，那他就大錯特錯了！因為，這樣的說法不僅預設了人類驅力始終「往下」的趨向，也預設了自然主義是人類處於不當狀態的、倫理道德的墮落。我並不反對人們以這種方式理解自然主義，不過，我們卻必須注意到另一點：那些從表面看來自行其是、最有可能走向墮落的人，比方說原始人，不僅會遵守道德和行為的規範，而且他們在這方面的嚴格要求有時還遠遠超越了我們文明人的道德操守。原始人的善惡觀雖然和我們不一樣，但這並不重要，因為，重點在於他們的「自然主義」已使他們樹立了社會生活的準則和規範。道德觀念並不是帶領以色列人出埃及、過紅海的摩西在西奈山上所領受的那些由上帝親自頒下的律法，道德觀念其實是生命法則的一部分，而且跟房屋、船舶，或其他的文化工具一樣，都形成於正常的生命歷程之中。

力比多的自然流動——這條中間道路——就是全然服從於人類天性的基本法則。與自然法則的協調一致可以讓力比多掌握通向生命的最佳條件的方向，因此，已不需要再另外建立那種超越於人類自然律的道德原則。畢竟生命的最佳條件不會站在粗野的自私自利這一邊，而且人類也從未經由這種利

己主義的路線而達到生命的最佳條件，因為，人類在天性上會自然而然地認為，為周遭的人帶來歡樂是絕對必要的。同樣地，人類也幾乎無法經由個人主義式的擺脫束縛以及毫無節制的渴望，來達到生命的最佳條件，因為，人性強烈的集體要素會使人們渴求群體的認同，而摧毀本身對於赤裸裸的利己主義的喜愛。總之，唯有順從力比多流動的法則——其交替出現的內傾和外傾就如同心臟的收縮和舒張的規律性——人們才能達到生命的最佳條件。這些法則不僅為人們帶來歡樂，也讓人們受到必要的限制，而且還分別依照個人的本性而為他們設定各自的人生使命。所以，我們可以更進一步地說：個體如果無法完成本身的使命，就不可能達到他的生命的最佳條件。

　　一些對於「自然主義」頗不以為然的人士曾表示，人類走上這條中間道路只不過是徹底屈從於本身的力比多。倘若他們所言不假，那麼，一些了解人類思想史最深刻的哲學思考就會失去存在的理由！研究古印度奧義書的哲學往往讓我們留下這樣的印象：走上這條中間道路並不是個簡單的使命。由於我們西方人仍無法擺脫野蠻的本質，所以，會傲慢地看待印度古老的智慧，而且我們的狀態也遠遠無法明白這些思想的極度深刻性以及驚人的心理正確性。我們西方人的文化教養仍如此不足，因此，我們還需要外在的法律、管教者或父親來讓我們知道，什麼是善，什麼是正當的行為。因為，我們仍如此野蠻，所以，我們會把人類與生俱來的天性及其所遵循的路線的法則視為危險的、不合乎倫理道德的自然主義。原因究竟何在？因為，我們還是野蠻人，在野蠻人那層薄薄的文化表皮底下，就是赤裸裸的獸性，正是這種獸性讓我們如此深感不安。不過，人們卻始終無法透過束縛和壓制來克服本身的獸性，畢竟**端正的品德是在自由中形成的**。野蠻人如果放縱本身的獸性，不僅無法獲得自由，反而還因此而受到獸性的奴役。所以，人們若要贏得自由，首先必須戰勝自己的野蠻。原則上，只有感知並察覺維繫個人品德的基礎和動力是基於內在本性、而不是來自外在限制的人，才有可能克服自己的野蠻。但試想，人們如果沒有經歷過這種對立衝突的過程，怎麼能達到這種感知和洞察？

四、中國哲學的統合象徵

在中國哲學裡，我們也可以發現介於二元對立之間的「中間道路」這個概念，也就是所謂的「道」。一提起道，我們通常會聯想到出生於西元前六○四年的中國哲學家老子，不過，道的概念卻早於老子的道家思想。它和中國古老的民間信仰——道教，或天師道——有密切的關聯性。「道」這個字有多重的涵義：道路、方法、原則、自然力、生命力、有規律的自然變化、世界的觀念、一切現象的原因、善、天理，以及合乎道德的世界秩序等等。有幾位西方翻譯家甚至把「道」譯為「上帝」，這樣的翻譯其實不無合理性，因為，中國哲學的「道」就相當於古印度吠陀文獻的 Rita，而且跟 Rita 一樣，都含有些許具體的實質性。

在這裡，我想先從老子的傳世經典《道德經》中，舉出一些例證：

《道德經》第四章：

吾不知誰之子，象帝之先。（白話文釋義：我不清楚道從何而來，是誰生出了它，僅僅知道，道創造了萬物，道的存在先於萬物。）

《道德經》第二十五章：

有物混成，先天地生。寂兮寥兮，獨立而不改，周行而不殆，可以為**天下母**。吾不知其名，強字之曰道。（白話文釋義：有個東西渾然一體，在天地未形成之前，便已存在。無聲無形，絕對獨立，永不變動，周而復始地運行，永不止息，它就是形成天地萬物的那個本源。我不知道它的名號，只能勉強地用「道」來稱呼它。）

為了凸顯道的特性，老子把道比喻為水：

《道德經》第八章：

上善若水。水善利萬物而不爭，處眾人之所惡，故幾于道。（白話文釋義：最上等的善就跟水一樣，水的善利益了萬物，卻不與它們爭奪利益。由於水往下流動，處於眾人所厭惡的低下卑微之地，所以，水有近乎道的精神。）

以下這段引言應該最能表達老子對於人們本有的「特質」的看法：

《道德經》第一章：

故常無欲，以觀其妙。常有欲，以觀其徼。（白話文釋義：當心念回復到自然無欲、清淨無別的狀態時，自能察覺到道體的奧妙。當有所思欲時，皆能合於中道，明白道體的原理原則。）

道與婆羅門教的基本思想的相關性已顯而易見，毋需再舉出它們之間有哪些直接的關聯。老子是一位真正具有原創性的思想家。作為「道」和「Rita─大梵─真我」的基礎的原初意象則普遍存在於人類身上，而且還在各個時空下，不斷出現在原始的能量概念、「靈魂力」（Seelenkraft）或某些被冠以其他名稱的事物當中。

《道德經》第十六章：

知常容，容乃公，公乃全，全乃天，天乃道，道乃久，沒身不殆。（白話文釋義：我們必須認知，唯有常道才能包容，懂得包容才能大公無私，大公無私才能周遍圓融，才能成為天下的聖王。天下的聖王必能符合於道，符合於道就能悠長恆久，終其一生都不會遭遇任何危殆。）

就如同大梵的洞察一般，道的智慧對於世人也具有解脫和提升的作用：人們與道合而為一，就是和永恆的、「創造性的持續存在」（schöpferische Dauer）合而為一。法國哲學家暨一九二七年諾貝爾文學獎得主亨利・柏格森（Henri Bergson, 1859-1941）曾闡述他所謂的「創造性的持續存在」，而且希望人們把他所提出的這個新的哲學概念和一些相關的既有概念相提並論，比如也是時間進程的「道」。除此之外，道還是一個非理性的重要概念，所以，會令人感到相當不可思議。

《道德經》第二十一章：

道之為物，惟恍惟惚。（白話文釋義：道究竟為何物？若有若無，恍惚不定。）

道既是一種存在，也是一種非存在：

《道德經》第四十章：

天下萬物生于有，有生于無。（白話文釋義：天下萬物生成於道的作用，一切有形有象之物皆源自於無形的道。）

《道德經》第四十一章：
道隱無名。（白話文釋義：道始終處於人們所無法察覺的狀態。）

道顯然是以非理性的方式統合了二元對立，因此，它既是象徵，又不是象徵。

《道德經》第六章：

谷神不死，是謂玄牝。玄牝之門，是謂天地根。（白話文釋義：道的幽深宛若谷壑，必有神氣存乎其間。它永不消滅，而且永不止息地發揮作用，故稱之為造化萬有的母親。這個造化萬有的母親就是天地萬有的根源。）

道是創造性的存在體，兼具父母雙方的生殖能力。它是一切萬物的始與終。

《道德經》第二十三章：

故從事于道者，道者同于道。（白話文釋義：所以，修道者的道行就等同於天道在人間的體現。）

成道者已察覺出對立面密切的相互關係以及彼此交替出現的現象，因此，他們可以讓自己從種種的對立衝突當中解脫開來。老子在《道德經》第九章與第五十六章便談道：

功遂身退，天之道。（白話文釋義：在功成名就之後，懂得急流勇退不居功的人才合乎天道。）

故不可得而親，不可得而疏，不可得而利，不可得而害，不可得而貴，不可得而賤。（白話文釋義：同於道的修道者不會落入世俗的親疏、利害與貴賤的區分之中。）

與道合而為一就類似於**孩童**的心理狀態。[115]

我們都知道，赤子之心的心理態度也是基督徒得以進入天國（神的國度）的前提之一。[116] 基督教的教義對於上帝的國度雖不乏一些理性的闡釋，

---

115 請參照老子《道德經》第十、第二十八和第五十五章。

116 譯註：這個教義的典故出自聖經新約〈馬太福音〉第十八章第二、三節：「耶穌便叫一個小孩子來，使他站在他們當中，說，我實在告訴你們，你們若不回轉，變成小孩子的樣式，斷不得進天

但它終究是一個發揮救贖作用的、非理性的主要存在體、意象以及象徵。基督教關於天國的象徵，只是比東方一些類似的宗教概念含有更多的社會性質（國家性質）。在東方，天國的象徵則直接涉及了那些自遠古時代便已存在的**動力論**（Dynamismus）[117] 觀念，也就是事物和人類——或較高層次的眾神與宇宙法則——所形成的魔力的意象。

根據中國道教的思想，道含有**相互對立的**「陰」和「陽」。陽是指溫熱、光亮和男性；陰則是指寒冷、黑暗和女性。陽是天，陰是地。人類靈魂的屬天部分來自陽力的「神」；人類靈魂的屬地部分則來自陰力的「鬼」。人既是一個小宇宙，也是陰陽對立的調和者。天、地和人是構成這個世界的三大要素，即《易經》所謂的「三才」：天道、地道和人道。

在人類漫長的發展裡，中國道家的二元對立與統合的意象是一個相當初始的觀念，因此，我們也可以在一些原始部落民族身上發現類似的觀念，例如西非奈及利亞優羅巴族（Yoruba）的創世神話：歐巴塔拉（Obatala）和歐度杜瓦（Odudua）是孕育人類的天和地。他們在兒子——第一個人類——誕生之前，都同住在一個葫蘆裡。在這個優羅巴族的神話裡，人類作為整合世界的二元對立（天和地）的小宇宙，就跟其他文化所重複出現的那些調解心理對立性的、非理性的**象徵**是一致的。同時，這種人類的原初意象也很容易使我們聯想到詩人席勒曾提出的「有生命的構形」這個能調解矛盾對立的象徵。

依照道家的說法，人類的靈魂是神（或魂）和鬼（或魄）的二元對立。這個中國思想的觀點不僅揭示了一個重要的心理真相，而且還不禁讓我們想起《浮士德》這部劇作裡廣為傳頌的一段：

國。」〈馬太福音〉第十章第十四、十五節：「耶穌⋯⋯對門徒說，讓孩子到我這裏來，不要禁止他們。因為在神國的，正是這樣的人。我實在告訴你們，凡要承受神國的，若不像小孩子，斷不能進去。」

117 譯註：動力論強調，宇宙基本上是由力所構成，而且仍不斷處於力的變動過程之中，因此，我們所感受到的現象的穩定性其實是假象。哲學家柏格森與懷海德（Alfred N. Whitehead, 1861-1947）都是知名的動力論者。

啊，我的胸中住著兩個靈魂，

它們都想與對方分離；

一個對於情愛滿懷憧憬，

想緊緊地抓住這個世界；

另一個卻極力想超越凡塵，

飛向崇高的先祖們的居地。[118]

　　兩種相互背離和對立的傾向不僅把人們導向兩種極端的態度，還使人們捲入世界的精神和物質的二元性當中，而讓人們陷入了一分為二的分裂狀態。有鑑於此，人們的確需要道所包含的非理性的重要意義來調合這種矛盾和衝突。道家的信仰者謹慎地追求一種與道合一的生活，以便讓自己得以脫離二元對立的緊張關係中。既然道具有非理性的重要意義，人們就不可能以刻意的方式達到與它的合一，這也是老子在《道德經》裡不斷強調的。「無為」是道家的另一個重要概念，它的特殊意義就源自於個體毫無意向的狀態。無為並非「無所作為」，而是「不作為」。但是，我們這個時代的偉大和邪惡卻都是理性的「欲有所為」，這便使得人們無法親近於道。

　　個人藉由歸返於道，而擺脫世界的本源所產生的對立的緊張關係，正是道教倫理學的用意所在。所以，我們在這裡還必須談到被後世譽為「近江聖人」的中江藤樹（1608-1648）。[119] 這位十七世紀（江戶時代初期）的日本儒學家以宋代朱熹學派的理學為基礎，而提出「理」和「氣」這兩個原則。理是世界的精神，氣則是世界的物質。不過，理和氣卻互為一體，因為，它們都是神的屬性。它們只存在於祂裡面，而且只透過祂而存在。同樣地，靈魂也包含了理和氣。關於神，藤樹曾表示：「作為世界的本質，神涵蓋了整個世界。祂既存在於我們的周遭，也存在於我們的體內。」他認為，神是**普遍的自我**（allgemeines Ich），而我們裡面的「天」則是**個別的自我**（individuelles Ich），它帶有些許超自然的性質（神性），所以，也被稱為「良知」。良知就

---

118 譯註：此段出自《浮士德》第一部的第二場〈城門外〉（Vor dem Tor）。

119 TETSUJIRO INOUYE（井上哲次郎），*Die japanische Philosophie*.

是「內在於我們的神」，而且存在於每個個體當中。

藤樹還區分了真正的自我和虛假的自我：良知才是**真正的自我**；後天的、由錯誤的想法所形塑的人格則是虛假的自我。人們把虛假的自我稱為「人格面具」，也就是指那套在個人與外在世界交互影響的經驗中所形成的、關於自己本身的整體觀念。套用哲學家叔本華的話來說，人格面具就是個人顯現給自己及周遭世界的**表象**，而不是個人的**所是**。藤樹所謂的良知，才是個人的所是，個人「真正的」自我。良知也被稱為「獨自的存在」或「獨自的察知」，這顯然是由於良知是一種與本質我（Selbst）的本質有關，而與個體受制於外在經驗所形成的所有判斷無關的狀態。藤樹還把良知理解為「至高的善」和「極樂」（即大梵本身的狂喜）。良知是普照世間的光亮，所以，著名的日本哲學家井上哲次郎（1856-1944）也認為，它和大梵非常相似。良知是善、全知、永恆以及人類的愛，邪惡則出自於人類的意志（叔本華的見解！）。良知是一種自我調節的功能，是理和氣的二元對立的協調者和統合者。在印度文化的觀念裡，良知是「住在你心裡的那位古老的智者」。被視為日本哲學之父的中國明代理學家王陽明則表示，每個人的心裡都有聖人存在。只是人們無法對此堅信不移，所以，他便完全隱藏起來。

經過前面的一番論述，我們已經可以理解，足以調解對立的原初意象已成功解決了華格納的宗教樂劇《帕西法爾》所揭露的困境。邪惡的魔法師克林索爾（Klingsor）不僅奪走了聖杯騎士之王安佛塔斯的聖矛，還用那支聖矛將他刺傷。他所承受的痛苦——傷口一直無法痊癒——可以歸因於聖杯與邪惡魔法師的權力——透過奪得聖矛而擁有的權力——對抗所形成的緊張關係。美女昆德麗（Kundry）具有安佛塔斯所缺乏的，而仍具自然性質的生命力，但卻受到克林索爾的魔法的操控。由於純潔的傻子帕西法爾並未落入邪惡或神聖的一方——他既未受到昆德麗美色的誘惑，也沒有機會接近聖杯——因而得以從魔法師克林索爾手上奪回聖矛，繼任為聖杯騎士之王，並以那支聖矛治癒了安佛塔斯的傷口，讓他從此脫離苦難。這個圓滿的劇情發展在心理學上還意味著，帕西法爾已把個體的力比多從先前不斷被驅使的狀態中解放出來。安佛塔斯由於本身的片面性而承受著痛苦，因為，他只顧著

守護聖杯，而讓自己遠離了聖杯的對立面。帕西法爾並未站在任何一方，因此，他能「擺脫二元對立」，從而救贖並療育人類，給予人類更新的生命力，並使種種的對立得以協調一致，諸如光明與黑暗、天與地、男與女、安佛塔斯守護的聖杯與克林索爾奪得的聖矛等。昆德麗最後倒地死亡當然表明了力比多已脫離原先那個自然的、未被馴服的形式（即前面提到的「公牛的形式」），而成為一股代表流動的新生命的力量，而且還出現在聖杯所散發出的神聖光芒中。

帕西法爾擺脫了這種二元對立──部分出於本身的不自覺──而形成力比多能量的滯積，也就是產生新的位能，從而外顯出新的動能。這種顯而易見的性的表達很容易讓我們片面地以為，克林索爾的聖矛和安佛塔斯的聖杯的統合就是性的解放，其實不然。因為，安佛塔斯的命運發展已讓我們看到，他的苦難並非因為他掉入了別人所設下的性陷阱，而是他本身落入了一種自然的、獸性的態度中。他的墮落才是他遭受苦難和失去權力的原因所在。昆德麗的引誘具有象徵性行動的價值，不過，這種行動的意義比較不在於讓安佛塔斯受傷的性欲，而比較在於安佛塔斯那種自然的、受驅力所推動的、由於意志薄弱而沉溺於肉體快感的態度。這種態度也同時意味著，獸性已是我們心理的主要部分。誰若受制於本身的獸性，就會跟那些為了獻祭而犧牲的動物一樣（為了人類的進一步發展），承受著被攻擊的創傷。從前，我曾在《力比多的轉變與象徵》這本著作裡強調，這種現象基本上不是關於性的問題，而是關於力比多馴化的問題。只有當性成為力比多最重要的、最危險的表達方式之一時，這種現象才與性有關。

如果我們在安佛塔斯的遭遇以及聖矛和聖杯的統合裡，只看到性的問題，那麼，我們就會陷入一個無法解決的矛盾：為什麼那支聖矛對於安佛塔斯來說，既是傷害物，同時又是治療物？不過，如果我們從更高層次來看待這種二元對立的統合，也就是把它當作只和支配一切行動──當然也包括性──的態度有關的問題，而不是任何一種形式的性的問題，那麼，這種矛盾就可以彼此相容，而且也是真實的。我必須不斷地強調，分析心理學所看到的實際問題比性和性壓抑更深層。性的觀點對於解釋嬰幼性的（infantil）

心理以及成人的病態心理，當然很有價值，但它卻無法充分而全面地解釋人類的心理。個體**對於性或權力的態度**並不同於個體本身的性或權力驅力。個體的態度不只是一種直覺的、無意識自發的現象，還是一種意識的功能，所以，個體的態度從根本來說就是個體的**觀點**。

實際上，我們對於所有棘手的事物所抱持的觀點，已極度受到某些集體觀念的影響。這些集體觀念塑造了我們通常不會意識到的——難得意識到的——生活氛圍，而且這種氛圍還跟人類過去數百年或數千年來的生命觀和世界觀密切相關。我們是否意識到自己對於這種集體觀念的依賴，這其實不重要，因為，它們早已透過我們所呼吸的氛圍而影響了我們。這些集體觀念往往具有宗教性質，所以，它們通常是一些宗教哲學的觀念。只有當這些宗教觀念表達出集體無意識的原初意象時，它們才會具有集體性質。當集體觀念表達了集體無意識的事實情況，從而觸發了無意識的潛在能量時，集體觀念的宗教性質便於焉形成。人類重要的生命課題——其中也包括性的問題——始終和集體無意識的原初意象脫不了干係。甚至這些原初意象還依照本身所涉及的問題而成為平衡因素或補償因素，從而把生命推向了現實。

這些原初意象反映了人類數千年來適應環境和生存奮鬥的經驗，這一點並不令人訝異。總之，一切重要的生命經歷和最緊張的生命狀態，都會觸及這些原初意象的重要部分，而且人們還會把這些意象轉化為內在現象。個體如果具備足夠的內省力和理解力，就會意識到這種源自於原初意象的內在現象；換句話說，個體便能對於自己的經歷進行思考，而不會毫無所知，只是一味地依循集體觀念，只會在生活中具體地表現出所屬文化的神話和象徵。

第四節　象徵的相對性

一、女性崇拜與靈魂崇拜

基督教以**上帝崇拜**（Gottesdienst）作為統合二元對立的原則，佛教在這方面則採取**自性崇拜**（Dienst am Selbst）——即自我發展——的方式。此

外，在歌德和施皮特勒作品的**女性崇拜**（Frauendienst）**的象徵**裡，我們還發現，這兩位文學家選擇了**靈魂崇拜**（Seelendienst）作為解決對立衝突的原則。更確切地說，這種靈魂崇拜兼具兩個原則：一方面是現代的個人主義的原則；另一方面則是原始的、多神信仰的原則，而且不只每個部落，甚至每個氏族、每個家庭和每個個人都受到本身特有的宗教原則的制約。

既然歐洲的中世紀是孕育西方個人主義的搖籃，日耳曼民間在中世紀時期關於浮士德的傳說便因此而具有相當特殊的意義。浮士德的故事不僅開啟了女性崇拜，而且男人的靈魂——作為一種心理因素——還由於這種崇拜而被顯著地強化，因為，女性崇拜就意味著靈魂崇拜。關於這一點，中世紀晚期義大利詩人但丁在他的敘事史詩《神曲》裡，有最精采、最完整的表達。

詩人但丁也是自己心愛的女子碧雅翠絲的精神騎士；為了她，但丁挺過了在地獄和天堂裡的種種冒險。在這場英雄式的行動裡，碧雅翠絲的形象已被提升為超越凡塵的、神祕的聖母。同時，這個女性的人物形象還脫離了客體，而成為純粹的心理事實（無意識內容）的擬人化，也就是我所謂的「靈魂」。在《神曲》的〈天堂篇〉的第三十三首詩（也是〈天堂篇〉的最後一首詩）裡，天主教聖徒聖貝納多（St. Bernhard）所念誦的禱詞已彰顯出詩人但丁的精神發展的高峰。

　　啊！處女，聖母，妳兒子的女兒，
　　妳比曾經存在的一切更謙卑、更崇高，
　　這是坐在永恆寶座的天主的旨意，
　　妳使人類的本質變得如此高貴，
　　帶來至善的天主揀選了妳，
　　成為妳肚腹裡的胎兒。

我們還可以在這份禱詞的第二十二至第二十七行、第三十一至第三十三行以及第三十七至第三十九行，看到但丁思維的發展：

他從宇宙最深的深淵來到這裡，
他從一個國度來到另一個國度，
既看到也知曉靈魂的種類與存在，
他懇求你賜給他力量，
讓他可以提高自己的眼界，
看到終極的救贖。
……
你的禱告已經驅散了
所有圍繞在他那必死之身的雲霧！
至高無上的幸福和美好應該展現在他的面前！
……
願他抵拒世俗的誘惑，
請看碧雅舉絲，請看眾多洋溢神的榮光的聖徒，
他們都與我一同以合十的雙手虔敬地祈求！

但丁在這裡藉由聖貝納多口裡所說出的情況，已顯示出他的本質的轉變與提升。同樣的轉變也出現在浮士德身上：他曾透過惡魔梅菲斯多的法術而多次改換自己的面貌，也就是改變自己的本質。他所仰慕的女性則隨著身分的變化，從純情少女葛蕾卿換成絕世美女海倫，身亡之後則轉而尊崇天上的榮光聖母——他的愛戀的最高目標——而此時的他已化身為崇拜瑪利亞的博士（Doktor Marianus）。在這齣戲劇的結尾處，博士還向這位童貞聖母禱告說：

統治世界的至尊女王，
請讓我在這片藍色的
高遠遼闊的蒼穹裡
觀看妳的奧祕！
請讓我擁有能莊嚴而溫柔地

感動男子內心的一切
並讓我把自己那份神聖的愛慕
呈現給妳。
妳若威嚴地下令，
我們的勇氣便無可撼搖；
妳若滿足我們，
我們的熱情就會突然緩和下來。
處女，最美好的純潔，
聖母，值得尊崇的榮耀，
為我們而挑選的女王，
妳可以與諸神平起平坐。
……
所有已悔改的柔弱者，
請抬頭仰望拯救者的眼神，
你們的命運已承受永恆的幸福，
你們滿心感激地脫胎換骨！
所有品格高尚的人
將樂意為妳效命！
處女，聖母，女王，女神，
請永遠恩寵我們！

在這個脈絡下，我們還應該提到羅馬天主教禮拜儀式中的〈聖母瑪利亞啟應禱文〉（Die Lauretanische Litanei）。在這份禱詞中，聖母瑪利亞這個象徵包含了一些意義深長的特徵：

妳是令人傾慕的母親，
妳是了不起的母親，
妳是良言相勸的母親，

妳是正義的鏡子，

妳是智慧的寶座，

妳是我們喜樂的源頭，

妳是基督教會的器皿，[120]

妳是令人尊崇的器皿，

妳是出色的、信仰虔誠的器皿，

妳是基督教會的玫瑰，

妳是大衛之塔，

妳是象牙之塔，

妳是黃金之屋，

妳是《舊約聖經》裡的那只約櫃，

妳是天國的大門，

妳是黎明的晨星。

　　上述的特徵已彰顯出聖母瑪利亞的形象所具有的功能上的意義。這些特徵讓我們看到，靈魂意象如何影響作為信仰虔誠的器皿、穩固的形式，以及作為智慧和重生的源頭的意識態度。

　　羅馬教會的先知赫瑪斯在西元一四〇年左右撰寫《赫瑪斯牧人書》（*Der Hirte des Hermas*）。這本基督教早期的信仰懺悔錄以最簡練緊湊的、最清楚明瞭的形式，呈現出女性崇拜如何轉為靈魂崇拜的典型變化過程。這份以希臘文書寫的、篇幅不多的著作記載了一連串的靈視和神啟，從整體來說，這些內容充分顯示了作者本身對於信仰當時剛興起的基督教的堅定態度。這本薄書曾有一段時期被編入《新約聖經》，但後來卻沒有被收錄在《穆拉多利殘篇》（*Muratorischer Kanon*；即目前已知《新約聖經》書卷目錄最古老的紀錄）中。以下所節錄的內容是它開頭的第一段：

---

[120] 「器皿」（Gefäß）是基督教常用的專有名詞，意指「載體」。

　　從前撫養我的那個男主人，把我賣給羅馬城裡的一位名叫蘿達（Rhoda）的女人。在我重獲自由的許多年後，我又與她相遇。一開始我就像愛自己的姊妹那般地愛她。一段時間過後，有一天，我看見她在臺伯河（Tiber）裡沐浴，便伸手幫她，將她拉上河岸。當我看到她那曼妙的身軀時，心裡便這麼想：「如果我能擁有這麼漂亮、這般模樣的妻子，那該多麼幸福啊！」這是我當時唯一的願望，此外別無他求。[121]

　　以上這段內容是本書接下來所敘述的一段靈視式插曲的開端：先知赫瑪斯似乎曾當過蘿達的奴隸，後來，就像當時經常發生的那樣，他獲得了釋放而恢復自由身。此後，他與她再度重逢，或許是出於內心的感激或歡喜，他對她的愛意便油然而生，只不過他在意識上依然認為，這種情愫只是一種手足之愛。赫瑪斯當時已歸信基督教，而且隨後的內容還顯示，他當時已結婚生子，因此，父親和丈夫的身分很容易使他壓抑本身的情欲要素。這種特殊的處境雖有許多尚未解決的問題，但卻讓他更容易意識到本身那個情色的願望。他確實在念頭上希望蘿達成為他的妻子，但就像他在書中所強調的那樣，他已把自己限制在一個簡單的確信裡：向蘿達進一步的、直接的告白會立即遭到道德的制止。當這股被壓抑的力比多在無意識裡活化了靈魂意象並產生自發的效應時，無意識就會因此而出現劇烈的轉變。現在讓我們來看看接下來的發展：

　　過了一段時間，我動身前往庫美（Cumae），沿途上還一路讚美上帝造物的美好、偉大與氣勢。走了一段路程之後，我便感到昏昏欲睡。一個鬼魂突然抓住我，帶著我穿越一片荒無人蹤、沒有路徑的地帶。那裡到處都是溝壑和水流，我便越過一條河，來到一片平地之後，便跪下來向上帝祈求並坦承自己的罪愆。當我這麼禱告時，天穹便頓時開啟，而且我還看到了我暗戀的那個女人。她從天上問候我並對我說：「歡迎你，赫瑪斯！」我看著她並

---

[121]　{MIGNE PG II col. 891ff.}

對她說：「我的主人，妳在天上做什麼？」她回答：「我上來這裡，為了向天主控告你所犯下的罪惡。」我問她：「妳現在要控告我？」「不，」她說，「你只要記住我現在對你說的這番話。住在天國的上帝從無創造了有，而且為了地上的教會，祂還使萬物繁衍擴增。因為你犯下侮辱我的罪，上帝便對你發怒了！」我不解地反問她：「我犯了侮辱妳的罪？我何時何地曾對妳口出惡言？難道我沒有像尊敬女神那般一直對妳畢恭畢敬？難道我沒有把妳當作自己的姊妹般地對待妳？為什麼你要拿這麼惡劣和骯髒的事情來誣告我？」她面帶微笑地答道：「你的心裡已經有犯罪的欲望。你是不是認為，內心出現罪惡的欲望對於一個正直的男人來說，並不是什麼罪行？不，那就是一種罪過，而且還是一種嚴重的罪過，因為，正直的男人應該追求正直的事物。」[122]

　　大家都知道，孤獨的漫遊很容易使人產生幻想。赫瑪斯在獨自前往庫美的旅途中，大概都在思念他的女主人蘿達，因此，受潛抑的色情幻想便把他的力比多往下拉入無意識裡。由於意識強度隨著力比多的流出而降低，他就變得昏昏欲睡而進入夢遊或恍神的狀態。這種狀態和特別強烈的、能徹底征服意識的幻想無異，不過，色情的幻想當時並沒有浮現在他的腦海裡，而是他覺得自己似乎被帶到另一個地方，似乎是在幻想裡渡過河流，並一路穿越那片沒有路徑的荒地。這麼一來，無意識便以另一個與現實相當的、或超自然的世界出現在他的眼前，而且這個世界裡所發生的種種以及人們的活動都和現實的世界相仿。此時他的女主人不是以色情的幻想，而是以天上的女神這種「神性」的形式出現在他的面前。這個情況恰恰表明，被潛抑到無意識的色情印象活化了既有的、女神的原初意象，也就是人類最初始的靈魂意象。

　　色情印象顯然在集體無意識裡已經和一些古老而原始的殘留物結合在一起。這些殘留物保存了遠古時代所遺留下來的、關於女性本質的強烈印象的痕跡，也就是關於母親與令人渴慕的處女的女性印象的殘餘。這些女性印象

122　{l. c.}

具有強大的威力，因為，它們可以在孩童和成熟男人的內心激起強大的力量，這些力量還輕易地擁有神性的特質，即那些不可抗拒、絕對令人信服的屬性。人們對於這種威力就是魔力的察知幾乎不是得力於道德的潛抑，而是得力於心理有機體的自我調節，而且心理有機體還會試圖透過轉變，讓本身不至於失去平衡。激情會無條件地驅使人們進入另一條軌道，並形成相反的立場。當激情處於巔峰狀態時，如果心理能夠完全抵拒激情本身的那股令人著迷的力量，就能把偶像從那個令人無限渴望的外在情欲對象身上摘除，並強迫人們轉而向內在的神祇意象跪拜。這麼一來，人們就可以從情欲對象的魅惑中解放出來，再度回到自己身上，並敦促自己重新在眾神和世人之間找到一條自己的軌道，同時順服於自己本身的律則。原始人的內心懷有強烈的畏懼，他們一看到不尋常的事物，就會認為那和巫術及魔力有關，而感到驚恐不已。不過，這種恐懼卻可以讓他們謹慎小心，而免於失去自己的靈魂。原始民族都害怕靈魂的喪失，因為，丟失靈魂的結果不是生病，就是死亡。

靈魂的喪失相當於失去了自身某一部分的本質，也相當於一種情結的解除和消失。靈魂一旦喪失，個人的意識就會受到專橫地控制，而不再擁有自主性。此外，個人也會因此受到全面的壓制，不僅被趕離自己原本的軌道，並且還被迫從事某些盲目而片面的、必然會導致自我毀滅的活動。我們都知道，原始人會陷入濫殺無辜、暴跳如雷、狂熱等這類激動的狀態中。所以，原始人對於內在力量的魔力性質的認識等於是給自己一種有效的保護，因為，這樣的察覺會讓某些令人著迷的外在客體立即喪失魔力，而且他們還會把魔力的根源轉移到魔鬼的世界，即無意識，激情的力量實際上也源自於此。一些召喚神靈或鬼魂的儀式其實是為了帶回靈魂，並解除某些魅惑人心的魔力，由此可見，這類儀式也有助於力比多往無意識回流。

這種心理機制顯然也在赫瑪斯身上起了作用。蘿達成為天國女神的轉變已讓赫瑪斯真正的情欲對象（肉身的蘿達）喪失了那股墮落的、引發激情的力量，於是，赫瑪斯便順服了自己的靈魂以及靈魂的集體使命的法則。無疑地，他本身的能力讓他可以更深刻地影響他那個時代的精神思潮。此外，他還因為自己的兄長後來高升為羅馬主教和教宗——即庇護一世（Pius I, ?-c.

155）——而受到教會高層的徵召，並被委以時代的重任，這是曾身為奴隸的他萬萬沒有料想到的事。總之，在那樣的時代裡，無論多麼傑出的人都無法持續抵制傳揚基督教的時代性任務，除非他的民族的限制和使命迫切需要他在這個時代精神的劇烈變動過程中，發揮另一種社會功能。

正如外在的生活條件會逼迫人們履行某些社會功能一般，靈魂的集體使命也會強制把人們的想法和信念社會化。赫瑪斯後來因為一些親身的經歷以及激情的發動而蒙受心理的創傷，從而出現了一些轉變。情欲的誘惑使得他的女性崇拜後來轉化為靈魂崇拜，他也因此而受到引導，完成了被賦予的精神性質的社會任務。這種任務對於那個時代而言，具有某種程度的重要性。

為了讓赫瑪斯能勝任這個任務，他的靈魂顯然有必要清除內心最後一絲情欲的念想，也就是徹底斷絕與情欲對象之間的牽連，而最後一絲情欲則是指他的自欺。赫瑪斯刻意否認自己懷有色情的願望，但這種否認並不表示，他確實毫無色情的意念和幻想，它充其量只凸顯了一個事實：這種敗德的願望如果不存在，他會覺得比較舒坦。因此，他的女主人——已化為升天的靈魂——便毫不留情地揭露他的罪惡，使他得以脫離自己與情欲對象（她的肉身）之間仍殘存的隱密關係。作為「信仰虔誠的器皿」，她曾接收了赫瑪斯無端耗費在自己身上的激情，不過，赫瑪斯如果要完成本身所肩負的時代任務，就必須擺脫感官的束縛，並且讓群體的集體性淹沒自己——即原始社會的「神祕參與」——因此，存在於他內心的最後一絲情欲也必須根除殆盡。

由於那個時代的人們已不願再受到感官的束縛，為了重新恢復心理的平衡，他們的心理勢必會出現進一步的發展與分化。當時試圖恢復人們的心理平衡的哲學家大多屬於斯多噶學派，但他們在這方面的努力，卻受制於本身所主張的理性主義而終以失敗收場，因為，理性只會為那些理性已成為他們的平衡器官的人帶來心理的平衡。不過，話說回來，在那個歷史時期裡，究竟有多少人的理性已成為他們內在的平衡器官？一般說來，人們除了自己所身處的狀態之外，還必須擁有相反的對立面，如此才能勉強自己在對立的二者當中，找到適當的中間位置。如果只是基於純粹的理性，人們為了顧及生存的品質，決不會放棄當下狀態的生命力的勃發和感官的愉悅。然而，在世

俗短暫的權力與樂趣之外，人們還必須保有永恆的喜悅這個對立面；在感官的激情之外，還必須有超自然的虔誠信仰這個對立面的存在。如果後者對於人們具有無可否認的真實性，那麼，前者對於人們便具有絕對的有效性。如此一來，人們的內在便達到了平衡。

洞察本身色情願望的存在，讓赫瑪斯有機會可以贊同這種形而上的實在性，換句話說，他的靈魂意象也藉此而取得先前附著在具體的外在客體上的感官力比多（sinnliche Libido）。這種感官力比多也賦予了靈魂意象（內在的偶像）一種實在性，也就是外在的感官對象向來為了本身的存在所需要的那種實在性。這麼一來，赫瑪斯內在的靈魂就可以挾著本身的實在性效應來發言，並成功地實現自己的要求。

蘿達從天上對赫瑪斯說完話之後，便消失得無影無蹤，天穹也隨即閉合起來。之後，出現了一位穿著發亮長袍的老婦人，她一開口，便出言教訓赫瑪斯說，他內心的色情願望有悖於崇高的精神，是罪惡、荒唐的意圖。不過，上帝對他發怒的原因卻不是他的色情願望，而是他對於家人的罪愆的容忍。經由這種巧妙的方式，赫瑪斯的力比多就被完全拉離了他的色情願望，並在接下來的轉變裡，被導入他所承負的社會任務當中。為了盡可能降低色情要素的重要性，赫瑪斯的靈魂便拋開了蘿達的形象，轉而接受了一位老婦人的面貌，這樣的狀況讓赫瑪斯感到相當自在。後來，赫瑪斯還透過神啟而知悉，這位老婦人代表著基督教會本身。在這個象徵裡，具體的個人已被抽象化，抽象的觀念也獲得了前所未有的真實性和事實性。然後，這位老婦人還拿著一本很神祕的、專門攻擊異教徒和叛教者的書讀給他聽，但他卻無法理解其中的涵義。我們後來才知道，原來這本書負有某種使命。這位老婦人還指派他擔任她的騎士，當然，這項任務也不乏德行方面的考驗，因為，沒過多久，他便出現了一個幻覺。在那個幻覺裡，那位老婦人也現身在他的面前，並向他承諾，會在四個鐘頭之後再度與他會合，並親自向他解釋上帝的啟示。於是，他便依照她的指示朝鄉下出發，前往約定的碰面地點。當他抵達時，發現該處擺著一張象牙製的床鋪，上面鋪著質地細緻的亞麻布床單，還放著一只枕頭。

當我在那裡看到這些東西時，感到十分訝異。由於我那時落單，看不到半個人影，便頓時感到毛骨悚然，全身發顫，彷彿就要大難臨頭一般。當我恢復鎮定後，便想起上帝的榮耀而重新鼓起勇氣，像往常一樣，跪在地上向祂悔改。不久，那位老婦人便帶著六個我曾見過的年輕人朝我走來。她在我身邊停了下來，傾聽我向上帝的禱告和認罪，然後便撫摸我，並對我說道：「赫瑪斯，你不該只為自己的罪過而祈求，你還應該為正義而祈求，這樣你就可以把正義帶回你的家中。」她將我扶起來，牽著我走向那張床舖，並對那幾個年輕人說：「離開吧！去幹活！」。當他們走開，只剩我們兩人獨處時，她便指著床緣對我說：「你坐下吧！」我謙讓地說：「您先坐下吧，長幼有序。」她答道：「你要聽我的，我叫你坐你就坐嘛！」不過，當我正想坐在她的右邊時，她卻用手示意我坐到她的左邊。我當時對她不讓我坐在她的右邊感到困惑不解，她見此狀便對我說：「赫瑪斯，你覺得難過嗎？右邊的位置是給那些已蒙神喜悅的、為上帝之名而受苦的人坐的。如果你想跟他們坐在一起，就還需要在信仰上大大地提升自己。你如果能繼續保持你的單純，將來一定可以和他們坐在一起。這些位置會保留給所有已完成應該完成的工作、已忍受應該忍受的苦難的人。」[123]

赫瑪斯其實很容易對這種情境產生情欲的誤解，因為，他與老婦人在「一個優美而隱密的地方」會面總讓人覺得那是一場情侶的幽會，況且擺在那裡的那張造價不斐的豪華床榻還會讓人聯想到性愛。所以，赫瑪斯當時內心會感到驚恐是可想而知的。為了不讓自己落入不敬虔的心境，他顯然必須強烈地制止自己出現任何色情的聯想。他雖然在敘述中坦承自己當時的恐懼，但這不一定表示，他已認識到這樣的會面是一種情欲的誘惑。我們並不需要質疑他在書寫時是否誠實以告，畢竟那個時代的人普遍說來比我們現代人更接近自己的本性，更能直接察覺並正確察知自己本身那些自然而然的反應，所以，應該比我們現代人更容易誠實地表達自己。

---

123 {l. c.}

　　在這種情況下，赫瑪斯向上帝認罪的懺悔應該跟他察覺到自己懷有不敬虔的情感有關。無論如何，接下來出現的那個該坐在左邊或右邊的問題已經預示，他即將受到老婦人的一番道德訓誡。雖然在羅馬的命理占卜中，從左方出現的徵兆代表吉利，但希臘人和羅馬人卻極為普遍地把左邊視為不利，而且「左邊」這個詞語還帶有「不祥」的雙關涵義。然而，這裡所探討的左邊和右邊的問題卻無關於古希臘羅馬時代的民間迷信，而是關於《新約聖經》的一處記載，即〈馬太福音〉第二十五章第三十三節：「把綿羊安置在右邊，山羊在左邊。」綿羊由於本身無害而溫順的本性，故為善的象徵；山羊由於本身粗野難馴的、放縱的本性，故為惡的象徵。當老婦人指示赫瑪斯坐在她的左側時，我們便可以知道，她在向他暗示，她已看穿他的內心。

　　當赫瑪斯滿臉不悅地在老婦人的左邊坐下時——誠如他在書中所描述的——老婦人便在他的眼前展開一幕又一幕的幻影：他看到剛才離開的那幾位年輕人正帶領數萬名男工建造一座巨大的高塔，塔身由石塊緊密地砌疊而成，毫無縫隙。就赫瑪斯所知，這座緊實無縫、穩若磐石、堅不可摧的巨塔就是教會的象徵。所以，**不僅老婦人是教會，連這座巨塔也是**。我們在前面的〈聖母瑪利亞啟應禱文〉裡已看到，聖母瑪利亞被形容為大衛之塔和象牙之塔，它們似乎和赫瑪斯在幻影中所看到的巨塔有類似或相同的關聯性。高塔無疑代表著穩固和安全，《舊約聖經》的〈詩篇〉第六十一篇第三節便說道：「因為你做過我的避難所，做過我的堅固臺，讓我脫離仇敵。」一些特別有力的內在反證，幾乎已排除上述的高塔和《舊約聖經》裡的那座象徵人類傲慢的巴別塔之間所存在的某種程度的類似性，不過，它們卻還是被聯想在一起：赫瑪斯也跟當時基督教界的有識之士一樣，由於親自目睹不斷發生的教會分裂，以及正統和異端的路線鬥爭等這些令人沮喪的光景，而感到痛苦不堪。這些關於教會的負面印象，也是他撰寫《赫瑪斯牧人書》這本信仰懺悔錄的主要原因，而且裡面的內容就跟老婦人為他誦讀的那本與神啟有關的神祕之書一樣，都在抨擊異教徒和叛教者。上帝為了阻止人們修建一座能通天的巴別塔，便打亂他們的語言，讓他們不能明白彼此的意思而無法繼續建造這座高塔；同樣地，這種語言混亂的情況也出現在基督教會剛建立的那

幾個世紀裡，因此，教會必須要求信徒們拚命地努力，以克服這種混亂的情況。由於早期的基督教界遠遠無法像一個牧人帶領他的牛群或羊群那樣得心應手，所以，赫瑪斯當然由衷盼望能找到一位能幹的「牧者」，找到一座穩固而安全的高塔，而且這座高塔還能把來自四方八方的風、山巒和海洋的要素統合成一個固若金湯的整體。

俗世的欲望，以及表現在各種形式上、附著於周遭世界的吸引力、並強制把心理能量分散在世界無限多樣性的感官性，就是讓群體的態度達到目標一致的主要障礙，而這種障礙的鏟除必然成為赫瑪斯那個時代最重要的使命。所以，我們會在《赫瑪斯牧人書》中看到這項使命的達成，這是可以理解的。我們已經看到，赫瑪斯原先情欲的激起以及因此所引發的能量如何被導入無意識情結的擬人化裡，也就是那位老婦人的形象裡。老婦人透過本身那種靈視式的顯現，而反映出她所依據的無意識情結的自發性。此外，我們還知道，老婦人——即教會——似乎變成了一座塔，因為，塔也是教會。這種象徵的轉換會讓人們感到訝異，因為，塔與老婦人之間的關聯性並不明顯。所幸的是，〈聖母瑪利亞啟應禱文〉對於聖母瑪利亞的形容——大衛之塔和象牙之塔——可以幫助我們發掘這種關聯性。這些形容並非憑空想像出來的，而是出自於《舊約聖經》〈雅歌〉第四章第四節：「你的頸項好像大衛建造收藏軍器的高臺。」此外，〈雅歌〉第七章第四節——「你的頸項如象牙臺。」——和第八章第十節——「我是牆，我兩乳像其上的樓。」——也都有類似的說法。

我們都知道，〈雅歌〉本是一首世俗的愛情長詩，或許還曾是婚禮時吟唱的詩歌，因此，直到相當晚近，猶太教學者仍拒絕把嚴肅性不足的〈雅歌〉收錄於《舊約聖經》中。[124] 關於信仰的奧祕，〈雅歌〉的作者基於人類正常的本能而把肉欲的情感導入上帝與其所揀選的子民（以色列人）的關係中，因此，偏好把新娘視為以色列選民，而把新郎視為耶和華的詮釋。基督教就是基於這樣的理由而把〈雅歌〉收錄在《舊約聖經》裡，並沿用它的信

---

124 譯註：猶太教拒絕承認耶穌基督的神性，因此，謹奉《舊約聖經》為其宗教經典，而排除了《新約聖經》。

仰詮釋而把婚配的新郎和新娘理解為基督與教會。這種類比特別能迎合中世紀歐洲人普遍的心理，而且還鼓舞了基督教神祕主義直截了當地展現對於主耶穌的愛慕（Jesusminne），十三世紀著名的日耳曼女神祕學家梅席特希德‧馮‧馬格德堡（Mechthild von Magdeburg, ca.1207- ca.1282）就是一個最好的例子。〈聖母瑪利亞啟應禱文〉便在這樣的時代精神裡應運而生，其所呈現的某些聖母瑪利亞的屬性則是來自〈雅歌〉的內容，關於這一點，我們已經在前文探討聖母與塔的象徵裡談過。基督教初期的希臘教父早就用玫瑰和百合花來形容聖母瑪利亞，這些比喻其實全來自〈雅歌〉第二章第一、二節：「我是沙崙的玫瑰花，是谷中的百合花。我的佳偶在女子中，好像百合花在荊棘內。」「關鎖的園」和「封閉的泉源」這兩個經常出現在中世紀聖母讚歌的意象則出自〈雅歌〉第四章第十二節：「我妹子，我新婦，乃是關鎖的園，禁閉的井，封閉的泉源。」這些比喻的色情性質顯而易見，基督教初期的教父還曾對此表示接受，比方說，聖安布羅斯（St. Ambrosius, 340-397）曾把「關鎖的園」解釋為處女的童貞，[125] 而且還把聖母瑪利亞比作那只裝著剛出生的摩西的蒲草箱：

> 童貞的聖母瑪利亞就像那只蒲草箱。摩西的母親為剛出生的摩西準備了那只藏匿他的蒲草箱；同樣地，上帝的智慧──即上帝的兒子──也揀選了貞潔的處女瑪利亞，並讓她的肚腹孕育人的生命。上帝便藉由誕生的聖子而成為神性和人性的統一體。[126]

與聖安布羅斯同時代的神學家奧古斯丁，則把聖母瑪利亞比喻為新娘的臥房，而且這個經常被後世人使用的比喻還蘊含著人體解剖學的涵義：「他為自己選擇了一間潔淨的新娘臥房，身為新郎的他將在那裡和新娘圓房。」「他來自於這間新娘的臥房裡，也就是處女的肚腹裡。」[127]

---

125 AMBROSIUS, *De Institutione Virginis* in MIGNE PL XVI col. 335f.

126 AMBROSIUS, *Expositio beati Ambrosii Episcopi super Apocalypsin.*

127 AUGUSTINUS, *Sermo* 192 in MIGNE PL XXXVIII col. 1013.

　　當聖安布羅斯所表示的見解與奧古斯丁的看法類似時，他把「器皿」解釋為子宮就是一種穩妥的作法：「基督為自己所揀選的器皿不是來自地上，而是來自天國。他藉由這個器皿而降世為人，並神聖化了這個恥辱之殿。」[128] 早期的希臘教父也經常在他們的神學著作裡使用「器皿」這個詞語，而且似乎是依據〈雅歌〉所採用的色情的象徵手法。儘管聖經的拉丁文通用譯本（Vulgatatext）裡沒有「器皿」這個字眼，但卻出現了杯子和飲酒的意象，比方說〈雅歌〉第七章第二節：「你的肚臍如圓杯，不缺調和的酒。你的腰如一堆麥子，周圍有百合花。」與第一句的語意類似的是，流傳自十五世紀日耳曼地區的《工匠詩歌集：科爾瑪手稿》（*Meisterlieder der Kolmarer Handschrift*）的一首詩歌。該作者曾把聖母瑪利亞比喻為一位撒勒法（Sarepta）寡婦的小油罈：「以利亞被差遣到西頓地區（Sydonien）的撒勒法，並接受一位寡婦的供養；我的肉身就好比她的肉身，因為，上帝為了改變我們這個飢荒的時代，已經把先知派給了我。」[129]「在處女的肚腹裡，同時有一堆麥子和美麗的百合花叢孕育著，因為，他讓麥粒和百合花在那裡生長……」，[130] 這個安布羅斯的說法則類似〈雅歌〉第七章第二節的第二句。在天主教的文獻裡，[131] 器皿象徵（Gefäßsymbolik）也來自《舊約聖經》，例如〈雅歌〉第一章第二節：「願他用口與我親嘴，因你的愛情比酒更美。」以及〈出埃及記〉第十六章第三十三節：「摩西對亞倫說，你拿一個罐子，盛滿一俄梅珥嗎哪，存在耶和華面前，要留到世世代代。」

　　以上所闡述的基督教的器皿象徵和聖經內容的關聯性其實是牽強的，這些內容反而還彰顯了器皿象徵並非出自聖經的事實。有鑑於中世紀頌讚聖母的教會詩歌毫不避諱地把所有和童貞處女有關的、珍貴的一切比喻為聖母瑪

---

[128] AMBROSIUS, *De Institutione Virginis* in MIGNE PL XVI col. 328.

[129] 譯註：這段詩歌的典故出自《舊約聖經》〈列王紀上〉第十七章第九至第十節：「你起身往西頓的撒勒法去，住在那裡。我已吩咐那裡的一個寡婦供養你。以利亞就起身往撒勒法去，到了城門，見有一個在那裡撿柴。以利亞呼叫他，說，求你用器皿取點水來給我喝。」

[130] AMBROSIUS, l. c. col. 341.

[131] SALZER, *Die Sinnbilder und Beiworte Mariens in der deutschen Literatur und lateinischen Hymnenpoesie des Mittelalters*.

利亞，因此，器皿象徵的起源很可能與聖經這部基督教經典無關。基督教會使用器皿象徵由來已久，最早可以追溯到基督教創建時期的第三、第四世紀，這個歷史事實與該象徵的世俗根源並沒有矛盾，更何況早期的教父喜歡援引聖經以外的、「非基督教的」比喻：例如特圖良 [132] 和奧古斯丁 [133] 等神學家，曾把處女比喻為未受玷汙的土地和未耕犁過的田畝，他們當時顯然看過一些出現在祕密宗教儀式裡的處女，而留下了相關的印象。當代比利時考古學家法蘭茲・坎蒙（Franz Cumont, 1868-1947）便曾以中世紀早期教會書籍插畫裡先知以利亞升天——以古希臘民間所信奉的太陽神密特拉（Mithra）為樣板——的例子，說明基督教關於處女的譬喻如何經由非基督教的思維模式而產生。許多基督教的習俗其實是早期教會從其他宗教採借而來的，甚至連耶穌基督的出生都與「所向無敵的太陽的誕生」有關。基督教早期教父聖杰羅姆（St. Jerome; Hieronymus, 340-420）還曾把處女比喻為光明之母的太陽。

基督教會所使用的這些譬喻在本質上卻與聖經無關，這是由於異教的觀點模式在基督教早期仍相當盛行的緣故。我們在探討基督教的器皿象徵時，必須考慮到諾斯底教派的器皿象徵，而且唯有如此才能做出合理而正確的解釋。那個時代所流傳下來的大量珍貴的文物都被刻上器皿象徵，也就是帶有飄動飾帶的罈罐，這種圖案會讓人們不假思索地聯想到女人腹內連著臍帶的子宮。十九世紀法國歷史學家雅各・馬特（Jacques Matter, 1791-1864）則把這種器皿稱為「罪惡的器皿」，而與聖母頌歌的觀點——讚美處女為「貞潔的器皿」——恰恰相反。不過，英國維多利亞時代作家查爾斯・金恩（Charles W. King, 1818-1888）[134] 卻認為馬特的看法過於武斷，而贊同了德國歷史學家烏利希・科勒（Ulrich Leopold Köhler, 1838-1903）的觀點。科勒認為，那些（主要來自埃及的）珍寶上的器皿圖案與埃及水車上的水罐有

---

132 「那片處女般的土地未曾被雨水濡濕，未曾受洪水滋潤。」{*Adversus Judaeos* in MIGNE PL II col. 635.}

133 「真理源自於大地，因為，基督是由處女瑪利亞所生。」{*Sermones* 189 in MIGNE PL XXXVIII col. 1006.}

134 KING, *The Gnostics and their Remains*, p. 111.

關。這種水車可以把尼羅河的河水灌入兩岸的農田裡，至於圖案裡的那些飾帶顯然是人們把水罐綁在水車上的繫帶。金恩曾在他的論著中提到，在古希臘羅馬時代的慣用語裡，水罐的灌溉和滋潤土地的功能也意味著「伊西絲（Isis）因為接受歐西里斯（Osiris）的精子而受孕」。在這類容器上，還經常出現篩籃的圖案，它可能和古希臘神祇「伊阿科斯（Jacchi; Iakchos）的那只神祕的篩籃」有關，它在意象上是麥粒的起源處，象徵著生殖與豐收。[135]從前在希臘的結婚儀式裡，新娘必須頭頂著一個盛滿水果的篩籃，這顯然跟祈求生育和豐收的巫術有關。

器皿象徵所代表的觀點也符合古埃及人的宇宙觀：一切萬有均起源於原初之水（即 Nu 或 Nut），也就是尼羅河或海洋。Nu 這個古埃及象形字是由三個**陶罐**、三個**水**和一個**天空的符號**組合而成的。古埃及曾流傳一首頌揚大地（Ptah-Tenen）的讚歌：「穀物的創造者以他的名生產了穀物，古老的 Nu 增加了天空的水氣，讓它們降在山區，並將生命賜予地上的男男女女。」[136]英埃及學家沃利斯‧巴奇爵士（Sir Wallis Budge, 1857-1934）的研究則讓我注意到，子宮的象徵至今仍存在於埃及南部內陸地區的祈求降雨、生育和豐收的巫術裡。當地居民有時還會謀殺婦女，摘取她們下腹的子宮，以供作這類巫術儀式的使用。[137]

我們如果還能想起，早期基督教會的教父們雖曾竭力地對抗諾斯底教派，但卻也深深受到這個異端教派的種種觀念的影響，那麼，我們就可以理解，在基督教的器皿象徵裡，其實保留了某些已被基督徒所接受的異教信仰。而且更容易令人理解的是，儘管異教似乎已因為基督教化而消失，但基督教的聖母崇拜本身卻是一種異教的殘留，因此，大母神（Magna Mater）、伊西絲，以及其他母性神祇的信仰便得以藉由基督教會而流傳下來。甚至連智慧的**器皿**（vas sapientiae）這個意象也可以讓我們想起諾斯底主義的典範，也就是以女神形象出現的**索菲亞**（Sophia；這個希臘字的意思是「智

---

135 *Wandlungen und Symbole der Libido*, p. 319. (Neuausgabe: *Symbole der Wandlung*〔GW V〕).

136 BUDGE, *The Gods of the Egyptians* I, p. 511.

137 TALBOT, *In the Shadow of the Bush*, p. 67 und p. 74ff.

慧」）。這個智慧女神對於諾斯底教派是一個意義重大的象徵。

正統的基督教再度吸收了一些顯露女性崇拜心理的諾斯底主義的基本要素，而且還把它們保留在強烈的聖母崇拜裡。我從許多有趣的相關史料裡，挑選了〈聖母瑪利亞啟應禱文〉這個著名的例子來說明基督教同化異教的過程。隨著異教的女性神祇被同化為聖母瑪利亞這個基督教的普遍象徵，在女性崇拜裡萌芽茁壯的男人的靈魂文化便首先遭到扼殺。男人的靈魂會顯露在自己所選擇的女主人的意象裡，女主人的意象如果轉變為普遍的象徵，男人的靈魂就會失去個體性的表達，而受崇拜的女主人也會因此而失去個體分化的可能性，並受到集體表達方式的潛抑。這方面的失落往往導致嚴重且迅速形成負面效應的後果。當男性個體的靈魂與女性的聯繫只能透過集體的聖母瑪利亞的崇拜時，聖母這個女性意象便失去了一種人性與生俱來便有權要求的價值。換句話說，當個體的表達已被集體的表達取代時，一些只會自然地表現在個體選擇的價值便會落入人們的無意識裡。在無意識裡，女性意象可以活化一些人類古老而原始的、與嬰兒期有關的主要特徵。全部的無意識內容倘若能被分裂的力比多所活化，就會以投射於外在客體的方式顯現出來，這麼一來，真實的女性雖由於聖母瑪利亞的集體崇拜而相對地失去了價值，卻可以獲得魔力特徵的補償。當女人相對地失去了價值時，就意味著比較不受男人的喜愛，所以，女人後來便以迫害者的身分出現，也就是女巫。認為女人可以變為巫婆的迷信，便隨著基督教會愈趨強烈的聖母崇拜而逐漸形成，而且還成為中世紀晚期一個可恥的、難以磨滅的歷史汙點。

熱烈崇拜聖母的後果並不止於殘酷地獵殺女巫——絕大多數是無辜的女性——因為，人們在重要的發展傾向出現分裂並受到壓抑時，還會造成無意識的活化。然而，這種無意識的活化卻無法在一般的基督教象徵裡充分地表達出來，畢竟只有個體才能適切地表達種無意識的活化。基督徒無意識的活躍性於是成為醞釀異端學說和教會分裂的溫床，傾向於正統基督教的意識只好藉由宗教狂熱來與之抗衡。中世紀晚期，人們對於天主教宗教法庭審判異端的暴行已出現過度反應的妄想，而讓無意識不禁對於教會產生懷疑，最後導致基督教史上規模最大的教會分裂，即十六世紀初期馬丁‧路德在北日耳

曼地區所發起的宗教改革運動。

　　讀者大概沒有料到，我會花這麼長的篇幅處理器皿象徵。我之所以這麼做，當然有明確的理由：因為，我希望從心理學的角度清楚說明具有中世紀早期特徵的聖杯傳奇和女性崇拜之間的關聯性。中世紀的聖杯傳奇雖然流傳著許多版本，但它們主要的宗教觀卻都聚焦於聖杯這個容器。大家都知道，聖杯根本不是基督教的意象，所以，它的起源並不在於《聖經》這部基督教的經典。[138] 依據我在前文的探討，聖杯應該屬於諾斯底教派的信仰。它不是靠著本身祕密的傳統而得以在基督教剷除異端時期存留下來，就是藉由無意識對於主流的、正統的基督教的抵抗而死灰復燃。聖杯這個器皿象徵的繼續存在或是在無意識裡的再生都證明了當時男人心理的女性原則已獲得強化。聖杯這個令人難以捉摸的意象的象徵化就意味著被女性崇拜所激起的肉欲的精神昇華。精神的昇華往往代表力比多的拉回，不然，力比多就會直接而恣意地發洩在性方面。這種力比多如果被拉回，其中一部分的力比多——從經驗看來——就會轉入精神昇華的表達中，而另一部分則落入無意識裡，並在某種程度上活化了相關的、體現為器皿象徵的無意識意象。所以，器皿象徵是透過壓制某些力比多的形式而得以存在，而且器皿象徵還會反過來壓制這些力比多的形式。反之，象徵的消解就意味著力比多以直接的方式往外流洩，或至少意味著個體出現本身無法制服的、意圖直接運用力比多能量的內在衝動。

　　不過，具有生命力的象徵卻有可能崩解，因為，人們一旦認識到象徵可以被廢除時，象徵就會失去所謂的魔力或——人們如果要這麼說——救贖的力量。因此，一個有效的象徵在本質上必須無懈可擊，而且必須儘可能地表

---

138 凱爾特人（die Kelten）的民族神話的「魔鼎」也為基督教器皿象徵的異教根源提供了另一個證據。身為古愛爾蘭諸多善神之一的達格大（Dagda）也有一口這樣的魔鼎，它會依據每個人的需要和功勞而施予食物。凱爾特的神祇布朗（Bran）則擁有一個可以帶來種種更新的容器。人們普遍認為，聖杯傳說的人物之一布隆斯（Brons）的名字是從布朗演變而來的。英國凱爾特專家阿佛烈德·納特（Alfred Nutt, 1856-1910）則主張，神奇容器的主人「布朗」和聖杯傳說的要角「布隆斯」分別呈現了凱爾特人原有的帕西法爾傳奇，轉變為尋找聖杯的故事的兩個發展階段。由此可見，聖杯這個主題早已出現在凱爾特文化的神話裡。以上的論述是倫敦的莫里斯·尼科爾博士（Dr. Maurice Nicoll）的見解，他的指點讓我獲益良多，謹在此向他表示由衷的感謝。

達相關的世界觀。象徵的表達——以其所承載的意義來說——必須無法被超越，而且還必須無關於人們的理解，這樣人們批判的智識就無法取得任何可以有效解除象徵的工具。最後，象徵的審美形式還必須確實迎合人們的情感，如此一來，人們便不會因為反感而反對象徵的存在。聖杯象徵顯然曾在一段歷史時期裡滿足了上述的要求，並因此而具備活潑的效應，十九世紀作曲家華格納甚至還在他的宗教樂劇《帕西法爾》裡再現了這種效應。聖杯象徵其實至今仍未完全消失，儘管我們的心理和我們的時代仍持續不斷地致力於它的消解。

我們已從上述這段較長的論述裡獲得以下的認知：首先，讓我們從赫瑪斯在靈視裡看到人們如何建造那座巨塔談起。出現在他身旁的那位老婦人起初宣稱自己代表教會，不過，當她讓赫瑪斯進入靈視裡時，便轉而把那座巨塔解釋為教會的象徵。教會的意義便因此而轉移給巨塔，而且《赫瑪斯牧人書》接下來的內容都在討論這個主題，因為，赫瑪斯此時所關注的對象是這座巨塔，而不再是那位老婦人，至於那位實際存在的女主人蘿達，就更不用說了！這麼一來，力比多便脫離了實在的客體而轉入象徵裡，從而成功地轉化為象徵的功能。那座固若金湯的巨塔的象徵所顯示的普及而統一的基督教會的觀念，便因此而在精神上獲得了一種無法再被消除的真實性。從外在客體抽離的力比多便往主體的內部回流，從而活化了無意識的意象。這些意象都是古老而原始的表達形式，它們在成為象徵之後，便再度展現為已相對失去價值的外在客體的內在對應物。不管怎麼說，這個過程就跟人類的存在一樣悠久，因為，象徵不僅出現在史前人類的遺跡中，還出現於目前仍存在的最原始的部族裡。顯而易見的是，象徵的形成過程必然也跟最重要的生物功能有關。由於象徵只能透過外在客體相對地喪失其價值而存在，所以，象徵顯然也以折損客體的價值為目的。客體如果具有絕對的價值，它對於主體而言，便具有絕對的支配性，於是主體在行動上便無法達到絕對的自由，甚至還會因為客體絕對的制約性而失去了相對的自由。與客體處於絕對相關的狀態便意味著意識過程的全面外向化（Exteriorisierung），也就是說，主體與外在客體的同一性會讓主體喪失一切察知與認識外在世界的可能性。至今這

種心理狀態仍以較和緩的方式存在於某些原始的部族裡。我們在從事心理分析時，經常會碰到所謂的「投射」，這種現象就是我們原始的先祖——作為主體——與外在客體完全認同的殘留。

主體與外在客體的同一性會讓人們無法正確地認知以及無法在意識層面上經驗外在世界，從而嚴重地損及人們的適應能力。然而，對沒有攻擊和自衛能力的人類及其長期處於無助狀態的後代而言，適應環境的能力卻是他們賴以生存的關鍵。當主體的情感與其情感的對象混淆不分時，不僅會使任一客體都能任意對主體造成強烈的影響，而且主體所有的情緒也會立即干擾並扭曲客體，因此，從情緒的角度來看，個體無法確實察知外界的狀態還意味著一種足以使其本身陷於險境的生存劣勢。以下這個關於生活在非洲南部、以採集狩獵維生的布希曼人（Buschmann）的故事應該可以表達我的看法：有一個布希曼人以原始人典型的那種毫無節制的愛來溺愛自己年幼的兒子。這種愛完全是一種心理的自淫自慰，也就是主體藉由客體而自愛，客體則在某種程度上充當了那面反應主體欲望的鏡子。有一天，這個布希曼人出門獵魚卻一無所獲，當他氣沖沖地回家時，他的兒子就跟往常一樣，高高興興地跑出來迎接他。但盛怒的他卻失控地把愛兒揪住，並當場扭斷了他的脖子。當然，他事後仍是以失控的態度悲慟亡兒之死。

這個故事清楚地顯示出，主體的情緒已與客體出現了完全的同一性，而且這樣的思維方式顯然阻礙了可以提供個人較多保護的部落的組織和建立，因此，是一種不利於人類這個物種的生殖與繁衍的因素，所以，必須用強大的生命力來壓制並改造這種思維方式。象徵便出自於這個阻礙主體認同客體的目的，同時也為這個目的而服務，因為，象徵可以從客體抽離某些力比多而使其相對地失去價值，從而賦予主體較多的價值。然而，主體也因為擁有較多的價值而讓本身的無意識受到影響。由於主體處於內部和外部的決定性因素之間，所以，擁有選擇的可能性，並因此而獲得相對的自由。

象徵往往起源於人類那些古老而原始的殘存物，即遠古時代的先祖們所遺留下來的集體記憶的痕跡。不過，關於那個時代的興起和存續的時間，人們至今仍有許多揣測，還無法作出明確的定論。此外，我們如果想從一些個

人資料裡——比方說，從個人的性潛抑裡——尋找象徵，那肯定會大錯特錯！因為，這種性潛抑充其量只能為人們提供力比多，進而使得人們得以活化那些古老而原始的記憶痕跡。實際上，源自於先祖的運作方式也可以和這些古老而原始的記憶痕跡協調一致，至於它的存在則應該歸因於驅力分化的事實，而不是普通的性壓抑。就生物學而言，驅力（包括性驅力）的分化曾是、而且仍是必要的生存方法。這種生存方法並非單單人類這個物種所特有的，因為，蜂類昆蟲也具有這種生存機制：牠們的性驅力的分化還導致工蜂——缺乏生殖能力的雌蜂——出現性能力的萎縮，所以，在蜂群的雌蜂中，只有蜂后擁有生殖能力。

我已在討論聖杯象徵時指出，象徵乃起源於一些古老而原始的觀念。既然聖杯象徵來自於子宮這個古老而原始的觀念，我們也可以依此推測高塔象徵具有類似的起源。高塔象徵實際上應該屬於普遍存在的男性生殖器官的象徵。就在赫瑪斯看到那張誘人的象牙製床舖而必須潛抑本身的情欲幻想的那一刻，陽具象徵——或許符合勃起的狀態——的隨即出現也就不足為奇了。我們還看到，其他關於聖母瑪利亞和教會的象徵屬性也確實出自於性欲，〈雅歌〉的內容就可以證實這一點，而且基督教早期的教父們也曾提出這類解釋。〈聖母瑪利亞啟應禱文〉裡的高塔象徵（即「大衛之塔」和「象牙之塔」）也來自於相同的起源，所以，也具有類似的意義基礎。既然象牙暗示著人們皮膚的顏色和光滑的質地，無疑地，「象牙」這個高塔的屬性便具有肉欲的本質（〈雅歌〉第五章第十四節：「他的身體如同純正的象牙。」）所以，高塔本身對於我們來說，也具有明確的肉欲關聯性。〈雅歌〉第八章第十節有這樣的形容：「我是牆，我兩乳像其上的樓。」這裡大概是指一對豐滿而挺翹的乳房，第五章第十五節也有類似的描寫：「他的腿好像白玉石柱。」此外，第七章第四節也出現了相似的內容：「你的頸項如象牙臺……你的鼻子彷彿朝向大馬色的黎巴嫩塔。」這句話應該是在指涉某種細長而凸起的東西。

以上所形容的這些特徵都來自觸覺和器官的感知，之後這些感知又被轉移到客體上。畢竟人們對於周遭世界的感知會受到心情的影響：心情鬱悶

時，所看到的東西似乎都是灰色的，而心情愉快時，舉目所及盡是明亮而繽紛的色彩。觸覺的感知會受到性方面的主觀感知——在這種情況下是陽具勃起的感知——的影響，而且這些感知的性質會被轉移到客體上。〈雅歌〉的性心理則運用了那些在主體中被喚起的意象來提升客體的價值；基督教會在心理上也運用了相同的意象，但其目的卻是把力比多導向具有形象和寓意的客體中；赫瑪斯則是為了體現那些在無意識裡被喚起的意象所蘊藏的思想，而在心理上把那些意象提升為目的本身。那些無意識所包含的思想對於當時基督徒的思維方式特別重要，因為，它們可以組織並鞏固他們剛接受的基督教的世界觀和態度。

二、埃克哈特大師關於上帝概念的相對性

赫瑪斯所經歷的過程，只些許反映了中世紀早期歐洲人在心理上普遍發生的事情：重新發現女性並產生了女性的聖杯象徵。赫瑪斯以新的角度看待女主人蘿達，由此而激起的力比多則悄悄轉入他所致力完成的時代性任務裡。

新的時代才一開始，作曲家華格納和哲學家尼采這兩個精神巨人便已站在那裡，準備對年輕一代的內心和思想發揮深遠的影響力，在我看來，他們的影響就是處於新時代的我們的心理特徵。華格納是愛的維護者，他在他的樂劇裡表達了人類各種各樣的情感，不論是墮落到亂倫的激情的崔斯坦（Tristan），或是上升到聖杯的最高智慧的崔斯坦；尼采則是個體的權力和獲勝意志的維護者。華格納藉由他最後、也最崇高的樂劇作品《帕西法爾》，而與中世紀民間流傳的聖杯傳奇產生連結——就像歌德晚年在《浮士德》第二部的創作裡，選擇呼應中世紀義大利詩人但丁的《神曲》一般——尼采則把他的著作和貴族階級及貴族道德的意象——就如同中世紀許多金髮的英雄和騎士人物所展現的——銜接在一起。華格納摧毀了愛的束縛，尼采則破壞了壓制個體性的那套「價值準則」。他們兩位的追求目標雖然相似，但他們之間卻存在無法調解的矛盾，因為，愛所充滿的地方，權力就無法支配一切，而權力操控一切的地方，就無法洋溢著愛。

　　德國三個最偉大的精神巨人——除了前面提到的華格納和尼采之外，還有中世紀的基督教神祕主義者埃克哈特大師——都曾在他們最重要的著作裡，探討中世紀早期歐洲人的心理，這對我來說似乎證明了那個時代所留下的問題仍然未獲解決。因為，我一直有這樣的印象：彷彿某種奇特的東西——在中世紀的某些騎士團（例如聖殿騎士團〔die Templer〕）的作為裡，以及在各種版本的聖杯傳說裡——已萌發出新的發展趨勢的可能性（即新的象徵）。聖杯象徵的非基督教性質——或更確切地說，聖杯象徵的諾斯底風格——已讓我們看到，早期基督教那些被視為異端的教派以及蘊含許多大膽而卓越的思想的、部分甚至規模宏大的理論學說。然而，諾斯底教派卻在全盛時期——在一種不尋常的蓬勃發展裡——顯現了它的無意識心理，也就是一種以最強烈的方式抵拒教規信條的要素，一種普羅米修斯式的、具有創造性的、只肯屈服於自己的靈魂，卻不願順從集體規範的要素。我們還發現，這個教派的信徒對於自己具有接受教啟和洞察事物的能力的信仰——雖以粗糙的形式——是往後數百年的基督徒所缺乏的。他們的這種信仰來自於本身能親自與上帝溝通而產生的自負感，這也使得他們不願服從人類所制定的規章和法令，有時甚至會憑恃本身特有的洞察力來脅迫異教的眾神。我們所關切的中世紀正是德意志神祕主義的鼎盛時期，認識德意志神祕主義在心理學上相當重要，而且這個認識的開端就在諾斯底主義裡。

　　擺在我們眼前的問題已清楚地表明，我們還應該關注中世紀最偉大的日耳曼思想家埃克哈特大師。正如當時的騎士階級已逐漸浮現出一種嶄新的傾向一樣，我們也可以在埃克哈特大師的著作裡看到一些新穎的基督教思想。這些思想的**心靈傾向**，和促使但丁追隨他的戀人碧雅翠絲的影像而進入無意識的地獄，並讓歌手們獲得靈感而放聲詠唱聖杯之歌的心理傾向，其實是相同的。

　　可惜的是，我們不了解埃克哈特大師的個人生活經歷，所以，也無從得知他究竟如何親近自己的靈魂。所幸他曾以莊嚴崇高的態度在一場關於悔改的講道中提到：「直到今天，人們還很難找到一開始沒有誤入歧途、後來還能成就一番偉大事業的人。」或許我們可以從他說的這句話推斷出他的個人經歷。

相較於基督徒那種原罪的情感，他與上帝聯繫的那種情感則使我們感到相當奇特，而且還覺得自己進入了古印度的奧義書的氛圍裡。他必定大大地提高了靈魂的價值，也就是提高了自己內在的價值，所以，他才可以獲得一種純粹的心理觀點，也就是一種關於上帝以及上帝與世人的關係的相對觀點。發現並詳盡地論述上帝與世人及其靈魂的關係的相對性，在我看來，似乎是人們對於宗教現象進行心理學理解的最重要的一步，而且還可能藉此而把宗教功能從具有同等存在合理性的智識批判的壓迫性轄制裡解放出來。

我們現在終於可以開始探討本節的主題，即象徵的相對性。依照我的理解，「上帝的相對性」這個概念就是表示，上帝不是「絕對的」，祂不僅未脫離人類的主體以及人類一切的狀況而存在，反而還在某種意義上受制於人類的主體。由此可見，上帝和人之間存在著一種相互的、不可或缺的關係，所以，我們一方面可以把人理解為一種上帝的功能，另一方面也可以把上帝當作一種人的心理功能。對於我們的分析心理學——一門以經驗為根據的實證學科——來說，上帝意象就是人類心理狀態或心理功能的象徵性表達。與上帝意象有關的心理功能的特徵就在於其本身絕對高於主體的意識層面的意志，因而得以強迫主體做出某些行為或達成某些表現，但是，這種心理功能的執行卻無法透過意識的努力。這種極強烈的衝動——倘若人作為一種上帝的功能表現在個體的行動上——或已超越了意識層面的理智的靈感，其實是由無意識裡的力比多滯積所引起的。力比多能量的滯積會活化那些擁有集體無意識作為潛在可能性的意象，其中也包括無意識的上帝影像（Gottesimago）。從遠古時代以來，這種上帝影像的特徵就是集體表達無意識的力比多集結如何以最強烈、最不受限制的方式影響個體的意識層面。

我們的分析心理學是一門實證學科，因此，我們所有的論證都不宜超出人類經驗知識的範圍。所以，上帝在我們這門學科裡並非相對的存在，而是一種無意識功能，是活化無意識的上帝影像的那股分裂的力比多的顯現。從形上學的觀點來看，上帝當然是絕對的，是一種無涉於任何事物的獨立存在。但形上學的觀點卻完全排除了無意識，在心理學上，這種觀點就意味著人們未察覺上帝的效應源起於自己內在的這個事實。至於上帝相對性的觀點

則表示，人們至少已隱隱約約地察知，這種無意識過程其實有相當大的部分都屬於心理內容。當然，只有內在的心理獲得超乎尋常的關注時，這種察知才會出現。無意識內容便因此而從原先所投射的客體上被抽回，並被賦予某些意識的認知，而後轉而隸屬於主體，並受到主體的制約。

　　中世紀基督教神祕主義者雖然主張上帝概念的相對性，但這卻不是這種概念的濫觴，因為，原始人在實質上和原則上早就出現了這種想法。處於較低發展階段的原始社會關於神的觀點幾乎都具有純粹的能動性，換句話說，神就是**神性的力量**，一種與健康、靈魂、醫藥、財富及頭目等息息相關的力量。透過某些儀式程序，原始人便可以獲取並運用這股超自然的力量來製造健康和生命所不可缺少的東西，有時原始人也會因應需要而製造魔力效應和惡意效應。原始人感覺這股超自然力量既內在於本身，也外在於本身，既是他自己的生命力，也是護身符裡的「丹藥」或頭目所發揮的影響力。這就是原始人在面對這種可以貫穿並完成一切的精神力量時，首先證實的觀念。在心理學上，神靈之物或巫醫的威望就是主體給予這些客體的主觀的、和無意識的評價，這其實和存在於主體無意識，但卻只能在客體上被察覺（因為，所有活化的無意識都會被投射在客體上）的力比多有關。

　　由此看來，出現於中世紀基督教神祕主義的上帝的相對性，實際上就是回歸原始人的實際狀態。不過，與上帝的相對性有關的、古印度的個人與超個人的「真我」這個概念，卻沒有退回原始人的狀態，而是保留那些已清楚出現在原始人身上的運作原則，並以符合東方文化本質的方式繼續往前發展。任何真正具有生命力的宗教形式，都或多或少地把這種原始人的心理傾向融入本身的儀式或倫理道德的觀念裡，並且由此而獲得的那股神祕的驅力動力還可以讓人的本質在信仰過程中臻至完善。不論是回歸原始人的實際狀態，或始終與這種狀態保持關聯性（例如古印度的「真我」概念），都能使人們觸及母性的大地，也就是一切力量的根源。然而，對於所有在理性和倫理道德上已高度分化的觀點而言，這種神祕的驅力動力卻具有「不純淨的」本質，儘管生命本身原本就匯流著清澈和混濁的水源。從這個生命的真相中，我們也可以得知，凡是過於「純淨」的東西就會缺乏生命力，所有生命

的更新都必須經由混濁而逐步邁向澄淨。純淨度與分化度愈高，混濁的質素就愈被排除在外，生命的強度也就大大地降低。總之，生命的發展過程既需要純淨也需要混濁。當埃克哈特大師這位偉大的相對主義者（Relativist）作如下的表示時，應該已對此有所洞察：

因此，上帝樂於忍受種種罪惡所造成的傷害，而且還是不小的傷害。然而，祂卻把最深重的傷害施加在那些被祂揀選來從事偉大事業的人。看哪！有誰能比那些傳道者與我們的上主更接近、更親密？所有的人都犯下死罪，都是走向死亡的罪人。這已顯示在祂與祂最衷愛的追隨者所立下的那些新、舊的盟約裡。直到今天，我們還很難發現起先不犯錯而終能成就一番偉大事業的人。[139]

埃克哈特能成為歐洲十三世紀末葉批判基督教會的那股思想潮流中最出色的代表人物，這是由於他特有的敏銳心理以及崇高的宗教情感和思想。以下這些節錄的引言是他對於上帝的相對性觀念的重要言論：

因為，人確實就是上帝，而上帝確實也是人。[140]

人們如果沒有把上帝留在自己的心裡，而**必須設法從自身之外獲得祂**，並以不完善的方式藉由特定的行動、人物或場所來追求祂，便無法擁有祂，而且還很容易因此而受到干擾。干擾的來源不僅是惡劣的群體，還是和善的群體；不僅是街道，還是教堂；不僅是惡意的言行，還是善意的言行。因此，信仰上帝的阻礙其實就在於人們自己：上帝如果存在於他們的內心，而尚未成為外在於他們的那個世界，他們不論身在什麼地方或跟什麼人在一起，都會感到舒服而放心，因為上帝一直與他們同在。[141]

---

139 PFEIFFER, *Deutsche Mystiker* II, p. 557.

140 *Von den Hindernissen an wahrer Geistlichkeit* in BÜTTNER, *Meister Eckharts Schriften und Predigten* II, p. 185.

141 *Geistliche Unterweisung* in BÜTTNER, l. c. , II, p. 8.

　　埃克哈特這段話特別具有心理學的價值，因為，其中透露了些許人類對於神所保留的原始觀點。這種原始觀點我們已經在前面介紹過。埃克哈特所謂的「從自身之外獲得上帝」其實無異於蘇門答臘島北部的巴塔克人（die Batak）的原始觀點：人們可以從身外取得 tondi（魔力）。[142] 當然，埃克哈特當時會這麼說，或許只是基於修辭的需要，但這卻是一種能清楚顯示某種原初意義的修辭。無論如何，埃克哈特這句話——「誰若從自身之外獲得上帝，就會受到外在客體的干擾。」——已清楚地表明，他已把上帝視為一種心理價值。誰若認為上帝存在於自身之外，就必然會把上帝投射於外在的客體，該客體便因此而獲得過度高於其本質的價值。如果出現這種情況，客體就會強烈地影響主體，並像對待奴隸那般地驅使主體。埃克哈特顯然是指大家所熟悉的、主體受制於客體的狀態，在這種狀態下，世界扮演了上帝的角色，成了具有絕對宰制權的偉大存在體。對此他曾表示，「上帝還未變成人們的世界」，因為，在他看來，上帝已被世界所取代。處於這種狀態的個體無法解除客體被賦予的過度高於其本質的價值，所以，無法讓該價值回歸於他本身，並進而擁有該價值。倘若個體本身可以擁有該價值，他所信仰的上帝（即該價值）就能一直作為他的客體和世界，這麼一來，上帝對他而言，就變成了他的世界。在同一個章節裡，埃克哈特還寫道：

　　誰若擁有正確的心境，任何地方和任何人都會讓他感到合意；誰若擁有不正確的心境，任何地方和任何人都會讓他覺得不對勁。一位擁有正確的心境的人，上帝總是與他同在。[143]

　　擁有這種價值的人不論身在何處都可以擁有美好的心境。他們不會依賴客體，也就是說，他們處於無所匱乏的狀態，所以，不會期待從客體那裡獲得自己所欠缺的東西。

142　巴塔克人把支配萬事萬物的魔力稱為 tondi，從心理學的角度來看，它就是巴塔克人的力比多概念。Vgl. WARNECK, *Die Religion der Batak*.

143　BÜTTNER, l. c. , II, p. 6f.

以上這些思考足以顯示，上帝對於埃克哈特來說，就是一種心理狀態，更確切地說，是一種心理動力狀態（psychodynamischer Zustand）。他還表示：

此外，我們應該把「上帝的國度」這個概念理解為**靈魂**。畢竟**靈魂和上帝在本質上是一樣的**，而且上帝本身如果就是天國，那麼，我們在這裡談論上帝的國度實際上就是在談論靈魂。使徒約翰（St. Johannes）[144] 曾表示，**一切萬有都經由上帝而存在**。由於靈魂是上帝的形象，因此，**靈魂應該被理解為一切萬有**。作為上帝的形象，靈魂還是神的國度……曾有一位教會的長老說過，上帝存在於靈魂裡，上帝的整體存在就是以靈魂作為基礎。上帝存在於靈魂之中，比靈魂存在於上帝之中處於更高的層次：靈魂存在於上帝之中，還無法讓靈魂獲得极樂；但上帝存在於靈魂之中，卻能讓靈魂獲得極樂。所以，你們應該堅信：**靈魂裡的極樂就是上帝本身**。[145]

從歷史的角度來看，靈魂——這個包含多重意義與多重解釋的概念——就相當於一種在意識的範圍內必然具有某種程度的自主性的內容。如果不是這樣，人們決不會把靈魂認定為一種具有自主性的存在體，讓它看起來就像一個可以被客觀察覺的事物。靈魂必須是一種自發性的內容，所以，它就跟所有的自主情結（autonomer Komplex）一般，必然有一部分屬於無意識。我們都知道，原始人（類似某些精神病患）通常認為，自己擁有好幾個靈魂，也就是擁有好幾個自主性較強的自主情結，因此，作為獨立存在體的靈魂會讓人們留下深刻的印象。個體認為自己所擁有的靈魂數量，會隨著文化的進步和發展而逐漸減少，目前我們歐洲人已達到最高的文化階段，所以，靈魂也完全消失在一切的心理過程的意識裡，而只作為一個表示心理過程的整體面貌的術語而將就地存在著。靈魂的消散不僅是西方文化的特徵，也是東方

---

144 譯註：使徒約翰是耶穌的十二門徒之一，也是《新約聖經》的〈約翰福音〉和〈啟示錄〉的作者。他在過世之後，還被羅馬天主教會封聖。

145 *Vom Gottesreich* in BÜTTNER, l. c., p. 195.

文化的標誌。在佛教裡，一切都消解於意識之中，甚至連「來自前世的潛伏業力」（Samskaras）——即無意識意象的力量——也可以透過個體在信仰上的自我發展而被察知和轉化。

然而，我們的分析心理學對於靈魂所抱持的觀點，卻和靈魂概念在人類歷史上普遍的演變——即靈魂從意識裡消失——有所出入。一方面，我們歐洲人會從心理學的角度而把靈魂定義為個體與其無意識的關係，但另一方面，卻又把靈魂視為無意識內容的擬人化。無意識內容的擬人化存在對於文化高度發展的歐洲人來說，可以說是一種令人遺憾的情況，這就如同已被塑造的、已分化的意識會對於無意識內容的存在不以為然一般。但是，我們的心理分析學的研究目標畢竟不是探討人類在某些觀點下應該成為什麼模樣，而是探討人類的真實面貌，因此，這門學科仍須面對這個事實：儘管歐洲文化已處於高度發展階段，但那些促使原始人談論「靈魂」的現象，卻仍不斷出現在許許多多相信亡靈幽魂的歐洲人身上。當我們提出否認自主情結存在的「自我的統一性」（Einheit des Ich）的學說時，我們的本性卻也同時對於這套抽象的理論感到不以為然。

就像我們把「靈魂」定義為無意識內容的擬人化一樣，上帝實際上也是一種無意識內容：如果我們認為上帝有人的模樣，那祂也是無意識內容的擬人化；如果我們認為上帝只是、或大體是一種動力，那祂就是無意識內容的意象或表達；還有，如果我們認為上帝就是無意識內容的擬人化，那祂在本質上已與靈魂無異。由此可見，埃克哈特的上帝觀點就是純粹的心理學觀點。誠如他所說的，只要靈魂仍存在於上帝之中，靈魂就無法獲得極樂。如果人們把「極樂」這個概念理解為一種特別健全的、比較高度發展的生命狀態，那麼，依照埃克哈特的看法，只要那股被稱為上帝的動力（即力比多）還停留在外在的客體裡，這種極樂的狀態就不會出現。因為，這位神祕主義大師已經指出，上帝或主要價值如果不存在於靈魂之中，其動力就會存在於個體的外部，也就是在客體裡。

當上帝（即主要的價值）脫離外在的客體而進入個體的靈魂時，個體便能處於「較高階段」的生命狀態，對於上帝來說，這就是「極樂」，而在心

理學上，則意味著：當人們認識到上帝這股力比多（即投射在客體的那個過高的價值）只是一種心理投射時，[146] 被投射的客體便會因為這樣的認知而失去重要性。原先投射在客體裡的那個過高的價值就會回歸個體，個體的生命情感便因而獲得提升，形成了一種新的傾向。然後，具有最高的生命強度的上帝便存在於靈魂裡，也就是無意識裡。不過，這並不表示上帝已完全屬於無意識，或上帝概念已從意識裡消失，而是表示，主要價值已從個體的外部轉入內部。此時外在客體對於個體已不再是自主的因素，至於上帝則變成個體心理的自主情結。

人們向來只部分地意識到自主情結，畢竟它與自我的關係是有條件的，換句話說，個體的自我從來就無法完全掌握自主情結，不然，自主情結就會喪失其之所以成為自主情結的自主性！所以，此時已改由無意識發揮決定性作用，而不再是先前被賦予過高價值的外在客體。無意識會產生具有制約性的影響力，也就是說，人們會感受到、也知道這些影響力源自於無意識。埃克哈特所謂的「本質的統一性」（Einheit des Wesens）便經由這種方式而形成，它是意識與無意識之間的一種關係，不過，在這種關係裡，無意識的重要性已凌駕於意識之上。

我們現在必須自問，這種極樂或愛的狂喜（印度人對於大梵狀態的形容）是怎麼產生的。[147] 在如此幸福的狀態下，較高的價值已從外在客體轉移到無意識裡，無意識的重要性便因此而高於意識，從而成為具有支配力的優勢者，此時自我已幾乎從察知現實的意識裡消失。這種狀態一方面很類似**孩童**的心理，另一方面則與**原始人**的心理相仿，因為，此二者都高度受到無意識的影響。我們可以確信地說，這種極樂的根源在於個人或早期人類所出現的那種彷彿活在樂園般的幸福狀態。至於這種原初狀態為何特別充滿狂喜，

---

146 人們決不可以把個體對於投射的察知理解為一種純粹的智識過程。而且，只有當解除投射的條件成熟時，智識的察知才能解除投射。如果解除投射的條件尚未成熟，個體其實無法透過意志和智識的判斷而讓力比多脫離被投射的客體。

147 英國詩人暨神祕主義者威廉‧布雷克（William Blake, 1757-1827）曾在他的著作《天堂與地獄的結合》（*The Marriage of Heaven and Hell.*）裡表示：「能量是永恆的喜悅。」請參照 *The Writings of William Blake* I, p. 182.

則有待我們進一步探究。總之，每當個體洋溢著流動的生命情感時，這種極樂的情感就會隨之出現。在如此幸福歡快的時刻或狀態裡，滯積的力比多便可以不受阻攔地流洩而出，個體已不需為了尋找出路或為了產生某種效應，而刻意努力地做這件或那件事。在這種「事情會自行發生」的情況或氛圍下，個體並不需要費力地創造任何可能為自己帶來愉快和樂趣的條件。

童年時期那種令人難以忘懷的快樂並不須要顧慮外在的事物，而是以最溫馨的方式從內在流淌而出。因此，「孩童的快樂與天真」便象徵著人類固有的、可以湧現「極樂」的內在條件。跟孩童處於相同的存在狀態也就意味著，個體儲存了一些往後可能會流出的力比多。當滯積的力比多從孩童本身流向外在的事物時，孩童便因此而獲得了世界，但後來卻由於本身逐漸過度重視外在的事物，而日益在世界中迷失了自我（套用宗教界的說法）。當個體出現對於外在事物的依賴時，犧牲便成為必要之舉，也就是抽回客體中的力比多並切斷與客體的聯繫。宗教體系的那些直覺性質的教義會試圖藉由這種方式，而再度把力比多的能量聚集起來，並把這種能量集結的過程表現在它們的象徵裡。由於客體被高估的價值與主體被低估的價值之間出現了落差，意識如果沒有成為力比多回流的阻礙，力比多就會自然而然地往較低能量值的主體回流。在世界各地的原始部落裡，我們都可以看到這種符合人類本性的宗教活動，因為，這些活動可以讓原始人輕鬆地順從本身的驅力，而且還可以隨時機動地調整方向。此外，原始人還可以透過這種宗教活動而再度創造自己所需要的魔力，或再度招回他們在夜間裡丟失的靈魂。

一些偉大宗教的目標，就是讓它們的信徒「不要屬於這個世界」，這麼一來，信徒的力比多就會從外界往主體的內在回流，更確切地說，就是流向主體的無意識裡。力比多的普遍撤回和內傾會導致個體內部出現力比多匯聚的現象，這些集中的力比多還被象徵性地呈現為「珍貴之物」，比方說，《新約聖經》的〈馬太福音〉提到的「貴重的珍珠」和「田地裡的寶貝」這兩個比喻。埃克哈特也曾運用「田地裡的寶貝」這個比喻，而提出如下的詮釋：

耶穌基督曾說，「天國好像寶貝藏在田地裡。」[148] 所謂的田地就是靈魂，上帝國度的寶貝就隱藏在靈魂裡。因此，上帝及其所有的創造物都在靈魂中獲得了極樂。[149]

在這裡，埃克哈特的信仰詮釋和我們的心理分析學的論述是一致的。靈魂是無意識的擬人化，無意識所蘊藏的寶貝就是在內傾過程中落入無意識裡的力比多。這些力比多被基督徒稱為「上帝的國度」，而這個國度就代表著信徒和上帝的協調一致或合而為一。人們如果生活在這個屬天的國度裡，他們大部分的力比多就會聚集在無意識裡，而且無意識裡的力比多還會支配意識的生活。集中於無意識裡的力比多原本停留在外在的客體和世界裡，而讓外在的客體和世界占盡了優勢，所以，上帝也存在於個體之外。隨著力比多的回流，上帝便成為一塊隱藏於個體內部的珍寶——亦被視為「上帝的國度」——並發揮著效應。這種狀況顯然已經表明，匯聚於靈魂裡的力比多顯示了與上帝（上帝的國度）之間的關係。埃克哈特則由此得出一個結論：靈魂就是上帝的國度本身，所以，可以被視為與上帝之間的關係。至於上帝則是一股被靈魂所察覺，並在靈魂裡發揮作用的力量，因此，埃克哈特還把靈魂稱為「上帝的意象」。

民族學和歷史學對於靈魂的觀點也讓我們清楚地看到，靈魂是一種既屬於主體、也屬於鬼神世界（即無意識）的內容，因此，靈魂總是兼具現世與幽魂的性質。原始人所認為的魔力和神力也同時具有這兩種性質，至於文化較高度發展的人們則把神和人清楚地劃分開來，而且還把神提升到最純粹的觀念性存在，不過，靈魂卻未因此而失去它的中間位置，所以，必然被當作一種介於意識的主體和主體所無法觸及的意識深層的功能。靈魂會把在意識深層裡發揮效應的決定性力量（神）顯現在它所創造的象徵和意象裡，所以，靈魂本身只不過是意象罷了！在這些意象裡，靈魂把無意識的力量轉移給意識，並因此而成為無意識內容的承載體、傳遞者以及察覺器官。靈魂所

---

148 譯註：這句話出自《新約聖經》的〈馬太福音〉第十三章第四十四節。
149 BÜTTNER, l. c. , p. 195.

察覺的東西，就是象徵。象徵是被定型的能量和力量，也就是具有高度精神性和情緒性價值的決定性觀念。誠如埃克哈特所指出的，靈魂如果存在於上帝裡，就無法獲得極樂；換句話說，作為察覺功能的靈魂由於完全被上帝的動力所充滿，所以，無法處於幸福狀態。反之，上帝如果存在於靈魂裡，作為無意識內容的承載體的靈魂便掌握了無意識，並從中創造出意象和象徵，於是靈魂便處於幸福狀態。我們可以發現，這種幸福狀態就是一種具有創造性的狀態。埃克哈特曾對此巧妙地表示：

　　人們如果問我：「為什麼我們要禱告？為什麼要齋戒禁食？為什麼要從事各種各樣的善行？為什麼要受洗？為什麼上帝要降世為人？」我會這麼回答：因為，這麼一來，上帝就會誕生在靈魂裡，而靈魂也會誕生在上帝裡。為此，才有整部《聖經》的撰寫以及上帝對於整個世界的創造：這樣上帝就會誕生在靈魂裡，而靈魂也會誕生在上帝裡。一切穀物最內在的本質是小麥，一切金屬最內在的本質是黃金，一切生命最內在的本質是人！[150]

　　埃克哈特在這段文字裡已清楚地指出：上帝確實依賴著靈魂，而且靈魂也是上帝誕生的處所。依照我們在前面的論述，這句話其實很容易理解，因為，作為察覺功能的靈魂掌握了無意識內容，而作為創造功能的靈魂則以象徵的形式產生了神的動力。[151] 從心理學的角度來看，靈魂的產物就是意象，但一般的理性假定卻認為這些意象沒有價值，而且這些意象也因為在客觀世界裡無法被有效而直接地運用而顯得微不足道。人們對於這些意象的運用一共有四種可能的方式：首先是藝術的創作，倘若個體具有藝術的表達能力；[152] 其次是哲學的思考；[153] 第三種方式是形成異端和宗派的準宗教；第四

---

150 *Von der Erfüllung* in BÜTTNER, l. c. , I, p. 1. 26ff.

151 按照埃克哈特的看法，靈魂既是理解者，也是被理解者。BÜTTNER, l. c. , I, p. 186.

152 這裡有幾個文學家的例子，諸如恩斯特‧霍夫曼（E. T. A. Hoffmann, 1776-1822）、古斯塔夫‧麥林克（Gustav Meyrink, 1868-1932）以及《死亡之日》（*Der tote Tag*）這部劇作的作者恩斯特‧巴拉赫（Ernst Barlach, 1870-1938）。至於前面談過的施皮特勒、撰寫《浮士德》的歌德和華格納則是更高層次的藝術創作者。

153 比方說，在撰寫《查拉圖斯特拉如是說》時的尼采。

種方式則是把這些意象裡的動力以各種形式狂放地表現出來。第三和第四種
方式曾相當清楚地分別體現在諾斯底教派的兩個派別裡：即刻苦修行的禁欲
派和不知節制的縱欲派。

　　個體和真實的外在環境的關係會因為意識到這些意象，而排除其中所摻
混的幻想成分，因此，個體在意識裡認識到這些意象的存在，也間接地具有
適應現實的價值。不論外在條件是否有利，這些意象的主要價值就是帶給主
體幸福和健康。個體對於外在環境的適應當然是一種理想的狀態，但個體總
會碰到無法適應的情況，此時唯一可行的方式就是耐心地忍受，而幻想意象
（Phantasiebilder）的發展正好可以促成和達成這種消極的適應方式。

　　我會提到幻想意象的「發展」，這是因為幻想這種材料一開始在價值上
還具有爭議性。為了取得足以極人化個體對於環境的忍耐力的形式，幻想意
象就必須經過處理。這種處理是技術性的問題，所以，不在本書的討論範圍
之內。不過，為了讓這裡的論述內容能夠清楚明瞭，我想談談相關的兩種方
法：「還原性的」（reduktiv）方法和「綜合性的」（synthetisch）方法。[154]
前者把一切都回溯到原始的驅力，而後者則從既有的材料發展出人格的分化
過程，不過，這兩種方法會彼此互補。還原法把一切歸結於驅力的作法，會
讓個體趨近並高估外在的現實，之後個體為了擺脫這種外傾態度，勢必得截
斷這樣的聯繫；綜合法會發展出象徵性的幻想，這些幻想則來自於那些從外
在客體所回流的力比多。這種力比多的內傾會造成一種新的看待世界的態
度，新的態度為了凸顯本身的差異性必然會產生一種新的傾向。我把這種往
新態度的轉換稱為「超越功能」。[155]在新的態度裡，先前落入無意識當中的
力比多會以一種積極的能力表現而再度浮現出來。它就相當於可被看見的、
再生的生命，而且還是上帝誕生的象徵。相反地，當力比多從外在的客體撤
回並落入無意識裡時，「靈魂就會誕生在上帝裡」，但這卻不是幸福狀態（就
像埃克哈特確實察覺到的），因為，它對於白天的生活來說，是一種負面的

---

154 譯註：請參照本書第十一章〈定義〉裡的「還原」、「綜合」和「建構」這三個詞條。

155 請參照本書正文第八三三段，以及本人已發表的論文 *Die transzendente Funktion* in *Geist und Werk*
　　（Festschrift DANIEL BRODY｛GW III｝）.

行為，是一種往隱藏的上帝（Deus absconditus）的沉降。在本質上，隱藏的上帝截然不同於在白天發出光亮的上帝。[156]

　　埃克哈特把上帝的誕生視為一種經常重複的過程，而我們在這裡所探討的上帝誕生的過程其實就是一種心理過程，一種幾乎不斷地在無意識裡自行重複的過程，而且只有當它出現極大幅的波動時，我們才相對地意識到它的存在。大文豪歌德提出的心臟收縮和心臟舒張的概念，似乎在直覺上已正確地掌握了這一點。這種心理過程通常發生在無意識裡，而且涉及生命現象的節奏以及生命力量的振盪。這也可以解釋，為何和這種心理過程相關且既有的專門用語大部分都是宗教或神話的術語，因為，這一類的詞語表達與無意識的心理事實具有最密切的關係，但卻與科學家如何解釋一些關於自然現象——例如月亮圓缺的週期或其他行星的運行現象——的神話無關。由於這些詞彙主要涉及了無意識的作用，所以，我們在分析心理學上便極盡全力地讓自己至少可以擺脫宗教和神話領域的意象語言（Bildersprache），以便達到其他學科的意象語言的水準。宗教語言努力地透過一些被美感、年代的古老性，以及意義的重要性所神聖化的象徵，來表達人心對於偉大的自然奧祕的敬畏。當心理學伸入這些學術研究從未觸及的領域時，人類對於大自然的崇敬之情並沒有因此而受到抑制。我們這些心理學家只是略微地揭示了這些宗教象徵，只是讓該領域局部地顯露出來，而且我們並沒有錯誤地以為，我們對於這個永遠擺在我們面前的未解之謎的心理學研究，已經勝過了宗教界人士只是賦予這個謎團新的象徵。學術研究其實也是一種意象語言，不過，它在實際層面上顯得比一些古老神話的假設更為恰當，因為，古老的神話必須借助具體的印象來做表達，而學術研究只需要透過概念。埃克哈特曾這樣談論靈魂：

　　首先以其本身作為受造之物的存在而創造了神，因此，靈魂被創造出來

156　埃克哈特曾說，「我因此而再度轉向自己，我在那裡發現了內在的最深處，而且比地獄還深；我的痛苦和不幸仍不斷催促我離開，但我已深陷此處，無法自拔！所以，我要繼續留在這裡！」*Von dem Zorne der Seele und von ihrer rechten Stätte* in BÜTTNER, l. c., I, p. 180.

之前，神並不存在。我在不久之前曾談過，「神就是神，我就是祂的本源！」神源自於靈魂：神（Gott）就是神性（Gottheit），神就出自於祂本身。[157]

　　神也處於形成和消亡之中。[158]

　　因為，所有的受造之物都在宣稱神，於是神就形成了。當我還停留在神性的場域並浸泡在神性的水流和泉源裡時，沒有人會問我，我要去哪裡，或我要做什麼。在那裡，沒有人會向我提問。不過，當我才從神性的場域流出時，我便發現，一切的受造之物都在宣稱神……為什麼它（他）們絕口不提神性？神性裡的一切，就是一個整體，然而，人們對此卻說不出個所以然！只有神會有所作為，而神性則什麼也不做，因為它無事可做……也從來不會四處找事情來做。神和神性的區別在於，前者做事，而後者無所事事！當我離開神性的場域而再度回到神那裡時，我的內心已不再有什麼打算，我這次的突破已比我頭　次離開神的時候進步了許多。因為，我──作為一個整體──已使所有的受造之物脫離它們本身的感知而升入我的感知裡，也就是進入我的裡面，這麼一來，它們就在我的裡面變成了一個整體！然後，當我重回神性的場域並浸泡在神性的水流和泉源裡時，並沒有人會問我，我從哪裡來，或我曾到過哪些地方，因為，沒有人會在乎我。這也就表示：「神的消亡」。[159]

　　以上這幾段引文已指出埃克哈特對於神和神性的區分：神性是一切萬有（All），它既不了解，也未擁有自身；**神則表現為一種靈魂的功能**，正如靈魂表現為一種神性的功能一般。神性顯然是一種無所不在的創造力量，就心理學而言，神性是生育的、創造的驅力，它既不了解，也未擁有自身，所以，我們可以把它和叔本華的「**意志**」概念做比較；神則顯示為神性和靈魂的產物。作為受造之物的靈魂會「宣稱」神，只要靈魂有別於無意識，只要

157　*om Schauen Gottes und von Seligkeit* in BÜTTNER, l. c., I, p. 198.

158　*Von des Geistes Ausgang und Heimkehr* in BÜTTNER, l. c., I, p. 147.

159　BÜTTNER, l. c., I, p. 148.

靈魂察覺出無意識的力量和內容，神便得以存在；一旦靈魂潛入了無意識動力的「水流和泉源」裡，而無法有別於無意識時，神就會消亡。因此，埃克哈特還在另一本著作裡表示：

當我從神那裡離開時，萬物都在宣稱：「神存在著！」但這卻無法讓我感到幸福，因為，我在這種狀態下，只能把自己當作受造之物。當我受到神性的浸潤而有所突破時，我便想要獨立自主，不願受到神的意志、神的一切作為，以及神**本身**的約束。如此一來，我就超越了所有的受造之物，我既不是神，也不是受造之物：我是我過去的、現在的、未來的、永遠的所是！然後，便出現了一股向上的推力，把我帶到超越所有天使的高處。在這股推力裡，我變得如此富足，神對我來說已不甚起眼，甚至祂作為神的一切以及所有的作為，都算不了什麼。因為，在這次的突破裡，我已經獲得我和神所共同擁有的東西。我是我的所是，我既沒有增加，也沒有減少，因為，我是推動一切的不動者。神在人類當中已無容身之處，因為，人類已透過倒空自己而重新獲得原本的、永恆的所是，並永遠地停留在這種狀態。神則是在人類的這種精神裡獲得了接納。[160]

「人離開神」就意味著，個體在某種從靈魂誕生的觀念形式裡，意識到無意識的內容和動力。這是一種有意識地區別自我和無意識動力的行為，也就是把作為主體的自我和作為客體的上帝（即無意識動力）區分開來的行為。上帝也因為與自我有清楚的劃分而得以「形成」。不過，如果個體出現「突破」，也就是自我「切斷」與外在世界的聯繫，並轉而認同無意識那股驅動的動力，那麼，作為主體的自我和作為客體的上帝之間的區分就會再次被消除，作為客體的上帝便轉化為無法再與自我有所區別的主體，而消失無蹤。這也同時意味著，自我——作為分化較晚的產物——得以再度與神祕的、具有動力的、關乎一切萬有的存在（Allbezogenheit）結合起來（即原始

---

160 *Von der Armut am Geiste* in BÜTTNER, l. c. , I, p. 176.

人那種毫無個體性存在的「神祕參與」），也就是潛入了無意識動力的「水流和泉源」裡。這種狀況已直接反映出與某些東方思想的高度相似性。在這方面比我更有資格的一些專家曾對此進行詳盡的研究，而且也強調這種相似性。東方與西方之間並沒有直接的交流，卻出現了這種平行的類似性，這一點就已經證明，埃克哈特所思考的集體心理的深層就是東方和西方的共通之處。這種共同的基礎就是人類原初的心理本性的原始基礎，因此，生活在不同的歷史背景下的人們會出現類似的思維。這個原始基礎還包含了原始的、帶有能量的神祇概念，在這種概念裡，無意識的那股驅動的動力還未僵化為固定而抽象的神祇概念。

所有確實具有生命力的宗教都會回溯人類原初的本性，都會藉由信仰的方式回歸史前人類的心理狀態：從文化發展最低度的澳洲土著在圖騰儀式裡對於本性認同的回歸，[161] 到我們歐洲文化和我們這個時代的基督教神祕主義者的迷醉狂喜，都是如此。人類的原初狀態便透過這種回歸而得以再現，儘管這種與神合而為一的狀態是令人難以置信的——這種難以置信卻成為個體印象最深刻的體驗——但它卻能產生一種新的傾向；人類也因而改變對於客體的態度，並再次創造他們的外在世界。

基於歷史的良知，我們在這裡既然討論上帝象徵的相對性，就不能不提到十七世紀日耳曼神祕主義詩人暨神學家安格魯斯・希利修斯（Angelus Silesius, 1624-1677）。誠如他本身坎坷的命運那般，這位寂寞的詩人在作品中所描述的靈視也無法被他那個時代的人所理解。埃克哈特絞盡腦汁，而以相當艱澀難懂的語言所戮力表達的東西，希利修斯卻能在簡短的、真摯動人的詩句裡把它們清晰地呈現出來，而且還在思想層面上闡述了埃克哈特所領會的上帝的相對性。以下所節錄的希利修斯的詩句或許就是最好的說明：

我知道，上帝如果沒有我，
一刻也無法存活；

---

161 SPENCER and GILLEN, *The Northern Tribes of Central Australia.*

如果我死了，祂也只好消亡。

上帝如果沒有我，恐怕連一隻小蟲也造不出來；
如果我不與祂齊心同力，祂必定會滅亡。

我和上帝一樣偉大，上帝和我一樣渺小；
祂無法超越我，我也不會輸給祂！

上帝是我裡面的一把火，我是上帝裡面的亮光；
難道我們彼此之間沒有相當密切的共通性？

上帝愛我勝過於愛祂自己，
我愛上帝勝過於愛我自己；
祂如果賜給我什麼，
我一定會做同樣的回報！

對我來說，上帝就是上帝和人；
對上帝來說，我就是人和上帝。
我滿足祂的渴望，祂則救助我脫離急難。

上帝會遷就我們，
對我們來說，
祂是我們所要的一切；
如果我們不完成應該完成的工作，
祂就會處置我們。

上帝就是上帝的所是，
我就是我的所是；

你只要認識其中一個，
就可以認識祂和我。

我在上帝裡面，上帝也在我的裡面；
我是祂的榮光和亮光，祂則是我的光彩。

我是上帝栽種的葡萄藤，
上帝像父親照顧兒子一般地為我澆水施肥。
我所結出的果實就是上帝，就是聖靈。

我是上帝的孩子，上帝也是我的孩子；
上帝和我互為彼此，這是怎麼發生的？

我本身一定是太陽，
我必定用自己所綻放的光芒，
為整體神性的那片暗淡無光的海洋著上色彩。[162]

　　如果我們認為，希利修斯和埃克哈特的這些大膽的思想，只不過是意識思辯下的空洞臆想，那可就大錯特錯了！因為，這些思想往往是具有歷史意義的現象，也是存在於集體心理的無意識伏流的產物。許許多多不知名人士曾以無意識裡相似的思維和情感來贊同這兩位神祕主義者的思想，而且他們當時已蓄勢待發，準備開啟一個新的時代。這些神祕主義思想的獨創性表明了人類無意識心理的無所顧慮以及無可動搖的確信。這種無意識心理還藉由自然法則的運作而促成整體心理的轉變與更新。這股無意識伏流後來隨著十六世紀初期爆發的宗教改革，而普遍浮現於歐洲人日常生活的表象裡。宗教改革大大地排除了以羅馬教廷為首的天主教會向來所扮演的上帝救恩的轉介

162　｛ANGELUS SILESIUS, *Cherubinischer Wandersmann.*｝

者的角色，並重新建立了信徒與上帝之間的個人關係。上帝觀念的極端客觀
化便因此而被逆轉，也就是轉向愈來愈主觀化的發展。原本統一的天主教會
後來分裂為許多宗派，這是上帝觀念的主觀化過程的必然發展，其中最極端
的後果就是個人主義的形成。

個人主義呈現了「孤獨性」的一種新的形式，它直接帶給人們的危險就
是使得靈魂潛入無意識的動力裡。歐洲人對於「金髮碧眼的禽獸」的崇拜[163]
就是源於個人主義以及許多我們這個時代之所以不同於其他時代的特徵的發
展。只要靈魂潛入了無意識的驅力裡，補償作用就會隨之產生，從而不斷出
現對於這股純粹動力的混亂性與無形體性的反抗，以及對於形式和律則的需
求。靈魂在潛入無意識伏流之後，就必須創造能含納、維持和表達這股動力
的象徵。在集體心理中，知道或感受到這種過程的詩人和藝術家主要是從無
意識的察覺——即無意識的內容——裡，汲取他們的創造力。由於他們的心
智足夠開闊，因此，能理解與表達他們的時代所面臨的一些主要問題，至少
他們還有能力捕捉到這些問題的表面現象。

第五節　施皮特勒的統合象徵的性質

施皮特勒筆下的普羅米修斯標示了一個心理的轉折點：他藉由這個人物
來描述一些從前已整合的二元對立的組合後來所出現的分裂和崩解。當普羅
米修斯這位創造者與靈魂的奴僕從人的世界消失後，遵從那些缺乏感情、且
無關於靈魂的道德常規的人類社會，便自行落入了《舊約聖經》所提到的那
隻強大而邪惡的河馬巨獸的魔爪裡，並承受著依循陳舊而過時的樣板所造成
的那些矛盾對立的、破壞性的苦果。就在這個時候，潘朵拉（即靈魂）在無
意識裡創造了那顆可以救贖人類的寶石，但由於人類一開始並不了解這顆寶
石的意義，所以，仍無法從中獲益。直到普羅米修斯的內傾介入之後，情況
才有所好轉，因為，普羅米修斯的傾向具有理解力和洞察力，因此，能使人

---

163 譯註：榮格在這裡以「金髮碧眼的禽獸」諷刺即將成為政治主流勢力的德國納粹所宣揚的種族主
　　義。當時希特勒和他的黨羽們堅信，金髮碧眼的白種人是全世界最優越的人種。

們——起先只有少數幾個人，後來才推而廣之——意識到這顆寶石所代表的意義。

當然，施皮特勒在創作這部希臘史詩作品時，必然扎根於自己最切身的體驗。如果它只是一部內容空洞的、純粹出自個人經歷的詩作，就會相當缺乏普遍的有效性和持續性。這部史詩不只涉及了個人問題，而且還把關於我們這個時代的集體問題也當作個人問題來體驗、呈現並處理，所以，終究能普遍獲得人們的接受。不過，這部詩作剛出版時，卻受到那個時代的大眾的冷落，畢竟大多數的人們總是傾向於維護和讚揚當下的現狀。不過，這種方式卻造成了負面的後果：人們會試圖讓自己和那些能預感未來的創作心靈沒有絲毫瓜葛。

我們在這裡還必須釐清一個重要的問題：詩人雖從代表生命再生的寶石和象徵裡感受到它們所帶來的喜悅和救贖，但它們究竟具有什麼屬性？我們在前面已列舉許多資料來闡明潘多拉的那顆寶石的「神性」，並清楚地指出，這顆寶石的象徵具有某些能引發新能量的可能性，也就是釋放和無意識有關的力比多。寶石的象徵總是在表明，它本身似乎可能顯現一種新的生命，而且還可能讓人們從厭世以及種種的束縛當中解脫出來。這股透過象徵而從無意識裡釋放出來的力比多，便被人們當作年輕化的上帝，或甚至是重生的上帝的象徵，這就如同基督教的耶和華曾轉變為慈愛的聖父以及更高的、更精神化的道德觀念一般。上帝的重生這個主題[164]相當普遍，因此，我們可以假定，大家對它並不陌生。潘朵拉曾針對寶石的救贖力量表示：「看哪！我曾聽說有一群充滿痛苦、值得同情的人，我便想到應該送給他們一個禮物。如果你同意我這麼做，我就可以用這個禮物來減輕或撫慰他們所承受的許多痛苦。」[165]旅途中的摩耶夫人在一棵無花果樹下生下了釋迦牟尼，這棵樹保護著剛誕生的佛陀，而且它的綠葉還詠唱著：「因為，這裡就是神的臨在，就是極樂，就是恩典。」[166]

---

164 Vgl. JUNG, *Wandlungen und Symbole der Libido* (Neuausgabe: *Symbole der Wandlung*〔GW V〕).

165 SPITTELER, *Prometheus und Epimetheus*, p. 108.

166 l. c., p. 127.

　　這個「神奇的孩子」──甫出生的釋迦牟尼──是一個新的象徵。他為世人所帶來的信息就是愛與喜悅，也就是一種生活在樂園裡的狀態。佛陀誕生的信息就類似耶穌基督的誕生。出生時受到太陽女神的恭迎，[167] 以及遠方的人們在此刻開始轉而向「善」並蒙受恩澤的奇蹟，[168] 這些都是佛陀誕生的標記。關於「上帝的祝福」，我只想凸顯這部史詩中意味深長的那幾節：「或許每個成年人的內在所出現的意象，就是童年的自己所看到的那些關於未來的、燦爛而夢幻的影像。」[169] 這些詩句顯然是在表示，人們童年的幻想有可能成真，換句話說，人們童年的意象不僅不會隨著本身進入成年而失落，反而在步入成年後，還會再次浮現於他們的內心，而終究獲得了實現。在德國當代文學家巴拉赫的首部劇作《死亡之日》裡，那位盲眼的老乞丐庫勒（Kule）曾這麼說：

　　我在夜晚就寢時，幾個黑暗的枕頭讓我的心情沉重不堪，有時我的身邊還會出現一道發出聲響的亮光，我的眼睛可以看到它，我的耳朵也聽得到它。然後，一些擁有美好前程的、美麗的人影便站立在我的床舖的周圍。她們尚未睡醒，身軀僵直不動地站著，不過，她們的姿色的確標緻極了！誰如果把她們喚醒，就可以讓這個世界變得更美好。誰能這麼做，誰就是英雄……什麼樣的心臟在經歷過這樣的事情之後，還可以跳動！完全不同的心臟以完全不同於目前的方式跳動著……她們不會站在陽光下，身上也沒有一處會被陽光照射到。但是，她們想要、而且必定會脫離那幽暗的黑夜。使她們親近陽光，就是一門藝術。她們將在明亮的陽光下生活著。[170]

　　就連普羅米修斯的弟弟埃庇米修斯也渴望寶石這個意象；他在與人談論希臘神話的大力士英雄赫拉克力斯（Herakles）的雕像時，曾說道：「這就

167　l. c., p. 132.

168　l. c., p. 129.

169　l. c., p. 128.

170　p. 30f.

是意象的意義。如果我們理解意象，意象只會為我們帶來榮譽。我們會體驗並把握寶石在我們頭上熠熠發光的時機，就是那顆我們所獲得的寶石。」[171]那顆寶石被埃庇米修斯拒絕後，便被送到教士那裡，那些教士就跟從前的埃庇米修斯一樣，內心對於寶石充滿渴望，於是便開口頌唱：「啊，來呀！啊，上帝！請帶著你的恩典」。不過，就在那顆寶石被呈獻在他們面前時，他們卻立刻拒絕並咒罵它。從教士們齊唱的那首讚美詩的頭一段，我們不難看出，這樣的內容其實無異於新教的教會詩歌：

> 來呀！啊，來呀！生命的聖靈！
> 祢是真正的上帝！永恆不朽的上帝！
> 祢的力量不會沒有果效，
> 因為，我們隨時都被它充滿：
> 所以，聖靈、光明與光輝
> 將存在於人們幽暗的心裡。
> 啊，祢，力量與權勢的聖靈！
> 祢，嶄新的聖靈！
> 請在我們的裡面促成祢的作為。

這首讚美詩的內容和我們前面的論述相當類似：那些高唱這首讚美詩的教士對於新的生命精神——亦即新的象徵——的摒棄，完全符合埃庇米修斯的創造物的理性主義本質。理性總是以理智的、合乎邏輯的、前後一貫的方式尋求解答，這種方式適合處理一般的情況和問題，但卻不足以應付一些重大的、關鍵性的問題。人類的理性無法創造意象（即象徵）；因為，意象是非理性的。當理性的方式已行不通時——人們使用這種方式一段時間之後，往往必須面對這個問題——問題就會在人們所沒有料到的另一面（非理性層面）獲得解決（舉例來說，耶穌的門徒腓力忍不住要向好友拿但業介紹拿撒

---

171 SPITTELER, l. c., p. 138.

勒人耶穌，不過，拿但業卻不加思索地說，「拿撒勒還能出什麼好的嗎？」[172]，這樣的回答等於潑了腓力一盆冷水），而這種心理學法則就是彌賽亞式預言的基礎。預言本身就是預知未來事件的無意識的投射。由於解決問題的方式是非理性的，所以，拯救者的出現就會與一種不可能的、不理性的狀況有關，例如聖母瑪利亞以處女之身生下耶穌基督。[173] 這類預言就跟其他許多預言一樣，具有雙重涵義。以下這段引自莎士比亞劇作《馬克白》（Macbeth）第四幕第一場的文字就是一個例子：

> 馬克白不會被敵對的勢力擊敗，
> 除非勃南森林往上向丹新南山丘 [174] 移動，
> 充滿敵意地衝著他而來。

救世主的誕生——也就是象徵的形成——會發生在那些出乎人們預料的、甚至是解決問題的門徑最不可能出現的地方。所以，《舊約聖經》的〈以賽亞書〉第五十三章第一至第三節曾談道：「我們所傳的，有誰信呢？耶和華的臂膀向誰顯露呢？他在耶和華面前生長如嫩芽，像根出於乾地。他無佳形美容，我們看見他的時候，也無美貌使我們羨慕他。他被藐視，被人厭棄，多受痛苦，常經憂患。他被藐視，好像被人掩面不看的一樣，我們也不尊重他。」

救世主不只出現在人們意料不到的地方，而且還會以某種在埃庇米修斯看來根本不值得重視的人物形象現身。在這部希臘史詩裡，我們可以發現，施皮特勒在描述人們對於救贖象徵的摒棄時，幾乎不自覺地依隨《聖經》的精神。除此之外，他更是從造物主和先知創造救贖象徵所在的那個心靈深處，汲取他的創作靈感。

---

172 譯註：這句話出自於《新約聖經》的〈約翰福音〉第一章第四十六節。

173 請參照《舊約聖經》的〈以賽亞書〉第七章第十四節：「因此，主自己要給你們一個兆頭，必有童女懷孕生子……」

174 譯註：馬克白的城堡位於蘇格蘭的丹新南山丘上。

救世主的出現意味著對立的統合：

> 豺狼必與綿羊羔同居，豹子與山羊羔同臥。少壯獅子與牛犢並肥畜同
> 群；小孩子要牽引牠們。牛必與熊同食，牛犢必與小熊同臥；獅子必喫草與
> 牛一樣。喫奶的孩子必玩耍在虺蛇的洞口，斷奶的孩子必按手在毒蛇的穴
> 上。[175]

救贖象徵的性質就是孩童的本性。換句說話，救贖象徵及其功能都包含
了童稚的、不帶預設立場的態度。「童稚」的態度當然會以另一種主導原則
來代替人們普遍存在的成見和理性意向。這種主導原則的「神性」已等同於
「優勢性」，該原則在本質上是非理性的，因此，會出現在許多神奇的事物
當中。〈以賽亞書〉第九章第六節也談到這種情形：

> 因有一嬰孩為我們而生，有一子賜給我們，政權必擔在他的肩頭上。他
> 名稱為奇妙、策士、全能的神、永在的父、和平的君。

〈以賽亞書〉所確定的這些榮耀的屬性，等於賦予了我們在前面所定義
的救贖象徵的一些根本特徵。它的「神性」效應所依憑的準則，就是那股人
們所無法抗拒的無意識衝動的力量。英雄人物總是具有神奇的力量，可以把
不可能變為可能。象徵是一條中間道路，矛盾對立的雙方就在這條中道上融
合成一股新的流動，就像久旱過後及時湧現的一道滋潤大地的水流。至於衝
突尚未解決之前的緊張關係，就好比婦女的懷孕。〈以賽亞書〉第二十六章
第十七至第十九節寫道：

> 婦人懷孕，臨產疼痛，在痛苦之中喊叫；耶和華啊，我們在你面前也是
> 如此。我們也曾懷孕疼痛，所產的竟像風一樣。我們在地上未曾行什麼拯救

---

175 本段出自〈以賽亞書〉第十一章第六至第八節。

的事，⋯⋯死人要復活，屍首要興起。

　　在救贖的行動中，沒有生命的、死亡的東西又復活了！在心理學上，這就是那些閑置不用的、低度發展的、被壓抑的、被貶損的、被低估的心理功能突然恢復生機，並開始發揮作用，也就是那些飽受已分化的優勢功能威脅的劣勢功能的繼續發展。[176] 重生的主題也出現在《新約聖經》的一些「復興」（Wiederbringung）的思想裡。[177] 這些關於復興的思想，就是普遍存在的英雄式神話思維的高度發展形式。根據這種神話思維，英雄如果逃出鯨魚的肚腹，會把之前被這隻大海怪吞食的雙親以及其他所有的人也一併救出，這就是當代德國數學家斐迪南・弗洛貝尼烏斯（Ferdinand Georg Frobenius, 1849-1917）所謂的「徹底脫離」（Allausschlüpfen）。[178]〈以賽亞書〉第二十七章第一節也存在著這種英雄式神話的思維：

　　到那日，耶和華必用他剛硬有力的大刀刑罰鱷魚，就是那快行的蛇，刑罰鱷魚，就是那曲行的蛇，並**殺海中的大魚**。

　　隨著誕生象徵的出現，力比多便從無意識裡流出，而且不再往無意識裡回流。所以，力比多已不再處於滯積狀態，而是開始流動起來，原始根源的魅惑力也因此而消失無蹤。在巴拉赫的劇作《死亡之日》裡，老乞丐庫勒與一位自私自利的母親如此交談著：

　　然後，一些擁有美好前程的、美麗的人影站立在我的床鋪的周圍。她們尚未睡醒，身軀僵直不動地站著，不過，她們的姿色的確標緻極了！誰如果把她們喚醒，就可以讓這個世界變得更美好。誰能這樣作，誰就是英雄。

　　母親：這樣的英雄會陷入悲嘆和困苦中。

---

176 請參照本人在前面的章節裡，對於席勒的《審美教育書簡》的探討。

177 例如，《新約聖經》的〈羅馬書〉第八章第十九節：「受造之物切望等候神的眾子顯出來。」

178 FROBENIUS, *Das Zeitalter des Sonnengottes*.

庫勒：或許就存在這麼一位英雄。
母親：這樣的英雄應該先埋葬自己的母親。[179]

我曾在從前發表的論文裡，[180] 詳盡而深入地論述「母龍」的主題，所以，我在這裡就不再重複贅述。〈以賽亞書〉第三十五章第五至第八節對於生命和豐饒又重新出現在出乎人們意料的地方，曾有過這樣的描述：

那時瞎子的眼必睜開，聾子的耳必開通。那時瘸子必跳躍像鹿，啞吧的舌頭必能歌唱，在曠野必有水發出，在沙漠必有河湧流。發光的沙（或作蜃樓）要變為水池，乾渴之地要變為泉源。在野狗躺臥之處，必有青草、蘆葦和蒲草。**在那裡，必有一條大道，稱為聖路。**汙穢人不得經過，必專為贖民行走，行路的人雖愚昧，也不至失迷。

救贖象徵是一條道路，在這條道路上，生命可以不受折磨和壓迫地邁步前進。

德國浪漫派詩人約翰‧賀德林（Johann C. F. Hölderlin, 1770-1843）曾在〈帕特莫斯島〉（Patmos）這首詩裡寫道：

上帝就在近旁，
卻難以掌握。
但在危險潛伏的地方，
這位拯救者也會變得更強大。

賀德林的這些詩句似乎在表示，上帝的臨近是一種危險，換句話說，力比多匯聚於無意識對於意識的生命而言，是一種危險。實際的情況也的確如

---

179 BARLACH, *Der tote Tag*, p. 30f.

180 請參照 *Wandlungen und Symbole der Libido* (Neuausgabe: *Symbole der Wandlung* {GW V}). 施皮特勒的史詩所描繪的河馬巨獸的降服，就類似於〈以賽亞書〉裡所敘述的鱷魚的屠殺。

此：愈多力比多被投入於無意識裡，或更準確地說，愈多力比多主動地聚集在無意識裡，無意識潛在的影響力和作用力就愈強。這不啻意味著，一切曾被停用、捨棄、過時，且已消失好幾個世代的心理功能的潛力再度活躍了起來，而且還對意識產生愈來愈強烈的影響，儘管意識的理智仍經常頑強地抵抗著。拯救者是一個同時包含意識和無意識，並統合此二者的象徵。當可受意識支配的力比多在已分化的心理功能裡逐漸消耗，而相關力比多的補充卻遲緩而困難時，還有，當個體內在的不協調性的徵兆頻繁地出現時，無意識內容的氾濫與破壞所帶來的危險就會隨之增加，不過，負有任務的象徵也會同時出現發展，而讓這類衝突得以化解。由於這種象徵與來自無意識的威脅和破壞有極其密切的相關性，因此，不是這兩者發生混淆，就是象徵本身的出現引發了不幸和損害。無論在任何情況下，救贖象徵的出現都與破壞及毀滅密切相關。舊的事物如果不消亡，新的事物就不會出現。不過，舊的事物如果未以不利的方式阻礙新事物的發展，就可以不被去除，或不需要被去除。

我們可以在〈以賽亞書〉第七章自第十四節開始的那段內容裡發現，存在於對立雙方之間的那種自然而然的心理關聯性。比方說，〈以賽亞書〉第七章第十四節：「⋯⋯必有童女懷孕生子，給他起名叫以馬內利（就是「神與我們同在」的意思）。」「神與我們同在」在心理學上，就是與無意識的潛在動力的結合，而且這種動力已被證實存在於救贖象徵裡。以下一些摘自〈以賽亞書〉的經節便揭示了這種結合最主要的意義：

> 因為，在這孩子還不曉得棄惡擇善之先，你所憎惡的那二王之地，必致見棄。[181]

耶和華對我說，你取一個大牌，拿人所用的筆，寫上「瑪黑珥沙・拉勒哈施霸斯」（即擄掠速臨，搶奪快到之意）。⋯⋯我以賽亞與妻子（女先知）同室。她懷孕生子，耶和華就對我說，「給他起名叫瑪黑珥沙・拉勒哈施霸

---

181 本段出自〈以賽亞書〉第七章第十六節。

斯。因為，在這小孩子不曉得叫父叫母之先，大馬色的財寶和撒瑪利亞的擄物，必在亞述王面前搬了去。」耶和華又曉諭我說，這百姓既厭棄西羅亞緩流的水……因此，主必使大河翻騰的水猛然沖來，就是亞述王和他所有的威勢。這水必漫過一切的水道，漲過兩岸，必沖入猶大地區，漲溢氾濫，直到頸項。以馬內利啊，他展開翅膀，遍滿你的地。[182]

我已在《力比多的轉變與象徵》這本從前發表的著作裡指出，神的降生會受到龍、屠殺孩童，以及洪水氾濫的威脅。這些威脅在心理學上就代表著無意識的潛在動力突然爆發，而徹底征服了意識。對先知以賽亞來說，這種危險就相當於一位統治具有敵意的強大王國的外國君王。由於這個問題已完全被投射出來，因此，在他看來，它並非心理的問題，而是具體的問題。反之，詩人施皮特勒則認為，這個問題與心理關聯密切，而無關於具體的客體，雖然，他表達這個問題的方式和〈以賽亞書〉的作法有高度類似性。不過，我們實在無從推斷，這是施皮特勒對於〈以賽亞書〉的刻意仿效。

救世主的誕生就是在人們未料到會有生命、力量和發展的可能性形成的地方，突然出現了一個強大的新生命，因此，對人們來說，無異於一場大災難的降臨。這個強大的新生命來自於無意識，也就是來自於那個無關於個體的意願，且無法被個體意識到，因而被理性主義者視為不存在的心理部分。正是這個不被相信，並遭棄用的心理部分產生了一股新的力量，並帶來某種程度的衝擊，這就是生命的更新。不過，到底什麼是不被相信，並遭棄用的心理部分？其實它就是所有不合乎意識價值，因而受到壓抑的心理內容，也就是讓我們所討論的個體感到醜陋、不道德、不正確、不合宜、毫無用處的一切。這個心理部分的危險就在於，人們會受制於意識所認定的負面事物再次出現時所伴隨的某種強大的威力，以及這些事物的外表所蒙上的那層新穎而神奇的光輝，而完全揚棄或遺忘了從前附著在這些事物上的價值。人們從

---

182 本段出自〈以賽亞書〉第八章第一至第八節。

前鄙夷的東西，現在已成為最高的原則，從前尊為真理的東西，現在已成為謬誤。這種價值的徹底翻轉就是在摧毀既有的生活價值，它就像某個地區受到泛濫成災的大洪水的破壞一般。

在施皮特勒的希臘史詩裡，潘朵拉從天界帶來的那個禮物——那顆寶石——卻使得地上的人類災厄連連。這顆寶石所造成的災禍就類似希臘神話描述潘朵拉打開她那只盒子的後果：疾病的肆虐、洪水的氾濫，以及種種的破壞。為了了解這一點，我們必須探究這個寶石象徵的本質。在這部史詩裡，農夫首先發現了這顆寶石，就如同牧羊人最先敬拜誕生於馬槽裡的救世主耶穌基督一般。當時那幾位農夫把這顆寶石拿在手裡轉來轉去地看著，「直到最後他們完全被它那怪異的、不道德的、不正當的表現嚇呆為止。」[183] 當他們把寶石獻給國王埃庇米修斯時，這位國王為了檢驗它，便把它出示給良心，讓良心對它作出肯定或否定的評斷。但良心卻受到驚嚇而從櫃子裡跳出，落在地板之後，便立刻滾到那張表示「不可能作論斷」的床舖下躲藏起來。

此時的良心就像一隻正在逃竄的螃蟹，「帶著惡毒的眼神盯看著，還充滿敵意地豎起那對彎曲的蟹螯⋯⋯良心就這樣躲在床下往外窺伺著，埃庇米修斯愈把寶石推向它，它就用嫌惡的動作愈往後方退縮。它悄然無聲地蜷縮在床下，連一個詞語甚至一個音節也不吐露，國王用盡了各種說詞熱切地懇求並逗引它，卻還是無法打動它。」[184]

良心顯然相當不喜歡這個新的象徵，因此，國王埃庇米修斯就請這些農夫把這顆寶石交給教士。

一位擔任高級職位的教士一看到這顆寶石，便對它感到恐懼與厭惡。他立刻用交叉的手臂保護前額，並對農夫們大吼大叫：「請你們離開，不要拿這種東西來譏誚我！因為，它具有反對神的本質，它的內心潛伏著肉慾，它的眼神流露著狂妄和無恥。」[185]

---

183 SPITTELER, l. c., p. 163.

184 l. c., p. 139.

185 l. c., p. 142.

後來，這幾位農夫便把這顆寶石帶到一所學院裡。然而，這所高等學府的教授們卻覺得，它不只沒有「情感和靈魂」，還缺乏「莊重，大體上毫無主導思想可言。」[186] 最後，一名金匠發現，這顆寶石是假貨，只不過是一塊普通的礦石。當農夫們把它帶到市集準備脫手賣出時，警察卻走了過來。這些正義的守護者看到這顆寶石時，便斥責這些農夫：

你們竟然敢在眾目睽睽之下，公然拿出這個無恥的、淫蕩的赤裸之物！難道你們沒有心肝？你們的靈魂已經失去良知？你們還不快滾！如果你們讓我們那些純潔的孩子和清白的妻子因為看見它而受到玷汙，我們一定會懲辦你們！[187]

詩人施皮特勒賦予寶石象徵怪異的、傷風敗俗的、不正當的特徵。寶石象徵不僅違背了人們的道德感受，還顛覆了人們的上帝概念以及對於靈魂的情感和想法。這個象徵訴諸於人們的感官性，所以，它是淫穢的，而且還因為激起人們的性幻想而嚴重危害了社會道德。這些特徵便界定了這個象徵的本質：它與我們的道德價值特別格格不入，其次是我們在審美方面的價值判斷。因為，它對於審美不具有更高的情感價值，而且還由於缺乏「主導思想」而彰顯了本身的思想內容的非理性。由於這段情節既不是發生在遙遠的古希臘時代，也不是發生在遠東的中國，或許那位教士對於寶石作出「反對神」的評斷，也意指它在本質上是「反對基督教」的。這個寶石象徵基於本身的種種特徵，而成為心理的劣勢功能以及未獲贊同的心理內容的代言者。

顯而易見的是，這顆寶石呈現了赤裸的人類形象，也就是前文討論過的「有生命的構形」。這個赤裸的人類形象不僅表達了人類以本然狀態而存在的絕對自由，還表達了人類以本然狀態而存在的責任，因此，這種赤裸的形象便意味著道德之美與審美之美最極致的可能性。由於它是出自於人類的天

---

186 l. c., p. 144.

187 l. c., p. 147.

性，所以，無關於人們對人類的應然狀態所設定的理想形式。把這樣一顆寶石擺在人們面前，只會解放人們內在受到束縛的、沉寂已久而未能有所發揮的部分。如果人們身上有一半是文明的，而另一半卻還是野蠻的，那麼，這顆寶石就會喚醒他們身上所有野蠻的部分。人類的憎恨總是聚焦在那些使他意識到本身的負面特質的東西。所以，人們在發現寶石的那一刻，寶石的命運就已經被決定了！那幾位農夫將最早發現寶石的那位牧羊的啞吧少年打個半死，然後把寶石狠狠地往街道「猛丟」，這麼一來，這個救世主象徵便結束了它那短暫而典型的生命歷程。寶石象徵顯然是在仿效基督教的耶穌受難的思想。這樣的寶石每千年才出現一次的事實也在告訴我們，它本身具有救世主的性質。總之，這種事件──即「珍寶的光彩煥發」、救世主的降世或佛陀的誕生──是罕見的。

這顆寶石的結局神祕莫測：它最後落入一位四處流浪的猶太人手中。「這位猶太人並不屬於這個世界，他的衣著讓我們覺得非常怪異。」[188] 這個看起來很特別的猶太人，一定是民間傳說中那位由於藐視耶穌基督而受到詛咒的阿赫斯維（Ahasver）。他不僅不接受真正的救世主，還在這裡偷取了潘朵拉的寶石，這等於竊占了救世主意象。阿赫斯維的傳說源起於中世紀晚期的基督教世界，遲至十七世紀初期，才陸續出現關於這個人物的文字敘述。[189] 從心理學的角度來看，這位猶太流浪者的傳說，其實產生於某種被基督教看待生命與世界的態度視為毫無用處，因而受到潛抑的力比多或人格的某一部分。屬於異教徒的猶太人向來就是這個被潛抑的力比多和人格部分的象徵，這也是猶太人在中世紀時期遭受基督徒瘋狂迫害的原因。

基督徒的儀式性謀殺（Ritualmord）的觀念含有那種以尖銳形式指控猶太教徒拒絕基督救世主的思想，畢竟人們往往只注意別人的過錯，而比較缺乏自我的反省。《新約聖經》的福音書難道沒有提醒信徒，自己眼中如果有梁木，就會看到弟兄眼中有刺？在施皮特勒的史詩裡，也存在著這種儀式性謀殺的觀念，因為，猶太流浪者這個角色最後偷走了上天賜給人間的那個神

---

188 l. c., p. 163.

189 KÖNIG, *Ahasver*.

奇的孩子（即寶石）。指責猶太教徒拒絕救世主的思想，其實就是基督徒的無意識察覺到救世主的效應不斷受到本身無意識裡的那個未被救贖的部分的阻礙，從而產生的心理投射，而且還是具有神話性質的投射。在當時的基督教世界裡，人們只能把這個未被救贖的、未被馴化的、沒有教養的、野蠻的無意識部分用鎖鍊繫住，還無法任其自由發展。因此，基督徒便把本身這個狂野的無意識部分投射在那些不接受基督教的異教徒身上，但實際上，它卻是基督徒內在一直無法被自己的信仰所馴服的東西。總而言之，個體的無意識已經察覺到本身那個具有抗拒性的、未被救贖的部分，而後才把它投射於外在客體裡。猶太人四處流浪而不得安歇的形象就是這個未被救贖的無意識部分的具體表述。

這個未被救贖的無意識部分會立刻攫取寶石這個新象徵的亮光和能量。我們從一般的心理層面談論象徵的效應，就是以另一種方式來表達剛才所提到的東西：象徵會刺激所有個被贊同的、受潛抑的心理內容，前面提到的那些市集裡的警察以及那位教士就是很好的例子。教士原先在無意識裡便已在違抗自己所信仰的宗教，所以，他一看到那顆寶石，便立刻指出並強調這個新象徵的肉慾性及其反對神的本質。他拒絕那顆寶石時所表達的情緒，實際上和他內在被壓抑的力比多在能量上是等量的。這份純粹來自上天的禮物，後來在道德上轉變為這些道貌岸然人士的淫穢的幻想內容，人們便在這樣的過程裡完成了儀式性謀殺。儘管如此，寶石象徵的出現還是發揮了某些作用。雖然，這個象徵不是由於本身那個赤裸的人類形象而被接受，但它卻在意識的道德觀念和審美觀念的推波助瀾下，被納入了那些仍未分化的、古老而原始的力量裡。在這裡，反向轉化開始發揮作用，既有的價值會變得毫無價值，既有的善會變成惡。

埃庇米修斯所統治的王國是善的國度，與河馬巨獸所統治的國度向來處於敵對狀態。出現在《舊約聖經》的〈約伯記〉裡的河馬巨獸和鱷魚，[190] 是上帝所創造的兩大怪獸。牠們都是上帝的權利與力量的象徵。作為粗暴的野

---

[190] SPITTELER, l. c., p. 179.

獸象徵，牠們在心理學上體現了人類天性裡那些與牠們相似的力量。[191] 因此，耶和華說：

> 你且觀看河馬，我造你也造牠。牠喫草與牛一樣。牠的氣力在腰間，能力在肚腹的筋上。牠搖動尾巴如香柏樹，牠大腿的筋互相聯絡。[192]……牠在神所造的物中為首……[193]

　　我們必須留意以上這段引文：上帝藉由這股粗暴的力量而「展開祂的道路」。祂就是《舊約聖經》裡的耶和華，也是猶太人所遵奉的上帝。然而，在《新約聖經》裡，這位上帝卻擺脫了原本的方式，所以，不再是自然之神（Naturgott）。這種轉變所代表的心理學意義是：滯積於無意識裡的力比多所包含的粗野的驅力部分，會在基督徒的信仰態度裡不斷受到壓制。因此，上帝有一半的部分是被壓抑的，或更確切地說，這個遭受壓抑的部分已被基督教會視為人類的罪惡，甚至還是魔鬼的領域。因此，當無意識的力量開始浮現時，也就是上帝「展開祂的道路」時，祂就會以河馬巨獸的外形顯現出來。[194] 人們甚至會表示，上帝以魔鬼的樣貌現身，不過，這類道德的評斷並不恰當，因為，它們都是人們的錯覺，畢竟生命的力量可以超越道德的判斷。神祕主義大師埃克哈特曾表示：

> 所以，如果我說，上帝是善的，這並不是真相。因為，我才是善的，上帝並不是。更明白地說：我比上帝更善！因為，只有善者才能成為更善者，只有更善者才能成為至善者。上帝不是善的，所以，祂無法成為更善的；既然祂無法成為更善的，因此，也就無法成為至善者。上帝其實無關於

---

191 Vgl. dazu *Wandlungen und Symbole der Libido*, p. 58 (Neuausgabe: *Symbole der Wandlung*｛GW V｝), sowie RIWKAH SCHÄRF, *Die Gestalt des Satans im Alten Testament* in: JUNG, *Symbolik des Geistes*.

192 在聖經的拉丁文通用譯本裡，這句話甚至被寫為：「牠睪丸的筋互相牽連」。施皮特勒在他的這部史詩裡，則以頗富特色的方式把女神阿絲塔特（Astarte）寫成河馬巨獸的女兒。

193 本段出自《舊約聖經》的〈約伯記〉第四十章第十五至第十九節。

194 讀者在這裡可以參考 FLOURNOY, *Une Mystique Moderne*.

「善」、「更善」、「至善」這三個級別，而是超越了它們。[195]

　　救贖象徵所發揮的最直接的效應，就是二元對立的統合：於是，埃庇米修斯的理想國度便和河馬巨獸的國度和解了！這不啻意味著，道德的意識以危險的方式和無意識內容及其附屬物，以及與無意識內容一致的力比多結合在一起。雙方和解之後，便由埃庇米修斯負責照顧上帝的兒女，也就是負責關照使人類有別於其他動物的一些人性的至善。無意識的二元對立的統合會讓個體處於損害和滅頂的危險中，也就是說，個體的意識價值可能被無意識的能量價值所吞噬。自然的美和品行的意象如果能被人們真正地接受和維護，而不只是由於其本身不帶有任何罪惡的自然屬性可以刺激我們的「正派」文化背後的淫穢性，那麼，上帝的兒女縱使和河馬巨獸結盟，也不會受到危害，因為，關照他們的埃庇米修斯已能區別什麼是有價值，而什麼是沒有價值的東西。

　　不過，我們卻往往因為本身狹隘的片面性以及理性主義的區辨性和缺陷性而無法接受象徵，因此，衡量事物是否具有價值的標準便付之闕如。當二元對立的統合發生在較高的層面時，個體必然會遭受損害與滅頂的危險，其中最典型的方式就是在「正確的觀念」的遮掩下，悄悄地形成危險的逆反傾向。所以，上帝的兒女一一被交給河馬巨獸，在心理學上，這就是意識的價值被純粹的驅力與愚蠢所取代。由於既有的、粗魯而野蠻的無意識傾向吞沒了意識價值，因此，河馬巨獸和鱷魚便創造出一條看不見的無形鯨魚來象徵牠們的原則，這條鯨魚就相當於埃庇米修斯的理想國度裡的那隻鳥。鯨魚是海裡的動物，普遍象徵著具有吞噬力的無意識；[196] 鳥類則是活動於天空這個光明國度的動物，象徵著意識的思維、或甚至象徵著理想（翅膀！）和聖靈。

---

195 *Von der Erneuung am Geiste* in Büttner, l. c., I, p.165.

196 關於這方面，我在 *Wandlungen und Symbole der Libido* (Neuausgabe: *Symbole der Wandlung*｛GW V｝). 這本論著裡已提出許多例證。

在施皮特勒的這部希臘史詩裡，普羅米修斯後來的居間調解使得善不至於落入永劫不復的毀滅。這位火神把最後一位上帝的兒女——彌賽亞——從敵人的掌控中解救出來。彌賽亞後來成為上帝國度的繼承者，此時普羅米修斯和埃庇米修斯——亦即兩個分裂的對立面的擬人化——都已回歸「家鄉的谷地」，並在那裡合為一體。既然普羅米修斯不追求權力，而埃庇米修斯必須放棄權力，所以，這對兄弟都未握有統治權。在心理學上，這所代表的意義就是內傾和外傾已無法再作為片面的準則而占據主導地位，因此，個體的心理分裂也隨之消失。此時會出現新的功能，這種新功能的象徵就是長久沉睡的聖子彌賽亞。

彌賽亞是調解者，也是統合二元對立的新態度的象徵。他是個孩童，是個合乎「永恆少年」（puer aeternus）的古老原型的男孩，而且還以本身的青春生命暗示著失落之物的再生和回復。潘朵拉則以意象的方式把象徵重生的寶石帶給人間，人們雖因為將它丟棄而蒙受災禍，但它後來卻在彌賽亞身上獲得實現。這種象徵的關聯性符合了我們在心理分析診療中經常碰到的經驗：某個象徵如果出現於夢境中，就會因為前面種種詳述的理由而遭到人們的摒棄，甚至還會引起相當於河馬巨獸入侵的相反效應。這種衝突會導致人格被簡化為一些個體在生命初期便已擁有的基本特徵，這些特徵就是發展成熟的人格和童年的能量泉源之間得以相互聯繫的保證。誠如施皮特勒所指出的，這種轉變的過程甚是危險，因為，人們並不透過象徵，而是透過理性主義和傳統的觀念模式來接受被喚起的那些古老而原始的驅力。

英國神祕主義詩人布雷克（William Blake, 1757-1827）曾表示：「人可以分為兩種：**豐產者**（the prolific）和**吞食者**（the devouring）。宗教則努力地統合此二者。」[197] 布雷克的這番話竟以如此簡單的方式總結了施皮特勒的基本思想以及我的相關闡述，所以，我就以這段引言來結束本章的討論。如果我在本章裡的探討過於詳盡而冗長，就像我在前面處理席勒的《審美教育書簡》那樣，那是因為我希望正確地評價施皮特勒的《普羅米修斯和埃庇米

---

197 *Poetical Works* I, p. 249, vgl. *The Marriage of Heaven and Hell* in *The Writings of William Blake*, p. 190.

修斯》這部史詩所呈現的思想以及對思考的刺激的豐富性。我在這裡已儘可
能地把我的論述限制在重要的內容上，所以，我會刻意地忽略那些應該全面
處理整部史詩的問題。

第六章

心理病理學的類型問題

　　我們將在本章裡討論奧地利精神科醫師奧圖・格羅斯（Otto Gross,
1877-1920）曾從許多令人不解的心理病理的衰弱狀態（psychopatische
Minderwertigkeiten）之中，所梳理出的兩種心理類型。心理病理的衰弱狀態
相當複雜，它包括了所有無法被歸入精神疾病的心理病理的邊緣狀態，也就
是所有的精神官能症和心理退化的狀態，諸如智識、道德、情緒，以及其他
的心理衰弱現象。

　　格羅斯醫師在他的《大腦的次要功能》（*Die zerebrale Sekundärfunktion*）
這本理論性著作裡，發表了以上的見解，而且還從其中的基本假設推衍出兩
種心理類型。[1]雖然他所處理的實證資料都來自心理衰弱狀態的領域，但他卻
能把從中所獲得的觀點運用於更廣泛的正常心理的領域。這是因為，不正常
的心理狀態有時就像一只放大鏡，因此，研究者只有在處理人們不平衡的心
靈狀態時，才有特別適當的機會得以相當清楚地洞察到某些在正常的心理範
圍內不易察覺的現象。我們還會在後面看到，格羅斯如何把他在這本書最後
一章所得出的結論，延伸到其他的領域裡。

　　格羅斯認為，「次要功能」（Sekundärfunktion）就是一種在「主要功能」
（Primärfunktion）發揮作用後，所出現的大腦細胞的活動。主要功能就相當
於大腦細胞原本的作用，它促成實際的心理過程的產生，也就是概念的形
成。主要功能的運作就是一種能量過程，或許我們可以把它當作一種化學壓
力的釋放過程，或化學分解的過程。在這種劇烈的能量釋放（被格羅斯視為
主要功能的運作）之後，次要功能便開始產生作用，也就是藉由承接主要功
能所釋出的能量而展開復原的過程，即重建的過程。這個過程需要多少時間
端視主要功能先前所釋放的能量強度而定。此時，大腦細胞的狀態已發生轉
變，它們已進入一種興奮狀態，因此，會影響後續的心理過程。由於備受關
注、充滿情緒的心理過程特別耗費能量，因此，便延長了接下來的復原期或
次要功能的運作時間。

　　格羅斯認為，次要功能對於心理過程所產生的效應，就是對後續的聯想過

1　格羅斯也曾在他的另一本論著裡（即 *Über psychopathische Minderwertigkeiten*, p. 27ff.）再次處理
　　心理類型這個主題，不過，實質的內容並沒有任何改變。

程（Assoziationsverlauf）所造成的，且可被證實的特定影響。就這個意義來說，次要功能會把聯想的選擇範圍限制在主要功能所呈現的「主題」或所謂的「主要觀念」上。事實上，我所親自主持的一些實驗性研究——同樣地，我的幾個學生也曾完成一些相關的研究——已清楚地指出，在主要功能顯示出那些備受關注的觀念後，就會出現一些能以數據證明的「持續重複的現象」（Perseverationsphänomene）。[2] 我的學生阿道夫·艾伯胥威勒（Adolf Eberschweiler）曾在一份語言學的研究論文中，從語文的準押韻（Assonanzen）和黏著形態的構詞（Agglutinationen）證明了這種持續重複的現象的存在。[3] 此外，我們還從病理的臨床經驗中知道，持續重複的現象經常出現在一些腦部嚴重損傷的個案裡，例如，腦部腫瘤、腦部萎縮、中風，以及其他的病變狀態。大致上，我們可以把持續重複的現象視為次要功能受到阻礙的復原過程。由此可見，格羅斯的假設具有極大的可能性。

所以，復原期——即次要功能的作用期——較長的個體或類型是否存在的問題就自然而然地被提出來了！如果它們確實存在，那麼，次要功能較長的作用期是否就是導致某些特殊心理的原因？在既定的一段時間裡，次要功能的作用期較短，對於一些前後連貫的聯想所產生的影響會比較少，反之亦然。因此，作用期較短的次要功能所依隨的主要功能就可以更頻繁地運作，這種情況所形成的心理意象便顯示出不斷重複、隨時準備更新行動和反應的特點，也就是反映出一種可轉變性，其聯想內容的連結性便出現表面化的傾向，從而缺乏了深刻性與穩固性。所以，只要人們還對於這些聯想內容的相互關聯性的意義有所期待，它們就會顯露出某種程度的不連貫，同時這些聯想內容還會自行產生許多尚未深刻化的新主題，因而在同一平面上還出現了一些異質的、價值紛歧的東西，而讓人們覺得，它們就是德國神經病理學家卡爾·威尼克（Carl Wernicke, 1848-1905）所謂的「觀念的齊平化」（Nevellierung der Vorstellungen）。主要功能一個接一個地快速啟動，個體

2　JUNG, *Diagnostische Assoziationsstudien* ｛GW II｝.

3　EBERSCHWEILER, *Untersuchungen über die sprachliche Komponente der Assoziation* in *Allgemeine Zeitschrift für Psychiartrie*（1908）.

當然就無法體驗觀念的情緒價值（Affektwerte），而只能感受到其表面的情緒性，但個體卻可以因此而讓本身快速地適應環境並調整自己的態度。然而，實際的思考過程——或更準確地說，思考的抽象化過程——卻需要讓許多初始觀念（Ausgangsvorstellung）及其影響能夠停留較長的時間，也就是需要作用期較長的次要功能。因為，次要功能的作用期如果過短，觀念——或觀念群——的抽象化便無法達到一定的深度。

更快速地重新啟動主要功能，會讓個體擁有更快速的反應能力（不過，這種能力卻是針對事物的廣度而非深度）。這種能力雖能讓個體迅速掌握當下的狀況，但他對這些狀況的理解卻僅僅止於表面，並無法觸及更深層的涵義。處於這種狀態的人會讓人們覺得毫無批判能力，依照情況的不同，有時會讓人們覺得，他們不帶偏見地看待一切，對他人充滿諒解而且樂於助人，但有時卻令人們不解地感到，他們對他人抱持著無所顧忌、不得體，甚至是粗暴的態度。過於快速地略過隱含於當下狀況的更深層的涵義，會讓他們無法察覺那些未浮現於最表面的東西。他們快速的反應能力的外在表現就是那些機智的應變以及魯莽冒失、甚至是大膽放肆的行為，這樣的先決條件已讓他們處於無法批判與體察實際狀況的危險中。

人們會誤以為他們在行動方面的迅速是果決的表現，但其實那是盲目的衝動。他們理所當然地介入他人的事務，他們對觀念和行為的情緒價值及其對他人的影響的無知，更助長了本身這種莽撞的態度。他們隨時準備快速地轉變，但卻干擾了本身對已察覺和已經驗的訊息的處理。此外，這些未妥善處理的、鬆散龐雜的、彼此缺乏關聯性的訊息還會嚴重地妨礙記憶的運作。因為，一般說來，只有具有強大連結性的聯想內容才能輕易地再現於記憶中，而相對孤立的內容則會在記憶裡迅速消失。這一點正好可以說明，為什麼記憶一連串無意義的、（互不相干的）詞語會比記住一首詩還要困難許多。這種類型還具有以下的特點：他們所爆發的熱情會快速消失，而且在某種程度上還缺乏品味。這是由於他們總是快速而草率地把那些異質內容串在一起，而且他們本身也無法了解一些迥然不同的情緒價值。他們比較傾向於內容的設想以及快速而草率地串聯訊息，而比較缺乏抽象和綜合的能力，這

就是他們在思維上的典型特徵。

我剛才在敘述這種作用期較短的次要功能的類型時，除了採用格羅斯的見解之外，還參考正常的心理而做了一些改寫。這種類型被格羅斯稱為「淺化意識的衰弱狀態」（Minderwertigkeit mit verflachtem Bewußtsein）。如果我們把該類型的極端特徵緩和成正常的心理狀態，就可以獲得一個整體的圖像，而且本書的讀者還可以從中看到喬丹醫師所提出的「冷漠型」這種性格類型，亦即「外傾型」。格羅斯的見解雖不完備，但他卻能率先對這種人格類型的建構提出一致而簡要的假設，因此，他在這方面的貢獻實在功不可沒。

與上述的「淺化意識的衰弱狀態」相反的類型就是格羅斯所謂的「窄化意識的衰弱狀態」（Minderwertigkeit mit verengtem Bewußtsein）。這種類型的次要功能的作用特別密集而持久，由於作用時間的延長，次要功能便能對相互連貫的聯想內容發揮更多的影響。此外，作用期較長的次要功能所依隨的主要功能也會比較強大，換句話說，窄化意識的衰弱狀態的腦細胞會比淺化意識的衰弱狀態的腦細胞（外傾者）具有更廣泛、且更完整的效能，其隨後出現的被延長與被強化的次要功能也是自然而然的結果，這是很容易理解的。作用期較長的次要功能可以延長初始觀念的後續影響的時間，從而產生格羅斯所謂的「收縮效應」（Kontraktivwirkung），也就是相互連貫的聯想會特別把揀選範圍聚焦在初始觀念上。如此一來，主要功能所呈現的「主題」也可以獲得充分的了解與深刻化，初始觀念也會持續發揮效應，個體便因此而留下更深刻的印象。

收縮效應所造成的不利的後果，就是個體的思考會被限制在比較狹隘的範圍，進而減損了思考的多樣性和豐富性。不過，另一方面，個體在思考上的綜合能力也大大地增強，這是因為相互連結的元素彼此聚集的時間夠長，而得以完成抽象化的緣故。此外，圈限於某一主題雖能讓相關的聯想內容豐富化，讓觀念群擁有穩固的內在聯繫和封閉性，卻也同時讓觀念群和沒有關聯的東西徹底隔絕，而落入了聯想的絕緣狀態。格羅斯（採借自威尼克的概念）把這種現象稱為「缺乏連結的隔離」（Sejunktion）。觀念群的「缺乏連

結的隔離」會導致一些彼此聯繫鬆散、或毫無聯繫的觀念群的增加。個體如果處於這種狀態，就會表現出不協調的人格，或格羅斯所謂「缺乏連結的隔離」的人格。這些各自孤立的觀念群的存在首先會因為欠缺相互的影響，以致於彼此無法相互協調，並相互糾正。它們各自的內部結構雖然嚴密、且合乎邏輯，卻無法從不同取向的觀念群獲得具有導正性的正面影響，因此，很容易出現這種情況：一個特別強勢而封閉的、不受任何影響的觀念群在躍升為一種「被過度高估的觀念」並具有支配性後，便享有絕對的自主性而蔑視一切批評，最終還占據了掌控一切的關鍵地位，個體也因此而表現出「古怪的壞脾氣」（Spleen）。[4]

在一些精神病態裡，這種具有絕對支配性的觀念群會變成強迫觀念或妄想觀念，也就是變成無法被撼搖的絕對主宰者，並迫使個體生命的一切向它臣服。這麼一來，個體全部的思維方式便出現了不同的傾向，從而產生「錯亂的」想法。此外，我們從妄想觀念的形成過程所獲得的觀點，也可以解釋一個臨床事實：人們其實可以透過適當的心理治療步驟，矯正初期階段的妄想症患者的妄想觀念，也就是把妄想觀念和其他具有擴展性（非封閉性）的、導正性的觀念群聯繫在一起。[5]有些人對於串聯各自孤立的觀念群顯然抱持著小心謹慎，甚至是擔憂的態度，因為他們認為，凡事都應該有清楚的區別，應該透過觀念群內容的嚴格措詞，儘可能地拆除聯繫觀念群之間的橋梁。人們的這種傾向被格羅斯稱為「連結的恐懼」（Assoziationsangst）。[6]

觀念群嚴密的內在封閉性會阻礙所有來自外在的影響。只有當它的前提或結論和另一個觀念群的連繫能像本身內部結構那般嚴密、且合乎邏輯時，它才有可能受到外在的影響。一些彼此連繫不夠緊密的觀念群的積累，當然

4　格羅斯在另一本著作裡（*Über psychopathische Minderwertigkeiten,* p. 41），還特地區分了「過於高估的觀念」和「過於高估的觀念群」。在我看來，這樣的作法是正確的，因為，「過於高估的觀念群」——誠如格羅斯所指出的——不僅會出現在「窄化意識的衰弱狀態」這個類型，也會出現在其他類型。此外，「衝突觀念群」還由於本身對於情感的強調，因此，不論出現在哪一種心理類型，都對個體很有價值。

5　Vgl. dazu BJERRE, *Zur Radikalbehandlung der chronischen Paranoia* in *Jahrbuch für Psychoanalytische Forschungen* III/1911, p. 795ff.

6　GROSS, l. c., p.40.

會使個體與外在世界出現嚴重的隔絕，從而造成內在滯積著大量的力比多。因此，人們經常會發現，力比多能量會高度集中在個體的內在過程，換句話說，如果個體屬於「感知型」，力比多能量就會集中在身體的感官知覺，如果個體屬於「思考型」，力比多能量就會集中在思維的過程。此時，個體的人格似乎被拘束和占有，似乎顯得精神渙散、多疑、「沉浸於思想裡」或智識方面出現某種偏頗。無論如何，他們都極少參與外界的生活，顯然偏好孤獨而不喜歡社交，往往透過對動植物的摯愛來獲得補償。

他們的內在心理過程會更活躍，因為，一些既有的、彼此卻少有連結或毫無連結的觀念群還會突然「衝撞在一起」，並藉此而刺激主要功能再度產生強烈的作用，進而啟動作用期較長、能融合兩組不同觀念群的次要功能。我們可以這麼認為，所有的觀念群會在某個時間點以這種方式彼此衝撞，而後便可以產生具有普遍統一性和封閉性的心理內容。不過，這種具有療癒效益的結果卻只會出現在外在的生活世界停止改變的時候。由於外在的改變不可能停止，所以，他們仍得面對外界不斷出現的新的刺激，因此而被引發的次要功能就會打亂並否定既有的內在路線（innere Linien）。所以，這種類型會保有遠離外在刺激、避免改變，並儘可能維持生活穩定性的顯著傾向，直到內在的一切能相互融合為止。心理病患如果屬於這種類型，就會明顯地表現出這種傾向，也就是盡量讓自己脫離一切，並試圖過著隱居遁世的生活。這種方式雖然可以讓那些病情輕微者獲得治療，但對於病情嚴重的患者來說，降低主要功能的強度才是唯一有效的治療方式。這個問題還需要專門另立一章做詳盡的處理，不過，我們在前面討論席勒的《審美教育書簡》時，已經約略提過這個問題。

顯然地，這種類型的特徵就是極其特殊的情緒現象。正如我們所看到的，這種類型會出現附屬於初始觀念的聯想。他們會針對那些附屬於主題的材料進行充分的聯想，也就是那些尚未與其他觀念群發生連結的材料。這類聯想的材料（即某一概念群）一受到刺激，不是出現激烈的反應，即激烈的情緒爆發，就是因為本身的封閉性已無法接收到任何刺激而毫無反應。這種聯想如果足夠充分，就會觸動所有的情緒價值，而出現激烈的情緒反應，並形成為時不短的

後續效應。由於這類後續效應通常不被外界所察覺，因此便在內在的世界裡愈陷愈深。由於個體被情緒的後續震盪（Nachschwingungen）所充滿，因此，在情緒尚未消散之前，便無法再接受新的刺激。當刺激的累積已達到令人無法忍受的程度時，就會出現強烈的自我防衛的反應。當彼此缺乏連結的觀念群大量累積時，也會出現習慣性的自我防衛的態度，而且還會進一步轉化為不信任感，在病態的情況下，甚至還會惡化為被迫害妄想症。

　　情緒的突然爆發還會和沉默以及自我防衛交替出現，這會使這種類型的人格顯得反覆無常、古怪偏執，而讓周遭的人難以捉摸。由於這種類型的個體過於關注自己的內在世界，缺少應對和應變的能力，因此，他們經常處於難堪困窘的處境，不知該如何是好。這種情形會成為他們逃避社交的原因，而讓他們更加封閉。間或爆發的情緒還會把他們的人際關係搞得亂七八糟，在窘迫和無助的狀況下，他們會感到自己與他人的關係已無法再回歸正軌。遲鈍的適應力會讓他們經歷一連串的負面經驗，即使他們不對這些不利情況的真正原因或信以為真的原因心懷怨恨，也必然會存在著自卑感。他們內在的情緒生活相當強烈，所產生的許多後續效應會讓他們在區辨和察覺別人的語氣及態度時，變得非常細膩。他們在情緒上相當敏感，而且還因為自身特別對情緒的刺激或對所有可能形成這類印象的情況感到膽怯和恐懼，所以，會把這種情緒狀態表露無遺。他們這種情緒的敏感性特別是針對周遭的人的情緒狀態。他們不會讓自己出現唐突的意見表達、充滿情緒性的論斷，以及情感所產生的種種影響等，因為，他們畏懼於自己的情緒，畢竟這些情緒會再度喚起他們可能失去掌控的持續性印象。這種情緒的敏感性很容易隨著時間，而形成某種以情感為基礎的、缺乏生命力的抑鬱感。格羅斯還在另一個段落裡表示，「抑鬱感」就是這種類型的顯著特徵，並且強調，這種類型的人如果體認到情緒價值，就很容易出現對於情緒的高估，即「過度看重」情緒。我們可以輕易地從出現在他們身上的那些鮮明的內在過程和情緒裡發現，他們屬於內傾型。格羅斯對於這種內傾類型的說明遠比喬丹所描述的「熱情型」（沉思型）更完整，不過，他們兩人對於這種類型的呈現，在主要特徵方面卻是一致的。

　　格羅斯曾在他的著作《大腦的次要功能》的第五章裡說明，他所描述的這兩種衰弱狀態的類型，在正常的範圍內，都會顯現出「生理學方面的個體差異」。具有廣度的淺化意識（外傾型）和具有深度的窄化意識（內傾型）就相當於兩種不同的性格。依照格羅斯的見解，具有廣度的淺化意識的類型能快速適應周遭的環境，因此，特別著重實際層面。他們的內在生活因為無法形成大量的概念群，所以，未能占有支配地位。「他們會精力充沛地宣揚自己的人格，在支持從前流傳下來的一些偉大的觀念上，他們也有高貴的表現。」[7]格羅斯認為，這種類型的情感生活是原始的。這些高貴的表現者是「透過接受外界公認的理想」來建立他們的情感生活，所以，他們的活動，或更確切地說，他們的情感生活便如同格羅斯所說的，充滿了英雄氣概，「不過，他們的情感生活卻依然是平庸的。」「英勇」和「平庸」似乎無法相容，但格羅斯接下來卻立即為我們指出，他據此而形成的看法：淺化意識類型的性欲觀念群和其他的意識內容——諸如美學、倫理道德、哲學和宗教性質的觀念群——的連結並未獲得足夠厚實的發展。然而，在佛洛伊德看來，這可能是性欲要素的潛抑。

　　性欲觀念群如果能與其他的意識內容明顯地產生連結，這對於格羅斯來說，就是「高尚的人性的真正標記」。[8]這種連結的產生絕對需要作用期較長的次要功能，因為，只有當個體有較長的時間意識到、並深刻化這些要素，本身的綜合能力才有可能隨之形成。外傾型的個體雖然會因為接受外界所公認的理想，而使其性欲被壓縮到有益於社會的面向，但他們還是「無法超越平庸瑣碎的層面」。這樣的評斷雖有點兒苛刻，不過，卻貼切地指出外傾型性格的本質：外傾者只讓自己定向於外在的訊息，因此，他們的心理活動主要是在處理這類訊息。他們少有、或毫無餘裕可以整頓本身的內在生活，從一開始，他們便已順服於自身所接受的那些外界的標準和規定。在這種情況下，自身的優勢功能便無法和劣勢功能產生連結，因為，這種連結的形成是一個漫長而辛苦的自我教育過程，需要個體投入大量的時間和精力，而且如

7　請參考喬丹醫師在這方面提出的類所提出的類似的論斷。

8　GROSS, l. c., p.61.

果個體不具有內傾取向，是不可能達成的。畢竟外傾者對於自己的內在不感興趣，也不會花時間在這方面，更何況他們還受制於那種對本身內在世界毫不掩飾的懷疑，就像內傾者對外在世界所抱持的疑慮一般。

不過，人們也不該因為內傾者擁有較強的綜合力以及體認情緒價值的能力，就認為他們必定能發揮個人的綜合力，而在優勢功能和劣勢功能之間成功地建立和諧的連繫關係。所以，我比較不贊同格羅斯主張個體的心理類型獨獨與性有關的觀點，因為，我認為，心理類型不只關乎性驅力，還涉及其他的驅力。性當然是那些未被馴化的、粗野的驅力最常使用的表達方式，但在各方面爭取生存的權力鬥爭也是這類驅力的體現。

正如前面所提到的，格羅斯把內傾者稱為「缺乏連結的隔離人格」（sejunktive Persönlichkeit），就是在強調這種類型確實難以在各自獨立的概念群之間建立連結。內傾者的綜合能力只用於建立一些盡可能相互分離的、各自獨立的觀念群，但這些觀念群的存在卻恰恰阻礙了內傾者進一步朝向更高層次的整合。所以，在內傾者身上，那些關於性欲、爭取權力或追求享樂的概念群也是孤立的，而且也盡可能與其他的概念群分離開來。在這裡，我還想起了一位擁有高度智識的內傾型精神官能症患者的實例：這位患者既能處於先驗的唯心論（transzendentaler Idealismus）的崇高界域裡，也可以待在墮落敗德的市郊妓院中，而他的意識裡竟然完全沒有出現道德或審美的衝突。由於他的內在已把這兩件截然不同的事徹底區隔開來，所以，自然會出現嚴重的強迫性精神官能症（Zwangsneurose）。

當我們在閱讀格羅斯對於「具有深度的窄化意識類型」的闡述時，應該牢記以上的相關批判。就像格羅斯所指出的，具有深度的窄化意識就是「內傾個體的基礎」。由於這種類型本身強烈的收縮效應，其個體總是以某一思想的觀點來看待外在的刺激，於是「對於內傾的強烈渴望」便取代了朝向現實生活的驅力。「存在的事物不再被理解為個別現象，而是被視為隸屬於某個大型觀念群的概念。」格羅斯的這個觀點還契合了我們在前面對中世紀經院哲學的唯名論和唯實論之爭，以及這兩大派別所傳承的古希臘學派（柏拉圖學派、犬儒學派和麥加拉學派）的討論裡，所得出的想法。我們可以從格

羅斯的觀點輕易發現，唯名論和唯實論這兩派的觀點所存在的差異性：次要功能的作用期較短的外傾者在某段時間內，會擁有許多彼此關聯鬆散的主要功能；他們會特別和個別現象以及個別情形連繫在一起，所以，對他們而言，共相僅僅是名稱，並不具有真實性。反之，對於那些次要功能的作用期較長的內傾者來說，內在事實、觀念、抽象概念或共相始終具有重要的意義。這些內傾者認為，它們就是不折不扣的真實，因此，必須使一切個別現象與它們發生關聯性。

　　就中世紀的經院哲學的意義來說，這些內傾者無疑是唯實論者。由於這些內傾者對於外在事物的察覺總是依循自己的思維方式，因此，他們還具有相對主義者的傾向。[9] 周遭的和諧會讓他們特別感到歡欣愉悅；[10] 這種情況正好可以說明，他們的內心多麼強烈地渴望各自獨立的觀念群能彼此協調一致。他們會避免所有的「放縱行為」，因為，它們可能會引起一些具有干擾性刺激的產生。（當然，必須排除情緒爆發的情況！）內在過程所導致的吸收作用（Absorption）已讓他們沒有餘裕顧及本身的合群性，而且本身的觀念所擁有的強大優勢也妨礙了他們接收外來的觀念及理想。他們透過內在對於觀念群的精心處理，而得以擁有鮮明的個體性格。「他們的情感生活總是帶有個體性，但在社交方面往往派不上用場。」[11]

　　在我看來，格羅斯的這個主張往往會造成不同類型之間的嚴重誤解，因此，我們必須對此提出深入的批判。格羅斯在這裡所關注的，顯然是內傾思考型。這種類型對外儘可能不表現出他們的情感，而是表現出合乎邏輯的正確觀點和正確行動，因為，一方面，他們的本性向來就厭惡情感的流露，另一方面，他們會擔心，本身不正確的言行會引發一些干擾他人的刺激而挑動他人的情緒。他們害怕別人會出現不愉快的情緒，因為，他們相信，別人也跟自己一樣敏感，而且他們總是受到外傾型所表現出的快速反應與前後不一致性的困擾。他們所潛抑的內在情感有時會逐漸增強為激情，而且只有他們

9　GROSS, l. c., p.63.

10　l. c., p.64.

11　l. c., p.65.

自己才會清晰地察覺到這種激情的存在。他們很熟悉那些折磨他們的情緒，而且還會把它們和外傾情感型所顯露出的情感做比較，最後他們終於發覺，他們的「情感」其實跟別人的情感大不相同。所以，他們後來會認為，自己的「情感」（更確切地說，自己的情緒）是獨特的，也就是他們個人所特有的。他們本身的情感當然不同於外傾情感型的情感，因為，外傾情感型的情感是一種已分化的適應工具，故缺乏內傾思考型的內在情感所特有的「真正的激情」。

激情總帶有些許的驅力性質，所以，鮮少含有個體性，而是具有全人類的共通性。只有已分化的東西才具有個體性，內傾者的激情尚未分化，因而不具有個體性。為了顧及普遍的「人類共通性」，類型的差異會立即消失在強烈的情緒裡。在我看來，外傾情感型實際上最需要情感的個體化，因為，他們的情感已出現分化，但他們卻因為本身比較沒有分化的思考功能而陷入與內傾型相同的錯覺中。外傾情感型會受到本身思維的折磨，還會把他們的思維和周遭的內傾思考型的思維做比較，進而發現，本身的思維和別人少有契合之處。因此，他會認為本身的思維是自己所獨有的，或許還據此而把自己當作具有原創性的思想家，或因為沒有人會向他們這般地思考就此壓抑本身的思維。實際上，所有的人都有外傾情感型的思維，只是難得表達出來罷了！我認為，上述的格羅斯的主張源自於他本身主觀的錯覺，然而，這種錯覺卻也是一種普遍存在的規則。

格羅斯表示，「收縮力的增強……會使個體本身專注於某些事物，但這些事物與個體之間卻已不再有直接攸關生存的利害關係。」[12] 這句話確實說中了內傾者的思維方式最重要的特點：內傾者傾向於發展本身的思想，而罔顧一切外在的現實。這種情況既可以讓個體獲得優勢，也能使其落入危險之中。思想在感官性之外出現了抽象化的發展，當然是一大優勢，不過，個體的思維過程卻會因此而偏離實際的運用層面，而且偏離愈遠，這種思維過程就愈失去它的生活價值。因此，內傾者往往會因為過於脫離實際生活，偏向

12　l. c., p.65.

以象徵觀點看待事物，而或多或少地受到來自外界的威脅。

　　格羅斯也強調內傾者的這個特點，但這並不表示，外傾者的情況比較好，他們充其量只是用不同的態度面對外在的事物。他們能夠縮短次要功能的作用期，本身幾乎只經歷主要功能的積極運作，換句話說，他們已不再有所堅持，而是以迷醉的方式飄浮於現實層面之上。他們只把存在的事物當作一種刺激劑，而無法再對它們有所察知和體認。這種能力具有相當大的優點，因為，人們可以藉此來幫助自己渡過某些艱難的處境（尼采曾說過，「你如果相信危險，你就輸了！」）；不過，這種能力也有不小的缺點，因為，它經常會讓人們陷入沒有出路的混亂中，而最終讓人類結束在一場災難裡。

　　格羅斯認為，外傾型會產生所謂的「文明天才」，而內傾型則會出現所謂的「文化天才」。「文明天才」符合「實際的貫徹」，「文化天才」則符合「抽象的構想」。格羅斯在該著作的結尾處表達了他的信念：比起從前那些偏重廣度的淺化意識的時代，我們這個時代特別需要具有深度的窄化意識。「我們喜歡具有思想性、深刻性和象徵性的東西。經由單純性而邁向和諧──這就是高等文化的藝術。」[13]

　　格羅斯寫下這段話的時間是一九〇二年。那麼，現在的情況又如何呢？如果我們可以對此表達自己的看法，或許應該這麼說：我們顯然既需要文明，也需要文化；換句話說，我們同時需要縮短和延長次要功能的作用期。如果我們缺少文化，就無法創造文明，反之亦然。不過，令人遺憾的是，現代人已失去此兩者，這是我們必須承認的。次要功能如果對文明來說，作用期過長，對於文化就會顯得作用期過短，所以，我們在這裡應該謹慎地表達自己的意見。因為，對於進步持續地鼓譟已變得不可信，也已受到質疑。

　　總之，我想在這裡表示，格羅斯的觀點和我的觀點相當一致，甚至我所提出的「內傾」和「外傾」這兩個概念也受到格羅斯的觀點的支持。現在我們只需要以批判的眼光闡明格羅斯所提出的基本假設，即「次要功能」這個

13　l. c., p.68f.

概念。

　　為了探究心理過程而提出一些生理學或「器質性的」（organisch）假設，往往是一種很糟糕的作法。我們都知道，在這個腦部研究已取得重大成果的時代，與心理過程有關的研究已充斥著生理學的假設，其中以腦部細胞的突觸（Zellfortsätze）會在睡眠狀態縮回的假設最為荒謬，但它卻曾受到學界大大的肯定與一番「科學性的」討論。這種情況簡直可以說是一種「大腦的迷思」，不過，我在這裡決不會把格羅斯關於次要功能的假設當作是「大腦的迷思」，因為，它是一個很好的假設，對於心理過程的研究仍相當具有價值，從另一方面來說，它還多次受到了應有的肯定。此外，次要功能的概念也相當完善。這個簡單的概念可以把大量而複雜的心靈現象歸結為一道令人滿意的公式，而其他的假設就無法將心理現象的各種不同的性質做簡單的化約和分類。

　　人們在面對一個很出色的假設時，總傾向於高估它的適用性和適用範圍。這裡所討論的次要功能也出現了這種情況，所以，我在這裡要提醒大家，次要功能的有效範圍其實是有限的。人們通常會完全忽略這個事實：次要功能的假設其實只是一種認定，畢竟沒有人見過大腦細胞的次要功能，也沒有人可以證明，次要功能原則上對於接下來的大腦聯想活動具有與主要功能相同的收縮效應，況且從定義上來說，主要功能根本不同於次要功能。我個人則認為，另一種情況所產生的作用更具有關鍵性：在同一個體身上，心理態度的樣貌其實可以在極短的時間內發生改變。不過，次要功能的作用期如果具有生理學或器質性的性質，那麼，人們必然會認為它或多或少處於不易變動的狀態，所以，也不會期待次要功能的作用期會突然發生改變，因為，我們從未見過具有生理學或器質性性質的東西會出現突然的轉變，除非發生病態的變化。

　　我在前面已多次強調，內傾和外傾根本不是性格，而是個體可以隨意啟動與關閉的心理機制。只有當內傾或外傾的心理機制占有習慣性優勢時，個體才會發展出與其相符的性格。個體與生俱來的氣質雖然決定了本身的傾向，不過，天生的氣質不一定具有必然的決定性，因為，我本人經常觀察

到，環境也會產生同等重要的影響。我甚至處理過一個個案：從言行上來看，該案主顯然屬於外傾型。當他和一位內傾者共同生活一段時間後，再轉而和一位具有明顯的外傾性格的人一起生活時，他的心理態度竟然發生了轉變，而從原本的外傾型變成了內傾型。我曾多次在類型明確的人身上看到，他們個人所承受的某些影響會在極短的時間內，徹底改變其次要功能作用期的長短，不過，當這些外在的影響消失時，個體便又回復了原本的狀態。

有鑑於一些心理治療的經驗，我似乎覺得，人們其實應該更加關注主要功能的性質。格羅斯曾根據他所提出的那些充滿情緒的觀念，而強調次要功能的作用期長度，從而讓次要功能依賴於主要功能。但事實上，他根本無法提出令人信服的理由來解釋，為什麼心理類型的劃分應該取決於次要功能的作用期的長短？難道人們不可以依據主要功能的強度來劃分心理類型？畢竟次要功能的作用期的長度明顯地受制於主要功能消耗（釋放）能量的強度，亦即大腦細胞的效能。

當然，人們還可以不以為然地表示，次要功能的作用期的長度其實取決於大腦細胞的復原速度，而不是消耗能量的強度，因為，有些個體的大腦可以特別迅速地獲得能量的供給，而得以疾速地復原。如果情形確實如此，那麼，（次要功能作用期較短的）外傾者的大腦就會比內傾者的大腦擁有更快速的復原能力。不過，這種極不可信的見解毫無事實的根據。我們只知道，次要功能會產生比較持久的作用，但我們對這種現象的真正原因的認識卻仍局限於這個事實：除了病態的情況之外，主要功能特別強烈的作用在邏輯上會延長次要功能的作用期。由此可見，真正的問題在於主要功能，而且人們不禁要質疑，為什麼人類的主要功能有強有弱？當我們把問題聚焦於主要功能時，就必須解釋，主要功能不同的強度以及強度的快速變換到底是如何產生的？我本人則認為，主要功能的強度是一種取決於一般態度的能量現象。

主要功能的強度似乎取決於準備付諸行動時的心理緊張程度。如果心理處於高度緊張狀態，主要功能就會大大地增強，相關的結果便隨之出現。當心理的緊張隨著疲勞的增加而鬆弛下來時，大腦的聯想就開始渙散化和表面化，最後個體會變得「胡思亂想」，主要功能會因此而轉弱，次要功能的作

用期也會縮短。一般的心理緊張（如果撇開生理因素不談，例如身體的休息狀態）取決於一些相當複雜的因素，諸如心情、專注力和期待等，也就是取決於一些價值判斷。這些價值判斷是所有出現過的心理過程的總和，我當然會認為，它們不只是邏輯的判斷，也是情感的判斷。在心理學的專業論述裡，我們會從能量的角度把一般的心理緊張稱為力比多，也會從意識心理學的角度把這種緊張稱為價值：由於這種強烈的心理過程「充斥著力比多」，所以，本身就是力比多的表現，換句話說，就是一種高壓的能量過程；此外，它也是一種心理價值，因此，它所產生的聯想的連結會被認為頗具價值，而與那些被視為膚淺、沒有價值、在薄弱的收縮效應裡所形成的聯想形成一大對比。

撇開一些例外的狀態不談，那麼，緊張的態度就是內傾者的特徵，而外傾者則表現出放鬆、輕鬆的態度。不過，所謂的例外狀態卻經常出現，甚至還出現在同一個體身上：內傾者如果處於他很中意的、和諧的環境裡，態度就會逐漸放鬆而出現徹底的外傾化，從而被人們視為外傾者；內傾者如果處於一間寂靜無聲的暗室裡，內心就會飽受所有被壓抑的情結的啃嚙而陷入緊張狀態，連最輕微的刺激也會讓他激動不已。個體的心理類型雖然會隨著生活情況的變化而出現暫時性的轉變，但他原本的態度通常不會出現持續性的改變。這也就表示，內傾者有時雖會出現外傾化，但他依然跟從前一樣，是個內傾者；同理可知，外傾者的情況也是如此。

總結地說，我認為主要功能比次要功能更重要。因為，主要功能的強度是關鍵因素，它取決於一般的心理緊張，也就是取決於可支配的力比多的滯積總量。取決於力比多滯積的主要功能的強度，是一個複雜的事實構成，也是一切已出現的心理狀態的總和，其特徵就表現在心情、專注力、情緒狀態和期待等。普遍緊張的、強大的主要功能，以及附隨的長作用期的次要功能是內傾的特徵；普遍放鬆的、薄弱的主要功能，以及附隨的短作用期的次要功能則是外傾的特徵。

第七章

美學的類型問題

　　所有人類精神層面的研究領域如果直接或間接地涉及心理學，都會有助於我們在這裡對於心理類型問題的探討，這幾乎是毋庸置疑的。既然我們已在前文呈現了一些哲學家、詩人、醫生，以及洞悉人性的人士對於類型的看法，我們就在這一章裡，談談美學家曾對此發表過什麼意見。

　　從整體的本質來說，美學是一種應用心理學。美學不僅處理事物的審美屬性，也處理與審美態度相關的心理問題，或許後者還占了其中的大部分。由於內傾和外傾的二元對立是非常基本的心理現象，以致於美學家也無法忽略它的存在。不同的人們會以不同的方式感受或觀賞藝術和美，因此，他們必然會採用兩種對立方式的其中一種。如果我們把或多或少具有獨特性的個體特點排除在外，就會發現，人們的態度存在著兩種互為相反的基本形式，德國當代藝術史學家威廉‧沃靈爾（Wilhelm Worringer, 1881-1965）則分別把它們稱為「移情作用」和「抽象作用」。[1] 沃靈爾對於移情作用的定義，主要是根據前輩哲學家提奧多‧利普斯（Theodor Lipps, 1851-1914）的說法。利普斯認為，移情作用是「在一個與自己不同的對象裡，把自己客觀化，而不論被客觀化的自己是否應該被認為具有情感……當我在統覺（apperzipieren）[2] 某個對象時，我便成為一個來自於該對象、或內在於該對象，並被該對象所統覺的存在，並且受到該對象的驅使，而採取內在行為的某種特定方式。這種方式似乎是藉由我所統覺的對象而產生，而後再由該對象傳遞給我。」[3]

　　與利普斯同一個時代的德國哲學家暨心理學家弗利德里希‧尤德（Friedrich Jodl, 1849-1914）則提出如下的解釋：

　　藝術家所創造的感官意象，不僅促使我們藉由聯想法則而回想起類似的經歷，而且這種意象還因為受制於外部化（Externalisation）[4] 的普遍法則，所

1　WILHELM WORRINGER, *Abstraktion und Einfühlung*.

2　譯註：「統覺」是指，人們在獲得新感覺時，仍對舊感覺有所依賴，而且會根據舊經驗來理解新經驗。當新舊經驗達到一致性並相互連結時，便能形成有系統的知識。

3　LIPPS, *Leitfaden der Psychologie*, p. 193f.

4　尤德認為，外部化就是感官知覺在空間裡的定位。因為，我們所聽到的聲音既不存在於我們的耳

以，便顯現為一種外在於我們的東西。不過，我們同時還會把這種意象在我們內心所喚起的內在過程投射到它們的裡面，從而賦予它們審美的生命。比起「移情作用」這個詞語，人們應該會更喜歡我的這種說法，因為，自身的內在狀態對於這種意象的內向投射不只關乎情感，還涉及了各種內在過程。[5]

創立實驗心理學和認知心理學的德國心理學家威廉・馮特（Wilhelm Wundt, 1832-1920）則把移情作用視為一種基本的同化過程。[6]在他看來，移情作用也是一種察覺過程，且具有如下的特徵：主體會透過情感而把重要的心理內容投射到客體裡，從而同化了客體，並與客體產生連結，而且還因此感受到自身宛如存在於客體之中。當被投射的內容和主體的連結強過與客體的連結時，這種情況就有可能發生，但主體此時並不覺得本身已被投射在客體上，而是感覺本身所移情的客體充滿情感，似乎想要有所表達。我們在這裡還必須說明，投射作用本身通常是一種無意識活動，並不受意識的控制。不過，我們卻可以透過語言的手段——即條件句的使用，例如「如果您是我的父親」——有意識地重現投射作用，從而打造出移情作用的情境。投射作用通常會把無意識內容轉移（übertragen）到客體上，因此，分析心理學也把移情作用稱為「轉移作用」（Übertragung；佛洛伊德提出的概念）。此外，這一點還告訴我們，移情作用是一種外傾。

沃靈爾曾在移情作用裡，為審美經驗下定義：「審美的享受是客觀化的自我享受。」[7]依照他的說法，只有那些可以讓人們移情於其中的藝術形式才算是美。利普斯則表示：「只有在移情作用範圍內的形式才算是美。這些形式的美就在於能夠讓我的想法在它們裡面自由發揮。」[8]這麼說來，凡是不能讓人們移情於其中的形式便是醜的。不過，這個移情作用的理論也有它的局

朵裡，所看到的顏色也不存在於我們的眼睛裡，而是存在於外部的空間裡，因此，它們都是外在於我們的客體。JODL, *Lehrbuch der Psychologie* II, p. 247.

5　l. c., p.436.

6　WUNDT, *Grunndzüge der physiologischen Psychologie* III, p.191.

7　WORRINGER, l. c., p.4.

8　LIPPS, *Ästhetik*, p.247.

限性，因為，有些藝術創作的形式——誠如沃靈爾所強調的——並不符合人們這種移情的態度，尤其是那些來自東方以及具有異國風情的藝術形式。長久以來，「天然之美和自然寫實」一直都是我們西方傳統的文化評鑑藝術之美的標準，而且這些標準也屬於希臘羅馬和西方藝術的本質。（當然，中世紀時期的某些藝術風格的形式是例外！）

自古以來，我們對於藝術便普遍抱持移情的態度，只認為能讓自己移情的對象才是美。如果客體具有不利於生命的、無機的（anorganisch），或抽象的藝術形式，我們的生命便無法移情於其中。（利普斯曾說，「我所移情的東西，就是很普遍的生命。」）因此，我們只會對有機、自然寫實的，具有生命意志的藝術形式產生移情作用。不過，實際上卻還有一種截然不同的藝術形式存在著：它具有背離生命的風格，否定生命意志，與生命有所區隔，但它卻沒有放棄對於美的要求。當藝術創作出現不利於生命的、無機的、抽象的形式時，不只已無涉於出自移情需求的創作意志，反而還與直接反對移情需求息息相關，也就是和壓抑生命的傾向有關。「在我們看來，抽象衝動（Abstraktionsdrang）就是和移情需求對立的另一端。」[9] 關於抽象衝動的心理，沃靈爾曾如此表示：「什麼是抽象衝動的心理前提？我們可以在某些民族的世界情感裡，在他們面對宇宙的心理行為裡，尋找這些心理前提。移情衝動（Einfühlungsdrang）是以人和外在世界的現象之間所存在的那種愉悅的、泛神論式的（pantheistisch）親近關係作為前提，但抽象衝動卻是以外在世界的現象在人的內心所造成的強烈不安為基礎，而且在宗教關係裡，抽象衝動也符合所有宗教觀念所披上的那層強烈的先驗色彩。在這裡，我們想把形成抽象衝動的害怕狀態稱為空曠恐懼症（Raumscheu）。既然古羅馬詩人提布魯斯（Tibullus, 51-19 B.C.）曾表示，「上帝在這個世界裡最先創造的東西就是恐懼。」或許我們也可以把這種恐懼的情感視為藝術創作的根源。」[10]

移情作用確實預設了主體樂意親近客體和信任客體的態度。移情作用是

9　WORRINGER, l. c., p.16.

10　WORRINGER, l. c., p.16f.

一種主體樂意面對客體,而把本身的主觀內容轉移到客體裡,進而達成同化客體的心理活動。同化作用會讓主體和客體達成相互的協調一致,儘管有時這種和諧的現象可能是假象。處於被動狀態的客體雖然被主體同化,但它真正的性質並未因此而有所改變。客體所承接的主觀內容會使本身的性質被掩蓋,甚至進一步受到壓制和扭曲。主體雖然可以藉由移情作用而讓主體和客體之間出現相似性和表面的共同性,但這些只是主體的主觀感受,實際上並不存在。因此,我們不難理解,人們對於客體必然還存在另一種不同的審美關係,也就是主體不僅不願面對客體,甚至更想脫離客體,以試圖確保本身不受客體影響的態度。這種態度在主體裡,會產生一種以消除客體的影響為目標的心理活動。

主體的移情作用在某種程度上已把客體預設為一種空虛、沒有內容的東西,因此,可以將本身的生命灌注於客體之中。抽象作用則恰恰相反:主體的抽象作用在某種程度上已把客體預設為一種具有生命力、能發揮作用的東西,因此,會試圖擺脫客體的影響。抽象態度是向心的(zentripetal),也就是內傾。沃靈爾所提出的抽象作用的概念便符合了這種內傾的態度,而且他以主體的害怕或恐懼來形容客體所造成的影響是有意義的。因為,進行抽象作用的主體對於客體的態度,就是認為客體具有一種令人畏懼的性質,也就是一種有害或危險的效應,所以,必須保護自己,使自己不受到客體的傷害。客體所顯示的先驗性質其實也是主體的一種投射或轉移,只不過具有負面性,這是毋庸置疑的。因此,我們在這裡必須假定,把強調負面性的內容轉移到客體的無意識投射活動,比抽象作用更早發生。

移情作用和抽象作用都屬於意識活動,而且都以無意識投射作為前導,所以,我們在這裡可以提出一個問題:除了無意識投射之外,移情作用是否還以其他的無意識活動作為前導?由於移情作用的本質就是主觀內容的投射,因此,作為前導的無意識活動必須產生與移情作用相反的效應,也就是使客體失去效用,即客體的無效化。客體經由這種方式而幾乎被淨空,被剝除主動性,最後變成一個空的器皿,準備承接移情作用所遞入的主觀內容。移情者會試著把自身生命移情於客體裡,並且在客體裡感受自身生命的存

在，因此，客體的自主性不宜過強，而且主客之間的差異不宜過大。在移情的過程裡，客體本身的力量會被前導的無意識活動削弱，或被過度補償（überkompensiert），而使得主體在無意識裡會立即超越於客體之上。這種主體的超越可以歸因於主體意義性的增強，而且只發生在無意識裡。主體意義性的增強源自於無意識的幻想，這種幻想不是立刻貶抑或弱化客體，就是提升主體而使其凌駕於客體之上，由此便能形成移情作用所需要的位能，而將主觀內容導入客體之中。

抱持抽象態度的人，會發現自己處於一個充滿活力、但卻很恐怖的世界裡。這個世界企圖劇烈地壓迫他，因此，他便退回自身，以便讓自己想出一道能自我解救的公式。這道公式將有助於提升他的主體價值，而讓他至少能夠應付客體的影響。反之，抱持移情態度的人發現自己置身的世界需要他這個主體付出情感，而且還藉由這種付出而得到他的生命和靈魂。移情者充滿信任地賦予客體他的生命，抽象者則懷疑客體的魔力而退回自身，從而以抽象的創造建立起一個與客體對立的、能庇護他的世界。

如果我們回顧前面幾章的論述，就不難發現移情作用裡的外傾機制以及抽象作用裡的內傾機制。「外在世界的現象讓人們的內在產生強烈的不安」就是內傾者對於外在刺激的恐懼。內傾者由於本身具有更深刻的感知和認識，因此，對於外在刺激過度快速或過度強烈的改變會產生真正的恐懼。極其明顯的是，他的抽象作用就是透過一個普遍的概念，而力圖把變動性的、不具規則性的東西網羅在某個具有律則性的範圍之內。這種具有魔力的抽象過程在原始人身上獲得了充分的發揮，這是不言而喻的。因此，原始人的幾何符號所具有的魔力價值遠遠超越了它們所具有的美感價值。

由於飽受外在世界千變萬化的現象和混亂關係的折磨，平靜便成為這些民族強烈的內在需求。他們會在藝術裡尋找幸福的可能性，因為，他們已無法經由致力於外在世界的事物以及耽溺於其中的享受而讓自己獲得幸福。不過，他們卻可以把外在世界的個別事物從隨機性和表面的偶然性當中抽離出來，然後藉由採用抽象形式的方法而讓外在事物永垂不朽，從而在世界萬象

中尋得一個平靜點，並擺脫其中的紛擾。[11]

具有抽象規律性的形式最獨特，也最高超。人們在面對混亂不堪的世界圖像時，可以在這些形式裡獲得內在的平靜。[12]

正如沃靈爾所說的，東方的藝術形式和宗教確實體現出這種看待世界的抽象態度。一般說來，東方人所看到的世界與我們西方人所看到的世界並不相同。西方人藉由移情作用而把主體的生命賦予客體，然而，對於東方人來說，客體原本（在先驗上）就充滿活潑的生命力，且凌駕於主體之上，所以，主體會從客體撤離而回到自身，並把他對於客體的印象抽象化。佛陀在一場以火做比喻的開示裡，曾這麼說道：

一切都在燃燒。眼睛和所有的感官都被情愛、仇恨和誘惑的火焰點燃而陷入一片火海之中。它們也被人們的生老病死、苦痛、悲嘆、憂傷、不幸和絕望所引燃。整個世界在熊熊地燃燒著，整個世界已被煙霧所籠罩，整個世界已被烈火所吞噬，整個世界都在顫抖。[13]

這種可怕的、充滿災難的世界光景促使佛教徒採取抽象態度，就像傳說中的佛陀也因為後來對世界留下類似的印象，而展開修行生涯一樣。佛陀已在祂的象徵性語言裡明確地指出，主體所產生的抽象作用應該歸因於客體本身那種生氣勃勃的活躍性。換句話說，客體活潑的生命力並非來自人類的移情作用，而是來自人類與生俱來的、先驗的無意識投射。甚至連我們使用「投射」這個專有名詞，也無法正確地說明這個現象，因為，投射是實際發生的心理活動，而不是我們在這裡所討論的人類天性所本有的心理狀態。在我看來，列維布呂爾所提出的「神祕參與」的概念更能表達這種狀態的特徵，因為，這個概念顯示出原始人與客體的最初關係：原始人認為，客體本

---

11 l. c., p.18.

12 l. c., p.21.

13 很抱歉，本人無法找到這段引言的出處。

身含有靈質或靈力（在這裡，客體並非一直被靈質或靈力所充滿，故不同於
泛靈信仰〔Animismus〕的假設），洋溢著活潑的生命力，因此，能對人們
產生直接的心理效應。客體之所以能發揮這種心理效應，是因為它與主體具
有相同的生命力。因此，在某些原始民族的語彙裡，一些日常用品的名稱往
往具有指涉「生命體」的詞意（例如一些表示生命現象的字尾）。

與這種現象類似的是，持有抽象態度的主體總是認為，客體本來（在先
驗上）就富有主動性和活潑的生命力，不僅不需要主體的移情，反而本身還
能產生強烈的影響，而迫使主體的心理機制轉為內傾。由於客體和內傾主體
的無意識一起投入「神祕參與」，客體便得以獲得來自主體的、強大的無意
識力比多的注入。我們可以從前面那段佛經的引言中看到：讓世界熊熊燃燒
的那片烈焰與各個主體的力比多之火及熾熱的激情是一樣的。不過，此時主
體的激情卻顯現為客體，因為，它尚未分化為可受主體支配的功能。

因此，主體的抽象作用便顯現為一種對抗原初的「神祕參與」的功能，
而且還為了切斷與客體的連繫而擺脫了客體。抽象作用一方面促使主體從事
藝術形式的創造，另一方面則讓主體得以認識客體。移情作用跟抽象作用一
樣，也具有藝術創作和認識的功能，但它所根據的基礎卻完全不同於抽象作
用：抽象作用的基礎是客體的魔性意義和力量，移情作用的基礎則是主體的
魔性意義，因為，移情者的主體是透過與客體的神祕認同（mythische
Identifikation）而占有客體。這兩種作用也說明了同時存在於原始人身上的
兩種現象：原始人一方面受到物神的魔力的影響，另一方面則是巫師和魔力
的蓄積者，因此能把本身「所承載的魔力」賦予物神。（請參考澳洲土著的
齊林加儀式〔Chiringa Ritus〕）[14]

遭無意識活動——作為移情作用的前導——弱化的客體持續處於無法表
達自身的狀態，因此，移情者所認知的客體就是他投射在客體裡的無意識內
容，同時這些無意識內容也因此而讓客體喪失了生命和靈魂。[15] 基於這些原
因，移情者勢必需要認識客體的本質。此外，我們還可以在這種情形裡發

14　SPENCER AND GILLEN, *The Northern Tribes of Central Australia*.

15　這是由於移情者的無意識內容比較不具有生命力的緣故。

現，使客體失去活力的無意識抽象作用仍持續著，因為，這種抽象作用始終具有這樣的效應：它可以扼殺客體那些與主體的靈魂存在著魔性關係的自主活動。所以，抽象者會在意識上啟動抽象作用，以保護自己不受客體魔性的影響。由於客體已預先被弱化而失去了生命力，移情者的主體便能與世界建立一種信任的關係：畢竟世界已不存在任何能夠威脅他們、壓迫他們的東西，因為，只有作為主體的他們能賦予客體生命和靈魂，儘管他們的意識所認知的情況似乎與此完全相反。

至於抽象者則與移情者完全不同：他們認為，世界充斥著發揮強大效應、因而具有危險性的客體，所以，內心會感到畏懼，同時也意識到自己的軟弱無力。他們在避免和世界有親密接觸的同時，更退回到自己的身上，以便構想出一些能讓他們再度取得優勢的想法和公式。由此可知，抽象者的心理就是被迫害者的心理，而移情者則能自信地面對他們的客體，因為，他們的客體已不具有生命力，所以不帶有危險性。當然，以上所描述的抽象者和移情者的特性的確過於公式化，因此，根本無法完整地呈現內傾態度和外傾態度在本質上各有哪些特徵，只能凸顯它們之間的某些細微的差異。不過，話說回來，這些差異也具有不容忽視的重要意義。

移情者在客體中感到愉快時，並沒有意識到自己處於這種狀態；同樣地，抽象者在沉思他們從客體所獲得的印象時，並不知道自己其實是在思考自己本身。因為，移情者轉移給客體的東西就是他們本身，更確切地說，就是他們自己的無意識內容；至於抽象者對於他們所獲得的客體印象的思考，其實是對於本身情感——也就是他們對於客體所產生的情感——的思考。因此，移情和抽象這兩種作用既有助於人們真正地認識客體，也能促使人們真正地從事藝術創作，這是很清楚的事。所有的個體都具有這兩種作用，不過，這兩者所出現的分化程度通常都不一樣！

沃靈爾把人們對於自我擺脫（Selbstentäußerung）的衝動當作這兩種審美經驗的基本形式的共同根源。在抽象作用裡，人們會透過「對於必然性和恆常不變性的思考來擺脫人類存在的偶然性以及一般有機體存在的表面隨機性。」人們在面對大量混亂的、令人印象深刻的、充滿生命活力的客體時，

會產生抽象作用，也就是形成抽象的普遍意象，這種意象會以律則性的形式處理主體從外界所取得的印象。這種抽象意象的魔性意義在於保護主體不受混亂的、充滿變化的外在經驗的干擾。人們不僅會沉溺在這種意象裡，而且還會讓抽象的真理凌駕於生命的現實之上，從而壓抑了可能妨害本身享受抽象美的生命，最終迷失了自己。人們把自己提升到抽象的層次，從而認同了本身意象的恆久有效性，並且由於把這些意象奉為解脫的公式而使得本身的生命變得僵化呆板。他們以這種方式擺脫自己，而把生命轉移給他們所關注的抽象意象，並讓自己凝聚於其中。

至於移情者則把他們的活動和生命移情於客體，因此，只要被移情的內容能顯示出主體的主要部分，身為主體的他們就能進入客體裡。他們變成了客體，也認同了客體，並以這種方式脫離了自己。當他們變成客體時，就會出現去主體化（Entsubjektivierung）。對此，沃靈爾曾表示：

　　當我們把活動的意志移情於另一個客體時，我們就會存在於該客體之中。只要我們跟隨內心對於經歷的渴望而走向一個外在的客體，走向一個外在的形式，我們便擺脫了我們紛雜的個體性存在。不同於個體意識那種無窮無盡的多樣性，我們彷彿感到我們的個體性已進入一個固定的範圍。所以，在這種自我客體化（Selbstobjektivierung）裡，存在著個體的自我擺脫。當我們肯定我們的個體性具有往外活動的需求時，就是在限制我們個體的無限可能性，就是在否定個體之間那種互不相容的多樣性。總之，我們會隨著內心渴望自己能在這種客體化的範圍裡而平靜下來。[16]

對於抽象者來說，抽象意象不僅可以讓心理獲得平靜，而且還是一道保護牆，可以有效抵禦充滿無意識生命力的外在客體對自己所產生的瓦解效應。然而，就移情者而言，移情於外在客體就是在保護自己，使自己不至於被無限的幻想可能性和相關的行為原動力的內在主觀因素所瓦解。個體心理

16　l. c., p.27.

學家阿德勒曾指出，內傾型精神官能症患者會固守著「虛擬的指導路線」，
而外傾型精神官能症患者則緊緊抓住他們所移情的外在客體。內傾者會從本
身對於外在客體的經驗裡抽象出他們的「指導路線」，並把這道公式（即該
指導路線）當作對抗生命的無限可能性的保護工具，從而把自己托付給它。

移情和抽象、外傾和內傾都是適應機制與保護機制。只要它們能讓人們
適應環境，就可以保護人們不受外在危險的侵害。只要有導向性功能
（gerichtete Funktionen）[17] 存在，這些功能就可以讓人們擺脫自我，從內在的
偶發驅力裡解放出來，從而成功地保護人們不受其侵擾。我們從日常的心理
經驗裡可以發現，有相當多的人完全認同了導向性功能——即優勢功能——
其中也包含我們在這裡所討論的類型。人們對於這種優勢功能的認同，具有
一個無可爭議的優點：個體可以因此而充分適應集體的期待和要求，而且還
可以透過脫離自我來避開那些未分化的、不具導向性的劣勢功能。從社會道
德的角度來說，對於優勢功能的認同所體現的「沒有自我」的無私，當然是
一種特殊的美德，但從另一方面來看，它卻有一個很大的缺點，因為，它會
造成個體的退化。

無疑地，人類可以在很大程度上把自己機械化，不過，還是無法做到徹
底脫離自己而不蒙受傷害。當個體愈認同某一種功能時，就會把愈多的力比
多從其他功能裡抽離而轉入該功能。那些不受個體青睞的劣勢功能雖可以較
長期地忍受大量力比多的流失，但終究它們還是會展開反撲。當這些劣勢功
能被剝奪力比多時，會因為失去能量而逐步陷於意識閾限之下，與意識的連
結也會出現鬆動，最後漸漸地落入無意識裡。這樣的演變等於是一種退化，
也就是相對有發展的心理功能往嬰兒期倒退，最終甚至回落到那個古老而原
始的階段。由於人類生活在文明狀態的時間只有短短數千年，而處於非文明
狀態的時間則長達數十萬年，因此，潛藏在人類身上的那些古老而原始的心
理運作方式仍具有旺盛的生命力，很容易被挑起。當某些劣勢功能因為力比
多的消退而出現彼此無法整合的問題時，那個古老而原始的心理基礎就會在

17　請參考「導向性思考」（gerichtetes Denken）這個概念。*Wandlungen und Symbole der Libido*, p.
　　7ff. (Neuausgabe: *Symbole der Wandlung*｛GW V｝).

無意識裡起作用。

由於意識和這些原始而古老的功能之間沒有直接的連繫，也就是說，意識和無意識之間不存在溝通的橋梁，所以，這樣的心理狀態就相當於個體人格的分裂。個體如果愈脫離自我，他的無意識功能就愈往那個古老而原始的階段倒退，無意識的重要性也會因此而增加。然後，無意識便開始以某些症狀來干擾優勢功能，從而啟動精神官能症患者身上所出現的那種典型的惡性循環：個體會試圖透過優勢功能的傑出表現，來補償無意識的干擾對本身所造成的負面影響。這種惡性循環如果愈演愈烈，最後可能會導致個體的精神崩潰。

對於優勢功能的認同會引發脫離自我的可能性，這種可能性不只源自於個體把自己片面地限制在某個單一功能裡，而且還起因於優勢功能的本質就是一種要求個體脫離自我的原則。因此，所有的優勢功能都會嚴格要求排除一切與它們不相符合的東西：如果個體的優勢功能是思考，思考就會把所有干擾性的情感排除在外；同樣地，如果個體的優勢功能是情感，情感也會把所有干擾性的思考排除在外。這是因為，優勢功能如果不潛抑異於本身的東西，根本就無法運作。然而，在另一方面，具有生命的有機體的自我調節卻自然地要求人性的和諧化；因此，關注那些備受冷落的劣勢功能對人類的生活來說，不僅是必要的，而且還是一項無可迴避的教育任務。

第八章

現代哲學的類型問題

第一節　詹姆斯類型學

美國哲學家暨心理學家威廉·詹姆斯（William James, 1842-1910）也在他所主張的實用主義哲學裡，發現兩種類型的存在。他曾在《實用主義》（*Pragmatism*）這本著作中指出：

哲學史在很大的程度上是不同性情（temperaments）的人，亦即不同性格氣質（characterological dispositions）[1]的人，所發生的衝突。

專業哲學家不論屬於哪一種性情，他在探討哲學問題時，總是會試著思考本身既有的性情這個事實。儘管他曾意識到自身的性情可能造成的影響，但他的性情所帶給他的偏見，卻比他本身任何一個更客觀的前提所造成的偏見還要強烈。由於他在推論時，會著重這個或那個方向，因此，會形成比較感傷或比較冷靜的世界觀，而且這個世界觀的重要性並不亞於某些事實或原則。哲學家信賴自己的性情。他們希望擁有一個能和自己的性情相契合的世界，所以，他們寧可相信，這個世界所出現的一切情況都能合乎他們的性情。他們會認為，與自己不同性情的人無法和這個世界真正的性質協調一致，即使他們擁有更高超的辯證技巧，也不具有足夠的能力成為稱職的、真正的哲學家。然而，他們在公開討論的場合裡，卻純粹因為本身性情的緣故，而無法要求自己表現出本身在專業上的卓越和權威。因此，這種哲學討論在某種程度上缺乏了參與者的鄭重和嚴謹：他們總是在迴避我們所有前提當中最重要的前提。[2]

詹姆斯接下來還刻劃了他所發現的兩種性情類型的特徵：就像在民情風俗和生活習慣方面，有拘謹規矩者和放浪形骸者之分，在政治方面，有威權的信仰者和無政府主義者之分，在文學方面，有專注於考證和修辭的學院派和寫實主義者之分，在藝術方面，有古典主義者和浪漫主義者之分，詹姆斯

1　JAMES, *Pragmatism. A New Name for Some Old Ways of Thinking*, p. 6.

2　l. c., p. 7f.

認為，在哲學領域裡也存在兩種對反的類型，即「理性主義者」和「經驗主義者」。理性主義者「崇尚抽象的、永恆不變的原則」，經驗主義則「偏好所有未經修飾的、豐富多彩的事實」。[3]雖然原則和事實這兩者對人們來說缺一不可，但人們卻會因為偏重其中的一方，而出現截然不同的觀點。

　　詹姆斯曾分別把「理性主義」和「經驗主義」當作「唯智主義」和「感官主義」（Sensualismus）的同義詞。雖然我認為，這樣的等同大有問題，但我在這裡還是得放下自己的批判，先沿著詹姆斯的思路繼續討論下去。根據詹姆斯的觀點，唯智主義跟唯心論和樂觀主義（Optimismus）的傾向有關，而經驗主義則趨向於唯物論（Materialismus）以及純粹有條件的、不確定的樂觀主義。理性主義（唯智主義）往往屬於一元論，它從整體和普遍性出發，進而把事物統合在一起；反之，經驗主義則從部分出發，而後把所有的事物集合在一起，因此被視為多元論。理性主義者情感豐富，經驗主義者則固執己見。理性主義者傾向於信仰個人的自由意志，經驗主義者則傾向於相信宿命論。理性主義者在探究事物時，很容易教條化，經驗主義者則傾向於抱持懷疑的精神。[4]理性主義者具有「柔性傾向」（tender-minded）的特點，而經驗主義者則具有「剛性傾向」（tough-minded）的特點。以上顯然是詹姆斯試圖對這兩種不同思維方式的特質的刻劃。接下來我們會對這兩組特徵進行更深入的研究，而且我們還會發現，詹姆斯針對這兩種類型對於對方的偏見的談論十分有意思：

　　他們都對於對方感到不以為然。這種對立不論在哪個時代，都在影響哲學史的發展，其中也包括我們這個時代。「剛性傾向的人」認為「柔性傾向的人」多愁善感，「柔性傾向的人」則認為「剛性傾向的人」粗俗不雅、麻木不仁或殘暴野蠻。總之，每個類型都認為其他類型不如自己。[5]

3　l. c., p. 9.

4　l. c., p. 10ff.

5　l. c., p. 12f.

詹姆斯把這兩種類型的特性以對照的方式一一羅列如下：

柔性傾向的	剛性傾向的
理性主義的（依據原則行事）	經驗主義的（依據事實行事）
唯智主義的	感官主義的
唯心論的	唯物論的
樂觀主義的	悲觀主義的
有宗教信仰的	無宗教信仰的
自由意志論的	宿命論的
一元論的	多元論的
教條主義的	懷疑主義的

　　這種對比觸及了我們在前面關於唯名論和唯實論的那一章裡，所討論過的各種問題。「柔性傾向」和唯實論之間、「剛性傾向」和唯名論之間都存在著某些共同的特徵。就像我在前面曾提過的，唯實論符合內傾原則，而唯名論則符合外傾原則。因此，就連中世紀的共相之爭也屬於詹姆斯所主張的哲學史上的思想家之間的性情衝突，這是毋庸置疑的事實。上述的關聯性便讓人們進一步把「柔性傾向」的人視為內傾者，而把「剛性傾向」的人當作外傾者。至於這樣的看法是否站得住腳，就有待更深入的研究。

　　由於我對於詹姆斯的著作所知有限，所以無法找到他對於這兩種類型更詳盡的定義或描述，雖然他曾在論著中多次談到這兩種思維類型，而且還把它們稱為「薄的」和「厚的」。日內瓦大學心理學教授提奧多·弗洛諾依（Théodore Flournoy, 1854-1920）[6]則進一步把詹姆斯所使用「薄的」和「厚的」這兩個形容詞分別解釋為「薄弱的、細緻的、纖瘦的、弱小的」和「厚實的、堅強的、壯碩的、偉大的」。此外，詹姆斯也曾使用「優柔寡斷」（soft-headed）這個詞語來描述柔性傾向的人。「柔的」和「軟的」既是指

6　FLOURNOY, *La Philosophie de William James.*, p. 32.

脆弱的、嬌嫩的、溫和的、輕柔的，也是指虛弱的、被抑制的、沒有力量的
屬性。反之，「厚的」和「硬的」就是具有抵抗性的、堅固的、難以改變的
屬性，它們會使人聯想到物質的性質。因此，弗洛諾依便對這兩種思維方式
做了以下的解釋：

> 抽象的思維方式和具體的思維方式是對立的。換言之，純粹的邏輯和辯
> 證的方式對哲學家來說是如此熟悉，但這樣的思維方式卻無法讓詹姆斯產生
> 任何信任，因為，在他的眼中，它是脆弱、空洞而單薄的，因為，它過於迴
> 避與個別事物的接觸。具體的思維方式則從經驗事實中獲得滋養，從未離開
> 如龜殼般堅實的大地或其他正面的事實。[7]

然而，我們卻不該根據弗洛諾依的這段話而武斷地認定，詹姆斯片面地
贊同具體的思維，畢竟他曾說過，「當然，事實是好的……請給我們許多事
實。原則是好的，請給我們大量的原則。」[8]由此可見，他認為這兩種思維都
有它們的價值。我們都知道，事實從來不只是它們本身的樣態，還是我們所
看到的樣態。當詹姆斯把具體思維形容為「厚的」和「硬的」時，他同時也
在表示，這種思維對他來說具有某些實質性和抵制力；至於抽象思維，在他
看來，則顯得軟弱、纖細而蒼白，如果我們用弗洛諾依的說法來解釋的話，
甚至還可能帶有些許的病態和衰敗。

當然，只有當人們先驗地把實質性和具體事實連結起來時，才有可能形
成像詹姆斯這樣的觀點，而且就像我們在前面說過的，這恰恰與個體的性情
有關。「經驗主義的」思維者會認為，本身具體的思考具備一種含有抵制力
的實質性，但抽象思維者卻認為，這根本是一種自我欺騙，因為，所謂的實
質性或「堅硬性」並不屬於本身的「經驗主義的」思維，而是屬於外在的事
實。這甚至還表明了「經驗主義的」思維其實是很虛弱、很衰敗的，因為，
它在面對外在事實時，幾乎不知道應該把持住自己，而且總是依賴並隨從那

7　l. c.

8　JAMES, l. c., p. 13.

些出現在感官知覺裡的事實，所以，幾乎無法超越本身只會分類或呈現的思維活動的層面。因此，從思考的角度來看，具體的思維很薄弱，自主性極低，因為，它的穩固性並不存在於自身，而是存在於外在的事實。這些外在的事實由於具有決定性價值，因而顯得比思維更加優越。具體思維的特色在於一連串與感官知覺有關的觀念。這些觀念的運作較少受到內在思維活動的激發，而較多受到感官知覺的變化的驅使。這一連串受制於感官知覺的具體觀念，並不是抽象思維者所謂的「思考」，它們充其量只是被動的統覺。

　　剛性傾向的性情偏好具體的思維，同時還賦予這種思維實質性。因此，這種性情的特點在於受感官知覺所制約的觀念占據了優勢地位，而不是主動統覺——畢竟主動統覺來自於主體的意志活動，而且還意圖根據既有觀念的意向來整理感官知覺所傳遞的觀念。簡短地說：這種性情傾向於外在的客體；由於主體移情於客體，客體便因此而在主體的觀念世界裡取得某種程度的自主性，並促使觀念的形成。因此，這種性情的人屬於外傾型。外傾者的思維是具體的，但他們的思維的穩固性並不在於主體本身，而是在於他所移情的外在事實，所以，詹姆斯才會認為，這種性情的人具有「剛性傾向」。凡是採取具體思維的人，也就是那些接受涉及外在事實的觀念的人，都會認為抽象思維是軟弱而衰敗的東西，因為，抽象思維缺乏那些出現在感官知覺裡的具體事實的穩固性。但是，對於抽象思維者來說，能發揮決定性作用的，並不是那些涉及感官知覺的觀念，而是抽象的觀念。

　　根據一般的看法，觀念就是所有經驗的抽象化。人們通常都把人類的心智設想成一塊已塗寫著個體對外在世界和生活的察覺和經驗的白板（tabula rasa）。如果我們從這個觀點——亦即最廣義的、以經驗為依據的知識觀點——出發，觀念根本就是對於經驗的抽象化，也就是一種後驗的（aposteriorisch）、存在於現象之後的（epiphänomenal）抽象思維，因此，顯得比經驗更薄弱、更空洞。不過，我們也知道，人類的心智可能不是一塊白板，因為，我們可以從本身的思考原則所做出的評斷得知，我們的思維在先驗上已具有某些範疇。這些範疇的存在早於一切的經驗，它們與最初的思維活動同時出現，甚至還是早已預先形成的（präformiert）、制約最初的思

維活動的前提。

德國哲學家康德所證明的邏輯思考的先驗性，在心理學上取得了更廣泛的適用範圍。心理從一開始就不是代表心智（思想的領域）的那塊白板。它雖然缺乏具體的內容，但在先驗上卻由於人類世世代代的遺傳以及已預先形成的功能傾向，所以，已經存在取得內容的可能性。人類的心理就是人類眾先祖的大腦運作方式的產物，是人類這個種系經歷並嘗試適應環境的結果。即使是新出現的大腦或功能系統，它們依然只是一個完全為特定目標所打造的舊工具，本身不只會進行被動的統覺，還會主動地整理經驗，並強制自己做出某些結論或判斷。此外，它們對於經驗的整理並非是偶發的或隨機發生的，而是遵照一些已嚴格地預先形成的條件。這些條件並不是透過經驗所傳遞的觀點內容，而是先驗地形成觀點的條件，它們就是先於事物（ante rem）而存在的觀念，也就是決定事物形貌的條件以及與先驗有關的基本方針。這些基本方針會賦予經驗材料特定的形貌——就如同柏拉圖所埋解的那樣——這麼一來，個體便可以藉由這些意象進行思考。此外，這些條件還是某些模式功能或遺傳功能的可能性，但這種可能性卻會排除、或至少在很大程度上限制其他的可能性。由此可知，就連最自由的精神活動——即幻想——也從來無法漫無邊際地飄遊（雖然詩人們可能會這種感受），因為，它們始終受制於那些已預先形成的可能性，也就是原初意象。一些生活在世界最偏僻地區的民族已在他們神話傳說的一些相似的主題裡，呈現出與某些原初意象的關聯性。就連一些以科學理論為基礎的意象也反映出這種局限性，例如物理學的乙太（Äther）、能量的恆定與轉換、原子理論，以及化學的親和性（Affinität）。

在具體思維者的內在，那些涉及感官知覺的觀念占據了主導的地位，至於在抽象思維者的內在，則由那些因為缺乏內容、而令人們難以想像的原初意象掌握了支配權。只要客體獲得主體的移情，而躍升為思考的決定性因素，原初意象就會停留在比較沉寂的狀態。如果客體不再獲得主體的移情，從而在心理過程中喪失優勢地位，那麼，那些不再聽它使喚的能量就會往主體回流。主體便因此而在無意識裡獲得移情，那些蟄伏在無意識裡的、已預

先形成的原初意象便會被喚起；而後，這些出現在心理過程的原初意象就會變成具有效應的因素，不過，它們會以人們無法想像的形式出現，因此，大抵上，它們就像隱身於舞臺布景後方的劇場導演。

由於這些原初意象只是被活化的功能的可能性，本身並沒有內容可供主體設想，所以，它們會致力於本身內容的充填。這些原初意象把經驗材料引入自身的形式裡，但它們所呈現出來的東西卻不是事實，而是事實裡的自己。在某種程度上，原初意象會穿上事實的外衣，因此，它們並不像具體思維裡的經驗事實那般，是大家所認知的思維的起點。只有當無意識處理並建構原初意象所充填的經驗材料後，主體才能體會原初意象。連經驗主義者也會對本身的經驗材料進行劃分和建構，不過，他們的建構方式卻是儘量依照那些以過去的經驗為基礎的具體概念。

與經驗主義者不同的是，抽象思維者是依照無意識的範式（Vorlage）來建構經驗材料，而且只有在建構完成之後，才會有觀念的形成。經驗主義者基於本身的心理傾向，因此，總會認為，抽象思維者會專斷地依照一些薄弱空洞、不充分的前提來建構經驗材料，因為，經驗主義者會以自己的處理方式估量抽象思維者的心理過程。就跟經驗主義者一開始並不知道自己能提出什麼理論一樣（他們必須進行許許多多的實驗，而後才能從累積的經驗中建立理論），抽象思維者其實也不清楚本身的思維活動的真正前提——即觀念或原初意象。

正如我在前文裡的解釋，某一類型的人會關注個別的客體，並對它們的個別行為感興趣；另一類型的人則著重於客體之間的類似關係，而無視於事實的個別性，這是因為多樣而紛雜的事物之間的關聯性和一致性會讓他感到比較舒坦和平靜。然而，這種相似關係卻讓前者感到相當厭煩，因為，這對他們而言，無異於是一種干擾，甚至還可能阻礙他們察知客體的獨特性。他們愈移情於某一個別的客體，就愈明白該客體的獨特性，但卻也更加無法感受該客體與其他的客體的相似關係的真實性。不過，他們如果轉而移情於另一個客體，就遠比那些只從外部看待這兩個客體的人，更能夠感知和掌握這兩個客體之間的相似性。

　　具體思維者會先移情於一個客體，然後再移情於另一個客體，由於這往往是一種耗費時間的過程，因此，他們對於客體之間的類似性的察知相當緩慢，在思維上便顯得遲緩，不過，他們的移情作用卻是敏捷的。抽象思維者則與具體思維者不同，他們可以迅速地掌握相似性，以普遍存在的特徵取代個別的客體，並透過自己內在的思考活動來建構這些經驗材料。但是，他們的思考活動卻大大受到「如陰影般的」原初意象的影響，就像具體思維者的思考活動受到外在客體強烈的影響一般。客體愈強烈地影響主體的思考，客體的特性也就愈強烈地影響主體的思維意象。客體對於主體內在的影響愈微弱，主體的先驗觀念對於外在經驗所產生的效應就愈強烈。

　　由於主體所經驗的客體被賦予過度的重要性，因此，學術界便紛紛出現了許多「專家理論」，比方說，精神醫學界便曾出現所謂的「大腦的迷思」這股熱潮。這些理論試圖以某些原理原則來解釋更大範圍的經驗領域，不過，它們實際上只能對範圍有限的某些事實綜合體提出卓越的解釋，如果要進一步擴展到其他的領域，它們的解釋就會顯得相當牽強。反之，持有抽象思維的專家對於個別事實的關注，只是基於該事實與另一個事實的相似性。他們所提出的普遍性假設雖然或多或少呈現了觀念的純粹性，但卻跟神話一樣，較少涉及具體事實的本質。由此看來，這兩種思維類型如果走向極端，都會創造出神話：其中一種神話會以細胞、原子和振動等作為表達的內容，另一種神話則著墨於「永恆的」觀念。

　　極端的經驗主義至少具備儘量純粹地呈現事實這項優點；極端的觀念主義（Ideologismus）則擁有儘量純粹地反映先驗形式（觀念或原初意象）的優點。前者的理論成果受限於浩繁的經驗材料的處理；後者的實際成果則受限於主體觀念的呈現。由於我們西方學術界目前的研究精神片面地著重具體性和經驗性，因此，專家學者們都知道，不該重視那些表達觀念的研究，因為，就他們而言，對於原初形式的認識仍不如事實來得重要，儘管人類的理智是在這些原初形式裡進行事實的了解。我們都知道，自啟蒙運動時期以來，歐洲的知識界便轉而著重具體化的研究，所以，這種經驗主義的研究取向是比較晚近的發展。這種發展雖然取得了驚人的成果，卻也造成經驗材料

的巨量累積，反而讓人們感到迷惘而無法理解。它必然會導致學術研究的分離主義，從而發展成一種終結普遍性觀點的專家迷思。經驗主義的盛行不只壓制了研究者的主動思維，還對各個學科的理論建立構成了危險。不過，這種普遍性觀點的缺乏就跟經驗性觀點的缺乏一樣，相當有助於那些神話般的學術理論的建構。

因此，我認為，詹姆斯只藉由「柔性傾向」和「剛性傾向」這兩個專有名詞做了片面的說明，而且骨子裡還隱含著某種臆斷（praeiudicium）。不過，經由以上的探討，我們的確可以清楚地看到，詹姆斯類型學所描述的這兩種類型，其實和我提出的「內傾型」和「外傾型」是一致的。

第二節　詹姆斯類型學特有的二元對立

一、理性主義 vs. 經驗主義

就如同讀者所注意到的，我已經在前面的章節裡談過這種二元對立，而且還把它稱為觀念主義和經驗主義的對立。我本人會避免使用「理性主義」這個詞語，因為，具體性和經驗性思維就跟主動性和觀念性思維一樣，都是「理性的」，而且都受到理性的支配。由於理性主義是一種看待思維理性和情感理性的、普遍的心理態度，因此，不僅存在著邏輯的理性主義，還存在著情感的理性主義。由於我對「理性主義」這個概念抱持這種看法，因此，我在意識裡並不贊成把「理性主義」等同於「觀念主義」，或把理性主義理解為至高無上的觀念這種歷史哲學的觀點。

晚近的哲學家已經去除了理性的純粹觀念性，他們喜歡把理性描述為一種能力、驅力、意向，或甚至把它稱為一種情感或方法。從心理學的角度來看，理性無論如何——誠如德國哲學家利普斯的主張——就是一種被「客觀情感」所引導的態度。美國著名心理學家詹姆斯‧鮑德溫（James Mark Baldwin, 1861-1934）[9] 曾表示，理性是「具有調節作用的心理基本原則」。

9　BALDWIN, *Handbook of Psychology* I, p. 312.

提出統覺理論的德國哲學家暨心理學家赫巴特將理性解釋為「思索和考慮的能力」。[10] 悲觀主義哲學家叔本華則堅稱，理性只具有「建立概念的功能，而且這種功能還可以輕易地解釋之前提過的、能使人類的生命和動物的生命有所區別的一切理性的表現；此外，不論在何時何地，這種功能是否被使用也是理性和非理性的指標。」[11]「之前提過的……理性表現」這句話則出自叔本華曾列舉的某些理性的外顯方式，即「對於情緒和激情的控制、下結論，以及建立普遍性原則的能力」、「幾個個體所達成的一致性行動」、「文明、國家、知識學術，以及往昔經驗的保存」，等等。如果理性對於叔本華來說只擁有建立概念的功能的話，那麼理性就會具備某種傾向於透過思考活動來建構概念的心理機制的性質，而且這種心理機制的性質也完全符合奧地利猶太裔哲學家暨教育家威廉·耶路撒冷（Wilhelm Jerusalem, 1854-1923）[12] 所理解的理性——即意志的傾向（Willensdisposition）。作為意志傾向的理性可以使我們在下決定時，有能力運用理智，並控制激情。

理性是一種使人們保有明智和冷靜的能力，也是一種依據客觀價值而使人們完成思考、感覺和行動的特定態度。就經驗主義的觀點而言，「客觀」價值的形成是拜經驗所賜；至於觀念主義則主張，客觀價值的產生應該歸因於理性的主動評斷行為。在康德的思想裡，理性是一種「依照原則做判斷和採取行動」的「能力」，因為，康德認為，理性既是觀念的泉源，也是「完全無法在經驗中找到對象」的「理性概念」。理性包含了「人類運用理智所依據的原初意象」，理性「作為一種調節原則，其存在的目的就是為了讓我們在經驗層面對於理智的運用可以取得普遍的一貫性」。[13] 康德對於理性的觀點是真正的內傾觀點，與此相對的是當代德國心理學家馮特的經驗主義的觀點。這位實驗心理學和認知心理學的創立者認為，理性屬於複雜的智識功能，個體會把「這些功能及其提供本身絕對必要的感官知覺基礎的預備階段，一起概括地呈現在一般的表達當中。」他曾說：

10　HERBART, *Psychologie als Wissenschaft*, Paragr. 117.

11　SCHOPENHAUER, *Die Welt als Wille und Vorstellung* I, Paragr. 8.

12　JERUSALEM, *Lehrbuch der Psychologie*, p. 195.

13　KANT, *Logik*, p. 140f.

　　「智識」（Intellektuelle）是古希臘以來的官能心理學（Vermögenspsychologie）
所遺留下來的概念。比起記憶、理智和幻想等這些很久以前便已存在的官能心理
學的概念，人們更常把智識這個概念和一些合乎邏輯的、無關於心理學的觀點混
淆在一起。因此，當這個概念所包含的心理內容愈來愈多樣化時，它的模糊
性和隨意性就愈強，這是再清楚不過了……依照十九世紀後半葉才建立的科
學心理學（wissenschaftliche Psychologie）的觀點，只有某些基本的心理過程
及其相關性存在著，至於記憶、理智和幻想這些舊概念已不存在，因此，
「智識」或「智識功能」的概念，當然也會比那些定義一致的、符合任何可
被明確界定的事實情況的概念更少被使用。不過，仍有某些可以帶來益處的
心理學研究，仍會採用官能心理學的舊概念，儘管這些研究者是按照科學心
理學的研究方式來使用它們，所以，也因此改變了它們原本的涵義。這類研
究會出現在以下這幾種情況：當我們碰到由一些極其異質的要素所混合而成
的複雜心理現象，而且這些現象還經常出現相關性——尤其是基於一些具體
的原因——而需要研究者予以重視時；或者，當我們看到個體意識已顯露其
先天本性和後天教養的特定傾向，而且這些傾向還經常出現相關性而需要研
究者再次對如此複雜的心理質素進行分析時。**這類研究當然都負有心理學研
究的任務，不過，心理學研究並不該停留在以這種方式所形成的一般性概念
裡，而是應該儘可能地把心理學研究還原到本身的一些簡單的要素上。**[14]

　　馮特的這些見解代表了真正的外傾觀點，我還特地把這段引言最具特色
的內容，以粗體字標示出來。對於內傾的觀點來說，理性、智識等這些「一
般性概念」就是官能（Vermögen），即基本功能，而且這些基本功能還可以
把本身所主導的心理過程的多樣性統合於一種同質的意義裡。然而，對於外
傾的、經驗主義的觀點來說，理性、智識等這些「一般性概念」只是衍生出
來的次要概念，只是一些頗受外傾者和經驗主義者重視的基本心理過程的複
雜產物。從這種外傾觀點來看，人們大概無法迴避這些概念，但原則上卻應

14　WUNDT, *Grundzüge der phisiologischen Psychologie III*, p. 582f.

該經常把它們「還原到其本身的一些簡單的要素上」。經驗主義者會理所當然地認為，一般性概念只是對於經驗的化約，因為，在他們的眼裡，概念往往只是從經驗推導出來的東西。他們根本不知道何謂「理性概念」和先驗觀念，因為，他們那種被動統覺式的思維會比較關注取決於感官的外在經驗。持有這種外傾態度的個體往往會強調外在客體的存在，而且這些個體還具有某種程度的行動力，他們需要獲取知識和訊息，而且還會做出複雜的理性推論。這種推論便需要一般性概念的存在，不過，經驗主義者所使用的一般性概念僅限於那些能包含某些現象群的集合概念（Collectivum）。所以，一般性概念在這裡當然就成了次要的概念，它們只是詞語，一旦脫離語言的範圍，它們就不存在了。

只要心理學界還主張，只有那些感官所知覺的事實，只有那些「基本的因素」才真正存在，心理學研究便依然無法承認，理性和幻想等具有特殊存在的權利。不過，內傾者在這方面卻有不同的認知：他們的思維傾向於主動統覺，對他們來說，理性、智識和幻想等具有基本功能和官能的價值，也就是來自內在能力和內在作為的價值，這是由於內傾者重視概念，而非概念所涵蓋、所綜述的基本心理過程。內傾者的思維本來就具有綜合性，它會依照本身的概念模式來整理和應用所取得的經驗材料，以便補充本身的觀念所缺乏的內容。這些概念以主動的態度出現，而且本身具備建構經驗材料的內在力量。然而，外傾者卻推斷，內傾者的這種內在力量一方面來自純然的武斷，另一方面則來自主體倉促輕率地從有限的經驗所得出的概括性歸納。內傾者在面對這樣的批評時，卻無法為自己辯解，因為，他們不但沒有意識到自己的思維心理，甚至還可能把普遍風行的經驗主義當作依循的準則。

實際上，這樣的批評只不過是外傾型心理的一種投射，因為，內傾的、積極的思維類型既不是從本身的武斷裡，也不是從經驗當中，而是從觀念（被內傾態度所活化的功能型式）裡，汲取思考活動的能量。但是，他們本身並沒有意識到觀念是這種能量的來源，因為，觀念在先驗上毫無內容可言，所以，他們只能在那些已通過思維處理的經驗材料所採取的形式裡，後驗地察知觀念的存在。然而，對於外傾者來說，客體和基本心理過程不僅是

重要的，還是絕對必要的，因為，他們已在無意識裡把觀念投射到外在的客體，所以，只有透過經驗的累積和比較，才能讓自己上升到概念層面，並因此而進入觀念層面。這兩種思維傾向形成了顯著的對立：內傾者依據本身的無意識觀念建構經驗材料，而讓自己得以趨近於外在經驗；外傾者則隨從那些獲得本身無意識的觀念投射的經驗材料的引導，而讓自己得以趨近於內在觀念。這兩種傾向的對立往往會造成人們的混淆，因此，便在學術界裡引發了一些最激烈、也最徒勞無功的論戰。

我希望，以上的論述已充分闡明了我的觀點：理性以及把理性片面提升為原則的理性主義，其實都兼具經驗主義和觀念主義的特點。我們在這裡也可以用「唯心論」（Idealismus）來代替觀念主義（Ideologismus），不過，我們卻不可以因為唯心論這個概念和「唯物論」是對立的，便一併把「觀念主義」視為「唯物論」的對立面。因為，哲學史已告訴我們，唯物論者往往也是觀念主義者，換句話說，唯物論者並不是經驗主義者，他們是根據事物的普遍觀念進行主動的思考。

二、唯智主義 vs. 感官主義

感官主義這個概念是在說明極端的經驗主義的本質。感官主義主張，感官經驗是知識唯一的來源。感官主義者的態度完全定向於感官所知覺的客體，也就是定向於自身的外部。詹姆斯所主張的感官主義，顯然是智識的感官主義，而非審美的感官主義，因此，他在他的類型學裡，把「唯智主義」當作感官主義的對立面，我則認為，這種作法並不恰當。在心理學上，唯智主義是一種賦予智識——即概念層次的認識——決定性的主要價值的態度，不過，我們也會因為持有這種態度而成為感官主義者，並因此而以那些全部來自感官經驗的具體概念進行思考。由此看來，經驗主義者也具備了唯智主義的觀點。在哲學領域裡，人們幾乎把唯智主義和理性主義當成同義詞，而混淆地使用。所以，我要在此強調，只要感官主義在本質上是極端的經驗主義，我們就應該把觀念主義視為感官主義的對反，而不是唯智主義。

三、唯心論 vs. 唯物論

　　人們或許已經在猜測，詹姆斯提出的感官主義不僅意指一種極端的經驗主義——即智識的感官主義——而且他或許還想藉由「感官主義」這個概念，強調那些與感官知覺有關的東西，而把智識徹底排除在外。與感官知覺有關的東西在我看來，就是真正的感官性，它們當然不是庸俗意義上的感官享樂，而是一種純粹以感官刺激和感官知覺，而非以被移情的客體作為主導性和決定性要素的心理態度。由於持有這種心理態度的人在思維方式上完全依賴感官知覺，而且這種思維方式還在感官知覺裡達到了極致，因此，人們也可以認為這種心理態度具有反射性。在這種情況下，客體既未受到主體的抽象性認識，也未獲得主體的移情，而是以自然的存在形式發揮本身的效應；主體此時只是定向於那些和客體的接觸所引起的感官知覺。這種態度或許符合原始人的思維方式，而它的對立面就是直覺的態度。這種態度的特點在於依據感官知覺進行理解，它與智識和情感無關，而與這兩者的混合有關。就像感官的對象會出現在知覺中一樣，心理內容也會以近乎幻想或幻覺的方式出現在直覺裡。

　　詹姆斯以「感官主義的」和「唯物論的」（此外還有「無宗教信仰的」）這兩個形容詞來描述「剛性傾向」者，但這樣的劃分卻使我不禁質疑，他和我所建立的兩種對立的類型是否相同？唯物論通常被理解為一種以「物質」價值為導向的態度，也就是一種道德的感官主義。如果我們以一般的涵義來理解這些概念，那麼，詹姆斯對於剛性傾向者所描述的特徵就會顯得非常不恰當。這種情況當然不是詹姆斯所樂見的，因為就像我們在前面所討論的，詹姆斯對於類型的論述其實就是想阻止人們出現這樣的曲解。如果人們明白，詹姆斯在使用這些可能造成誤解的用語時，主要是想採用它們的哲學涵義，就可以正確地理解他的意思。

　　詹姆斯在這裡所說的「唯物論」是指一種以物質價值為導向的態度，不過，這裡的物質價值並不是「感官知覺」的價值，而是「事實」（具備外在性和素材性）的價值。與唯物論相反的是「唯心論」，它在哲學的意義上主

要是對於觀念的評定。當然，詹姆斯的唯心論並不是道德的唯心論，如果我們要違背詹姆斯的本意，那麼，我們必然也會錯謬地認為，詹姆斯的唯物論是道德的感官主義。如果我們認為，詹姆斯的唯物論是指一種以真正的事實性作為具有引導意義的主要價值態度，這樣我們就可以再度在這種屬性裡發現外傾的特點，而我們起初的懷疑也會因此而消散。正如我們所看到的，哲學的唯心論和內傾的觀念主義是一致的，但是，道德的唯心論卻不是內傾者的特徵，因為，外傾的唯物論者也可能是道德的唯心論者。

四、樂觀主義 vs. 悲觀主義

我相當懷疑，樂觀主義和悲觀主義這組用來區別人類性情的、眾所熟悉的二元對立，是否適用於詹姆斯的類型學？舉例來說，難道生物學家達爾文的經驗主義也屬於悲觀主義？對於那些抱持觀念主義的世界觀，並從本身無意識的情感投射的角度看待其他類型的人來說，這是確鑿無疑的。不過，經驗主義者決不會認為自己的觀點是悲觀的。或像悲觀主義思想家叔本華的例子，他的世界觀是純粹的觀念主義（就如同印度婆羅門教的奧義書的純粹觀念主義），但如果依照詹姆斯類型學那種二元對立的分類，觀念主義的叔本華卻屬於樂觀主義者。康德本身屬於強烈的內傾型，但他卻和所有偉大的經驗主義者（他的相反類型）一樣，和樂觀主義及悲觀主義都毫無瓜葛。

因此，我覺得，詹姆斯把樂觀主義和悲觀主義的二元對立作為他的類型學的範疇似乎是不恰當的作法。因為，樂觀主義者並不像詹姆斯類型學所劃分的那般，必然屬於內傾型，實際上，樂觀主義者既有內傾型，也有外傾型，悲觀主義者也是如此。詹姆斯極可能因為前面提到的那種主體投射，而犯下了這個錯誤。從觀念主義的立場看來，唯物論的、經驗主義的、實證主義（Positivismus）的世界觀都是晦暗無望的，也都屬於悲觀主義。然而，誰如果把「物質」當作上帝一般地信仰著，就會覺得唯物論的觀點其實屬於樂觀主義。由於唯物論的觀點會癱瘓觀念主義的主要力量——即主體的主動統覺和原初意象的現實化——這等於截斷了觀念主義的那條攸關生存的神經。因此，觀念主義者會認為唯物論的觀點絕對是悲觀的，因為，唯物論的觀點

已讓他們完全無法期待自己可以看到永恆觀念的再度實現。對他們來說，這個由實在的事實所構成的世界就意味著流亡和持續的漂泊，因此，毫無歸屬感可言。

詹姆斯把唯物論和悲觀主義歸屬於同一類型的特性的作法已清楚地顯示，他個人的立場是站在觀念主義這一邊。此外，我們還不難從詹姆斯生平的許多特點證實，他的確持有觀念主義的想法。這種情況也可以解釋，為什麼詹姆斯要把「感官主義的」、「唯物論的」和「無宗教信仰的」這三個有爭議的概念強加在「剛性傾向者」的身上。詹姆斯曾在《實用主義》這本著作的某個段落裡，指出兩種不同的類型對於彼此的反感，並用波士頓遊客在偏遠的克里普爾溪（Cripple Creek）[15] 礦區和當地居民所發生的衝突來比喻這種矛盾關係。然而，這樣的比喻不僅無法讓不同類型的人對彼此感到滿意，甚至還導致雙方在情感上對彼此的厭惡，而且不論人們對公平正義的追求懷有多麼強烈的意願，都無法完全抑制這種厭惡。這個無關緊要的「人性紀實」（document humain）在我看來，卻是一個很有價值的證據，因為，它證明了這兩種類型之間確實存在著令人困惑的差異。或許我在此對這兩種類型在情感上的不相容性的強調，顯得有些小題大做，但是，許許多多的經驗卻讓我深信，正是這種隱藏於意識背後的負面情感有時會歪曲人們最理智的判斷，阻礙人們對於人事物的理解，從而帶給人們不利的影響。我們當然可以想像，克里普爾溪礦區的居民也會以他們自己特有的觀點看待那些從波士頓遠道而來的遊客。

15　JAMES, *Pragmatism*, p. 13. 波士頓人在美國素來以其「高雅的」審美品味著稱，而科羅拉多州克里普爾溪的居民則生活在地處偏僻的採礦區。我們可以想像他們之間存在著何等的對比。

五、有宗教信仰 vs. 無宗教信仰

　　就詹姆斯的類型心理學而言，有宗教信仰和無宗教信仰這個對立範疇的有效性當然完全取決於詹姆斯本人對宗教信仰的定義。當他完全站在觀念主義的角度，而把宗教信仰的本質理解為一種由宗教觀念（而非與其相對的宗教情感）扮演決定性角色的態度時，他把「剛性傾向」的人稱為沒有宗教信仰的人，就具有某種程度的正確性。不過，由於詹姆斯的思想是如此博大而富有人性，所以，他一定知道，人們的宗教態度也同樣受制於宗教情感。於是，他曾這麼表示：「我們對事實的尊重並沒有完全抵消我們對信仰的虔誠。其實，對事實的尊重本身幾乎可以說是一種虔誠。我們對科學的態度就是虔誠的態度。」[16]

　　經驗主義者會以本身對於實在事實的信仰來填補內心不再敬畏「永恆」觀念的空虛。如果人們的態度是以上帝的觀念為導向，在心理學上，這其實無異於以某些素材的觀念作為導向，也無異於把實在的事實提升為決定本身態度的關鍵性要素。只要這種導向的發生是無條件的，該個體就會被尊為「信仰虔誠」的人。不過，如果我們站在高處來看，就會發現，現實的事實其實也很有價值，它們跟觀念以及原初意象（即人類及其內在條件數萬年以來和外在現實的嚴酷事實相互撞擊的產物）一樣，都是影響個體態度的絕對要素。

　　心理學從來不認為，那些無條件投入現實事實的人，是沒有信仰的人，畢竟「剛性傾向者」信仰經驗主義的宗教，就跟「柔性傾向者」信仰觀念主義的宗教沒什麼兩樣。當然，當代社會的學術研究取決於客體、宗教信仰取決於主體（即個體所抱持的觀念主義）的確是我們這個文化階段所發生的事實。這是由於能自行發揮效應的觀念在學術領域裡必須讓位給客體，必須重新尋找棲身之處的緣故。當宗教收容了這些觀念而被視為一種現代的文化現象時，詹姆斯把經驗主義者當作沒有宗教信仰的人的作法就是正確的，不過，這樣的正確性也僅限於這種情況。有鑑於學術界的思想家們不一定是多

16　l. c., p. 15.

麼特殊的一群人，他們的類型其實遠遠超出了從事思考者的範疇，而擴及文明人的普遍範疇。基於這個普遍性原因，我們其實不該把文明人一分為二，認為從事學術研究的學者沒有宗教信仰。原始人的心理不也告訴我們，宗教功能是人類心理的構成部分之一，儘管可能處於未分化狀態，但不論何時何地，它總是存在著。

如果我們不認為，詹姆斯的「宗教」概念受到以上情況的限制，那我們便可以認定，這又和他本身經常出現的混亂的情感有關，一如我們在前面所看到的。

六、自由意志論 vs. 宿命論

在心理學上，自由意志論和宿命論是一組很有趣的二元對立。我們都知道，經驗主義者的思維聚焦於因果關係的探究，而且還深信原因和結果之間存在著必然的關聯性。經驗主義者的態度定向本身所移情的客體，因此，他們會受到外在事實的影響，而留下因果關係的必然性的印象。從心理學的角度來看，個體會把這種對因果關係的不容變更性的印象，自然而然地強加在本身的態度上。由於個體本身大量的活動和生命力會透過移情作用，而在不自覺的情況下轉移到外在的客體裡，因此，個體的內在心理過程會認同外在事實的演變。如此一來，主體便被客體所同化（assimilieren），雖然移情的主體相信，是本身同化了客體。

如果主體還賦予客體高度價值，客體就會變得重要起來，而反過來影響主體，迫使主體異化（dissimilieren）於自身。我們都知道，人類的心理變化無常，這也是臨床心理學家平常的工作經驗。只要客體占有優勢，主體的內在就會主動適應客體的本質。所以，主體對於自己鍾愛的客體的認同在分析心理學的治療中，具有一定的重要性。原始人的心理尤其為我們提供了大量關於主體為了客體而與自己異化的例子，比方說，他們的主體會經常而主動地適應圖騰動物或祖靈。從中世紀到當代的天主教聖徒身上所出現一些類似耶穌受難時的傷痕，也同樣屬於這種情況。在《師法基督》（*imitatio Christi*）這本中世紀著名的靈修書裡，信徒與自己的異化甚至還被提升為一

種信仰原則。

　　基於人類心理在本質上具有這種毋庸置疑的異化傾向，我們就不難理解，為何客觀的因果關係會被移轉到主體裡。就像我剛才說過的，人們的心理會受制於因果原則的唯一有效性的印象，為了抵拒這種印象的優勢，人們需要動用哲學認識論的所有知識。不過，更糟糕的是，經驗主義的態度在整體的本質上會阻礙我們相信，自己擁有內在的自由。由於我們缺乏任何關於內在自由的證據，也就是缺乏任何證明內在自由的可能性，因此，我們對自由的那種模糊的情感在面對大量具有壓迫性的客觀反證時，幾乎起不了作用。如果經驗主義者繼續保有他們的思維方式，而且不想同時擁有學術知識以及父母和群體所傳遞給他們的宗教這兩個相互分隔的領域——畢竟有不少人喜歡同時遊走於這兩個領域——那麼，經驗主義者就會無可避免地走向宿命論。

　　誠如我們所看到的，觀念主義的本質是以觀念在無意識裡的活化為基礎。這種觀念的活化不僅可以歸因於個體在生活中對移情作用所產生的無法釋懷的厭惡，而且還可以歸因於個體與生俱來的、由先驗的本性所形成與助長的態度（在從事心理治療的經驗中，我曾多次碰到這類個案）。在後一種情況裡，觀念在先驗上便具有活躍性，但由於本身的空洞及無法想像性，所以，它們並不會出現在個體的意識裡。觀念作為一種優勢的、無法被想像的內在事實，於是超越了「客觀的」外在事實，至少它們會把本身獨立而自由的情感傳遞給主體，主體會因為對於觀念的內在適應，在面對外在客體時，便能感受到本身的獨立和自由。當觀念成為具有導向性的主要因素時，就會與主體同化，就像主體會試圖透過經驗材料的建構而與觀念同化一樣。這裡的情形就相當於我們在前面談過的主體對於自身的異化，只不過前面的異化是主體為了外在客體而與自己異化，這裡則是主體為了內在觀念而與自己異化。

　　人類代代相傳的原初意象已歷經所有的時代，並超越了所有的現象變化，它們的存在不僅先於一切個體經驗，也凌駕於一切個體經驗之上。與原初意象有關的觀念便因此而取得一種特殊的力量。由於觀念會藉由內在無意

識的移情而同化於主體，因此，當觀念被活化時，就會把本身那種顯著的力量感（Machtgefühl）轉給主體，而讓主體感受到力量、獨立、自由和永恆。[17] 當主體感受到崇高的、超越現實事實的內在觀念可以自由活動時，便自然而然地受制於這種自由的理念。如果他的觀念主義是純粹的，那麼，他必然會對於自由意志論深信不疑。

自由意志論和宿命論這組對立的範疇也充分反映了我所提出的內傾型和外傾型的特性：外傾型的特點在於追求、移情、認同，以及自發地依賴於外在客體。當他們努力地同化客體時，也同時受到客體的影響。反之，內傾型的特點在於面對客體時所表現出的自我堅持。他們反對任何對客體的依賴，拒絕所有來自客體的影響，有時甚至對客體感到畏懼。因此，他們為了不讓自己陷入對外在世界的依賴，便更加依賴內在的觀念，而藉此讓自己獲得一種內在的自由感。不過，他們卻也必須為此而具備特殊的權力心理（Machtpsychologie）。

七、一元論 vs. 多元論

前面的論述已讓我們明白，定向於內在觀念的態度傾向於一元論。把具體概念抽象化的觀念或具有先驗的無意識形式的觀念，往往含有等級性。在前一種情形裡，觀念就像一棟建築物的最高點，它在某種程度上包含並總結了在它下方的一切；在後一種情形裡，觀念則是無意識的規則制定者，負責調節思考的可能性和迫切性。不過，這兩種觀念也具有共同的特徵：它們都占有優勢地位。雖然，個體擁有許多觀念，但其中只有一個觀念會短期或長期地取得優勢，並像專制君王般地掌控大部分的心理要素。相反地，我們也可以清楚地看到，定向於外在客體的態度總是傾向於眾多的原則（多元論），因為，客體特質的多樣性會迫使個體傾向於持有許多概念和原則，畢竟個體需要這些多元性的概念和原則來適切地解釋客體多樣化的本質。總的來說，一元論的傾向屬於內傾態度，多元論的傾向則屬於外傾態度。

17　請參照康德對於「上帝」、「自由」和「永存不朽」的假設。

八、教條主義 vs. 懷疑主義

在這組對立的範疇裡，我們可以清楚地看到，教條主義主要固著於一種依從內在觀念的態度，不過，內在的無意識觀念的實現卻不一定意味著教條主義。當個體的無意識觀念強勢地實現自身的方式時，會讓外界產生這樣的印象：這些定向於觀念的思考者會根據某一教條，而把經驗材料硬生生地塞入該教條僵化的觀念模式中。至於那些定向於外在客體的人，當然會對一切先驗的觀念抱持懷疑的態度，因為，他們在乎的是，客體和經驗是否能獲得表達的機會，所以，不會理會那些普遍性觀念。就這個意義而言，懷疑主義甚至是一切由經驗得來的知識所不可或缺的先決條件。總之，教條主義和懷疑主義這組二元對立也證明，詹姆斯和我所分別提出的兩種類型之間存在著根本的相似性。

第三節　詹姆斯類型觀的批判

在批判詹姆斯的觀點之前，首先我必須強調，他的觀點幾乎只涉及兩種對立類型的思維屬性。人們不僅難以期待能從他的《實用主義》這本哲學著作裡獲得其他的東西，而且那些受制於既定框架的片面性觀點也很容易讓人們陷入困惑之中。因為，我們可以輕易證明，其中某一類型的某個或某些特徵其實也出現在與其相反的類型裡。比方說，經驗主義者實際上也會擁有觀念主義者的特質，諸如教條主義、虔誠的信仰、唯心論、唯智主義和理性主義；同樣地，觀念主義者也具備了經驗主義者的特質，諸如悲觀主義、唯物論、宿命論，以及宗教信仰的缺乏。即使人們揭示了這些專有名詞所指涉的相當複雜的事實情況，而且這些事實情況還包含了許多各種各樣的細節，但人們還是無法排除這些專有名詞可能造成的困惑。

詹姆斯用於表達類型特徵的每個專有名詞都過於廣泛，無法以簡單的公式描述類型對立，只能從整體上給予類型對立一幅粗略的圖像。總的來說，詹姆斯所提出的兩種對立的類型對於我們從其他資料所獲得的類型圖像來

說，的確是很有價值的補充。詹姆斯是詳盡指出個人的性情對哲學思維的建構具有重要意義的第一人，因此，他在這方面實在功不可沒。他的實用主義的觀點就是力圖統合哲學家在性情上的差異所導致的哲學觀點的對立。

我們都知道，實用主義是一股起源於英國哲學界、[18] 曾一度盛行的哲學思潮。對於實用主義來說，「真理」的價值僅止於「真理」實際的有效性與有用性，所以，比較不在乎「真理」是否受到其他觀點的贊成或反對。詹姆斯的獨特之處就在於透過類型的二元對立來鋪陳他的哲學觀，並以此說明實用主義觀點的必要性。於是，我們又看到了中世紀早期的那場經院哲學的論戰大戲再度上演：即唯名論和唯實論之爭。經院哲學家阿伯拉曾試圖以他的概念論或立言論來調解這兩派學說的矛盾和衝突，但因為當時尚不存在心理學觀點，所以，阿伯拉便採取了片面的、智識的和合乎邏輯的解決方式。相較之下，詹姆斯的處理就比較深入，因為，他會從心理學的角度理解這種對立，進而提出實用主義的解決之道。當然，人們實在不宜對這個解決之道的價值寄予過多的期待：當個體只能透過被性情所左右的智識進行察知，而且已別無其他可能的管道為哲學觀的建構增添新要素時，實用主義才能作為一種權宜之計。當代法國哲學家柏格森相當重視直覺，而且還為我們指出「直覺方法」的可行性，然而，就像我們所知道的，他的這番見解到頭來也只是一種提醒罷了！他的「直覺方法」的有效性不僅缺乏證據，而且也不容易被證明，儘管柏格森曾宣稱，他的「生命動能」（élan vital）和「持續創造」（durée créatrice）這兩個概念是他運用直覺所取得的成果。

柏格森那種以直覺進行理解，並從事實推導出具有心理學根據的基本觀點對於古希臘文化——尤其是新柏拉圖主義——而言，是一種相當普遍的觀點組合。如果撇開這一點不談，他的方法其實不屬於直覺性質，而是屬於唯智主義。尼采對於直覺管道的高度利用是柏格森所遠遠不及的，而且他以此所建構的哲學觀，已徹底擺脫了智識。他這種強調直覺對於認識世界的作用的直覺主義（Intutionismus），就方式和程度而言，已大大地跨越了哲學的

18　Vgl. F. C. S. SCHILLER, *Humanism*.

世界觀的極限，從而產生了一種哲學批判所難以勝任的藝術創造行為。我在這裡當然是指尼采的《查拉圖斯特拉如是說》這本著作，而不是他的那些哲學格言集。因為，後者主要是運用唯智主義的方法，所以屬於哲學批判可以處理的領域。如果要談到「直覺方法」，我認為，《查拉圖斯特拉如是說》就是最好的例子，同時它還中肯地闡明，如何不藉由唯智主義而仍以哲學方式掌握問題的可能性。在我看來，叔本華和黑格爾都是尼采在直覺主義方面的先驅。叔本華的情感直覺（Gefühlsintuition）可以對觀念產生決定性影響，黑格爾的觀念直覺（ideelle Intuition）則是他的思想體系的基礎。此外，這兩位先驅——如果我可以這麼說的話——也有不同於尼采之處：他們認為，直覺位居智識之下，尼采則認為，直覺位居智識之上。

如果對立的雙方想要正確地評價對方，就需要採取實用主義的態度處理雙方在「真理」方面的衝突。但是，實用主義的方法往往具有絕對必要性，它的存在是以主體的過度屈從為前提，因此，這種方法會無可避免地導致主體創造性建構的匱乏。要解決對立雙方的衝突，既無法透過合乎邏輯的、智識主義的妥協——就如同阿伯拉的概念論一般——也無法藉由實用主義對於邏輯上不一致的觀點所進行的實際價值的估量，而只能憑藉積極的創造或行動。這類創造或行動已把對立視為雙方相互協調的要素，就像相互協調的肌肉運動總是包含兩相配對的主動肌和動作反向的擷抗肌一樣。因此，實用主義就是一種過渡性的態度，透過偏見的去除而為創造性行動鋪平道路。在我看來，實用主義所預備的、柏格森所指出的這條嶄新的道路，德國哲學——這裡當然不是指德國的學院哲學——其實已行走於其上：尼采用自己那股暴烈的力量強行推開了那些緊閉的大門。他這種激烈的行動已超越了實用主義那種無法令人滿意的解決方式，就像實用主義對於真理的生命價值的肯定已超越了阿伯拉哲學的無意識概念論的那種枯燥的片面性一般。不過，還是有尚待克服的挑戰，擺在尼采的面前。

第九章

傳記的類型問題

　　傳記這個領域也對於心理類型的探討做出了貢獻，並沒有辜負人們的期待。這方面首先應該歸功於德國化學家暨一九○九年諾貝爾化學獎得主威廉‧歐斯特華德（Wilhelm Ostwald, 1853-1932）[1] 所提出的一種科學的研究方法，也就是比較許多傑出科學家的傳記，而後從中建立一組典型的心理類型的二元對立，即「古典型」和「浪漫型」。歐斯特華德對此曾闡述道：

　　古典型的特徵就是讓自己在一切工作表現上達到盡善盡美，他們以含蓄的作風，鮮少對周遭發揮個人的影響力。浪漫型的特徵則恰恰相反，他們的工作表現雖不完美，但許多成果卻會快速地接連出現，其多樣性以及引人注目的原創性會直接而強烈地影響同時代的人……此外，還必須強調的是，心理反應的速度是鑑定一位科學家究竟屬於哪一類型的關鍵性標準。心理反應快速的科學家就是浪漫型，而心理反應緩慢的科學家則屬於古典型。[2]

　　古典型取得工作成果的方式是緩慢的，他們對於研究的思考有時會遲至較晚的人生階段才結出最成熟的果實。[3] 歐斯特華德認為，古典型一定具有這樣的特徵：「他們絕對需要在公眾面前讓自己的表現顯得無可指謫。」[4] 此外，他們還會「藉由著述來產生更全面、更可觀的影響，以彌補本身無法對外在世界直接發揮個人影響力的遺憾。」[5]

　　當然，這種影響似乎也有所局限，歐斯特華德在德國物理學家赫曼‧馮‧赫姆霍茲（Hermann von Helmholtz, 1821-1894）的傳記裡所發現的一件事，就是很好的例證：赫姆霍茲曾對感覺神經的傳導進行數學研究，德國生理學家艾米爾‧杜布瓦—雷蒙（Emil du Bois-Reymond, 1818-1896）曾為此而寫信向他討教，並在信中談到，「你必須——請不要介意我的口吻——更細

1　OSTWALD, *Große Männer.*

2　l. c., p. 44f.

3　l. c., p. 89.

4　l. c., p. 94.

5　l. c., p. 100.

心謹慎把自己的知識觀點抽象化，而且還應該讓自己明白，有些事物其實自己並不知道它們與什麼有關，也不知道該如何探討它們。」赫姆霍茲則在回信中反駁說，「我為這份論文的撰寫已經付出許多心血，我相信，我可以對它感到滿意了。」於是，歐斯特華德便這麼評論赫姆霍茲的這個反應：「他根本無法回應這個牽涉讀者觀點的問題，因為，他依照本身的古典型的方式在為自己撰寫東西，所以，這些內容在他看來是無懈可擊的，不過，其他的人卻不這麼認為。」在杜布瓦—雷蒙寫給赫姆霍茲的同一封信裡，還有一段話也能反映出赫姆霍茲本身的古典型的特徵：「我曾拜讀你這份論文的論述和摘要好幾遍，卻還是無法理解，你到底想表達什麼……。最後，當我靠著自己的探索而發現你的方法時，才逐漸了解你的論文。」[6]

赫姆霍茲是古典型的例子。古典型的人很少或從來都無法「讓那些與他們同一類型的人的靈魂燃燒起來」，[7]他們通常要等到過世之後，才經由遺留下來的著作發揮影響力，換句話說，他們是在自己留下的著作裡重新被世人所發現，德國物理學家羅伯特・麥爾（Robert Mayer, 1814-1878）的遭遇就屬於這種情況。麥爾絕大部分的論著缺乏一種具有說服力的、令人振奮的、直接的影響力，因為著作就跟對話或演講一樣，是一種個人的表述。由此可知，古典型透過著述所發揮的影響力並非因為其著作的外在激發性，而是因為這些著作終究是他們唯一遺留在世、可以讓後人重建其生前成就的東西。歐斯特華德的敘述似乎讓我們看到一個事實：古典型很少提到他們所做的事以及他們做事的方式，他們只會表述他們所取得的成果，並不會體諒人們其實不明白他們取得這些成果的過程和方式。對於古典型來說，作為的方式似乎不重要，因為，這些方式已與他們本身未顯露的人格極其緊密地連繫在一起。

歐斯特華德曾把他的古典型和浪漫型，跟古希臘醫學所區分的四種人類的性情——活潑型的多血質（sanguinisch）、冷靜型的黏液質（phlegmatisch）、躁動型的黃膽質（cholerisch）和憂鬱型的黑膽質（melancholisch）——做比

6　l. c., p. 280.

7　l. c., p. 100.

較，[8] 而且還以心理反應的快慢作為比較的出發點，因為，在他看來，心理反應速度就是心理類型的基本特質。他認為，緩慢的心理反應符合冷靜型的黏液質和憂鬱型的黑膽質，快速的心理反應則符合活潑型的多血質和躁動型的黃膽質。他把活潑型的多血質和冷靜型的黏液質視為正常的中間類型，至於躁動型的黃膽質和憂鬱型的黑膽質在他的眼裡，則算是基本性格的病態偏頗。

我們在閱讀歐斯特華德撰寫的一系列科學家傳記（總共十一冊）時，如果把英國化學家漢弗里・戴維（Humphry Davy, 1778-1829）和德國有機化學家尤斯圖司・馮・利比希（Justus von Liebig, 1803-1873）當作同一類，而把德國物理學家麥爾和英國物理學家麥可・法拉第（Michael Faraday, 1791-1867）歸入另一類，在兩相對照之下，我們其實可以輕易地發現，前者是顯著的「浪漫型」，即活潑型的多血質和躁動型的黃膽質，後者則是顯著的「古典型」，即冷靜型的黏液質和憂鬱型的黑膽質。我覺得，歐斯特華德在這方面的思考很有說服力，因為，他所劃分的「古典型」和「浪漫型」跟古希臘醫學理論所區別的四種性情，極可能是根據相同的經驗原則所建立起來的。這四種性情的區分顯然是基於情緒觀點，也就是以個體外顯的情緒性反應來進行區分。然而，從心理學的角度來看，這樣的分類卻是膚淺的，因為，它只是以外在的表現作為判斷的標準。依照這種古希臘的性情分類，外在舉止安靜而低調的人就是冷靜型的黏液質者。但實際上，這種性情的人不一定是冷靜或冷漠的，他們甚至還具有善感而熱情的本性，只不過他們會把情緒隱藏於內，即使內心相當激動，外在的表現卻可以很平和。喬丹類型學的觀點已考慮到這個事實，它不會根據表面的印象做判斷，而是基於對人性更深刻的理解。然而，歐斯特華德區辨性情的基本標準，就和古希臘醫學家對於性情的劃分一樣，也以外在的印象為基礎。他認為，快速的外在反應是「浪漫型」的特徵，但他卻忽略了「古典型」也可能對外界有快速的反應，只不過他們比較內斂，沒有表現出來罷了。

如果人們讀過歐斯特華德所撰述的那些科學家傳記，就可以毫不費力地發現，「浪漫型」和「古典型」分別相當於外傾型和內傾型。戴維和馮・利

8　l. c., p. 372.

比希是外傾型的範例，麥爾和法拉第則是內傾型的代表。對外在做出反應是外傾型的特徵，就像對內在做出反應是內傾型的特徵一樣。外傾者可以毫無困難地表現自己，而且會不自覺地讓自己在出現的場合發揮一定的影響力，因為，他本性的一切就是要讓自己能移情於客體。他很容易為周遭的人們熱心付出，採用的方式也必然會被周遭的人們所理解和接受。他的方式通常很受歡迎，即使有時讓人們感到不舒服，也可以獲得人們的理解。由於外傾者對於外界的迅速反應以及能量的釋放，因此，不論是有價值或無價值的東西都會被轉移到外在客體裡，其中也包括了令人喜歡和厭惡的思維和情緒。快速地釋放能量與移情於客體會導致那些被轉移到客體的內容未經過充分的處理。因此，我們便可以理解，為何從那些外傾者所直接表現的時間順序中，會形成一連串僅僅依階段順序而排列的意象。不過，這些意象卻可以讓一般大眾清楚地看到，外傾的科學家們如何取得研究成果的歷程和方式。

反之，內傾者幾乎只有內向反應，而且不會對外釋放這種反應（情緒的爆發除外！）。他們會隱藏自己的內向反應，雖然，這些反應的速度可能與外傾者的外向反應同樣快速，但卻不會外顯出來，所以，內傾者很容易給人們留下反應緩慢的印象。外傾者只會展現他們的人格，因為，他們直接的反應總是帶有強烈的個人色彩；內傾者則因為隱藏直接的反應而讓自己的人格無法顯露出來。內傾者的目標並非移情於客體——也就是把本身的內容轉移給客體——而是對於客體的抽象化。所以，他們比較不喜歡直接把自己的反應表現出來，而是長久地在內心裡處理它們，以便取得完善的成果，而且還會試圖讓這些成果儘可能擺脫個人色彩，也就是和個人的關聯性區隔開來。因此，他們在內在世界長期努力的成果，便以極其抽象化和非個人化的方式展現於外在世界。不過，這些成果卻令人難以理解，因為，社會大眾既不清楚，這些內傾型研究者進行研究的初步階段以及取得成果的方式，而且也無從得知他們的研究成果帶有哪些個人的關聯性，畢竟屬於內傾型的他們不會表現自己，所以，也連帶地會把自己的人格隱藏起來。然而，正是這些個人的關聯性讓人們可以理解那些智識的概念所無法解釋的地方。由於這種情況涉及人們如何評斷內傾研究者的研究發展，因此，必須對此仔細地斟酌和考

慮。人們通常會因為內傾者不會表現自己而不了解他們，而內傾者則礙於無法直接回應外在世界，所以，他的人格往往無法顯露出來。一旦這些科學家因為獲得傑出的成就而成為公眾感興趣的對象時，他們的人生通常會變成公眾詮釋和投射自身對名人的幻想的場域。

　　既然歐斯特華德曾提到，心理的早熟是浪漫型的特徵，我們就必須對這個說法有所補充：當浪漫型表現出心理的早熟時，古典型或許也具備相同的心理早熟度，只不過他們會把努力的成果隱藏在內心裡。這種隱藏當然不是蓄意為之，而是因為他們缺乏直接表達的能力。內傾者由於缺乏情感的分化，所以，經常顯得很笨拙，在個人的人際關係——這種要素被英國人稱為「人格」——裡，會出現真正的幼稚型症（Infantilismus）。他們的外在表現是如此沒有自信，如此不可靠，而他們本身對這方面卻又如此敏感，以致於他們只敢拿那些自認為已臻至完善的成果來向周遭的人展現他們自己。此外，他們寧願讓自己所取得的成果來為自己發聲，而不願親自讚揚自己的成果。這種態度當然會大大地延遲他們出現在世界舞臺上的時機，因此，很容易被視為心理的晚熟者。

　　不過，這種對於內傾者（即古典型）的評斷其實很膚淺，因為，它完全忽略了看似早熟的、向外高度分化的外傾者也有隱藏於內在的幼稚型症，換句話說，外傾者的幼稚型症存在於自己與內在的關係裡。這個事實只有在早熟的外傾者的生命後期才會體現出來，比方說，會顯示為道德表現不成熟的形式，或更常顯示為一種顯著的思想幼稚型症。就像歐斯特華德曾正確指出的，浪漫型通常比古典型擁有更有利的發展和發揮的機會。浪漫型在公眾面前的表現不僅顯而易見，而且令人信服，他們透過外向反應而讓人們直接認識到他們本身的重要性。這麼一來，他們便能快速地建立許多有價值的關係，從而豐富了本身的工作成果，並使工作的發展獲得了廣度。[9]至於古典型則因為本身缺乏人際關係，而讓工作領域的廣度受到限制，但他的工作卻因此而獲得深度，工作的成果也往往具有歷久不衰的價值。

　　這兩種類型都具有熱情，不過，外傾的浪漫型會把內心洋溢的熱情表達

9　l. c., p. 374.

出來，而內傾的古典型則以緘默的方式隱藏心中的熱情，所以，無法帶動周遭人們的情感，也無法擁有一群志同道合、能相互提攜的伙伴。即使他們有訴說的意願和興致，但本身那種簡略的表達方式以及公眾因為無法理解他們而表現出的驚訝反應，都會讓他們無法再繼續說下去，因為，人們幾乎不相信，他們還能提供什麼了不得的訊息。依照人們那種膚淺的判斷，他們的表現和「人格」看起來再普通不過了！至於浪漫型向來就「令人感興趣」，而且他們還深諳如何藉由一些許可或不許可的方法來加強人們對他們的這種印象。這種已分化的表達能力有助於他們進一步闡明自己所提出的重要思想，而且在一般大眾尚無法充分理解時，還有助於他們掩蓋思想中的某些漏洞。當歐斯特華德特別強調浪漫型科學家在教學上所取得的輝煌的成果時，便已正確地凸顯了這一類型的特徵。浪漫型科學家在教導學生時，會站在學生的立場，而且知道如何在恰當的時間說恰當的話。但古典型科學家卻正好相反，他們會固守於自己的想法和問題，而完全忽略了學生在理解上所碰到的困難。歐斯特華德曾針對「古典型」物理學家赫姆霍茲做如下的表示：

他雖然擁有淵博的學識、豐富的經驗和原創的精神，卻從來不是一位稱職的教學者：他無法立刻回應學生們的提問，而是等過了一段時間後，才回應他們。當學生在實驗室裡向他提問時，他會告訴學生自己需要好好思考一番，所以，往往過了好幾天，他才給他們答案。這種教學方式遠遠無法顧及學生的學習狀態，而且很少有學生能意識到，本身所碰到的學習問題，和老師講解的那些一般性問題以及已臻至完善的理論之間存在著什麼樣的關聯性。初學者往往需要即時的協助，教學者如果能恰當地引導，就可以讓學生從初學者那種自然而然的依賴性逐漸循序地進步，從而完全掌握他們所投入的學術領域。但是，他不僅無法提供學生們這類協助，也無法直接針對他們的人格來調整他的引導方式。這些教學的缺失在在導致身為教師的他，無法立即回應學生們的學習需求。當他過了許久才對他們的期待和要求有所回應時，這種回應對他們來說，卻早已喪失了學習效果。[10]

_____

[10]　l. c., p. 377.

　　歐斯特華德歐以內傾型緩慢的反應解釋赫姆霍茲的情況，在我看來，這樣的說法並沒有充分的說服力，因為，任何人都無法證明，赫姆霍茲的反應速度是遲緩的。這位出色的物理學家只做內向反應，而不做外向反應，所以，他不會站在學生的立場為他們著想，也無從知道他們的期待。由於他完全專注於自己的思想，因此，他的反應並不是針對學生個人的需要，而是針對本身被學生的提問所激發出來的思想。實際上，他的反應既快速又全面，因為，他可以立刻察知另一種關聯性的存在，只不過還無法掌握它的梗概，也無法以抽象的、已處理完善的形式來呈現它的實質內容。這並非因為他的思考過於緩慢，而是因為在客觀上，人們不可能在當下的片刻立即以一道公式總結一個已知的問題的全部內涵。他當然不會注意到，學生們並不明白該問題，而是認為，當時的情況與該問題有關，卻與他可以給予他們的（在他看來極其簡單、且毫無價值的）建議無關。如果他能了解，學生們在那個當下需要什麼樣的幫助才會進步，情況就會改觀了！身為內傾者，他在心理上無法移情於他人——即設想自己站在他人的立場——而是定向於內在，移情於自己的理論問題，並以因應問題的方式，而非因應學生需求的方式，繼續依循這些理論性的問題來建構已被學生所接受的線索。從教學的成效來說，這種內傾型教師所特有的態度當然極不適當，而且還留給大家不利於自己的印象：他們會讓人們覺得緩慢、怪異甚至愚蠢，因此，不只受到較廣泛的大眾、也受到專業圈子裡的同事的低估，他們一直要等到自己的思想性論著受到後來的研究者的重視、處理、闡述及運用後，才獲得應有的肯定。

　　德國數學家卡爾‧高斯（Carl Friedrich Gauss, 1777-1855）被後世譽為史上最重要的數學家之一。高斯向來不喜歡教學，他在學期一開始便會通知每一位修課的學生，可能會取消所開設的課程，希望能藉由這種方式來擺脫教學的負擔。就像歐斯特華德所正確評斷的那樣，教學之所以讓這位數學大師感到為難是因為「他必須在演講課裡談論自己的研究成果，但卻無法在課前詳盡地斟酌和確定講課內容的每一個細節。未經過充分的處理就把自己的研究心得告訴別人，會讓他覺得自己好像穿著睡袍出現在一群陌生人當中。」[11]

11　l. c., p. 380.

歐斯特華德的這番評論觸及了一個癥結點，也就是我們在前面曾提到的內傾者的反感：以疏離的方式和身邊不熟悉的人進行淺薄的交流。

歐斯特華德強調，浪漫型科學家必然會因為不斷消耗自己的精力而提早結束個人的研究生涯。此外，歐斯特華德還以較快的心理反應速度解釋這個發生在浪漫型科學家身上的事實。但我卻認為，既然學術研究幾乎未曾解釋什麼是心理反應速度，而且迄今仍無法證明──往後也難以證明──外向反應快於內向反應，因此，在我看來，外傾的浪漫型科學家更快速地耗盡自己，其根本的原因就在於自身所特有的外向反應，而無關於心理反應的速度。他們在年紀尚輕時，便開始發表論文，而後快速成名，在出版和教學研究方面都卓然有成。他們會藉由擴展交際圈來打造人際關係的網絡，而且還會特別關照學生們的學習和研究狀況。相較之下，內傾的古典型科學家卻顯得大器晚成，他們比較晚發表論文，每份論文的時間間隔比較長，文字的表達通常比較簡明扼要，如果不足為了介紹新的研究成果，就會避免重複同一個研究主題。他們的論文內容簡要而凝練，由於經常省略處理資料和獲得結論的過程，因此，無法受到人們的理解和重視，所以，一直沒沒無聞。他們視教學為畏途，所以沒有門生；他們缺乏知名度，所以交際圈狹小。他們那種退隱的生活型態不只是因為情況使然，而且還是出於自己的選擇，因為，他們可以藉此避開過度消耗自己的危險。他們的內向反應會不斷把自己領到那些窄隘的研究道路上，由於從事這些研究相當辛苦，需要長期耗費精力和體力，因此，他們已毫無餘裕可以關注自己的朋友和學生。取得顯著的成就對浪漫型來說，是一大鼓舞，但在古典型身上卻沒有這樣的效應，因此，古典型只能等到一項研究工作完成後，才能試圖讓自己獲得應有的滿足，當然，這也是人們比較無法觀察到的情況。基於上述的種種，我認為，浪漫型科學天才過早耗盡自己的原因其實在於他們的外向反應，而不在於較快的心理反應速度。

歐斯特華德並不認為，他所建立的類型劃分是絕對的，畢竟不是每位科學家都可以毫無爭議地被歸類於他所謂的浪漫型或古典型。不過，他卻依據心理反應的速度而堅持，「偉大的人」幾乎都可以非常明確地被歸入這兩種

類型當中的一種，至於「普通的人」往往會表現出介於這兩種類型的中間狀態。總而言之，我希望在這裡指出，歐斯特華德的一系列科學家傳記所包含的材料，有一部分對於心理類型的研究相當有價值，而且他還中肯地闡明了浪漫型和外傾型、古典型和內傾型之間的一致性。

第十章

類型概述

第一節　緒言

接下來，我將對於各種心理類型進行總括性的描述。當然，首先是針對我所提出的兩種普遍類型，即「內傾型」和「外傾型」，而後，再進一步闡述它們的特殊類型的特徵。這些特殊類型的特徵主要產生於個體本身藉由分化最多的優勢功能而在生活中所做的適應和定向。我把作為普遍類型的前者稱為「態度類型」（Einstellungstypen），而把作為特殊類型的後者稱為「功能類型」（Funktionstypen）。

正如我多次在前面幾個章節裡所強調的，內傾型和外傾型這兩種普遍的態度類型的差別，就在於個體對外在客體所固有的態度，也就是個體本身所關注的方向以及力比多的流向：內傾者對於客體採取抽象化的態度，而且經常關注如何把力比多的能量從客體中抽回，因為，這樣就可以防止客體取得優勢；外傾者則恰恰相反，他們會以正面的態度對待客體，持續讓本身的主觀態度定向於客體，並與客體建立聯繫，從而肯定客體的重要性。其實客體對於外傾者而言，從未具有足夠的價值，因此，必須提高它們的價值。內傾型和外傾型相當不同，他們之間的對比顯而易見，因此，只要我們稍加留意，即使是心理學的門外漢也可以立刻看出它們之間的差別。大家都知道，那些沉默內斂的、令人難以理解的、經常顯得羞怯的人和那些坦率的、容易相處的、經常顯得開朗、或至少待人友善、平易近人的人是一種強烈的對比。後者總是與周遭的世界保持關聯性，不論是影響它，或受到它的影響，不論是與它和平共存或有所爭執。

當然，人們首先會傾向於把這種類型的差異當作個人特有的性格，但只要人們對人有比較深入的了解，就不難發現，這種性格的對立其實跟個體的特殊性無關，而跟類型態度有關。此外，這些態度的普遍性還遠遠超越了人們有限的心理經驗。就像前面的章節所指出的，這種基本的對立實際上時而清楚，時而模糊，不過，個體的人格如果具有一定程度的鮮明性，人們總是可以觀察到這種對立。這兩種心理類型不僅存在於受過高等教育的階層，也普遍存在於社會的各個階層，因此，它們的存在不僅可以在最優秀的國民身

上，也可以在一般的工人和農夫身上獲得證實。此外，這兩種類型的分布還跨越了性別的差異，換句話說，我們可以在所有社會階層的婦女身上發現心理類型的對反。

這麼普遍的現象幾乎不可能和人們的意識——也就是人們在意識上刻意選擇的態度——有關，如果真的和意識有關，那麼這種態度主要會出現在某一地的某個特定的、與某種相同的教育和教養有關的社會階層。然而，實際的情況卻完全相反，因為，這兩個對反類型的出現似乎沒有規則可循。比方說，在同一個家庭裡經常會出現一個孩子是內傾型，而另一個孩子是外傾型的情況。基於上述的事實，人們的「態度類型」其實是一種隨機分布的普遍現象。既然它們與意識的判斷以及意識的目標無關，它們的存有一定具有無意識和本能的基礎。作為一種普遍的心理現象，這種類型對立必然有其生物學的根源。

從生物學的角度來看，主體和客體之間的關係始終是一種相互適應的關係，因為，主體和客體之間的一切關係都以雙方相互限制的作用為前提。這種相互的限制還構成了相互的適應。由此可見，各類型對於客體的態度就是一種適應過程。大自然存在著兩種不同的基本方式，以確保生物有機體能適應環境並因此而得以繼續生存：其一，生物個體具有較強的繁殖力，但防衛力較弱，生命期也較短；其二，生物個體擁有許多自我防衛的方法，但繁殖力較弱。在我看來，這種生物學的對立不只類似於人類的兩種心理適應方式（即內傾和外傾的機制），而且還是這兩種適應方式的普遍基礎。在這裡，我們只要大致指出外傾者的特性（持續地消耗自己並在各方面擴展自己）和內傾者的態度（抵拒外在的要求，盡量不讓自己因為與外在客體的直接關聯性而消耗能量，並為自己爭取最穩固、最強勢的地位），也就足夠了！英國神祕主義詩人布雷克曾以本身的直覺貼切地把這兩種相反的類型稱為「豐產者」和「吞食者」。[1]一般的生物學例證也告訴我們，這兩種方式都具有普遍的可行性，並且在運作上都是成功的，而人類的兩種類型態度也是如此。某

---

[1]　請參照本書第五章最後一段（即第 460 段）。

一類型必須借助多種關係才能達到目標，而另一類型則只需要一種關係便可以達成。

　　有時我們確實可以在沒幾歲的孩童身上，看到他們的類型態度。這個事實讓我們不得不承認，生存競爭——正如人們普遍所認為的——決不會迫使人們採取特定的態度。當然，人們也有充分的根據可以對此提出反駁：未成年的孩子，甚至是襁褓中的嬰兒已經具有無意識的心理適應能力，因為，母親所特有的影響尤其會在孩子身上引發特殊的反應。這種說法雖有確鑿的事實作為依據，但只要我們提出一個也同樣確鑿無疑的事實，它就會站不住腳：同一位母親所生養的兩個孩子往往很早便表現出相反的心理類型，而且人們也無法證明，母親對孩子們的態度有絲毫些微的差別。

　　雖然，我不想低估父母對孩子的影響所具有的幾乎無法測度的重要性，但上述的經驗卻使我不得不做出這樣的結論：我們應該在兒童的先天氣質裡尋找相關的決定性因素。如果外在的條件已達到最大的相似性，但兩個孩童卻具有不同的心理類型，這終究還是得歸因於個體不同的先天氣質。當然，我在這裡所說的，僅限於正常條件下所出現的情況。在不正常的條件下，也就是母親具有極端的，並因而變得不正常的態度時，孩子的先天氣質就會被扭曲，與母親的類型相對類似的態度也會被強加在他們身上。不過，如果他們沒有受到不正常的外在影響的干擾，或許他們會成為另一種相反的類型。個體的先天氣質倘若受到外在影響的壓迫而表現出非本性的假類型時，他們後來通常會出現精神官能症，此時只有讓這些個體發展符合他們天性的態度，才能成功地治癒他們。

　　至於那些具有特殊的先天氣質的人，我只知道，這些個體顯然比較有能力，或比較能輕易地達成自己的目標，或可以更有利地以某一種特定的方式來適應環境。我認為，這其中一些可能的生理學原因似乎已超出了我們的知識範圍。依據我的經驗，心理類型的反轉可能會強烈損害個體的生理健康，因為，它經常導致個體嚴重的耗竭（Erschöpfung）。

第二節　外傾型

　　基於論述的條理性和清晰性，我認為在描寫外傾型和內傾型時，有必要進一步區別這兩種類型的意識心理和無意識心理。在這裡，我先探討外傾型的意識現象。

一、意識的一般態度

　　563 大家都知道，所有的人都定向於外在世界所傳遞給他們的訊息；不過，我們卻看到，這種情形不一定具有決定性作用。比方說，某人會因為戶外寒冷而立刻穿上外套，但另一個人卻為了想趁機鍛鍊身體而覺得添加衣服是多餘的；某人大為稱讚一位剛在國際樂壇竄紅的男高音，只因為全世界的人都很欣賞他，但另一個人卻無動於衷，他會有這樣的表現並非因為他不喜歡這位男高音，而是因為他認為，所有人都崇拜的對象其實已不再值得崇拜。某些人會屈從於既定的外在情況，因為，他們已從經驗中得知，其他的情況是不可能出現的；然而，另一些人卻深信，即使同一件事情已重複發生了一千次，但在第一千零一次時，卻仍有可能出現不同的狀況。前者定向於已發生的外在事實，後者則為自己保留了一種介於自己和客觀事實之間的觀點。當個體對於客體和客觀事實的定向占據了優勢地位，以致於最常做出的、最主要的決定和行動已取決於客觀的情況，而非主觀的觀點時，這就是我們所說的外傾態度。這種態度如果成為習慣，我們就稱該個體為外傾型。換句話說，如果個體為了直接與客觀情況及其要求維持一致性，而如此思考、感覺和行動，也就是用這種方式過生活，那麼，不論從正面或負面的意義上來說，這些個體都屬於外傾型。

　　我們可以在外傾者的生活裡看到，在他們的意識裡占有決定性地位的外在客體，比他們本身的主觀觀點扮演更重要的角色。他們當然持有主觀的觀點，但這些觀點的決定性力量卻不敵外在的客觀條件。他們從未期待能從自己的內在世界裡找到任何絕對要素，因為，他們所知道的絕對要素都是外在的。跟埃庇米修斯一樣，他們的內在會順服於外在的要求，其中雖也不乏鬥

爭，但最終總是由外在的客觀狀況獲得勝利。他們全部的意識都朝向外在世界，因為，他們總是從外在世界獲得至關重要的確定性。他們認為，可以從外部取得這些確定性，因為，他們已期待自己能從外部得到它們。

如果外傾者所有的心理特性不是來自某種心理功能的優勢地位，或來自個體的特殊性，就可以歸因於這種外傾的基本態度。客觀事件是他們所關注和重視的對象，尤其是那些發生在他們周遭的客觀事件。不只是人，就連事物也是他們關切的焦點，因此，他們的行動會以外在的人事物的影響作為依歸，也與客觀的訊息和確定性存在著直接的關聯性，而且我們還可以依據這種關聯性充分地解釋他們的行動。我們可以看到，他們的行動和外在的客觀情況有關，只要這些行動不單單是他們對環境刺激的直接反應，便具有一種能運用於現實情況的性質，同時還可以在客觀環境的限制下找到足夠的、恰當的發揮空間，所以，他們的行動並不具有超越客觀環境的傾向。對於他們的關注來說，也是如此：客觀事件似乎具有源源不絕的魅力，所以，他們通常不會再關注其他的東西。

外傾者的行為所依循的道德準則，跟相應的社會要求或普遍有效的道德觀念是一致的。如果人們普遍有效的道德觀念變得不一樣，那麼，外傾者主觀的道德指導原則也會跟著變動，但整體的心理習慣卻不會出現任何改變。客觀因素所產生的嚴格的限制性決不會讓外傾者覺得，自己已完全適應於，或甚至能以最理想的方式適應於既有的生活條件。從外傾者的觀點來看，個體如果以完全融入的方式適應客觀環境，就必然會徹底適應，畢竟在這種觀點下，已不存在其他的標準。不過，從更高的角度來看，個體對環境的充分適應卻不表示，客觀環境無論在任何情況下都是正常的環境，因為，客觀環境在某些時空下也可能是不正常的。適應於這種不正常的客觀環境的個體，也會跟周遭的人們一樣，出現不正常的作風。對於普遍有效的生命律則而言，他們其實全都處於不正常的狀況。只要個體不隨著周遭的人們違逆普遍的生命律則，而走向毀滅，他們仍然可以在這樣的環境下獲得生命的成長。

外傾的個體從前如何確信地以完全融入的方式適應於客觀環境，而後就會以同樣的確信跟著大家一起沉淪。他們以這種方式適應於環境其實不算真

正的適應，因為真正的適應不會只要求個體毫無磨擦地配合周遭環境的各種條件（請參照施皮特勒筆下的埃庇米修斯），而且會要求個體遵守比各種時空環境更具普遍有效性的生命律則。對於正常的外傾型來說，單單以完全融入的方式適應於周遭的環境其實是一種限制。一方面，外傾型把他們的「正常性」歸功於本身能以比較沒有磨擦的方式，也就是以完全融入的方式適應既有的情況。當然，他們只需要實現一些客觀存在的可能性，例如選擇一種從當下看來可能很有發展的職業，或去完成周遭當時需要或期待他們去做的事，而一概放棄去嘗試那些仍受人質疑的、已超越周遭人們所期待的創新。

另一方面，外傾型的「正常性」卻使得他們極少考慮到本身主觀的需求和一些不可或缺的事物真實性。這正是他們的弱點：他們的類型具有這種外傾態度，所以，連感官最容易知覺到的一切主觀事實——即身體的感覺和健康狀況——也因為極其欠缺客觀性和「外在性」而無法適當地顧及，從而無法滿足身體健康所不可缺少的基本需求。這麼一來，他們的身心就得承受痛苦。不過，外傾者通常很少注意到自己本身的狀況，反而是身邊關係親密的家人比較能察覺他們的狀況。直到他們發現身體出現不正常的反應時，才驚覺自己已處於失衡狀態。

外傾者無法忽略感官可以察覺到的事實，而且他們還很自然地認為，這種事實是具體而「客觀的」，因為，對他們的思維方式來說，他們只擁有這類事物，此外別無所有，而且他們還可以立刻看到他人身上那些不符事實的「想像」。個體的態度如果過於外傾，就會過度漠視主體，而讓主體為了所謂的客觀要求而完全奉獻自己。比方說，他們會為了持續擴大生意的規模而付出，因為，客戶已經下訂單，或因為可能的商機已經出現而必須即時把握住機會。

外傾者的危險在於他們已捲入客體之內，而完全迷失了自己。所以，這種狀態所導致的功能性（神經性）失調或實際的生理失調便具有補償的意義，因為，這些失調會迫使主體進入非自願的自我節制。如果出現功能性症狀，這些症狀就會透過個體的本性而象徵地表達出失調的心理狀況。例如，一名聲譽飛快攀升頂峰的歌唱家，因為盛名的壓力而不當地消耗精力，後來

還因為神經緊張而突然唱不出以前能唱出的高音；一個原本毫無成就的男人忽然快速取得很有影響力的、前程似錦的社會地位後，便出現高度壓力所造成的心因性（psychogen）症狀；一個男人打算和他所仰慕、且被他過度理想化，但性格卻大有問題的女人結婚，卻突然出現咽喉痙攣。為了緩和這個症狀，他必須每隔三小時喝一次牛奶，而且每天的總量不得超過兩杯。這樣的情況讓他不得不專注於照顧自己的身體，因而大大地減少了和未婚妻相處的時間；又例如，一個事業有成的男人由於無法再承受龐大的工作負擔而出現神經性口渴，隨後便很快地陷入歇斯底里的酗酒狀態。

在我看來，歇斯底里症就是外傾型最常罹患的精神官能症。典型的歇斯底里症患者往往具有以下的特徵：其一，與周遭的人存在著過度親近而友善的關係；其二，藉由仿效他人而完全融入的方式來適應自己所面對的境況。此外，持續地傾向於讓自己成為別人感興趣的對象，並讓周遭的人對自己留下印象也是歇斯底里症患者的基本特徵，而且他們本身還很容易受到他人的暗示和影響。顯而易見的外傾也會表現在歇斯底里症患者的健談和好交際上，他們有時甚至會談到一些純粹的幻想內容，而讓自己蒙受說謊的指責。歇斯底里症患者的「性格」起初只是正常態度的誇張表現，之後卻被源自無意識的補償性反應複雜化，因為，無意識在面對誇張的外傾時，會透過生理方面的失調而迫使心理能量出現內傾的回流。這種無意識的反應會造成另一種更強烈的內傾性質的症狀，尤其是病態幻想活動的加劇。

在呈現外傾態度的一般特徵之後，我們現在要轉而描述，心理的基本功能如何因為外傾態度而承受某些改變。

二、無意識的態度

我在這裡談論無意識的態度，或許會令人感到詫異。但是，正如我在前面已充分討論過的那樣，我認為，無意識對於意識的關係就是一種補償性關係。依據這個觀點，無意識就跟意識一樣，需要面對個體所具有的某一種類型態度。

我已經在前面的章節裡強調，外傾態度的傾向具有某種程度的片面性，

也就是客觀因素在心理事件的過程中所占有的優勢地位。因為，外傾型（看起來）總是希望自己能為客體有所付出，並讓主體能同化於客體裡。我還曾詳細地指出，誇張的外傾態度可能造成的結果，也就是以有害的方式壓制主觀因素。因此，我們可以預期的是，對於意識的外傾態度所進行的心理補償會特別強調主觀因素，換句話說，我們將可以證實，在無意識裡存在著一種以自我為中心的強烈傾向，而且實際的診療經驗確實提供了相關的證據。我在這裡並不想探討一些個案，只是想提醒讀者注意本書接下來的章節，因為，我打算在這些篇幅裡論述每個功能類型頗具特點的無意識態度。既然這一節只是在討論一般的外傾態度的補償作用，我就把我的闡述限制在發揮補償作用的無意識態度的普遍特徵上。

作為意識的外傾態度的一種有效的補充，無意識的態度具有一種內傾性質，而且還會把能量集中在主觀因素上，也就是集中在所有受到過度外傾的意識態度所壓制或潛抑的需要和要求上。就像我在前一節所指出的，對於客體和客觀環境的定向會扭曲主觀方面的激動（Regungen）、意見、願望，以及不可或缺的需求，並掠奪了它們理應獲得的能量，我想，這是很容易了解的。人畢竟不是機器，無法為了完全不同的目的而被改造，之後也無法以完全不同的方式像從前那般有規律地運作著。人總是承負著本身過往的種種以及整個人類的歷史，歷史因素則體現出人類攸關存亡的需求，因此，高明的經濟學必須能夠迎合人類的這種需求。不論採取何種方式，人類內在那些遠古殘存至今的東西必須有機會在新的事物上表達出來，而且還可以參與這些新的事物。如果主體完全同化於外在客體，就會引發那些弱勢的、備受壓制的內在古老的殘留的抗議。

從這個相當普遍的觀點來看，我們就可以毫無困難地理解，為什麼外傾型的無意識要求具有一種原始的、嬰幼性的、自私的性質。當佛洛伊德談到，無意識「只會懷著願望」，光是這句話便已充分闡明了外傾型的無意識。以完全融入的方式適應並同化於外在的客觀環境會讓個體難以意識到處於弱勢的主觀激動。這些傾向（思維、願望、情緒、需求、情感等）會依照被潛抑的程度而具有強弱不一的退化性質，換句話說，這些傾向愈不受到認

可，就會變得愈幼稚，愈原始。意識的態度剝奪了這些受壓抑的傾向原本所擁有的、相對可以支配的能量，而只留給它們少量無法取走的能量。這些殘留的能量無論如何都還具有無法低估的強度，必須被視為一種原初的本能。個體無法透過本身某些專斷而片面的作法來根除自己的本能，因為，本能需要經過許多世代緩慢的有機變化，才會出現徹底的轉變，畢竟本能就是某些生物有機體的能量表現。

因此，所有被壓制的傾向最終依然保有可觀的、符合本能強度的能量值。這些能量仍具有效應，雖然它們已因為被奪走大部分的能量而落入無意識裡。個體外傾的意識態度愈徹底，其無意識態度就愈幼稚和原始。有時這種無意識態度的特徵就是赤裸裸的利己主義，遠不只是孩子氣而已。在這種無意識態度裡，我們還會發現，佛洛伊德所描述的那種近親相姦（Inzest）的願望已變得相當強烈。只要外傾的意識態度還未過度極端，個體自然不會意識到本身有這樣的願望，而且那些心理學的門外漢也不會注意到它們的存在。不過，意識的觀點如果變得太過誇張，無意識就會以症狀的方式顯現出來，這也就意味著，無意識的利己主義、幼稚型症和古老的原始性已喪失它們原本的補償性質，因為，它們已或多或少公然地反對意識態度。

這種來自無意識的反彈首先會出現在意識觀點的那種荒唐的、以壓制無意識為目標的誇大裡，這種誇大通常會使得意識態度最後以歸謬法（reductio ad absurdum）來反擊無意識，而這也等於是意識態度的崩潰。這對於客觀面來說，可能是一場災難，因為，客觀目的會逐漸被歪曲為主觀目的。舉例言之，一位印刷工人在歷經二十年的奮鬥後，已從區區的僱員變成一家極具規模的出版公司的老闆。這家出版公司的規模日益擴張，後來他便逐漸把自己的一切投入事業當中，但卻也因此而被吞沒，並以如下的方式走上了毀滅之路：無意識為了補償本身只專注於事業的發展，孩童時期的某些記憶便會在他不自覺的情況下，浮現在他的腦海中。他在童年時，相當喜歡繪畫和素描，不過，事業有成的他卻沒有把這種美術能力轉為一種能平衡身心的業餘嗜好，而是把它導入他的出版生意裡，並且開始幻想，他的書刊產品即將因此而獲得「藝術上」的提升。不幸的是，他果然把自己的幻想付諸實踐：他

真的開始依照自己那種原始而幼稚的藝術品味來設計公司的書籍商品，結果不消幾年，他的出版公司就倒閉了。沒錯！他的行動確實遵從了我們現代社會的「文化典範」。依據這種典範，一個有行動力的人必須把自己的一切專心地投注於某個最終的目的。不過，他實在做得太過火，以致於讓自己淪為他那些既幼稚又強勢的主觀要求的犧牲品。

這種災難性的演變也可能以主觀的方式發生，即精神崩潰的方式。精神崩潰的發生往往是由於無意識的反作用徹底癱瘓了意識的行動。在這種情況下，無意識會專制地把本身的要求強加於意識領域，進而造成有害心理健康的分裂。這種分裂大多是以如下的方式呈現出來：人們不是已無法明白自己到底想要什麼，而且已對一切失去興趣，就是一次想要的東西太多，以致於對不可能達到或獲得的事物懷抱過多的興趣。基於文化習俗的理由而經常壓抑嬰幼性的、原始的要求，很容易導致精神官能症或麻醉品——諸如酒精、嗎啡、古柯鹼等——的濫用。在一些更嚴重的個案裡，這種分裂往往致使案主以自殺來終結自己的生命。

這些無意識傾向擁有一個顯著的特點：當這些無意識傾向符合了某種完全與我們格格不入的文化水準而落入低落的狀態時，就會停止發揮補償作用。一旦它們不再發揮補償作用，就會因為未獲意識的認可而被意識奪走能量，從而具有破壞性質。從這一刻開始，無意識傾向就會變成一道處處與意識態度對立的障礙，進而導致公開的衝突。

無意識態度對於意識態度進行補償的事實，通常會出現在心理平衡的狀態下。當然，個體的言行舉止無論在何時何地始終依循外傾的模式，並不是正常的外傾態度。即使是在同一個體裡，我們也可以觀察到其中有許多心理事件與內傾機制有關。只有當外傾機制占有優勢地位時，我們才可以把這種心理特徵稱為外傾型。在這種情況下，最高度分化的心理功能總是具有外傾用途，而比較沒有分化的心理功能則具有內傾用途。換句話說，比較有價值的優勢功能大多屬於意識領域，而且完全聽從於意識的意向和控制；至於比較沒有分化的劣勢功能就比較無涉於意識領域，或更確切地說，其中有一部分屬於無意識領域，而只有極小部分順服於意識的專制。

　　優勢功能一直都是意識人格及其意向、意志和能力的表現；劣勢功能則屬於那些出現在個體身上的東西，它們不一定會犯下口誤、筆誤或其他過失，而且還因為本身只含有極少的意識成分，所以，不會受到一半或四分之三的意識意向的影響。這種情形的典型例子就是外傾情感型。這種類型的人喜歡和周遭的人建立美好的情感，有時卻也會表達一些很不得體的看法。我們可以把這些不恰當的，甚至惹人反感的看法和評斷歸因於該類型的劣勢功能，也就是比較沒有分化、比較無涉於意識的思考功能。由於外傾情感型只能局部控制本身的思考功能，而且與客體的聯繫並不充分，因此，往往會讓人們覺得相當冒失無禮，毫不顧慮他人的感受。

　　在外傾的態度裡，那些分化程度較低的劣勢功能，始終顯露出個人的成見和格外自我中心所造成的極主觀的制約性，而且還據此證明本身和無意識的密切相關性。無意識會持續暴露在這些劣勢功能裡，所以，人們不應該認為，無意識一直存在於層層重疊的覆蓋物之下，因此幾乎只能費力地往深處挖掘才能發現它。情況其實恰恰相反：無意識會不停地流入意識的心理事件裡，由於無意識如此大量地流入，因此，觀察者實在難以判斷，究竟該把個體的哪些性格特徵歸屬於意識人格，而哪些應該歸屬於無意識人格。對於那些比其他人更能豐富地表達自己的人，情況更是如此。當然，這種判斷在很大程度上取決於觀察者的態度，畢竟有些觀察者比較能理解個體人格的意識性格，而有些觀察者則比較能掌握其無意識性格。

　　一般說來，具有判斷態度的（urteilend eingestellt）觀察者比較清楚個體的意識性格，至於具有察覺態度的（wahrnehmend eingestellt）觀察者則比較容易受到個體的無意識性格的左右；因為，判斷會比較關注於心理事件的意識動機，而察覺則比較傾向於紀錄純粹的心理事件。不過，只要我們均等地運用判斷和察覺，就可以很容易地發現，某些個體的人格兼具內傾和外傾的態度，不過，我們還是無從斷定，個體的優勢功能究竟屬於內傾態度或外傾態度。在這樣的情況下，只有透徹地分析各種心理功能的特徵才有助於我們建立有效的觀點。在分析的過程中，我們還應該注意，哪些心理功能完全受制於意識的動機和控制，而哪些功能則具有偶發和自發的性質。前者的分化

程度始終高於具有嬰幼性和原始性特質的後者。有時前者會給人們留下正常的印象，而後者則顯得不正常或病態。

三、外傾態度的基本心理功能的特點

‖ 思考 ‖

　　由於外傾的整體態度，個體的思考便傾向於客體和客觀的訊息。這種外傾的思考傾向產生了一個很明顯的特徵：思考的材料一方面來自主觀的、最終可歸結為無意識的資料，而另一方面則來自感官知覺所傳遞的客觀資料，而且這種思考受到後者的影響會多於前者。個體的判斷始終是以某一個標準為前提。對於外傾的判斷來說，客觀情況所形成的標準基本上就是有效的、具有決定性的標準，這種標準會直接透過客觀的、可被感官所知覺的事實，或藉由客觀觀念體現出來。客觀觀念即使受到主體的贊同，它們依然是存在於外在或源自於外在的東西。所以，只要我們可以證明，外傾者所思考的觀念較多來自外在，也就是來自傳統、教養和教育過程，那麼，外傾思考就不一定是針對純粹具體的事實所進行的思考，它也可能是針對純粹觀念的思考。我們如果要確定某種思考是否為外傾，首先我們應該斟酌這個問題：該思考者的判斷究竟是依據哪一種標準？來自客觀外在的標準？或來自主觀內在的標準？

　　另一個鑑定思考傾向的範疇就是個體下結論的方向，也就是思考的方向是否偏重於外部。個體對於具體事物的思考並無法證明這種思考具有外傾性質，因為，當我對於某個具體事物展開思考時，我可能從中把我的思維抽象化，也可能藉此把我的思維具體化。即使我所思考的對象是具體事物，因而可能被看成是外傾思考，但我的思考所選擇的方向還是必須接受檢驗。如果我的思考在接下來的過程中是朝向客觀狀況、外在事實，或一般既有的概念，它才稱得上是外傾思考。生意人、技術人員和科學家的實際思維就是一種朝向客體的思考，這是再清楚不過的事。因此，當哲學家轉而以內在觀念作為思考的目標時，一般人通常會質疑他們的哲學思考。由此可見，我們一

方面必須仔細地探究，是否某些觀念只是對客體經驗的抽象化，所以只是一種涵蓋某些客觀事實的、較高等級的集合概念；另一方面，我們還必須探究，是否某些觀念（如果它們顯然不是從直接經驗所抽象而出的觀念的話）來自思考者所屬的傳統或來自其時代及社會的精神。如果答案是肯定的，這樣的觀念也就屬於客觀狀況的範疇，對於它們所進行的思考依然是外傾思考。

　　儘管我不打算在這裡敘述內傾思考，而想把它留到後面的章節，但我還是覺得有必要在此對它作一些說明。因為，人們如果已看過我剛才對外傾思考的論述，往往會得出這樣的結論：我對外傾思考的說法就相當於人們對「思考」這個概念所認知的一切。而且，人們也可能認為，思考如果不是針對客觀事實或一般性概念，就不該被稱為「思考」。然而，我卻已清楚地意識到，我們這個時代及其最為出色的代表性人物往往只知道、並且贊同外傾思考。這種情況一方面可以歸因於所有針對世界的表象而受到矚目的思維——無論是以學術研究、哲學或藝術的形式——通常不是直接源自於客體，就是最後演變為一般性觀念。基於這兩種原因，即使個體的外傾思考不是一直很明顯，基本上卻可以被他人所理解，因此，具有相對的有效性。在這層意義上，我們可以這麼說：大家實際上只知道那些定向於客觀事物的「外傾的智識」（extravertierter Intellekt）。

　　不過，人類其實還存在著另一種完全不同的、幾乎難以被否認的思考方式，它既不定向於直接的客觀經驗，也不定向於來自客觀事物的一般性觀念，我在這裡把它稱為「內傾的智識」（introvertierter Intellekt）。我是透過如下的方式才發現了這種思考方式：當我在思考某個具體的客體或一般性的觀念時，我會讓自己的思考方向最後又轉到我思考的對象上，因此，我會發現，這種外傾的智識過程並非當時唯一發生在我身上的心理過程。在此我要強調的是，我的思維過程雖然從客觀事物出發，而且以追求客觀性為目標，但另一方面卻仍一直與主體維持著聯繫狀態。這種關係是一種「必要的條件」（conditio sine qua non），如果缺少了這種關係，任何思維過程都無法發生。不過，我卻會撤開一切可能出現的、或多或少已被我察覺的情感和感

官知覺，因為，它們會對我的思維過程造成干擾。由此可見，即使我的思維過程儘可能朝向客觀事物，但這畢竟是我本人的主觀思維過程，因此，主觀性的介入不僅是無法避免的，還是不可或缺的。當我致力於將本身的思維過程全面導向客觀的方向時，我卻無法阻止相應的主觀過程的伴隨發生及其對於思維過程的參與。這種平行發生的主觀過程具有一種自然而然的、卻是個體或多或少可以避免的傾向，這種傾向會把客觀事物主觀化，也就是使它們同化於主體。

如果主觀過程取得了主要價值，個體就會出現一種不同於外傾型的思考。我把這種思考稱為內傾思考，其思考方向定向於主體和主觀事物。這種思考的定向不同於外傾思考，既不受制於客觀事實，也不關注客觀事物，而是從主觀事物出發，並以追求主觀觀念或主觀性質的事實為目標。我在這裡只想讓大家知道有這種思考方式的存在，所以，不打算再繼續探討下去。以下對於內傾思考的論述是為了對外傾的思維過程做必要的補充，並藉此闡釋這種思維過程的本質。

當客觀取向的思考取得某種程度的優勢時，就會形成外傾思考。這種狀況並不會改變思考的邏輯性，它只是詹姆斯所謂的不同性情類型的思考者的差異所在。就如同我在前面所說過的，對客體的定向並未使思考功能的本質發生改變，如果要談到改變，似乎就是思考功能在表象上的改變。由於外傾的思考定向於客觀事物，所以，這種思考似乎已被客體吸引住，好像沒有這個外在的定向就無法存在似的。外傾思考的表現宛如一種外在事實的結果，好像只有在本身可以被歸結為一種普遍被接受的觀念時，才達到了發展的頂峰。它彷彿一直受到客觀事物的影響，所得出的結論也只能與客觀事物相符。因此，人們會覺得它缺乏自由、有時甚至還缺乏遠見，儘管它在這個受限於客觀範圍的空間裡，其實還富有靈活性和機變性。我在這裡所描述的，純粹是身為觀察者的我對於外傾思考的現象所得到的印象，此時我勢必得站在不同於外傾思考者的立足點，否則根本無法觀察到他們的思考現象。由於我這名觀察者在立場上不同於被觀察的思考者，所以，只看到了他們身上的思考現象，而不是思考本質。因此，誰如果能進入這種思考的本質裡，大概

就可以理解它的本質，不過，卻無法掌握它的現象。如果人們只依據思考的現象，就無法正確判斷思考的本質，因此，所作出的判斷大部分都沒有什麼價值。

如果從本質來看，外傾思考的豐富性和創造性並不遜於內傾思考，只不過它的能力被用於不同的目的罷了！當外傾思考取得某種原本是內傾思考的特定對象的材料時——比方說，當外傾思考者以客觀事實對於某個主觀信念進行性質分析的闡釋時，或是當主觀信念被外傾思考者視為客觀觀念的產物和衍生物時——人們才會特別感受到這兩種思考之間的差異。當定向於主觀的內傾思考試圖把客觀事物帶入一種客觀上並不存在的關聯性時，也就是試著讓客觀事物屈從於主觀觀念時，外傾思考和內傾思考的差別對我們那種以科學為導向的意識來說，就會顯得更明顯。這兩種類型的思考者都認為對方是侵犯者，因此，會帶給對方負面的效應。內傾思考顯得相當武斷，外傾思考則讓人們覺得平淡而庸俗，無法依據同一種標準來進行比較（Inkommensurabilität）。因此，這兩種不同的立場會一直處於相互衝突的狀態。

人們或許會認為，只要清晰地區別思考對象的主觀和客觀性質，就可以輕鬆化解這種衝突。然而，這樣的劃分卻是不可能的，儘管人們曾對此做過不少的嘗試。如果這種作法行得通，就會危害甚鉅，因為，這兩種思考傾向都屬於片面性質，它們的有效性都受到局限，因此，它們需要相互的影響和調和。當客觀事物對於思考出現更強烈的影響時，就會把思考貶抑為它們的跟隨者，從而扼殺了思考的能力，如此一來，思考便無從擺脫它們，也無法產生抽象的概念。於是，這種外傾的思考過程便受限於一種純粹的「依附性思考」（Nachdenken）。「依附性的思考」並不是「思索」（Überlegung），而是一種純粹在思維上的仿效，這種仿效基本上只表明了那些已明顯而直接地存在於客觀事物裡的東西。這樣的思考過程當然是由個別存在的客觀事實所直接引發的，因此，無關於個體對客觀觀念的經驗；如果客觀觀念成為思考的對象，思考就無法掌握實際的個別經驗，而或多或少陷入了同義反覆（Tautologie）的泥沼裡。唯物論者的思維方式就是反映這種思考的有力例證。

當外傾思考愈受制於客體而屈從於客觀事實時，一方面會完全迷失於個別的經驗裡，另一方面則積累了大量未消化的經驗材料。這些或多或少缺乏相互關聯性的個別經驗所聚集而成的龐大、且具有壓迫性的訊息量，會讓人們處於一種思想散亂的、因此往往需要獲得心理補償的狀態。一些既簡單又普遍的觀念不僅可以產生外傾思考者所需要的心理補償，還可以讓內部訊息互不相關、卻聚集在一起的資料體獲得內在的關聯性，或至少可以表達對於這種關聯性的看法。比方說，我們所知道的「物質」或「能量」這些觀念就具有這些作用。不過，思考如果比較依賴傳統觀念，而較不依賴外在事實，外傾者也會為了補償思維的貧乏而出現令人印象更深刻的事實累積。由於外傾者對於這些事實的分類是片面地依照較受限制、且缺乏創造性的觀點，所以，他們往往徹底失去了對於事物那種更有價值、感官知覺更豐富的觀點。當今那些所謂的學術論文之所以能累積到令人頭暈目眩的數量，其中有高度的比例可以歸因於人們這種錯誤的思考傾向。

‖ 外傾思考型 ‖

就像經驗所告訴我們的，同一個體的各種基本心理功能鮮少、或不可能具有相同的強度或發展程度。在一般情況下，會有一種功能在強度和發展程度上領先其他功能。當思考在諸多心理功能當中居於優勢地位時，也就是個體把主要的生命能力的表現交由思考來主導時，一切重要行動的發生就會出於智識所思考過的動機，或至少會符合這種著重思考的傾向，這麼一來，我們就可以說，該個體與思考型有關。思考型可能是內傾的，也可能是外傾的。在這裡，我們首先要探討外傾思考型。

在合乎外傾思考型的定義下，我們假設有這樣一個人存在──當然，前提是他純粹屬於這種類型──他所追求的目標就是使本身所有的生命表達完全仰賴智識的推論，而這樣的推論最後總是定向於客觀事物，也就是說，不是定向於客觀事實，就是定向於人們已普遍接受的客觀觀念。這種類型不只把他最具決定性的力量賦予本身，還賦予他身邊那些面對客觀事實性的人們，或更確切地說，賦予了這些人所遵循的那道定向於客觀的、智識性的公

式。這些人對善與惡的判別，對美與醜的斷定都取決於這道公式。只有符合這道公式的一切，才是對的，違反這道公式的一切，就是錯的，至於那些與這道公式保持中立的東西，則是偶然的存在。由於這道公式看起來似乎符合普世意義，因此，它就成為一條普世法則，而且無論在何時何地，這條法則都必須由個體和集體來實現。就像外傾思考型會遵從他們的公式一樣，其周遭的人們也必須為了增益自己而謹守這道公式，誰如果不依從，就是錯的，誰如果違抗這條普世法則，就是不理性、不道德，甚至已失去了良知。

外傾思考型的道德讓他們本身無法容忍例外。不管怎樣，他們必須實現他們的理想，因為，在他們看來，這些理想就是對於客觀事實性最純粹的表述，所以，必然是普遍有效的、絕對有益於人類的真理。總之，他們這麼做並不是基於對他人的友愛，而是基於更崇高的正義和真理的觀點。如果對於罹患疾病、承受痛苦和不正常的人的擔待應該成為這道公式的某個組成部分的話，那麼在實踐上，就應該為此而設置專門的機構，例如急難救助所、醫院、監護所、安置收容園區等，或制定出相關的實施構想和計畫。不過，如果要實施這些方案，持有正義和真理的動機通常是不夠的，它還需要人們對他人真正的友愛，這種愛心就不只關乎任何智識性公式，還涉及了更多的情感。

在這類公式裡，「人們其實應該」或「人們必須」這樣的表達始終具有不可小覷的重要性。如果外傾思考型所持有的那道公式的指涉範圍夠寬廣，他們就會在社會生活裡扮演具有重大貢獻的角色，諸如改革者、公開的譴責者、良心的淨化者，或一些重要創新的鼓吹者。他們所持有的那道公式的指涉範圍愈狹隘，他們就愈會發牢騷、愈道貌岸然、愈自以為是地提出批評，總想把自己和他人全都壓入一個模式裡。這就是外傾思考型對於本身所遵循的那道公式的兩極反應，不過，大部分這種類型的人的表現都介於這兩個極端。

依照外傾態度的本質，外傾者的表現和影響愈出色、愈受外界好評，他們就離自己愈遠。所以，當他們不太受到本身所信服的那道智識性公式的影響時，他們的表現其實就是自己最好的一面；當他們愈深入那道本身所依憑

的智識性公式的勢力範圍時，就愈顯露出該公式的專斷對他們所造成的不利的影響。當他們在外圍時，還躍動著不同的生命，只把公式的真理當做一種值得重視的額外部分；不過，當他們愈深入該公式的勢力範圍時，就會失去愈來愈多不符合該公式的生命力。他們的親人大部分都承受著他們所崇奉的這種外傾公式所帶來的惡果，畢竟身邊最親近的人會首當其衝地受到這種負面的波及。不過，受害最深的還是他們（主體）本身，因此，我們接下來要討論這種類型心理的另一面。

不論是過去、現在或將來，外傾思考型所仰賴的智識性公式都無法掌握並適切表達生命的豐富性及可能性。這種狀態會阻礙或排除主體本身其他重要的生活形式和生命活動。首先，一切依賴於情感的生活形式會在這種類型裡受到壓抑，例如，審美活動、品味、藝術感（Kunstsinn），以及友誼的維繫等。至於宗教經驗、激情等非理性的形式則經常被抹殺，而完全變成了無意識性質。這些可能相當重要的生活形式勉強地維持著本身絕大部分屬於無意識的存在。雖然，有些人可以為了某個特定的公式而犧牲自己全部的人生，但畢竟他們是例外，因為，大部分的人都無法持續把這些與情感和非理性有關的生活形式排除在外，而生活下去。這些備受智識態度所壓抑的生活形式或遲或早——視外在的情況和內在的本性而定——都會以間接的方式顯現出來，也就是透過對於意識的生活方式的干擾。這種干擾如果達到嚴重的程度，個體就會出現所謂的精神官能症。當然，這種情況大部分都不會發展成精神官能症，因為，個體會出於本能地預防自己陷入這樣的病態，所以，不會嚴格要求自己遵循某道智識性公式，當然，他們此時會採取恰當的、理性的表達方式。這麼一來，他們就為自己配備了一個可以防止心理健康惡化的安全閥。

外傾思考型有某些傾向和功能由於受到意識態度的排擠，而部分地或徹底地轉化為無意識性質，而且還滯留在一種較未發展的狀態。相對於意識功能，它們是比較沒有價值的劣勢功能。只要這些劣勢功能屬於無意識，就會與無意識的其他內容融合在一起，而變成一種怪異的性質。如果這些劣勢功能屬於意識，就會扮演次要的角色，雖然，它們對於整個心理圖像而言，具

有重大的意義。意識所發動的阻礙首先會波及情感，因為，情感會率先反對僵化的智識性公式，所以，會受到意識最強烈的壓制。任何心理功能都不會因為意識的干預而完全消失，只會因此而受到嚴重的扭曲和損害。只要情感本身是任意形成的，而且還願意順從於他者，情感就必須支持智識的意識態度，並適應意識態度的意向。不過，這只有某種程度的可能性，因為，仍有部分的情感具有反抗性而必須被壓抑。假如情感成功地受到壓抑，它就會從意識消失，而在意識閾限之下展開違背意識意向的活動。

　　情感在無意識裡的活動可能會產生某種效應，但個體卻完全不清楚這種效應是如何產生的。舉例來說，意識裡的那種崇高的利他主義往往會因為個體本身所暗藏的利己主義而破滅，因為，這種利己主義往往會把大公無私的行動打上自私自利的印記。純粹的倫理目的會把個體帶進一種緊要的情況裡，然而，對這種情況起關鍵性作用的有時卻不是倫理動機，而是其他的東西。一些自願的救助者或社會道德的守護者會突然需要救助或突然喪失名譽，因為，救助他人的目的會使得他們樂意採用一些方法，而這些方法恰恰會引來一些他們希望避免的事物。有些外傾的理想主義者為了實現理想來造福人群，甚至會不惜說謊或採取其他不正當的手段。在學術界裡，還發生過一些令人無比難堪的例子，比方說，一些聲譽崇隆的科學家因為對自己所提出的公式的真理性和普遍有效性深信不疑，為了達成他們崇高的研究目標，竟不惜假造證據。因為，依據他們所信奉的公式，人們可以為了目的而不擇手段。不過，歸根究柢地說，只有弱勢的情感功能在無意識裡展開某種具有引誘性的運作，才會使得一些享有崇高聲望的人偏離正道。

　　在外傾思考型身上，屬於劣勢功能的情感也會以其他的方式來表達它自己。意識態度因為合乎由客觀實質性所主導的公式，所以，或多或少與個人無關，而且往往還會損及個人的興趣。當意識態度發展到極端時，一切個人的考慮就會消失無蹤，甚至包括那些對於自己本身的考量。他們會忽視自己的健康，社會地位不斷下滑，自己的家庭還經常因為他們最看重的事物而備受傷害。他們在健康、財務和道德上都蒙受損害，而這一切都是為了服務他們所抱持的理想。只要受到關心和同情的人仍堅定地支持這種智識性公式，

無論如何，他們都不會對自己所獲得的關心和同情做出應有的回應。因此，經常會發生這樣的情況：關係比較密切的親屬，例如自己的孩子，只知道家裡的父親就跟暴君一樣殘忍，然而，外界卻對於這位父親的仁慈和美德讚譽有加。儘管這是事實，不過，意識態度的高度非個人化，並不會導致無意識的情感變得具有高度個人化的敏感性，從而造成自身某些暗自的偏見──比方說，個人會特別傾向於把他人客觀反對自己的智識性公式誤解為一種惡意，或為了預先弱化他人的說法，而總是以負面的假設來看待他人的品格──當然，這些作法都是個人為了保護本身的敏感性。這種無意識情感的敏感性經常會讓人們的語言表達變得尖銳、嚴厲、富有攻擊性，而且還會經常使用暗諷的方式。

外傾思考型的情感屬於劣勢功能，具有不合時宜的、遇事耿耿於懷的性質，因此，這種類型的個體便形成了一種顯著的怨恨傾向。雖然這些個體可能為了智識性目標而慷慨地犧牲奉獻，但他們的情感卻是如此狹隘、多疑、變化無常和保守。對於一切尚未包含在那道公式裡的新事物，他們會透過無意識那層厭惡的面紗來觀察並加以判斷。十九世紀中葉，一位以醫德著稱、為人博愛慈善的醫生曾以解雇來威脅他的助手，只因為這名助手使用了溫度計，違反了他在醫療上所奉行的公式：發燒只能由脈搏來確定。我們都知道，類似的例子其實很多。

外傾思考型的情感愈受到壓抑，對於原本堪稱完善的思考的影響就愈負面、也愈微妙。智識的觀點或許會基於本身所具有的價值而合理地要求一種普遍的贊同，並且還受到個人無意識情感的敏感性的影響而發生了性質的轉變，也就是變得像教條般僵化。人格的自我維護（Selbstbehauptung）會被轉移到這種智識的觀點上，因此，真理不僅無法再發揮它的本質作用，而且還因為獲得主體的認同，而變成一位敏感的、受到惡意批評者傷害的小姑娘。不過，如果人們可以採取人身攻擊，而且任何指責的言論或許都不算過分的話，這類批評者就會受到貶斥。總之，真理必須持續被展現出來，直到眾人開始明白，他們所相信的真理，顯然較關乎真理的創造者，而較無涉於真理本身。

　　智識觀點的教條主義有時還因為無意識的個人情感的涉入，而進一步出現一些特有的改變。狹義上來說，這些變化的起因比較不是無意識裡被潛抑的情感，而是一些已與無意識情感混雜在一起的無意識因素。雖然理性本身可以證實，每一道智識性公式僅具有部分有效性真理，因此，毫無權利要求絕對的權威。但是，這種智識性公式實際上已取得了壓倒性的優勢，以致於其他所有的觀點及其可能性都變得無足輕重，而且它還取代了一切較為普遍、不確定，因而也較為不起眼且較為真實的世界觀，甚至還取代了被人們稱為宗教的那種普遍性觀點。因此，這種公式也變成了某種宗教——即使就本質而言，它們與宗教毫無關係——並獲得了屬於宗教本質的絕對性，換句話說，智識性公式已變成了智識性迷信。

　　然而，一切受到智識性公式潛抑的心理傾向，卻在無意識裡聚集並形成一種與該公式對立的立場，從而對這種公式發出質疑。為了抵禦這些來自無意識的質疑，意識態度會變得狂熱起來，因為，這種狂熱就是對於質疑的過度補償。意識態度的這種發展最後會使得個體過度著重意識立場，進而促成一種與意識立場完全相反的無意識立場，例如，與意識的理性主義對立的極端非理性主義，以及一些與現代學術研究的意識觀點對立的、很迷信的、極其古老而原始的觀點。因此，在各門學科的研究史上，許多地位崇高的學者最後卻栽在本身所提出的那些雖然著名、卻也偏頗可笑的觀點。男性身上的無意識特點，有時會表現在女性身上。根據我的經驗，外傾思考型主要是男性，因為，思考功能成為男性的優勢功能遠比成為女性的優勢功能更為合適。當思考在女性身上占有優勢地位時，就我所知，這種思考大多是這些女性以直覺為主的心理活動的產物。

　　外傾思考型的思維是積極正面的，也就是具有創造性。它不是形成新的事實，就是從不同的經驗材料中建立一般性觀念。大體上，它的判斷是綜合性的。即使它在拆解的同時也能建構，因為，它始終能超越解離，它會為既有的材料添加新的成分，或以不同的方式重新統合被解離的東西，而打造出新的組合或另一種觀點。人們通常可以把這種思維的判斷方式視為述謂性質（prädikativ）。不論怎樣，它的特徵就在於它從未具有貶抑性或破壞性，而

總是以另一種新的價值來取代已毀壞的價值。這樣的特徵的形成，是由於外傾思考型的思維幾乎可以說是一種以流動本身的生命能量為主的渠道。人們不斷進展的生命會表現在本身的思維裡，這些思維也因此而具有一種進步的、創造的性質。這種類型的思維通常不會停滯不前，也不會倒退，除非思維已無法在意識裡占有優勢地位。思維如果變得比較不重要，就會缺少一種生命活動的積極性，而且還會尾隨其他的心理功能而出現。由於這種失去優勢地位的思維幾乎是後知後覺——始終滿足於本身反覆地對過往的、已發生的事物的沉思、分析及領會——所以，便具有埃庇米修斯的特點。

在這種情況下，由於個體的創造性存在於其他的心理功能裡，思考功能便不再有進展，而是停滯不前。因此，它的判斷便具有顯著的內屬性，換句話說，它已把自己完全限制在現有材料的範圍內，決不跨出這個範圍。它或多或少滿足於抽象的斷定，而不再賦予經驗材料原本所沒有的價值。外傾思考的內屬性判斷是以客體為導向，也就是說，這種思考的斷定總是取決於經驗的客觀意義。因此，外傾思考不只處於客觀事物的主導性影響之下，甚至還受到個別經驗的吸引，所以，它只會表述那些已存在於客觀事物和個別經驗的一切。

有些人會禁不住給予某個印象或經驗一種理性的、無疑會被廣為接受的評論，然而，這些評論卻無法跳脫經驗的既定範圍。在這些人身上，人們可以輕而易舉地觀察到這種外傾思考。這些外傾思考者所提出的評論其實只是在表示，「我了解它了！我可以思考它了！」，而且也僅止於此。因為，外傾思考的判斷頂多只意味著，個體能夠以客觀關聯性來編排經驗。然而，人們也清楚地看到，該經驗恰恰屬於這種框架。

如果不是思考，而是其他的心理功能在意識裡占據了比較顯著的優勢地位，而思考此時仍屬於意識領域、且不直接依賴該優勢功能，那麼，思考就會出現負面性。只要思考屈從於個體的優勢功能，看起來就會具有正面性，不過，只要我們更深入地探究，就不難發現，它只是在仿效、只是以論據來支持該優勢功能，而且這些論據往往還明顯地抵觸了思考本身的邏輯法則。在這裡，我們並不打算繼續闡述這種臣服於優勢功能的思考，而比較想討論

那些忠於自身原則、不願順從於優勢功能的思考的性質。但是，對於後一種思考的觀察和研究是困難的，因為，在具體的情況下，它總是或多或少受到意識態度的潛抑。如果它沒有在意識未防備的時刻偶然浮現於意識的表面，我們多半得深入意識的幕後，才能探求它的真貌，而且大多必須使用如下的問句，才能引誘它現形：「您到底怎麼看這件事情？您個人對於這件事情究竟有什麼看法？」或者，我們甚至還必須在提問上耍個心機：「您究竟如何看待我對於這件事情的看法？」如果研究對象真正的思維已落入無意識領域，並因此而被投射出來時，我們就必須選擇後一種提問的方式。

我認為，藉由這種方式而被誘出、並浮現於意識表面的思維的特質就在於它本身的負面性，而且最能顯示在「除了……之外，其餘皆非」這個句型裡。大文豪歌德所塑造的惡魔梅菲斯多這個角色，就是這種思維的擬人化。這種思維尤其彰顯了一種傾向：它會認為，它所判斷的對象源自於某種平庸性，而且還會剝奪它們本身獨立自主的意義。這種情況會發生是因為，它所判斷的對象顯示出對於其他平庸事物的依賴狀態。倘若兩個男人之間爆發了一場看似屬於客觀實質性質的衝突，此時人們的負面思維就會認為：「找到那個女人，事情就解決了！」如果有人在捍衛或宣揚某件事情，人們的負面思維並不會想知道這件事情有什麼意義，而是簡單地問：「這個人可以從中得到什麼好處？」「你吃什麼，你就是什麼」，十九世紀荷蘭生理學家暨哲學家雅可布・莫勒斯霍特（Jacob Moleschott, 1822-1893）的這句名言，就跟許多格言和觀點一樣，都屬於這種負面思維，我已毋須在此一一列舉。

這種思維的負面性就跟它本身可能受到局限的用處一樣，都不需要進一步的解釋。不過，還有另一種形式的負面思維存在著，而人們在乍看之下，幾乎無法確知，它就是神智論（Theosophie）[2]的思維。現今，它正快速地傳播於世界各地，或許這種現象是在回應在我們這個時代之前便已興起的唯物論。神智論的思維看起來不僅沒有任何化約性，反而還把一切提升為超驗（transzendent）的、涵蓋全世界的觀念。舉例來說，夢在它看來不再只是平

2　譯註：神智論既是一種宗教哲學，也是一種神祕主義學說，盛行於十九世紀末葉的歐美。

常發生的夢，而是「另一種層次」的體驗，此外，從一個人傳給另一個人的能量「振動」，對它來說，也已清楚說明了心電感應（Telepathie）這個人們至今仍無法解釋的事實。常見的神經性精神障礙會被神智論簡單地歸因於某個「星體」受到某種東西的撞擊所產生的效應。大西洋沿岸居民的某些人類學特徵也被草率地說成和傳說中因地震而沉入大西洋的亞特蘭提斯大陸有關，如是等等。總之，人們只需要翻開一本神智論著作，就會被一些說法壓得喘不過氣來：比方說，一切萬有都已獲得解釋，「與性靈有關的學科」已不會再給人們留下未解之謎。

神智論的思維方式其實跟唯物論的思維一樣，都是負面的。如果唯物論把心理學理解為神經節細胞（Ganglienzellen）的化學變化，或神經細胞突觸的伸展和收縮，或內分泌現象，那麼，它的迷信程度便不下於神智論。此二者唯一的差別就在於，唯物論把一切都歸結於我們所熟悉的生理學，而神智論則以印度形上學的概念來解釋一切。然而，人們如果把夢歸因於飽脹的胃，這並不表示已對夢做了什麼解釋；同樣地，人們如果認為，心電感應的起因就是能量的「振動」，這其實也等於沒有解釋，畢竟有誰曉得這裡的「振動」到底是什麼？唯物論和神智論這兩種解釋方式不僅無法解釋心理現象，而且還具有破壞性，因為，它們那些站不住腳的解釋，會把人們對於心理現象的關注轉移到前者所謂的胃和後者所謂的「振動」上。這兩種思維方式不僅沒有創造性，還扼殺了創造性。它們之所以負面，在於它們的思維極其空洞，也就是欠缺實現和創造的能量，所以，它們會受制於其他的心理功能。

‖ 情感 ‖

外傾態度的情感定向於客觀事物，也與客觀價值一致，換句話說，客體是這種情感所不可或缺的決定要素。如果有誰認為情感只是一種主觀的事實情況，他就無法理解外傾情感的本質，因為，外傾情感已儘可能擺脫主觀因素，並已完全臣服於客體的影響。儘管它似乎可以證明本身已獨立於具體客體的本質之外，但卻仍受到傳統的、或大家普遍所接受的價值的支配。外傾

情感者覺得自己不由自主地使用「好的」或「出色的」這些述詞,並不是因為他們基於主觀情感而認為該客體是「好的」或「出色的」,而是因為當時將該客體稱為「好的」或「出色的」是恰當的作法,如果使用相反的形容詞就會對人們一般的情感狀態造成干擾。這種恰當的情感判斷即使言不由衷,卻絕對無關於虛偽,甚至也無關於說謊,而是關乎個體的適應。舉例來說,人們會稱讚一幅畫畫得「好」,通常是因為,一幅掛在客廳裡、有知名畫家簽名落款的繪畫一般都被認定為一幅「好」畫,或因為當時如果使用「醜的」這個述詞可能會傷害收藏這幅畫的那那人的情感,或因為當時拜訪者希望營造出一種愉快的情感氛圍,畢竟在那種場合讓人們感到愉快是必要的。這種外傾的情感取決於客觀的決定要素。它們本身確實就是如此,而且還表明為一種人們可以明顯感受到的、整體的情感功能。

正如外傾思考會儘可能擺脫主觀影響一般,外傾情感在消除所有的主觀附屬物之前,也必須經歷某種分化過程。這種情感活動所產生的價值評斷,如果無法直接合乎客觀價值,至少會符合某些傳統的、普遍被接受的價值標準。許多人會帶著已正確衡量過的正面情感去欣賞戲劇、聆聽音樂會或上教堂,其中絕大部分都是出自這種外傾情感的作用。連一些流行風尚的興起也拜它之賜,而且——遠遠更有價值的是——社會的、慈善的,以及文化的活動能獲得正面而廣泛的支持也應該歸功於它。在這些方面,外傾情感已證明本身是一種創造性因素。假如缺乏這種情感,我們實在無法想像人類可以擁有美好而和諧的社交生活。就這點來說,外傾情感跟外傾思考一樣,都是令人欣慰的、能發揮理性效應的力量。不過,一旦客體產生過度的影響時,外傾情感就會喪失這種有益的效應。在這種情況下,過於外傾的情感已把個體的人格過度拉向客體,也就是同化於客體之中,情感的個人特質——即情感的主要魅力所在——也就因此而消失。如此一來,個體的情感會變得冷漠、注重實質的利害關係,一點兒也不值得信賴。

這種外傾情感會透露著某種隱密的意圖,連毫無偏見的觀察者都會產生這樣的懷疑。這些個體不僅無法再給人們留下那種愉悅、清新、始終保有真摯情感的印象,反而還讓人們察覺到他們的裝腔作勢或忸怩作態,儘管這些

個體可能還沒有意識到本身那種自私自利的意圖。如此過火的外傾情感雖然實現了某些審美的期望，但它的表達卻無法再觸及人們的內心，而只能訴諸感官，或更糟糕的是，只能訴諸理智。它雖然可以用審美的方式來營造某種情境，但它本身及其所產生的效應卻也受限於該情境。總之，它已失去了創造性，而且這種過程如果持續發展下去，就會出現一種怪異、且充滿矛盾的情感分裂：它會以情感方面的評價來抓住每個客體，而且還連結了許多相互矛盾的關係。如果受到充分重視的主體存在的話，這種情感的分裂根本不可能出現。由於主體已完全被捲入各個情感的過程裡，連真正的個人觀點的最後一丁點兒殘留也受到壓抑，以致於讓觀察者覺得，似乎情感的主體已不存在，只剩下情感的過程。在這種情況下，情感已徹底失去原有的人性溫暖，而讓人們覺得裝模做樣、反覆無常及不可靠，更有甚者，甚至還會給人們留下歇斯底里的印象。

‖ 外傾情感型 ‖

只要情感是一種比思考更明顯的女性心理特徵，最顯著的情感型就會出現在女性身上。當個體的外傾情感占有優勢地位時，我們便把該個體稱為外傾情感型。這種類型浮現在我眼前的範例，幾乎毫無例外都是女性。她們以情感為依歸，她們的情感由於受到教育的影響，而發展成一種以完全融入的方式適應環境的、服從於意識控制的心理功能。除了一些極端的例子外，她們的情感通常都具有個人特質，即使主體已受到較高度的壓抑。因此，她們的人格便顯示為已經以完全融入的方式適應客觀情況。她們的情感與客觀情況及普遍被接受的價值是一致的，這一點清楚地表現在她們對情愛對象的選擇上。她們只愛戀「合適的」男人，至於這些男人之所以合適，並不是因為他們符合了她們那種隱而未顯的、主觀的本質——她們對此通常一無所知——而是因為這些男人在社會地位、年齡、能力、身高和家庭聲望等方面都符合了一切明智的世俗要求。不過話說回來，這種類型的女性所選擇的對象其實完全合乎她們在情愛方面的情感。如果我對這個說法沒有全然確信，人們很可能會認為這番話具有諷刺性和貶低性而拒絕接受。其實，外傾情感

型的女性對於愛侶的情感是真切的，並不只是出於理性計算。這種帶有「理性的」婚姻在現實中比比皆是，而且決不能算是最糟糕的婚姻。只要丈夫或兒子具有一般常見的心理質素，這種類型的女性其實是理想的賢妻良母。

只有當情感不受其他東西干擾時，人們才能「準確地」感受。然而，沒有什麼會比思考更能干擾情感了！因此，我們就不難理解，外傾情感型會儘可能壓制本身的思考，但這決不表示，這種類型的女性並不思考，情形其實恰恰相反：她們可能大量地思考，機敏地思考，只不過她們的思考從不具有獨特性，所以，只能算是情感的（埃庇米修斯式的）附屬物罷了！她們所無法感受的東西，也就無法在意識層面上對其進行思考。「我沒辦法思考自己無法感受到的東西」，一位女性患者曾以憤怒的口吻這麼告訴我。所以，只有在情感允許的範圍內，外傾情感型的女性才能敏捷地思考，任何推論不論多麼合乎邏輯，只要會讓她們的情緒受到干擾，一開始就會遭到她們的拒絕，她們根本不會去思考它們。凡是被客觀價值認定是好的東西，就會受到她們的珍視或喜愛；其餘的一切似乎只存在於她們自身以外的那個世界。

不過，客體如果變得比較重要時，這種情況就會發生改變。正如我在前面所解釋的，當主體同化於客體時，情感的主體或多或少會變得比較薄弱。情感會因此而失去個人特質，只剩下情感本身。人們會覺得，該個體的人格好像已完全消融於他的情感裡。由於一些引起各種不同的、或甚至形成對比的情感色調的情況，會持續不斷地在生活中交替出現，人格便因此而消散於許許多多不同的情感之中。人們在這個時候是這個樣子，在另一個時候又是另一個樣子，但這樣的變化充其量只是表象，因為，人格實際上不可能有這麼多的變化。更何況自我的基礎總是與自身保持一致，所以，會明顯地反抗這種變化不定的情感狀態。

個體內在不一致性的徵兆，會隨著自我與當時的情感狀態之間分離程度的不同，而或多或少地顯露出來，換句話說，原先具有補償作用的無意識態度會轉而採取明顯的反對立場。這種轉變首先會顯示在一些誇張的情感表達裡，例如，個體所使用的一些強烈、具有壓迫性，但卻缺乏某種程度的可信性的情感述詞。這些述詞聽起來很空洞，不具有說服力，甚至還讓人們察覺

到某種對抗可能已被過度補償，因此，個體的情感判斷可能會出現完全不同的結果，有時甚至沒過多久又出現了另一個不同的結果。總之，情況只要稍有改變，就可以讓人們對於同一客體的評價立刻翻轉。這種經驗最後會導致觀察者無法當真地看待任何一個判斷，而且還會對自己的判斷有所保留。既然與周遭的人們建立密切的情感聯繫對於這種類型的人特別重要，他們就需要加倍努力，才能克服周遭人們的淡漠。不過，這卻會讓情況陷入一種惡性循環，因為，人們愈強調與外在客體的情感關係，無意識的那股反對力量愈會浮現出來。

我們已經看到，外傾情感型大部分會壓制本身的思考，這是因為情感最容易受到思考干擾的緣故。同樣地，思考如果想要取得純粹的結果，就必須極力排除情感，因為，思考最容易受到情感價值的干擾和扭曲。因此，外傾情感型的思考只要還具有自主性，就會受到潛抑。但是，就像我曾經提過的，人類的思考不僅不會受到徹底的潛抑，思考強硬的邏輯性反而還會迫使個體做出一些與情感不相容的推論。不過，外傾情感型卻允許本身的思考成為情感的僕人，或更貼切地說，成為情感的奴隸，這時他們的思考便失去了支柱，無法再依照本身的法則行事。既然思考的邏輯性以及無可退讓的、正確的推論無法被抹煞，這些邏輯性和推論還是會在某處發生，但卻是在意識範圍之外，也就是在無意識裡。因此，這種類型的無意識內容首先是一種獨特的思維，一種嬰幼性的、古老而原始的、負面的思維。只要意識情感還保有個人特質，換句話說，只要人格尚未被個體的各種情感狀態所征服，這種無意識思維便能產生補償作用。不過，一旦人格瓦解並消散於個體的各種相互矛盾的情感狀態時，自我的認同便會隨之喪失，主體便落入了無意識裡。當主體陷入無意識裡時，便會跟無意識思維結合而使得本身有機會再升入意識裡。意識的情感聯繫愈強，而且這種情感聯繫愈是把情感「去自我化」，無意識的反對立場就會愈激烈。此時，無意識思維會聚焦於評價最高的客體，而且還毫不留情地貶低這些客體的價值。

帶有「除了……之外，其餘皆非」這種風格的無意識思維在這裡絕對是恰當的，因為，它可以破壞與客體緊密相連的情感所具有的優勢。這種無意

識思維會化身為突然出現的想法而浮現於意識的表面，由於它們會產生干擾，一般說來，往往是負面和貶抑的。因此，這種類型的女性會對本身情感所認定的最有價值的客體，產生最糟糕的想法。更確切地說，這種負面思維會使用那些適合質疑情感價值的、幼稚的偏見或比喻，而且還會動用個體所有原始的本能，以便對情感做出「除了……之外，其餘皆非」的這類負面詮釋。如果我在此談到，個體也會經由這種方式而動用集體無意識——即人類原初意象的總合——這就不只是一種片面性的看法，因為，這種對集體無意識的處理可能會在另一個基礎上，促使另一種基本態度的再生。出現在外傾情感型身上的精神官能症的主要型態，就是一種保有——以嬰兒式性特質（infantile Sexualität）為特徵的——無意識想像世界的歇斯底里症。

‖ 對於外傾理性類型的總結 ‖

我把前面所討論的外傾思考型和外傾情感型稱為「理性類型」或「判斷類型」，因為，思考和情感這些理性判斷的心理功能已分別在這兩種類型裡占據了優勢地位。這兩種類型都具有一個普遍的特徵：他們的生活都高度受制於理性的判斷。當然，我們還必須考慮到，我們所談論的是個體本身的主觀心理學的觀點，還是觀察者從個體外部所察覺和判斷的觀點。如果觀察者純粹以直覺來理解所發生的種種並下判斷，那麼，他可能會做出相反於被觀察者的主觀觀點的判斷。從整體來說，理性類型或判斷類型在生活裡其實不單單依賴理性的判斷，他們也同樣高度依賴無意識的非理性。如果有誰只觀察個體所外顯的種種，卻罔顧個體意識的內在狀態，反而會比較容易受到個體的某些無意識表達的非理性和偶發性的左右，而比較不受其意識的意向和動機的理性性質的影響。因此，我本人在分析心理學上所提出的判斷，是以個體的意識心理所感受到的東西為基礎，不過，我也同意，人們同樣可以用完全相反的方式來理解並描述這種心理。我深信，如果我本身具有另一種個體心理，就可以用相反的方式——也就是從無意識的角度——把這兩種理性類型描述為非理性，但這種狀況卻會妨礙人們對於心理的事實情況的呈現和理解，而大幅增加了人們誤解的可能性。

　　通常人們基於這些誤解所進行的討論並不會得出什麼成果，因為，參與討論的人都在各說各話，彼此沒有真正的溝通。對於參與討論的個體來說，這種經驗只不過是他們以主觀的意識心理為基礎而進行的自我表現，因為，人們至少可以因此而取得某種客觀的依據，不過，人們如果想把心理的規律性建立在無意識的基礎上，這種客觀的依據就會完全消失。在這種情況下，被觀察的對象可能無法再表示意見，畢竟他們對於本身的無意識的了解實在不如其他的一切。因此，觀察者——即主體——便獲得了可以獨自下判斷的機會，所以，我們也可以確知，觀察者此時是依據自己的個人心理來主導自己的觀察。我認為，佛洛依德的精神分析學和阿德勒的個體心理學都發生過這種弊端，個體也因此而完全受到下判斷的觀察者的支配。不過，判斷的基礎如果改為被觀察者的意識心理，情況就會隨之改觀。此時，只有被觀察者有能力做出判斷，因為，只有他知道自己的意識動機。

　　外傾思考型和外傾情感型的意識生活方式的理性性質，就意味著在意識上排除了偶發性和非理性的一切。在這種心理中，理性判斷就代表一種勢力。它會把實際發生的事物的無規則性和偶然性強行套上特定的形式，或至少嘗試過這種作法。所以，一方面這些個體在生活的可能性裡，會因為意識只接受理性的東西而做出特定的選擇；另一方面，那些負責察覺一切的心理功能——即感知和直覺——的自主性和影響力則會受到根本的限制。當然，感知和直覺這兩種察覺功能所遭受的限制並不是絕對的，它們依然存在於所有情況下，但它們的產物卻受制於理性判斷的選擇。因為，能夠對行動的動機產生決定性作用的，並不是感知的絕對強度，而是思考和情感的判斷。

　　在某種意義上，負責察覺的感知功能和直覺功能，跟外傾思考型的情感功能以及外傾情感型的思考功能在狀態上是一樣的。它們都是劣勢功能，會相對受到潛抑，因而處於比較沒有分化的狀態。劣勢功能的存在還賦予外傾思考型和外傾情感型的無意識一種獨特的標記：這兩種理性類型的人有意識、有目的去做的事都合乎自己的理性；但是，偏偏發生在他們身上的事一方面卻符合了他們那種嬰幼性和原始性的感知本質，而另一方面則與他們的直覺是一致的。至於這些概念的涵義，我會試著在後面的章節裡闡明。無論

如何，在外傾思考型和外傾情感型身上所發生的這些事情是非理性的（當然是從他們的角度來看！）。由於相當多的人的行動和做事比較依據他們在生活中所遭遇的種種，而比較不是出於自己的理性目的，因此，這些人在經過仔細的分析後，也很容易把這兩種類型的人視為非理性。我們在此必須包容他們的看法，因為，一個人的無意識往往會比他的意識留給人們更強烈的印象，而且他的行為經常比他的理性動機更有顯著的分量。

外傾思考型和外傾情感型的理性都具有客觀傾向，也都依賴於客觀事物。他們的理性符合集體所普遍接受的理性，而且在主觀上會認為，人們一般所視為理性的東西必然合乎理性。不過，理性其實也具有高度的主體性和個體性，但這個部分卻受到這兩種理性類型的壓抑，而且愈是受到壓抑，客體的重要性便愈形增加。於是，主體和主觀理性便愈來愈受到潛抑，當它們完全被潛抑時，便開始受到無意識的支配。在這種情況下，無意識會擁有一些令人相當不快的特徵。我們在前面已經談論過無意識的思維，但是，無意識還有一些原始的感知會藉由感知的強制性表現出來，例如，個體會不正常地、不由自主地耽溺於享樂，而且這些縱情聲色的癖好還具有各種可能的方式。此外，還有一些原始的直覺會直接地折磨個體本身及其周遭的人們。一切難堪、可憎、醜陋、惡劣，或令人不快的東西會被察覺或受到懷疑，雖然，它們的負面性大多半真半假，但卻很容易衍生出一些充滿惡意的誤解。站在反對立場的無意識內容所產生的強大的影響，會經常違反意識的理性準則，也就是明顯地和偶發事物連結在一起。這些偶發事物不是由於它們的感知強度，就是由於它們的無意識意義，而獲得了一種強制性的影響力。

‖ 感知 ‖

在外傾的態度裡，個體的感知主要受到外在客體的制約。感知作為感官的知覺，當然會依賴於客體；同樣地，感知也會依賴於主體，因此，也存在著主觀的感知，而且就其特性而言，完全不同於客觀的感知。在外傾的態度裡，感知的主觀部分只要涉及意識的運用，就會受到阻礙或壓抑，而且在思考或情感這些理性功能取得優勢地位時，作為非理性功能的感知也同樣會受

到壓抑。思考和情感這些理性功能只有在意識的、判斷的態度讓偶然的察覺變成意識內容時，也就是認識到這些偶然的察覺時，才會刻意運作。狹義來說，感官功能當然是絕對的，比方說，只要人類具有視覺和聽覺的生理可能性，就可以看見和聽見，不過，並不是所有期待被主體所統覺的東西都可以達到人類知覺的運作所不可缺少的閾限值。如果感知能取得優勢地位，情況就會有所改變。此時，來自於客觀感知的東西就不會被排除或被壓抑（但是，剛才提到的感知的主觀部分卻是例外）。

感知主要取決於客體，而且那些引起最強烈的感知的客體還能對個體的心理起決定性的作用，因此，個體便形成了與客體的感官性連結。由此可見，感知是一種充滿活力的功能，同時還具有最強勁的生命驅力。只要客體喚起了主體的感知，客體就可以對主體產生作用，而且只要客體的作用可以透過主體的感知而有所發揮，不論該客體是否符合理性的判斷，都會完全被意識所接受。主體衡量客體的唯一標準，就是客體的特性對主體所引發的感知強度。因此，只要客體的作用引發了主體的感知，一切客體的作用就會進入主體的意識裡。不過，在外傾的態度中，只有那些具體的、感官可以知覺的、任何人在任何時空都感到是具體的客體或作用，才能引發感知。由此可知，外傾感知型的個體會定向於感官所能知覺的東西的事實性。此時，思考和情感這兩種判斷功能便從屬於感知的具體事實，因此便具有劣勢功能的性質，也就是某種帶有嬰幼性的、古老而原始的特徵的負面性。至於外傾感知型最受潛抑的功能當然就是與感知對立的無意識察覺，即直覺。

‖ 外傾感知型 ‖

沒有一種心理類型對外在現實的講究能比得上外傾感知型。這種類型的客觀事實感（objektiver Tatsachensinn）有相當突出的發展，他們會在生活裡從具體的客體累積實際的經驗，而且他們本身愈出色，就愈少運用他們的經驗。在某些情況下，他們的經歷根本稱不上「經驗」。他們所感知的東西頂多只能引導新的感知，所有出現在他們的關注範圍內的新事物，都可以藉由感知的途徑而取得，而且還應該為感知的目的而效力。只要有人傾向於把這

種對客觀事實性的敏銳感受力理解為高度的理性，人們就會稱讚這樣的人具有理性。但實際上，這些人不該被視為理性的存在，因為，他們也同樣受制於本身對非理性的偶發事件的感知。

　　當然，外傾感知型——似乎絕大多數都是男性——不僅不認為，自己「受制於」本身的感知，反而還會譏笑這種說法根本不中肯，因為，在他們看來，感知就是具體的生活表現，就是豐富的真實生活。他們都把自己的目的鎖定在具體的享受上，而且他們的道德觀念也是如此。因為，真正的享受本身便具有特殊的道德和特殊的節制及規律性，甚至還具有捨己為人與犧牲自我的精神。因此，他們不僅不會成為耽於感官享樂的粗鄙之人，反而還會發展他們的感知而使其達到更高度的審美純粹性，而且即使在最抽象的感知裡，依然可以忠實於本身的客觀感知的原則。十九、二十世紀之交的荷蘭作家威廉・范・烏爾芬（Willem van Wulfen）在他最知名的著作《享樂者：一位帶領人們無所顧忌地享受生活的嚮導》（*Der Genußmensch: Ein Cicerone im rücksichtlosen Lebensgenuß*）裡，所談到的那位享樂者，就是這種類型毫不掩飾的自我揭露。從這個角度來看，我認為這本書確實值得一讀。

　　外傾感知型的人處於較低的發展階段，傾向於感官可觸及的真實性，而不是內省的思考。他們並不具有掌控的意圖，他們的經常性動機就是知客體，要擁有感官的知覺，並盡可能地獲得感官的享受。不過，他們決不是不和善、不親切的人，而是經常能開心又活潑地追求享受的人。他們有時是充滿興致的伙伴，有時則是很有品味的審美者；當他們是前者時，生活的重心便或多或少取決於一頓美味的午餐，當他們是後者時，便屬於品味絕佳的人士。他們如果有所感知，一切重要的東西對他們來說，便已有所表達和完成。在他們看來，沒有什麼可以勝過具體和真實的東西；他們會允許自己針對或超越具體和真實的事物提出一些推測，只要這些推測可以強化感知。然而，從愉悅的意義來說，這種類型的人並不需要藉由這些推測來強化他們的感官，因為，他們並非一般所認為的荒淫好色之徒。他們只不過是想追求最強烈的感知，而且依據其本性，這些感知往往還必須從外部取得。至於源自內在的東西對他們來說，就顯得既病態又令人厭惡。

外傾感知型總是把自己的思考和情感化約為客觀的基礎，也就是歸結於那些來自客體的影響，即使這種作法已嚴重地扭曲邏輯性，他們也毫不在乎。無論如何，感官可觸及的真實性會讓他們覺得安心踏實，而且他們對於這種真實性的輕信，也頗令人感到意外。比方說，他們會毫不遲疑地認為，某種精神性症狀和天候的低氣壓有關，而心理衝突的存在對他們來說，反而是不正常的幻想。無疑地，他們的情愛是以客體所引起的感官刺激為基礎。只要他們處於正常狀態，就會以顯而易見的方式適應既有的現實，因為他們的適應始終是顯而易見的。他們沒有抱持崇高的理念，所以，沒有理由不習慣事實的真實性，而這些全都顯露在他們所有的外在表現上。他們穿著入時體面，也符合自己的身分。他們會慷慨地用佳餚美酒來招待朋友，人們和他們在一起時很舒服，或至少可以理解，他們為何要用本身精緻的品味來要求周遭的人。他們甚至還深信，為了展現某種風格而付出某些代價確實是值得的。

感知愈是占有支配地位，感知的主體就愈隱匿在感官知覺裡而消失無蹤，這種感知型的人就愈令人感到不快。因為，他們不是變成粗野的享樂者，就是變成無所顧忌的、精明巧妙的審美者。如果客體對於他們是絕對不可缺少的，那麼，存在於自身並藉由自身而存在的客體就絕對會受到他們的貶低。此外，客體還會受到他們毫無顧忌地歪曲和壓榨，因為，客體此時僅僅具有刺激感知的用途。他們與客體的關係會變得很惡劣，於是無意識便被迫脫離原先的補償性角色，而走向公然的對立，受到壓抑的直覺功能尤其會以投射於客體的方式，來發揮本身的作用。一些最荒誕離奇的推測會隨之出現，倘若這些推測和性的對象有關，個體那些猜忌吃醋的幻想以及焦慮的狀態就會產生重大的作用。在比較嚴重的情況下，甚至還會演變成各種恐懼症，特別是一些強迫性症狀。這些病理學內容具有一種顯然不真實的特性，它們經常蒙上一層道德或宗教的色彩，而且往往還發展成吹毛求疵的詭辯、可笑且恣意專擅的道德觀念，以及對於原始、迷信、「神奇」、訴諸深奧難懂之儀式的宗教的篤信。

這些東西全都來自於一些被壓抑的、較未分化的心理功能，這些劣勢功能在這樣的情況下會跟意識處於敵對狀態，而顯得更醒目，因為，它們似乎是以

一些最不合理的先決條件為依據，而完全和意識的事實感（Tatsachensinn）對立。在人們的這種「二號人格」（zweite Persönlichkeit）裡，整體的情感和思考會被扭曲而陷入一種病態的原始性當中；理性變成了咬文嚼字的、沒有實質進益的分析和推論，道德變成了沉悶乏味的說教和生硬僵化的形式主義，宗教變成了荒謬的迷信，而預知能力——這項人類重要的天賦——則變成了個人在困難而繁雜的事物上的虛耗，它會在每個角落裡聞嗅一番，之後便落入瑣碎事物的最狹隘之處，而不是看向寬廣的遠方。

出現在外傾感知型身上的精神官能症所特有的強迫性顯示出，無意識會抵拒純粹感知態度在意識道德上的自由性。這種感知態度從理性判斷的立場出發，而不加選擇地接納了已發生的種種。雖然，感知型不設定任何前提決不表示，感知型沒有準則性和約束性，但感知型卻因此而失去了他們那種藉由判斷而存在的、極為重要的節制力。理性的判斷代表一種意識的強制性，理性類型似乎自願承受這種強制性，然而，感知型卻受到意識的強制性經由無意識管道所產生的控制。此外，理性類型與客體的關係由於理性判斷的存在，故不同於感知型與客體的那種無條件的關係。當感知型的態度出現了不正常的片面性時，他們就會面臨落入無意識掌控的危險，一如他們也面臨在意識上依附於客體的危險。當他們患有精神官能症時，診治的醫生就更難採用理性的方式來治療他們，這時由於醫生原本寄望他們身上的那些心理功能可以發揮作用，但這些功能卻都處於較未分化的狀態，因此，實在難以或根本無法派得上用場。診治的醫生為了讓他們具有比較清楚的意識，經常需要採用一些與情緒有關的強制性方法。

‖ 直覺 ‖

在外傾的態度裡，直覺——作為無意識的察覺功能——會完全定向於外在客體。由於直覺主要是一種無意識過程，因此，意識很難掌握它的本質。在意識裡，直覺功能會透過察看某種預期的態度以及穿透表象的洞察而體現出來，而且只有事後的結果才能證明，個體的直覺究竟洞察了多少東西，洞察了多少客體的真實性。就如同取得優勢地位的感知不只是一種反應過程、

一種對於客體最重要的過程，而且還是一種能掌握與塑造客體的行為；同樣地，直覺也不只是一種察覺，一種純粹的察看，而且還是一種積極的、具有創造性的過程。這種創造性過程在客體裡投注多少，就會從客體裡取走多少，它既能在無意識裡從客體獲得具象的直觀（Anschauung），也能在客體裡創造無意識效應。

當然，直覺功能首先會傳遞一些其他功能根本無法、或只能間接達成的關係和情況的純粹意象或直觀。只要直覺受到重視，直覺所傳遞的意象便具有某種知識價值，而且這些知識還能對人們的行動產生決定性的影響。在這種情況下，心理適應幾乎完全以直覺為基礎，至於思考、情感和感知便相對受到壓抑，其中尤以感知為最，因為，感知——作為意識的感官功能——會給直覺造成最大的阻礙：感知會用源源不絕的感官刺激干擾純粹的、無偏見的、簡單素樸的直觀，這些感官刺激會使得個體的關注轉向事物的表面，然而，直覺卻力圖掌握這些表面以下的東西。由於直覺在外傾態度裡主要是以客體為導向，因此，它和感知實際上很接近，因為，直覺在對外在客體形成那種預期的態度時，很可能會利用感知。直覺如果要運作順利，感知就必然會受到高度的壓制。在這裡，我會把「感知」這個概念理解為簡單而直接的感官知覺，也就是把它當作相當清楚的生理和心理的資料。我必須事先說明這一點，因為，每當我詢問直覺者，他們是以什麼作為導向時，他們回答的內容竟然全是感官知覺，而且他們還頻繁地使用「感知」這個詞語。

這些直覺者確實擁有感知，但他們本身卻未定向於感知，而只是純粹把它們當作直觀的根據。無意識的先決條件會挑選比較有價值的感知，不過，受到青睞的感知並不是生理性最強烈的感知，而是那些被直覺者的無意識態度大幅提升價值的感知。如此一來，這些感知便有可能獲得主要價值，而對於直覺者的意識來說，這些感知似乎就是純粹的感知，但實際上卻不是如此。

就像感知在外傾態度裡會試圖達到最強烈的現實性一樣——因為，只有藉此才能為本身製造那種充滿生命力的表象——直覺也會追求最大的可能性，因為，對於可能性的直觀最能滿足直覺的預感。直覺在客觀事物裡致力於發現潛在的可能性，因此，它作為純粹的附屬功能（即無法取得優勢地位

時）也算是一種能自動發揮作用的輔助工具，如果其他的功能無法為個體所深陷的、全面受阻的境況找到一條出路的話。不過，直覺如果占有優勢地位，所有普通的生活情況似乎就是應該被直覺所開啟的封閉空間。此時，直覺會不斷尋找外在生活的出路以及新的可能性。對於直覺者來說，所有的生活情況可能會在極短的時間內變成囚禁的監牢和繫縛的鎖鍊，而迫使他們想要尋求解脫。當人們發現，某些客體暫時有助於解決問題和擺脫困境，而且還具有新的可能性時，似乎便擁有了某種近乎誇大的價值。如果客體幾乎從未善盡它們作為階梯或橋梁的職責，便似乎不再具有價值，而且還會被降格為令人厭煩的附屬物。只要某種事實開拓了新的可能性，而且這些可能性還超越了事實本身，並且還能把個體從事實當中解放出來，那麼，這樣的事實就具備有效性。由此而出現的可能性都是直覺所無法逃避的強制性動機，因此，直覺必須為這些動機而犧牲其他的一切。

‖ 外傾直覺型 ‖

當直覺占有優勢地位時，就會形成一種獨特而顯著的心理。既然外傾直覺型的直覺定向於外在客體，他們對於外在情況的強烈依賴便顯而易見，不過，他們的依賴方式卻與感知型的依賴方式截然不同。直覺者從不出現於一般公認的現實價值所存在的地方，而總是出現於可能性存在之處。他們能敏銳地察覺出一些正在萌發和具有願景的事物，而從不讓自己置身於穩定的、存在已久且穩妥可靠的情況裡，因為，這樣的情況所具有的價值雖然普遍受到認可，但卻有所局限。由於他們始終在尋求新的可能性，因此，穩定的情況會讓他們感到窒息。他們雖然可以強烈地、有時甚至相當狂熱地掌握新的客體和方法，不過，一旦這些新事物的範圍確定下來，而且他們已預見接下來無法再出現重要的進展時，就會毫不留情地放棄它們，不再重視、也不再想起它們。

只要可能性還存在，直覺者就會和命運的力量連繫在一起，彷彿他們全部的生命已在新的情況裡獲得開展一般。人們就是會有這樣的印象，當然，直覺者本身也覺得，好像他們剛剛完成了生命中明確的轉變，好像他們從今

以後已無法再對其他的東西產生任何的思考或情感。即使一切依然如此理性而且合理，即使所有可以想得到的論據都贊同穩定性，但這些卻無法阻止他們將來有一天，把從前對他們而言意味著獲得自由和解救的情況視為囚牢，並且還以這種態度來處理這些情況。

理性和情感都無法制止或嚇退他們對於新的可能性的追求，儘管新的可能性或許抵觸了他們迄今所抱持的信念。理性和情感既是信念所不可或缺的成分，也是直覺者的劣勢功能。由於它們在直覺者身上不具有決定性的分量，所以，無法持續地抵抗直覺的力量，不過，卻只有它們能有效地補償占有優勢地位的直覺功能，因為，它們會把本身的判斷傳給直覺者，而判斷正是直覺者作為這種類型所完全缺乏的東西。

直覺者的道德觀念不具有智識性或情感性。他們的道德就是忠實於自己的直觀並自願服從於直觀的權威。他們很少考慮周遭的人的幸福。別人的健康就跟自己的健康一樣，都難以具有令人信服的重要性。此外，他們也難以尊重別人的信念和生活習慣，因此，他們經常被視為不道德的、肆無忌憚的獵奇者。由於他們的直覺關注於外在的客體，並預感外在的可能性，所以，他們樂於從事一些能讓本身的能力儘量達到多面向發揮的職業。許多商人、企業家、投機買賣者、經紀人和政客等都屬於這種類型，而且這種類型的女性在比例上高於男性。這種情況還讓我們清清楚楚地看到，直覺活動的社會性遠遠勝過職業性。直覺型女性深知如何充分利用所有的社會機遇，以及如何建立社會關係。她們會儘可能為自己找到理想的男人，並為了這個新的機會再度放棄曾經擁有的一切。

外傾直覺型的人不論是在工商業或在文化推廣領域，都具有非同尋常的重要性，這顯然是可以理解的。如果他們是正直良善的人，本身的傾向不過於自私自利，他們就會成為某些豐功偉業最初的發起者，或至少扮演促進者的角色。當然，他們也會挺身支持那些前途大有可為的少數派，因為，比較傾向於人而非事物的他們，能透過預感來事先掌握這些少數派的某些能力和可能性，所以，他們也是「造就」別人的人。沒有人像他們這般，具有鼓舞他人或為新事物注入熱情的能力，儘管他們可能在明天過後就會否定這一

切。他們的直覺愈強，他們的主體就愈和本身所預見的可能性融合在一起。他們會把這些可能性生動化，並以令人信服的熱情鮮明地將它們展現出來，換句話說，他們體現了這些可能性。他們這麼做不是在演戲擺樣子，而是在表達本身作為直覺者的命定。

然而，外傾直覺者的這種傾向卻具有嚴重的危險性，因為，他們太過容易消耗自己的生命。他們會讓人們和事物顯得生機勃勃，而且還讓他們的周遭充滿豐富的生命力，不過，在周遭的人事物獲得生機的同時，他們卻將自己耗盡。如果他們能堅持下去，那麼，他們辛勞的付出就可以結出美好的果實，但他們卻又很快地為了追求新的可能性而放棄原先的努力，白白地把成果拱手讓給他人，最後落得一無所獲。當直覺者落入這種境況時，連本身的無意識也會反對他們。直覺型的無意識與感知型的無意識具有某種程度的相似性，因為，他們的思考和情感都相對地受到壓抑，所以，都在無意識裡形成了嬰幼性的、古老而原始的思維及情感。我們可以把直覺型和感知型的思維和情感跟相反類型——即思考型和情感型——的思維和情感進行比較。直覺者未分化的思維和情感會以密集投射的形式顯現出來，而且也跟感知型未分化的思維及情感同樣地荒謬。

在我看來，外傾直覺型的思維和情感確實缺乏神祕性，因為，它們大多涉及了具體的、近乎實在的事物，比方說，與性、財務或其他方面有關的猜測（例如，對於患有某種疾病的疑慮）。直覺者備受壓抑的現實感知（Realempfindungen）會導致本身的直覺功能和感知功能的落差。當直覺者突然與一個極不合適的女人或極不合適的男人有了情愛的牽絆，而且這些男女已觸及那個古老而原始的感知領域時，這種落差通常會表現得更明顯。這會使直覺者的無意識對於大多無法建立穩定關係的對象產生了一種強制性聯繫。這樣的情況已經是一種強制性症狀，而且它絕對是直覺型的特徵。

直覺型的決定並不依照理性的判斷，而只是憑藉本身對於一些偶發的可能性的察覺，所以，他們需要那種類似感知型所擁有的自由與無拘無束。他們會透過理性來消除本身的限制，卻也因此而出現精神官能症，從而讓自己陷入無意識的強制性、咬文嚼字的理性分析和推論、在繁雜的事物上的虛耗

以及對於客體的感知的強制性連結當中。他們在意識裡會以絕對的優勢和無所顧忌的態度處理本身的感知以及感知對象，不過，他們卻不認為自己處於優勢的、不顧一切的狀態。他們只是看不到大家都能看到的客體——他們的視若無睹和感知型很類似，只不過後者無法觸及客體的本質——然而，客體後來卻會以慮病症的強迫性觀念、恐懼症，以及一切可能的、荒謬的身體感知來報復直覺者的這種態度。

‖ 對於外傾非理性類型的總結 ‖

基於上述的理由，我把前面所討論的外傾感知型和外傾直覺型稱為「非理性類型」，這是由於這兩種類型的行為和要求都不是依據理性的判斷，而是依據察覺的絕對強度。他們的察覺是針對發生的事物，而這些事物並不受制於判斷的選擇，從這方面來看，這兩種非理性類型就比前面那兩種理性類型具有更顯著的優越性。客觀發生的事物時而具備規律性，時而出於偶發性。如果它們合乎規律性，理性便可以掌握它們；如果它們是偶發的，理性便無從掌握。同時這也可以反過來說：我們的理性如果發現它們合乎規律性，就會把它們當作具有規律性的東西；我們的理性如果捕捉不到它們的規律性，就會把它們的發生視為偶然。不過，我們對於普遍的規律性的假設只是我們的理性功能的假設，決不是我們的察覺功能的假設。由於這些察覺功能不是根據理性及其假設的原則，因此，它們在本質上是非理性的。但是，我們如果因為這兩種非理性類型的察覺優先於判斷，而把他們當作「非理性的」人，那就大錯特錯了！實際上，他們只是高度地倚賴經驗，獨獨以經驗為根據，有時甚至還誇張到他們大部分的判斷已無法與他們的經驗同調。儘管如此，判斷功能依然存在著，只是勉強地維持一種以無意識部分居多的存在。

無意識雖然與意識的主體分離，但只要無意識不斷地顯露出來，我們也可以在非理性類型的生活裡觀察到，他們那些顯眼的判斷與選擇性行為所表現的形式就是一些看似嚴厲冷酷的判斷、拘泥於遣詞措句的理性分析和推論以及對個人和情況似乎充滿目的性的選擇。這些特徵具有一種嬰幼性的、或原始的印記；它們有時會表現出過度的天真，有時則顯得無所顧忌、魯莽和

粗暴。在具有理性傾向的人身上，我們或許很容易看到，他們在真實的性格上似乎就是理性主義者，而且可能還充滿負面的意圖。不過，這樣的判斷也許只適用於他們的無意識，而不適用於他們本身完全定向於察覺的意識心理，也就是那種由於非理性的本質而無法被理性判斷所理解的意識心理。對於具有理性傾向的人來說，這種偶發事件的累積最終甚至無法被稱為「心理」。非理性者藉由理性者留給他們的印象而制衡了這種輕蔑的判斷：非理性者認為，自己只有一半的部分具有生命，唯一的存在目的就是把一切有生命的東西繫上理性的鎖鏈上，並以理性的批判來勒緊自己的脖子。這當然是相當極端的例子，但它們確實發生過。

　　理性者的判斷很容易把非理性者描述為比較差勁的理性者，也就是說，理性者會依據本身的觀點而以非理性者所遭遇的事情來理解他們。非理性者所碰到的事情並非偶發事件——畢竟在偶發事件裡，他們就是主宰——而是理性的判斷和理性的目的。這對於理性者來說，幾乎是難以理解的事實，而且理性者對於這種事實難以置信的程度，就相當於非理性者訝異某人竟把理性觀念置於生動活潑的真實事物之上的程度。在非理性者看來，這樣的事情也幾乎是不可思議的。人們如果想在這方面促使他們從屬於某些原則性的東西，通常是不可能的。因為，理性的理解對他們來說，不僅不熟悉，甚至還讓他們覺得反感，這就如同理性者無法想像，雙方當事人在沒有相互商議和承擔責任的情況下，便逕行訂定契約一般。

　　這一點也讓我開始思考，不同類型的典型代表之間的心理關係的問題。心理關係在當代精神醫學裡被稱為 Rapport（相互關係）——這個專有名詞原是法國催眠學派用於描述施催眠術者與被催眠者之間的精神感應。Rapport 主要存在於一種雖有所差異、卻仍能相互協調的情感裡。甚至對於現有差異的認可——只要它們是普遍存在的差異——也是一種 Rapport，一種具有協調性的情感。如果我們比較清楚地意識到我們觀察的對象懷有這種情感，我們就會發現，這種情感不只具有無法被進一步分析的特性，而且還是一種察知，或是一種以思維方式呈現協調性的知識內容。只有理性者會採取這種理性的呈現，非理性者並不如此，因為，非理性者的 Rapport 根本不是建立在

理性判斷的基礎上，而是建立在生氣勃勃的具體事物的相似性上。他們那種協調性的情感就是感官知覺或直覺的共同察覺。理性者或許會表示，他們與非理性者之間的 Rapport 來自於純粹的偶然性。當客觀情況在偶然間對頭時，就會產生像人際關係這類的事，不過，卻沒有人知道這種關係的有效性和持久性。

人們或許會認為，只要外在的情況偶然顯示出一種共同性，這種關係就會存在，但這樣的想法卻往往讓理性者感到難堪。當非理性者正好在這種關係裡看到了特別美好的人性時，理性者卻不覺得這種關係特別具有人性。這種看法的分歧會導致其中一種類型把另一種類型看成與自己不相干的人，看成無法信賴、無法合得來的人。當然，只有當人們刻意嘗試評估本身與他人的關係時，才會出現這種結果。由於這樣的心理細膩度並不常見，儘管這兩種不同的類型在觀點上存在著絕對的差異性，他們之間卻往往會形成 Rapport，而且還是依照如下的形成方式：其中一種類型會以私下的投射為前提，另一種類型則在一些關鍵要點上與他們意見相同；後者預感到或知覺到某種客觀的共同性，但前者不僅無法有意識地預期這種共同性，還立即駁斥它的存在，這種情況就跟後者從不認為他們的人際關係必須建立在與別人持有相同意見的基礎上一樣。這樣的 Rapport 是最為常見的，它以投射為依據，但投射後來卻成為雙方誤解的根源。

在外傾類型裡，心理關係始終是根據客觀因素和外在條件而進行調整，所以，外傾者的內在並不具有決定性的意義。就我們當前的文化而言，外傾態度原則上對於人際關係的問題能發揮決定性的影響；內傾原則當然也會出現，但卻是一種例外的存在，所以，它會訴諸於同時代的人的包容。

第三節　內傾型

一、意識的一般態度

誠如我在本章的緒言裡所說明的，內傾型和外傾型的區別就在於，後者

主要定向於客體和客觀事物，而前者則定向於一些主觀因素。此外，我還在緒言裡提到，內傾型在對客體的觀察和他本身的行動之間，會添入一種主觀的觀點，而使得他的行動無法獲得某種與客觀事物相符的性質。當然，這是個特例，我把它舉出來，只是為了做簡單的說明。然而，我們現在卻必須致力於取得一些較為普遍的說法。

內傾的意識雖然會注意到外在環境，但卻選擇主觀因素作為決定性因素。因此，這種類型是以察覺和認識的因素為依歸，這些因素還顯示出他們本身那種包含了感官刺激的主觀傾向。舉例來說，兩個人都看到同一客體，但他們從該客體所獲得的意象卻不是絕對一致的。個體的感官器官所具有的敏銳度並不相同，個人方程式（persönliche Gleichung）也會出現觀察的誤差，如果我們完全撇開這些不談，個體在知覺意象（Perzeptionsbild）的心理同化的方式和程度上，還經常存在著根本的差異。當外傾型總是以本身從客體所獲取的東西作為主要的依據時，內傾型基本上則仰賴那些能在主體裡把外在的印象聯繫起來的東西。在統覺產生作用的個別情況裡，只存在細微的差異，但在整體的心理狀態裡，卻存在相當明顯的差異，尤其是在保有自我（Reservat des Ich）的方式裡更是如此。

在這裡，我想預先指出一點：我認為把內傾型視為自我中心的、主觀主義的、利己主義的、自淫的，或如早逝的維也納猶太裔哲學家奧圖・威寧爾（Otto Weininger, 1880-1903）所謂的「自戀的」（philautisch）觀點，原則上具有誤導性和輕蔑性。因為，這種觀點正好符合了外傾者對內傾者的本質所抱持的偏見。人們應該記住——雖然持有外傾觀點的人相當容易忘記——人類所有的察覺和認識不僅僅具有客觀性，還受制於個體的主觀性。這個世界不只是它本身的存在，還是人們主觀印象中的存在。其實，我們人類甚至不具有任何能幫助我們判斷這個世界的標準，因為，這個世界是不會被主體同化的。假如我們忽略了這個主觀因素，就等於贊同了知識的絕對可能性，也因此走上了那條空洞的、陳腐乏味的實證主義的道路——一度蔚為風潮的實證主義曾把十九世紀末、二十世紀初期變得粗陋不堪——並陷於智識的傲慢中，這種傲慢還會演變成情感的粗劣性，以及冷漠而狂妄的粗暴性。由於我

們高估了人類客觀認知的能力，所以，會潛抑主觀因素的重要性，而且還連帶地抑制了主體的重要性。那麼，什麼是主體？主體就是人，我們就是主體。處於正常狀態的人都不會忘記，認識的進行必須要有主體。我們獲取知識的過程如果不存在，這個世界對我們來說，也就不存在了！當這個世界已經沒有人說「我知道……」時，這種情況其實也表達了一切知識的主觀性限制。

　　人類所有的心理功能都少不了主體，就像它們少不了客體一樣。「主觀」一詞聽起來有時幾乎就是一種責備，這種現象恰恰表明了現在的外傾型價值觀的特徵。因此，在任何情況下，被形容為「完全主觀」的人就意味著具有危險的攻擊性。在生活裡，我們總是會遇到這種不會完全相信客體的絕對優越性的人，所以，我們必須弄清楚，「主觀」這個詞語究竟有哪些涵義。我會把那些與客體的作用融合成新的心理事實的心理活動或心理反應，當作主觀因素。只要主觀因素自遠古時代以來，在世界所有民族的身上一直保持極高度的一致性——畢竟人類基本的察覺和認識不論在哪個時空下，都是相同的——它就會跟外在客體一樣，是一種牢不可破的真實性。

　　如果主觀因素不是如此，就根本稱不上是什麼經久不變的、始終一致的真實性，人們也不可能憑藉流傳下來的東西來理解它。因此，只要主觀因素的存在，就像海洋的遼闊和陸地的寬廣這些事實一般不容置疑，只要主觀因素還要求那些無論在何時何地都無法被排除在人們的考慮之外的、決定世界的重要力量的全部價值，它就是一種確鑿的真實性。此外，它還是另一種世界的法則，誰如果依憑它而存在，就可以得到跟那些依憑客體的人一樣的確定性、持久性和有效性。不過，正如客體和客觀事物會因為偶然性以及有限的有效性而發生改變一般，主觀因素也會受到多變性和個別的偶然性的影響而出現變化。由此可知，主觀因素的價值只是相對的，並不是絕對的。內傾觀點在意識裡的過度發展不但無法讓主觀因素獲得更好的、更有效的運用，反而還會導致意識非自然的主觀化（künstliche Subjektivierung），這麼一來，個體就得承受「完全主觀」的指責了。此時，個體的外傾態度會出現威寧爾所謂的「自我憎恨的」（misautisch）現象，以對應於意識的去主觀化。

　　由於內傾態度依賴一種普遍存在、極其真實，且絕對不可缺少的心理適應的條件，因此，以「自戀的」和「自我中心的」等這類詞彙來形容內傾者是不恰當且應該被摒棄的作法，因為，它會讓人們對內傾者產生偏見，認為他們是自戀的人。儘管沒有什麼觀點會比這樣的偏見更謬誤，但每當我們審視外傾者對於內傾者的判斷時，就會發現，它其實經常出現在我們的生活當中。在這裡，我並不想把這種偏見歸咎於外傾型個體。因為，在我看來，這種偏見更多源自於目前普遍被大家所接受的外傾觀點，而且外傾觀點不僅僅存在於外傾型裡，也同樣存在於其他極度背離內在自我的類型當中。人們甚至還理直氣壯地批評那些背離內在自我的人不忠於自己的類型，而外傾者至少還不至於受到這種非難。

　　在正常的情況下，內傾態度原則上會受到來自先天遺傳的心理結構的制約。這種心理結構雖是主體內在的一個重要的部分，卻不等同於上述那些形容詞所界定的主體的自我（Ich），而是主體在自我出現任何發展之前便已具備的東西。作為心理結構之基礎的主體，即本質我（Selbst），遠比自我更為廣泛，因為，本質我還包含了無意識，而自我基本上只是意識的中心。如果自我可以和本質我劃上等號，那麼，我們將無法理解，為什麼我們有時候會以完全不同的形式和涵義出現在自己的夢境裡。當然，內傾者的特性就在於他們會順從自己的傾向和一般的偏見，而把本身的自我和本質我相互混淆，並把自我提升為心理過程的主體，從而導致前面提到的意識的病態主體化，最後使得自己疏離於客體。

　　心理結構就相當於德國演化生物學家理察・賽蒙（Richard Semon, 1859-1918）所提出的「殘存於人類無意識裡的記憶痕跡」（Mneme）[3] 以及我所謂的「集體無意識」。個體的本質我是一種普遍存在於人類的生命體，並已相應地發展出各種演化層級的心理過程的某個部分、片段或代表。而且，這種心理過程對每個新生的生命體來說，都是與生俱來的。自古以來，人類行動的先天性質被稱為「本能」，而人類心理掌握客體的習慣和方式就是我所謂

3　RICHARD SEMON, *Die Mneme als erhaltendes Prinzip im Wechsel des organischen Geschehens.*

的「原型」（Archetypus）。我在這裡已假定，大家都知道「本能」這個概念。至於「原型」，大家就比較不熟悉，我認為，這個概念的涵義其實無異於瑞士文化史學家雅各‧布克哈特（Jacob Burckhardt, 1818-1897）所提出的「原初意象」。[4]

原型是一種象徵性公式，而且還四處發揮作用，不是在意識概念尚未存在的地方，就是在意識概念基於種種內在或外在的原因而根本不可能存在的地方。這些集體無意識的內容在意識裡，會以顯著的傾向和觀點表現出來。個體通常會認為，這些傾向和觀點受制於客體，但這卻是錯誤的看法，因為，它們畢竟來自於心理的無意識結構，只不過是被客體的影響所喚起罷了！這些主觀的傾向和觀點其實比客體的影響更強烈，由於它們具有較高度的心理價值，所以，還超越了一切的印象。就像內傾者無法理解客體總是發揮決定性作用一樣，外傾者也始終對主觀觀點得以凌駕於客觀情況感到困惑，而不可避免地認為，內傾者就是自負的利己主義者或教條主義的狂熱者。此外，外傾者還假設，內傾者會受到無意識的權力情結的影響。由於內傾者本身某些特定的、強烈概括化的表達方式往往會讓人們覺得，他們似乎一開始就把其他的意見排除在外，因此，便進一步強化了外傾者對於他們的偏見。

內傾者在先驗上凌駕於客觀事物的主觀判斷的堅決性和固執性，就足以給人們留下強烈的自我中心的印象。內傾者大多提不出確實的論據來駁斥這樣的偏見，因為，他們不明白本身的主觀判斷或主觀察覺的無意識前提，但卻知道那些絕對具有普遍有效性的前提。他們以合乎時代風格的方式，往意識的外部而非往意識的背後進行探索。如果他們患有精神官能症，他們的無意識裡的自我與本質我或多或少會具有同一性。本質我會因為與自我的同一性而完全失去重要性，而自我反而因此大幅取得了重要性。然後，主觀因素那種確鑿的、決定世界的權力會被迫進入自我當中，而造成個體過度的權力需求以及可笑的自我中心。每一種把人類的本質歸結於無意識的權力驅力的

4　請參照我在下一章對於「意象」（Bild）一詞的定義。

心理學，都是以這個機制為基礎而發展起來的。以哲學家尼采為例，他在許多方面缺乏品味，其實可以歸咎於本身意識的主體化。

二、無意識的態度

在內傾型的意識裡，主觀因素的優勢地位同時也意味著客觀因素的劣勢地位。客體在內傾態度裡，並未獲得原本應有的重要性，也幾乎沒有想要表達的內容，相較之下，它在外傾態度裡卻扮演極其重要的角色。當內傾者的意識出現一定程度的主觀化，並賦予自我過度的重要性時，個體就會把客體和一種無法長期持續下去的狀況加以對比。客體具備重要性以及毋庸置疑的威力，而自我卻存在著極大的限制性和脆弱性，不過，如果由本質我來面對客體，情況就不一樣了！本質我和世界都具備可以一較高下的重要性，因此，正常的內傾型就跟正常的外傾型一樣，都保有存有的正當性和有效性。如果自我接受了主體的要求，無意識此時為了進行補償，必然會強化客體的影響。這種強化會隨著客體和客觀事物發揮極其強大的影響而變得顯而易見——儘管自我有時必須拚命努力，以確保本身的優勢——當這些客體的影響在無意識裡控制了個體，從而不禁強行進入意識裡時，就會變得更加銳不可當。

由於內傾者的自我與客體缺乏聯繫——畢竟想要有所掌控的意圖不等於環境的適應——所以，在無意識裡便形成了一種對於客體的補償關係。這種補償關係是內傾的主體與客體之間絕對的、而非具有壓制性的關係，而且會在意識裡發揮作用。內傾者的自我愈試圖確保一切可能獲得的自由，愈希望處於獨立自主、優勢且不受約束的狀態，便愈加受到客觀事物的奴役。他們的精神自由會受到可恥的經濟依賴的束縛，對本身行為那種無謂的態度，還因為必須面對公眾輿論而不時處於焦慮的精神萎靡狀態。他們的道德優勢陷入了劣勢關係的沼澤裡，支配的興致也隨著本身可憐地巴望獲得他人的喜愛而消散無蹤。此時無意識會採取能徹底摧毀意識的權力幻覺和優勢幻想的方式，來打理本身和客體的關係。客體雖受到意識的貶抑，卻表現出一些令人恐懼的面向，從而使得自我更加劇自身與客體的分離以及對於客體的支配。

最後，自我會用一套正式的、至少可以試圖維護意識的優勢幻想的安全系統（心理學家阿德勒已確切地闡述過這一點），將自己保護起來。

如此一來，內傾者便與客體完全分離。他們為了在客體身上強行貫徹自己的目的，一方面採取防衛措施，另一方面則進行一些徒勞無功的嘗試，而把自己的精力消耗殆盡。他們的努力也因為客體留給他們的那些強烈的印象而受挫。客體會持續地壓迫他們，對抗他們的意志，致使他們產生最不舒服的、最持久的負面情緒，而且還處處與他們糾纏不休。為了讓自己能「撐下去」，他們需要不斷進行強大的心理建設。因此，出現在這些內傾者身上的精神官能症的典型就是「精神衰弱」（Psychasthenie）。這種心理疾病的特徵在於患者會出現高敏感度、身心耗竭，以及慢性疲勞的症狀。

對於內傾者所進行的個人無意識的分析，會導致該內傾者出現大量的權力幻想，其中還夾雜著對於具有強大生命力的客體的恐懼。實際上，內傾者很容易成為這些客體的犧牲品，更確切地說，他們對於客體的恐懼會讓自身形成一種特有的膽怯，從而畏於表達自己或自己的意見，因為，他們害怕客體會產生更強烈的影響。他們對於他人（客體）強烈的情緒感到恐懼不安，幾乎無法擺脫可能落入他人的勢力範圍的恐懼。換句話說，這些客體具有勢力龐大的、令他們感到恐懼的特性，他們雖然無法在意識裡觀察到它們，但他們卻相信，可以透過本身的無意識而察覺出它們的存在。由於他們與客體的意識關係相對地受到潛抑，因此，這種意識關係的維繫就必須借助於無意識，所以，他們後來還得以擁有基本上屬於嬰幼性的、古老而原始的無意識性質，他們與客體的關係便具有原始性以及所有表明原始人與客體的關係的特徵。於是，客體似乎擁有了神奇的魔力。新出現的、陌生的客體好像隱藏著莫名的危險，所以，會引發內傾者的恐懼和誤解；至於那些存在已久的客體則與他們的內心存在著無形的聯繫，不過，任何的改變即使不會造成危險，卻似乎還會造成干擾，因為，這些改變彷彿意味著客體神奇的生命力。

一座只有被允許活動的東西才得以活動的孤島，就是內傾者的理想。十九世紀德國文學家弗利德里希·維希爾（Friedrich Th. Vischer, 1807-1887）的長篇小說《一位在旅途中結識的人》（*Auch Einer. Eine Reisebekanntschaft*）

不僅讓我們清楚看到內傾型心靈狀態孤獨的那一面，同時還讓我們了解集體無意識所潛藏的象徵性意義。不過，我在這裡描述內傾型時，並不想繼續討論這種象徵性意義，因為，它並不是內傾型的特徵，而是橫跨各種類型的普遍現象。

三、內傾態度的基本心理功能的特點

‖ 思考 ‖

　　我在前面描述外傾思考型時，曾約略提到內傾思考型的特徵，在這裡，我將對它做更深入的探討。內傾思考型主要定向於主觀因素，而主觀因素至少會顯現在最終做出判斷、具有主觀傾向的情感裡。有時，這種主觀情感也是一種或多或少已臻至完善的意象，這樣的意象在某種程度上還被當作一種標準。內傾思考既可以處理具體的、也可以處理抽象的範圍，但在決定性的時刻，卻始終定向於主觀事物。它不會從具體經驗轉向客觀事物，而是轉向主觀內容。外在事實並非內傾思考的原因和目標，雖然內傾者總是希望本身的思考能接受這種假象。其實，內傾思考開始於主體，而後也會返回主體，即使它曾深入實在事實的領域。因此，新的事實的提出可以讓我們明白，只要內傾思考所傳遞的主要訊息是新事實的觀點，而不是新事實的知識，內傾思考大部分便只具有間接的價值。

　　內傾思考提出問題並建立理論，指出發展前景並表達自己的洞察，然而，在面對事實時，它卻顯得有所保留。事實對它來說，只是用於說明的例證，不宜占有優勢。內傾者蒐羅事實只是為了收集證據，決不是為了事實本身，如果是為了事實本身，就等於是在贊同外傾風格。就內傾思考而言，事實只具有次要意義，主觀觀念、內在洞察力，以及或多或少無法捉摸的初始象徵的意象的發展和表達，才具有主要價值。因此，內傾思考從不致力於以思維來重建具體的事實性，而是把神祕模糊的意象提升為清楚明白的觀念。內傾思考想要達到事實性，想要察知外在事實如何嵌入既有的觀念框架之中。由於它也可以產生那種雖不存在於外在事實，卻最能以抽象方式表達外

在事實的觀念，因此便證明了本身的創造力。當它所創造的觀念看來好像來自於外在事實，而且這些觀念的有效性也獲得外在事實的證實時，它的任務就完成了！

正如外傾思考總是難以從具體事實取得卓越的經驗概念，或難以創造新的事實一般，內傾思考也總是難以將原初意象轉為貼近於事實的觀念。在前一種情況裡，外傾思考純粹依憑經驗主義而積累事實，這不僅會阻礙思維的發展，還會扼殺事實所包含的意義；在後一種情況裡，內傾思考為了展現本身的幻想意象而出現一種危險的傾向：它不是把內在的意象形式強行加於外在事實上，就是徹底忽略外在事實。這麼一來，內傾思考所表達的觀念便無法否認本身起源於神祕的、古老而原始的意象。由於這種內傾觀念本身帶有神話特徵，人們便把這種神話特徵解釋為「原創性」（Originalität），不過，在比較糟糕的情形下，就會把它們視為稀奇古怪的東西，因為，那些不熟悉神話題材的專家學者們無法掌握神話的古老而原始的特性。

這類內傾觀念往往具有強大的主觀說服力，而且愈不涉及外在事實，說服力就愈強。雖然，對於抱持內傾觀念的人來說，那些貧乏的事實材料似乎就是觀念的可信性和有效性的根據和原因。但事實卻非如此，因為，觀念的說服力其實源自於它們本身普遍有效、且永遠真實的無意識原型。由於這個真理如此具有普遍性和象徵性，為了進一步成為一貫的生命價值的實際真理，它始終必須在當下先獲得人們在認知上的贊同，或讓自己可以受到人們認知的贊同。試想，人們如果完全無法察知某個因果關係的實際原因和實際結果，那麼，該因果關係還能存在嗎？

內傾思考很容易迷失在主觀因素那種強大的真實性裡。它為了理論而創造理論，其中似乎也曾考慮到真實或至少是可能的事實，不過，它卻顯然傾向於將抽象的思維逐漸轉化成生動的意象。一些富有許多可能性的觀點雖因此而產生，但它們卻都無法實現，最後，一些被創造出來的意象已不再是外在真實的表達，它們充其量只是人們所無法察知的事物的象徵罷了！內傾思考會因此而變得難以理解，也會變得跟那些只在客觀事實的範圍內所進行的外傾思考一樣，缺乏創造力。不同的是，局限於客觀事實的外傾思考會落入

只會設想事實的層次，而內傾思考則轉變為一種對於難以想像的事物的設想，這種設想甚至超越了一切生動的意象。對於事實的設想當然具備無可爭辯的真實性，因為，事實已由於主觀因素被排除在外而充分地顯示出來；至於內傾思考對於難以想像的事物的設想則擁有主觀而直接的說服力，而且還會以本身的存在來證明自己。前者會表示：它在，所以它存在（Est, ergo est.）；但後者卻說：我思考，所以我思考（Cogito, ergo cogito）。

　　過於極端的內傾思考會顯露出本身主觀的存在，外傾思考則反映出本身徹底和客觀事實的認同。外傾思考因為完全融入於客體當中而否定了自身，內傾思考則擺脫了所有內容而滿足於自身純粹的存在。在這兩種情形裡，生命的進一步發展都被排除在思考功能之外，而進入其他迄今仍相對存在於無意識的心理功能的領域。內傾思考在客觀事實方面的貧乏化，會由大量的無意識事實進行補償。如果意識藉由思考功能而愈把自己限制在最小、最空洞，但卻似乎包含了豐富神性的範圍之內，無意識的幻想就會因為含有大量形成於遠古時代的事實，以及含有神奇與非理性的重要性的魔性，而愈加增多。魔性所具有的神奇與非理性的重要意義，會依照個體身上由哪一種優勢功能取代了思考功能，而出現不同的特殊面貌。

　　如果是由直覺功能來取代思考功能，我們就得用奧地利當代文學家麥林克和藝術家阿佛烈德‧庫賓（Alfred Kubin, 1877-1959）的觀點來看待「另一面」（andere Seite）了。如果是由情感功能來取代思考功能，個體就會出現迄今罕見的、怪異的情感關係與情感判斷，而且它們還具有矛盾的、人們無法理解的特性。如果是由感知功能來取代思考功能，個體的感官就會在身體的內部和外部發現一些新的、從未體驗過的東西。如果我們更深入探討以上這些出現於個體身上的轉變，就可以輕易證明，這是原始心理及其所有特徵的浮現。當然，已被體驗過的東西並不只是原始的，也是象徵的；如果它們看起來愈古老、愈原始，將來就愈有可能發生，因為，存在於我們無意識裡的所有古老的內容都意味著未來的發生性。

　　在一般情況下，個體無法順利地往「另一面」過渡，更不用說那種經由無意識所達成的解脫性過渡。往「另一面」過渡所碰到的阻礙大多是來自於

意識的抵拒，因為，意識不希望自我受制於無意識的事實性以及無意識對象所具有的制約力的實在性。這是一種分裂狀態，換句話說，是一種以精神衰弱、以及心力與腦力的耗竭為特徵的精神官能症。

‖ 內傾思考型 ‖

如果英國生物學家達爾文可以代表正常的外傾思考型，那麼，我們也可以把德國哲學家康德當作是一個正常的內傾思考型的範例。達爾文是讓事實來說話，康德則是依據主觀因素。達爾文追求客觀事實性的那片廣闊的領域，康德則把自己限制在那種對人類知識的批判當中。如果我們再拿法國博物學家喬治・居維業（Georges Cuvier, 1769-1832）和德國哲學家尼采比較，他們之間的對比就會更鮮明。

內傾思考型的特徵在於我剛才所描述的那種思維的優勢地位。他們跟外傾思考型一樣，都受到觀念的決定性影響，不過，那些制約他們的觀念並非起源於外在的客觀事物，而是來自個體本身的主觀基礎。也就是說，內傾思考型和外傾思考型都遵從觀念，只不過方向相反罷了！因為，前者所依循的觀念是內在的，而後者所憑藉的觀念則是外在的。此外，前者追求思考的深度，而後者則致力於思考的廣度。以上這些基本的差異，可以讓人們明確地區辨這兩種類型。內傾思考型就和其他的內傾型一樣，有時幾乎完全缺乏外傾型的特徵，即那種與客體的密切關聯性。如果外在客體是人，這個人會明顯地感到，他與內傾思考型個體的關係根本是負面的：在比較和緩的情況下，他會意識到，自己在對方的眼裡是多餘的；在比較嚴重的情況下，他會覺得，自己阻礙了對方而遭到對方直接的拒絕。

對客體所產生的負面連結（從冷漠到拒絕）是每一種內傾型的特徵，這也大幅提高了人們描述內傾型的難度。在內傾思考型的內在世界裡，一切傾向於消失或隱藏。他們的判斷顯得冷酷、固執、專斷且嚴厲無情，因為，這些判斷與主體的關聯性多於與客體的關聯性。內傾型的判斷不僅否定客體具有較高的價值，而且還經常不理睬客體，從而讓主體感覺到本身的優越性。禮貌、親切和友善可能會出現在他們身上，但卻經常伴隨著某種焦慮不安的

怪異性，而且這種焦慮不安還隱約透露著解除敵人武裝的意圖。由於敵人可能會帶來干擾和妨礙，因此，應該被安撫或被征服。即使對方不是敵人，不過，只要對方夠敏感，就會感覺到自己在某種程度上受到內傾者的壓抑或甚至貶低。

客體往往受到內傾主體的忽視，更有甚者，還會受困於內傾主體所採取的一些不必要的防禦措施。這種類型喜歡隱身於誤解的雲霧裡，如果他們想試著引發補償作用，那層誤解的雲霧就會加厚。他們會借助於某些劣勢功能而戴上溫文有禮的面具，不過，這樣的面具卻經常和他們真正的本質形成明顯的對比。當他們在擴充本身的觀念世界時，並不畏懼於一些大膽的冒險行動，而且也不會顧慮它們的風險，因為，這樣的顧慮可能具有危險性、顛覆性、異端性，以及對情感的傷害性。但是，當這種冒險行動應該轉化為外在的真實性時，他們就會非常擔憂恐懼，畢竟他們不喜歡這樣。當他們在真實世界裡實踐本身的觀念時，他們推行觀念的態度，並不像操心的母親那般仔細用心地引導自己的孩子，而只是把它們提出來，當它們無法自行取得進展時，頂多就是生氣罷了。從各方面來看，他們通常在實際能力上的欠缺以及對於自我吹噓的厭惡，都有助於本身這種內傾思考類型。當他們認為，本身思維的產物在主觀上具有正確性時，它們就必然是正確的，而其他的人就應該屈從於這個真理。

他們幾乎不願意爭取一些有影響力的人，來贊成自己的想法。如果他們真的這麼做，大多會顯得很笨拙，所以，反而會適得其反。他們在同行的競爭者身上經常遇到麻煩，因為，他們從不會試著爭取競爭者的好感，甚至還讓競爭者認為，自己在他們面前是多餘的。他們會遵照本身的觀念，因此，他們大多時候是頑強、固執、拒絕接受影響的。如果他們認識到客體似乎不具有危險性時，他們這種類型會非常樂於接受一些劣勢因素——即無關於思考的因素——這些劣勢因素便因而得以從無意識掌控他們。只要他們在遵循自己的觀念時，沒有受到干擾，他們就會變得殘暴，而且還以最卑劣的方式對他人進行剝削。他們不知道自己會被他人從背後襲擊並洗劫一空，而且會遭受他人所造成的實際損害。他們之所以會有這樣的遭遇，是因為與客體的

關係對他們來說是次要的，而且他們也沒有意識到外界對於他們的思維產物的客觀評價。當他們努力思考問題的可能性時，也同時將問題複雜化，因此，他們總是在所有可能的疑慮當中掙扎著。他們認為，本身思維的內在結構是如此清晰明確，不過，他們卻不明白，自身的思維該如何歸屬於外在那個真實世界，而且究竟該歸屬於那個真實世界的哪個地方。他們後來只能勉為其難地接受一些自認為、但卻非每個人都認為很清楚的東西。本身的顧慮所產生的種種附加條件、限制、謹慎和懷疑，經常會妨礙他們展現自己的風格。工作對他們來說，既困難又費勁。

他們不是沉默寡言，就是令人感到無法理解。為了反制人們的不解，他們會蒐羅一些證據，以凸顯人們身上那些無法解釋的愚昧。如果他們偶爾為人所理解，就會因為輕信對方而高估對方。野心勃勃的女人懂得如何利用他們對客體那種不加批判的心理，因此，他們往往會因為這種女人而吃虧上當，或因此而畏懼伴侶關係，最後逐漸變成雖擁有單純的童心、卻又憤世嫉俗的單身漢。他們的外在表現也經常顯得愚鈍笨拙，比方說，他們的謹小慎微會令人感到尷尬難堪。他們有時會刻意避免惹人注目，有時卻對自己明顯表現出的那種童稚的天真毫不在意。他們在自身特殊的工作領域裡，會引發激烈的矛盾和衝突，但他們對此卻束手無策，除非他們受到自身那種仍帶有原始性的情緒的牽引，而捲入一些尖刻的、毫無結果的論辯裡。

在他的生活圈子裡的人會認為，他不會替別人著想，而且獨斷獨行。不過，人們如果愈了解他們，對於他們的判斷就愈中肯，那些與他們最親近的人最懂得珍惜他們彼此那種親密融洽的情誼。在那些與他們關係較疏遠的人的眼裡，他們就顯得高傲、粗魯無禮且難以接近，他們還經常因為承受這類不利於社交的偏見，而感到苦惱不已。他們如果擔任教師，就比較無法發揮本身的影響力，因為，他們不了解學生的思維方式。如果不是在教學時偶然還會碰到理論方面的問題，他們對於教學工作其實完全不感興趣。他們不是稱職的老師，因為，他們在上課時，比較偏重於自己對教材內容的思考，而不是如何把教材內容介紹給學生。

隨著本身類型的強化，他們的信念就變得愈僵化，也愈無法改變。此

時，他們已排除了外來的影響，對於那些與他們關係較疏遠的人來說，他們變得更沒有同理心，因此就更加依賴身邊最親近的人。他們的言語變得更自我中心和無所顧忌，他們的觀念變得更深刻，但他們手邊現有的材料卻無法充分地表達這些觀念。所幸的是，他們的易感性和敏感性彌補了這方面的不足。他們在外部所拒絕的外來影響，此時卻從內在世界、從無意識裡向他們襲來。為了抵制這些外來影響，他們必須收集證明來反對某些在局外人看來根本是多餘的事物。由於他們欠缺與客體的連繫，這便導致他們的意識出現主觀化，因此，那些私下與他們個人最密切相關的東西，就被他們視為最重要的東西。這麼一來，他們便開始把他們的主觀真理和他們的個人混淆在一起。他們雖不會試著強迫別人接受自己的信念，但卻會惡毒地反擊所有批評他們的人，儘管這些批評是如此恰當而合理。因此，他們在各方面便逐漸陷入孤立。他們原先那些豐富的觀念會變得具有破壞性，因為，他們自身所遭受的苦難已把這些觀念負面化了！隨著本身與外界的隔絕，他們和逐漸癱瘓他們的無意識影響的較量便愈演愈烈，然而，他們那種已變得更加深重的孤獨習氣，卻可以保護他們免於遭受無意識影響的侵害。這種無意識影響通常會讓他們陷入一些更深的、足以耗盡他們內在的衝突裡。

　　內傾型在發展那些更接近原初意象的永恆有效性的觀念時，他們的思維是積極的，也是綜合的。如果這些觀念與客觀經驗的關聯性出現鬆動，它們便具有神話性，而且它們對當前的情況來說，會變得不真實。當這種內傾思維與當時眾所周知的事實存在著明顯的、可理解的關聯性時，當時的人便會認為它很有價值。一旦這種思維具有神話性，就會變得無關緊要，最終就會在自己裡面消散無形！一些與內傾思考對立的、比較涉及無意識的心理功能，諸如情感、直覺和感知，都是劣勢功能，也都具有原始的外傾性。一切內傾思考型所服從的、令人厭煩的客體關係都是由這種原始的外傾性所造成的。由於這些人們經常採取的自我保護措施以及習以為常的自我束縛的領域，大家已相當熟知，因此，我在這裡就不再贅述了！所有的內傾思考都是為了抵禦外在客體所產生的「魔性」影響，這其中也包括對於女性的恐懼。

‖ 情感 ‖

內傾情感主要取決於主觀因素。對於情感的判斷來說，這正是內傾情感和外傾情感之間的根本差別，而且它們在本質上的差異，就跟內傾思考和外傾思考之間的差異一樣。無疑地，以智識的方式說明內傾的情感過程或約略地描述該過程，都是不容易的事，儘管這種類型的情感特質在人們的眼裡，絕對是醒目而突出的。由於內傾情感主要受制於主觀的先決條件，所以，與客體的關係是次要的，因此，這種類型的個體極少表達他們的內傾情感，如果偶爾流露出這種情感，通常也會遭到人們的誤解。內傾個體的情感似乎是在蔑視外在客體，因此，會讓人們注意到它的負面性，至於其正面的情感，人們幾乎只能間接地推斷它的存在。

內傾情感不會試著適應客體，而是試著透過無意識而讓客體所依據的意象成為現實，並以這種方式來支配客體。因此，內傾情感始終在尋找某種似乎曾見過、卻不存在於現實中的意象。它彷彿漫不經心地掠過了一直未合乎它的意向的客體。它追求內在的強度，而客體頂多只是這種強度的一個刺激罷了！人們只能猜想它的深度，卻無法清楚地了解它。為了充滿主體深邃的背景，它敏感地拒絕了外在客體的粗暴性，因此，人們實在難以接近它，只能沉默以對。此外，它還會以負面的情感判斷或顯著的冷漠來保護自己。

我們都知道，原初意象跟情感一樣，都是人們的觀念。因此，諸如上帝、自由、永恆不朽等這些基本觀念不僅具有觀念的意涵，也具有情感的價值。因此，內傾思考所表達的一切也會被轉移到內傾情感上，換句話說，內傾情感所感受到的東西就是內傾思考所思忖的對象。思維的表達通常比情感的表達更清楚明瞭，不過，這個事實卻使得內傾情感為了儘可能表現、或對外界傳達本身情感的豐富性，而需要一種超出一般水準的語言和藝術的表達能力。正如主觀思考由於缺乏與外在現實的連繫而讓個體無法獲得應有的理解一般，主觀情感也同樣處於這種困境，而且情況或許更嚴重。為了讓他人了解自己，個體便需要找到一種外在的表達形式，這種形式不僅能恰切地承載本身的主觀情感，也能促使他人的內在出現相對應的心理過程，而讓個體

得以將主觀的情感傳達給他們。

　　有鑑於人類具有較高的內在同質性（一如具有較高的外在同質性），這種效應的確有可能發生，不過，只要內傾情感確實還以原初意象的豐富內容作為主要導向，個體就很難找到這種情感所合意的表達形式。內傾情感如果遭到個體的自我中心的扭曲，就會失去同理心而令人感到不快，因為，它已變得只會關注於自我。然後，它一定會使人們覺得，它是一種自我欣賞、感傷的自戀，以及病態的自我吹噓。就像內傾思考的主觀化意識力圖追求極致的抽象化，而到頭來卻只讓內容空洞的思考過程達到最大的強度一樣，自我中心的內傾情感也會深化為一種缺乏內涵的、只能感受自身的激情。這是個神祕的、極度亢奮的階段，也是內傾情感將逐漸轉變為某些原先被情感所潛抑的外傾功能的準備階段。就像被客體藉由本身的魔性力量所依附的原始情感，與內傾思考彼此對立一樣，在具體化和事實的絕對權威裡尋找與本身同類的原始思考，也與內傾情感處於相互對峙的狀態。內傾情感會逐漸擺脫與客體的關係，並取得只與主體有關的行動自由和良知自由。這種自由有時會表示放棄所有傳統的、普遍被接受的東西。不過，這麼一來，無意識思維就更加受制於客觀事物的勢力。

‖ 內傾情感型 ‖

　　我發現，內傾情感型主要出現在女性身上。「靜水流深」（Stille Wasser gründen tief.）這句德語諺語就是對這類女性最好的形容。她們大多沉默寡言、難以親近、令人不解、性情抑鬱，而且還經常戴上天真單純或平庸無趣的面具來隱藏自己。她們不會顯露自己，也不會表現自己。由於她們主要受到自身主觀傾向的情感所引導，因此，她們真正的動機通常是隱而不顯的。她們的外在表現是平和的，不會引人注目，她們擁有愜意的平靜，而且會將心比心地對待別人，不會想打動、影響或改變別人，也不想讓別人留下任何深刻的印象。如果她們的外在表現受到更多影響時，便會讓人們不由得懷疑她們是否已帶有些許的冷漠與冷淡，而這些情感甚至會進一步發展成一種對於他人的甘苦無所謂的態度。當客體以任一方式產生過強的影響時，在正常

的內傾情感型身上就會出現迴避客體的情感活動。因此，只有當客體處於一種強度適中的情感狀態，並依照自己的方式運作，而不想妨害他人的方式時，這種平和的情感才會伴隨出現。因此，不僅不會有什麼東西伴隨客體原本的情緒而出現，反而客體原本的情緒還會遭到削弱和抵拒，或更確切地說，會因為個體作出負面的情感判斷而「冷卻下來」。

雖然，內傾情感型的人向來願意與外在客體和睦相處，然而，在外在客體看來，她們並不親切可愛或樂於給予溫暖的支持，而是冷漠、冷淡或拒人於千里之外，有時甚至還覺得，自己在她們面前似乎是多餘的。對於那些吸引人的、令人狂熱的東西，內傾情感型通常會站在友善的中間立場，但有時也會以些許的優越性和批判，而讓敏感的客體屈居下風。至於爆發的情緒卻會挾著可怕的冷漠而粗暴地出現，除非這種情緒偶然地從無意識裏向這種類型的個體，也就是活化該個體的任何一種情感的原初意象，從而掌控其情感。當這種情況出現時，這種類型的女性會感覺自己大大地喪失了行動能力，為了反制這種癱瘓現象，她們必然會做出更強烈的反抗來攻擊客體最脆弱的部位。她們與客體的關係會盡可能維持在一種平靜而穩健的、強度適中的情感狀態，所以，她們會嚴正排拒自身的任何激情以及放縱不羈的行為。因此，她們缺乏情感的表達，她們的客體如果意識到這一點，就會老是覺得自己不如她們。當然，情況並非都是如此，因為，情感表達的匱乏往往會潛藏在無意識裡，無意識的情感需求會隨著時間而逐漸產生一些症狀，以迫使個體付出更多關注。

內傾情感型大多顯得冷淡而矜持，因此，人們膚淺的判斷往往會認為她們沒有情感。不過，這種判斷打從一開始就是錯的，因為，她們的情感雖不廣泛，但卻因為朝深度發展，所以是深刻的。舉例來說，有些人會在適當的地方透過言語和行動來表達本身廣泛的同情，而且事後還能迅速地擺脫他們所留下的這種印象；然而，有些人卻不流露本身深刻的同情，因而讓這樣的情感獲得了一種激情的深度。這種深刻的激情接納了人世間的愁苦與不幸，並因此而呈現僵化狀態。或許這種激情會過度地爆發出來，而出現了幾乎可以說是英雄性格的那種令人驚愕的行為，而且不論是主體或客體，都無法找

到對待這種激情的適當方式。

對於關注外在世界以及無法洞察的外傾者來說，內傾情感型深刻的同情似乎是冷漠的，因為，這種同情沒有任何外顯的表現，畢竟外傾判斷不會相信看不見的力量。這種誤解就是內傾情感型在生活中特別容易碰到的情形，它通常還被當作反對所有主體與客體建立更深刻的情感連繫的重要論據。正常的內傾情感型本身只能預感情感的真正對象的存在。她們可能會以一種隱而不顯的、不安地提防世俗目光的宗教虔誠，或以一種同樣已徹底排除出人意料的變數的詩歌型式，來表達自己的目的和內容，其中還不乏暗自盤算如何凌駕於客體之上的企圖。這種類型的女性如果成為母親，當她們默默把自己的激情灌注在子女身上時，也往往會把這種方式傳遞給他們。

正常的內傾情感型所顯露的傾向，會把暗地裡所感受到的東西以公開而明顯的方式置於客體之上，或以絕對的優勢強加於客體之上。雖然，這種傾向對於客體不具有干擾性，也不會當真地對於客體進行這類嘗試，但它卻仍透過一種難以被定義、也難以被支配的影響方式，而滲入本身對於客體所發揮的效應中。人們會感覺到，內傾情感型的這種傾向是一種深具吸引力、卻也令人感到壓迫或感到窒息的情感，因此，這種類型便獲得了某種神祕莫測的力量。這股力量特別讓外傾男性感到心醉神迷，因為，它觸及了他們的無意識。它來自於那些個體已感受到的無意識意象，但由於意識很容易把它和自我連繫起來，於是它所產生的影響就轉變為個人的專橫。當無意識主體獲得自我的認同時，強烈的內傾情感的那股神祕莫測的力量就會轉變為乏味而狂妄的權力欲、虛榮心，以及專斷蠻橫的壓制性，所以，一種以肆無忌憚的野心和陰險的暴虐而聲名狼藉的女性類型就這麼出現了！如果個體患有精神官能症而出現這種轉變，病情就會惡化。

只要自我還覺得屈居於無意識主體之下，只要情感比自我出現更優越、更強大的發展，這些個體就是正常的內傾情感型。她們的無意識思考雖然古老而原始，卻可以透過本身的弱化來補償個體有時突然把自我提升為主體的作法，而裨益於個體。不過，如果是因為正在弱化的無意識思考所產生的影響受到徹底的壓制，才導致這種情況的出現，無意識思考就會形成反向轉化

而把本身投射於外在客體。如此一來，已變得自我中心的主體就會逐漸感覺到之前被貶低的客體的力量和重要性，意識也開始感覺到「別人所思考的東西」。這些個體會認為，別人可能在思考一些卑鄙無恥的東西，計畫一些惡劣的事物，而且還偷偷地挑撥煽動，暗搞陰謀詭計等。所以，他們必須搶在別人之先，儘早採取預防措施，暗中謀劃計策、懷疑和探聽他人，並把這些訊息統整起來。他們會受到謠言的攻擊，為了將這種具有威脅性的劣勢逆轉為優勢，就必須竭盡全力地奮鬥。他們會與對手展開無數的、屬於祕密性質的對抗。在這些激烈的鬥爭中，他們為了讓自己立於不敗之地，不僅不避諱惡劣的、卑鄙的手段，甚至還會濫用道德情操。這種情況最終會導致敵對雙方身心的耗竭。出現在這種類型的精神官能症通常是神經衰弱，而不是歇斯底里。這類的女性患者還會出現一些嚴重的生理症狀，例如貧血及其伴隨症狀。

‖ 對於內傾理性類型的總結 ‖

剛才討論的內傾思考型和內傾情感型都屬於理性類型，因為，它們都以理性判斷為基礎。理性判斷不只根據客觀材料，也根據主觀材料。哪個因素能占有優勢，往往取決於個體從青少年時期便已存在的心理氣質，而且這種優勢肯定會迫使理性屈居其下。真正的理性判斷應該同時依憑客觀因素和主觀因素，而且還要能正確地評斷此二者。個體如果能做到這一點，便處於一種理想狀態，而且我們還可以假定，個體此時的外傾和內傾都獲得了均衡的發展。不過，這兩股反向的心理能量的流動實際上會相互排斥，只要這個困境仍存在，它們根本不可能同時並存，頂多只是先後接連地存在。由此看來，在一般情況下，完善的理性是不可能存在的。

理性類型的理性始終具有典型的變化。就內傾理性類型來說，他們鐵定擁有理性判斷，只不過他們的理性判斷較多取決於主觀因素。他們的邏輯性完全不需要處於屈從狀態，因為，他們本身的片面性已存在於某種前提裡。這種前提就是先於一切結論和判斷而存在的主觀因素的優勢。主觀因素從一開始便理所當然地認為，本身擁有比客觀因素更高的價值。就像我剛才已指

出的，這裡其實與被賦予的價值無關，而與早已存在於價值賦予之前的個體的先天氣質有關，因此，內傾者所認為的理性判斷必然與外傾者所認為的理性判斷存在著一些細微的差別。

為了表述最普遍的情況，內傾者會覺得，以主觀因素為導向的連鎖推理（Schlußkette）會比以客體為導向的連鎖推理更理性。此二者雖然一開始在個別情況裡存在著微小的、幾乎察覺不到的差異，但後來卻演變成無法彌合的激烈對立。人們如果比較無法意識到，個體不同的心理前提會在個別情況裡造成微小的立場變化，就愈無法了解這樣的對立。經常出現的錯誤主要還是在於，人們在下結論時，會盡力證明自己的錯誤是正確的，而不承認自己與對方在心理前提上的不同。每一種理性類型都難以脫離這種困境，因為，承認自己與對方的差異，等於損害了他們的原則所具有的那種看似絕對的有效性，也等於把自主性交給對方而任由他們擺布。這種情況對他們來說，不啻為一種毀滅。

內傾理性類型幾乎比外傾理性類型更容易被誤解。這並非因為，外傾型往往會比內傾型採取更加批判、更不留情面的態度來對待對方，而是因為，內傾型往往與自己所身處的時代風氣大相逕庭。當內傾型在面對我們西方人普遍的世界觀（而非面對外傾型）時，總是會覺得自己屬於少數派。這裡所謂的少數並不是從數字上來看，而是依據個體本身的情感。如果內傾型深信不疑地參與普遍的流行風格，就會危及本身的生存基礎，因為，光是流行風格只承認看得見和摸得到的東西，就已經跟他們的原則背道而馳了！他們如果要跟隨外界的流行，就必須蔑視主觀因素（基於其隱形的性質），並強迫自己像外傾型那般過於重視外在客體，同時還會因為過於看輕本身的主觀因素而產生自卑感。因此，當主觀因素在我們這個時代——特別是在那些前衛運動裡——以誇張、嘲諷，以及缺乏品味的方式顯現出來時，我們實在不必大驚小怪。我在這裡是指我們西方當前的藝術創作。

內傾者如果輕視自己的原則，就會變得自私自利，也會讓自身產生壓抑的心理。他們愈是自私，就愈覺得那些積極附和當前流行風格的人是壓迫者，因此，為了保護自己，他們必須挺身反抗這種壓迫。但是，他們多半不

知道，自己在這方面犯了大錯：他們無法用外傾型依從客體的那種忠誠和順服來依從本身的主觀因素。他們一向輕忽自身的原則，這已無可避免地讓他們養成了一種自私自利的習氣，同時也讓外傾者理所當然地對他們持有這樣的偏見。不過，如果他們可以忠於自己的原則，那麼，那種將他們視為利己主義者的判斷就是錯誤的。屆時他們的心理傾向所產生的普遍效應，便可以證明本身傾向的合理性，別人的誤解也會因此而消除。

‖ 感知 ‖

感知——就整體的本質來說——依賴於客體和客觀刺激，而且在內傾態度裡會出現相當大的變化。感知也具有主觀因素，因為，除了被感知的客體之外，還存在感知的主體，也就是把本身主觀傾向加諸於客觀刺激的主體。感官功能在內傾態度裡主要是以知覺的主觀部分為基礎，那些再現外在客體的藝術作品最能說明這種情況。比方說，有好幾個畫家都同時對一樣的風景進行寫生，而且都努力在畫布上「如實地」再現這個景致，但是，每個畫家最後所完成的畫作卻各自不同。這並不是因為他們之間參差不齊的繪畫能力，而大多是因為他們對描繪的對象有不同的觀察，我們甚至還可以在其中某幾幅作品所呈現的氛圍情調以及色彩和造型的處理中，發現創作者之間明顯的心理差異。這些特點都透露著一個事實：個體的主觀因素會以大小不一的強度影響本身的感知。

基本上，感知的主觀因素和前面討論過的那些心理功能的主觀因素是一樣的。主觀因素是無意識先天的傾向，這種傾向能改變感官知覺的形成，而且還能把純粹的客體效應從感知當中剔除。在這種情況下，感知與主體的連繫是主要的，與客體的連繫則是次要的。我們在藝術作品裡，最能清楚地看到，主觀因素可以產生多麼強大的作用。主觀因素的優勢有時甚至會徹底壓制純粹的客體效應，此時感知雖仍是感知，但已經轉變成主觀因素的察覺，而客體效應則弱化為一種純粹的外在刺激。這就是內傾的感知的發展方向。雖然，內傾者的感知是實實在在的感知，但是，被感知的客體似乎完全無法影響感知的主體，反而感知的主體似乎是以完全不同的方式來看待客體，或

因為與別人的關注不同而看到完全不同的客體。事實上，所有的主體對於同一客體的察覺是一樣的，但它們隨後並不會停留在純粹的客體效應裡，而是展開本身被客觀刺激所引發的主觀察覺。

主觀察覺顯然不同於客觀察覺。在客體裡，人們通常無法發現或頂多只能隱隱約約地發現主觀察覺的存在。換句話說，主觀察覺雖然在不同的個體身上可能是相似的，但它卻不是由他們的客觀行為所引發的。由於主觀察覺具有高度的先天性質，因此，不會被當作意識的產物。它會讓人們留下某種心理印象，因為，人們可以在它本身的要素中發現較高度的心理秩序。這種秩序不僅無法與意識內容協調一致，而且還涉及人類集體無意識的前提或傾向，也就是作為人類最初始的想像的神話意象。主觀察覺本身具有某種意義性，它所表達的內容不僅止於客體的純粹意象，不過，它的表達對象卻只限於那些受到主觀因素所影響的客體。此外，主觀察覺所再現的主觀印象似乎還受制於本身的特性，也就是與客體之間缺乏足夠的相似性而無法達到自己的目的。

因此，內傾的感知對隱藏於物質世界表面之下的存在的把握，勝過了對物質世界的表面的把握。對於這種感知來說，能起決定性作用的東西並不是客體的實在性，而是主觀因素的實在性。這裡的主觀因素就是原初意象，把這些原初意象全部聚集起來，便構成了一個心理的鏡像世界（Spiegelwelt）。這些如鏡面一般的原初意象本身具有一種特有的能力：它們會透過「潛在的永恆形式」（sub specie aeternitatis）——也就是人類自一百萬年前便已存在的意識——來表現當下的意識內容，而不是透過大家當前所熟知的、普遍流行的方式。這種古老的意識不僅僅以事物當前的存在來察看事物的形成和消失，而且還會關注那些存在於事物形成之前和消失之後的東西，所以，當下的時刻對於這種意識來說，是不真實的。

當然，以上的論述只不過是一個比喻，不過，它卻是我闡明內傾感知的特質所需要的比喻。內傾的感知所傳達的意象大多不是客體的再現，而是已被那種從遠古殘留至今、而未來亦將存在的主觀經驗所改造過的客體。這麼一來，內傾感知的純粹感官印象便往直覺性的深處發展，而外傾的感知則只

能掌握事物暫時的、外顯的存在。

‖ 內傾感知型 ‖

　　內傾感知的優勢地位形成了一種特定的心理類型——即內傾感知型——而且還具有某些特徵。由於他們對於事物的選擇主要是依據所發生的事物，而不是依據理性的判斷，因此，他們屬於非理性類型。外傾感知型受制於客體效應的強度，而內傾感知型則取決於被客觀刺激所引發的感知主觀部分的強度。正如後者已清楚地顯示，他們的感知與客體之間並不存在對等的關聯性，而是雙方實力不成比例的、較強勢的一方得以肆意專橫的關聯性。所以，當人們從外部察看內傾感知型時，根本無法預料他們會產生或不會產生什麼印象。如果他們的表達能力和表達意願能與感知的強度相稱，那麼，他們本身的非理性就會非常醒目。

　　舉例來說，這種情況會出現在富有創造力的藝術家身上。不過，身為藝術家卻是人類存在的例外情況。一般說來，內傾感知型所特別缺乏的表達能力會掩蓋自身的非理性，然而，他們也會因為本身的沉默、消極或理性的自我克制而惹人矚目。他們那些讓人們對他們產生膚淺的誤判的特徵，可以歸因於他們與客體的毫無連繫。在正常的情況下，客體不會受到個體刻意貶抑，不過，個體無法再與客體的真實性建立關係的主觀反應，卻會取代客體的刺激，而讓客體無法對個體發揮刺激的效應。這樣的結果其實就相當於對客體的貶抑。這種類型的人很容易提出這樣的問題：人活著是為了什麼？既然一切重要的發生都不需要客體，為什麼客體具有存在的理由？這種質疑在極端的情況下是合理的，不過，在正常的情況下就不是這樣了！因為，客觀刺激對於個體的感知來說，是不可缺少的，只不過客觀刺激對個體所造成的效應，並不同於我們從個體的外部所做的推測。

　　從個體的外部來看，客體效應似乎根本無法進入主體的內部。這樣的印象是正確的，因為，來自無意識的主觀內容會在這期間進行干預而阻截客體效應。主觀內容的干預會採取粗暴而生硬的方式，因此，人們會覺得，個體簡直是在保護自己免於受到客體效應的影響。在某些狀況比較嚴重的個案

裡，確實存在這種保護性的防衛。即使無意識只稍微被強化，感知的主觀部分就會變得相當活躍，而幾乎完全掩蓋了客體效應。這便使得客體的情感完全受到貶抑，而且主體還會形成一種無法貼近真實的幻想觀點，甚至在病態的個案裡，個體已無法區別真實的客體和主觀的察覺。區別主觀和客觀的能力非常重要，雖然，這項能力要等到個體已瀕臨精神病狀態時，才會完全喪失，但遠遠在病態形成之前，主觀的察覺便已對思考、情感和行動產生了極大的影響，即使個體還能清楚地認識客體全部的真實性。

當客體效應由於某些特殊狀況——例如，由於某種特殊的心理強度，或由於與無意識意象的極度相似性——而成功地侵入主體時，連這種類型的正常個體也會受到驅使而依照本身的無意識模式來行動。就客觀真實性來說，這種行動具有幻想性質，所以會令人感到怪異，同時它還揭露了這種類型背離真實的主觀性。不過，在那些客體效應尚未觸及的地方，個體就會出現一種既友善、卻又鮮少流露同情的中立態度。這種不偏不倚的持平態度往往致力於安撫個體，並維持個體的平衡。太低的會稍微被提高一些，太高的會稍微被壓低一點兒，狂熱的情感會受到抑制，誇張的行為會受到約束，不尋常的東西會被帶入「正確的」公式裡，這一切都是為了把客體效應圈限在必要的範圍內。只要人們還不相信他們不會造成危害，他們就會對周遭的人產生造成壓迫。果真如此，他們就很容易成為他人的攻擊性和權力欲的受害者。他們通常會被別人糟蹋，之後才在不適當的場合，以加倍的反抗和頑強來報復對方。

如果內傾感知型的個體沒有藝術的表達能力，他們所獲得的所有印象就會沉入他們的內在深處，而且還會把意識吸引住，如此一來，意識便無法透過本身的表達來掌控個體所獲得的這些具有吸引力的印象了！由於這種類型的思考和情感相對地停留在無意識裡，因此，這些個體只能相對地利用印象裡的那些古老而原始的表達。如果個體的思考和情感停留在意識層面，他們就只能支配印象當中那些必要的、日常的、瑣碎乏味的表達。作為理性的意識功能，思考和情感實在無法恰當地再現個體的主觀察覺，至於作為非理性類型的內傾感知型則很難理解外在客體，就像他們大多時候也不了解自己本

身一樣。

他們的發展主要是讓本身脫離客體的真實性，從而聽憑已把意識定向於古老而原始的真實性的主觀察覺的擺布，儘管他們因為缺乏比較性質的判斷而完全不自覺這個事實的存在。其實，他們本身就存在於神話世界裡，其中那些人、動物、房舍、鐵路、河流和山丘對他們來說，似乎一半是仁慈的神祇，一半則是凶惡的魔鬼。他們雖然沒有意識到自己這樣的情況，但這就是他們在判斷和行動中的表現。他們在下判斷和採取行動時，似乎和這些超自然的鬼神有關。當他們後來發現，他們的感知和實際情況完全不同時，才驚覺自己處於這樣的狀況。如果他們傾向於客觀的理性，他們就會覺得自己與現實的差距是病態的；如果他們仍執著於自己的非理性，並承認本身的感知具有現實價值，那麼，他們所認知的客觀世界就是假象和虛構。不過，這種困境往往只出現在一些極端的個案裡。這種類型的個體通常滿足於他們本身的封閉性以及現實世界的平淡乏味，而且還不自覺地以一種古老而原始的方式來看待現實世界。

對於外傾直覺以及古老而原始的無意識直覺的潛抑，就是內傾感知型的無意識的主要特徵。外傾直覺具有機智靈巧的特徵，所以，可以「敏銳地察覺」到客觀世界的一切可能性；至於古老而原始的無意識直覺，便擅於洞悉隱藏於現實世界背後所有模糊、陰沉、卑鄙且危險的東西。客體在意識裡的真正意向對於無意識直覺來說，毫無意義可言，但無意識直覺卻能察知隱藏於客體意向背後的所有原始而古老的可能性。因此，無意識直覺帶有危險的破壞性，而與意識善意的無害性形成鮮明的對比。只要個體不要過於疏遠客體，其無意識直覺便能對於偏向輕信的意識態度產生有益的補償作用。但是，如果無意識與意識對立起來，無意識直覺就會浮現出來而迫使個體接受自己，致使個體形成厭惡客體的強迫觀念（Zwangsvorstellung），從而產生一些有害的效應。個體因此而出現的精神官能症，通常是強迫性精神官能症，更確切地說，就是耗竭症狀強於歇斯底里特徵的強迫性精神官能症。

‖ 直覺 ‖

內傾態度的直覺以內在客體為導向，當然，人們也可以把內在客體稱為無意識要素。內在客體與意識的關係非常類似外在客體與意識的關係，雖然，內在客體所具有的實在性是心理實在性，而不像外在客體那般具有物質實在性。就直覺的察覺而言，內在客體就是個體對於那些無涉於外在經驗，但卻構成無意識內容，甚至構成集體無意識內容的事物的主觀意象。無意識內容的「在己存在」（Ansichsein）與「為己存在」（Fürsichsein）當然是意識所無法理解的，這也是無意識內容與外在客體所共有的特徵：就像我們的知覺只能相對地掌握外在客體一樣，我們所知覺的內在客體的表現形式對內在客體本身也是相對的，這些表現形式產生於我們所無法知悉的內在客體的核心，以及直覺功能的特性。

直覺跟感知一樣，也具有主觀因素。在外傾直覺裡，這些主觀因素會受到極大的壓抑，但在內傾直覺裡，卻至關重要。即使內傾直覺可能從外在客體獲得推動力，但卻不會流連於外在的可能性裡，而是沉湎於外在客體在內在所引發的一切當中。內傾感知主要是透過無意識而把本身限制在特殊的神經刺激現象（Innervationserscheinungen）的察覺裡，並流連於其中；至於內傾直覺則壓抑主觀因素的這一面，而察覺到引起神經刺激現象的意象。比方說，如果人們突然出現心因性頭暈，他們的感知就會停留在神經刺激紊亂的特殊狀態，而且還會察覺這種狀態的性質、強度、演變過程，以及出現與消失方式的所有細節，但卻完全無法超越它，也無法貼近它那些紊亂的內容。

然而，直覺的反應卻相反：直覺從感知那裡只接收到立即行動的推動力，但卻會試圖察知事物的幕後，而且也會迅速地察覺到引發頭暈這種心理表達現象的內在意象。假設直覺看到了一個被利箭穿心的男人搖搖欲墜的意象，直覺活動就會深受這個意象的吸引而滯留在它身邊，並試著探知它所有的細節。直覺會緊緊地抓住這個意象，而且還透過最熱烈的關注來查明，這個意象如何發生改變、如何出現進一步的發展，以及最後如何消失的過程。

內傾直覺便透過這種方式而察覺出所有隱而未顯的意識過程，其清晰程

度就如同外傾感知對於外在客體的察覺一般。對直覺來說，無意識意象便因此而獲得了事物或客體的重要性。不過，由於直覺始終不讓感知一起參與其中，所以，直覺藉助於無意識意象便導致自身根本無法認識，或只能貧乏地認識身體所出現的神經刺激的紊亂以及身體所受到的影響。如此一來，無意識意象似乎脫離了主體，似乎與個體毫無關聯地獨立存在著。因此，在上述的例子裡，那些突然出現頭暈的內傾直覺型可能沒有想到，他們所察覺的意象可能與他們本身有關。當然，這在判斷類型（即思考型和情感型）的人看來，幾乎是不可思議的，但確實是我經常在內傾直覺型身上所觀察到的事實。

　　外傾直覺型對於外在客體抱持顯著的冷漠，這種冷漠也同樣出現在內傾直覺型對待內在客體的態度裡。外傾直覺型會不斷地揣想並尋求新的可能性，而毫不在意自己與他人的甘苦利害，也毫不關心社會公益，並且在本身持續追求變化的渴望中，還不停地拆毀剛剛建立起來的東西，而內傾直覺型則不停歇地從一個意象探索到另一個意象，而且還追逐無意識那個孕育生命的子宮可能形成的一切，但卻沒有讓自己與這些現象之間建立任何聯繫。

　　就像這個世界對於感知型的人來說，決不會成為道德的問題一樣，意象世界對於直覺型的人來說，也決不會成為道德的問題。因為，意象世界不論對任何人而言，都是一個審美的問題，一個察覺的問題，也是一個「感官知覺」的問題，內傾直覺型也因此而無法意識到身體的存在，以及自己身體的存在對於他人的影響。外傾者會對他們抱持這樣的觀點：「真實性不是為他們而存在的，因為，他們沉浸在那些不會有結果的空想裡。」無意識意象的觀點雖能產生源源不絕的創造力，但卻無法讓個體獲得直接的助益。不過，只要這些無意識意象可能成為一些能夠賦予能量新的位能的觀點，那麼，外在世界最不熟悉的直覺功能對於人類整體的心理系統，就會像內傾直覺型對於一個民族的精神生活一樣，是不可缺少的。試想，內傾直覺型如果不存在，猶太民族如何能擁有他們的眾先知？

　　被內傾直覺所掌握的意象源自於無意識心理那種先驗的、經由代代遺傳而存在的基礎。這些原型最內在的本質是經驗所無法理解的。它們顯示出我

們歷代先祖們的心理運作所積澱下來的東西，也就是經過數百萬年的累積並依據所凝聚出的經驗而形成的一些生物有機存有（organishes Dasein）的類型。因此，這些原型可以完全表現出人類自出現於地球以來，曾經擁有的一切經驗。這些經驗的發生愈頻繁、愈強烈，就愈清楚地顯現在原型裡。套用哲學家康德的概念來說，原型或許就是直覺所察覺的、並產生於察覺當中的意象的本體（Noumenon）。

　　既然無意識決不是無用的精神殘骸，而是能與個體共同經歷、能體驗內在變化、且與普遍事物具有內在聯繫的東西，所以，內傾直覺會透過內在過程的察覺而提供某些對於普遍事物而言，可能相當重要的訊息。它甚至能以或多或少明確的方式預見未來新的可能性，而且還能預見隨後確實會發生的事情。我們可以用它與原型的關係來解釋它那些先知式的預測，因為，原型呈現了一切可被經驗的事物的規律性過程。

‖ 內傾直覺型 ‖

　　內傾直覺如果取得優勢地位，它的特殊性就會在個體身上形成一種特有的類型，即內傾直覺型。不只是神祕的先知和夢想家，連藝術家及富有想像力的人都屬於這種類型。後者可以被視為正常的內傾直覺型，因為，一般說來，這類個體會傾向於把自己局限在本身直覺的察覺特性裡。直覺者通常會停留在察覺當中，而他們最大的問題也是察覺；倘若他們是多產的藝術家，他們最大的問題就是察覺材料的形象塑造。至於那些富有想像力的直覺者則滿足於直觀，他們接受直觀的塑造，也就是受到直觀的制約。當然，直覺的強化會讓個體與明確的現實經常處於極度疏離的狀態，這便使得他們本身在周遭比較親近的人眼裡，成了謎樣的人物。如果他們是藝術家，他們的藝術創作就會預示一些不尋常的、超凡脫俗的事物。這些事物呈現出五光十色的風貌，它們既是重要、優美、崇高的，但同時也是平庸乏味、荒誕不稽、稀奇古怪的。如果他們不是藝術家，他們往往是被埋沒的天才、未受賞識或栽培的能手、看似愚蠢的智者，或是「心理」小說裡的人物。

　　把察覺變成道德問題並不太合乎內傾直覺型的作風，因為，這需要在某

種程度上強化思考和情感這些判斷功能。不過，這種類型的個體只需要讓判斷功能出現較少的分化，便足以把直觀從純粹的審美領域轉移到道德領域，因此而衍生出的變異類型雖已迥異於原本的內傾直覺型的審美形式，卻仍具有這種類型的特徵。當直覺者已不再滿足於純粹的直觀及其審美評價和形象塑造時，就會提出這樣的問題：這對於我或對於這個世界有什麼意義？這會讓我或這個世界承擔什麼樣的責任或使命？當直覺者轉而與本身的靈視有所連繫時，就會出現道德問題。至於壓抑判斷或以察覺來吸引住判斷的純粹直覺者，就不會想到這樣的問題，畢竟他們唯一的問題就是本身所察覺到的情況。他們會覺得，道德問題實在令人不解或根本是荒謬的，因此，會儘可能藉由靈視的內容來排除這方面的思考。

　　不過，具有道德傾向的直覺者卻不一樣：他們會探究自己的靈視的意義，比較關心靈視的內容涵義所可能產生的道德效應，而比較不注意靈視是否還具有審美的可能性。他們的判斷讓他們認識到——往往只是朦朧地認識到——他們作為一個人以及一個整體，已經由某種方式而被吸入本身的靈視裡，而且還認識到，這種靈視不僅可以被察看，而且也還希望進一步成為主體的生命。所以，這些體認已讓他們覺得，應該把靈視轉化為自己的生命。由於他們主要依賴自身的靈視，因此，他們的道德嘗試只具有片面性；他們把象徵性賦予自己以及自己的生命，這雖能讓他們適應事件的內在意義與永恆意義，卻無法適應當前現實的真實性。此外，由於他們始終令人難以理解，所以，他們便放棄了本身對於現實的影響力。他們使用的語言並不是一般的語言，而是過分主觀的語言，而且他們的論據缺乏具有說服力的理性。總之，他們只能有所坦承或有所宣稱，他們就是曠野裡的傳道者的聲音。

　　內傾直覺型經常壓抑本身對於客體的感知，而這也是他們的無意識的特徵所在。在內傾直覺型的無意識裡，存在著可以發揮補償作用的、具有古老的原始性的外傾感知功能。因此，內傾直覺型的無意識人格最容易被描述為隸屬於外傾感知型的一種低級而原始的類型。外傾感知功能的特徵就是本能的衝動、缺乏節制，以及與感官印象極其密切的相關性。這些特徵可以補償內傾直覺型的意識態度周邊的那種稀薄的高空空氣，同時還賦予了意識態度

某種重力,而使其不至於完全「向上昇華」。不過,內傾直覺型的意識態度的那種強制性的誇張,如果導致個體對於內在察覺的徹底屈從,其無意識就會轉向對立的那一方,從而產生抗拒意識態度的、且與客體關係過於密切的強迫性感知(Zwangsempfindung)。出現在內傾直覺型的精神官能症就是強迫性精神官能症,慮病症現象、感覺器官的過度敏感,以及對於特定的人或其他客體的強迫性固定關係(Zwangsbindung)都是它的症狀。

‖ 對於內傾非理性類型的總結 ‖

上述的內傾感知型和內傾直覺型,都是人們無法透過外在的判斷而理解的非理性類型。因為,他們的內傾會讓本身比較無法、或比較不願意表達自己,所以,只提供少量的依據可以讓別人判斷他們。由於他們的主要活動是以內在為依歸,所以,他們對於外界只會表現出他們的矜持、觀望、隱藏、冷漠、不安或看似沒來由的困窘。如果他們顯露出什麼,那麼,大多是一些相對處於無意識層面的劣勢功能的間接表現,因此,自然而然會造成周遭的人對於他們的偏見、低估或不解。由於他們缺乏判斷力,因此,他們並不了解自己,而且也無法明白,為什麼他們在社會上一直無法受到應有的重視。他們無法認識到,自己的外在表現正是本身的弱點。他們的目光已經被主觀事件的豐富性吸引住,因為,內在所發生的種種是如此具有吸引力與無窮的魅力,所以,他們完全沒有發覺,他們從內在所傳遞給周遭的訊息通常極少含有他們在自己的內在世界所經歷的、並與其相連結的東西。他們傳達給外界的訊息是片斷的,大多只具有類似插曲一般的性質,不過,他們卻過於苛求周遭的人們能理解他們或與他們熱絡地互動。此外,他們所傳達的訊息也缺乏那種關注於客體、而且可能唯一具有說服力的熱情。

內傾感知型和內傾直覺型往往對外表現出粗魯的拒絕行為,雖然他們本身完全沒有意識到這一點,而且也沒有刻意要讓自己做出這種表現。如果人們可以認識到,把自己對於內在的察覺以別人可以理解的語言表達出來有多麼困難時,就會更公正地判斷這兩種非理性類型的人,而且會更寬容地對待他們。不過,這樣的寬容決不意味著,人們已不要求他們表達自己,畢竟這

麼做會帶給他們相當大的傷害。比起其他類型的人，命運或許為他們安排了更多無法排解的外在困難，好讓他們可以醒悟過來，而不再執迷於內在的直觀。不過，通常得讓他們處於極大的困境，這樣才能迫使他們找到一種可以被別人了解的表達方式。

從外傾和理性的觀點來看，內傾感知型和內傾直覺型是最沒有用處的人。不過，如果從更高的觀點來看，他們卻活生生地證明，我們這個豐富的、充滿變動的世界及其令人陶醉的、熱情洋溢的生命力不只存在於個體的外在，也存在於個體的內在。可以確定的是，這兩種類型雖僅片面地展現了人類的本性，但對那些未盲目跟從各種思想風潮的人來說，卻充滿了啟發性。這兩種類型的人都是優秀的教育者及文化的推動者，而且自身的身教多於言教。他們的生命，而不是他們的拙於表達──即他們在人們眼中的最大缺點──可以讓我們看到我們文化的重大錯誤之一，也就是我們對於言詞和表現的迷信，以及過度高估那些經由語言和方法的教導。

父母重要的言談肯定會給孩子留下深刻的印象，而且人們也相信，父母可以透過這種方式來教育孩子。但實際上，卻是父母的身教在教育孩子，而父母的言教反而會讓孩子困惑不已。此外，老師的身教和言教對於學生也有相同的影響，但人們卻非常相信教育的方法，以致於採用好方法的老師也因此而備受尊崇。卑劣的人決不可能成為好的老師，雖然他們會使用出色的教學法和卓越的智識表達能力，來隱藏本身那種隱然傷害學生的醜惡。隨著年齡的增加，年級較高的學生自然而然只會渴望知道哪些才是有用的方法，因為，他們已被大家普遍相信方法萬能的態度所征服，而且他們也體驗到，頭腦最淨空的人才能準確學會方法的操作，才是最好的學生。他們周遭所有的人都認為，一切成就和幸福都存在於外在世界，人們只需要找到正確的方法，就可以獲得這些令人夢寐以求的東西，而且他們在言談和生活上也處處流露著這種想法。或者，他們的宗教導師的生活已向他們展現了內在直觀的豐富性所散發出的幸福？

內傾非理性類型當然不是性情完美的教導者。他們身上缺乏理性以及理性的倫理，但他們的生活卻為我們指出另一種可能性，而我們的文化正因為

缺少這種可能性而承受著痛苦。

四、主要功能和輔助功能

我決不希望前面的描述讓讀者留下這樣的印象：這些心理類型似乎在現實生活中，經常表現出本身類型特徵的單一優勢功能。就類型的凸顯而言，幾乎只有英國遺傳學家暨心理學家法蘭西斯・高爾頓爵士（Sir Francis Galton, 1822-1911）會透過家庭照片裡家人重覆出現的共同性狀，來確認一個家族典型的外在特徵，而且還以不合比例的方式凸顯這些特徵，至於個別成員所獨有的特點，則以不合比例的方式被忽略。然而，一些對於個案比較深入的研究卻指出一個顯然具有規律性的事實：在每個個體身上，除了最高度分化的優勢功能之外，其實還存在著具有次要意義的第二種功能。第二種功能是意識裡比較沒有出現分化和發展的劣勢功能，因此，只具有相對的影響力。

為了讓論述更清楚，我再重複說明一下：所有心理功能的產物都可能屬於意識層面；當功能的運作不只受到個體意志的支配，而且功能的原則對意識的定向也具有決定性的影響時，我們就可以說，這是功能的意識性。舉例來說，當思考功能不只有沉思與事後的思量，而且它的推論還具有絕對的有效性時，它的邏輯推論雖不是顯而易見，卻可能被視為實際行動的動機和擔保。從經驗來說，往往只有一種功能可以得到絕對的優勢地位，因為，另一種功能如果具有同等的自主性而介入個體的心理運作，必然會導致個體出現不同的心理定向，而與既有的優勢功能——至少局部地——發生衝突。擁有清楚而明確的目標，一直都是意識的適應過程能否進行的關鍵條件，因此，第二種功能自然不可能與主要功能具有同等的地位。換句話說，第二種功能只能擁有次要的重要性，而且這一點向來可以獲得經驗的證實。它那次要的重要性是基於本身是個體的輔助功能或補強功能，所以，它並不像主要功能那般，是唯一可以發揮決定性作用、且絕對可被信賴的功能。

在理性功能裡，思考與情感是對立的，在非理性功能裡，感官與直覺是對立的。由於次要的輔助功能在本質上不會跟主要功能對立，所以，情感不

可能成為思考的輔助功能，畢竟它的本質與思考具有高度的對立性。如果思考要達到真正的思考而且忠於自身原則的思考，就必須嚴格地排除情感。儘管如此，某些個體的情感仍具有與思考同等的重要性及意識的動機力量（Motivkraft）。由於他們的思考和情感都處於較未分化的狀態，因此，無法被視為思考或情感已分化的思考型或情感型。還有，心理功能的意識性與無意識性如果具有同等的分量，就是原始心智狀態的特徵。

根據我自身的經驗，輔助功能的本質雖不同於主要功能，卻不會與主要功能對立。所以，當理性的思考功能作為主要功能時，很容易以非理性的直覺或感知作為它的輔助功能，但卻不會跟與它同屬於理性功能的情感搭配。直覺和感知都是非理性的察覺功能，它們不像情感那樣，由於和思考同屬於理性的判斷功能而與之對抗和競爭。所以，它們不僅不會被思考排除在外，反而還成為思考所樂於接受的輔助功能。不過，一旦它們的分化程度與思考並駕齊驅時，就會導致個體由判斷態度轉為察覺態度，從而抵觸了原本的思考傾向。如此一來，個體便會為了純粹察覺的非理性而壓抑思考所不可缺少的理性原則。由此可知，只有當輔助功能效勞於主要功能，而且不要求本身原則的自主性時，才有可能作為輔助功能而裨益於個體。

所有實際出現的類型都適用如下的原則：個體除了擁有意識的主要功能之外，還擁有具備相對意識性的輔助功能，而且該輔助功能在各方面都與主要功能的本質不相同。主要功能和輔助功能的組合促使個體形成了一些大家所熟知的情況：例如，思考搭配感知的「實際的智識」、思考搭配直覺的「臆想的智識」、直覺藉由情感判斷而進行選擇並表現出意象的「藝術的直覺」，以及直覺透過強而有力的智識思考，而將本身的靈視轉入人們可理解的範圍的「哲學的直覺」等。

意識功能的關係也會對無意識功能的組合產生相對應的影響。舉例來說，意識的「實際的智識」會形成直覺與情感相配對的無意識態度，其中情感功能會比直覺功能受到更強烈的抑制。當然，只有處理這類個案的臨床心理治療者才會對這個特點感興趣，而對他們來說，了解以下的情況相當重要：比方說，我經常看到有些心理醫生在面對極端思考型的案主時，會想辦

法讓對方直接從無意識裡發展本身的情感功能。但這種嘗試卻往往以失敗告終，因為，這已過於劇烈地扭曲意識的立足點。即使這種扭曲得以成功，患者卻會因為這種扭曲而失去立足點，因而把治療的醫生當成他們的立足點，而對醫生產生十足的強迫性依賴（Zwangsabhängigkeit），最後，醫生只好殘酷地中止患者的這種「移情作用」。如果個體可以經由次要功能而獲得進一步的發展，也就是理性類型透過非理性功能而有所發展。如此一來，只要個體本身可以充分察覺意識的立足點，便得以掌握無意識以及最受壓抑的劣勢功能。理性類型經由非理性功能所出現的發展，可以讓意識的立足點全面地察覺並審慎地考慮可能發生和實際發生的事物，意識便因此而獲得保護，不至於受到無意識的破壞性效應的侵犯。反之，非理性類型則要求存在於意識的理性輔助功能取得更強大的發展，以便做好充分的準備，讓自己可以抵擋無意識的衝擊。

　　人類的無意識功能處於古老而原始的、動物性的狀態。它們那些出現在夢境和幻想裡的象徵性表達，大多呈現為兩隻動物或魔怪的戰鬥或對峙。

第十一章

定義

　　讀者或許會覺得，我在本書中特地加上這一章來討論概念的定義，似乎顯得有些多餘。我之所以會另立這一章來討論一些心理學概念的定義，是因為我時常發現，一些心理學論文對於概念和文字的表達過於草率，精確度不足。畢竟沒有一門學科像心理學這般，在概念的定義上存在如此紛歧，以致於時常造成一些難以釐清的誤解。這種弊端似乎不只是因為心理學是一門新興的學科，而且還因為心理學所取得的經驗材料——即供作學術研究的資料——幾乎無法具體地呈現在讀者眼前。

　　心理學研究者始終覺得，自己只能以詳盡的、近乎間接的敘述來呈現他們所觀察到的真實性。但是，只有當他們提出能被數值和測量的尺度所量化的基本事實時，才算是研究成果的直接呈現。不過，話說回來，人們透過數值和尺度所掌握的事實，究竟能對人類真實的心理有多少的體驗和觀察呢？當然，一些相當複雜的事實情況的確可以透過測量的方法來釐清，我相信，我在數年前早已透過詞語聯想測驗的研究[1]證實了這一點。然而，人們愈深入探究人類心理的本質，就對於作為一門科學的心理學提出愈高的要求：心理學不該只是勉強地維持本身那種局限於科學方法的有效範圍的、平庸的存在。因為，從來沒有一種實驗方法可以正確評斷人類心靈的本質，而所謂的科學方法頂多也只能以大致貼近真實的方式勾畫出人類複雜的心靈現象。

　　不過，如果我們離開這個可透過數值和尺度來衡量事實情況的領域，那麼，我們就必須依賴那些取代數值和尺度的觀念。數值和尺度賦予了被觀察的事實某種確定性，而這種確定性只能被觀念的確定性所取代。但是，所有心理學界的專家學者和工作人員都很清楚，人們現在所熟悉的心理學概念，在定義上卻含有如此高度的不確定性與模糊性，以致於這些語彙的使用者幾乎無法相互理解和溝通。在這裡，我們可以把「情感」（Gefühl）這個概念當作一個例子：如果我們試著回想這個概念所包含的各個意義，我們就會發現，它是個具有變異性和模糊性的心理學概念。不過，這個概念仍表達了某種具有特徵的東西，人們雖然無法透過數值和尺度來掌握，但它的存在卻是人們可以理解的。

1　JUNG, *Diagnostische Assoziationsstudien*｛GW II｝.

人們不該像馮特的生理心理學（physiologische Psychologie）那般，由於注重實驗方法而放棄心理學概念，否認心理的事實情況是重要的基本現象，而且還以可被量化的基本事實來取代它們，或讓它們消解在這些可被量化的基本事實裡。果真如此，心理學這門學科就會失去它的主要部分。

為了避免由於高估自然科學的方法所引起的弊端，人們終究需要求助於一些具有固定意義的概念。如果人們想得出這些概念，就需要許多人齊心的努力以及公眾的共識（consensus gentium）。由於公眾的共識不可能直接或立即達成，因此，個別的研究者至少必須努力讓自己所使用的概念在定義上具有確定性和穩定性。如果研究者能親自探討本身所使用的概念，而讓每個人都有可能知道這些概念所指涉的意義，或許就是達到這個目標的最佳方式。

為了順應這類研究的需求，我將在下面依照字母的順序探討大部分我所使用的心理學概念。同時，我還要請求讀者，如果對於這些概念還存有什麼疑慮，不妨試著回想我對於這些概念的解釋。我在這裡對於一些概念所提出的解釋和定義，其實只是想表示，我是以哪個意義來使用哪個概念。不過，我從不認為，我對於概念的使用在所有情況下都是唯一可能的，或絕對正確的。

‖ 抽象化（Abstraktion） ‖

抽象化——就如同這個詞語所表明的——是把某種內容（例如，某個意義或一般特徵等）從某個整體的關聯性當中抽離出來。該整體的關聯性還包含一些其他要素，這些要素所組合而成的整體具有個別性和唯一性，因此，無法和其他事物做比較。由於事物存在的唯一性、獨特性和不可比較性會使得相關訊息過於龐雜紛亂，從而阻礙了個體對於外在世界的認識，因此，對於個體的察知意向來說，那些原本和個體所重視的內容相連結的其他要素，必然會被貼上不同屬性的標籤。

由此可見，抽象化是一種個體把自身視為關鍵性的內容或事實情況，而和那些原本相連結、卻認為屬性不同的要素區分開來的心理活動，換句話

說，它是一種分化（請參照本章對於「分化」這個詞的定義）的心理活動。更廣義地說，抽象就是所有從原本相關、卻被視為屬性不同的要素分離出來的東西。

抽象化是心理功能特有的活動。人類既有抽象化的思考，也有抽象化的情感、直覺和感知（請參照本章對於這些詞條的定義）。抽象思考會挑出合乎思考且具有邏輯特性的內容，同樣地，抽象情感、抽象感知和抽象直覺也會揀選出分別合乎情感、感知和直覺特徵的內容。曾留學柏林洪堡德大學的英國心理學家詹姆斯‧蘇里（James Sully, 1842-1923）曾把抽象情感稱為智識、審美、道德的情感。[2] 十九世紀奧匈帝國哲學家約瑟夫‧納洛夫斯基（Joseph Wilhelm Nahlowsky, 1812-1885）則在其中增添了宗教情感這一項。[3] 在我看來，抽象情感與納洛夫斯基提出的「較高等的」或「理想的」情感是一致的。我把抽象情感和抽象思維放在同一個層次，將抽象感知視為審美的感知──對立於感官的感知（請參照「感知」這個詞條）──並把抽象直覺當作象徵的直覺──對立於幻想的直覺（請參照「幻想」和「直覺」這兩個詞條）。

在本書中，我還把抽象這個概念和心理能量過程的觀點加以連繫：當我對客體採取抽象的態度時，我會挑出客體的某一部分，並排除其他不同屬性的部分，而不讓客體從整體上來影響我。我的目的是要讓自己脫離客體那個唯一的、獨特的整體，而只從中抽取出部分的內容。我雖然也會察看客體的整體，不過，我並不想深入地探究它。我並不關注客體的整體，我只想抽取其中的一部分給自己，換句話說，我只想把這些抽離的內容帶入我的概念世界裡，而這個概念世界早已為個體對客體的部分內容的抽象化需求，做了準備或鋪排。（如果我缺乏那個主觀的概念世界，就無法將客體抽象化。）我把「關注」理解為能量，即力比多（請參照「力比多」這個詞條）。這種心理能量就是我賦予客體的價值，或許它也是客體在違背我的意願或在我沒有察覺的情況下，從我身上取得的東西。所以，我知道，抽象過程就是從客體

2　SULLY, *The Human Mind* II, ch. 16.

3　NAHLOWSKY, *Das Gefühlsleben in seinen wesentlichsten Erscheinungen und Beziehungen*, p.48.

取回力比多，這會讓客體的價值往主體的抽象內容回流。在我看來，抽象化意味著客體能量值的降低，換句話說，它就是內傾的力比多流動。（請參照「內傾」這個詞條）

我認為，抽象化的態度（請參照「態度」這個詞條）一方面是內傾的，另一方面則是用主體既有的抽象內容同化了客體被視為重要的部分。主體的內容愈抽象，就愈難以理解。依據康德的觀點，概念「愈排除事物之間的差異性」，[4] 其抽象度就愈高。就這個意義而言，最抽象的概念會徹底脫離客體而變得幾乎令人無法理解，我把這種抽象概念稱為觀念（請參照「觀念」這個詞條）。至於那些還算清晰易懂的、尚可理解的抽象概念，則被我稱為具體的概念（請參照「具體化」這個詞條）。

‖ 情緒（Affekt）‖

「情緒」這個概念應該被理解為一種情感狀態，其特徵在於身體的神經支配（Körperinnervation）以及個體的設想過程所特有的紊亂。[5] 在專有名詞的使用上，我把 Emotion（情緒）當作 Affekt（情緒）的同義詞。此外，我會把情緒和情感區分開來——這一點與瑞士精神病理學家布魯勒的主張恰恰相反（請參照「情緒性」這個詞條）——儘管此二者之間並無明確的分界，儘管情感可以毫無阻礙地轉化為情緒：因為所有的情感只要達到某種強度，就會引發身體的神經支配而變成情緒。不過，基於一些實際的考量，區別情緒和情感的作法應該是恰當的，因為，情感是一種可供個體任意支配的功能，而情緒通常不具有這種功能。情緒由於本身那種可被察覺到的神經支配而明顯地與情感有所區別，因為，大部分的情感缺乏這種神經支配，或只具有相當微弱的神經支配。如果要測知它們的存在，還必須透過一些非常精密的儀器所顯示的心理電流現象（psychogalvanisches Phänomen）。[6]

4　KANT, *Logik*, Paragr. 6.

5　請參照 WUNDT, *Grundzüge der physiologischen Psychologie* III, p. 209ff.

6　FÉRÉ, *Note sur des modifications de la résiatance électrique* ⋯ in *Comptes rendus de la Sociétéde Biologie*, p. 217 ff. VERAGUTH, *Das psychogalvanische Reflexphänomen* in *Monatsschrift für Psychologiie und Neurologie* XXI/1907, p. 387. JUNG, *Über die psychophysischen Begleiterscheinungen*

　　情緒會經由對於本身所引起的神經支配的感知而逐漸累積起來。詹郎二氏情緒論（die James-Langesche Affekttheorie）[7]就是根據這個發現因而主張，情緒就是身體的神經支配的產物。不過，我個人的看法卻與這種極端的情緒理論相反。我認為，情緒既是一種心理的情感狀態，也是一種生理的神經支配狀態。這兩種狀態會透過交互影響而變得愈來愈強烈。換句話說，某個感知的組成部分會伴隨增強的情感而出現，情緒便藉由這個感知的組成部分而更接近感知（請參照「感知」這個詞條），同時也藉此而徹底區別於情感狀態。因此，我會把那些隨著強烈的神經支配而出現的顯著情緒歸入感知功能的領域，而不是情感功能的領域（請參照「功能」這個詞條）。

‖ 情緒性（Affektivität）‖

　　「情緒性」這個概念是由布魯勒提出的。它所表示和概括的，「不僅是情緒本身，還是一些微弱的情感，或是一些愉悅或不快的情感色調。」[8]只要情緒性是內在的察覺過程（例如，明確的情感和隱約的情感），只要情緒性是模糊的思維或知識，布魯勒就會把它和感官感知以及其他的身體感知劃分開來，也會區別它和「情感」的不同。[9]

‖ 阿尼瑪 / 阿尼姆斯（Anima / Animus）‖

　　請參照「心靈」和「心靈意象」這兩個詞條。

---

im Asssoziationsexperiment｛GW II｝. BINSWANGER, *Über das Verhalten des psychogalvanischen Phänomens* … in *Diagnostische Assoziationsstudien* II, p. 113.

7　譯註：詹郎二氏情緒論是指美國心理學家威廉・詹姆斯（William James, 1842-1910）和丹麥生理學家卡爾・郎洱（Carl Lange, 1834-1900）分別於一八八四年和一八八五年不約而同強調，情緒並非由外在刺激所引起，而是由個體對於生理變化的感知所造成的。這個理論是現代心理學最早的情緒理論之一。

8　BLEULER, *Affektivität, Suggestibilität, Paranoia*, p. 6.

9　l. c., p. 13f.

‖ 統覺（Apperzeption）‖

統覺是一種心理過程。個體可以透過統覺過程把新的內容併入既有的類似內容之中，並且會把這些新內容當作自己已經了解或清晰易懂的東西。[10] 我們將統覺區分為主動統覺和被動統覺：主動統覺是主體從自身以及自身的動機出發，而在意識裡專注地掌握新的內容，並使其同化於原有的內容的過程；被動統覺則是新的內容從個體的外部（透過感官）或內部（經由無意識）把自身強加於意識，並在某種程度上逼迫個體給予關注和理解的過程。在主動統覺裡，自我是統覺活動的重心；在被動統覺裡，統覺活動的重心則轉移到新出現的內容上。

‖ 古老的原始性（Archaismus）‖

我用「古老的原始性」一詞來表示心理內容和心理功能的古老性。這個詞彙無關乎羅馬帝國晚期的雕塑品那種師法古希臘羅馬藝術的仿古風格，或十九世紀歐洲的教會和大學那種復興中世紀歌德式建築的風潮，而是關於一些遠古時代所遺存下來的心理特徵。基本上，這類心理特徵和原始人的思維方式的特徵是一致的。古老的原始性主要存在於無意識的幻想裡，也就是存在於那些已浮現於意識的無意識幻想活動的產物裡，這是很清楚的事。如果無意識意象明顯地類似於神話時，該意象便具有古老的原始性。[11] 無意識幻想的類比聯想和象徵性（請參照「象徵」這個詞條）、主體對客體的認同（請參照「認同」這個詞條）──比如原始人在「神祕參與」裡無法清楚地區別自己與他人（請參照「神祕參與」這個詞條）──以及思考和情感的具體化，都是古老而原始的心理遺跡。此外，強制地自我克制和無法自我克制（著迷於客體）、一些心理功能的混合（請參照「分化」這個詞條）──例如，思考和情感、情感和感知、情感和直覺的相互交融──以及某種功能的不同部分的混合並夾雜著正、反兩面的自我矛盾的傾向和心理（由布魯勒所

10　Vgl. WUNDT, *Grundzüge der physiologischen Psychologie* I, p. 322.

11　Vgl. dazu JUNG, *Wandlungen und Symbole der Libido* (Neuausgabe: *Symbole der Wandlung* {GW V}).

提出，例如，肯定的情感和否定的情感的混同），也都具有古老的原始性。

‖ 原型（Archetypus）‖ [12]

請參照「意象」這個詞條。

‖ 同化（Assimilation）‖

同化就是新的意識內容迎合於已存在的主觀材料。[13] 在同化過程中，個體會強調新內容與既有的主觀材料之間的相似性，因此，可能不利於新內容的獨立自主性。[14] 同化其實是一種統覺過程（請參照「統覺」這個詞條），只不過同化是新出現的意識內容對於主觀材料的適應和投合，所以，還是不同於純粹的統覺。在這個意義上，馮特曾表示：

> 如果同化的主體要素透過複製而出現，被同化的客體要素透過直接的感官印象而產生，那麼，這種建構方式（即同化）就會在觀念裡極其明顯地表現出來。然後，一些記憶圖像的要素在某種程度上會被投射於外在客體，這麼一來，已完成的感官知覺會顯現為一種幻覺—尤其是當涉及感官印象的客體要素與複製的主體要素之間，出現顯著的差異時—而讓我們無法認清事物真實的性質和情況。[15]

我個人則以比較廣泛的意義來使用「同化」這個概念：同化是客體對於主體的適應和迎合。反之，異化（Dissimilation）則是主體對於客體的適應和迎合，也就是主體為了客體而與本身疏離——不論是外在的客體或內在的「心理」客體（例如，觀念）。

12　原型的結構一直都屬於榮格的心理學研究的核心部分，不過，這個概念的涵義卻要等到榮格的研究達到某種程度的進展後，才逐漸確定下來。Vgl. JUNG, *Die Beziehungen zwischen dem Ich und dem Unbewußten* ｛GW VII｝；*Von den Wurzeln des Bewußtseins* ｛GW IX/1｝ u. a.

13　WUNDT, *Logik* I, p. 20.

14　Vgl. LIPPS, *Leitfaden der Psychologie*, p. 104.

15　WUNDT, *Grundzüge der physiologischen Psychologie* III, p. 529.

‖ 意識（Bewußtsein）‖

我把「意識」這個概念理解為心理內容與自我的關係（請參照「自我」這個詞條）。換句話說，自我如果能夠感知本身與心理內容的關係，就是意識，[16] 如果無法感知本身與心理內容的關係，就是無意識（請參照「無意識」這個詞條）。意識是一種功能或活動，[17] 用以維繫本身與心理內容的關係。意識和心理（Psyche）並不相同，因為，心理是所有心理內容的總和，這些心理內容不一定都與自我有直接的關聯性，所以，不一定可以藉由自我而獲得意識性質。其實，許多心理情結並不必然與自我具有關聯性。[18]

‖ 意象（Bild）‖

在本書中，我所謂的「意象」並不是指個體對於外在客體的心理映象（psychisches Abbild），而是一種源自於詩意語言的直觀，即幻想意象（Phantasiebild）。意象以無意識的幻想活動為基礎，所以，只間接地涉及個體對於外在客體的察覺。作為無意識幻想的產物，意象的出現對於意識來說，或多或少顯得有些突兀。意象大致上是以靈視或幻覺的方式顯現出來，但卻不具有病態性以及任何臨床心理疾病的特徵。意象具有幻想的心理特質，卻不具有幻覺那種近乎真實的特性，因此，它從未能取代現實，而且作為「內在的」意象，它始終有別於感官的真實性。它通常缺乏對於空間的投射，儘管在例外的情況下，它還能在某種程度上將自身外顯出來。我們可以把這種顯示的方式視為一種古老而原始的方式（請參照「古老的原始性」這個詞條），即使這種方式絕大部分都不是病態的，但卻還是無法脫離本身那種古老的原始性。在原始的演化階段裡，也就是在原始人的思維方式裡，內在意象在非病態的情況下，很容易轉變為出現在空間裡的靈視或幻聽。

一般說來，意象雖然不具有真實性的價值，但對心理的**體驗**來說，卻可

16　NATORP, *Einleitung in die Psychologie*, p. 11. Ebenso LIPPS, *Leitfaden der Psychologie*, p. 3.

17　Vgl. RIEHL, *Zur Einführug in die Philosophie*, p. 161. Riehl 把意識理解為一種「活動」或一種「過程」。

18　JUNG, *Über die Psychologie der Dementia praecox*｛GW III｝.

能更重要。由此可見，意象具有高度的心理價值，而且這種心理價值所呈現的「內在」真實性的重要性，或許還勝過「外在」真實性的重要性。在這種情況下，個體不會定向於外在現實的適應，而是定向於內在要求的適應。

　　內在意象既複雜又重要，它雖由各種不同來源的多樣性材料組構而成，卻不是個大雜燴，而是一種具有內在統一性以及自主性的心理產物。意象是整體心理狀況的集中表達，而不只是──或主要是──無意識內容的表達。意象雖然表達了無意識內容，但卻只表達了當前暫時浮現的無意識內容，而不是全部的無意識內容。無意識內容的浮現一方面來自無意識的特性，另一方面則取決於當前的意識狀態，因為，意識狀態往往會活化與其屬性相同的無意識材料，而抑制屬性不同的無意識材料。由此看來，意象會同時表達出無意識和意識的當前情況。因此，我們不宜片面地從意識或無意識來解析意象的意義，而是必須依據它們之間的交互關係。

　　當某些意象與大家所熟知的神話主題有明顯的一致性時，我會認為，這類意象含有古老的原始性，因此，便把它們稱為「原初意象」。[19] 原初意象主要是反映集體無意識的材料（請參照「無意識」這個詞條），而且它們還顯示出，人類當前的意識狀態受到集體的影響遠甚於個人的影響。至於個人的意象並不具有集體的意義性和古老的原始性，而是反映出個人的無意識內容以及因人而異的意識狀態。

　　原初意象──也是我所謂的「原型」──始終是集體的，換句話說，它至少對於整個民族或整個時代而言，是共通的。有鑑於所有的民族或說所有的時代似乎都不約而同地出現了人類最基本的神話題材，因此，我們可以在純種非洲黑人的心理患者的夢境和幻想裡，印證一系列古希臘神話的題材。[20]

　　就自然科學的因果觀點而言，人們可以把原初意象理解為一種經由無數

19　在此採用瑞士文化史學家布克哈特所提出的「原初意象」（urtümliches Bild）這個概念。Vgl. JUNG, *Wandlungen und Symbole der Libido*, p. 35 (Neuausgabe: *Symbole der Wandlung*｛GW V｝).

20　JUNG, *Wandlungen und Symbole der Libido*, p. 94f. (Neuausgabe: *Symbole der Wandlung*｛GW V｝). 關於古老而原始的意象，本人曾在這本著作裡舉出一個值得讀者參考的例子。

類似的過程而濃縮形成的記憶痕跡（Engramm），也就是德國演化生物學家賽蒙所提出的「殘存於人類無意識裡的記憶痕跡」（Mneme）。從這個角度來看，原初意象是一種沉澱物，因此，具有某種反覆出現的心靈體驗的典型基本形式。作為神話的題材，它始終是一種有效的、不斷重複的表達，這種表達不是重新喚醒，就是以恰當的方式說明了某種心靈體驗。在這種觀點下，它就是一種受到生理學和解剖學支配的人類本質的表達。如果人們認為，生命體特定的解剖學結構起源於環境條件的種種影響，那麼，普遍存在、且不斷出現的原初意象其實也和同樣普遍存在、且不斷出現的外在影響息息相關。

由此可知，外在影響必須具備自然法則的性質。經由這種方式，人們就可以找到神話與大自然的關係了！比方說，太陽的神話和每天日出日落或顯而易見的四季變化的關係。事實上，許多神話學家的研究都採用這種方法。不過，我們還是不明白，為什麼——舉例來說——太陽、月亮或氣象所出現的變化沒有直接成為神話的內容，而是經由比喻的方式出現在神話裡。這個事實還讓我們看到了人類心理的自主性合作（selbständige Mitarbeit），這種自主性合作決不只是環境條件的產物或對於環境條件的模仿。但是，我們還是不禁要問，心理的自主性合作究竟可以從哪裡獲得超出感官知覺以外的觀點？它究竟可以從何處或多或少地發揮作用而證實感官的知覺？

這些質問也同時讓我們看到，賽蒙那個代表自然科學的因果關係的記憶痕跡理論已有所不足。因此，我們只能接受這樣的說法：腦部結構既有的狀態不只可以歸因於環境條件的影響，還可以歸因於生物體本身所特有的、自主的本質，即生命體所固有的規律性。所以，生命體既有的本質一方面是外在條件的產物，另一方面則是本身內在的確定性的產物。由此可知，原初意象鐵定既與某些顯而易見、不斷自行更新，因而總是在產生效應的自然作用有關，同時也與生命體及其心理層面的某些內在的確定性有關。生命體用眼睛這種新的器官來面對光亮，而心理則用象徵意象來面對自然作用，而且象徵意象對於自然作用的掌握，就如同眼目對於光亮的掌握一般。眼目見證了生命體所特有的、自主的創造性活動，而原初意象則說明了心理本身那種絕

對的創造力。

由此可知，原初意象是生命過程的概括性表達。它賦予了原先混亂且彼此不相關的感官和內在心理的察覺一種富有秩序性和關聯性的意義，並藉此把心理能量從那些純粹的、令人無法理解的察覺中釋放出來。原初意象還把那些透過對刺激的察覺而釋放的能量和某個特定的意義連結在一起，該意義會引導個體的行動走上那條與它相合的道路。當原初意象把心理導向自然、並把純粹的自然驅力轉入心理形式時，便釋放了那些無法被使用的、滯積的能量。

原初意象是觀念的前身（請參照「觀念」這個詞條），也是孕育觀念的苗床。理性藉由排除原初意象所特有的、不可缺少的具體化（請參照「具體化」這個詞條），而從原初意象當中發展起來。具體化既是一個概念，也是一個觀念，它與其他所有概念的區別在於，它不是經驗材料，而是所有經驗所依憑的原則。原初意象——作為特殊的腦部結構的表達——不僅賦予觀念具體化的特徵，而且還賦予一切經驗特定的形式。

原初意象的心理效應程度取決於個體的態度。如果是內傾的態度，個體當然會因為力比多從外在客體回流而更重視內在客體，即思維。思維會因此而在原初意象已預先於意識領域所確定的路線上，出現特別密集的發展。原初意象便經由這種方式，而間接地浮現出來。這種思維的進一步發展會導致觀念的形成，而這些觀念其實就是已獲得思維表述的原初意象。只有與思考相反的心理功能——即情感功能——的發展才能超越觀念。觀念如果被個體的智識所理解，就會影響個體的生命，進而吸引住與思考相反的情感功能。在這種情況下，情感的分化程度遠不如思考，所以，比思考更為具體。情感也因為本身未分化、且與無意識混合的狀態，因此，不具有純粹性。如此一來，個體便無法把這種性質的情感和思考整合在一起，此時，作為象徵的原初意象便進入內在的視野裡（請參照「象徵」這個詞條）。

原初意象一方面由於本身的具體性而掌握了未分化的、具體的情感，另一方面則因為本身培育了觀念的緣故而得以掌握觀念，因此，能夠進一步整合情感和思考。原初意象便以這種方式扮演調解者的角色，並再次證明自身

那種解決問題的、且始終存在於宗教的有效性。我個人認為，哲學家叔本華所謂的「觀念」與原初意象較為相關，因為——正如我在後面對於「觀念」這個詞條所闡釋的——人們不必然、也不完全需要把觀念理解為先驗的存在，其實有時也可以把觀念當作某種推衍或發展而出的東西。

以下是我從叔本華的名著《作為意志與表象的世界》（*Die Welt als Wille und Vorstellung*）裡所節錄的一段內容。讀者在閱讀這段文字時，請自行把內容裡的「觀念」改成「原初意象」，這麼一來，就可以了解我的想法了！

個體決不可能認識觀念（Idee），除非是那些超越一切欲求和一切個體性，而且已把自己提升為進行認識的純粹主體的人。換句話說，只有天才以及那些藉由提高自己的純粹認識能力——大多是受到天才的作品的激發——而得以處於天才心境裡的人，才能認識觀念。因此，觀念的傳達不是無條件的，而是有條件的，因為，個人對於已被理解的、已再現於藝術作品的觀念（舉例來說）的共鳴，完全端賴個人本身的智識能力的強弱。……觀念是一個統一體，它會因為我們的直覺理解的時空形式而崩解為許多零碎的部分。……至於概念（Begriff）就好比一個沒有生命的容器，人們把東西一個挨一個地放進去，擺完之後，卻無法把它們取出來。觀念則不然，只要有誰理解了它，它就在他的內在發展出一些想法，而這些想法對於和它們同名的概念來說，全是新的：觀念就好比一個具有生命、能自行發展，且具有繁殖力的有機體，它會產生出原先沒有被裝進去的東西。[21]

叔本華已清楚認識到，人們可以透過為「觀念」加入一種存在於言詞表述的理智之外的因素——即他所提出的、相當於一種情感狀態的「完善的心境」（geniale Stimmung）——來掌握「觀念」，也就是我所定義的「原初意象」，但卻無法透過打造概念或「觀念」的途徑（康德所理解的「觀念」就是「出自某些想法的概念」〔Begriff aus Notionen〕）。[22] 因為，人們只有讓

21　*Die Welt als Wille und Vorstellung* I, Paragr. 49.

22　*Kritik der reinen Vernunft*. Ed. Kehrbach, p. 279.

那條通向觀念的途徑在超越觀念的頂點後，繼續往情感功能延伸，才能脫離觀念而得到原初意象。

原初意象比觀念的清晰性更有生命力。原初意象本身就是一個活的有機體，「擁有先天的創造力」。畢竟它是代代先祖所遺傳下來的心理能量的組織，也是一個不僅表達能量過程的演變、本身還是這種演變的可能性的穩定系統。原初意象彰顯了能量過程如何自遠古時代便以相同的方式不斷重覆，同時還讓這種過程一再保有規律性，這是因為原初意象可以經由持續讓生命向未來延伸，而得以了解或從心理層面掌握一些情況。因此，原初意象是直覺所不可缺少的對立面。直覺是一種符合目的的行動，卻也預設了個體只能以合乎目的和感官的方式掌握各個情況，而人類在先驗上已存在的意象便保證了個體能了解某些發生的情況。意象顯示出一道可供人們運用的公式，這道公式如果不存在，人們便無法了解新的事實情況。

‖ 思考（Denken）‖

我把思考理解為四種基本的心理功能之一（請參照「功能」這個詞條）。思考是一種促使既有的觀念內容產生（概念的）相互關聯性的心理功能。此外，思考還是一種統覺活動。相應於主動統覺和被動統覺，思考也可以被區分為主動思考和被動思考。主動思考是一種意志的行動，被動思考則屬於發生的現象。在主動思考裡，個體會讓觀念內容服從於自己想展開的判斷行為；在被動思考裡，概念的關聯性會自行整理與安排，所形成的判斷甚至還會牴觸個體的意圖。由於這些判斷與個體的目標無法協調一致，個體會因而覺得缺乏方向感，不過，個體後來仍然可以透過主動的統覺行動，而獲得判斷的導向性狀態（Gerichtsein）的贊同。因此，主動思考合乎個體的導向性思考（gerichtes Denken）的概念；[23] 我在從前發表的論文裡，曾把被動思考稱為「幻想化」的思考，[24] 但這卻是不成熟的作法，如今我覺得應該將它稱為「直覺性思考」。

23　JUNG, *Wandlungen und Symbole der Libido*, p. 7ff. (Neuausgabe: *Symbole der Wandlung*〔GW V〕).
24　l. c., p. 19.

有些心理學家會把人們簡單地串連某些觀念稱為「聯想性思考」（assoziatives Denken），但這對我來說，並不是思考，而是純粹的設想（Vorstellen）。我認為，只有透過某個概念而產生的觀念的連結才算得上是思考，而且思考還是一種無關乎個體意向的判斷行為。

我把導向性思考的能力稱為「智識」，而把非導向性思考或被動思考稱為「智識性直覺」。此外，我還把導向性思考——即智識——當作一種理性功能（請參照「理性」這個詞條），因為，依據我所意識到的理性規範的假設，導向性思考會把觀念內容置放於概念之下。至於非導向性思考——即智識性直覺——對我來說，則是一種非理性功能（請參照「非理性」這個詞條），因為，非導向性思考會依照某些我不自覺、因而無法察知其本身是否符合理性的規範，來判斷和整理觀念內容。也許我後來可以察知，這種直覺的判斷行為也合乎理性，不過，它卻是經由一種我認為非理性的途徑所形成的。

我認為，與情感相關的思考不是直覺性思考，而是一種依賴情感的思考。它不會順從本身的邏輯原則，而是情感原則。在關乎情感的思考裡，邏輯的存在只是表象，為了配合情感的意向，邏輯其實已遭到個體的揚棄。

‖ 分化（Differenzierung）‖

分化就是整體當中一些較為不同且已分離出來的部分所出現的發展。我在本書裡使用「分化」這個概念，主要是著眼於心理功能這方面。只要某一種功能還與其他一種或多種功能交融在一起——例如，思考和情感、情感和感知等——就是處於古老而原始的狀態（請參照「古老的原始性」這個詞條），因此，根本無法獨自發揮作用。換句話說，這類未分化的功能無法作為特殊的部分而從整體分離出來，並獨立地存在。未分化的思考功能無法擺脫其他的功能而單獨運作，因為，感知、情感或直覺的功能總是混雜其中。這就如同未分化的情感混合了感知和幻想一般，精神官能症患者所出現的情感和思考的性欲化（佛洛伊德指出的）就是很好的例證。

一般說來，未分化功能的特徵還在於其本身那種具有矛盾心理和矛盾傾

向的性質，25 也就是說，個體不論採取什麼立場，其本身顯然都帶有否定性，這便讓個體在使用未分化功能時，會碰到一些特有的阻礙。此外，未分化功能本身的各個部分也會混合在一起，所以，未分化的感知功能——舉例來說——會因為本身各個感官領域彼此交雜而衰退。又比方說，未分化的情感功能會因為愛恨交織的矛盾情感而受到損害。只要某一功能全部或大部分處於無意識範圍，就是未分化功能，而且它還會跟其他功能混雜在一起，或者它本身的某些部分會彼此交融為一體而變得混淆不清。分化存在於某一功能與其他功能的分離，也存在於本身各個要素相互的區隔。心理功能如果沒有出現分化的發展，就不可能形成某種定向，因為，一種功能的定向——或更確切地說，一種功能的導向性狀態——是以分離和排除屬性不同的東西為基礎。混雜屬性不同的要素會使得未分化功能無法達到導向性狀態，因此，只有已分化的功能才能表明本身具有定向的能力。

‖ **異化**（Dissimilation）‖

請參照「同化」這個詞條。

‖ **移情作用**（Einfühlung）‖

移情作用是客體的內向投射（請參照「內向投射」這個詞條）。讀者可在本書第七章讀到關於「移情作用」這個概念更詳細的描述（並請參照「投射」這個詞條）。

‖ **態度**（Einstellung）‖

「態度」是心理學這門學科比較晚近才採用的概念，由德國實驗心理學家格奧葛·穆勒（Georg E. Müller, 1850-1934）及其門生腓特烈·舒曼

25　BLEULER, *Die negative Suggestibilität* in *Psychiatrisch-Neurologische Wochenschrift* (1904). *Zur Theorie des schizophrenen Negativismus* in *Psychiatrisch-Neurologische Wochenschrift* (1910). *Lehrbuch der Psychiatrie*, p. 92 und p. 285.

（Friedrich Schumann, 1863-1940）率先提出。[26] 曾受教於馮特的德國結構心理學家奧斯華德・屈爾佩（Oswald Külpe, 1862-1915）[27] 則把「態度」定義為負責處理特定的外在刺激，或本身持續衝動的感覺中樞或運動中樞的先天遺傳傾向（Prädisposition）；以實驗心理學研究記憶著稱的赫曼・艾賓豪斯（Hermann Ebbinghaus, 1850-1909）[28] 則從較廣義的角度，把態度視為一種將習以為常的東西引入偏離習慣的個別行動的練習現象。我們對於「態度」這個概念的使用正是採納了艾賓豪斯的觀點。我認為「態度」就是準備以某種傾向來行動或回應的心理狀態。這個概念對於人們研究複雜的心靈現象（seelische Phänomene）非常重要，因為它闡明了一種獨特的心理現象（psychologische Erscheinung）：為何某些外在刺激會在不同時期對於個體產生強弱不一的效應，或根本無法引起任何效應。

個體懷有某種態度便意味著對於某些特定的東西已有所準備，即使它們處於無意識領域，換句話說，個體懷有某種態度就相當於對某些特定的東西——不論個體能否設想到——存在先驗的傾向。我把「態度」理解為某種心理層面的準備狀態，這種狀態始終存在於某種既有的主觀心理鋪排，即某些心理因素或心理內容的特定組合之中。這些主觀的鋪排或特定的組合不是主導了個體以某個傾向來行動，就是以某個特定的方式來理解外在的刺激。

個體如果缺乏態度，就不可能進行主動統覺（請參照「統覺」這個詞條）。態度往往擁有一個屬於意識或屬於無意識的基準點，因為，在個體對於新內容的統覺行動中，既有的內容組合會以無可爭議的方式，凸顯新內容當中被主觀內容認為屬性相同的性質或要素。屬性相同或不同是由既有的內容組合或鋪排所決定的。態度的基準點不論屬於意識或屬於無意識，都對於態度所選擇的效應毫無意義，因為，態度的選擇不僅是先驗的，還會自動出現。不過，話說回來，區別意識和無意識還是有實際的意義，畢竟意識態度和無意識態度一直都存在著，而且，我們還應該指出，意識在心理內容上並

---

26 *Pflügers Archiv* 45 p. 37.

27 *Grundriß der Psychologie*, p. 44.

28 *Grundzüge der Psychologie* I, p. 681f.

不同於無意識。在精神官能症的個案裡，我們可以十分清楚地觀察到意識態度和無意識態度的二元性。

「態度」這個概念和馮特所提出的「統覺」具有一定的相關性，不過，這兩個概念之間仍存在著差異：「統覺」包含了既有的主觀內容與將被統覺的新內容的相互關係的演變過程，而「態度」則僅僅涉及既有的主觀內容。統覺在某種程度上，是一座連繫既有的內容和新的內容之間的橋梁，而態度則是橋梁架於某一岸邊的橋墩，至於態度所面對的新內容就相當於另一端築於對岸的橋墩。態度就是一種始終具有選擇效應和傾向的期待。被強烈凸顯的、存在於意識視野裡的內容（有時還可能混入其他的內容）會形成相當於某一特定態度的心理鋪排。這樣的意識內容會產生一種與它本身一致的態度，它會促進一切屬性相同的事物的察覺和統覺，同時也會阻礙一切屬性不同的東西的察覺和統覺。這個自動形成的現象就是造成意識傾向的片面性的根本原因，它會讓個體徹底失去平衡，如果個體心理缺乏足以糾正意識態度的、能自行調節的補償功能的話（請參照「補償」這個詞條）。在這個意義上，態度的二元性其實是正常的現象，只有當意識的片面性過於極端時，才會造成干擾。

作為一種習慣性的關注，態度可能是相對次要的部分現象，或是支配全部心理的普遍原則。個體的先天氣質、信念、所接受的教育、環境的影響或普遍的生活經驗都可能導致某種習慣性的心理內容的配置和鋪排，進而持續形成某種經常能滲透到個體生命最細微之處的特定態度。那些對於生活深深感到厭倦的人，自然而然會出現一種始終預期生活充滿著不愉快的態度，不過，這種過度的意識態度卻會被追求愉悅的無意識態度所補償。被壓抑者的意識態度會定向於所有可能壓抑他們的東西，會在自己的經驗裡挑選出這類因素，而且還能四處察覺到它們的存在。因此，他們的無意識態度便取得了力量和優勢。

由於人們的習慣性態度因人而異，其全部心理也因此而定向於一些不同的基本特徵。雖然，普遍的心理法則適用於所有個體，但這些法則卻無法反映個別個體的特徵，更何況它們的作用方式還會因為個體不同的普遍態度而

出現嚴重的分歧。普遍態度往往是所有顯著影響心理的因素——諸如，與生俱來的氣質、教育、環境的影響、生活經驗、集體觀念，以及一些透過心理功能的分化（請參照「分化」這個詞條）而獲得的洞察和信念——彼此相互作用的結果。態度如果不具有絕對的重要性，個體的心理便無法存在。至於普遍的態度則會讓個別的心理功能之間出現勢力的消長和相互關係的改變，而使得普遍心理法則的有效性經常受到質疑。

舉例來說，基於生理和心理層面的理由，性功能雖然在某種程度上的活動被認為是個體所不可或缺的，但是，有些個體即使極度缺乏性活動，卻也沒有受到絲毫損害，也就是說，他們並沒有因此而出現病態現象以及任何可被證實的能力限制；然而，在某些個體身上，即使性活動只受到一點兒干擾，卻十分可能造成嚴重的後果。或許在愉悅與不快的問題上，人們最能清楚地觀察到，個體之間的差異有多麼明顯。在這種情況下，一切的律則可以說已經行不通了！既然如此，那麼，最後還有什麼存在呢？難道是那些始終讓人們感到愉悅的事物？還是那些往往會造成人們不快的東西？每一種驅力和功能都可能屈服並順從於其他的驅力和功能。自我驅力（Ich-trieb）或權力驅力可以利用性欲，而性欲也可以利用自我；思考會征服其他的功能，而情感也會掌控思考和感知功能。總之，一切全視個體的態度而定。

態度其實是一種個體現象，因此，人們無法以學術研究的方式來探討它。不過，只要人們可以辨別某些心理功能，就可以根據本身的經驗區分某些態度類型。當某一種功能習慣性地占有優勢地位時，就會因此而形成一種典型的態度。個體會因為分化功能的不同而出現不同的心理內容的配置和鋪排，並產生相應的態度，進而形成了四種態度類型，即思考型、情感型、感知型和直覺型。除了這些純粹的、數量仍可能增加的態度類型以外，還存在所謂的「社會類型」（soziale Typen），也就是那些受到集體觀念顯著影響的類型，其所表現出來的特徵就是各種不同的「主義」（即各種各樣的思想學說）。無論如何，這些受制於集體的態度都相當重要，在某些情況下，它們的重要性甚至還凌駕於那些純粹的個體態度之上。

‖ 情緒（Emotion）‖

請參照「情緒」這個詞條。

‖ 感知（Empfindung）‖

我認為，感知是一種基本的心理功能（請參照「功能」這個詞條）。現代心理學之父馮特則把感知當作一種基本的心理現象。[29] 感知是一種傳達已被察覺的生理刺激的心理功能，從這方面看來，感知和知覺（Perzeption）是相同的。此外，我們應該嚴格區別感知和情感，因為，情感是一種完全不同於感知的心理過程，而且還可以為感知添上一層「情感的色調」。感知不只涉及了外界對於身體的刺激，還涉及了內在的刺激，即身體內部器官的變化。

因此，人類的感知主要是感官的感知，也就是藉由各種感覺器官和體感（例如，肌肉動覺和血管收縮舒張的感知）所獲得的知覺。感知一方面是一種設想的要素，因為，它為主體的設想提供了外在客體的知覺圖像，而另一方面，它也是一種情感的要素，因為，它透過對於生理變化的知覺而讓情感具有情緒性質（請參照「情緒」這個詞條）。感知會把生理變化傳達給意識，因此，感知也體現了人類的生理驅力。不過，感知並不是生理驅力，它只是一種知覺功能。

我們應該區別具體感知（或感官感知）和抽象感知的不同。具體感知包含了上述的那些形式，而抽象感知卻是一種抽取感知對象的某個成分、因而有別於其他心理要素的感知。具體感知的出現從不具有「純粹性」，因為，它總是混合了一些觀念、情感和思維。然而，抽象感知卻不一樣，它會依從本身的原則而脫離一切可能混入的感知對象的差異以及主體的情感和思維，並藉此將本身提升到具體感知從未達到的「純粹性」。由於抽象感知體現了

29　關於「感知」這個概念的演變，請參照 WUNDT, *Grundzüge der physiologischen Psychologie* I, p. 350ff. DESSOIR, *Geschichte der neueren deutschen Psychologie*. VILLA, *Einleitung in die Psychologie der Gegenwart*. VON HARTMANN, *Die moderne Psychologie*.

一種較高度發展的知覺，因此，也可以被視為一種「審美的」知覺。舉例來說，個體對一朵花的具體感知並不僅僅限於個體對這朵花本身的察覺，同時還包括了對於花朵以外的綠葉、莖桿及其所在之處的察覺。這種具體感知還會立刻和觀看花朵所產生的愉悅或不快的感覺、花朵的氣味所引起的嗅覺的知覺或個體——比方說——對於花朵的植物學分類的思考混雜在一起。反之，抽象感知會立即凸顯花朵在人們的感官知覺上最鮮明的特徵，例如，把花瓣鮮亮的紅色提升為唯一或主要的意識內容，而且完全排除任何可能的摻雜物。

抽象感知主要出現在藝術家身上。它就和所有的抽象作用一樣，是已分化的心理功能的產物，所以，不是人類與生俱來的東西。畢竟人類心理功能的初始形式始終是具體的，也就是處於相互混雜的狀態（請參照「古老的原始性」和「具體化」這兩個詞條），所以，具體感知就是一種反應的現象，而抽象感知則恰恰相反，它就跟所有抽象作用一樣，總是保有本身的意向，也就是本身的導向性要素。這種以抽象感知為依歸的意向就是審美的感知態度（ästhetische Empfindungseinstellung）的表達和實踐。

只要孩童和原始人的感知凌駕於思考和情感之上——但卻不一定要凌駕於直覺之上——感知就是他們在本質上相當強烈的特徵。我把感知理解為意識的知覺，而把直覺當作無意識的知覺。在我看來，感知和直覺這兩種非理性功能跟思考和情感這兩種理性功能其實是一樣的，它們都是二元對立的組合，或是兩種相互補償的功能。不論從個體發展或物種發展的角度來看，人類的思考和情感這兩種具有自主性的理性功能都是從感知功能演變而來的（當然，思考和情感也衍生於直覺，即感知所必要的對立面）。一個人的整體態度如果定向於感知原則，他就屬於感知型這個心理類型（請參照「類型」這個詞條）。

只要感知是一種基本的心理現象，它必然不受制於理性法則，而且還跟思考和情感這兩種理性功能對立。因此，我把感知稱為非理性功能（請參照「非理性的」這個詞條），儘管人類的理智在理性關聯性裡接收了大量的感知。正常的感知是相對的，它們大致上符合了外界對於身體的刺激強度；然

而，病態的感知卻不合乎外界對於身體的刺激強度，它們不是過於微弱，就是過於強烈，都不是正常的反應。當感知過於微弱時，就會受到阻礙；當感知過於強烈時，就會過度反應。感知的阻礙起因於另一種功能占有優勢地位，感知的過度反應則源自於感知與另一種功能不正常地混合，例如，與未分化的思考或情感功能的混合。一旦與感知混雜在一起的功能開始分化，感知的過度反應就會停止。精神官能症的心理已為我們提供了最清楚的例子，因為，它經常出現感知以外的其他功能的強烈性欲化（Sexualisierung；佛洛伊德所提出的概念），也就是性的感知（Sexualempfindung）和其他功能的夾雜狀態。

‖ 反向轉化（Enantiodromie）‖

反向轉化就是「背離」（Entgegenlaufen）。在古希臘哲學家赫拉克利特的哲學裡，所謂的「反向轉化」是指事情的發生已朝反向進行，即存在的一切轉向了它的對立面。「從生變成死，也從死變成生；從年輕轉為衰老，又從衰老轉為年輕；從甦醒到睡眠，也從睡眠到甦醒；形成與毀滅的潮流從未靜止下來。」[30]「因為，建立與破壞，破壞與建立，正是涵蓋自然生活的所有領域——從最小到最大的領域——的準則。宇宙本身也會再度回到原點，不論它是否起源於太初之火（Urfeuer）。這是個雙重發展的過程，它在既定的期限——即使是一段又一段漫長的時期——內發生，而且不斷地重新發生。」[31] 以上是研究古希臘哲學的專家對於赫拉克利特的「反向轉化」所做的詮釋。此外，赫拉克利特本身還有不少流傳下來的名言也表達了這種觀點。他曾說道：

大自然似乎也追求對立性，並從對立性——而非同一性——當中創造出協調性。……當他們出生時，不僅準備要活下來，同時也開始面對死亡。……對於靈魂來說，死亡已變成水，對於水來說，死亡已變成泥土。然

30　ZELLER, *Die Philosophie der Griechen* I, p. 456.

31　GOMPERZ, *Griechische Denker* I, p. 53.

而，從泥土當中又產生了水，從水當中又產生了靈魂。……轉化是以交替方式進行的，萬物與火的相互轉化就像人們在買賣時，以金子換取貨品，或以貨品換取金子一樣。[32]

關於反向轉化法則在人類心理層面的運用，赫拉克利特曾表示：

以弗所人，但願你們從不缺乏財富。如果你們追求財富，終將因為揮霍財富而墮落衰敗。[33]

我個人則用「反向轉化」這個概念來闡述無意識對立面的浮現，尤其是那種依照時間先後順序的浮現。這種獨特的現象幾乎都出現在某一極端片面的傾向掌控了個體的意識生命的時候，因為，與該傾向同樣強大的無意識對立會同時形成。這種無意識對立首先會透過阻礙意識的能力、之後又經由中斷意識的傾向而顯露出來。《新約聖經》裡的使徒保羅及其改宗基督教的心理歷程正是反向轉化的佳例。此外，中世紀晚期的西班牙作家拉蒙・柳利（Raymundus Lullius, 1232-1315）因受到神啟而成為方濟會修士、宣告上帝已死的尼采在罹患精神病後對於耶穌基督的認同以及對華格納的態度的徹底翻轉（從崇拜到反對）、十八世紀瑞典知名學者伊曼紐・斯威登堡（Emanuel Swedenborg, 1688-1772）從科學家暨哲學家到基督教神祕主義先知的轉變等，都為我們提供了很好的例證。

‖ 外傾（Extraversion）‖

外傾就是力比多的向外流出（請參照「力比多」這個詞條）。我用這個概念來指謂主體由於對客體的積極關注、而與客體所建立的那種顯而易見的連繫。處於外傾狀態的人在思考、情感和行動上，都是經由一種直接且可被清楚察覺的方式，而且還涉及了本身與客體的連繫，因此，人們實在無法質

---

32 DIELS, *Die Fragmente der Vorsokratiker* I, pp. 79, 82, 85, 95.

33 l. c., p. 102.

疑他們對於客體的積極態度。由此看來，外傾在某種程度上是個人把關注從本身的主體轉移到外在的客體。如果外傾具有智識性，主體就會透過客體來進行思考；如果外傾與情感有關，主體就會移情於客體。在外傾的狀態下，主體會強烈地——儘管不是唯一地——受到客體的制約。當個體的外傾具有意向性時，就是主動外傾；當個體的外傾受到客體的驅使時，就是被動外傾，也就是客體在可能違反主體的意向下，自行吸引了主體的關注。如果外傾的狀態已成為個體的習慣，該個體就會成為外傾型（請參照「類型」這個詞條）。

‖ 情感（Fühlen）‖

我把情感視為人類四種基本心理功能之一，因此，我無法贊同某些心理學學家把情感當作次要的、依賴於「觀念」或感知的現象的觀點，而是跟馮特及其門生屈爾佩和阿佛烈德‧雷曼（Alfred Lehmann, 1858-1921）、美國心理學家鮑德溫，以及丹麥哲學家暨心理學家哈拉德‧霍夫汀（Harald Höffding, 1843-1931）等人一樣，把情感視為一種獨特而自主的心理功能。[34]

情感主要是一種發生於自我與既有的心理內容之間的過程，更確切地說，是一種在接受或拒絕（「愉悅」或「不快」）的意義上賦予心理內容某種特定價值的過程。因此，如果撇開短暫的意識內容或感知不談，情感也是一種以「心境」（Stimmung）的形式單獨出現的過程。這種情感的過程和先前的意識內容雖然存在著某種因果關係，但這種因果關係卻不是必然的，因為，正如心理病理學已充分證明，這種過程也可能來自於無意識內容。其實心境——普遍或單單作為部分情感——也意味著一種評斷，但卻不是對於個別的、特定的意識內容的評斷，而是對於相當短暫的意識狀態的評斷，或更確切地說，也是在接受或拒絕的意義上所給予的評斷。

---

34 關於探討「情感」的理論以及這個概念的演變，請參照 WUNDT, *Grundriß der Psychologie* I, p. 35ff. NAHLOWSKY, *Das Gefühlsleben in seinen wesentlichsten Erscheinungen und Beziehungen.* RIBOT, *Psychologie der Gefühle.* LEHMANN, *Die Hauptgesetze des menschlichen Gefühlslebens.* VILLA, *Einleitung in die Psychologie der Gegenwart,* p. 208ff.

　　由此可知，情感主要是一種完全主觀的過程，它在各方面都可以不受外在刺激的影響，儘管它也和所有的感知連結在一起。[35] 甚至「無關緊要的」感知也蒙上一層「情感色調」，即無關緊要的情感色調，而且個體還藉由它的存在表達了一種評斷。所以，情感也是一種判斷。如果情感不是出現在產生概念關聯性的意向下，而是出現在主觀的接受或拒絕的意向下，情感的判斷就不同於智識的判斷。透過情感而產生的評判會延伸到所有的意識內容。情感的強度如果增加，就會產生情緒（請參照「情緒」這個詞條），即帶有明顯的神經支配的情感狀態。情感與情緒的不同之處在於，情感所引發的神經支配並不顯著，跟一般的思考過程所引起的神經支配不相上下。

　　一般的、「簡單的」情感是具體的（請參照「具體化」這個詞條），也就是混雜了其他功能的要素，舉例來說，具體的情感最常與感知交融在一起。情感在這種特殊的情況下可以被視為「情緒」或──誠如我在前面已提過的──「情感感知」（Gefühlsempfindung），也可以被理解為情感和感知要素的混雜不分。只要情感表明為一種尚未分化的功能──這在思考功能已分化的精神官能症患者的心理表現最為清楚──這種獨特的混合狀態就會出現。情感本身雖是一種自主的心理功能，卻也會陷入對於其他功能的依賴中：比方說，對思考的依賴所產生的情感會表現為思考的伴隨物，因此，只要這種情感合乎智識的關聯性，就不會受到潛抑而被排除在意識領域之外。

　　我們應該把一般的具體情感和抽象情感區分開來。正如抽象概念（請參照「思考」這個詞條）會略去本身所指涉的事物之間的差異一般，抽象情感也會克服本身所評斷的個別心理內容之間的不同，並形成某種曾包含各式各樣的個別評斷，而後卻揚棄它們而取得一致性的「心境」或情感狀態。思考會用概念來整理意識內容，情感則依據意識內容的價值來整理意識內容。情感愈具體，它所賦予的價值的主觀性和個人性就愈強烈。就像完善的抽象概念無法呈現事物的細節和特殊性，而只是指出事物的普遍性和一致性一樣，完善的抽象情感也無法呈現個別片刻及其情感性質，而是反映出所有的片刻

35　關於情感和感知的區別，請參照 WUNDT, *Grundzüge der physiologischen Psychologie* I, p. 350ff.

及其一致性。情感和思考一樣，都是理性功能，因為——就如同經驗所告訴我們的——價值的判定和概念的形成通常都是根據理性法則。

　　當然，上述的定義只是從外部來描述情感，所以，完全無法顯示情感本質的特徵。畢竟智識的思維與理解的能力，無法以概念的語言說明情感的本質，因為，思考所屬的範疇在本質上與情感格格不入，就如同某一種基本心理功能無法完全表達另一種基本心理功能一般。由此可見，智識的定義在任何時候都只能以差強人意的方式再現情感的特殊性。人們的理性無法透過對情感的分類來掌握情感的本質，因為，連最精確的分類往往也只能表達智識所能理解的內容，儘管這些分類還有某種相繫的情感伴隨出現，但卻還是無法掌握情感的特殊性。由於智識可理解的內容種類如此大量而不同，所以，情感的分類也相當多，不過，情感本身卻還是無法被詳盡地分類，這是由於在一切可能的、智識可理解的內容種類之外，還存在某些智識的分類所無法觸及的情感。既然分類的思維已帶有智識性，便無法和情感的本質相容。因此，我們在這裡還必須體認到概念的限制。

　　情感是透過移情的區辨（einfühlende Diskrimination）所確定的情感功能的內容或材料。我們可以把情感所產生的評斷——作為一種價值的統覺——和智識性的統覺做比較，而且還可以把情感統覺（Gefühlsapperzeption）進一步區分為主動型和被動型。被動型情感統覺的特徵在於某個心理內容激發或吸引了情感，而迫使主體涉入情感當中。反之，主動型情感統覺則是由主體賦予價值，它是依照心理內容的意向來評斷心理內容，更確切地說，是依照與情感有關的意向，而不是依照智識的意向。因此，主動的情感功能就是一種導向性功能，一種意志的行動。這就好比在愛以及受到愛所吸引而處於迷戀狀態的對比中，後者是一種不具導向性的被動情感，所以，我們可以在語言的使用裡發現，我們的語言把前者視為一種活動，而把後者當作一種狀態。不具導向性的情感就是情感的直覺。嚴格地說，只有導向性的主動情感才被認為具有理性，而不具導向性的被動情感則被視為非理性，而且它如果沒有得到任何協助，甚至還可能違背主體的意向。總而言之，個體的整體態度如果定向於情感功能，我們就可以把他稱為「情感型」（請參照「類型」這個詞條）。

‖ 功能（Funktion）‖

我把心理功能視為一種不論在何種狀況下、原則上都不會變動的心理活動的形式。從能量的角度來看，心理功能就是力比多的表現形式（請參照「力比多」這個詞條），而且在各種不同的狀況下都會保持不變，這就類似物理力量可以被視為物理能量的種種表現形式一樣。我把人類全部的基本心理功能分為四種，即思考和情感這兩種理性功能，以及感知和直覺這兩種非理性功能。我無法從先驗的層面說明，為何這四種功能是人類的基本心理功能。我只能強調，這個觀點是我長期以來隨著心理治療經驗的累積而逐漸形成的。我區分這四大心理功能，因為，它們彼此互不相關，或者說，沒有共通之處。舉例來說，思考的原則絕對不同於情感的原則，如是等等。原則上，我會把這些功能和幻想區別開來，因為，在我看來，幻想是一種特殊的心理活動的形式，而且也會出現在這四種心理功能裡。至於意志和注意力在我看來，完全是次要的心理現象。（亦請參照「劣勢功能」這個詞條）

‖ 思維（Gedanke）‖

思維是透過思考的區辨，所確定的思考功能的內容或材料（請參照「思考」這個詞條）。

‖ 情感（Gefühl）‖

情感是透過移情的區辨，所確定的情感功能的內容或材料（請參照「情感」這個詞條）。

‖ 自我（Ich）‖

我把「自我」這個概念理解為一種構成個體的意識領域的觀念綜合體，因此，我也把自我稱為「自我綜合體」（Ich-Komplex）。[36] 自我綜合體的內部似乎具有高度連貫性和一致性，它是一種類似意識條件般的意識內容（請

36　JUNG, *Über die Psychologie der Dementia praecox*, p. 45 ｛GW III｝.

參照「意識」這個詞條），因為，只要某個心理要素和自我綜合體相關，個
體就能意識到該心理要素的存在。然而，自我如果只是個體的意識領域的中
心，就無法等同於個體的整體心理，而只不過是個體諸多綜合體當中的一個
綜合體。只要自我只是個體的意識的主體，而本質我卻是個體的整體心
理──包含無意識心理──的主體，個體就會把自我和本質我（Selbst）區
別開來。從這個意義來說，本質我是一個包含自我的（具有觀念性質的）重
要部分。本質我喜歡以超卓或理想的人物形象出現在無意識的幻想裡，例
如，歌德劇作裡的浮士德以及尼采筆下的查拉圖斯特拉。為了維護本質我的
理想性，自我的那些古老而原始的特徵也會表現出本身與「較高的」本質我
的隔絕，比方說，歌德所塑造的惡魔梅菲斯多、施皮特勒的埃庇米修斯、基
督徒內心裡的魔鬼或反基督，以及讓尼采的查拉圖斯特拉在他身上發現自己
的影子的那位「最醜陋的人」。

‖ 觀念（Idee）

到目前為止，我在本書中使用「觀念」這個概念，是為了說明某種和我
所謂的「意象」密切相關的心理要素（請參照「意象」這個詞條）。意象的
形成可以是個人的，也可以是非個人的。非個人因素所形成的意象具有集體
性，如果它們還帶有神話性質的特徵，我便把這種意象稱為「原初意象」。
如果這種集體的意象不具神話性質，也就是缺乏具象的直觀性質，我便把這
種意象稱為「觀念」。因此，我用「觀念」這個概念來表達某種原初意象的
意義，而這種意義則是從意象的具體性當中得出或抽象出來的。只要觀念是
抽象的，就會顯現為某種思維的產物，某種從基本要素推導出來、或發展而
來的東西。因此，我們可以把馮特[37]及其他心理學家所謂的「觀念」理解為
某種次要的、推導出來的東西。

不過，只要觀念作為原初意象所表述的、以象徵方式所呈現的意義，觀
念的本質就不是推導出來的、或創造出來的東西，而是一種先驗的存在（從

37　*Philosophische Studien* VII, 13.

心理學的角度來看），以及一種思維關係的既有的可能性。所以，從本質來說（而非從表述來說），**觀念是一種先驗上已存在的、且具有決定性和重要性的心理部分**。從這個意義來說，「觀念」對柏拉圖而言，就是「事物的原初意象」，對康德而言，則是「理智運用的原初意象」，也就是一種超越了經驗範圍的先驗概念[38]以及一種「概念對象不存在於經驗範圍裡」[39]的理性概念。康德曾說：

是否我們現在必須談論先驗的理性概念：先驗的理性概念雖然只是觀念，但我們決不該把它們視為多餘的、沒有價值的東西。因為，即使觀念無法制約客體，但實際上卻可以作為理智運用的擴展和一致化的準則。當理智依據本身的概念來認識時，雖已無法再獲得關於對象的知識，但理智卻在這種知識裡獲得更好的、更進一步的引導。更別提這些先驗的理性概念或許能讓自然的概念成功地轉變為實際的概念，並經由這種轉變的方式讓道德觀念本身可以獲得支撐，並取得與理性的思辨知識的關聯性。[40]

叔本華則表示：

只要意志是物自身（Ding an sich）[41]並因此而有別於雜多性，我便把觀念理解為意志客觀化的每一個穩定的特定階段。這些階段與個別事物的關係，就如同它們的永恆形式或典範與個別事物的關係一樣。[42]

在叔本華看來，**觀念當然擁有具象的直觀性**，因為，他把觀念完全理解

---

38 *Kritik der reinen Vernunft.* Ed. Kehrbach, p. 279ff.

39 *Logik*, p. 140.

40 *Kritik der reinen Vernunft.* Ed. Kehrbach, p. 284.

41 譯註：「物自身」一詞首先由康德提出。康德用「物自身」來指稱獨立於我們認識之外的、即不只「對我們」而存在的事物，而是其自身真正存在而與表象對立的存在物。康德判定「物自身」是不可知的，是人類理性所無法探及的。

42 *Die Welt als Wille und Vorstellung* I, Paragr. 25.

為我所謂的「原初意象」。他認為，觀念無論如何都無法被個體所認識，而只能被「純粹的主體所認識」，也就是已超越了意志和個體性的主體。[43]

黑格爾把觀念完全實體化，並賦予觀念實在存在的屬性。他認為，觀念相當於「概念，既是概念的實在性，也是概念的統一體。」[44]，而且觀念還是「永恆的創造。」[45] 德國作家暨哲學家庫特‧拉斯維茲（Kurd Lasswitz, 1848-1910）則表示，觀念是「指引我們的經驗應該朝哪個方向發展的法則」，也是「最穩當的、最高的實在性。」[46] 對於德國新康德主義哲學家赫曼‧寇恩（Hermann Cohen, 1842-1918）來說，觀念是「概念的自我意識」，而且還「奠定了存在的基礎。」[47]

在這裡，我已無意再舉出其他關於觀念的主要性質的說法。以上所列舉的引文或許已足以闡明，觀念為什麼應該被理解為根本的、先驗上已存在的重要部分。這種性質其實源自於觀念的前身，即象徵的原初意象（請參照「意象」這個詞條）。那些抽象和推導出來的東西——即次要性質——則出自於觀念的理性處理。原初意象會服從這種理性的處理，以便讓本身能合乎理性的運用。原初意象是一個自發的、無論何時何地都能重新出現的重要心理部分，在某種意義上，觀念也被認為如此。不過，觀念卻基於本身理性的本質，而往往順從那些受到時代和外在狀況強烈影響的理性處理所帶來的改變。這種理性處理則賦予觀念某些符合個別的時代精神的表述。由於觀念產生於原初意象，一些哲學家便認為觀念具有先驗性質，不過，我卻認為，具備先驗性質的是帶有永恆性的原初意象，而不是觀念，因為，原初意象自古以來對於人類心理而言，一直都是不可缺少的部分。觀念的自主性也與原初意象有關，原初意象並不是被創造出來的，而是一直都存在著，並且會自行出現在人們的察覺當中。所以，當原初意象被心理感知為主動制約的潛能

---

43 l. c., Paragr. 49.

44 *Vorlesungen über die Ästhetik* I, 138.

45 *Logik* III, p. 242f.

46 *Wirklichkeiten*, p. 152 und p. 154.

47 *Logik der reinen Erkenntnis*, p. 14 und p. 18.

（Potenz）時，我們便可以說，原初意象是在追求本身的實現。這種觀點當然不具有普遍性，但是，它卻可能和態度有關（請參照本書第七章）。

觀念是重要的心理部分，這個部分同時支配著思考和（作為實際觀念的）情感。當我談到思考型的思維決定性以及情感型的情感決定性時，才會使用「觀念」這個專有名詞。如果涉及某種未分化功能的先驗決定性，我會認為，這是原初意象的決定性，而且使用「原初意象」這個用語是恰當的。「觀念」的雙重性質——即同時具有主要性和次要性——有時會導致本身在用詞上與「原初意象」的混淆。總之，對於內傾態度而言，觀念是第一推動者（primum movens），[48] 對於外傾態度來說，觀念則是一種產物。

‖ 認同（Identifikation）‖

「認同」這個概念是指個體的人格會部份或全部地與自身**異化**（請參照「同化」這個詞條）的心理過程。認同就是主體為了客體而與自身**疏離**，而且還在某種程度上隱藏於客體之中。舉例來說，兒子對於父親的認同實際上意味著採用了父親的種種方式，此時兒子就好像是父親的**翻版**，而不再是不同於父親的獨立個體。認同和**模仿**的差別在於：認同是一種**無意識**的模仿，而模仿則是一種有意識的效法。模仿對於那些正在發展的青少年人格而言，是必要的輔助方法。只要不單單將模仿視為便宜行事，而阻礙了適合個體的方法的發展，模仿便能發揮助長人格發展的效應。同樣地，只要個體的發展方式還行不通，模仿便有可能促進個體的發展。如果個體的發展出現更好的可能性，先前在無意識裡支持和協助個體的認同就會便轉變為個體的阻礙，從而證明了認同的病態性。當主體透過認同而分裂成兩個異質的人格部分時，認同便具有解離人格的效果。

個體的認同不一定都與人相關，也可能關乎事情（例如，心理活動和事務等）及心理功能，而且後者甚至更為重要（請參照本書第二章）。個體會因為本身認同於發展最好的功能，而導致次要性格的形成。此時，個體會完

---

48 譯註：古希臘哲學家亞里士多德把自身不動的永恆動因——即善、理性和神——稱為「第一推動者」，也稱為「不動的動者」。

全或大部分地脫離原有的秉性，而致使本來的個體性落入了無意識裡。通常人們在這種情況下，會形成某種已分化的功能，而且這甚至是個體化發展的必經階段。

　　然而，只要對父母或最親近的家庭成員的認同合乎人類與生俱來的家庭認同（familiäre Identifikation），這種認同就有一部分是正常現象。在這種情況下，我們最好不要認為這是對家庭成員的認同，而應該認為這是家庭成員的同一性（Identität）。也就是說，家庭認同和家庭同一性是不一樣的，畢竟前者不是與生俱來的東西，而是經由如下的過程才出現的次要現象：從原本的家庭同一性發展起來的個體在本身的適應和發展過程中，碰到了某個無法立刻解決的阻礙，而形成力比多的滯積。不過，這種能量的滯積後來會逐漸找到一條往主體回流的出路，而能量的回流會再度活化從前的一些狀態，其中也包括了家庭同一性。這種藉由能量回流而再度被活化的、原本幾乎已被消除的同一性，就是對於家庭成員的認同，個體所有對於他人的認同都是經由這種方式而產生的。還有，個體的認同始終追求這樣的目標：藉由他人的方式取得某種優越性，或排除某種阻礙，或完成某個任務。

‖ 同一性（Identität）‖

　　我所謂的「同一性」是指個體在心理上與他者的一致狀態（Gleichsein），而且它始終是一種無意識現象。個體的意識心理與他者的一致狀態往往就是雙方彼此相同的意識，所以，是以主體和客體的分離為前提，不過，在這個前提下，同一性現象卻無法存在。因此，心理的同一性是以個體本身的無意識為前提。這種同一性既是原始人的思維方式的特徵，也是他們的「神祕參與」的真正基礎。換句話說，神祕參與就是人類心理依然留存著太初時代對於主體和客體的缺乏區分，也就是一種原始的無意識狀態的殘存。後來，神祕參與就變成了人類的嬰兒期心理狀態的特徵，而且只要它尚未成為意識內容，最終還會成為成年文化人的無意識特徵，並持續地維持與客體的同一性狀態。與父母的同一性既是認同父母的基礎（請參照「認同」這個詞條），也是投射和內向投射的可能性的基礎（請參照「投射」和

「內向投射」這兩個詞條）。

同一性主要是無意識心理與客體的一致狀態。同一性不是等同，也不是認同，而是個體心理在先天上與他者的一致狀態，而且這種一致狀態從來就不是意識的對象。同一性的存在是依據一種天真的先入之見，也就是個體把自己的心理等同於他人的心理，因此便認為，相同的動機具有普遍的有效性：讓我感到愉快的東西，別人當然也會感到愉快；我認為不道德的東西，別人勢必也會認為不道德，如是等等。同時，同一性也以一種普遍的追求為基礎，因此，人們認為自身應該改變的東西，也會期待別人能有所改善。還有，同一性的存在也有賴於心理暗示性和心理感染性的途徑，因此，在一些病態的個案裡，案主心理的同一性表現得特別清楚。比方說，在關係妄想（Beziehungswahn）裡，患者會理所當然地認為，自己的主觀內容也會受到別人的認可。除此之外，同一性還是達到意識的集體性和社會傾向的可能途徑，基督教的博愛理想就是這種集體性和社會傾向最崇高的表現。

‖ 想像（Imagination）

請參照「幻想」這個詞條。

‖ 個體性（Individualität）

我把「個體性」理解為個體在各個心理面向的特徵和特殊性。換句話說，集體性以外的一切，就是個體性。只有個體才具有個體性，而非個體所組成的團體。此外，我們還應該注意，單單心理要素幾乎無法顯現出個體性，只有特殊且獨一無二的心理要素的集結和組合才可能表現出個體性（請參照「個體」這個詞條）。

‖ 個體化（Individuation）‖

在我們的心理學裡，「個體化」這個概念的重要性不容小覷。一般說來，個體化是個體的形成和獨特化的過程，也就是心理個體作為一個有別於普遍性和集體心理的存在體的發展。由此可知，個體化是一種以個體人格發

展為目標的分化過程。

　　由於集體價值大致或徹底的標準化會阻礙個體化，從而損害了個體的生命活動，因此，個體化對於人類的生存而言，是必要的。既然個體性已存在於有形肉體和生理的層面，也會相應地表現在心理層面。對於個體性的妨害就是一種人為的扭曲和傷害。毋庸置疑地，被扭曲的個體所組成的社群可能不具有健全且持久的生命力，因為，只有儘可能為個別成員創造自由空間而藉此維護內在的相互關係和集體價值的社群，才能持續保有生命力。由於個體的存在不只具有單獨性，而且還以集體的連繫為前提，所以，個體化過程不僅不會導致個體的個別化，反而還會與集體形成更密切、更普遍的連繫。

　　個體化的心理過程和所謂的「超越功能」密切相關，因為，超越功能會為個體開闢發展的路線，集體規範所指出的路線反而從來都無法讓個體獲得發展（請參照「象徵」這個詞條）。

　　不論在任何情況下，個體化都不可能是心理教育的唯一目標。在人們可以接受個體化為教育目標之前，必須先達成個體已適應生存所必要的、最低度的集體規範這個教育目標。這就好比一株想儘可能發展本身特性的植物，首先必須能夠在它所扎根的土壤裡生長茁壯。

　　個體化總是或多或少與集體準則處於矛盾狀態，因為，個體化就是個體與普遍性分離、從普遍性分化出來，並進而形成了本身的特殊性。不過，這種特殊性並不是個體刻意追求的特殊性，而是一種與生俱來的特殊性。實際上，個體化與集體準則的衝突只不過是表面的對立，因為，當我們更確切地觀察個體的立場時，就會發現，個體化與集體準則之間並沒有對立，只是彼此定向不同罷了！個體方式也可能與集體準則毫無牴觸，畢竟只有和集體準則相反的某一準則才會對立於集體準則，而個體方式從來就不是一種準則。準則是從個體方式的總和裡產生出來的，而且只有當個體方式打算定向於某一準則時，該準則才具有存在的合理性以及助益生命的效應，不過，當某一準則具有絕對效應時，便失去了這方面的作用。只有當個體方式被提升為準則時——這也是極端個人主義實際的意圖所在——才會與集體準則發生真正的衝突。當然，這種意圖是病態的，而且絕對不利於個體的生命，所以，與

個體化無關。個體化雖然走在不同於準則的岔路上，但在面對社會群體時，個體卻也需要準則來取得方向感，並在社群裡與他人建立生存所必要的連繫。因此，個體化自然會對於集體準則形成價值判斷，不過，對於個體已徹底集體化的生活定向來說，集體準則往往會顯得愈來愈多餘，甚至還會導致道德崩壞。總而言之，**人類的集體標準化愈強烈，個體的道德觀念就會愈薄弱**。

　　個體化就是從原初的**同一性狀態**所開始的意識發展（請參照「同一性」這個詞條）。因此，個體化就相當於意識範圍以及意識的心理生命的擴展。

‖ 個體（Individuum）‖

　　個體是個別的存在體；心理個體的特徵在於本身的特殊性，以及在某個方面的獨一無二的心理。個體心理的特性比較不會出現在本身所具有的要素裡，而較多顯示於本身錯綜複雜的構成體之中。（心理）個體或心理個體性在先天上是一種無意識的存在，只有當個體意識到本身的特殊性時，也就是意識到本身與其他個體的差別時，才算是一種意識的存在。心理個體性和肉體個體性彼此相關，不過——就像我剛才所指出的——心理個體性主要屬於無意識性質。為了讓個體意識到本身的個體性——也就是讓個體心理擺脫先前與客體的同一性而形成個體性——個體需要一種意識的分化過程，即**個體化**（請參照「個體化」這個詞條）。個體性與客體的同一性就相當於與本身無意識的同一性。如果個體性具有無意識性質，心理個體便不存在，而只有意識的集體心理才會存在。在這種情況下，無意識的個體性便表現出與客體的同一性，並投射於客體中。如此一來，客體便獲得了過高的價值，而對主體造成過度強烈的制約性效應。

‖ 智識（Intellekt）‖

　　我把智識稱為「導向性思考」（請參照「思考」這個詞條）。

‖ 內向投射（Introjektion）‖

對應於「投射」，十九世紀德國哲學家理查・阿芬那留斯（Richard Avenarius, 1843-1896）[49] 提出了「內向投射」這個專有名詞。由於「投射」是在指謂主觀內容轉移到客體的過程，阿芬那留斯認為，「投射」這個專有名詞可以闡述這個過程，所以，仍有存在的必要性。匈牙利精神分析學家、也是佛洛伊德的重要弟子桑多爾・費倫齊（Sándor Ferenczi, 1873-1933）則主張，「內向投射」是「投射」的相反概念，並把內向投射定義為客體被往內吸入主體的關注範圍之內，而投射則是主觀內容被往外轉移到客體之中。[50]「妄想症患者會把他們感到厭惡的心理激動排除於自我之外，精神官能症患者則懂得把外在世界的種種盡可能大量地吸納於自我當中，並把它們變成無意識幻想的對象。」妄想症患者的心理機制是投射，精神官能症患者的心理機制則是內向投射。內向投射是一種「稀釋過程」（Verdünnungsprozeß），是主體的「關注範圍的擴充」。根據費倫齊的看法，內向投射也是一種正常的心理過程。

在心理學上，內向投射是一種同化過程（請參照「同化」這個詞條），而投射則是一種異化過程。內向投射意味著客體對於主體的適應和迎合，投射則是透過已轉移到客體中的主觀內容而使客體有別於主體。此外，內向投射也是一種外傾過程，因為，為了使客體適應於主體，主體有必要先移情於客體——即占有客體。我們可以把內向投射區分為「被動內向投射」和「主動內向投射」。精神官能症患者在接受治療時所出現的轉移過程便屬於被動內向投射，幾乎在所有精神官能症的案例裡，客體對於主體都具有絕對的吸引力；至於作為適應過程的移情作用則屬於主動內向投射。

‖ 內傾（Introversion）‖

內傾是力比多往內的回流（請參照「力比多」這個詞條），而且還表達

49　*Der menschliche Weltbegriff*, p. 25ff.

50　FERENCZI, *Introjektion und Übertragung*, p. 10ff.

了主體對於客體的負面關係,所以,主體的關注不會指向客體,而是回轉到主體本身。我們可以清楚地看到,抱持內傾態度的人主要是透過主體來激發思考、情感和行動的積極性,客體頂多只具有次要價值。內傾可能擁有較多的思考性質或情感性質,不過,內傾的特徵也可能在於感知功能或直覺功能。當主體想要在某種程度上與客體隔絕時,就是主動的內傾;當主體無法將那股從客體回流的力比多再度往外導向客體時,則是被動的內傾。如果個體已經習慣於內傾的心理機制,就會被稱為內傾型(請參照「類型」這個詞條)。

‖ 直覺(Intuition)‖

直覺(Intuition)這個詞語源自於拉丁文的 intueri,即「觀看」之意。我認為,直覺是一種基本的心理功能,也是一種透過無意識傳達察覺的心理功能(請參照「功能」這個詞條)。一切都可以成為直覺的察覺對象,不論是外在客體、內在客體或此二者的相互關係。直覺的特性就在於,它既不是感官感知,也不是情感或智識的推論,雖然,它也會出現在這些形式裡。雖然,任何心理內容在直覺裡都是以完整的形式顯現出來,但我們卻無法說明或發現,這些內容是如何形成的。直覺是一種本能的理解,不論所理解的內容是什麼。直覺和感知一樣(請參照「感知」這個詞條),都是非理性(請參照「非理性」這個詞條)的察覺功能。直覺的內容也跟感知的內容一樣,都具有現實性,這種性質與情感內容和思維內容那種「被推導出來的」、或「被創造出來的」性質正好相反。由此看來,直覺的認識具有某種程度的可靠性和明確性,這也是十七世紀理性主義哲學家史賓諾沙(Baruch Spinoza, 1632-1677)把「直覺的知識」(scientia intuitiva)視為知識的最高形式的原因。[51] 感知和直覺一樣,也具有明確性,不過,感知的明確性是基於本身的內容是以有形的物質為基礎,而直覺的明確性則是根據某種特定的心理事實,而且這些心理事實的形成和待命狀態都屬於無意識層面。

---

51 前面提過的法國哲學家柏格森也持有類似的看法。

　　直覺會以主觀或客觀的形式出現；主觀直覺是個體對於顯然源自主體的無意識心理事實的察覺，客觀直覺則是對於某種事實情況的察覺，而且這種察覺是以無意識對於客體的察覺，及其所引發的無意識情感和無意識思維為基礎。直覺還因為感知功能涉入的深淺而出現具體和抽象這兩種不同的形式：具體直覺傳達了關於事物的事實性的察覺，抽象直覺則傳達了關於觀念的關聯性的察覺。具體直覺是一種反射性過程，因為，具體直覺會立刻產生於既有的事實情況裡。抽象直覺則相反，它的形成就跟抽象感知一樣，需要意志或意向，也就是需要某種具有導向性的要素。

　　除了感知以外，直覺也是處於嬰兒期和原始階段的人類所具有的心理特徵。當孩童和原始人在面對強烈的感知印象時，直覺可以把本身對於神話意象（即觀念的前身；請參照「觀念」這個詞條）的察覺傳遞給他們。直覺會以補償的態度來對待感知，而且也跟感知一樣，都是促使思考和情感得以發展成理性功能的苗床。直覺雖是非理性功能，不過，許多直覺後來卻可以被拆解成本身的一些組成部分，而讓人們可以藉由這些組成部分而把直覺的形成和理性的法則協調起來。

　　把普遍的態度定向於直覺原則——即定向於對無意識的察覺——的人就屬於「直覺型」[52]（請參照「類型」這個詞條）。人們可以依照直覺的運用方式——即往內的察知和觀察，或往外的行動和實踐——而把直覺型區分為內傾直覺型和外傾直覺型。在反常的情況下，直覺會顯露出與大量集體無意識內容的混合，而且還會受到這些內容的強烈制約，這便讓直覺型顯得極端非理性，而且令人無法理解。

‖ 非理性（Irrational）‖

　　我在使用「非理性」這個概念時，所指涉的並不是違反理性的東西，而是超出理性的東西，也就是理性所無法解釋的東西。比方說，某些基本事實的緣由已超出了理性的範疇：例如，月亮為何是地球的衛星，氦為何是一種

52　直覺型的發現應該歸功於我的研究助理瑪利亞．茉爾策女士（Maria Moltzer, 1874-1944）。

化學元素，水為何在攝氏四度時密度最大，如是等等。此外，偶發事件也具有非理性，即使人們可能在事後證明它們的因果關係是理性的。[53]

　　非理性是一種存在的因素，它雖然一再被理性解釋的複雜性所推遲，但它卻因此而把理性解釋複雜化，致使理性解釋超出了理性思考的理解力，並因此而觸及了理性思考的極限。人們對於一個真正存在的客體（而不是純粹假設的客體）所提出的理性而充分的解釋，就是所謂的烏托邦或理想。不過，只有人們所假設的客體才可以獲得理性而充分的解釋，因為，假設的客體從一開始便不存在於理性思考的假設裡。以經驗事實為依據的學術研究也對於那些受限於理性範疇的客體提出假設，因為，這些學術研究會刻意排除偶發性，因此，始終只把真實的客體當作理性思考所強調的某一部分，而不是當作一個整體來研究。

　　作為導向性功能的思考和情感都是理性功能。如果思考功能和情感功能無法合乎主體對於客體特定的理性選擇，或客體本身的特徵和關係，而是合乎主體偶然察覺到的東西，那麼，這兩種功能就會因為接受了偶發性而無法掌握方向，並失去了本身某些理性的特性，從而局部地變成非理性。倘若思考和情感定向於偶然的察覺，並因此而具有非理性，那麼，它們就是直覺或感知的思考和情感。直覺跟感知一樣，都是經由絕對察覺發生的事體而達成本身的完善性的心理功能。因此，在符合本質的情況下，它們必須適應於絕對的偶然性以及所有的可能性，而且還必須失去所有的理性導向。所以，我把它們稱為非理性功能，也就是與情感和思考對立的功能。同樣地，情感和思考這兩種理性功能如果完全符合理性法則，便達成了它們本身的完善。

　　儘管非理性從來無法成為學術研究的對象，但它對於實用心理學正確評斷非理性因素卻相當重要。實用心理學已提出許多理性無法解決、而需要由非理性來處理的問題，也就是採取有違理性法則的方式。因此，只有當人們期待或深信，以理性平息一切衝突的可能途徑必然存在，才有辦法阻止人們以非理性的方式來解決問題（請參照「理性」這個詞條）。

---

[53]　Vgl. JUNG, *Synchronizität als ein Prinzip akausaler Zusammenhänge*｛GW VIII｝.

‖ 集體性（Kollektiv）‖

我把一切非個體所特有的、而是許多個體——即社會、民族或全人類——所共同擁有的心理內容稱為「集體性」。集體性的心理內容既是法國當代社會學家暨人類學家列維布呂爾（Lucien Lévy-Bruhl, 1857-1939）[54] 所描述的原始人「神祕的集體觀念」（mystische Kollektivvorstellungen; représentations collectives），也是文化人經常使用的普遍概念，例如法律、國家、宗教和科學等。然而，集體性不只存在於概念和觀點裡，也存在於情感裡。誠如列維布呂爾所指出的，原始人的集體觀念也同時呈現了他們的集體情感。為了強調這種集體的情感價值，他還把「神祕的集體觀念」簡稱為「神祕的」（mystique），因為，這些觀念不只帶有智識性，也帶有情緒性。[55] 此外，文化人也會把集體情感和某些集體概念——比如與上帝、法律或祖國等集體概念——連繫在一起。

不僅個別的心理要素或心理內容具有這種集體性，連所有的心理功能也是如此（請參照「功能」這個詞條）。舉例來說，只要思考是一種普遍有效的——比如合乎邏輯法則的——思考，思考作為一種完整的心理功能，便具備集體性。同樣地，只要情感是一種普遍有效的——也就是符合社會普遍期待的、比如合乎普遍道德意識等等的——情感，情感作為一種完整的心理功能，就會帶有集體性。同理可知，某種感知、感知方式或直覺如果同時還是某個群體的特點時，便也具有集體性，而集體性的對立面就是個體性（請參照「個體性」這個詞條）。

‖ 補償（Kompensation）‖

補償意味著彌補或替代。「補償」這個概念首先由個體心理學家阿德勒[56]引入與精神官能症有關的心理學領域之中。[57]阿德勒把「補償」理解為具

54　LÉVY-BRUHL, *Les fonctions mentales dans les societies inférieures*, p. 27ff.

55　l. c., p. 28f.

56　ADLER, *Über den nervösen Charakter*.

57　奧地利精神科醫師格羅斯也曾約略地論述補償理論，他在這方面是受到前輩精神科醫師嘉布利‧

有補償作用的心理系統對於某種劣勢感所發揮的功能性補救，它就類似於器官在劣勢狀態下所出現的補償性的器官發展。對此，阿德勒曾談道：

> 與母體的生物體脫離之後，處於劣勢的器官系統便與外在世界展開鬥爭。這種鬥爭必然會爆發，而且還比正常發展的器官系統對於外界所展開的鬥爭更為激烈。……然而，胎兒的特性卻同時為補償和過度補償提供了更大的可能性，提升了對於一般和非一般的抵抗的適應能力，並確保新的、更高等的形式和能力的形成。[58]

精神官能症患者的劣勢感促成了某種「輔助性建構」，也就是補償。這種補償存在於某種能彌補劣勢的虛構的形成之中。虛構或「虛構的引導路線」是一種試圖把劣勢轉為強勢的心理系統。從經驗看來，這個觀點的重要性就是為我們指出，某種在心理過程的領域裡發揮補償作用的功能，的確是無可否認的存在。具有補償作用的心理功能，就類似於生物體的自行控制或自行調節的生理功能。

阿德勒把「補償」這個概念限制在劣勢感的彌補上，不過，我個人卻把它理解為一種心理功能的平衡作用，即心理機制的自行調節。在這個意義上，我把無意識活動（請參照「無意識」這個詞條）視為一種對於意識功能導致普遍態度帶有片面性的補救。一些心理學家喜歡把意識比喻為眼睛，所以，我們會談到意識的視野和觀點。這種比喻貼切地反映了意識功能的本質所具有的特徵：只有少數的心理內容可以達到最高度的意識，而且只有有限的心理內容可以在意識領域裡停留。意識活動會進行選擇，選擇就需要定向，定向就需要排除一切不同屬性的東西，這麼一來，必然會造成意識定向的某種片面性。

受到意識選擇的定向所排除、壓制的心理內容大多會落入無意識裡，並且基於本身實際的存在而形成一股抗衡於意識定向的力量。這股力量會隨著

安東（Gabriel Anton, 1958-1933）的啟發。

58　ADLER, *Studie über Minderwertikeit von Organen*, p. 73.

意識片面性的強化而增加，最終在意識和無意識之間形成了一種顯而易見的、彼此敵對的緊張關係。這種緊張關係意味著意識活動在某種程度上所形成的壓制，此時雙方的緊張關係會持續增強，因為被壓制的無意識內容會透過夢境以及「自由浮現的」意象而傳遞給意識。意識態度的片面性愈強，源自無意識的內容的對抗就愈強烈，因此，我們可以說，這是意識與無意識之間真實的對峙。在這種情況下，補償會以相反功能的形式出現，但這卻是極端的情況。一般說來，透過無意識所進行的補償通常不會與意識定向對立，而是對於意識定向的補救或補充。舉例來說，無意識會在夢境裡提供所有可以轉入意識情況的、卻也受到意識選擇所壓制的無意識內容，而意識如果想要達到徹底的適應，就必須認識這些被壓制的無意識內容。

在正常的情況下，補償會在無意識裡進行，也就是在無意識層面對意識活動發揮調節和平衡的作用。精神官能症患者的無意識和意識會呈現出強烈的對立狀態，以致於干擾了補償作用的進行。因此，分析療法的目的就是讓患者意識到本身的無意識內容，並透過這種方式來恢復他們的補償作用。

‖ 具體化（Konkretismus）‖

我把「具體化」這個概念理解為思考和情感的某種特性，其對立面就是抽象化。具體化其實就是「共同成長」，經由具體思考所形成的概念就是與其他概念共同發展或相互融合的概念。這種概念不是抽象、孤立地思考僅局限於本身的概念，而是與其他概念相互關聯和混雜的概念。它們存在於感官所傳達的觀察材料中，而且尚未出現分化和發展。具體化的思考只存在於完全具體的概念和觀點中，而且往往涉及了感官性。同樣地，具體化的情感也始終與感官性脫不了干係。

原始的思考和情感具有完全具體化的性質，而且始終與感官性有關。原始人的思維沒有超然的獨立性，而是依附於具體的物質現象，這種思維頂多只能提升到依據事物的相似性所進行的類比（Analogie）的階段。同樣地，原始的情感也往往與具體的物質現象有關。由於原始人的思考和情感都建立在感知的基礎上，與感知之間只有微小的差別，由此可見，具體化具有古老

的原始性（請參照「古老的原始性」這個詞條）。原始民族會把自己所崇拜的物神的魔力體驗當作物神真實的魔力效應，而不覺得那只是本身主觀的情感狀態；這就是情感的具體化。原始人認為，那些關於神祇的思維並不是他們自己主觀的心理內容，而是一種確實的真實性，比方說，他們會把一棵聖樹當作神祇的居所，甚至是神本身；這就是思考的具體化。至於文化人也會出現思考的具體化：舉例來說，他們只有能力思考那些感官從生動清楚的現實裡所傳遞的事實，而且也無法把主體的情感以及出現在感官知覺裡的客體所引發的情感區分開來。

「具體化」這個概念屬於「神祕參與」這個比較普遍的概念（請參照「神祕參與」這個詞條）。就像「神祕參與」呈現了個體與外在客體的混合不分一樣，「具體化」也反映出思考和情感與感知之間的交融狀態，因為，具體化會使得思考和情感的對象必然也是感知的對象。思考和情感與感知功能的融合會阻礙本身的分化，而且還會讓本身停留在感知的領域裡——也就是與感官知覺有關的領域裡——因此，它們始終只能依附於感知功能，而無法獨自發展成純粹的思考功能和情感功能。如此一來，感知因素便在個體的心理定向中取得優勢地位。（關於感知因素的重要性，請參照「感知」和「類型」這兩個詞條）

具體化的缺點就在於感知功能會牽制其他的心理功能。由於感知就是對於各種生理刺激的察覺，因此，具體化不是把心理功能圈限在感官知覺的領域裡，就是不斷把它們帶回到那裡。具體化會導致心理功能受到感官知覺的束縛，而且為了迎合那些出現在感官知覺裡的事實，還不惜妨礙個體心理的自主性。如果我們只考慮到事實的認識，這種具體化傾向當然很有價值，不過，如果還考慮到事實的解釋及其與個體的關係，情況就不是如此了！具體化讓事實的重要性取得優勢，而且為了迎合客觀過程，還會壓制個體性以及個體的自由。不過，由於個體不只受制於生理刺激，還受制於一些可能與外在事實對立的內在因素，因此，具體化會將這些內在因素投射到外在事實上，而讓個體跟原始人一樣，以近乎迷信的方式過於高估外在事實。荷蘭生理學家暨哲學家莫勒斯霍特的物質主義——他曾留下「你吃什麼，你就是什

麼」這句名言——還有，尼采因為本身的情感具體化而高估了節制飲食的價值，都是這方面很好的例證。此外，德國化學家歐斯特華德在他的一元論裡把能量概念實體化，也為人們如何迷信事實而高估事實，提供了一個很好的例證。

‖ 建構（Konstruktiv）‖

我對於「建構」這個概念的使用就類似於「綜合」，而且我在某種程度上，就是以這種類似性來解釋「建構」這個概念。「建構」在詞義上就相當於「建立」（aufbauend）。在這裡，我使用「建構」和「綜合」這兩個詞語來說明一種與還原法相反的方法，即建構法。建構法涉及了作為象徵性表達的無意識產物（夢和幻想）的處理（請參照「象徵」這個詞條），而且也從無意識產物出發，並預示著一個即將出現的心理發展階段。[59] 在這方面，協助我本人從事分析心理學研究的瑞士精神科醫師阿方索‧梅德爾（Alphonse Maeder, 1882-1971）便曾談到無意識預示未來的真實功能，而且無意識似乎可以毫不費勁地預知未來的心理發展。[60] 除此之外，阿德勒也承認，無意識具有預示未來的功能。[61]

可以確定的是，人們不該把無意識產物片面地當作已完成的東西——幾乎當作一種終極產物——不然，就必須解除無意識產物本身任何符合目的的意義。連佛洛伊德都至少會賦予夢一種目的論（Teleologie）的角色，即「睡眠的守護者」，[62] 不過，在他看來，夢的預示未來的功能基本上只會出現在「願望」裡。由於無意識傾向類似於其他的心理和生理功能，因此，人們無法否認無意識傾向本身那種先天上符合目的的性質。我們的分析心理學則把無意識產物理解為一種定向於某個目的或目標的表達，而且這樣的表達還可

59　榮格曾針對這方面提出一個詳盡的例證，請參照 JUNG, *Zur Psychologie und Pathologie sogenannter occulter Phänomene* {GW I}.

60　MAEDER, *Über das Traumproblem* in *Jahrbuch für psychoanalytische und psychopathologische Forschungen* V, p. 647.

61　ADLER, *Über den nervösen Charakter*.

62　FREUD, *Traumdeutung*.

以指出存在於象徵語言裡的定向基準點的特徵。[63]

　　依照這個觀點，人們所使用的建構法雖可以提出解釋，卻沒有處理無意識產物所根據的資料來源或原始材料，而是試圖以普遍且易於理解的方式表達這種具有象徵性的產物。[64] 因此，主體對於無意識產物的自由聯想是著眼於這些無意識內容的目標所在，而不是它們的來源。人們會從它們未來的作用來考量它們，也會審慎地尊重它們與意識狀態的關係，因為，依據無意識補償的觀點，無意識活動對於意識狀態主要具有彌補或補充的意義。人們所使用的這種建構法由於和預期的定向有關，所以，遠比處理本身與客體實際關係的還原法更少涉及本身與客體真正的關係。這方面其實和主體的態度有關，畢竟客體在主體的態度裡只不過是表徵主體傾向的符號罷了！因此，建構法的目的就是為無意識產物打造與主體未來的態度有關的意義。由於無意識通常只能呈現象徵性的表達，而建構法的用處便在於說明無意識透過象徵所要表達的意義。這種方法會發出導正意識定向的指示，並藉此而讓主體獲得本身行動所不可缺少的那種與無意識的協調一致性。

　　正如任何一種心理學的解釋方法都不會單單依據分析對象的聯想材料一樣，所以，建構的觀點也會使用某些可以進行比較的材料。還原的解釋會使用某些生物學、生理學、民俗學、文學等的比較性概念，而思維問題的建構式處理就會依賴哲學的比較性概念，至於直覺問題的建構式處理則借助於神話學和宗教史的比較性概念。

　　建構法必然具有個體性，因為，未來的集體態度只有透過個體才能有所發展。還原法就跟建構法相反，它具有集體性，因為，它會把個別的情況歸因於普遍的基本態度或基本事實。主體也可以把建構法運用在本身的主觀材料上，在這種情況下，建構法就是一種直覺的方法，人們會用它來擬定無意識產物的普遍性意義。這種意義的擬定還會隨著其他材料經由聯想方式（不

63　佛洛伊德門下的維也納精神分析學家赫伯特·希博勒（Herbert Silberer, 1882-1923）在論述「解釋無意識寓意的」（anagogisch）重要性時，也曾有類似的表達。請參照他的著作 *Probleme der Mystik und ihrer Symbolik*, p. 149ff.

64　JUNG, *Über die Psychologie des Unbewußten*, p. 145ff.〔GW VII〕.

同於主動的統覺；參照「統覺」這個詞條）的合併而產生，同時這些材料也會使得無意識的象徵性表達（例如，夢）變得豐富而深刻，而且還達到某種清晰度，進而促成了意識的理解。象徵性表達的豐富化會讓本身捲入一種普遍的相互關係裡，並因此而被同化。

‖ 力比多（Libido）‖

我把「力比多」理解為心理能量。心理能量代表著心理過程的強度和心理價值。不過，我們不該把力比多視為一種由道德、審美或智識所賦予的價值，而是一種完全取決於力比多本身的制約力量的心理價值，而且力比多的制約力量還會表現在某些特定的心理效應（心理能力的展現）裡。此外，我也不認為，力比多就相當於某些批評者所誤解的心理力量。當我用能量概念來闡述力比多時，並沒有把能量實體化，而是把能量當做一種強度或價值，因此，力比多這個概念和特殊的心理力量是否存在的問題無關。我在使用「力比多」這個概念時，往往是在指涉「能量」，並沒有區分這兩個概念的差別。在本書註腳所列出的那些本人的著作裡，就已經說明了將力比多稱為心理能量的理由。

‖ 權力情結（Machtkomplex）‖

我有時會把個體所有的觀念和追求的整體情結稱為「權力情結」。個體的這些觀念和追求傾向於把自我看得比其他的影響還要重要，而且還由自我來主導這些影響。這些影響可能源自於他人或人際關係，也可能出自於個體本身的主觀驅力、情感和思維。

‖ 劣勢功能（Minderwertige Funktion）‖

我認為，劣勢功能就是在分化過程中停留在落後狀態的心理功能。處理心理個案的經驗告訴我們，個體本身所有的心理功能如果同時發展，會不利於個體的普遍狀況，因此，這種現象幾乎不可能發生。光是社會的要求便會使得個體本身某一種最主要的、最常使用的心理功能達到最高度的分化。分

化程度最高的心理功能對於個體來說，不是先天上最強的心理能力，就是可以讓他取得社會成就最有效的工具。人們大體上都相當頻繁地、幾乎習慣性地完全認同最能讓自己受惠、因而也發展最好的心理功能，並由此而形成各種心理類型（請參照「類型」這個詞條）。在這種片面的發展過程裡，一種或多種未受重視的心理功能必然會處於發展落後的狀態，因此，就心理學的意義——而非就心理病理學的意義——而言，我們可以把這類功能適切地稱為「劣勢功能」；畢竟這些分化不足的心理功能決不是病態，它們只是在發展上落後於優勢功能。

人們雖然可以意識到劣勢功能的現象，卻無法察知劣勢功能的真正意義。劣勢功能的情況就跟許多被壓抑或未受到足夠重視的心理內容一樣，一方面雖已被意識到，而另一方面卻未能被意識到。這個情形就好比人們經常可以從某個人的外表認得他，但實際上卻不知道他是誰一般。人們在正常情況下，會意識到劣勢功能的存在——至少在它們所產生的效應裡——不過，精神官能症患者卻經常無法意識到本身的劣勢功能，因為，它們已局部或大部分沉落在無意識裡。這麼一來，所有的力比多就被導入某一優勢功能，劣勢功能便因此而退化，也就是退回到它們原本的古老而原始的初始階段，而無法再與意識裡的優勢功能協調一致。如果某種在正常情況下處於意識範圍的心理功能落入無意識時，它本身所特有的能量也會跟著流入無意識裡。

天生的心理功能——比如情感——擁有大自然所賦予的能量，而且還是一個結構穩固、具有生命力、而且本身的能量無論如何都無法被剝奪殆盡的系統。當劣勢功能沉入無意識時，本身僅存的能量也會跟著流入無意識裡，而且這些能量還以不自然的方式活化無意識，而使得無意識產生一些符合這些已退化為古老而原始的劣勢功能的幻想。落入無意識裡的劣勢功能激發了無意識的幻想，因此，只有讓這些幻想的產物浮現在意識的表層，我們才能透過對這些幻想內容的分析而把劣勢功能從無意識裡解放出來。當個體意識到這些來自無意識的幻想時，劣勢功能便再度被帶入意識領域裡，並因此而重獲發展的機會。

‖ 客觀層面（Objektstufe）‖

我把客觀層面的解釋，理解為某種以客觀實在的人或關係詮釋夢境或幻想裡所出現的人或關係的觀點。主觀層面則與客觀層面相反（請參照「主觀層面」這個詞條），在主觀層面的解釋裡，出現於夢境的人和關係絕對脫離不了主觀的重要性。佛洛伊德幾乎都從客觀層面來解析夢境，因為，他會以相關的實在客體來解釋個體在夢境裡所表達的願望，或認為這些願望與性的作用有關。由此可知，佛洛伊德對於夢的解析其實屬於生理學而非心理學的範圍。

‖ 定向（Orientierung）‖

我把態度（請參照「態度」這個詞條）的普遍原則稱為「定向」。每一種態度都定向於某種觀點，不論人們是否能意識到這種觀點。所謂的權力態度會定向於自我對種種影響和狀況的權力觀點，思考態度則定向於——舉例來說——邏輯原則，也就是本身所遵循的最高法則，至於感知態度則定向於出現在感官知覺裡的事實。

‖ 「神祕參與」（*Participation mystique*）‖

「神祕參與」這個專有名詞是由法國社會學家暨人類學家列維布呂爾率先提出的，我們可以把神祕參與理解為主體與客體的某種特有的心理連繫。由於這種心理聯繫存在於主體和客體直接而緊密的關係（主、客之間存在著部分的同一性）裡，因此，主體無法清楚地區別於客體。這種同一性是以主體和客體之間在先驗上所存在的一致性為基礎，因此，神祕參與是一種人類原始心理狀態的殘留。它無關於主客之間的整體關係，只關乎某些主客關係的獨特現象。神祕參與當然是一種最能在原始民族身上觀察到的現象，不過，它也經常出現在文化人身上，只不過普遍性和強度較低罷了！在文化人的神祕參與裡，主客之間的關係往往以人與人之間的關係為主，而不是人與事物之間的關係。在前一種情況裡，神祕參與可以說是一種轉移作用的關

係，在這樣的關係當中，客體會取得某種具有魔力、足以影響主體的絕對效應；至於後一種情況則不是和事物的類似效應有關，就是涉及主體對於事物或觀念的某種認同。

‖ 人格面具（Persona）‖

請參照「心靈」這個詞條。

‖ 幻想（Phantasie）‖

我認為，「幻想」這個概念同時指涉了兩種不同的意義，即幻象（Phantasma）和想像的活動。人們可以在本書中看到，我在使用「幻想」這個概念時，是在表達什麼意思。在我看來，「幻想」的意涵如果是幻象時，就是在指謂某個觀念綜合體，而且還因為不合乎外在的事實情況而有別於其他的觀念綜合體。雖然，幻想最初可能建立在一些與實際體驗有關的記憶圖像的基礎上，但幻想的內容卻不符合外在的現實，大體上，它們只是一種實現、一種創造性心理活動的結果，或是一種具有能量的心理要素組合而成的產物。只要人們可以任意讓心理能量順從某個定向，就可以意識到幻想的存在——如果不是整體地，至少是部分地——並任意創造自己的幻想。當人們可以意識到整體的幻想時，此時的幻想便無異於一些意識要素的組合，不過，這種情況卻只是一種人為的、對理論而言頗為重要的實驗。在平常的心理經驗的真實性裡，大部分的幻想不是受到懷有預期的直覺態度的激發，就是無意識內容對於意識的侵入。

我們可以把幻想區分為積極幻想和消極幻想；積極幻想是由直覺——也就是以無意識內容的察覺為導向的態度——所引發的，此時力比多會立即流入從無意識浮現出來的所有要素裡，並透過類似材料的結合而讓這些要素達到高度的清晰性和生動性；消極幻想則出現在進行察知的主體那種徹底被動的態度裡，而且一開始便具有具象直觀的形式的直覺態度，並沒有預先伴隨出現。幻想屬於心理的「自動作用」（Automatismus；法國心理學家暨哲學家皮耶·賈內所提出的概念），當然，它們只出現在心理相對分裂的狀態，

畢竟它們的產生是以心理能量明顯從意識控制中流出並轉入無意識材料為前提。同理可知，基督教早期深具影響力的使徒保羅蒙受主耶穌的光照而歸信基督這件事，也預設了他在無意識裡已接受了基督教，儘管他的意識沒有察覺到這一點。

消極幻想總是產生於無意識的某個與意識對立的過程，這種無意識過程幾乎就跟意識態度一樣，會把許多能量匯集起來，因此有能力突破意識態度的阻抗。反之，積極幻想的存在不只片面地起因於強烈的、與其對立的無意識過程，也產生於意識態度的傾向。這種意識態度接受了比較不受重視的無意識關聯性的暗示或片段，之後便透過類似要素的結合，進一步將它們發展成全然的形象性。由此可見，積極幻想不一定關乎分裂的心靈狀態，但一定關乎意識的積極參與。

消極幻想經常顯得病態或至少不正常，而積極幻想往往屬於人類最高等的心理活動，因為，在積極幻想裡，主體的意識人格和無意識人格已融合於一個彼此所共同創造的、且已相互整合的產物裡。以這種方式所產生的幻想可以說是個體性的統一體的最高表現，而且還可以經由本身的統一體的完美表現而形成個體性（請比較席勒的「審美的心境」這個概念）。已成為統一體的個體性通常不會出現消極幻想，因為，就像我在前面提過的，消極幻想是以一種強烈的分裂為前提，而這種分裂只會建立在意識與無意識之間強烈衝突的基礎上。因此，以這樣的狀態侵入意識而產生的幻想不可能是內部統一的個體性的完美表現，而主要是無意識人格的觀點的呈現。在這裡，使徒保羅的人生就是一個很好的例子：他改宗基督教等於是接受了先前已認同基督教的無意識觀點，以及從前反基督教的觀點所造成的壓抑，後來當他出現歇斯底里症時，才注意到自己的情況。由此可知，如果消極幻想不該片面地使無意識的對立觀點發揮作用，就往往需要意識的批判。反之，積極幻想既是未與無意識對立的意識態度的產物，也是與意識未處於對立關係，而是處於補償關係的無意識作用的產物，所以，積極幻想並不需要意識的批判，它只需要意識的理解。

正如我們在分析夢境（相當於消極幻想）時，應該區辨其外顯意義和潛

在意義一般，在看待幻想時，我們也應該如此。幻想的外顯意義存在於幻想意象的直接而具象的直觀裡，也就是幻想的觀念綜合體的直接表達裡。雖然外顯意義在幻想裡的發展總是遠遠高於在夢境裡的發展，但是，幻想的外顯意義卻經常沒有出現與此相應的表現。在通常的情況下，夢境裡的幻想在有效地對抗睡眠者意識的微弱阻抗時，並不需要多大的能量，所以，連那些稍微對抗意識和補償意識的無意識傾向都可以被個體所察覺。清醒狀態的幻想則與此相反，它必須使用可觀的能量，才能克服來自於意識態度的阻礙。清醒時的幻想如果要進入意識的範圍裡，無意識的對立一定會扮演關鍵的角色。如果無意識的對立只存在於模糊不清且難以理解的無意識暗示裡，就完全無法透過打斷意識內容之間的關聯性而把意識的注意力（即意識的力比多）導向本身。此時，無意識內容會依賴本身相當強烈的內在關聯性，這種內在關聯性也會表現在極其顯著的外顯意義裡。

幻想的外顯意義始終擁有具體的、具象直觀的心理過程的特性，但這種特性卻由於本身在客觀上的非現實性而無法滿足意識對於理解的需求。因此，個體會轉而尋找幻想的另一種意義以及該意義的解釋，也就是尋找幻想的潛在意義。雖然，我們對於幻想的潛在意義的存在沒有把握，甚至也可以否認潛在意義的存在，不過，光是意識對於理解的需求，就足以成為我們在這方面深入研究的動機。對於幻想的潛在意義的研究，也就是對於幻想形成的心理原因的探討，主要屬於純粹因果關係的性質。這類問題的提出一方面讓我們看到那些促使幻想產生的更久遠的根由，另一方面也讓我們確定，幻想的產生所需要的能量是由驅力動力負責提供的。

我們都知道，佛洛伊德曾特別著力於幻想的潛在意義的研究，我個人則把這方面的相關解釋方式稱為「還原」。還原觀點的合理性是顯而易見的，而且絕對清楚明瞭。對於某種性情的人來說，這種心理事實的解釋方式如果讓他們感到有些滿意，就不會有進一步理解的需求。比方說，如果有人發出求救的呼聲，後來被證實他當時確實面臨生命的危險，那麼，這個事實便獲得了充分且令人滿意的解釋。如果有人夢見一桌豐盛的宴席，後來證實他餓著肚子上床睡覺，那麼，把這個夢解釋為願望的實現也是一個可以令人滿意

的解釋。如果有人像歐洲中世紀的天主教聖徒那般地壓抑自己的性欲，而出現性幻想，試圖還原被壓抑的性欲的作法，便可以充分地解釋這個事實。

相反地，如果我們把使徒保羅蒙受光照而悔改信主這個事實解釋為，他當時飢餓不堪，因此接受了來自無意識的要求而吃下不潔的動物，或者吃食不潔的動物只是意味完成了向來被制止的願望，那麼，這樣的解釋就難以令人滿意。同樣地，如果我們——舉例來說——把使徒保羅所經歷的異象歸因於他壓抑了本身對於耶穌基督在他的同胞當中所扮演的角色的嫉妒——並由於這種嫉妒而認同了耶穌基督——這樣的解釋也無法滿足我們對於理解的需求。以上這兩種解釋都可能具有些許的真實性，但卻過於簡單，也過於薄弱，因為，它們都沒有考慮到使徒保羅那種受制於其生存年代的心理。我們不能把世界史僅僅當作生理學或個人醜聞史的問題來討論，畢竟這樣的觀點過於狹隘，因此，我們必須把我們的觀點從幻想的潛在意義裡大幅擴展開來。首先，就因果關係而言，我們必須認識到，我們其實從來無法單從個體心理本身獲得詳盡的解釋，畢竟個體心理也受到時代環境的制約。個體心理不只是生理學、生物學或個人的問題，也是時代的問題，因此，我們決無法單單從因果關係來解釋任何一種心理的事實情況。況且心理的事實情況——作為具有生命力的現象——始終繫於生命過程的連貫性，從來無法脫離，由此看來，它們一方面既是已完成的，另一方面則仍處於發展和創造過程當中。

心理的情況具有兩面性，即未來性和過去性。當它們處於發展狀態時，也同時在為將來做準備，不然，它們那些指向未來的意圖、目的、目標的設定、預先的估量或預感，在心理上都無法形成。如果我們從心理情況的過去性出發，而認為某人之所以表達某個想法，只與先前他所表達的另一個想法相關，這樣的解釋其實完全說不通。因為，如果我們想要理解他的想法，就不能只知道他表達此想法的原因，還必須明白他的意思、目的、意圖，以及欲達成的目標。如果我們能注意到這一點，通常我們會滿足於自己的解釋。

在日常生活中，我們會立即且完全本能地把目的性觀點套在自己的解釋裡；我們顯然在本能上承認了心理本質的創造性因素，經常把目的性觀點當

作具有決定性的觀點，而完全忽視了嚴謹的因果關係的要素，即過去性這個面向。如果我們在日常的經驗裡採用了這樣的處理方式，那麼在從事心理學——作為一門學科——的研究時，就必須對此有所警惕。換句話說，心理學不僅應該考慮心理的目的性本質，還必須兼顧嚴謹的因果性觀點。

當意識內容的目的性定向已透過日常經驗而明確固定下來時，我們首先就不該認為，無意識內容可能保有與意識內容相反的經驗。就我處理心理個案的經驗來說，任何質疑無意識內容的目的性定向的理由根本不存在，反而在許多情況裡，只有對無意識內容採取目的性觀點，才能獲得令人滿意的解釋。比方說，當我們從使徒保羅所肩負的建立教會的使命，來審視他從前因為看到耶穌顯現的異象而悔改信主這件事時，就會得出這樣的結論：使徒保羅在歸信基督之前——那時他名叫「掃羅」（Saulus）——雖然在意識裡是一位基督的迫害者，但他在無意識裡，卻已經接受了基督教的觀點。後來，由於他的無意識人格想要達到以本能來掌握歸信基督教的重要性和必要性這個目標，他的無意識便逐漸占有優勢而侵入了意識領域，最終促使他在意識層面上歸信基督。因此，在我看來，這種針對事實情況的意義所進行的解釋比依據個人因素所進行的還原性解釋更為恰當，儘管還原性解釋是一種很普遍的解釋（畢竟「太過有人性的東西」會無所不在）。此外，《新約‧使徒行傳》對於耶穌門徒彼得的異象的目的性解釋，也遠比從生理學和個人的角度所做的推測更令人滿意。

我們可以總結道，幻想應該被視為兼具因果性和目的性。對因果性解釋來說，幻想會顯現為某種生理狀態或個人狀態的徵兆，即先前發生的種種事件的結果；對目的性解釋來說，幻想會以象徵的形式顯現出來。這些象徵會借助現有的材料，而試圖表明或掌握某個特定的目標或某種未來的心理發展路線，其中尤以後者居多。由於積極幻想是藝術家的心理活動的主要特徵，因此，藝術家不僅僅是呈現者，同時還是創造者。既然藝術家扮演創造者的角色，所以，他們也是教育者，因為，其作品的價值就在於本身所呈現的那些為人們指明未來的發展路線的象徵。象徵有限或普遍的社會有效性便取決於具有創造力的個體所擁有的有限或普遍的生命力。個體愈反常——也就是

個體的生命力愈弱——個體所創造的象徵的社會有效性也就愈受限制，儘管這些象徵對於創造它們的個體而言，具有絕對的意義。

　　只有當人們認為，自然過程也無法提供令人滿意的意義時，人們才可以質疑幻想的潛在意義的存在。自然科學在這期間已把自然過程的意義提升為自然法則的形式。正如科學家已經承認的，自然法則其實只是人們為了解釋自然過程所提出的假設。不過，只有當我們確認這些被提出的自然法則與客觀過程相符時，我們才能合理地談論自然事件的意義。如果我們還可以指出幻想的規律性，那麼，我們也有資格談論幻想的意義。只有當幻想的規律性適切地反映出幻想的本質時，這樣的規律性才算真正獲得證實，人們所探得的幻想的意義才會令人感到滿意。自然過程本身具有規律性，也會顯示出規律性。人們在睡眠時做夢雖然符合規律性，但這種規律性只是做夢的條件，並無法說明夢境的本質。對於幻想的生理原因的證明只不過是幻想存在的條件，並不是幻想本質的法則。幻想的法則——作為一種心理現象的法則——只是一種心理法則。

　　最後，我要討論「幻想」這個概念的第二個意義，即「想像的活動」。想像其實是一種重複性或創造性的心理活動，而不是什麼特殊的能力，因為，它可以出現在所有的基本心理功能裡，即思考、情感、感知和直覺。我認為，作為想像活動的幻想就是心理生命的活動——即心理能量——的直接表達。這種心理能量對於意識來說，只會以意象或內容的形式存在著，正如物理能量對人們而言，只會表現在某種以物理方式刺激感覺器官的物理狀態中一般。就像所有的物理狀態——就能量的角度而言——是一種動力系統一樣，心理內容對於意識來說，也是一種動力系統。如果我們從這個立場來看，就可以這麼表示：作為幻象（即「幻想」這個概念的第一個意義）的幻想就是某種力比多，它只會以意象的形式出現在意識裡，而且它還是一種「觀念的力量」（idée-force）；至於作為想像活動的幻想，則無異於心理的能量過程的進行。

‖ 投射（Projektion）‖

「投射」是指主體把主觀過程往外移入客體裡，所以，與「內向投射」（請參照「內向投射」這個詞條）正好相反。投射是一種異化過程，因為，主觀內容此時已脫離主體，並在某種程度上融入了客體之中。主體會透過投射來擺脫令其難堪的、或與其不相容的心理內容，以及某些主體基於某種原因——比如因為自我低估——所無法理解的正面價值。投射的基礎在於主體和客體之間那種古老而原始的同一性（請參照「同一性」這個詞條），不過，只有當主體對客體的認同已造成干擾，而必須消除本身對客體的認同時，才可以把這種主觀內容移入客體的過程稱為投射。因為，主體和客體之間的同一性雖是投射的基礎，但其所造成的干擾也會讓主體無法充分對客體產生投射作用，而大幅降低了主體的適應力。此時，主體會想把投射在客體裡的內容收回，而先前對客體的局部認同便從此獲得了投射的性質。由此可知，「投射」這個概念是在描述主體對客體的認同狀態，但這種認同狀態卻也會因為本身的顯著性而成為被批判的對象。這些批判可能是主體的自我批判，也可能是他人的批判。

我們可以把投射區分為消極投射和積極投射。消極投射是所有病態投射和許多正常投射的普遍形式，這種投射不具有目的性，而是自動地出現，而積極投射則是移情活動的主要構成部分。由於移情作用可以使主體與客體產生密切的聯繫，所以，移情作用從整體來說，就是內向投射的外傾過程（請參照「移情作用」這個詞條）：為了建立主客之間的密切關係，主體會從本身抽離某種心理內容，然後把它轉移到客體中，這麼一來，客體就會充滿生命力，而且主體還可以經由這種方式而把客體納入主觀的範圍裡。

除此之外，積極投射也是一種判斷的行為，並以分離主體和客體為目的，此時主觀判斷——作為有效的事實情況——會從主體當中被分離出來，並被轉移到客體裡，主體便藉此而脫離了客體。因此，這種積極投射就是一種內傾過程，與內向投射的外傾過程恰恰相反，它會造成主體和客體的區別和分離，卻不會像內向投射那般使主體吸納客體，並使客體投合於主體。由

此可知，投射在導致主體徹底孤立的妄想症裡扮演了主要的角色。

‖ 心理（Psyche）‖

請參照「心靈」這個詞條。

‖ 理性（Rational）‖

理性含有理智，也合乎理智。我把理性理解為一種態度，而理性原則就是人們依照客觀價值來發展思考、情感和行動。客觀價值的形成既來自內在的、也來自外在的心理事實的一般經驗。如果這些經驗沒有被主體「評價」為理性行為，它們當然就無法呈現客觀「價值」。能夠賦予客觀價值某種有效性的理性態度，並不是個別主體所努力的成果，而是人類歷史的產物。

大多數的客觀價值——其中也包括了理智——都是穩固且自古流傳下來的觀念綜合體，都是人類經由數百萬年的演化所必然出現的結果。基於演化的必然性，生物體的本質會對一般的、不斷重複出現的環境條件做出回應，並產生能夠適應這些環境條件的功能綜合體，例如，人類已完全適應光線本質的眼睛。如果生物體對適應一般的外在影響所做的回應不是本身賴以生存的必要條件的話——叔本華便曾表達過這樣的想法——我們就可以說這是人類先天既有的、形而上的普世理性（Weltvernunft）。大體上，人類的理性就是適應一般環境的表現，而且人類所面對的環境還會在逐漸定型的、構成客觀價值的觀念綜合體裡反映出來。理性法則呈現並調節了人類已適應環境的、普遍正確的態度。理性就是一切與理性法則協調一致的東西，而非理性則是所有不符合理性法則的東西（請參照「非理性」這個詞條）。

只要思考和情感受到考慮和考量的決定性影響，就是理性功能。這兩種理性功能如果能和理性法則儘可能處於全然的一致性，就會達到最徹底的確定性。反之，像直覺或感知這些非理性功能則是以純粹的察覺為目的，它們必須儘量避開以排除所有理性以外的東西為前提的理性，以便讓本身可以徹底地察覺所有發生的事物。

‖ 還原（Reduktiv）‖

「還原」就相當於「追溯」。我用「還原」這個概念來說明一種不是從象徵表達的視角、而是從符號學的視角而把無意識產物理解為基本心理過程的符號或徵兆的心理解析方法。因此，還原的方法就是把無意識產物歸因於某些心理要素和基本心理過程，也就是那些刺激心理的基本過程，或是個體對真正發生過的事件的追憶。由此可見，還原法定向於過去，所以，和定向於未來的建構法正好相反（請參照「建構」這個詞條）。不論從歷史的意義或比喻的意義來看，還原法就是把複雜且已分化的重要部分回復到它們原本的那種更普遍、更基本的狀態。佛洛伊德和阿德勒的分析方法都是還原法，因為，他們的方法都是對於願望或企求的基本過程的還原，而且這些過程還具有嬰兒期或生理的性質。如此一來，他們對於無意識產物的表達都與事實相違，因此，我們不該把這種表達稱為「象徵」（請參照「象徵」這個詞條）。實際上，與無意識產物的意義有關的還原效應，就是一種解除效應，因為，無意識產物不是被帶回人類歷史的初期階段而因此消失無蹤，就是再次被整合入本身所起源的基本心理過程裡。

‖ 心靈（Seele）‖

在研究無意識結構的過程中，我一直覺得有必要區別「心理」（Psyche）和「心靈」（Seele）這兩個概念。對我來說，心理是所有意識和無意識的心理過程的總和，至於心靈則是某種有清楚界分的特定功能綜合體，如果我們把「人格」視為它的特徵，那是再恰當不過了！為了更詳細地敘述我的看法，我在這裡還必須援用一些較不相關的觀點，尤其是關於夢遊症、雙重性格和人格分裂這些現象。一些法國心理學家對於這些現象的研究，已取得重大的進展，而且還讓我們認識到同一個體裡可能存在多重人格的觀點。[65]

---

[65] AZAM, *Hypnotisme, double conscience et altérations de la personnalité*. MORTON PRINCE, *The Dissociation of a Personality*. LANDMANN, *Die Mehrheit geistiger Persönlichkeiten im Individuum*. RIBOT, *Die Persönlichkeit*. FLOURNOY, *Des Indes à la planète Mars*. JUNG, *Zur Psychologie und Pathologie sogenannter occulter Phänomene* {GW I}.

　　在正常的個體身上，多重人格決不可能出現，這一點十分清楚；不過，多重人格所顯示的人格分裂（Persönlichkeitsdissoziation）的可能性，至少會在正常的個體身上以某種徵兆存在著。事實上，只要我們對於心理的觀察稍具敏銳度，就不難證明，性格分裂（Charakterspaltung）至少會藉由徵兆而顯露在正常的個體身上。舉例來說，我們只要在各種不同的狀況裡仔細觀察某個人的表現，就會發現，他的人格在不同狀況裡所呈現的變化有多麼顯而易見，而且在每個狀況裡都表現出明顯不同於過往的鮮明性格。「在外是天使，在家是魔鬼」（Gassenengel-Hausteufel）這句德語俗話就是用於表述平日所體驗的人格分裂現象。某種特定的狀況會要求個體持有某種態度，而且個體持有這種合乎外在狀況的態度愈久或愈頻繁，它就愈容易成為一種習慣性態度。許多受到良好教育的人通常都必須在生活中，面對家庭和職場這兩種完全不同的環境，所以，也會被要求持有兩種截然不同的態度。

　　當自我和這兩種態度出現不同程度的認同時（請參照「認同」這個詞條），就會形成性格的雙重性。個人在符合社會的條件和需要之下，其社會性格一方面會定向於社會環境的期待或要求，另一方面則定向於主體本身的社會性目標和追求。至於個人的家庭性格通常取決於主體對於舒適和愉悅的要求。有些人在公共空間的生活裡會表現得很有活力、很勇敢、很執著，而且很嚴厲，但在家居和家庭生活裡卻顯得脾氣好、態度和順溫厚，甚至柔柔弱弱的。怎麼會出現這種情況？哪一種才是個體真實的性格或真正的人格？這個問題經常令人難以回答。

　　以上簡短的探討已指出，即使是正常的個體也可能出現性格分裂。因此，我們把人格分裂這個問題當作一般的心理學問題來處理，其實是合理的。如果要繼續討論以上的問題，我認為，它的答案應該在於，這種在表現上落差頗為可觀的人根本不具有真正的性格，換句話說，他們沒有真正的個體性可言（請參照「個體性」這個詞條），而只具有適應於一般狀況的、符合人們普遍期待的集體性（請參照「集體性」這個詞條）。如果他們具有真正的個體性，那麼，不論他們出現多麼不同的態度，他們只會擁有同一種性格。個體這種固定不變的性格並不等同於他們所採取的各種態度，而且既不

會、也不想阻礙本身的個體性在各種狀況裡的表述。實際上，性格分裂的個體也跟每個存在體一樣，都具有個體性，只不過他們的個體性停留在無意識層面。由於他們大體上已徹底認同了各種態度，所以，他們不僅會在別人面前掩飾自己真正的性格，而且還經常虛偽地欺騙自己。總之，他們戴上了面具，而且他們知道，他們的面具一方面符合了自己的意圖，另一方面也符合了外界的看法和要求。在這種偽裝裡，有時是前一種因素，有時則是後一種因素占據了優勢。

我把這種個體用以偽裝的面具——也就是為了偽裝的目的而採取的態度——稱為「人格面具」（Persona）。[66] 這個名稱原本是指古希臘的戲劇演員在演出時所戴上的面具。

上述的兩種與家庭和社會有關的態度都是集體人格，我想把它們概括地稱為「人格面具」。我已在前面約略地提到，真正的個體性和這兩種集體人格——即人格面具——是不一樣的。人格面具是一種功能綜合體，它產生於個體對環境的適應或本身對舒適的要求，不過，卻不同於個體性。人格面具的功能綜合體獨獨涉及個體與客體的關係，但在這裡，我們還應該進一步釐清個體與外在客體的關係以及個體與內在主體的關係。我所謂的「主體」並不是指，從意識對客體的持續體驗當中——以可以被證實的方式——流向個體的那些模糊的、幽暗的激動（Regungen）、情感、思維和感知，而主要是指，那些從幽暗的內在、意識的底層或背後浮現出來的、具有干擾性、妨礙性、有時也具有促進性的東西，而且它們的整體還促成了無意識生命的察覺。總而言之，主體就是被視為「內在客體」的無意識。就像對應於個體與外在客體的關係，會有外在態度存在一般，對應於個體與內在客體的關係，也存在著內在態度。

這種內在態度由於本身極其私密且難以理解的本質，會讓個體覺得遠比顯而易見的外在態度還要陌生，這一點是可想而知的。不過，如果要提出一個概念來說明這種內在態度，我認為並不困難。所有被稱為偶發的阻礙、脾

66　Vgl. *Die Beziehungen zwischen dem Ich und dem Unbewußten,* P. 61ff.〔GW VII〕.

氣、心境、模糊的情感和幻想的片段，有時會干擾人們需要專注力的工作表現以及那些心理正常的人的內在平靜。它們時而被合理化地歸因於身體因素，時而被歸因於其他的理由。在一般的情況下，它們的基礎幾乎不在於那些意識為它們所設想的原因，而是在於個體對無意識過程的察覺。當然，夢也屬於這種內在現象。我們都知道，人們喜歡把消化不良、仰臥等這類表面的外在原因當成夢的緣由，儘管這樣的解釋實在經不起嚴格的批判。

當個體在面對這些內在情況時，會出現各種不同、甚至相當歧異的態度：有些人根本不在意本身的內在過程，幾乎完全不予理睬。然而，有些人卻充分受到這些內在過程的制約，從一早起床開始，任何幻想或令人厭惡的情感都會破壞他們一整天的心情。模糊、不愉快的感知會讓他們聯想到某種詭異的疾病，夢會讓他們產生憂悶的預感，雖然他們平常都不迷信。有些人只是暫時接受了無意識的激動或某種相同屬性的東西，但對於某些人來說，這些東西卻從來無法作為可以沉思的東西而進入自身的意識裡，而對另一些人來說，它們則是讓自己每天苦思冥想的問題。有些人會認為這些內在過程具有生理性質，有些人則覺得它們起因於自己最親近之人的行為，另有些人則在其中發現了宗教的啟示。

個體處理無意識的激動有許多截然不同的方式，這些內在態度跟個體對於外在客體的態度（即外在態度）一樣，都會逐漸變成一種習慣。由於外在態度和內在態度都符合了特定的功能綜合體（即心靈），因此，那些似乎完全忽略內在的心理過程的人，往往持有典型的內在態度，而那些一向不在乎外在客體和事實的現實性的人，也經常持有典型的外在態度。忽視外在客體的人，其人格面具幾乎缺乏與外在世界連繫的性質。他們有時甚至毫不顧慮外在世界的存在，而往往要等到遭受命運嚴酷的打擊後，才會屈服於外在的現實。我們不難發現，個體的人格面具如果對於外在現實具有無所顧慮的特徵，他們的內在態度就很容易受到自身無意識心理過程的影響。換句話說，人們的外在態度如果完全忽視且絲毫不受到外界的影響，而且本身也令人難以接近，他們就會軟弱地受到自身內在過程的支配。因此，他們的內在態度便符合了與外在人格（äußere Persönlichkeit）完全相反的內在人格（innere

Persönlichkeit）。舉例來說，我曾經認識一個人，他會盲目、毫不留情地破壞與自己最親近之人的幸福。某天，當他從火車車窗看到外面有一片美麗的森林時，便為了欣賞這片森林的美景，而突然決定下火車，任性地中斷了原本預定到目的地談生意的行程。我相信，大家一定知道有這樣的人或類似這樣的人，所以，我在這裡就不再繼續舉例說明！

　　就像我們可以依據日常經驗來談論外在人格一般，同樣地，我們也可以依據日常經驗來接受內在人格的存在。內在人格是個體面對本身的內在心理過程的方式，它是個體的內在態度，也是個體已然轉向無意識的性格。我把外在態度（即外在的性格）稱為「人格面具」，而把內在態度稱為「阿尼瑪」（Anima），也就是「心靈」（Seele）。當某種態度變成習慣時，它就是一種或多或少已穩固定型、且可以讓自我產生認同的功能綜合體。語言便生動地表達了這種情況：倘若有人對於某些情況已抱持某種習慣性態度，但卻做了別的事，對此我們往往會表示，他好像完全變了一個人似的。這就說明了作為習慣性態度的功能綜合體的自主性：宛如另一個人格占有了個體、或「另一種精神進入了個體」一般。個體的內在態度（即心靈）其實也需要外在態度經常擁有的那種自主性。如果教育是一種藝術，那麼，改變個體的人格面具（即外在態度）就是最困難的教育工作之一。此外，改變個體的心靈（即內在態度）也具有同樣的難度，因為，心靈結構就跟人格面具一樣，經常處於穩固的狀態。正如似乎構成個人的整體性格、且可能始終不變地伴隨個體整個人生的人格面具是一種存在體一樣，個體的心靈也是結構明確的、有時也是始終不變的、具有穩固性和自主性的存在體，所以，人們經常會描述並刻劃心靈的特徵。

　　根據我的經驗，大部分、甚至全部的心靈會與外在性格處於互補關係，這就是普遍適用於心靈特性的基本法則。從經驗來看，人類的心靈慣於包含人類一切普遍的特徵，但它們卻也是意識態度所缺乏的特徵。備受惡夢、陰鬱的預感，以及內在的恐懼所折磨的暴君就是一種典型的例子。暴君的外在表現是無所顧忌、強硬且令人難以接近的，然而，他們的內在卻受制於本身所有的心緒，而且還受到各種陰影的影響，因此，他們非常容易受到支使，

而且還缺乏自主性。他的心靈包含了軟弱以及易受影響的特徵,這些特徵雖然很普遍,但卻不存在於人們的外在態度(即人格面具)裡。

倘若個體的人格面具屬於智識性質,其心靈必定是重感情的。我個人曾多次經歷到,心靈與外在性格的互補性質也跟性別的特性有關:也就是說,非常有女人味的女人擁有男人的心靈,而具有強烈男性特質的男人則擁有女人的心靈。這種二元對立的存在是因為男人——比方說——其實不完全具有男性特質,在正常情況下,他們其實還具有某些女性特徵。他們的外在態度愈陽剛,內在的女性特徵就愈受到掩蓋,因此,這些女性特徵便轉而出現在無意識裡。這種狀態正好可以解釋,為什麼偏偏很有男子氣概的男人會屈從於本身的性格弱點:他們會以女性那種易受支使和影響的方式來處理無意識的激動。反之,偏偏在最女性化的女人的內在裡,存在著剛愎自用、強悍和固執等這些男性特徵,而且其強烈程度只有那些出現在男人的外在態度的男性特徵可與之匹敵。換句話說,這些男性特徵都遭到女人的外在態度的排斥,而變成了女人內在的心靈特徵。

因此,我們如果談到男性的阿尼瑪,也就必須談到女性的阿尼姆斯(Animus)。一般說來,在男性的外在態度裡,邏輯和實事求是會占有優勢,或至少被視為一種值得追求的高標準;至於在女性的外在態度裡,則由情感占據支配地位。不過,在兩性的心靈(即內在態度)裡,這種關係卻翻轉了過來:在男性的內在態度裡,由情感居於上風,而在女性的內在態度裡,則由思考占據了優勢。所以,在面臨困境時,男性比較容易徹底感到絕望,而女性總還能抱持希望並給予慰藉,這也是男性的自殺率高於女性的原因。女人——比如妓女——很容易成為社會環境的犧牲者,而男人則很容易沉溺於無意識的衝動、酗酒,以及其他的惡習裡。

就人類一般常見的特質而言,我們其實可以從人格面具的特性推論出心靈的特性。一切在正常情況下應該存在、但實際上卻已消失於外在態度的東西,絕對會出現在內在態度裡。這條基本定律已一再地在我個人的經驗裡得到證實。不過,從個體的特徵來看,我們卻無法從這方面得出任何推論,而只有一點是我們可以確定的:當人們認同了本身的人格面具時,個體的特徵

就會和心靈結合在一起。這樣的連結會形成那種經常在夢裡出現的、心靈受孕（Seelenschwangerschaft）的象徵，而這種象徵則是仿照英雄誕生的原初意象。即將誕生的嬰孩便意味著一種已然存在、但卻仍未被意識到的個體性。就像人格面具——作為個體適應環境的表現——通常會強烈受到環境的影響與塑造一樣，心靈也會強烈地受到無意識及其特性的塑造。正如人格面具在原始的環境裡幾乎必須接受原始特徵一般，心靈既接收了無意識的古老而原始的特徵，同時也採納了無意識的象徵性以及未來的預示性，而它們正是內在態度所擁有的「豐富的預感」和「創造性」的來源。

　　主體（即自我）在意識裡與人格面具（即外在態度）的同一性，會自動導致主體在無意識裡與心靈（即內在態度）的同一性。當主體與人格面具混淆不分時，便無法在意識裡連結無意識過程，因為，主體就是這些無意識過程本身，所以，也和它們處於一致狀態。誰如果告訴自己，必須成為自己所扮演的外在角色，那麼，他終究注定要沉溺在自己的內在過程裡。因為，他後來會基於絕對的必要性而破壞自己的外在角色，或藉由反向轉化而使得這個外在角色變得荒謬不堪（請參照「反向轉化」這個詞條）。他的人生會不可避免地出現反向的發展，因此，他將無法繼續走在他個人原先選擇的那條道路上。在這種情況下，內在的心靈往往會被主體投射到某個相應的、實在客體中，此時，主體對於該客體會產生盡乎絕對的依賴關係，而該客體產生的所有反應也會直接影響主體，並削弱主體的內在。總之，這樣的主客關係經常是一種悲劇性的關係（請參照「心靈意象」這個詞條）。

‖ 心靈意象（Seelenbild）‖

　　在無意識所產生的心理意象中（請參照「意象」這個詞條），心靈意象是一種特定的意象。正如人格面具（即外在態度）會被某些以特殊形式而擁有相關特質的人物的意象呈現在夢境裡一般，心靈（即內在態度）也會被某些在特徵上與心靈相符的人物呈現在無意識裡，而這種無意識的意象就被稱為「心靈意象」。在心靈意象裡，有時也會出現虛構的、或我們完全不認識的人物。在男性身上，無意識通常會以女性人物來反映他們的心靈；而在女

性身上，無意識則以男性人物來體現她們的心靈。由於男性的個體性存在於無意識裡，因此，便與心靈結合在一起，所以，男性的心靈意象便具有同一性別（即男性）的特性。倘若男性完全認同了他們的人格面具（請參照「心靈」這個詞條），他們的心靈便停留在無意識裡，而其心靈意象便被投射到實在的人物上。這些人物都是主體強烈的愛或恨（或恐懼）的對象，由於主體對他們的回應始終具有情緒性，因此，他們所造成的影響是直接的，而且具有絕對的強迫性。

情緒的產生是由於主體的意識無法真正地適應於呈現心靈意象的客體。由於主體無法建立與客體的連繫而導致本身力比多的滯積，這些聚集的心理能量要等到個體的情緒爆發時，才獲得宣洩的出口。個體的情緒往往出現在適應不良的狀態下。由於主體無法意識到心靈的存在，因此，主體的意識也無法適應於呈現心靈意象的客體。假設主體可以意識到心靈的存在，那麼，主體就能把心靈和客體區別開來，從而解除客體對主體所產生的直接效應，因為，這些效應的根源就是主體投射在客體裡的心靈意象。[67]

男人的心靈具有女性特質，因此，女人最適合作為男人的心靈意象的真實載體；同樣地，女人的心靈具有男性特質，所以，男人最適合作為女人的心靈意象的真實載體。只要男女兩性之間始終存在著絕對的、具有近乎魔力效應的關係，就必然與心靈意象的投射有關。兩性之間的這種關係其實很普遍，因此，心靈也普遍存在於無意識裡，而且許多人一定不會意識到心靈如何對待內在的心理過程。此外，和心靈的無意識狀態相伴隨的始終是對於人格面具的完全認同，由此可見，這種認同一定很普遍。這個看法確實合乎事實，因為許許多多的人的確認同了他們的外在態度，而無法意識到該如何對待內在的心理過程。不過，無論如何，總是會出現與此相反的情況：心靈意象沒有被投射到客體之中，而是留在主體裡。此時主體會轉而與心靈產生認同，因為，主體深信，本身對待內在的心理過程的方式也算是自己所特有的真實性格。在這種情況下，人格面具會因為落入無意識裡，而被投射到相同

---

67 Vgl. JUNG, *Die Psychologie der Übertragung*｛GW XVI｝.

性別的客體中。相同性別的客體不僅是許多公開的、或更多是潛在的同性戀者的基礎，也是許多男人身上的父性轉移和許多女人身上的母性轉移的基礎。這樣的情況往往和具有缺陷的外在關係以及較缺乏與外界聯繫的人們有關，這是因為個體與心靈的認同會導致一種主要定向於對內在過程的察覺的態度，因而奪走了客體的決定性的影響力。

主體如果把心靈意象投射到客體裡，就必然會與客體產生情緒性的連結；主體如果沒有把心靈意象投射到客體裡，就會出現比較無法適應外在環境的狀態，也就是佛洛伊德所謂的「自戀」（Narzißmus）。只要客體的行為和心靈意象是協調一致的，心靈意象的向外投射就會使得主體不再關注本身的內在過程。這麼一來，主體就會戴著他的人格面具過生活，而且會進一步發展他的人格面具。當然，客體通常無法長期且持續地滿足主體對於心靈意象的要求，儘管有些女人會在忽視本身生活的情況下，長期體現出她們丈夫內在那種女性化的心靈意象，而生物性的女性本能確實有助於她們在這方面的表現。同樣地，有些男人會不自覺地為他們的妻子表現出她們內在那種男性化的心靈意象，因此便勉強地從事一些可能已非其能力所及的事——先不論事情的好壞——而生物性的男性本能也確實有助於他們在這方面的表現。

如果主體未把心靈意象投射出來，其與無意識的關係就會逐漸出現病態的分化。主體會被無意識內容漸次地淹沒，而且還因為缺乏與客體的連繫，不僅無法利用、也無法處理這些無意識內容，並且這些內容顯然還嚴重地破壞了主體與客體的關係。個體的外在態度和內在態度當然代表著兩種極端的情況，而正常的態度則存在於這兩個極端之間。就像大家所知道的，正常人的特徵並不在於他們身上存在著特別清晰、純粹或深刻的心理現象，反而情況是相反的，因為，出現在他們身上的心理現象其實是普遍弱化且模糊不清的。如果人們的外在態度是和善、不帶有攻擊性的，那麼，他們的心靈意象通常會具有惡意的特性。在瑞士當代詩人施皮特勒的史詩作品《奧林匹斯的春天》裡，那位陪伴天神宙斯的魔女就是文學領域裡的一個很好的例子。墮落的男人經常是理想主義的女人內在的心靈意象的載體，因此，這些女人會頻繁地出現「救贖的幻想」；同樣地，男人身上也會出現這種情形，在他們

看來，妓女已被本身等待救贖的心靈所散發的榮光環繞著。

‖ 本質我（Selbst）‖ [68]

　　作為一種以經驗為依據的概念，「本質我」是指個人內在所有心理現象的全部範圍，而且還表達了個人整體人格的統一性和全面性。不過，由於整體人格含有無意識的構成部分，因此，它只有一部分屬於意識範圍，由此可知，「本質我」這個概念其實只局部地依循經驗，至於沒有經驗可依據的部分，則是這個概念的假設。換句話說，本質我包括了人們可以經驗到以及無法經驗到的東西（或尚未經驗到的東西）。這些特點也是它和許多空有名稱、卻缺乏觀念內涵的自然科學概念的共同點。只要由意識內容和無意識內容所構成的整體人格的全面性是一個假設，它就是超驗（transzendent）的概念。由於整體人格的全面性已預設了經驗基礎的無意識因素的存在，這便顯示出整體人格在本質上的特性：它只能局部地被描述，而其他的部分依然無法為人們所認識和掌握。

　　由於人類的心理實際上存在著意識和無意識的現象，因此，作為心理整體的本質我也兼具意識和無意識這兩方面。就我的經驗來說，本質我會以國王、英雄、先知和救世主等這類「形象崇高的人物」，或以象徵性符號——諸如圓形、環形、四角形、正方形和十字形等——出現在夢境、神話和民間故事裡。只要本質我表明本身是一種二元對立的統合，它的顯現就會跟二元對立的形式有關，比方說，道的陰和陽、一對相互敵對的兄弟、英雄和他的對手（惡龍或主要敵人）或是浮士德和魔鬼梅菲斯多等。所以，就我的經驗而言，本質我會表現為光線和暗影的相互作用，雖然，它在概念上被理解為一個整體以及一個調合二元對立的統一體。由於「本質我」這個概念無法提供直接的經驗，所以，它是一個超驗的概念。如果它無法指稱和說明那些出現在經驗裡的、統合二元對立的象徵，那麼，它在邏輯上甚至可能是一種多餘和無謂的推測。

68　「本質我」這個定義是我在一九五八年重新修訂本書時，才補寫入內容裡的。

由於本質我無法表達本身的存在，也就是無法把本身實體化，因此它並不是一個哲學觀念。在智識上，它只具有假設的意義。不過，本質我那些源自於經驗的象徵往往具有重要的神聖性（例如佛教密宗的曼荼羅），即先驗（apriorisch）的情感價值（例如「神是一個圓圈……」以及古希臘數學家畢達哥拉斯提出的三角點陣〔Tetraktys〕和四元一體〔Quaternität〕等），因此，本質我也表明了本身就是一種原型觀念。它與其他的原型觀念的區別在於，它本身具有神聖性和內容的重要性，所以能占有核心地位。

‖ 主觀層面（Subjektstufe）‖

我認為，主觀層面的解釋就是把在夢境或幻想裡所出現的人物或情況完全歸因於個體心理的主觀因素的觀點。我們都知道，存在於我們心理的客體意象絕對不同於客體本身，它們頂多只是相似罷了！客體的意象是透過感官知覺以及對於這些外來刺激的統覺而產生的，雖然這是屬於我們心理的過程，但只有客體能引發這個過程。我們透過感官所得到的證明雖然在經驗上廣泛地符合了客體的性質，但我們的統覺卻受到幾乎無法評估的主觀影響，而這種主觀的影響會嚴重妨礙我們對於也身為人的外在客體的正確認識。如此複雜的心理運作卻只提供純粹的感官知覺極少的依據，況且我們還需要移情、思考和直覺才能對客體有所認識。由於認識的過程錯綜複雜，因此，我們最後所做出的判斷，其價值往往相當可疑。總之，我們對於身為人的客體所形成的意象無論如何都極度受到我們主觀的制約。如果我們可以嚴格地區分身為人的客體的意象——即無意識裡的客體影像（Imago）——和該客體的真實存在，這在實用心理學看來，就是一種正面的發展。由於無意識裡的客體影像的形成相當主觀，這種影像往往是主體的功能綜合體對客體所持有的意象，而比較無關於客體本身。因此，當我們對無意識產物進行分析處理時，有一點非常重要：我們不可以把無意識裡的客體影像等同於客體本身，而應該把這種影像理解為一種對於客體的主觀關係的意象。這就是主觀層面的觀點。

在主觀層面上處理無意識產物會形成主觀的判斷和傾向，此時客體便成

為這種判斷和傾向的載體。當客體影像出現在無意識產物裡時，它當然和現實的客體無關，而是——甚至主要是——和主體的功能綜合體有關（請參照「心靈意象」這個詞條）。這種主觀層面的解釋不只可以讓我們對於夢境，也可以對於文學作品提出廣泛的心理學詮釋。在文學作品裡，所有的人物都各自代表著存在於作者心理的那些更有自主性的功能綜合體。

‖ 象徵（Symbol）‖

我認為，我們應該嚴格區分象徵和符號這兩個概念，因為，象徵和符號在意義上彼此截然不同。義大利當代史學家紀庸・費烈羅（Guillaume Ferrero, 1871-1942）[69] 在他那本研究象徵主義的論著裡，並沒有狹義地探討象徵，而是探討符號。以我們歐洲人的舊風俗為例：我們在賣出一塊土地時，還會附贈一塊草坪。人們通常會不假思索地把附贈的草坪視為一個象徵，但從本質上來說，它其實是一個符號，一個代表整塊已賣出的土地的符號。鐵路局的職員所配戴的翼輪徽章也不是鐵路的象徵，而是標示配戴者隸屬於鐵路局的符號。因為，象徵始終預設著，人們所選擇的象徵表達是對於相對未知的事物最恰當、最簡明的描述，然而，不論是草坪或翼輪徽章，卻都是已知的、既有的且為人們所要求的事實情況。如果鐵路局的職員所配戴的翼輪徽章被解釋為一種象徵，就等於表示，鐵路局的職員涉及了某種未知的本質，而只有翼輪徽章才是最好的象徵表達。

凡是把象徵的表達解釋為對於已知事物的類比或簡略的描述，都是符號學的觀點；至於那些把象徵的表達解釋為對於相對未知的事物最恰當的、已至於無法再有更清楚的、或更能呈現特色的描述，則是象徵的觀點。把象徵表達解釋為刻意對已知事物的改寫或改造的觀點便屬於比喻的性質；把十字架解釋為上帝之愛的象徵則屬於符號學的性質，因為，「上帝之愛」比起尚包含許多其他意義的十字架，更能清楚而貼切地顯示具有表達內容的事實情況。反之，把十字架視為始終無法為人們所知悉和明瞭的、神祕或超驗的心

---

[69]　FERRERO, *Les lois psychologiques du symbolisme*.

理事實情況的表達,這是對於十字架的象徵性解釋,而且這種解釋已凌駕於所有人們能提出的解釋之上。換句話說,十字架這個象徵最能貼切地反映這種不明朗的心理事實情況。

只要象徵還具有效力,它們就是對於那些已無法再經由其他方式而被更恰當地刻劃的事物的表達。只有象徵還隱含著意義時,它們才具有效力。如果象徵已衍生出某個意義,也就是說,人們已找到了某種表達方式而比既有的象徵本身更能適切地描述某個人們所追求和期待的、或已知曉的事物時,那麼,這也意味著該象徵已經死亡,徒留歷史意義罷了!所以,人們在談論象徵時,始終不會直接觸及象徵本身。人們會以某種程度的緘默為前提來談論象徵,因為,象徵還未衍生出更好的表達方式。我們可以從基督教初期的使徒保羅以及一些更早的神祕主義冥想者對於十字架象徵的處理方式知道,十字架對他們來說,是一個具有效力的象徵,因為,這個象徵能夠以無可超越的方式表達某些無法言喻的東西。所有祕密宗教的解釋都會讓象徵失去效力,因為,人們已透過祕密宗教而為象徵找到了——往往是自己信以為真的——更好的表達方式,這些象徵便因此而變成表達更多人們所知曉的關聯性的純粹傳統的符號。由此可知,象徵的效力始終只存在於非祕密宗教的觀點裡。

對於已知事物的表達往往是純粹的符號,而決不是象徵。人們根本無法從已知的關聯性裡創造出具有效力——即含藏著意義——的象徵,因為,人們經由這種方式所創造的象徵已無法含有隱藏的意義。任何心理的產物,只要它是當前對於完全未知或部分未知的事實情況最恰當的表達,只要人們傾向於接受,這種表達是為了描述那些已預感到、但尚未清晰意識到的東西,就可以被視為象徵;只要學術理論還包含著假設,也就是對於還完全不知道的事實情況的預先描述,那麼,我們就可以說,這種學術理論也是象徵。此外,如果我們認為某些心理現象還表達了目前人們的知識所無法涵蓋的東西,那麼,這些心理現象在這樣的觀點下,也都是象徵。如果意識已傾向於接受事物可能還具有其他的意義,那麼,這種觀點絕對是象徵的觀點。只有當意識本身已自行衍生出某種像數學般的表達,也就是表達的內容似乎已完

全符合表達的意圖時，這種觀點就不算是象徵的觀點。不過，對於另一種意識來說，卻從不存在這種限制。因為，這種意識也可以為了某種隱藏於表達意圖裡的未知心理事實，而把數學式的表達當作一種象徵。換句話說，只要人們可以向那些創造出符號表達的人證明這種心理事實是未知的，它們就不可能是意識所能利用的對象。

　　某個東西是不是象徵，主要取決於觀察者的意識態度。舉例來說，如果有人持有一種把既有的事實情況不只當作既有的事實情況、也當作未知事物的表達的理智態度，那麼，他可能會導致一種在他看來根本不具有象徵性、但對於另一個人的意識卻具有象徵性的事實情況。同樣地，相反的情況也可能發生。有些心理產物的象徵性不只取決於觀察者的意識態度，也會顯現在它們本身對於觀察者所產生的象徵性效應裡。如此被塑造出來的心理產物如果沒有獲得象徵的意義，就必然不具有任何意義。如果我們從純粹的現實性來看一個裡面畫有一只眼睛的三角形圖案，它就會顯得如此缺乏意義，以致於連觀察者也無法把它視為一種純粹偶發的消遣之作。不過，這樣的圖案卻不禁讓人們直接產生了象徵性觀點。如果相同的圖案經常出現，或該圖案——作為某種特殊價值的表達——具有特別講究的形成方式，都會強化本身的象徵效應。

　　無法以上述的方式發揮作用的象徵不是已經死亡——也就是已被更好的表達所超越——就是一種本身的象徵性已完全受制於觀察者的意識態度的心理產物。我們可以簡略地把這種認為某種既有的現象具有象徵性的態度稱為「象徵態度」（symbolische Einstellung）。象徵態度有一部分是透過事物本身的情況而取得了合理性，至於其他的部分則是個體本身的世界觀的產物。這種世界觀賦予已發生的、大大小小的事物某種意義，而且它對於這個意義的重視更甚於純粹的事實性。不過，在這種象徵觀點之外，還存在著另一種與之對立的觀點，這種對立的觀點始終強調純粹的事實性，而且還讓意義屈從於事實。對於持有這種態度的人來說，象徵並非無處不在，因為，他們認為，象徵的意義獨獨取決於個體的觀察方式，不過，他們也知道，有些象徵會促使觀察者推測其潛在的意義。

　　一個牛頭神的意象雖可以直接被解讀為長著牛頭的人身，但這種解釋的重要性卻幾乎無法和象徵性解釋相提並論。由於人們在生活裡經常受到象徵的糾纏，以致於人們無法忽視象徵的存在。如果一個象徵會不厭其煩地一再表示本身的象徵性，那麼，它其實還無法成為一個具有效力的象徵。只有當象徵在觀察者看來，是一種對已預感到、但卻還未意識到的東西最好和最高等的表達時，象徵才具有效力。此時，象徵會對於歷史理智或哲學理智產生影響，還會引發個體對於智識或審美的關注，而且也會引來無意識的參與，從而發揮創造生命和促進生命的效應。這就如同歌德劇作的主人翁浮士德博士所說的：「這個符號竟對我產生了多麼不同的效應……」

　　具有效力的象徵會表達重要的無意識因素，而且這些無意識因素分布得愈普遍，象徵的效應就愈普遍，因為，無意識因素會觸動所有相關的象徵。這些象徵一方面是對於未知事物最恰當而充分的、而且對當前的時代也是無法被超越的表達，所以，它們必然產生於當代精神氛圍最複雜、最高度分化的產物裡；另一方面，它們也必然包含了與較大型的社群相關的束西，以便能影響這種規模的社群，因此，它們還必須掌握較大型社群的內部成員的共同性。這種共同性不僅不可能是最高度分化的、最難以達成的東西——畢竟只有極少數的人有能力達成及理解這種東西——甚至還必須帶有些許的原始性，如此一來，它的普遍存在就不會受到人們的質疑！只有當象徵掌握了這種共同性，並以最適切的方式把它表達出來，象徵才能發揮普遍的效應。當然，這其中也包括了具有效力的社會象徵所產生的具有救贖力量的強大效應。

　　我在這裡對於社會象徵的論述，也同樣適用於個體象徵。有些個體的心理產物顯然具有象徵性質，而且可以輕易促使個體採取象徵觀點。這些心理產物對於個體所具有的功能性意義，就類似於社會象徵對於較大型的社群所具有的功能性意義一般。不過，個體的心理產物從來不只源自於意識領域，或只源自於無意識領域，而是產生於此二者彼此對等的相互作用。純粹的意識產物和純粹的無意識產物並非理所當然地具有確實的象徵性，畢竟這些產物能否獲得象徵性，實際上還得聽憑觀察者的象徵性意識態度。不過，就像

人們可以把猩紅熱的紅疹當作猩紅熱的「象徵」一樣,個體的心理產物也可以被視為受制於純粹因果關係的事實,因此,人們當然也有理由把猩紅熱的紅疹當作猩紅熱的「症狀」,而不是它的象徵。所以,我認為,佛洛伊德依據他的觀點來討論症狀的處理,[70] 而非象徵的處理,當然是合理的。因為,對他來說,心理現象從已界定的意義來看,並不具有象徵性,而是某個眾所周知的特定基本心理過程的症狀性表徵。當然,有些精神官能症患者會把本身主要作為心理疾病的症狀的無意識產物,理解為極具高度意義的象徵。不過,實際的情況卻往往不是如此:現今的精神官能症患者其實相當傾向於把充滿意義性的無意識產物,只當作「症狀」來看待。

對於事物是否具有意義,存在著兩種顯然不同的、相互衝突的觀點,而且持有這兩種觀點的雙方都堅決地捍衛自己的立場。這個事實是在告訴我們,人類顯然有兩種心理過程:其中一種過程只是純粹的結果——也就是症狀——並沒有表達特殊的意義;而另一種過程則含有隱藏的意義,它們就是象徵,因為,它們不僅源自於某些東西,更致力於成為某些東西。我們所觀察的心理過程究竟與症狀有關,還是與象徵有關,應該由我們的批判和拿捏的分寸來決定。

象徵始終是一種在本質上極其複雜的產物,因為,它本身是由人類所有心理功能的材料所組合而成的。所以,它的性質既不是理性,也不是非理性。它雖然具有迎合理性的一面,卻也具有理性所無法理解的另一面,因為,它的構成成分不只是理性材料,還有經由純粹的內在察覺和外在察覺所取得的非理性材料。象徵的預示性以及隱含的意義性引發了個體的思考和情感的關注,象徵獨特的形象生動性——當象徵的塑造是藉由感官知覺的形式時——則激發了個體的感知和直覺。具有效力的象徵無法在遲鈍冷漠的、低度發展的心理產生,因為,這種心理已經滿足於既有的、來自於傳統的象徵。當必要的象徵已無法再把本身已整合理性和非理性的象徵表達,呈現給高度發展的心理時,那麼,只有這種高度發展的心理所存在的渴望才能創造

---

70 FREUD, *Zur Psychopathologie des Alltagslebens.*

出新的象徵。

　　由於象徵產生於人類最高度的、已完成發展的心理，而且還必須包含人類本質的最深層基礎，因此，象徵無法片面地來自於最高度分化的心理功能，它必然也產生於最底層的、最原始的心理激動。當個體意識到這兩種狀態的全然對立性時，就必須把這兩種對立的狀態拉在一起，而後雙方才有合作的可能性。但是，這種狀態卻必然會造成本身內部的激烈衝突，也就是正方和反方的相互否定，而自我卻必須無條件地參與這場正反兩面的爭鬥。如果有一方屈居劣勢，象徵就會成為占有優勢的那一方的產物，但同時它也是被壓制的另一方所顯露的症狀，而變得比較不是象徵。不過，如果象徵變成了純粹的症狀，就會因此而失去救贖的效應，因為，象徵此時已無法表達整體心理在存在上的全然合理性，而只能提醒人們反方所受到的壓迫，畢竟意識對於這種壓迫不負有追究的責任。

　　如果正反雙方實力完全相當而出現相持不下的對峙狀態時，自我就會無條件地同時加入兩邊的陣營而反映出這種不分軒輊的情況，這麼一來，意志就會因為不再被任何一方需要而停頓下來，因為，已不再有任何「動機」的產生會引來另一個勢均力敵的「反動機」。兩相對峙所造成的停滯狀態會產生生命能量的滯積，此時，個體如果無法從對立的緊張關係裡形成一種超越並統合對立的新功能，就會陷入一種本身難以承受的僵持不下的狀態。由於意識的意志此時已徹底一分為二，而無法再出現任何進展，力比多只好往回流向本身起源的無意識，並因此而活化了無意識的活動。由此可知，在意識的停滯和消極性裡，會產生無意識的積極性，而無意識也是一切已分化的心理功能所共有的、既古老又原始的根源。在這個遠古的根源裡，存在著一些混雜難辨的心理內容，而許多古老的心理殘留至今仍顯現於人類那種含有原始性的思維方式中。

　　無意識的積極性會暴露出被正反兩面賦予相同程度的關聯性、並對正反兩面採取補償態度的心理內容（請參照「補償」這個詞條）。由於這種無意識內容同時顯示出本身與正面和反面的關係，所以，它便打造了一個可以統合正反對立的中間地帶。

　　舉例來說，如果我們把這種正反兩面的對立理解為感官性和精神性的對立，那麼源自於無意識的、能統合正反對立的心理內容，就會因為本身與精神性有高度的關聯性而呈現出一種令人有好感的表達，而且還因為本身具有感官的具象直觀性而能掌握感官性。此時，受到對立雙方的拉扯而陷入分裂狀態的自我，便在這種心理內容的中間地帶裡找到了可以和自己搭配的東西，以及本身所特有的、統合對立的表達方式，而且自我為了擺脫本身的分裂狀態，還急切地採取了這種表達方式。這麼一來，對峙緊繃的能量就會流入這種可以調和對立的表達方式裡，不過，對立雙方卻會各自站在本身的立場而試圖消除這種新的表達方式，於是，這樣的表達方式便隨即引發對立雙方的鬥爭，因此，先前從敵對狀態所流出的能量還必須在這場鬥爭裡捍衛這種新的表達方式。精神性的那一方希望把無意識的表達變得更有精神性，而感官性的另一方則打算把無意識的表達變得更有感官性；前者想把無意識的表達轉化為學術或藝術，而後者則渴望把無意識的表達轉化為感官經驗。如果自我還未徹底分裂而偏向占有優勢的一方，無意識產物就會隨之消融於優勢的一方，自我也會跟著落入其中，而對個體的優勢功能產生認同（請參照「劣勢功能」這個詞條），而且這種自我分裂的過程往後還會再度發生在更高的層次上。

　　如果正方和反方因為自我不偏不倚的穩定性，而都無法使無意識產物消融於己方，這就意味著，無意識的表達比正反兩方更具有優勢。在我看來，自我的穩定性以及調和對立的表達方式本身那種超越正反兩方的優越性，其實是相關的，而且它們還會相互制約對方。有時個體天生的穩定性看起來似乎能起決定性的作用，有時無意識的表達似乎擁有促使自我達到絕對穩定性的優勢力量。實際上，個體的穩定性和明確性，以及無意識表達的優勢力量，應該都是同一個事實情況的表徵。

　　如果個體依然保有無意識的表達，這種表達就會產生某種不會被任何一方消融、而是被個體所塑造的初始材料。此外，這種初始材料還會變成正反兩面的共同對象，並因此而成為掌控整體態度、結束分裂狀態、迫使對峙緊繃的能量流入雙方共同管道的新內容。如此一來，生命便擺脫了停滯狀態，

而得以藉由新的力量繼續邁向新的目標。

我曾把上述的心理過程整體上稱為「超越功能」，而且我在這裡所說的「功能」是指一種由幾個功能所共同組成的複雜心理功能，而不是基本的心理功能。此外，我在這裡使用「超越」這個詞語，並不是想表述其形而上的性質，而只是想指出超越功能可以把一種態度轉入另一種態度的事實。經由正反兩方處理過、且在形成過程中統合了正反對立的初始材料，就是具有效力的象徵。在這些長期未被正反兩方所消融的初始材料裡，存在著預知的領域；在經由正反對立的效應而納入了初始材料的構形（Gestalt）裡，存在著初始材料對於所有的心理功能的影響。我們可以在極少量關於宗教創立者及其對立者——例如耶穌和撒旦、佛陀和魔羅（Mara）、馬丁·路德和魔鬼、與路德同時代的瑞士宗教改革家茲文里和他早年的世俗經歷、歌德筆下那位透過與魔鬼的接觸而得以回復年輕樣貌的浮士德——的文字敘述裡發現，象徵形成的過程的基礎所殘留下來的一些跡象。此外，我們還可以在尼采的《查拉圖斯特拉如是說》結尾處的那位「最醜陋的人」身上，找到可以貼切說明反方的壓制的例子。

‖ 綜合（Synthetisch）‖

請參照「建構」這個詞條。

‖ 超越功能（Transzendente Funktion）‖ [71]

請參照「象徵」這個詞條。

‖ 驅力（Trieb）‖

當我在本書或其他著作中談到驅力時，我對於驅力的界定和人們普遍所認定的涵義是一樣的：驅力是一種迫使個體採取行動的力量。這種強制性力量的形成一方面來自於外在或內在的刺激——因為，這些刺激會在心理上引

---

[71] Vgl. JUNG, *Die transzendente Funktion*｛GW VIII｝.

發驅力的機制——另一方面則是基於一些器質性的（organisch；也就是在心理的因果關係範圍以外）原因。與驅力相關的東西就是所有不是由意志的意向、而是由含有能動性的強制性力量所造成的心理現象。這種強制性力量可能直接來自於器質性的、與心理無關的根源，或來自於顯然由意志的意向所引發的能量。不過，在後一種情況裡，我們還是要考慮到，意志的意向所招致的驅力會強於它本身企圖達到的效應。

我個人則認為，「驅力」這個概念就是意指，所有在能量方面不受意識支配的心理過程。[72] 從我的這個觀點來看，情緒便屬於驅力過程（請參照「情緒」這個詞條），就像情緒也屬於情感過程一樣（請參照「情感」這個詞條）。在一般情況下，作為意志功能的心理過程（也就是完全屈從於意識控制的心理過程）可能會因為接受無意識能量而不正常地轉變為驅力過程，而且只要意識範圍一受到限制，這種現象就會出現。對於不相容的心理內容的潛抑，以及中毒、過度疲勞或病態的腦部作用所造成的「智能程度的降低」（法國心理學家暨哲學家皮耶・賈內所提出的概念）——換句話說，意識尚未控制或已無法控制最受個體重視的心理過程——都會壓縮個體的意識範圍。我想把某種曾被個體意識到、後來卻逐漸形成自動化的心理過程稱為「自動過程」，而不是「驅力過程」。這種自動過程通常不會以驅力的形式顯現出來，因為，它們在正常的情況下，從來都不是迫使個體採取行動的強制性力量。只有當它們獲得外來能量的挹注時，它們才會產生驅力作用。

‖ 類型（Typus）‖

類型就是以刻劃特徵的方式再現某種普遍性或某個種類的性質的範例或典型。在狹義上，本書所討論的「類型」是指許多個體的普遍態度所反映出的性格特徵的典型（請參照「態度」這個詞條）。我從許多已出現的、和可能出現的態度當中歸納出四種類型，也就是主要定向於思考、情感、感知和直覺這四個基本心理功能的類型（請參照「功能」這個詞條）。只要個體的

72　Vgl. JUNG, *Instinkt und Unbewußtes* in *Über psychische Energetik und das Wesen der Träume, p. 259ff.*
　　｛GW VIII｝.

態度成為一種習慣，並因此而對個體的性格產生一定的影響，我就把這種習慣性的態度稱為「心理類型」。同時我們還可以依據基本心理功能的性質，而把思考型、情感型、感知型和直覺型這四種以人類四大基本心理功能為基礎的心理類型，區分為「理性類型」和「非理性類型」：思考型和情感型屬於前者，感知型和直覺型則屬於後者（請參照「理性」和「非理性」這兩個詞條）。此外，我們還可以依據力比多的主要流向，而將心理類型進一步區分為「內傾型」和「外傾型」（請參照「內傾」和「外傾」這兩個詞條）。所有的心理類型不是屬於內傾型，就是屬於外傾型，完全視內傾態度或外傾態度能否在個體身上成為主要的心理機制而定。思考型既屬於內傾型，也屬於外傾型，情感型·感知型和直覺型也都是如此。把心理類型區別為理性類型和非理性類型的觀點，完全無關於內傾和外傾。

　　從前，我曾在兩份未定稿的心理學報告裡，[73] 未對思考型和情感型以及內傾型和外傾型加以區分，而是把思考型和內傾型混為一談，並將情感型等同於外傾型。在透徹地處理蒐集來的材料後，我才發現，必須把內傾型和外傾型這兩種「態度類型」當作高於四種「功能類型」的範疇來處理，而且這樣的區辨完全合乎我的臨床治療經驗。舉例來說，情感型的確可以再被劃分為更傾向於主體本身的情感經歷的「內傾情感型」，以及更傾向於外在客體的「外傾情感型」。

‖ 無意識（Unbewußte）‖

　　對我而言，「無意識」這個概念並非形上學的哲學概念，而是純粹的心理學概念。更確切地說，無意識是心理學的邊緣概念（Grenzbegriff），它涵蓋了個體沒有意識到的、而且在察覺上無關於自我的心理內容或心理過程。我之所以有資格論證無意識過程的存在，完全是根據我本身的經驗，尤其是診療心理疾病的經驗。這些經驗為無意識活動提供了確鑿的證據，比方說，在歇斯底里的失憶症的病例裡，自我並不知道本身有大量心理情結的存在，

73　*Zur Frage der psychologischen Typen*｛Paragr. 858-882 dieses Bandes｝; ferner *Die Psychologie der unbewußten Prozesse*, (Neuausgabe: *Über die Psychologie des Unbewußten*｛GW VII｝).

然而，一個簡單的催眠步驟卻能立即而完整地再現這些個體所遺忘的心理內容。

許許多多的臨床經驗可以讓我們合理地論證無意識的心理內容的存在。那麼，無意識內容究竟處於何種狀態？答案是：只要無意識內容和意識沒有聯繫，意識便無法察知無意識內容，因此，妄圖推測無意識內容根本是多餘的。大腦作用和生理過程等所產生的推測便屬於這種臆想，不過，它們還是無法說明，無意識的涵蓋範圍究竟有多大，也就是無意識究竟包含了哪些心理內容。總的來說，只有實際的臨床經驗才能提供相關的答案。

實際的臨床經驗首先讓我們知道，意識內容會因為能量流失而落入無意識裡，而這也是遺忘的正常過程。臨床經驗還顯示，落入意識閾限之下的內容並不會就此消失，只要出現合適的狀況，有時甚至在無意識裡潛伏數十年後，它們還會再度浮現出來，比如在夢境裡、在被催眠的狀態下、或以潛抑記憶（Kryptomnesie）[74] 的形式、或透過對已遺忘的內容的聯想，而重新顯露出來。此外，臨床經驗還讓我們明白，意識內容不一定要失去大量能量，它們只要被個體刻意遺忘——即佛洛伊德所指出的「對於讓自己感到難堪的內容的潛抑」——就會陷於意識閾限之下。當代瑞士精神病理學家布魯勒曾指出，人格分裂也會導致意識內容落入無意識裡，也就是強烈的情緒或神經性震慄（nervous shock）、或思覺失調症的人格解體（Persönlichkeitszerfall）所造成的意識完整性的潰散。

同樣地，一些臨床經驗也告訴我們，感官知覺會因為本身微弱的強度或個體注意力的轉移而無法被意識所統覺，但卻能透過無意識的統覺而成為無意識的心理內容，而且這些內容的存在還可以經由催眠——舉例來說——而獲得證實。相同的情形也發生在某些推論以及其他的聯想上，因為，它們也因為本身能量過少、或個體注意力的轉移而陷於無意識當中。此外，我們還

74　Vgl. FLOURNOY, *Des Indes à la Planète Mars;* ferner *Nouvelles Observations sur un cas de Somnambulisme avec Glossolalie* in *Archives de Psychologie* I/1901, p. 101. JUNG, *Zur Psychologie und Pathologie sogenannter occulter Phänomene* Vgl. ferner den Aufsatz über *Kryptomnesie* ｛beides in GW I｝.

可以從臨床經驗知道，一些無意識的心理關聯性的存在，例如，從未成為意識對象的神話意象實際上都產生於無意識的活動裡。

雖然，臨床經驗可以讓我們有所憑據地接受無意識內容的存在，但卻無法告訴我們，無意識內容**可能**是什麼。對於無意識內容的猜測既無益又多餘，因為，我們完全無法測度無意識內容的一切可能性。到底什麼是無意識的感官知覺的最低限度？是否有任何尺度可供我們測量無意識聯想的精細度或作用範圍？被個體遺忘的無意識內容何時會徹底消失？這些問題至今仍是未解之謎。

我們目前所累積的臨床經驗，已可以讓我們對於無意識內容的性質進行一般性區分，即個體無意識和集體無意識。**個體**無意識涵蓋了個體的存在所經歷的一切，也就是停留在意識閾限之下的那些被遺忘、被潛抑的、屬於無意識的察覺、思考和情感的東西。除了這些個體的無意識內容之外，還有另一種不是產生於個體的經歷，而是產生於心理運作的遺傳性（遺傳的腦部結構）的無意識內容。這種無意識內容是指神話的關聯性，也就是那些無論何時何地都不需要藉由歷史的傳承和轉移而能不斷再生的神話題材和意象，這些內容也被我稱為「集體無意識」。誠如臨床經驗所顯示的，無意識內容也跟意識內容一樣，都被納入了某種心理活動裡。此外，無意識的心理活動和意識的心理活動也都會形成某些結果或產物，比如夢境和幻想。不過，我們如果要推測夢境究竟含有多少意識成分，就會顯得多此一舉。夢境是在我們睡眠時出現的，而不是我們在意識狀態下所創造的。因此，有意識地再現夢境或甚至是對於夢境的察覺，一定會大幅改變夢境本身，更何況這種創造性心理激動的無意識根源並非來自這個世界。

我們可以把無意識過程與意識的功能性關係視為一種補償關係（請參照「補償」這個詞條），因為，根據臨床經驗，無意識過程會把那些基於某種意識狀況而聚集在無意識裡的無意識材料暴露出來。個體倘若可以完全意識到這些無意識材料，他的意識裡就不會缺少情境意象。意識態度的片面性如果愈強——病理學在這方面已提供了許多例證——無意識的補償功能就顯得愈明顯。

‖ 意志（Wille）‖

我把「意志」理解為意識所能支配的心理能量的總和。在這個觀點裡，意志過程（Willensvorgang）就是一種由意識動機所引發的能量過程，至於無意識動機所引起的心理過程就不是意志過程。意志是一種心理現象，它的存在可以歸因於文化和道德教育，而它也是原始人的思維方式中所極度缺乏的東西。

結語

　　一百多年前，法國大革命所揭櫫的「自由、平等、博愛」已成為我們這個時代普遍風行的社會思潮。這股思潮不只普遍把個人的政治權利齊一化，而且還強調，可以透過外在的調整、處理和平等化來消除人類的不幸。處於這樣的時代氛圍，卻要談論組成國家的人民的高度差異，這對我個人來說，實在是一個吃力不討好的任務。法律之前人人平等當然是一件美事，因為，每個人都可以擁有自己的政治主張和投票權，沒有人可以藉由世襲的特殊地位和權利而不公平地凌駕於同胞之上。不過，人們如果把這種平等思想延伸到其他的生活領域，這件美事可就要跟著變調了！

　　只有那些無法正確認識和判斷事物的人，或是那些因為距離遙遠而無法清楚觀察人類社會的人，才會認為，只要把生命平等化，就可以把幸福更平均地分配給每一個人。如果他們還認為，相同的收入或外在生活條件——比方說——對每個人必定具有相同的意義，那麼，他們就已陷入空想之中而無法自拔了！如果他們是立法者，他們該如何對待那些認為生命更大的可能性並非外在於生命、而是內在於生命的人？他們如果對人有正確的認識，就會明白，或許應該給予某些人雙倍的資源，因為，同樣的東西對人們來說，意義不盡相同，有的人會認為比較有價值，有的人則認為比較沒有價值。有鑒於社會的立法不會顧及人與人之間的心理差異——即人類社會的生命能量最不可缺少的因素——因此，探討個體差異對於人類社會是有助益的。由於個體差異會使得個體對幸福有不一樣的要求，因此，即使立法再怎麼完善，也無法滿足全體人民對幸福的各種不同的要求。況且，人們至今仍無法構想出一種看起來既公平又合理、又不會讓任何一種心理類型的人感到不公正、且普遍適用於民眾的外在生活形式。雖然，各個領域的狂熱者——比如政治、社會、哲學和宗教的狂熱者——依然致力於尋找一種普遍平等的外在條件，也就是一種能普遍為人們帶來更多幸福的生活方式，但在我看來，人們會往這方面追求，其實是因為人們本身那種過度定向於外在世界的普遍態度。

　　我們在這裡只能略微地談論這些問題，畢竟本書的任務不是要處理這些問題，而是人類的心理問題，尤其是人類存在著各種心理類型的態度這個事實。心理類型的態度不僅是心理學的課題，也是所有取決於人類心理的學術

領域與生活領域的首要問題。舉例來說，所有的哲學都不只是哲學史，因為，哲學理論和觀點皆以哲學家個人心理的先決條件為基礎，這是人們以一般常識便可輕易理解的事實。如果我們要對哲學提出心理學的批判，就應該注意，哲學家個人心理的先決條件就是──而且通常也被這麼認為──他們本身純粹的個體性。儘管人們認為這種情況是理所當然的，但卻忽略了哲學裡存在著許多哲學家個人先入為主的偏見。然而，帶有偏見的看法無論如何都不算是偏見，畢竟哲學家的觀點經常受到大批追隨者的支持。哲學家的觀點會被某些人接受，並非因為這些人沒有自己的想法，只會盲目地附和哲學家，而是因為他們的確可以完全理解和贊同該哲學家所提出的觀點。如果哲學家的觀點獨獨取決於他個人，就不可能讓追隨者們產生共鳴，因為，這樣的觀點可能完全無法被理解或贊同。追隨者所理解和贊同的某種具有獨特性的哲學觀點，必然合乎某種由許多社群成員所共同持有的類型態度。在哲學的論戰中，一方的支持者通常只會從外部攻擊敵對的另一方，而且還會以對手的缺失作為貶斥和攻擊的目標。

一般說來，這類的交鋒往往很難得出實質的結果。不過，如果我們把這種無謂的爭辯轉移到心理學領域──即導致敵對雙方爭辯的起因──時，就會有相當可觀的斬獲。因為，心理學的審視可以很快地讓我們看到，人們身上存在著各種不同的心理態度，而且每一種心理態度都擁有存在的權利，因此，不同的心理態度會使得哲學家們提出一些互不相容的理論。只要人們試圖透過外部的相互妥協來平息這種爭端，這樣的作法就只能滿足那些膚淺的、無法因為堅持原則而產生熱情的人們本身那種低度的要求。因此，我認為，只有當不同類型的人們願意相互認可彼此不同的心理先決條件時，他們之間才能真正地相互理解。

在臨床的治療工作上，我總是得不斷地面對一個事實：人們幾乎無法理解和接受與自己不同的觀點。在比較瑣碎的事物上，人們普遍的表面性和膚淺性在某種程度上的確有助於個體對他人的諒解和寬容，不過，卻難以讓人們達到願意真正理解他人、主動與他人溝通的善意。在比較重要的事物上，尤其是涉及某種心理類型的人們所抱持的理想時，人與人之間的理解幾乎已

變得不可能。當然，爭執與不睦始終都是人類悲喜交織的生活戲劇的一部分，不過，我們卻無法否認，從大動干戈到訂立法律，並因此而設立超然於衝突雙方的審理機關以及相關的評判標準，確實是人類文明的一大進步。我一直深信，個人認可與自己不同的態度類型的存在，並承認自己在某種程度上會受限於本身的類型、以致於無法完全理解他人觀點的這個事實，才是平息人際之間因為觀點不同而引發的爭端的基礎。如果人們無法認可這種頗具挑戰性的要求，就必然會扭曲他人的觀點。正如法庭上彼此針鋒相對的雙方必須放棄直接的暴力、而把本身的要求交付給法律和法官的公正性一樣，凡是意識到本身受限於自己所屬的心理類型的個體，也必須懂得克制自己不去謾罵、猜疑和貶損對方。

透過掌握和概略地描述關於類型態度的問題，我希望可以把讀者的目光轉向許多形塑個體觀點的可能性，並藉此讓讀者或多或少地認識個體心理近乎無窮盡的變化及其在程度上的差異性。此外，我還希望，讀者在看過我對於心理類型的描述後，不至於認為，我所主張的四種或八種心理類型已完全涵蓋了所有出現在人類身上的心理類型。其實，我從不會質疑，以其他的觀點來探究和分類人類所出現的心理類型的可能性，因為，在本書裡，我也曾約略提過探討心理類型的其他可能性，比方說，人類心理活動的次類型的劃分。不過，對於人類各種不同的習慣性態度的比較，卻始終都是建立心理類型的準則。因此，只要人們採用這種比較的方法，所得出的心理類型在數量上就會跟我所提出的心理類型是一樣的。

如果人們要以其他的觀點來思考出現在人類身上的態度，其實是比較容易的，至於要反證心理類型的存在，就比較困難了！我當然知道，我的對手們會努力把心理類型的問題排除在學術的研究範圍之外，因為，對於所有探討複雜的心理過程、並宣稱具有普遍有效性的理論來說，類型問題必然是一個令人相當厭煩的阻礙。所有討論複雜的心理過程的理論都是以人類心理的同質性為前提，而且都是對於自然科學理論——也以研究對象的同質性為前提——的仿效。然而，心理學的情況卻比較特殊，因為，心理學家在建構心理過程的概念時，心理過程不只是研究的客體，也是研究的主體。如果人們

天真地認為，所有進行個案研究的主體都是相同的，那麼，人們也會天真地認為，建構概念的主觀過程無論在哪裡都是一樣的。

　　但是，實際的情況卻非如此，而心理學家們對於人類複雜心理過程的本質總是觀念紛歧，就是令人印象最深刻的證明。通常一個新的理論會自然而然地先從否認其他觀點的正確性出發，這種研究現象大多只是因為，提出新理論的研究者在主觀見解上不同於前輩們罷了！不過，這些研究者卻不會注意到，他們所察覺的心理其實只是自己的心理，或頂多只是他們所屬的類型的心理，因此，他們會期待他們所要認識和解釋的客體只存在一種真正的解釋，也就是合乎他們所屬的類型的解釋。至於其他所有的觀點——或許我們可以說是其他的七種類型的觀點——對他們來說，則是謬誤的，儘管這些觀點對於觀點持有者的類型而言，具有同樣的真實性。這些研究者對本身理論的有效性的關注，會同時讓他們對於其他七種心理類型的存在產生強烈的、但在人性上卻是可以理解的反感，因為，這麼一來，他的觀點就會失去八分之七的真實價值。由此可知，研究者除了本身所建構的理論之外，也應該把同樣經由主觀過程而形成的其他七種理論，當作具有同等的真實性。或者，我們可以這麼說：他們至少應該把這七種理論視為與自己的理論具有相同價值的「第二理論」。

　　我深信，自然過程如果在大抵上不受人類心理的影響，這種自然過程對於人類心理而言，就只是客體，而且只具有一種真正的解釋。同樣地，我也深信，複雜的、無法被任一儀器客觀記錄下來的心理過程所獲得的解釋，都只是研究主體的心理過程所自行提出的解釋。換句話說，概念的創造者只會提出符合他們本身所致力於解釋的心理過程的概念，而且只有當這些概念與其創造者——即進行思考的主體——的心理過程是一致時，才具有確實性。當概念的創造者所要解釋的心理過程並未出現在他們自己身上、或本身沒有相似的心理過程時，他們就會無法解釋這些心理過程，而終究必須把解釋的工作交給那些曾親歷這種心理過程的人來完成。以我本人為例，我從來無法透過客觀的儀器體驗靈視的形成過程，因此，我只能依據自己的推想來解釋該過程。然而，在「依據自己的推想」這句話裡，卻存在著我個人的局限

性，因為，我個人的解釋頂多只是依憑靈視的形成過程在我內在世界裡的呈現。但是，我怎能知道，別人的內在世界所出現的靈視過程和我的靈視過程是否相同或近似呢？

心理學的研究者往往以看似合理的方式，主張人類心理具有不受制於任何時空的、普遍的同質性，並以此作為他們概括化本身所提出的主觀判斷的論據。我本人也深信人類心理的同質性，甚至曾用「集體無意識」這個概念來表達這種同質性，並把它視為一種普遍存在於人類身上的同質基底。由於集體無意識這種同質性的分布相當廣泛，所以，我們可以在世界各個角落發現相同的神話、民間傳說和夢境的主題：例如，一個生活在美國南方的黑人會夢見希臘神話的主題，一位瑞士店員在精神障礙（Psychose）的狀態下，會出現與古代的埃及斯諾底派基督徒相同的靈視等。不過，這種無意識的同質性卻也襯托出同樣顯著的意識心理的異質性。試想，原始人和古希臘名將特米斯托克力（Themistocles, ca.525-ca.460 B.C.）那個時代的雅典人以及當今的歐洲人的意識存在著何等的差距！學問淵博的大學教授和他的妻子的意識又是何等的不同！如果人類的意識心理具有同質性，我們現在的這個世界看起來會是什麼樣子？在我看來，主張人類意識心理的同質性的思維其實只是學院派的空想，雖然，它可以讓心理學教授簡化課堂上的教學簡易化，不過，一旦這種主張與現實遭遇，就會立刻土崩瓦解。由於個體最內在的本質存在著天壤之別，即使我們完全撇開個體之間的差異不談，同一類型的個體之間也會出現高度的差異性。總之，一些普遍性觀點之間的紛歧就是這些差異所造成的。

為了發現人類心理的同質性，我必須深究意識之下的無意識根基，而且我在那裡所發現的一切都彼此等同。如果我把理論建立在這個可以連繫一切的根基和起源上，我就會以此來解釋人類的心理。但這麼一來，我就無法說明人類心理所出現的歷史或個體方面的分化。換句話說，我會因為這種強調無意識同質性的理論而忽略了意識心理的心理學，而且還否定了心理的另一面的種種，也就是心理從原初的萌芽狀態所展開的分化。因此，我不是在某種程度上把人類還原到種系發生（Phylogenese）的原型，就是把人類分解成

他們的基本心理過程；當我想重新建構人類時，在前一種情況裡，會出現人猿，而在後一種情況裡，則會出現大量累積、彼此的交互作用既沒有目的、也沒有意義的基本心理過程。

根據同質性來解釋心理不只可行，而且完全合理，這毋庸置疑。但是，如果我想把人類的心理意象補充完善，我就必須考慮到心理的異質性這個事實，因為，個體的意識心理不僅具有無意識的基礎，也屬於一般的心理寫照。因此，我在建構概念時，也可以用同樣的理由從已分化的心理異質性這個事實出發，並以分化的角度思考那個從前我從還原的、著眼於同質性的角度所思考的心理過程。當然，這種作法會讓我產生與從前完全相反的觀點：所有被從前的觀點視為個體的變異而不列入考慮的東西，現在都因為作為個體繼續分化的起點而變得很重要；所有被從前的觀點視為同質性而賦予特殊價值的東西，現在都因為本身的集體性而變得毫無價值。因此，在現在這種思路裡，我總是在注意事物會往何處發展，而不是從何處而來；然而，在從前的思路裡，我只會關注事物的起源，而不是它們的發展目標。由此可見，我可以用兩種相反的、相互排斥的理論解釋同一個心理過程，但卻無法用其中任何一種理論聲稱，與其對立的理論是錯誤的。因為，心理的同質性可以證明其中一種理論是正確的，而心理的異質性也同樣可以證明另一種理論的正確性。

這種情形便給那些曾讀過我早期的著作《力比多的轉變與象徵》的讀者——不論是否具有心理學的專業背景——造就了極大的困境，許多優秀人士甚至還因此感到困惑不已。因為，我在這本論著裡，曾試圖以具體的材料說明這兩種彼此對反的觀點。我們都知道，現實既不是來自於理論，也不會依循理論而發生。這兩種相互矛盾的觀點其實同時存在於現實裡，所以，我們必須分別地思考它們。畢竟一切具有生命力的東西都會在心靈裡五彩繽紛地發亮著，它們都來自於過去，也都在往未來發展，因此，我們無法確實地知道，它們究竟是起點，還是終點。心理內容的生命力始終需要兩種對反的理論的相互激盪，但這個事實卻讓那些認為心理過程只有**一種**正解的人感到絕望。尤其是對那些偏好簡單、不複雜的真理的人來說，他們實在無法同時

思考這兩種觀點。

然而，我本人依然不認為，採用定向於過去的還原法和定向於未來的建構法──我曾在本書以及先前發表的著作裡[1]提過這兩種相反的研究方法──就能窮盡心理學研究的所有可能性。我反而相信，人們其實還可以對心理過程提出同樣「真實」的解釋，而且這些解釋的種類就跟人類的心理類型那般地多樣，不過，這些解釋卻跟各種心理類型在人際關係上的表現一樣，不一定能相互協調一致。如果人們應該承認人類心理存在著類型的差異──我實在找不到任何理由來否定這種差異的存在──心理學的理論家就會覺得自己被迫面對一種棘手的困境，因此，不是任由一些探討同一種心理過程、卻相互矛盾的理論繼續存在，就是試著建立自己的學派，並聲稱自己擁有唯一正確的方法和唯一真實的理論，儘管他們這樣的嘗試從一開始就顯得毫無指望。因為，這種可能性不只違反了人類二元的、內在相互矛盾的思維運作的錯綜複雜性──這一點我在前面已經談過──而且也違反了智識性道德的基本原則之一：人們不該依照某件事物的應用情況而擴大它的解釋基礎。

對於心理學的理論來說，獲得大多數的解釋的支持確實是必要的，因為──與所有自然科學的理論不同的是──在心理學的領域裡，研究者所解釋的客體和進行解釋的主體（研究者）在性質上是一樣的，因為，心理學的研究就是由一個心理過程來解釋另一個心理過程。然而，這種令人產生疑慮的錯綜複雜，已迫使長期進行這方面思考的有識之士提出一些引人矚目的藉口，比方說，他們不得不接受「客觀心理」這個概念──所謂的「客觀心理」存在於心理過程之外，因此可以客觀地思考它所管轄的心理──或類似的想法，例如，智識是一種可以讓自己站在自身之外以思考自身的能力。他們認為，藉由這些或類似的想法，就可以創造出一個位於地球以外的支點，而讓阿基米德根據槓桿定理舉起整個地球。我當然可以理解人類對於簡便的強烈需求，但我卻無法理解，為何真理應該屈服於這種需求。此外，我也可

1　JUNG, *Der Inhalt der Psychose*｛GW III｝.

以理解，人們如果不要理會那些自相矛盾的心理學解釋，而是把心理過程還原為某種盡可能簡單的本能基礎，這麼一來，就可以讓自己因此而平靜下來，或者賦予心理過程某種形而上的救贖目標，而讓自己可以在這種希望裡感到安心，並因此而獲得更多審美的滿足。

不論我們努力用智識探究什麼，只要這些探究是誠實的，不是訴求於簡便的不當預設，它們終將會出現牴觸性和相對性。以智識理解心理過程必然會導致牴觸性和相對性，這是確鑿無疑的，因為，智識只是人類諸多心理功能的一種，從本質上來看，它的存在只是有利於人類建構本身的客體意象。人們看起來，似乎不只從智識，也會從情感來理解這個世界。由此可見，智識的判斷頂多只占了真理的一半，如果它是誠實的，必定會承認自己的不足之處。

否認心理類型的存在，其實完全無損其存在的事實。正因為心理類型確實存在，因此，所有探討心理過程的理論都必須被視為心理過程本身，更確切地說，被視為人類既有的、具有存在權利的心理類型的表達。這些心理類型的表達會產生一些材料，而這些材料的**相互搭配**就會形成一種更高層次的綜合體。

附錄

關於心理類型的問題 [1]

　　如果我們比較歇斯底里症和早發性失智症（Dementia praecox）普遍性的那一面，就會發現，這兩種患者對於客體的行為會出現相當典型的對比，這是大家普遍都知道的事。歇斯底里症與客體的情感關係強度通常會高出正常標準，而早發性失智症與客體的情感關係強度則低於正常標準。因此，在個人的關係裡，心理治療者可以和歇斯底里症患者，而無法和早發性失智症患者建立相互的情感聯繫。這個規則在這裡絕對適用，而且這兩種疾病類型的其他症狀也出現明顯的差異：歇斯底里症的智識性症狀，與幻想產物有關，而人們通常可以從個案在發病以前的狀況理解這些幻想產物。反之，早發性失智症的幻想產物的特性，則與夢境更有關聯性，而不是與清醒時的心理。此外，我們在這裡還可以清楚地看到，這些幻想產物強烈地受到代代相傳的民族集體心理的影響，而不是個體所存有的記憶材料。許多出現在歇斯底里症患者的身體症狀通常類似於大家所熟知的、令人印象深刻的器質性病象（Krankheitsbilder），但卻不屬於早發性失智症的病象。

　　我們從以上的敘述可以輕易地發現，歇斯底里症的特徵是力比多往外流出，而早發性失智症的特徵則是力比多往內回流。然而，歇斯底里症患者的外顯病症的補償性影響不僅限制了力比多的外流，而且還迫使其往內流動，此時個體所出現的白日夢（Tagträume）、臥床不起，以及入住療養院時的封閉狀態等，都會取代個體對於外在客體的體驗。至於處於發病初期而已陷入內在世界、並對外封閉自我的早發性失智症患者卻會因為這種疾病的補償作用，而被強烈地推向外在的公眾生活中，而且勢必會因為本身那些希望受到

1　此篇論文是榮格一九一三年九月參加於慕尼黑舉行的精神分析學會議的演講稿 Zur Frage der psychologischen Typen。

注意，但卻會干擾、甚至直接攻擊他人的言行，而受到周遭的矚目。

我把這兩種方向相反的力比多流動稱為「內傾」和「外傾」。如果病患的易感動性（Emotivität）激發了本身的虛構杜撰、妄想性意念（Wahnvorstellungen）或幻想性詮釋，從而扭曲了自己對客體以及自身的價值判斷，我便把這類病例稱為「退化」（regressiv）。當個體把全部的關注投向外在世界和客體，並賦予它們極高度的意義和價值時，他們的心理機制就是所謂的「外傾」；反之，當客觀世界在某種程度上落入隱處，而未能獲得個體的重視，而且個體只關注自己本身時，他們的心理機制就是所謂的「內傾」。當個體把歇斯底里的幻覺和主觀評價投射在客體裡時，就被佛洛伊德稱為「轉移作用」，而我個人則把這種現象稱為「退化的外傾」（regressive Extraversion）；反之，我所謂的「退化的內傾」（regressive Introversion）則是指出現在早發性失智症患者身上的現象，而且這些失智症患者的幻想性意念都跟主體有關。

首先，我們不難發現，作為純粹的心理機制的內傾和外傾這兩種力比多流動會交互出現在同一個體身上。佛洛伊德曾以「潛抑」這個專有名詞來概括在歇斯底里的外傾機制裡——誠如佛洛伊德的教導——個體力圖擺脫本身的情結以及令其難堪的內容的現象，而且個體還為了遺忘或甩掉這種令自己難堪的心理內容，而緊緊地抓住客體。反之，個體的內傾機制則試圖把力比多集中在內在的情結裡，而且還會孤立個體，使其脫離外在現實。這種心理過程和前面所謂的「潛抑」無關，它或許可以被視為一種對於外在客體的「貶低」。

從這方面來看，內傾和外傾是我們在同一個體身上所能觀察到的兩種心理反應方式，但歇斯底里症和早發性失智症這兩種對反的精神障礙的特徵，卻是由外傾機制和內傾機制分別在個體裡占有優勢地位。此外，這個事實也顯示，連正常類型的特性似乎也是由於某一種機制居於優勢地位而形成的。舉例來說，精神科醫師都知道，不論是歇斯底里症或思覺失調症的病患，遠在發病之前的幼兒階段，他們便已受到本身所特有的心理類型的支配。

法國心理學家，即智力測驗的發明者阿佛烈德・比奈（Alfred Binet,

1857-1911）曾中肯地表示，精神官能症會使得個體人格的類型特徵變得相當明確。此外，我們也早就知道，所謂的「歇斯底里性格」並不純粹是已出現症狀的精神官能症的產物，其實在未出現病灶之前，它便已經存在了。瑞士裔美國神經病理學家暨精神科醫師奧古斯特‧霍赫（August Hoch, 1868-1919）在從事思覺失調症患者的疾病史研究時，也已經證明了這一點，而且還提到，早在發病以前患者便已擁有「封閉人格」（shut-in-personality）。在這種情況下，我們可以預期，在病理學的領域之外，還能發現兩種心理類型的存在。我在這裡並不需要大費唇舌地說明，這兩種類型的存在有哪些可能的證明，只需舉出幾個例子，大家就可以明白了！

　　我認為——就我本人有限的知識來說——對於人類兩種類型的存在做出最貼切觀察的人，就是美國實用主義哲學家威廉‧詹姆斯。「專業哲學家不論屬於哪一種性情，他在探討哲學問題時，總是會試著思考本身所固有的性情這個事實。」[2]，這就是詹姆斯的基本思維，並且他還依據這個具有濃厚的精神分析學色彩的思維，而把哲學家區分成兩種類型，即「柔性傾向的人」（tender-minded）和「剛性傾向的人」（tough-minded）；如果不直接依照字面的意思做翻譯，我們還可以把這兩個英文名詞譯為德文的 Geistig-Gesinnte（精神傾向的人）和 Stofflich-Gesinnte（物質傾向的人）。光是從這兩個德文專有名詞的詞意，我們就可以知道，它們所指涉的力比多流向了！前者把力比多集中於思維，所以，其心理機制是以內傾為主；後者則把力比多集中於感官所知覺的客體——即物質——所以，是外傾者。

　　詹姆斯首先把「柔性傾向的人」刻劃為「依據原則行事」[3]的理性主義者，因為，對於柔性傾向者而言，只有原則和思想系統才具有決定性。雖然，他們掌握了經驗，卻在某種程度上不理會經驗，而且還毫不在乎地任憑他們的原則、信念和邏輯推論凌駕於經驗之上。他們讓經驗的事實和多樣性屈從於自己所設下的、無關於經驗材料的前提，同時還不受到經驗的迷惑或傷害。以黑格爾為例，這位德國哲學家曾以哲學方法「證明」太陽系的行星

2　WILLIAM JAMES, *Pragmatism*, p. 7.（亦請參照本書第八章〈現代哲學的類型問題〉）

3　l. c., p. 12.

數量而犯了天文學的錯誤。由此可知,這位哲學家的偏執狂已達到病態程度,不僅試圖把本身妄想的虛構強加給這個世界,罔顧已牴觸事實,而且還以適當的方式「安排」(arrangiert;阿德勒提出的概念)一切,並強迫已受到安排的一切為他的思想體系服務。

除此之外,人們還可用合乎邏輯的方式從以上的前提裡,推導出詹姆斯所主張的柔性傾向者的一些其他特徵:「柔性傾向的人」是唯智主義者、唯心論者、樂觀主義者、自由意志論者、一元論者和教條主義者,而且本身還擁有宗教信仰。我們不難看出,所有的這些特性幾乎只以思維為導向。以思維——作為個體人格的內在世界——為導向,就意味著內傾已在個體裡占有支配地位。經驗在柔性傾向的哲學家身上雖能發揮一定的作用,但卻只能效勞於這些哲學家的抽象化意圖,以及他們致力於將這個世界所發生的多樣性和混雜性回歸秩序的追求,更何況這些哲學家所認定的秩序,還受到他們本身具有重要性的主觀思維的支配。

相反地,「剛性傾向的人」是「依據事實行事」的經驗主義者。他們受到經驗的掌控而依從於事實,而且他們的思想也受制於事實。在他們看來,只有外在具體的經驗事實才算數。他們的原則在價值上始終低於事實,只不過是這個世界所發生的一切的寫照,比較具有描述性,而比較無法構成一個體系。因此,他們的理論很容易出現內在的矛盾,而且還因為包含了大量的經驗材料而變得龐雜與混淆不清。他們的心靈實在性(seelische Realität)受限於本身的觀察以及愉悅和不快的反應,所以,無法超越這個範圍而認可哲學性假設存在的權利。由於經驗世界的表面始終變化無常,「剛性傾向的人」也就屈從於經驗的轉變。他們知道這個世界及其事物的許多面向,及其在理論和實際方面的可能性,因此,從來無法完成一個只有「柔性傾向的人」會感到滿意的統一體系。「剛性傾向的人」會採取定向於過去的、還原的(reduktiv)方式。詹姆斯曾對此貼切地表示:「較低者的存在說明了較高者。不過,人們總是把較高者當作『只不過是』(nothing but)的例子——只不過是另一種極差者。」[4]

---

4 l. c., p. 16.

　　同樣地，詹姆斯所論述的剛性傾向者的一些其他特徵，也以合乎邏輯的方式在本身既有的前提裡形成：「剛性傾向的人」偏重感官知覺，會給予感知更多發揮的空間，而不是思考；他們是唯物論者和悲觀主義者，因為，他們非常明白，這個世界所發生的一切不僅短暫易逝，而且還混亂不堪；他們沒有宗教信仰，因為，他們在面對外在事實的價值時，始終無法維護心理的內在世界的實在性；他們是決定論者和宿命論者，因為，他們慣於聽天由命；他們是多元論者，因為他們不具有綜合能力；此外，他們還是懷疑主義者，這是終究會出現在他們身上的、必然的結果。

　　詹姆斯自己曾清楚地表示，類型的差別在於個體的力比多——作為一種「神祕的魔力」——匯流於不同的地方。相較於唯我論者（Solipsisten）在宗教上的主觀主義（Subjektivismus），詹姆斯曾如此談論我們本身那種以經驗為依據的態度：「然而，我們對於事實的尊崇本身……已近乎宗教信仰。我們從事學術研究時的情感狀態是敬虔的。」[5]

　　關於人類的兩種類型的存在，德國化學家歐斯特華德也曾提出類似於詹姆斯類型學的論述。[6]歐斯特華德對許多傑出科學家的傳記進行比較研究之後，便把這些科學家分為兩種對立的類型，即「浪漫型」和「古典型」。浪漫型的科學家反應快速，論文產量豐富，他們除了那些傑出的研究成果之外，還留下許多見解仍不完備的、尚未完成的論著。他們很熱情，總是顯得卓越耀眼，而且他們熱愛教學活動，所以，身邊總是圍繞著一大群受他激勵鼓舞的學生。很顯然地，這種類型就相當於我所提出的「外傾型」。至於歐斯特華德所認為的「古典型」科學家並不會做出直接的反應，因此，他們的反應就顯得比較緩慢，而且不會對周遭的人們產生直接的效果。他們本身所發展出的、強烈的自我批評限制了他們對於論文的發表。他們不喜歡教學活動，所以，經常無法好好地扮演教師的角色。他們大多時候都讓周遭的人感到陌生，身邊少有或甚至沒有追隨者，因此，他們的成就往往要等到過世之後，才獲得世人的肯定。這種類型顯然是我所謂的「內傾型」。

5　l. c., p. 15.

6　*Große Männer.*（亦請參照本書第九章〈傳記的類型問題〉）

　　此外，德國當代藝術史學家沃靈爾也曾在自己所建構的美學理論裡，[7]提到人類的兩種相反的審美態度的存在。沃靈爾採用了奧地利藝術史學家阿洛斯‧李格爾（Alos Riegel, 1858-1905）所提出的「絕對的藝術需求」（absolutes Kunstwollen）的概念，[8]而把人類的藝術需求區分為兩種形式，即移情作用和抽象作用。他還指出，這兩種形式的力比多性質會因為移情衝動和抽象衝動，而變得更明確。就像移情衝動「在有機的藝術之美裡獲得滿足一樣，抽象衝動則發現本身的美存在於不利生命的、無機的藝術中，存在於清澈透明的結晶體裡，或一般說來，存在於一切抽象的規律性裡。」[9]沃靈爾曾如此說道。移情作用呈現出流向客體的力比多流動，而抽象作用則反向地從客體抽回力比多，並在某種程度上萃取出客體的智識性成分，從而凝結出後來強加在客體上、或與客體對立的思維的規律性和典型性。我們都知道，法國哲學家柏格森也曾為了闡明智識抽象化和清晰化的本質，而使用過結晶和凝結的意象。

　　我們可以把沃靈爾的「抽象作用」裡的心理過程，視為我們所認識的內傾機制的結果，也就是提升智識的價值，而貶低外在真實性的價值。影響沃靈爾甚深的德國哲學家利普斯曾告訴我們，確實可以把移情作用理解為外傾機制。他還表示，「我所移情的東西，就是很普遍的生命。生命是氣力、內在的運作、追求和完成。簡單地說，生命就是活動，而在這些活動裡，我們可以體驗本身氣力的消耗。就性質而言，這種活動就是意志的活動。」[10]沃靈爾對於移情作用裡的審美經驗所下的定義——即「審美的享受是客觀化的自我享受」[11]——完全合乎我們對於外傾的定義。不過，沃靈爾的審美觀點卻沒有受到移情作用的「剛性傾向」的影響，因此，他會完全讚賞審美者的心理自主性。對此，沃靈爾曾說道：「癥結並不在於情感色調，而是情感本

7　*Abstraktion und Einfühlung.*（亦請參照本書第七章〈美學的類型問題〉）。

8　Aus WORRINGER, l. c., p. 9.

9　l. c., p. 3.

10　Aus WORRINGER, l. c., p. 4.

11　l. c., p. 4.

身，也就是內在的運作、內在的生命，以及內在的自動實現。」[12] 沃靈爾還在他那本美學著作裡的另一處談道：「對我們來說，線條和形式的價值存在於生命的價值裡，線條和形式包含了生命，它們只要透過我們本身那種充滿生命力的情感，便可以讓本身獲得美。在模糊朦朧的情況下，我們把本身的情感注入了線條和形式裡。」[13] 沃靈爾的這些想法，恰恰符合了我個人試圖調解兩種對立的心理而提出的力比多理論的觀點。

移情作用的對反，就是抽象作用。沃靈爾認為，「當外在世界的現象使人們的內在感到非常不安時，就會產生抽象衝動。同時，這種抽象衝動還因為與宗教的關聯性，而符合了一切觀念的強烈先驗傾向。」[14] 以上這個抽象作用的定義顯示了一種以內傾機制為主的傾向。這個世界在內傾型的人看來，並不是美好的，或值得追求的，而是危險的、令人畏懼的。為了防範這個世界的侵擾，內傾者便躲在他們的內在世界裡，以確保自己可以在那裡構想出一些固定不變的、已經過估量的幾何圖形，因為，這些幾何圖形的原始魔性意義可以保證他們對於周遭環境的掌控。

沃靈爾曾說過一句意義深遠的話：「所有的藝術都開始於抽象衝動。」[15] 在以下的事實裡，這個想法所獲得的印證也同樣令人印象深刻：思覺失調症患者不只在他們的思維裡，也在他們的繪畫裡表達自己，而且這些表達就類似於原始人的表達。

如果我們在這裡探討人類所存在的兩種類型，而沒有談到德國詩人席勒曾試圖提出的類似論述，那就說不過去了！席勒把詩人區分為兩種類型，即「素樸的」和「感傷的」詩人。[16] 素樸的詩人「就是自然」，而感傷的詩人則「探索自然」，這是席勒對於這兩種詩人類型的定義。素樸的詩人會表現出認同並依賴於客體的自己，而感傷的詩人則表現出自己所探索的客體。對

12　l. c., p. 4.

13　l. c., p. 15.

14　l. c., p. 17.

15　l. c., p. 16.

16　FRIEDRICH VON SCHILLER, *Über naive und sentimentalische Dichtung.*（亦請參照本書第二章第二節〈席勒的《論素樸的詩與感傷的詩》〉）。

於席勒而言，古希臘詩人荷馬的一生不枉作為素樸型詩人，而且還是素樸型詩人的佳例。此外，席勒還清楚察覺到，這兩種不同的類型必定涉及在同一個體裡輪流占有優勢地位的心理機制。因此，他曾表示：「不只在同一位詩人身上，就連在同一部作品裡，人們經常會碰到這兩種類型的統合。」[17]

德國哲學家尼采所發覺的「太陽神精神」與「酒神精神」的對立也反映了人類的兩種類型的存在。[18] 有趣的是，尼采還認為，這兩種精神的對立就如同它們所分別造成的夢和恍惚迷醉（Rausch）這兩種狀態的對立。夢是所有心理體驗最內在的東西，而恍惚迷醉則是極度遺忘自我，是把自己本身解放出來，並追求眾多的外在客體。尼采曾引用叔本華的說法來描述太陽神阿波羅：「就像在波濤洶湧的大海裡，怒號的海浪忽升忽降，一名水手坐在一艘小船中，並出於信任地把自己托付給這艘脆弱的船隻。在這個充滿折磨的海上世界裡，他獨自一人安靜地坐在船中，倚靠並信任個體化原則（principii individuationis）"」[19] 此外，尼采還說道：「或許我們可以這麼說，那位水手當時已對內心堅定地信任個體化原則以及自身內在的平靜，做出最崇高的表達。人們希望把太陽神阿波羅刻劃成體現個體化原則的、偉大的神祇意象。」[20]

因此，退回到自己本身的阿波羅精神——就像尼采所理解的——是內傾的。反之，尼采所指出的酒神戴奧尼索斯的精神則是外傾的，也就是個體所釋放的力比多朝向客體的外流。對此他曾說道：

在戴奧尼索斯精神的魔力下，不僅人與人再度結合在一起，就連疏離、帶有敵意、受奴役的自然也再度慶祝與他那回頭浪子（人類）的和解。大地自願把農作物的收成供給人們，山崖和沙漠裡的猛獸會溫和地親近人們。在酒神戴奧尼索斯的車輛裡，擺滿了許多花朵和花環，花豹和老虎則在車軛的

---

17 l. c., p. 244.

18 NIETZSCHE, *Die Geburt der Tragödie.*（亦請參照本書第三章〈太陽神精神與酒神精神〉）。

19 Aus *Die Welt als Wille und Vorstellung* I, 4. Buch, p.454.

20 l. c., p. 22f.

下方緩慢地走動。人們把貝多芬的〈歡樂頌〉變成一幅繪畫，本身的想像力並未因為數以百萬計的人慘死而停頓下來，因此，他們得以親近酒神戴奧尼索斯！奴隸現在已是自由身，所有的人現在都已打破那些固定不變的、帶有敵意的界限。這些界限曾讓人與人之間出現苦難、專橫或「敗壞的風氣」。在世界大同這個神聖信條裡，每個人都覺得不只已和周遭的人和解、團結一致並融洽地相處，而且還覺得已和他們合而為一，彷彿釋迦牟尼的母親摩耶夫人頭上戴的那層面紗已被扯碎，只剩下它的碎片還在這種神祕的原初一體（Ur-Eins）的周圍四處飄動。[21]

以上的觀點已毋需任何評論。

在結束這一連串關於人類的兩種對立類型的例證——也就是一些已跨越狹隘的學科範圍的例證——的列舉之前，我希望再從語言學領域裡，援引一組二元對立的類型：依據德國語言學家法蘭茲·芬克（Franz Nikolaus Finck, 1867-1910）[22] 所提出的語言結構的假設，人類的語言結構具有兩種主要類型，其中一種可以把「行為動詞」（Tatverba）概括化，比方說，「我看到他」、「我殺死他」等這些句子；至於另一種主要類型則可以將「感知動詞」（Empfindungsverba）概括化，比方說，「我覺得他……」、「我感到他漸漸消失……」等這類句型。我們可以明顯地看到，前一種類型包含了從主體出發的、離心的力比多流動，所以屬於外傾型；至於後一種類型則包含了從客體出發的、向心的力比多流動，所以屬於內傾型，而且可以概括化「感知動詞」的內傾型尤其會出現在愛斯基摩人的原始語言裡。

在精神醫學的領域裡，也曾出現關於人類的兩種對立類型的描述：奧地利精神科醫師奧圖·格羅斯[23] 曾把人類心理的衰弱狀態區分為兩種類型，即具有廣度的淺化意識類型和具有深度的窄化意識類型；前者的特徵在於次要功能的作用期較短，而後者的特徵則在於次要功能的作用期較長。格羅斯當

21　l. c., p. 24.

22　FINCK, Der deutsche Sprachbau als Ausdruck deutscher Weltanschauung.

23　*Die zerebrale Sekundärfunktion.*（亦請參照本書第六章〈心理病理學的類型問題〉）。

時已認識到，在個體的次要功能和個體對情緒的重視之間，存在著一種內在關係。由此我們不難理解，這兩種意識類型也跟前面所描述的那些二元對立的類型有關。格羅斯曾對淺化意識類型和躁症類型（manischer Typus）進行比較，而讓我們看到，淺化意識類型跟外傾型有關；此外，他還比較窄化意識類型和妄想症患者的心理而進一步證明，窄化意識類型和內傾型的一致性。

經過以上這些說明之後，大家大概都知道，我們在分析心理學裡，也會考慮到這兩種心理類型的存在。我們在這裡，一方面有精神分析學家佛洛伊德的理論，其強調多元論和因果論，而且還採取還原過往的解釋方式，會依據嚴格由經驗得來的知識，而把心理情結歸結為人類集體或個體早期的、簡單而尚未出現發展的種種，而且往往把心理視為一種反應，並賦予感知要素最寬廣的發揮空間。至於另一方面，則是立場與佛洛伊德正好相反的個體心理學家阿德勒的觀點：[24] 阿德勒的理論絕對屬於唯智主義、一元論和目的論（Finalismus），而且不會把心理現象歸結為人類集體或個體早期的、簡單而尚未出現發展的種種，而是把它們當作個體的主觀「安排」，當作人類複雜的本性所抱持的意圖和目的的結果。這裡存在著目的因（causa finalis），而不是動力因（causa efficiens），因此，個體所假定的最高原則以及本身所持有的「假定性指導方針」會比較受到重視，而不是人類集體或個體早期的情況以及環境的具體影響。這裡基本上取決於個體對本身力量的確保，以便抵禦環境的敵對性影響，而非取決於主體對客體的追求以及主體充分享受客體所帶來的愉悅。

個體往外對客體所帶來的愉悅的追求，決定了佛洛伊德心理學的基調；個體往內對主體及其力量與「居於安全的高處」的追求，還有對生活裡那些壓迫性的強制力的逃離，則是阿德勒心理學的基調。佛洛伊德所描述的類型為了解決本身的問題，會以嬰幼性的方式把主觀的幻想轉移到外在客體裡，這也是這些個體對於生活中所碰到的困難的補償性反應；至於阿德勒所描述

24　*Über den nervösen Charakter.*

的類型則是透過「保衛」、「男性的抗議」，以及頑強地對「主導性假定」（leitende Fiktion）的強化，而為自己找到自我解救的出路。

建立一種能同時正確評價人類所存在的兩個不同類型的心理學，將是未來有待心理學界完成的一項困難的任務。

心理類型 [1]

　　早在古代，人們不僅會嘗試用某些類型來概括人類個體之間所存在的那些無窮無盡的差異，還會試圖以更清晰的方式刻劃某些類型之間的差異，藉此否定人類顯現於表面的相同性。在這裡，我並不想深入探討歐洲人區分心理類型的歷史，而只想談論一個事實：我們所知道的歐洲最早的心理類型理論，是由古代的一些醫生所提出的，更確切地說，該理論主要是由羅馬帝國時期的希臘醫學家蓋倫（Claudius Galenus, 130-210）所建立的。生活於西元第二世紀的蓋倫把人劃分為四種基本性情：活潑型的多血質、冷靜型的黏液質、躁動型的黃膽質和憂鬱型的黑膽質。他當時所依據的觀念就是西元前五世紀的古希臘醫學家希波克拉提斯的學說，即人體是由風、火、水和土這四種元素組合而成的，而這些元素就相當於活的軀體裡的血液、黏液、黃膽汁和黑膽汁。蓋倫當時認為，可以按照這四種體液在人體裡的比例高低而把人區別為四種性情類型。換句話說，血液在體內占有最高比例的人，就是多血質；黏液在體內占有最高比例的人，就是黏液質；黃膽汁在體內占有最高比例的人，就是黃膽質；而黑膽汁在體內占有最高比例的人，則是黑膽質。作為生理學的理論，這些性情類型的差異雖早已過時，但我們卻可以從西方當代的語言裡窺知，它們至今其實還存留在於我們西方人的觀念裡。

　　蓋倫把這套對人類個體的心理分類建立在人們可被察覺的情緒性差異的基礎上，後來他的分類還在西方存在了一千八百年之久，由此可見，這位醫學家在這方面的貢獻是毋庸置疑的。不過，十分有意思的是，歐洲人首次把

1　此篇論文 Psychologische Typen 是榮格一九二三年參加於瑞士特里泰（Territet）舉行的國際教育學會議的演講稿，之後還在一九二五年發表於德文學術期刊 *Zeitschrift für Menschenkunde I/1* 之中。

人類心理類型化的嘗試竟是聚焦於人們的情緒性態度！這顯然是由於情緒性態度是人們表現最直接、最明顯的態度的緣故。

當然，我們實在不該認為，情緒就是人類唯一的心理特徵，而是應該料想到，其他的心理現象也會顯示出一些與心理特徵有關的訊息。只是我們在察覺和觀察其他的心理功能時，也必須具備跟察覺和觀察情緒同樣的清晰度。數百年前，歐洲還沒有出現我們現在所使用的「心理學」概念，所以，一些情緒以外的心理功能仍深陷晦暗之中，尚未明朗化，而且至今對於絕大多數的人們而言，它們似乎仍是相當難以察覺、難以捉摸的東西。不過，情緒卻不一樣，情緒可以在個體的表面上被觀察到，而這種觀察已讓那些不把別人的心理當一回事的人覺得足夠了！只要能察知別人身上的情緒，便已讓他們感到滿意。如果他們無法看到別人身上的情緒，那麼別人對他們來說，就等於是隱形人，因為，他們也無法在別人身上清楚地看到情緒以外的東西。

我們在別人的心理當中，還可以發現情緒以外的功能，因為，我們本身已從不把別人的心理當作應該探究的問題的意識狀態，進入了一種想要探究這些心理問題的意識狀態。只要我們單單依據情緒來判斷別人，我們就會表現出情緒就是我們主要的、甚或是唯一的判斷標準。由於我們本身的心理已受到情緒的影響，所以，這也意味著，我們的心理判斷根本不具有客觀性和獨立自主性，而是受制於本身的情緒。這同時還表明了一個真相：大多數的人都深受情緒的影響，而造成人命傷亡、不斷給人們帶來威脅的戰爭的心理可能性就是以這個事實做為基礎。只要人們始終根據自己的情緒來判斷「那些跟自己不同陣營的人」，就一定會產生衝突。我認為，這是一種不把心理當作應該探究的問題的意識狀態，而且在這種意識狀態裡，人們顯然從不把自己當作應該關注的問題。

只有當人們開始質疑情緒──也包括本身的情緒──能否充分作為心理判斷的基礎時，情緒才會成為人們所要面對的問題。我們本身總是傾向於認為，別人都在跟我們作對，別人都要我們為本身的衝動行為（Affekthandlung）負責，這是我們無法否認的事實。此外，我們還會表示，人們普遍上只會在情緒

裡、而不是在其他的心理要素裡行動，並藉由這番說詞來為自己的作法辯解。當情況牽涉到自身時，人們就樂於把自己的情緒解釋為本身較弱的責任能力（Zurechnungsfähigkeit）的例外狀態，不過，如果情況牽涉到別人時，就幾乎不會這麼解釋。即使這種情況或許只是人們那個可愛的自我想要開脫責任的一種偏頗的嘗試，但在這類托詞試圖提出自我辯解的情感裡，仍存在某些正面性，畢竟人們可以藉由這種作法來區別自己和自身的情緒，而且也因此而得以分辨他人和他們本身的情緒狀態。雖然，這種自我辯解只是個藉口，但它卻是自身對情緒有效性的質疑，以及援引其他的心理功能的嘗試，而這些心理功能至少也反映出該個體的性格特徵，即使它們的特徵性仍不及情緒的特徵性那般鮮明。我們喜歡指責那些依照我們的情緒來判斷我們的人不了解我們，或對我們的了解有失公允，然而，我們其實也應該反求諸己，不讓自己以情緒來判斷他人。

為了達到這個自省的目標，處於原始狀態的、不把心理當作應該探究的問題的人——也就是那些顯然只把別人和自己本身的情緒當作唯一判斷標準的人——就必須讓自己發展到把心理當作應該加以探討的問題的意識狀態。在這種意識狀態下，人們除了情緒之外，還會認可其他的心理要素的有效性，不過，也可能會形成一些自相矛盾的判斷，諸如「我就是這個情緒」和「我不是這個情緒」。這樣的對立表明了自我的分裂，或更確切地說，它表明了構成自我的心理材料的分裂。由於我不僅可以在我的情緒裡，也可以在其他無關於我的情緒的東西裡，認識到自己本身，因此，我便能把情緒要素和其他的心理要素區別開來，而情緒勢必會從原本毫無限制的權力高處，落入一般的心理功能裡。只有當人們本身經歷過這個過程，並因此而得以區別本身的各種不同的心理要素時，才有可能試著以其他的標準來判斷別人的心理，而不再滿足於只以情緒這個單一標準來做判斷。

我們當今稱為「心理學」的東西，是一門只在某些歷史和道德的先決條件下——也就是在基督教將近兩千年來對歐洲人的教化所創造的先決條件之下——才有可能建立的學科。比方說，「你們不要論斷人，免得你們被論斷。」這句出自《新約‧馬太福音》第七章第一節的經文便已透過本身的宗

教性影響，而創造了以追求純粹客觀性為終極目標的意志的可能性。這種客觀性並不是對於他人的冷漠，而是基於我們也可以讓他人受益於一些我們用以為自己辯解的原則這個事實。畢竟這種客觀性正是人們可以公正合理地判斷他人的原則性先決條件。或許人們會對於我為何要如此明確地指出客觀性這一點，而感到訝異。不過，只要人們實際嘗試過以古希臘醫學所提出的四種人類的性情來劃分人們的類型，就毋須感到驚訝：因為，古希臘醫學所定義的活潑型多血質者會向我們表明，他們的生命其實不活潑，而是處於重度憂鬱的狀態；所謂的躁動型黃膽質者則顯示，他們一點兒也不躁動，唯一犯下的錯誤反而是他們過於冷靜。對於人們進行類型的劃分就宛如一所普世性教會（universelle Kirche），而我本人則是這所教會唯一的教友。在這個世界上，似乎只有我相信類型區分的有效性，而其他的人則抱持懷疑的態度。因此，我們有必要找到一些不只應該顧及判斷的主體、也應該考量被判斷的客體的類型區分標準。

與古希臘的性情分類完全不同的是，人們明確的習慣就是這種新建立的類型首先會碰到的問題：人們既已無法依據情緒來判斷別人，也不會接受別人以情緒來判斷他們，因為，沒有人會表明自己完全等同於本身的情緒。所以，人們普遍的認可——就像學術研究一樣——從來都無法透過情緒而產生。舉例來說，當我們因為本身的衝動行為而想為自己辯解時，我們就必須尋找某些我們可以依據的心理要素。我們大概會這麼表示：「我承認，我因為情緒化而說了某些話。那些氣話當然都很誇張，但我真的沒有什麼惡意。」等云云。一個很不聽話、而讓母親感到非常痛心的孩子，卻會對母親這麼說：「我很愛妳！其實我根本不想做這種事，也不想讓妳傷心。」

這種自我辯護的解釋是依據另一種不同於顯露在情緒裡的人格的存在。不過，在這兩種情況裡，情緒人格都顯得比較低劣，而且這種低劣似乎已侵害並遮蔽了個體真正的自我。雖然，顯露在情緒裡的人格通常會表現得比較崇高和優秀，但可惜的是，他們無法讓自己保持在這樣的高度。大家都知道，人們寧可不表現出那些慷慨大方、仁愛、自我犧牲，以及其他一些「卓越的氣度」（正如喜歡諷刺嘲弄的旁觀者事後可能會注意到的），因為這麼

一來，就不會被要求要信守承諾了！或許這就是為什麼人們極少行善的原因！

在這兩種情況裡，情緒卻被當作例外的狀態。對於「真正的」人格來說，情緒的性質不是被描述為無效的，就是被當作不可信的附屬物。那麼，到底什麼是「真正的」人格？「真正的」人格顯然有一部分是每個人身上有別於情緒狀態的東西，另有一部分則是每個人身上被別人判斷為非真實而被否認的東西。由於人們無法否認情緒狀態對於自我的附屬性，因此，自我不僅存在於情緒狀態裡，也同樣存在於所謂的「真正的」狀態裡，只是自我會以不同的態度對待本身的心理現實。在情緒狀態裡，自我是不自由的，必然會受到驅使。反之，正常狀態可以被理解為一種自由選擇的、具有支配力的狀態。換句話說，情緒狀態是不把心理當作應該探究的問題的狀態，而正常狀態則是一種把心理當作應該加以關注的問題的狀態。在正常狀態裡，存在著問題以及選擇的可能性，而且理解是可能的，因為，這裡只存在著認識動機和認識自我的可能性。為了有所認識，區別是絕對必要的，但區別卻也意味著意識內容裂解於某些可分辨的心理功能裡。所以，當我們想確定人們的特徵時，不只是我們會滿意於本身的判斷，連被判斷的客體也會感到滿意。由此可見，我們或許必須從那種被個體認為是意識的正常狀態的態度出發。當我們脫離本身那種專斷的解釋時，首先就必須關注於意識的動機。

當我們採取這樣的作法時，過一些時候，我們卻會發現，眾個體雖存在著各種各樣的動機和傾向，但某些群體卻會從其中產生。這些群體的特徵在於它們對所屬個體的誘導方式具有顯著的一致性。比方說，我們會碰到某一類個體（即第一類個體），他們在本身所有的察覺、情感、情緒、行動和判斷的形成裡，會把外在因素感知為動機，或至少在他們的觀點裡，那些涉及因果性或目的性動機的東西會受到他們的重視。為了說明我所敘述的內容，我想在這裡舉幾個例子。羅馬帝國末期的神學家奧古斯丁曾表示：「如果教會的權威沒有強迫我，我就不會相信福音。」乖巧聽話的女兒會說：「我不會去想那些我父親不喜歡的事。」有的人覺得某一首現代樂曲很棒，只因為別人都假裝它聽起來很美妙。經常有人為了討父母的歡心而結婚，卻極度違

背了自己的心意。有些人為了逗別人開心，會不惜把自己變得滑稽可笑，因
為，比起不受注目，他們甚至更喜歡自己那副可笑的模樣。有不少人在他們
的一切所作所為裡，只有一個內在的動機：別人會如何看待他們？還有人會
這麼說：「有人雖然做了可恥的事，但只要別人不知道，就不會覺得有什麼
好慚愧的。」此外，還有一些人，只有在他們的幸福引起別人的嫉妒時，才
會感到幸福。然而，卻另有一些人為了獲得別人的同情，而希望自己遭受痛
苦。

　　以上這類例子實在不勝枚舉。它們所反映的心理特性，截然不同於把內
在因素或主觀因素感知為動機的內傾態度。持有內傾態度的人（第二類個
體）可能會說：「我雖然知道，我如果這麼做，會帶給我父親莫大的快樂，
但我就是有不同的看法。」或表示：「今天的天氣已經變天，這實在出乎我
的意料之外，不過，我還是會執行我已經在前天擬好的計畫。」這種類型的
人出遊，不是為了讓自己高興，而是要把自己既有的構想付諸實行。他們也
可能這麼表示：「別人似乎無法理解我的著作，不過，我卻覺得，裡面的內
容其實相當清楚明瞭。」此外，人們也可能聽到他們說：「全世界的人都相
信，我有這方面的能力，但我卻很明白，自己根本做不到。」由此可見，這
樣的人也會因為自己不敢走入人群，而感到羞愧。其中有些人只有在確定沒
人知道他們的幸福時，才會感到幸福。當大家都喜歡某一件事時，那件事對
他們來說，就是糟糕的。只有在沒人料想到的地方，他們才有可能發現美好
的事物。在一切事物上，都必須先得到他們主觀的贊同，不然，就什麼都不
可以執行或接受。這種類型的人會這麼回應神學家奧古斯丁的作風：「如果
教會的權威沒有強迫我，我才有可能相信福音。」他們甚至一直試圖要證
明，他們所做的一切，都是出於自己本身的決定和信念，絕對沒有受到任何
人的影響，也不是要討好別人和別人的意見。

　　以上的態度顯示了第二類個體的特徵：這些個體的動機主要源自於主體
及其內在情況。至於第三類個體，人們幾乎或根本無法察知，究竟他們的動
機主要來自於內在或外在。第三類個體的人數最為眾多，它包括了心理功能
比較沒有分化的正常人，由於這些個體既不會有、也不需要有誇大的表現，

所以，才會被視為正常人。正常人——相稱於本身的定義——會同時受制於他們的內在和外在世界，而構成了廣大的中間類型。在這個中間類型裡，個體某一部分的動機主要取決於外在客體，而另一部分的動機則主要取決於主體。在這裡，我把第一類個體稱為「外傾型」，而把第二類個體稱為「內傾型」。我想，我大概已不需要再特地解釋這兩個專有名詞了！根據前面的描述，它們其實已經由其字面意義得到了解釋。

雖然有些個體確實可以讓人們在看到他們的第一眼時，就辨認出他們的類型，但這種情況卻很少見。人們通常只有在仔細觀察個體，並斟酌自己對於個體的經驗後，為個體所進行的分類才具有可靠性。如果內傾和外傾這兩種對立態度的基本原則有多麼清楚，多麼簡單，那麼，它們的具體真實性就有多麼複雜！多麼沒有條理！因為，每一個個體都是規則的例外。因此，不論人們對於類型的描述有多麼完整，都無法貼切地呈現相關類型的個體，儘管在某種意義上，類型的描述似乎中肯地刻劃了許許多多個體的性格。同一性只是人類的某一面，而獨特性則是另一面。心理類型的分類雖不足以解釋個體的心靈（individuelle Seele），但人們畢竟還是可以透過對心理類型的理解，而讓自己更了解人類的心理（menschliche Psychologie）。

個體的類型分化經常開始於極早的時期，甚至有些個體的類型分化已早到必須被當作天生便具有該類型。孩子最早的外傾特徵大概是他們對於環境的快速適應，以及他們本身對客體、尤其是對客體所產生的影響的高度重視。他們幾乎不畏懼客體，他們會在客體當中活動並生活，而且還與客體相處。他們會快速地回應客體，雖然不是準確的回應。他們的發展看起來比內傾的孩子更快，因為，他們不太有顧慮，而且通常不會感到害怕。他們似乎覺得，自己跟客體之間沒有什麼特別的距離，因此，可以跟客體自由地玩耍，並經由這種方式來體驗它們。他們樂於把本身的行動推展到極致，而讓自己暴露在風險當中。在他們看來，一切未知的事物都很有吸引力。

反之，孩子最早的內傾特徵就是他們思考和默想的本質、格外羞怯的表現，以及對於未知客體的恐懼。在面對客體時，他們很早便已出現維護自我的傾向，而且還會試圖掌握客體。他們會以不信任的態度看待未知的一切，

而且通常還會強烈地抵拒外在的影響。內傾的孩子想保有自己的方式，所以，決不會採用他們無法理解的陌生方式。他們的發問並不是出於好奇心，或那種愛聽聳動事件的心理，而是想要知道相關的名稱、意義和解釋，以便讓他們的主體在面對客體時，可以因為這些訊息而獲得安全感。我曾看過一個內傾的孩子，他一直要等到熟知房間裡所有他可以碰觸到的物品的名稱後，才肯開始學步。內傾的孩子很早就表現出成年內傾者在面對客體的勢力時，所抱持的那種特有的防衛態度，這就像我們也可以在外傾的孩子身上，很早就觀察到他們那種值得注意的自信、活動力的旺盛，以及與客體來往時，易於對客體產生的信任感一般。外傾者的心理生活就發生在個體以外的客體裡，以及個體與客體的關係裡，這正是外傾態度的基本特徵。至於那些外傾態度特別明顯的個體，甚至還無視於本身的個體性。反之，內傾者在本身與客體的關係裡的表現，就好像客體擁有比較優越的勢力一般，因此，他們會認為自己應該有所防禦。總之，內傾者真正的世界是他們的內在世界，也就是他們的主體。

這兩種類型的人會非常討厭對方，這個事實雖令人惋惜，但卻極其頻繁地發生，而且研究類型問題的人都會立即發覺這個事實。這種衝突起因於內傾者和外傾者把心理價值擺在相互對立的地方：內傾者認為，一切有價值的東西都存在於主體裡，而外傾者則認為，一切有價值的東西都存在於客體裡。內傾者認為，個體對於外在客體的依賴是最差勁的方式，而外傾者則認為，個體對於主體的關注只不過是嬰兒期的自淫（infantiler Autoerotismus）。因此，這兩種類型的人會相互鬥爭，也就不足為怪了！

儘管人們會因為類型的對立而發生衝突，但這卻無法阻止大多數的男人選擇與自己類型相反的女人共結連理。作為心理的共生現象（psychologische Symbiosen），這樣的婚姻是很有價值的，而且只要配偶雙方不會試著把「對方的心理當作應該關注的問題」來理解對方，彼此就不會水火不容。然而，把「對方的心理當作應該關注的問題」來理解對方的階段，卻是所有婚姻的正常發展現象之一。此時，配偶雙方不是有必備的空閒，就是有那股不可缺少的、讓婚姻繼續發展下去的渴望，或甚至同時兼有兩者，再加上一份必要

的勇氣，而讓原本和睦相處的他們走上了婚姻破裂的道路。就像我在前面說過的，如果條件允許的話，這種矛盾的婚姻階段就會自動在兩種不同類型的配偶身上出現，而且是基於類型就是發展的片面性這個原因：某一類型的人只往外發展他們的關係，而忽略了自己的內在；另一類型的人則只往內部發展，而讓外部關係停滯不前。不過，個體後來卻會逐漸感到，有必要發展那些一直被自己忽略的東西，而這種發展則是以某些心理功能的分化形式進行的。由於心理功能對於類型的問題至關重要，所以，我在這裡還必須針對心理功能加以說明。

意識心理是一種由四大基本心理功能所組成的適應系統或定向系統。這四大基本心理功能就是思考、情感、感知和直覺。我把「思考」理解為智識性認識和邏輯推論的功能，而把「情感」當作賦予主觀價值的功能。至於「感知」則包含了所有經由感覺器官而獲得的察覺，而「直覺」則可以被視為對無意識途徑或無意識內容的察覺。

就我處理個案的經驗來說，這四大基本心理功能在我看來，已足以表達和呈現意識定向的方法和途徑。如果要達到完整的意識定向，所有的心理功能都應該作出同等的貢獻：思考應該讓我們具有認識和判斷的能力；情感應該告訴我們，某件事物對我們有多麼重要或不重要；感官應該透過看、聽和觸摸等知覺而把對於具體實在性的察覺傳遞給我們；最後，直覺應該讓我們可以推測所有存在於情況裡的、或多或少隱藏的可能性和背景，因為，這些可能性和背景也是已知情境的完整圖像的一部分。

實際上，這四大基本心理功能極少或從未在個體身上出現同等的分化，所以，它們對個體而言，也不具有同等的可支配性。在一般情況下，分化程度最高的某一種功能會占有主要地位，而其他比較沒有分化的功能則退居次要地位。因此，許多人根本上會把自己限制在單單對於具體真實性的察覺，卻不對這種察覺進行思考，或告訴自己，它有什麼情感的價值，而且幾乎不在乎外在的情況還具有哪些可能性，所以，我把他們稱為「感知型」。有些人只受制於本身的思維，而無法適應自己無法理解的情況，他們就是我所謂的「思考型」。有些人只依從本身的情感，只會自問，某件事物是否讓自己

感到愉快，所以，只定向於本身的情感印象，他們就被我稱為「情感型」。至於「直覺型」的人則不僅不關心本身的觀點和情感反應，也不在意事物的實在性，他們只會受到可能性的吸引，一旦預感到某個情況已不可能再出現其他的可能性時，就會轉而離去。

以上這四種功能類型都呈現出另一種不同於內傾和外傾的片面性，並且還因為內傾和外傾的普遍態度，而以特有的方式複雜化。正由於這種複雜化，我在這裡必須要提到這些功能類型的存在，因此，也就必須回到剛才談過的內傾和外傾態度的片面性問題。內傾和外傾的片面性如果在心理上沒有獲得對反的無意識態度的補償，就會造成個體徹底的失衡。一些無意識的研究已經指出，內傾者——比方說——除了內傾的意識態度之外，其實還擁有他們不自覺的外傾的無意識態度，也就是說，外傾的無意識態度會自動補償內傾意識的片面性。

實際上，人們當然可以透過直覺而普遍地察覺個體的內傾態度或外傾態度的存在，不過，精確的學術研究卻不該依據直覺的普遍預期，而是必須處理具體存在的材料。只要人們展開這方面的研究，就會發現，個體存在於某些心理功能的形式裡，因此，無法被簡單劃分為內傾型或外傾型。以智識性的「思考型」為例：他們主要傳遞給觀察的意識材料就是智識性質的思維、推論、考慮、行動、情緒、情感和察覺，這些意識材料至少都直接取決於一些智識性的前提。所以，我們必須從這類材料的特性中，認識思考型的普遍態度的本質。「情感型」則傳遞了性質完全不同的材料，即情感、各種情緒內容以及取決於情緒性前提的思維、考慮和察覺。因此，只有從情感的特性裡，我們才有能力察知，個體屬於哪一種普遍類型。此外，我在這裡還必須提到一些功能類型的存在，因為，內傾態度和外傾態度在個別情況裡，從來都無法被證明為一種普遍的態度，而只能被證明為某種優勢的意識功能的特性。同樣地，無意識的普遍態度也不存在，而只有無意識功能的那些由類型所塑造的形式存在著。由此可知，只有透過無意識功能及其特性的研究，人們才能以合乎科學的方式認識無意識態度。

雖然，人們在內在世界裡必須賦予無意識某種功能，但卻幾乎無法論

及，何謂類型化的無意識功能。我相信，在這方面小心地遣詞措句，是有益處的；所以，我希望自己的看法只是在表示，無意識對於意識來說，具有補償功能，而這也是我們目前所能知道的事。無意識就其本身而言，究竟是什麼？關於這個問題，任何推測都是多餘的，因為，依據無意識所被定義的性質，人們根本無法認識無意識。我們只是從所謂的無意識產物──諸如夢這一類的東西──裡，認識到無意識的存在。舉例來說，夢通常都具有內容，而且這種內容還可以大大地修正個體的意識態度，這一點應該可以獲得學術研究成果的證實。此外，我們還可以從夢境的內容裡，獲得無意識的補償功能的根據。

除了這種與意識有關的普遍功能之外，無意識還包含了一些在其他情況下也處於意識層面的功能。舉例來說，思考型往往必須儘可能地壓抑和排除情感，因為，沒有什麼東西比情感更能干擾他們的思考。反之，情感型必須儘量避免思考，因為，沒有什麼束西比思考更不利於他們的情感。然而，被潛抑的功能卻會落入無意識裡。就像古埃及的法老守護神荷魯斯（Horus）有四個兒子，但只有其中一位的頭部是人頭一樣，在人類的四大基本功能裡，通常只有一種基本功能完全處於意識層面，並且還出現高度分化，而讓個體可以自由、任意地使用它；至於其他三種功能則局部或全部落在無意識裡。我在這裡提到的無意識，當然不是指思考型的人──比方說──無法意識到本身的情感。其實，只要思考者具有內省的能力，就可以非常了解自己的情感，不過，他們卻剝奪了情感的一切有效性和影響力，因為，情感具有獨立自主性和本能的自發性，情感的表現會跟個體的意向唱反調，從而占有了某種無關於意識的有效性，而且還會因為受到無意識的刺激而行動，並形成一種反面人格（Gegenpersönlichkeit）。當然，我們只有透過對無意識產物的分析，才能推斷這種反面人格的存在。

如果某種心理功能不具有支配性，如果某種心理功能被個體認為會阻礙意識功能，如果某種心理功能變化不定，忽而出現忽而消失，如果某種心理功能具有干擾性或頑強地保持隱藏的狀態，人們一要它顯露出來，就會發現，它擁有處於無意識裡的功能的性質。此外，這種心理功能本身還有一些

值得注意的東西：它總是有些不真實，換句話說，它包含了一些不必然屬於本身的要素。比方說，思考型的無意識情感具有一種奇特的不真實性，而且還經常荒誕地對立於意識的、過度理性的唯智主義。這種無意識情感的衝動、失控、變化不定、非理性、原始性和古老性，就跟野蠻人的情感沒什麼兩樣，所以，跟意識思考的意圖與自我克制是相反的。

同樣地，所有被潛抑而落入無意識裡的功能也是如此。這些功能在無意識裡仍停留在未發展的階段，而且還與其他屬性不同的要素混合在一起。同時它們也處於某種原初狀態，因為，無意識就是人類未受壓制的原始天性在我們裡面的殘留，也是孕育未來可能性的苗床。由此可見，連無意識裡未發展的功能也往往具有進一步萌發的潛力。當無意識對於意識態度的補充和改變，隨著生命的發展而出現需求和必要性時，這並不是什麼奇怪的事。

無意識裡未發展的功能除了擁有剛才提到的那些性質之外，還具備一個特性：它們在意識的內傾態度裡，是外傾的，反之亦然，而且它們都會對意識態度進行補償。因此，人們可以預期，在內傾思考型的人身上——舉例來說——會出現外傾的情感。有一位這種類型的人曾貼切地表示：「我在晚餐前，是康德哲學的追隨者，但在晚餐後，卻成了尼采哲學的信徒。」這句話不啻表示，內傾思考型在日常的態度裡具有智識性，然而，在一頓豐盛晚餐的刺激性影響下，他們的意識態度卻因為酒神式的情緒高漲而徹底翻轉。

我們在這裡還碰到一個棘手的難題：類型的斷定。局外的觀察者既會看到意識態度的表現，也會看到無意識的自主現象，而後他們會因為哪些東西該歸入意識或無意識而感到困窘不已。在這樣的狀態下，類型的分化程度的鑑別只能依據人們對於觀察到的資料性質的詳盡研究。也就是說，人們必須查明，哪些現象是出自意識所選擇的動機，而哪些現象則是無意識自發的形成；此外，人們也必須確定，個體的哪些表現具有適應環境的性質，而哪些表現則具有無法適應環境的、原始而古老的性質。

意識的主要功能的性質，也就是普遍的意識態度的性質，基本上與無意識態度的性質處於截然對立，這是很清楚的。換句話說，**意識和無意識在正常情況下是對立的。**只要意識態度不過於片面，就不會過於遠離無意識態

度，意識和無意識的對立就不會成為衝突而被察覺。當意識過度遠離無意識時，康德哲學的追隨者就會受到本身的酒神精神的惱人驚嚇，因為，酒神精神已開始發展一些極不恰當的衝動，然後意識態度就會感到有責任壓制無意識的自主表現，雙方的衝突便由此產生。一旦無意識開始主動對抗意識，就不會只讓自己一味地受到壓制。至於意識則會特別鎖定無意識的自主表現，所以它要壓制這些無意識的表現並不困難，不過，無意識衝動後來也會找到其他比較不明顯的宣洩管道。當這種間接的閥門被無意識衝動打開時，個體就會往精神官能症發展。人們可以再度透過分析，而理解每一條錯誤的道路，並因此而明白意識的壓制。不過，個體對於無意識所找到的間接出路的理解，如果無法讓他認識到本身意識態度的片面性，他的驅力動力就不會消失，只會繼續被擠壓到角落裡。如果人們可以理解無意識衝動，就會改變自己的意識態度，因為，意識態度的片面性會激化無意識與意識的對立。只有當個體對無意識衝動的察知可以讓意識的片面性獲得無意識有效的補償時，個體才能從中獲益。

意識態度的改變並不是一件容易的事，因為，普遍態度的類型往往就是一種個體或多或少已意識到、已被習慣與歷史傳統神聖化，並以天生性情的堅實基礎為依據的典範。**意識態度即使不那麼富有宗教性，至少還會具備一種世界觀**，這個事實也使得類型問題變得相當重要。類型的對立不只是人與人之間的外在衝突，也是無止境的內在衝突的起源，不只是外在的爭端和厭惡的根由，也是神經疾病（nervöse Krankheiten）和心理症候的內在原因。醫生們也會用這個事實強迫我們擴展原本只限於心理治療的視野，並同時把普遍的心理觀點和世界觀的問題帶入其中。

我在這裡的演講，時間有限，實在不允許我再以任何方式展現這個問題的深度，所以，我只能以普遍概括的方式，至少略述一些主要事實及其問題所涉及的廣大範圍。至於其中的一切細節，只能請大家參閱本人在拙作《心理類型》裡所詳盡闡述的內容。

總而言之，我希望明確地指出，內傾和外傾這兩種普遍態度會依照哪種基本心理功能在個體占有優勢地位，而分別以特殊的方式顯現出來，因為，

實際存在的根本不是內傾和外傾，而是一些內傾和外傾的功能類型，例如思考型和感知型等。兩種態度和四種功能的相互組合，就會出現至少八種可以清楚區別的類型。類型的數量當然可以隨時隨意增加，如果人們——比方說——把各個心理功能再區分為三種次功能的話，況且這種區分對於那些由經驗得來的知識來說，是可行的。例如，人們可以輕易地把智識的思考分為三種大家所熟知的次類型：直覺暨推測型、邏輯暨數學型，以及主要依據感官知覺的經驗型。此外，我們還可以對其他的基本心理功能進行類似的區分，因為，直覺型的人——舉例來說——也同時具有思考和情感這兩面。透過這樣的區別，人們可以任意斷定有多少類型，而且這些個別的斷定會因為進一步對心理功能的劃分，而變得愈來愈精細。

為了論述的完整性起見，我最後還必須強調，我本人決不會把這種依據內傾和外傾以及四種基本心理功能所進行的類型劃分，當作唯一可能的分類。我認為，其他任何一種心理標準也可以被用作類型劃分的特徵，只是在我看來，這些心理標準所具有的實質意義都比較薄弱。

心理類型學 [1]

　　性格是人類個體的固定形式。這種固定形式兼具身體（Körper）和心靈（Seele）[2] 的性質，因此，一般的性格學（Charakterologie）是一門關於人類身體和心靈的性質特徵的學說。人類本身那種令人費解的一體性會使得身體特徵不全然屬於身體層面，而心靈特徵也不全然屬於心靈層面，因為，在大自然的連續性裡，並不存在互不相容性（Unvereinbarkeiten）以及人類的理智為了達到認識而必須設下的區分性。

　　心靈和身體的劃分，是一種人為的操作。無疑地，這樣的區辨比較不是基於事物的本質，而是出於具有認識能力的人類理智的特性。在事實的核心裡，身體和心靈的特徵會相互滲透，因此，我們不只可以從身體狀態廣泛地推斷出心靈狀態，而且還可以從心靈特性推斷出相關的身體的外顯形式。然而，我們在這兩種推斷的過程裡所付出的心力卻不相同，這並不是因為，心靈對身體的影響少於身體對心靈的影響，而是因為，我們必須從未知的事物（即心靈）推斷已知的事物（即身體），而在相反的情況裡，如果我們占據了有利的條件，也可以從已知的事物推斷未知的事物。雖然我們相信，人類當今已建立了心理學，但心靈卻遠比可看見的身體表面顯得更為神祕莫測。心靈始終還是一個陌生的、相當缺乏研究的領域，因此，我們只能透過幾乎可能一直被蒙蔽的意識功能的傳達，而間接地接觸心靈這個領域。

1　此篇論文 Psychologische Typologie 是榮格一九二八年參加於瑞士蘇黎世舉行的精神科醫師會議的演講稿。Vgl. *Seelenprobleme der Gegenwart*, p. 101ff.

2　譯註：在本書第十一章〈定義〉的「心靈」這個詞條裡，作者榮格曾表示，他在研究無意識結構的過程中，覺得有必要區分「心理」（Psyche）和「心靈」（Seele）這兩個概念。在他看來，「心理是一切意識的、以及無意識的心理過程的總和，至於心靈則是某種特定的、有清楚界分的功能綜合體，如果我們把『人格』視為它的特徵，那是再恰當不過了！」

　　所以，我們似乎有理由認為，由外往內、從已知到未知、自身體而至心靈的途徑是可靠的。基於這個原因，自古以來所有的性格學的嘗試也都是從個體的外部展開的：占星學這種古人藉由天體的運動及其相對位置來占卜人事及地表事件的方法，就是從人類身外的宇宙太空開始的，其目的就是為了找到那些從人們身上所展開的命運軌線，正如深受十七世紀三十年戰爭的波希米亞名將阿布雷希特・馮・華倫斯坦（Albrecht von Wallenstein,1583-1634）器重的義大利占星術士喬萬尼・塞尼（Giovanni Battista Seni, 1600-1656）曾指出的；此外，筆跡學、手相學、十八、十九世紀之交的瑞士生理學家法蘭茲・高爾（Franz Josef Gall, 1758-1828）所建立的顱相學、十八世紀瑞士文學家暨神學家約翰・拉華特（Johann Kaspar Lavater, 1741-1801）所提出的面相學、德國當代精神病理學家恩斯特・克雷奇默（Ernst Kretschmer, 1888-1964）闡述正常人的體型與心理類型之間的對應關係而發展出的生理類型學（physiologische Typologie）以及瑞士當代精神分析學家赫曼・羅夏克（Hermann Rorschach, 1884-1922）所發明的墨跡測驗的人格測驗方法，都算是這種從個體外部所展開的嘗試。顯然地，人類從不缺少這種由外往內的、從身體到心靈的途徑。人們在從事這方面的探討時，一定會一直遵循這個方向，直到他們可以充分地確知某些心靈的基本事實情況為止。不過，這些心靈的事實情況一旦獲得確認後，這種由外往內的途徑就會出現方向的翻轉，接下來，我們就會提出這樣的問題：這個已確知的心靈的事實情況，在身體上顯露了什麼？可惜的是，我們目前還沒有能力提出這樣的問題，因為，我們還遠遠無法滿足提出這個問題的基本條件，也就是充分地確知心靈的事實情況。實際上，我們才剛著手為人類的心靈內容嘗試開列一份清單，而且這個工作如果要順利地進行，或多或少還需要一些運氣。

　　如果只是確定某些人顯得如何又如何，這類訊息其實完全沒有意義，因為，我們無法從其中推論出他們身上相關的心靈狀態。只有當我們知道，哪種心靈狀態與特定的身體情況相應時，我們在這方面的求知欲才會獲得滿足。身體透露給我們的訊息，總是含有心靈成分，這就如同心靈如果沒有身體——如果我們可以站在心靈的立場的話——對我們就毫無意義一般。當我

們打算從某個身體特徵推斷出相應的心靈狀態時，我們就是準備——正如前面所提過的——從已知的事物推斷出未知的事物。

可惜的是，我在這裡還必須強調，心理學在所有的學術科別當中，是最晚成立的一門學科，因此，最容易承受人們的偏見所帶來的壓力。心理學在不久前建立的事實等於直接證明，我們可以把心靈當作客觀認識的對象。為了讓心靈能以客觀方式脫離主體，我們對於心理學的需求其實已經很久了！實際上，心理學是西方最晚設立的一門自然科學，在心理學正式成為一門學科之前，它就跟中世紀的自然科學一樣，都是人們任意推論的、不具真實性的產物。人們相信，自己可以把心理學當作法令那般地公布出來，而且這樣的偏見顯然還縈繞在我們的腦海中。心靈對我們來說，是最直接的，因此，似乎也是最熟悉的東西。它就出現在我們的面前，而且還用它那種持續不斷的、像日常瑣事般的平淡乏味來讓我們感到不快，甚至還讓我們困擾不已，因此，我們會採取一切可能的行動，好讓自己可以不用想起這種苦悶。

因為，心靈就是最貼近我們的東西，甚至我們本身就是心靈，所以，我們幾乎只會認為，我們已最徹底、最持續、也最堅定地了解心靈。由此可見，每個人不只懷有對心理學的看法，而且還深信，自己當然比別人更了解心理學。必須和病患的家屬及監護人——大家普遍認為可以充分了解病患情況的人——周旋的精神科醫師，或許由於身為專業的診療人士的緣故，所以，算是最先領教民眾那種盲目偏見的人，畢竟每個人在心理的事物上，總是認為自己比別人更了解情況。不過，這種普遍的偏見卻無法阻止精神科醫師更進一步地了解人們的心理，雖然在一定程度上，他們必須承認：「在這個城市裡，幾乎只有兩種正常的人。至於文理中學（Gymnasium）的 B 教授，則不在此列。」

在當今的心理學裡，人們終究必須認識到，心靈即使是最貼近人們的東西，卻是人們最不明白的東西，而且別人似乎比自己更了解自己的心靈，雖然，人們看來好像對自己的心靈最為熟悉。無論如何，這個認知可能對仍處於草創階段的心理學而言，是一個相當有益的啟發式原則。正是因為心靈與人們如此貼近，所以，心理學這門學科的發展才會如此落後其他學科。由於

我們仍在心理學的起步階段，所以，我們還缺乏可以幫助我們掌握事實的心理學概念和定義。沒錯！我們缺少概念和定義，不過，我們在事實方面，不僅不虞匱乏，甚至還被事實所圍繞和淹沒，這一點正好跟其他學科的情況相反。我們在從事其他學科的研究時，必須自行查找研究對象，而且這些研究對象本身那種自然形成的分類——就像化學元素和植物界的分類一樣——還會以後驗的方式帶給我們某種具象直觀的概念。然而，我們和心理的關係卻完全相反，因為，我們和本身具體直觀的、依憑經驗的態度都只會不斷受到本身主觀心靈所發生的種種的影響。當任何一個概括性的普遍概念從這些受到驅使的東西裡浮現出來時，它大多是一種純粹的徵兆。由於我們本身是心靈，當我們不干涉心靈過程時，我們幾乎會無可避免地消融於其中，而且還會因此而被剝奪可以取得知識的區別能力和比較能力。

這一方面是困境，另一方面則是事實：當人們遠離具有空間性的現象，而接近不具有空間性的心靈時，在某種程度上就會失去精準地掌握尺度和標準的可能性，甚至對於事實的確知，也會有困難。舉例來說，當我要強調一件事情的非真實性時，我會說，我純粹只是想到而已。「我原本完全沒有這種想法，如果不是⋯⋯我根本不會想到這些。」這種說詞是「很平常的」，而且還證明了心靈的事實是隱約朦朧的，或甚至在主觀上顯得如此模糊不清！實際上，心靈就跟其他任何事物一樣，具有高度的客觀性和確定性。我本身確實曾思考過，這種心靈過程的條件和令人費解的語句通常意味著什麼。許多人最終必須理所當然地承認這種心靈事實，儘管有時還必須在道德上付出最大的努力。由此可見，當我們從外在現象的已知推斷心靈的事實情況時，就會碰到這些困難。

我的研究領域比較狹小，所以，我的研究不是在最廣義上進行外在特徵的臨床確定，而是對於經由推斷而能夠確定的心靈事實的研究和分類。在我所從事的這種研究裡，首先會產生得以建立相關的結構性學說的心理現象學，而在這種結構性學說憑藉經驗的運用裡，最終還會形成心理類型學。

臨床現象學（klinische Phänomenologie）就是症狀學（Symptomatologie）。從症狀學到心理現象學（psychische Phänomenologie）的發展，就好比從純粹症

狀的病理學到取得細胞暨代謝病理學知識的發展，換句話說，心理現象學為我們傳遞了形成外顯症狀的那種隱密的心靈過程的觀點，而且大家都知道這樣的進展是透過分析方法的運用而達成的。現今我們已對那些足以引發心因性症狀的心靈過程有真正的認識，因此，也為心理現象學奠定了基礎，而這些知識就是心理情結的理論。至於心靈下方那個陰暗的深層裡，還可能發生什麼？我們都知道，關於這個問題的答案，至今仍眾說紛紜，不過，至少我們可以確定一點：其中主要是一些著重情緒的內容，也就是所謂的「情結」。「情結」擁有某種程度的自主性，但人們卻經常對「自主的情結」這樣的措詞感到反感。在我看來，這樣的反應是錯誤的，畢竟人們只能以「自主的」這個詞語來表達具有效應的無意識內容的真實表現，同時這個形容詞應該可以說明，情結有能力抵抗意識的意圖，而且還可以完全依照本身的意願而隨意來去。情結——依據我們所有相關的了解——是心理的重要部分，它們已經脫離意識的控制，並已和意識分離而存在於心靈的陰暗面，而且隨時都可以在那個幽晦的場域裡阻礙或促進意識能力的展現。

情結理論更深刻的那一部分，便自然而然地聚焦於情結的形成這個問題上了！關於這個問題，存在著各種不同的理論。如果撇開這些理論不談，我們倒可以根據經驗而確定，情結始終含有、或至少會造成像衝突這類的東西，或形成於其中。衝突、震驚、激越、難堪，以及互不相容性的性質，都是情結的特點。德語所謂的「敏感的弱點」（wunde Punkte）、法語所謂的「令人非常厭惡的事」（bêtes noires），以及英語所謂的「極力想掩蓋的醜事」（skeletons in the cupboard），都是一些人們不欲想起、而且更不想讓別人想起，但卻經常以最不受歡迎的方式出現在人們記憶裡的東西。它們總是包含著記憶、願望、憂慮、責任、迫切性或洞察，但人們卻無法藉由它們來為自己辯白，因此，它們往往具有妨礙性，而且大多會以有害的方式干涉人們的意識生活。

從最廣義來說，情結顯然是一種處於劣勢的心理品質。然而，我卻必須說明，情結或具有情結並不直接等於心理的劣勢，頂多只是表明某些互不相容的、未被同化的、帶有衝突的東西的存在。情結或許是一種阻礙，但卻也

在鼓勵人們付出更多的努力，因此，甚至可能是一種嶄新的、達到成功的可能性。由此可見，情結在這個意義上正是心靈生活的焦點或樞紐，也是人們斷然不想失去、甚至根本不該缺乏的東西，不然，心靈的活動就會進入要不得的停滯狀態。不過，情結卻也表明為個體裡未完成的部分。在這個未完成的部分裡，個體至少會暫時遭逢失敗，既無法熬過、也無法克服某些事物。無疑地，它就是「弱點」這個詞語所包含的任何意義。

情結的性質還讓情結的產生顯得意義重大。當個體必須適應外在的要求，而本身的特質卻無法適當地回應外在的要求時，這樣的矛盾和衝突顯然會導致情結的產生。在我們看來，情結會轉變為個體的氣質所顯現的症狀，而這類症狀對於疾病的診斷相當重要。

經驗首先向我們顯示了變化無窮的情結，不過，在仔細比較這些情結之後，卻出現了一些比較不具類型性、且一切全經由童年最早的經歷所組成的基本形式。這是必然會出現的情況，因為，個體的氣質早在童年時期便已顯而易見，畢竟個體的氣質是與生俱來的，不是後來才在人生的過程裡獲得的。因此，個體的父母情結（Elternkomplex）就是現實以及個體無法適應現實的特質所產生的衝突的初步外顯。由此可知，情結的第一種形式必定是父母情結，因為，父母對孩子而言，正是可能發生衝突的最初的外在現實。

因此，父母情結的存在幾乎無法向我們透露，關於個體固有的特質的種種。在實際的經驗裡，我們可以迅速察覺到，本質的東西決不在於父母情結存在的這個事實裡，而是在於情結在個體裡發揮效應的特殊方式裡。由於情結具有極其不同的變化，這些變化大概只有極少部分可以歸因於父母所造成的影響的特殊性。因為，有些家庭的孩子經常同時處於父母所給予的相同影響之下，但他們卻各自以非常不同的方式做出反應。

所以，我已特別注意到這種個體反應的差異，因為，我告訴自己，可以透過這種差異而清楚看到個體氣質的特徵。比方說，在一個成員普遍患有精神官能症的家庭裡，為什麼有一個孩子出現了歇斯底里的反應，另一個孩子出現了強迫性精神官能症，第三個孩子出現了精神障礙（Psychose），而第四個孩子卻似乎沒有出現任何症狀？「精神官能症對於個體的挑選」（Neurosenwahl）

這個問題──佛洛伊德也知道自己曾面對這個問題──已讓父母情結不再具有病因學（Ätiologie）的意義，因為，這個問題現在已聚焦於那些做出反應的個體及其特殊的氣質上。

雖然，我完全不滿意佛洛伊德對於「精神官能症對於個體的挑選」這個問題的解決方式，但我本身卻也無法回答這個問題。我認為，這個問題其實過早被提出來，因為，我們在面對這個相當棘手的問題之前，必須遠比現在更能掌握個體反應的方式。在這裡，我們不妨試問：當人們碰到阻礙時，會如何反應？比方說，我們來到一條小溪旁，想要跨越它，上面卻沒有架設橋梁。小溪的寬度無法讓我們一腳就跨到對岸，因此，我們必須跳過去。為了順利地跳到對岸，我們可以支配自己本身那個複雜的功能系統，即心理動力系統（psychomotorisches System），也就是業已完善的、只需要我們啟動的心理功能。但在此之前，個體在純粹的心理層面上已有所發生，也就是決定究竟應該做什麼。這裡雖然發生了一些由個體發揮決定性作用的事件，但其主體卻往往極少或從未看出這些事件的獨特性，這是因為，在一般情況下，人們根本不會、或要等到最後才會察看自身。就像人們會習慣性地為心理動力系統做好跳躍的準備一樣，人們也會習慣性地（因此是不自覺地）為心理系統應該做出什麼決定做好準備。

心理動力系統究竟是由什麼組成的？人們對於這個問題的見解相當分歧，其中只有一點是可以確定的：每一個個體都會以自己習慣的方式下決定，並面對困難。如果我們詢問與我們一同來到小溪旁的某一個人，為什麼要跳過小溪？他會表示，他是基於樂趣才跳過小溪；另一個人是因為沒有其他的可能性而只好跳過那條小溪；第三個人則是因為所有的阻礙都會刺激他努力克服難關，所以，便跳過那條小溪；第四個人卻選擇留在原地，因為，他討厭徒勞無功的努力；第五個人也沒有跟著跳，因為，他沒有更深刻地感受到需要跨越那條小溪的迫切性。

我刻意選擇這個枯燥乏味的例子，以便藉此說明，以上這幾個人的動機看來有多麼不重要，甚至顯得如此細瑣，以致於我們很容易把它們全丟在一旁，不去理會它們，而且還以我們本身的解釋來取代它們。然而，正是這些

動機的變異性讓我們難得有機會，可以認識個體的心理適應系統。如果我們在其他的生活情況下，觀察上述那位基於樂趣而跳過小溪的人（第一個人），我們似乎可以發現，他絕大部分的所作所為也都從這個視角出發；我們在經歷人生的過程時，還會發現，有的人因為沒有其他可以抵達對岸的機會而必須縱身跳過那條小溪（第二個人）。由於他始終以獲得更好的機會為目標，因此，會顯得專注而憂心忡忡等。每個人所特有的心理系統都已做好下決定的準備，因此，持有這些態度的人應該為數眾多，這是可想而知的。被塑造的個體由於分別屬於不同的心理系統而具有變異性，所以，他們的個體多樣性當然無法勝數。正如被塑造的個體顯示出某些相對簡單的基本規律一般，以上所提到的這些態度也呈現了某些類別的人所擁有的基本特點。

　　人們可以胸有成竹地表示，為人類的心理建立類型，並因此而讓眾個體的混亂變得井然有序的嘗試，其實由來已久。歷史的資料已經證明，源自於古老東方的占星學已在那些關於風、火、水和土這四大元素的三角圖形裡，為人類心理的分類進行了最早的嘗試。在占星術的星盤裡，風的三角形（即風象）是由黃道十二星座當中三個與風有關的星座所構成的，即水瓶座、雙子座和天秤座，至於火的三角形（即火象）則是由牡羊座、獅子座和射手座所組合而成的，如是等等。一個人出生時，如果各星體落入了風象和火象的三角型裡，就會局部擁有風和火的天性，而且還會顯示出某種相應的性情和命運，這也是關於人類性格的分類最古老的觀點。

　　直到古希臘羅馬時代，古老的占星學藉由動物圖像所呈現的東西，才被當時的醫生轉而以生理學語言表達出來，即「多血質」（sanguinisch）、「黏液質」（phlegmatisch）、「黃膽質」（cholerisch）和「黑膽質」（melancholisch）這些詞語，也就是一些人體體液的名稱。由此可知，古希臘羅馬時代的生理類型學——也就是和體液的混合比例有關的四大性情——與此前便已存在的占星學的宇宙論觀點具有極其緊密的關聯性。我們都知道，歐洲人普遍接受古希臘羅馬時代所建立的這套類型系統，至少長達一千八百年之久。至於更早的占星學所提出的類型學，在歐洲歷史的發展上則始終屹立不搖，這一點曾讓十七、十八世紀高舉理性主義的啟蒙運動者感到訝異不已，而且這套和星座有關

的類型學如今甚至還重新捲起了一股流行的風潮。

這些歷史的回顧可以讓大家的心裡感到比較踏實——畢竟我們在當代所試圖建立的類型學決不是嶄新的、前所未聞的嘗試——不過，學術的良知已不允許我們再採用這些古老的直覺方法。對於類型學的問題，我們必須找到自己的答案，一個能夠滿足學術性要求的答案。類型學的問題在這裡所碰到的主要困難就是採用何種尺度或標準的問題。占星學的標準是簡單的，也就是一個人在出生時所出現的客觀星象。關於動物圖像和行星為何被賦予特定的性情這個問題，我們可以追溯到混沌渺遠的史前時代，但卻始終無法找到答案。個體的外貌、神情、態度和舉止是古希臘羅馬時代把人類分為四種與生理學有關的性情所依循的標準，而且正好也是當代精神醫學所發展出的生理類型學所採用的標準。至於心理類型學究竟應該採取什麼標準呢？

我們現在不妨回想一下，前面提到的那個例子：那幾個人應該跨越眼前的那條小溪，但他們卻各自懷有不同的動機。其中有一人是基於樂趣而越過那條小溪，另有一人則是因為別無選擇，不跳到對岸只會讓自己更苦惱，而還另有一人則是因為抱持不同的觀點而沒有跟著一起跳。個體動機的可能性似乎是無窮盡的，也是毫無指望的。那麼，我們在為這些個體動機進行分類時，應該如何、而且應該依照那些觀點呢？

我不知道，心理學界的同僚如何完成這種任務。我只能表示，我個人如何展開這項研究，當人們指責，我對於問題的解決方式只是出於我個人的偏見時，我還必須忍耐。由於這樣的批評似乎非常正確，以致於我完全不知道，該如何為自己辯解，只能得意地舉出哥倫布的例子。這位航海家基於個人主觀的看法，也就是錯誤的假設以及一條偏離了當前大西洋航線的航道，而發現了美洲新大陸……人們通常所看到的東西，以及可能的觀察和思考的方式，其實都是人們透過自己的目光所打量而來的。因此，學術研究從不會只由單一的個人來進行，而是由許多人。在學術界裡，每個人只做出了本身的貢獻，光是在這層意義上，我就敢於用我自己的方式觀察並談論我所要研究的事物。

我的職業一向迫使我，就個體的特性而為自己的理論提出辯解。我曾經

處理過一些婚姻的個案——至於處理過多少個案，我並不清楚——而且還成功地讓配偶能相互理解對方。這種特殊的工作狀況負有確認和強調某些一般性事實的任務和必要性。舉例來說，我不知有多少次必須對案主說道：「您看看，您太太的性格相當積極主動，所以，我們真的無法期待她應該把生活局限在家庭裡。」這句話其實已表達了某種類型化，某種統計學的真相。在這個世界上，有的人性格積極主動，有的人則消極被動，不過，這個眾所周知的事實卻還是無法讓我感到滿意。

接下來我會試著表示，有的人性格深思熟慮，有的人則毫無顧忌。我之所以會改變上述對於個人性格的描述，其原因就在於，我已看到許多人的性格看似消極被動，實際上並不那麼消極被動，而是會在事前慎重地考慮一番。他們會先考慮情況，然後再處理情況，由於他們已習於這種作法，所以，往往會錯失一些已毋須顧慮而應直接採取行動的時機，別人也因此而對他們懷有消極被動的偏見。那些不假思索的人在我看來，總是不會事先經過考慮就讓自己跳入某種情況裡，而後才開始思考自己或許已身陷泥沼的處境。因此，人們會把這些人視為毫無顧慮的人，而且這樣的看法，還比加諸他們身上的那些主動積極的形容更為貼切，畢竟事先對於自身以外的事物加以思考可能是一個很重要的活動，而且相較於只會忙進忙出，未加考慮而闖禍，還是一種非常負責任的行動。

不過，我卻也很快地發現，人們身上的遲疑不一定就是事先的思考，對於自身以外的事物迅速採取行動也往往不是無所顧慮。前一種情況的遲疑經常是基於人們習慣性的焦慮，或至少起因於人們在面對重大任務時，所出現的習慣性退縮；至於個體那種主要涉及外在客體的自信，則經常可以讓人們直接對自身以外的事物採取行動。這一類的觀察促使我進一步修正自己對於心理類型的看法：有一種人會在應該對發生的狀況做反應的片刻，出現些許的退縮，就像輕聲說「不！」一樣，然後才做出反應；另一種人在面對同一種狀況時，則會直接反應，而且似乎滿懷信心地認為，自己的處理方式理所當然是正確的。因此，前者表明了本身與客體的某種負面關係，而後者則反映了本身與客體的某種正面關係。

　　我們都知道，面對狀況所出現的退縮反應與「內傾型」的態度相符，若直接做出反應則符合「外傾型」的態度。不過，我們一開始卻難以從「內傾型」和「外傾型」這兩個專有名詞裡得到什麼收穫，就如同我們發現十七世紀法國作家莫里哀（Molière, 1622-1673）的著名喜劇《資產階級紳士》（*Le Bourgeois gentilhomme*；劇名亦中譯為《貴人迷》）其實只呈現了日常的平淡乏味一般。只有當人們知道，這兩種類型裡還存在什麼時，才會賦予它們意義和價值。

　　人們如果在各方面不全是內傾者或外傾者，就可能不是內傾者或外傾者。比方說，「內傾」這個概念的意思是指，心靈領域的一切發生必然合乎內傾者身上的那種規律性。如果某個個體不是如此，我們對他是內傾者的確定，就跟確定他的身高一百七十五公分，或頭髮是棕色，或頭顱屬於短頭型一樣，都是無關緊要的。大家都知道，這些確定頂多只包含了它們所描述的事實，但是，「內傾」和「外傾」這兩個名稱卻更加講究，因為它們都在表達，本身所指涉的個體的意識和無意識都必須具有特定的性質，而且這些個體普遍的舉止、態度、人際關係，甚至人生過程都顯示出某些類型的特性。

　　作為態度類型，內傾和外傾就相當於顯著影響全部心靈過程的某種偏見。因為，內傾和外傾的態度會把個體的反應特徵（Reaktionshabitus）固定化，所以，不只制約了行動的方式，還決定了主觀經驗的性質以及經由無意識所進行的補償方式。

　　內傾和外傾的態度必須準確地將個體的反應特徵固定下來，因為，個體的反應特徵在某種程度上就是個體主要的調整部位；個體一方面可以從這個部位調整本身的外在行動，另一方面則由此而塑造本身的特殊經驗。行動的方式會產生相應的結果，結果的主觀觀點則又轉成足以影響行動的經驗，個體便並因此而依據「幸運得靠自己創造」（Jeder ist seines Glückes Schmied.）這句俗諺來塑造個人的命運。

　　如果當我們似乎不該質疑，自己已掌握了個體的反應特徵為其主要的部位時，卻出現了一個棘手的問題：我們是否也已確實描述了個體的反應特徵？儘管我們對於這個特殊領域已有詳盡的認識，但卻可能處於各種不同的

看法所各自強調的可靠性裡。為了說明我個人的觀點，我決定從明確的假設出發，並將自己可以找到的材料全部寫入拙作《心理類型》裡。不過，我卻不認為，自己所建立的這套心理類型具有唯一的真實性和唯一的可能性。

雖然，內傾和外傾的對立是簡單的，但可惜的是，簡單的論述卻往往是不可靠的，因為，它們很容易以誤導的方式掩飾實際的錯綜複雜。我的這番論述是基於本身的經驗，我幾乎未曾正式發表我在將近二十年前，對心理類型的分類標準所初步提出的看法。[3]後來，我曾不滿意地發覺，自己從前在這方面所犯下的錯誤，畢竟在當時的評估裡，有些東西是不正確的。換句話說，我曾試圖以過於簡單的方法解釋過多的東西，正如人們通常會因為歡喜於新的發現而採取這種作法一樣。

我現在已注意到一個無法否認的事實：內傾者之間存在相當大的差異，而且外傾者之間也差異甚大，以致於連我本人都會懷疑，是否自己對於心理類型的見解是正確的。為了釐清這個疑問，我投入了就將近十年的時間，從事相關的觀察和比較的研究。

同一類型內部的顯著差異是如何形成的？這個問題曾使我陷入一些從未料到、且長期無法克服的困難裡。在這些困難裡，有較小一部分來自於我本人對於個體差異的觀察和察覺。個體出現差異的主要原因就跟從前一樣，大多是與標準有關的問題，也就是關於如何適當描述性格特徵的差異的問題。在這裡，我第一次很清楚地體驗到，心理學這門學科有多麼年輕！它本身幾乎無異於一些專斷的學術觀點所構成的混亂，這些在專家學者的書房或諮詢室裡無法取得一致性的學術觀點，有相當一部分是透過自然發生（generatio aequivoca）而出現在孤立的、因而像古希臘天神宙斯那般的學究式腦袋裡。我並不希望自己舉止失禮，但是我無法約束心理學教授面對女性、中國人和澳洲土著的心理。不過，話說回來，我們的心理學的確必須貼近人們的生活，不然，我們就會停滯在中世紀時期。

我曾發覺，人們無法從當代心理學的混亂中，建立一些固定的標準，而

3　請參照本書附錄的第一篇論文〈關於心理類型的問題〉，即榮格一九一三年九月參加於慕尼黑舉行的精神分析學會議所宣讀的演講稿。

且心理學的標準也不會憑白地從天上掉下來。其實，從前許多心理學家所取得的研究成果極其珍貴，對於後來的心理學研究而言，它們無異於一種準備工作，而且只有以從前的研究為基礎，心理學的標準才得以建立起來。因此，心理學史不該對忽視這些心理學家的存在，提都不提他們的名字。

在這場演講裡，我不可能一一談到我個人的一些個別的觀察。不過，這些觀察卻促使我把某些心理功能凸顯為某些用以區別（仍無法確定的）個體差異的分類標準。人們應該已普遍察覺到，心理類型的差異——就我到目前為止所理解的——基本上存在於個體的反應方式裡。舉例來說，內傾者是以相當明確的方式在面對客體，而不全是退縮和遲疑。這就好比獅子在擊倒敵對者或捕捉獵物時，不會像鱷魚那般使用尾部，而是使用牠們那對具有特殊力量的前爪。同樣地，我們人類的反應特徵通常也體現了我們本身的特長，也就是表明了我們對於本身最出色的、最可信賴的心理功能的使用，不過，這卻無法阻止我們有時也會以本身某種特定的弱點做出反應。我們會製造或找到可以發揮本身特長的情況，而避免其他的、也就是別人能從中獲得不同經驗的特定情況。智識型的人會用本身的智識適應這個世界，而不是以重量級拳擊手的姿態，儘管他們在暴怒的情況下，也會動用自己的拳頭。在生存和適應的奮鬥中，所有的個體都直覺地使用本身最高度發展的功能，而該功能也因而成為個體的反應特徵的標準。

接下來，就得面對這個問題：人們該如何以一般性概念表達所有這些心理功能，以便讓這些功能可以從純粹個別發生的依稀隱約中，清晰地浮現出來？社會大眾早已在農夫、工人、藝術家、學者、士兵，以及各行各業的人們的既定形象裡，建構了這種粗糙的類型化。不過，這種類型化卻跟心理學無關，甚至連人們心目中那種專家學者的形象都不真確，因為——正如某位知名學者曾尖刻地指出——有些專家學者充其量不過是「運送智識的挑夫」（intellektuelle Packträger）。

我在這裡所談論的心理類型，是一種細致的分類。以「智識」為例，只提到它其實還不夠，畢竟這個概念過於普通，也過於模糊。人們可以把一切順利的、快速的、有效的、合乎目的的作用，全部稱為「智識」。智識和愚

昧一樣，不是功能，而是方式，總是顯示為一種方式，卻從不表達什麼。這種情況對道德和審美的標準而言，也同樣適用。我們必須能夠說明，在個體的習慣性反應裡，主要起作用的是什麼。因此，我們便被迫往回追溯到像盛行於十八世紀的官能心理學（Vermögenspsychologie）這種乍看便令人大為吃驚的東西。但實際上，我們卻只追溯了一些存在於日常用語裡、而且每個人都知道、也都理解的概念。比方說，當我們談論「思考」時，只有哲學家不知道，這個詞語是什麼意思，但哲學的門外漢卻可以理解，因為，我們每天都在使用這個詞語，而且一直都認為它大概就是某一個意思。當然，哲學的門外漢如果當場被要求，必須清楚明確地為「思考」一詞下定義，他們就會陷入一種頗為難堪的窘境裡。

這種情況對「回憶」和「情感」這兩個詞語來說，也同樣適用。這種貼近日常生活的心理學概念在口語裡相當容易了解，不過，卻難以在學術上給它們下定義。語言可以出色地匯集具象直觀性的概念，至於非具象直觀的、過於抽象的概念，不僅不容易存在於語言裡，反而很容易消失，這是因為這類概念極少涉及真實性的緣故。由於人們的思考或情感的真實性如此強烈，以致於所有非原始的語言對這方面都有清楚而明確的表達。由此我們可以確定，這些平常的語言表達符合了某些心理事實情況，就像學術研究向來會嚴格定義複雜的心理事實情況一般。此二者的差別就在於，每個人都知道——舉例來說——什麼是意識，但學術研究卻還對於意識遲遲無法掌握，儘管人們已無法質疑，「意識」這個概念符合了某種心理的事實情況。

所以，我便乾脆把那些存在於日常語言裡的非專業概念，當作區分某一種態度類型的內部差異的標準，並藉由這些概念來說明相關的心理功能。我在這裡，以人們普遍了解的「思考」為例，因為我發覺，相較於其他的心理功能，許多人已過於偏重思考功能，因此，他們在做重要的決定時，也比較著重於思考。為了了解並適應這個世界，他們會使用思考功能，而且他們從這個世界所獲得的東西，往往要麼屈服於本身的深思熟慮，不然至少也會遵從先前已思考過的原則。至於另一些人則經常為了情緒因素和情感，而以顯著的方式忽略了思考。他們持續地奉行本身的「情感策略」，如果要使他們

進入思索狀態，就需要讓他們置身於一個不同於尋常的情況。重視情感的後者和重視思考的前者的對立相當顯著，幾乎無法被忽略，而且這種心理類型的對立最常出現在人們與商務伙伴結婚之後。此時，配偶有一方——不論其為內傾型或外傾型——會偏好思考，而且只以符合本身類型的方式使用思考功能。

然而，思考功能或情感功能的凸顯，卻仍無法解釋個體之間出現的所有差異。被我稱為「思考型」或「情感型」的人都具有某種共通之處，而我只能以「理性」這個詞語來描述這個共通點。思考基本上是理性的，這一點應該沒有什麼爭議，不過，如果我還表示，情感是理性的，就會出現一些有力的、但我卻不想斷然駁回的反對理由。所以，我可以確信，這個關於情感的問題已讓我頗傷腦筋。關於「情感」這個概念，存在著各種不同的學術觀點，但我卻不希望我這場演講受到這些觀點的影響，我只想在這裡簡短地說明我自己的觀點。「情感」（Gefühl; Fühlen）這個概念最主要的難題在於，這個詞語在使用上具有極高度的歧義性，這是德語的特殊情況，在英語和法語裡，它的歧義性就比較低。

首先，我們應該嚴格地區別「情感」這個詞語和相當於感官功能的「感知」這個概念。然後，人們無論如何都必須對情感的進一步劃分取得一致的意見：比方說，惋惜的情感在概念上，應該有別於感覺天氣將要改變或鋁業公司的股票即將上漲的情感。因此，我曾建議，將前一種情感稱為「原本的情感」，以便弱化人們在後一種情況所使用的「情感」這個詞彙在心理學的用法，並以「感知」這個概念取而代之，只要該情況和感官經驗有關；或以「直覺」這個概念取而代之，只要該情況涉及那種倘若沒有強制力或假定，就無法歸因於意識的感官經驗的察覺方式。因此，我把「感知」定義為經由意識的感官功能所獲得的察覺，而把「直覺」定義為經由無意識所得到的察覺。

人們當然可以討論這些定義的種種依據從過去直到最近的演變，但這種討論最後卻會衍生 一個問題：人們究竟應該以 Rhinozeros 或 Nashorn 這兩個德語同義詞之中的哪一個、或以其他的名詞來稱呼犀牛？因為，我們其實只

需要知道，什麼是我們所要稱呼的東西。心理學是學術研究的新領域，而我們現在還必須確定心理學的用語。我們都知道，可以用攝氏、華氏或列氏（Réaumur）溫標來測量溫度，因此，我們只需要表示，自己是以哪一種溫標進行溫度的測量。

　　我把情感當作心性（Gemüt）的功能，並把它跟感知及預感（或直覺）劃分開來，這是大家都知道的。誰如果把後面這兩種功能和比較狹義的情感混合在一起，當然就無法承認情感的理性。誰如果把它們區分開來，就會承認這個事實：情感的價值和情感的判斷是存在的，而且情感就跟思考一樣，不只能採取理性的態度、也能採取合乎邏輯、前後一貫的，且具有判斷力的態度。這個事實雖讓思考型感到奇怪，但我們卻不難從其本身的類型狀況得到解釋：因為，思考功能出現分化的思考型，其情感功能往往比較沒有發展，因此，是比較原始的，而且還與其他非理性、不合乎邏輯且無法判斷和評斷的功能——即感知和直覺——混雜不分。感知和直覺這兩種非理性的察覺功能跟思考和情感這兩種理性的判斷功能是對立的，也就是說，它們分別來自於一個符合它們最內在本質的基礎，即理性或非理性。當人們思考時，會有意地下判斷或下結論；當人們出現情感時，是為了達到正確的評價；然而，作為察覺功能的感知和直覺，卻是以察覺存在的事物為目的，而不是解釋或評價存在的事物，因此，它們不宜依照原則而進行選擇性察覺，而是必須不懷偏見地察覺。不過，察覺存在的事物卻顯然是非理性的，因為，察覺無法憑藉推論的方法而證明，一定存在多少行星或多少物種的恆溫動物。總之，理性是感知和直覺的弱項，而非理性則是思考和情感所欠缺的。

　　許多人主要的反應特徵是基於非理性功能，更確切地說，不是依據感知，就是依據直覺，但卻不會同時依據這兩種功能，因為，感知和直覺雖同屬非理性功能，但卻彼此對立，就像思考和情感雖同屬理性功能卻是相反的類型一樣。換言之，當我想要用我的眼睛和耳朵來確定實際發生的事物時，我的直覺便往往無法夢想和幻想，而使得無意識和客體無法獲得必要的發揮空間。由此可見，感知型和直覺型當然是相反的類型。可惜我在這裡的演講時間有限，不允許我更進一步探討導致內傾和外傾態度的一些有趣的變異。

在這裡，我還希望再指出一些合乎規律的、導致某一功能占有優勢地位，卻使得其他功能屈居劣勢的結果。我們都知道，人類所有的心理功能從來都無法同時處於全然完善的狀態。人類始終只發展某些能力，而荒廢另一些能力，所以，所有的能力從來無法同時達到完善。至於那些人類無法每天在意識裡使用、因而無法透過練習而有所發展的功能，會出現什麼情況？它們會停留在一種或多或少原始的、嬰幼性的、經常只有一半處於意識領域，或有時甚至全部落入無意識領域的狀態，從而成為各種類型所特有的劣勢功能，但卻是個體的整體性格圖像所不可缺少的組成部分。如果個體片面地偏重思考，他的情感便始終處於劣勢狀態，如果個體的感知功能出現分化，就會危害本身的直覺能力，反之亦然。

我們應該可以輕易從某一功能的強度、穩定性、前後一致性、可靠性和適應性得知，其是否已出現分化，但劣勢功能卻經常無法如此輕易地被描述和察知。判斷劣勢功能的主要標準在於其本身的非自主性、從而對他人和環境所形成的依賴性、隨後所出現的情緒變化無常的易感性、易受影響性、模糊性，以及被使用時的不可信賴性。人們始終不敵本身的劣勢功能，因為，人們不僅無法控制它們，甚至還淪為它們的受害者。

由於演講的時間有限，只能純粹地呈現心理類型學的基本觀念，無法逐一描述各個心理類型，這一點實在相當可惜。截至目前為止，我在這個領域全部的研究成果就是提出兩種普遍的態度類型——即內傾型和外傾型，以及四種功能類型——即思考型、情感型、感知型和直覺型。由於四種功能類型都各自隨著內傾和外傾而出現變化，因此，總共有八種心理類型。

人們曾幾近責備地質問我，為什麼偏偏要提到這四種功能，而不是少一點或多一點。實際上，我之所以會提出這四種心理功能，首先純粹是以經驗為依據。接下來的思考便能顯示，人們可以憑藉這四種功能而達到某種程度的完整性：感知確定了實際存在著什麼；思考讓我們認識到，存在的東西意味著什麼；情感可以讓我們察知，什麼是有價值的東西；最後，直覺則指出，目前所存在的一些關於過去和未來的可能性。因此，這樣的心理定向就像以經緯度表示地理定位那般地完備。這四大心理功能有點像羅盤的四個方

位，既是不可或缺的，也是專斷的。因此，沒有什麼東西可以阻礙我們把東、西、南、北這四大方位的基點，任意往這個或那個方向轉個幾度，並給予不同的名稱。畢竟方位只是一個約定俗成以及是否容易明瞭的問題罷了！

　　然而，有一點我必須承認：在我的心理探索旅程裡，我決不想再失去這只羅盤。這不只是基於每個人都被自己的想法所吸引的這個可想而知的、且極其人性化的理由，而且還基於測量和定向系統已經存在的這個客觀事實。此外，這個由四大心理功能所組成的定向系統還可以讓我們長期所缺乏的、且具有批判性質的心理學得以建立起來。

心理類型學 [1]

　　在人類本質的絕對相似性和絕對差異性這兩極之間，人們還會插入幾個
以規律性形式表達相似性和差異性的中間階段，也就是所謂的「類型」
或——誠如人們從前所稱謂的——「性情」，這是人類學術研究史早期一個
眾所周知的作法，也是人們好思考的理智所採取的行動。西元前五世紀的古
希臘哲學家恩培多克勒（Empedokles, 495-430）曾以秩序原則處理自然事物
的混亂。古希臘羅馬時期的醫生會把跟某些亦源於希臘自然哲學的屬性（諸
如乾燥、溫暖、潮濕、寒冷）相連結的秩序原則——即風、火、水和土這四
種元素——轉移到人類的本質上，並因此而試圖以有序的類別掌握人類本質
紛亂的多種多樣。在這些醫生當中，主要是由古羅馬帝國時期的希臘裔醫學
家蓋倫提出關於心理類型的學說，這套學說影響了歐洲對疾病和病人的學術
研究長達一千八百年左右。此外，蓋倫所劃分的四種性情的舊稱還透露了本
身的「體液病理學」（Humoralpathologie）的起源：憂鬱型的黑膽質
（melancholisch）、冷靜型的黏液質（phlegmatisch）——希臘文的 phlegma
（黏液）是指燃燒和發炎，德文的 Schleim（黏液）則被理解為發炎的結
果——活潑型的多血質（sanguinisch），以及躁動型的黃膽質（cholerisch）。
　　我們現代對於「性情」的觀點當然遠比從前更富有心理學意涵，因為，
「心靈」（Seele；或中譯為「靈魂」）這個概念經過兩千年的發展後，已大
幅脫離了那種關於冷與熱、黏液與膽汁的觀念。現在的醫生甚至不認為，個
體的性情——即某種心性狀態或易激動性（Erregbarkeit）——跟他本身的血
液和體液的性質有何瓜葛，不過，他們的專業以及以身體疾病的視角所進行

1　此篇論文 Psychologische Typologie 曾在一九三六年二月發表於《南德月刊》（*Süddeutsche Monatshefte*）。

的醫療處理，卻會經常誘惑他們成為心理學的門外漢，而且還把心靈視為腺體生理學（Drüsen-Physiologie）的一種具依賴性的、敏感的終端器官（Endorgan）。當然，現在的醫生所說的「體液」已不再是古希臘羅馬時期的醫生所謂的「體液」，而是仍令人難以捉摸的、能廣泛影響「心性」——作為性情方面的反應以及情緒性反應的化身——的賀爾蒙。整體的體質，也就是最廣義的體質，實際上和心靈的性情密切相關，由於它們的關係極其緊密，以致於當醫生們也把心靈現象主要視為一種對於身體的依賴時，都不該因此而受到責怪。

不論在什麼地方，心靈就是充滿生命力的身體，而充滿生命力的身體則是富含心靈的形骸；不論在什麼地方或採取什麼方式，我們都可以輕易地發覺心靈和身體的一體性，而且既應該從身體、也應該從心靈層面探索這種一體性。換句話說，這種一體性在研究者看來，應該既依託於身體，也依託於心靈。唯物主義的觀點賦予了身體優先權，而讓心靈屈居於次等現象和伴隨現象的地位，而且還把它當作所謂的「附帶現象」（Epiphänomen），而不再給予實質性。心靈現象取決於生理作用的這個看法本身，雖是一個不錯的研究假設，但在唯物主義裡，它卻變成了一種哲學的侵犯。所有關於生命體的、嚴肅的學術研究都會拒絕這種侵犯，因為，學術研究一方面總是在面對有生命的軀殼包含著一個未解的奧祕這個事實，但另一方面卻也無法否認這個事實的客觀性：身體現象和心靈現象之間存在著我們完全無法調解的對立，而且心靈現象的奧祕並不亞於身體現象的奧祕。

當人們對於心靈的看法——較之古希臘羅馬時期的觀點——已往自主化和抽象化發展數百年之後，唯物主義的侵犯才在近代具有可能性。然而，在古希臘羅馬時期，人們仍然把身體和心靈（靈魂）當作無法分離的統一體而一起看待，因為，他們還是未接受基督教的異教徒，所以，比較接近原始的史前時代。在史前時代裡，人格還未受到道德的撕裂，人們還可以在童稚的純潔以及沒有責任感的狀態裡，體驗本身作為完整的、無法被切割的整體。根據現存的莎草紙文獻的描述，古埃及人在死後向陰府判官認罪時，還顯得相當天真單純，他們會表示：「我不曾讓別人挨餓，不曾使別人哭泣，也不

曾殺害別人……」，如是等等。古希臘荷馬史詩裡的英雄，在充滿合情合理的神性和人性的自然世界裡流淚涕泣、放聲大笑、發狂咆哮、以智取勝並殺害他人。至於那些住在奧林匹斯山的古希臘眾神的家族，則在非常沒有責任感的狀態裡玩得很開心。

在這個哲學尚未出現的早期階段裡，人們過生活，也體驗生活，而且還受到本身的心性狀態的影響。只有激發心性的、讓心臟砰砰直跳的、讓呼吸急促或窘迫的、讓內臟受到干擾的東西，才會被當時的人們視為「與靈魂有關的東西」。因此，他們會優先把靈魂確定在橫膈膜——phrenes（橫膈膜）這個希臘字就相當於德語的 Gemüt（心性）——和心臟的部位上。後來，一些哲學家才開始把理性定位在頭腦裡。非洲有些民族基本上認為，自身的「想法」就存在於肚腹裡；美國西南印地安人的培布羅族（Pueblo-Indianer）則認為，人們是在心裡「思考」（「因為，只有瘋狂的人才在頭腦裡思考」）。在這個發展階段裡，意識就是身體和心靈的統一體的體驗以及所受到的影響。不過，當既開朗又悲慘的培布羅族開始思考時，便構想出一種分裂——哲學家尼采則認為，古波斯的祆教先知查拉圖斯特拉應該為這種分裂負責——也就是產生了一些二元對立的觀念，諸如單數和雙數、上和下、好和壞的區分。

這些二元對立的觀念也是早期畢達哥拉斯學派的產物；該學派的學說強調人們的道德責任以及罪惡在形而上方面所造成的嚴重後果，而且這些主張還透過他們所推行的那些玄妙的祕密宗教儀式，而在數百年後普遍盛行於民間，並且廣泛地遍布各個社會階層。柏拉圖早就以白馬和黑馬的比喻說明人類心靈的矛盾和困境，不過，在更早之前，畢達哥拉斯學派的祕密宗教儀式便已在宣揚陰界對死人在世行徑的褒善懲惡的那套理論。這種祕密儀式絕對無關於身處「幕後隱蔽世界的」哲學家那種鑽牛角尖的心理，或位於隱僻之處的神祕主義。早在西元前六世紀便已存在於大希臘（Magna Graecia）[2] 的

2　譯註：所謂的「大希臘」是指古希臘人自西元前八世紀開始，於小亞細亞、北非和義大利南部所建立的殖民城邦的總稱。大希臘城邦後來陸續被羅馬人占領，不過，在哲學、文學、藝術和建築等領域都對後來的羅馬文化產生了重大的影響。

畢達哥拉斯主義，其實有些類似城邦的宗教信仰。後來，畢達哥拉斯主義的
思想和祕密宗教儀式不僅沒有因為大希臘的沒落而完全消失，反而還在西元
前二世紀經歷了本身的哲學思想的復興，而且當時還對亞歷山卓城——北非
人文薈萃的港都——的知識界發揮了相當強烈的影響。畢達哥拉斯主義和猶
太先知的預言在相互碰撞後所形成的產物，還可以被視為基督教——作為一
種世界性宗教——的濫觴。

　　從古希臘文化融合另一種信仰的綜攝現象（Synkretismus）裡，產生了
一種對於人的分類，這種類型化完全不同於當時的醫生所遵奉的體液心理學
（Humoralpsychologie），而是一些介於古希臘哲學家巴門尼德（Parmenides,
ca.515-ca.450 B.C.）所指出的光明與黑暗、上與下這兩端的中間階段。這套
分類把人區分為三種，即肉身的個體、靈魂的個體和心理的個體。這種劃分
已不再是自然科學對於相似性和差異性的表述，而是一種批判的價值系統。
這種價值系統並非依據自然的顯現方式，而是依據倫理、哲學和神祕主義性
質的確定性。雖然，這不完全是「基督教式」的見解，但卻屬於使徒保羅傳
道時期的早期基督教的觀點。這種觀點的存在已證明了只會體驗、且被情緒
所擄獲的人們原本的一體性的分裂，因此，不該被低估。

　　在此之前，人們只是具有生命的存在者、被經驗者，以及未能深思地分
析本身的過去和未來的經驗者，但後來卻突然具有某種能力，而被迫面對三
種決定命運的、且負有道德責任的因素，也就是身體、靈魂和心理這三大因
素。人們在出生時，大概就已經確定，本身是否以肉身、靈魂或未決定要偏
向哪一方的中間狀態存在著。古希臘精神所具有的分裂已更形劇烈，而且還
意味深長地強調靈魂和心理，靈魂和心理便因此而無可避免地脫離了自然的
肉體，而獲得了自主性。因此，一切最高的終極目標便存在於道德的確定性
以及心理的、超世俗的（überweltlich）最終狀態裡，心理跟肉身的分離便擴
大為個體的心理和世俗世界的對立。畢達哥拉斯主義的二元對立原本所具有
的那種寬容的智慧便轉變成強烈的道德衝突，挑起警覺性和意識性，就跟挑
起自己與本身的衝突一樣，是再恰當不過的作法了！為了使所有的人類從原
本不負責任的、天真無邪的精神狀態裡——也就是從半睡半醒的狀態裡——

徹底清醒過來，並使他們轉入一種刻意地自我負責的狀態，人們已完全無法
再想到其他更有效的方法。

　　人們把以上的過程稱為文化發展，這無論如何都關乎區辨力和判斷力的
發展，當然也關乎意識的發展。在智識能力的意義上，認識和批判的增加已
為往後人類心理的發展創造了基礎。這種在各方面都已明確超越古希臘羅馬
人民的能力表現的心理產物，就是學術研究。雖然，此時人已和自然區別開
來，但卻得以因此而再度被適當地納入與自然的相互關係裡，因此，學術研
究便消除了人與自然的隔閡。假如人們無法藉由傳統的宗教信仰而保住本身
在形而上方面的特殊地位，大家所熟悉的「信仰和知識」的對立就會因此而
產生，而人們原有的特殊地位也會隨之落空。無論如何，自然科學都意味著
可以為肉體存在進行辯解的一個了不起的理由，在這個意義上，唯物主義甚
至是一種具有歷史公正性的表達。

　　人類的心靈本身也是一個相當重要的經驗領域。長久以來，它一直都屬
於形上學範疇，不過，從十七、十八世紀的啟蒙運動時期開始，以學術研究的
方法闡明心靈本質的嚴肅性嘗試便有增添的趨勢。人們當時以摸索的方式從感
官感知著手，而後才逐漸敢於探入聯想的領域，聯想這個研究方向最後便發展
成以馮特的「生理心理學」為頂峰的實驗心理學。在法國，許多醫生很快地認
同了比較偏重描述的心理學，而這也是法國心理學所特有的發展。此外，法國
心理學的奠基者特奧督·李波特（Théodule-Armand Ribot, 1839-1916）、心理
學家暨哲學家皮耶·賈內，以及史學家伊波利特·泰因（Hippolyte Taine, 1828-
1893）都在這方面貢獻卓著，而這些學術性嘗試的特徵就是心靈已消失在個別
的心理機制或心理作用裡。除了這些努力之外，還零星出現了一些現今可能被
人們稱為「全面式的研究方法」（Ganzheitsbetrachtung）的研究。這樣看來，
似乎這個研究方向源自於傳記學，尤其是源自於從前有一段頗為美好的時期所
出現的一些經常被稱為「喜於探知的」生涯敘說的作品。在這個脈絡裡，我想
到了十九世紀德國醫生作家尤斯迪努斯·柯爾納（Justinus Kerner, 1786-1862）
以及他撰寫的那部著名傳記《普雷佛斯特的女先知》（*Die Seherin von
Prevorst*）、十九世紀德國知名的新教牧師約翰·布倫哈特（Johann Christoph

Blumhardt, 1805-1880）和他那份關於自己如何以基督教的信仰治癒女教友果特莉繽・狄圖絲（Gottliebin Dittus）的報導。此外，為了正確地看待歷史，我在這裡也不該忽略歐洲中世紀天主教會所編寫的那部《聖徒與殉道者言行錄集》（*Acta Sanctorum*）。

　　一些當代的專家學者為了達到學術研究的目標，也會採用這條路線，例如維也納精神分析學家佛洛伊德、美國哲學家暨心理學家詹姆斯和日內瓦大學心理學教授弗洛諾依。詹姆斯和他的好友弗洛諾依曾試圖描述所有的心靈現象，並從整體來判斷心靈現象。佛洛伊德這位在維也納執業的精神科醫師也從個體人格的整體性與不可分割性出發，但卻局限於那個時代所主張的（驅力的）機制和個別心理作用的。此外，佛洛伊德還把人類圖像窄化成具有顯著「市民性的」、集體性的個人（Kollektivperson），而且還以片面的世界觀來進行意義的解釋。此外，令人感到可惜的是，這位精神分析學家後來屈服於醫學的誘惑，而以體液心理學的方式把心靈現象歸因於身體層面。他個人雖然感受到心靈的神聖不可侵犯性，而顯得有些膽怯，但卻也對長久以來屬於形上學領域的心靈採取了反抗的姿態。

　　相較於源自古希臘羅馬時期的那些關於體質的思想，佛洛伊德起初的心理學研究雖然是正確的，但後來在理論上卻想把一切再度歸因於被身體所制約的驅力，而讓自己也受制於從前的體質思想，至於我本人則是從心靈本身所固有的規律性這個看法出發。心靈和身體不論在任何地方都是無法切分的統一體，但它們在各自的本質上卻明顯地不同，以致於我們只能認為，心靈就跟身體一樣，都具有各自的本質性。只要我們無法了解心靈和身體的一體性，我們就只能分別地探討身體和心靈，而且首先似乎只能把這兩者當作互不依賴的獨立體──至少在它們的結構上──來處理。不過，我們卻日復一日地看到，身體和心靈之間並不是這種關係。因此，我們如果不想改變這種看法，就無法釐清任何關乎於心靈的東西。

　　我們就是認為，心靈具有本身所固有的規律性，因此，我們可以讓自己──暫時地──甩開把心靈的一切歸因於某些身體因素這個無法解決問題的任務，而把心靈的表現方式當作其自身本質的表達，並試著確定其中的規

律性或類型。我所提出的心理類型學涉及了心靈結構要素的說明，但它卻不是在描述某種體質類型（Konstitutionstypus）的心靈作用，德國當代精神病理學家克雷奇默對於體格和性格的對應關係的研究，便屬於這條研究路線。

我已在拙作《心理類型》裡，詳盡地呈現我個人對於純粹的心理類型化的嘗試。我在撰寫這本著作時，已行醫二十年，而且還因為診療的工作而有機會認識來自各個階層以及五湖四海的人們，而這些經驗就是我從事研究的基礎。年輕的醫生剛開始行醫時，總還想著臨床的病象和診斷，但隨著經驗的增加，就會逐漸獲得一些完全不同的印象，即人類個體驚人的多樣性，以及個案所顯示的大量而混亂的變異。個案特殊的性格和特殊的生活情況會導致病象的出現，如果人們對此還有興趣加以觀察，就會發現，這些病象或多或少會被強制套上某種臨床的診斷。所謂的臨床病象其實更是某些性格所偽裝的、或刻意表現的外顯，相較於這個事實所帶給我們的強烈印象，人們用哪個名稱來指謂這種失調的狀況，就顯得無關緊要了。

由於所謂的「情結」純粹是個體的某種性格傾向所造成的結果，因此，這些情結——作為精神官能症的「核心要素」——也是無足輕重的。這種情況最容易顯現在心理病患與原生家庭的關係裡。舉例來說，某個病患有四個兄弟姊妹，他在排行上既不是老大也不是老么，而且跟其他的手足一樣，接受相同的教育並擁有相同的生活條件，但是，其他的兄弟姊妹都健康無虞，而只有他生病。對他的個人狀況的檢查則顯示，他的兄弟姐妹也承受、甚至還忍受一連串相同的影響，但只有他因此而發病，至少看起來是這樣。實際上，這些影響並不是他生病的真正原因，而是後來出現的一些表面的、不實在的解釋。其實精神官能症真正的起因在於患者本身所固有的方式，比方說，患者接受和處理外在影響的方式。

在比較過許多個案之後，我逐漸明白，顯然一定有兩種截然不同的普遍態度存在著，因此，由較為高度分化的個人所組成的全體人類，也可以被區分為兩種類別。不過，實際的情況顯然不是這樣，所以，我們只能說：如果我們觀察的對象是較為高度分化的個人，就可以清楚地觀察到這兩種普遍態度的差別，換句話說，這兩種態度的不同必須超過一定的分化程度，才能被

觀察到，並有其實際的意義。上述的患者通常不屬於一般常見的類型，因此，無法在與生俱來的本能的基礎裡找到足夠的確定性。這種本能的不確定性是個體發展片面性態度的重要理由之一，個體的片面性態度與習慣有關，但最終卻是由遺傳所決定並促成的。

我把這兩種不同的基本態度稱為「內傾」和「外傾」。外傾的特徵就是對外在客體的關注，對外在事情的發展過程和要求抱持開明和熱忱的態度，因此，外傾者不僅影響它們，也讓自己接受它們的影響。他們對本身處於這種外傾狀態以及和他人的共同參與懷有樂趣和需求，而且能夠忍受忙碌和喧囂，甚至本身還樂在其中。此外，他們也會持續關注本身與周遭的人的關係，並維持自己和朋友及熟人之間的情誼，但卻不會吹毛求疵地挑剔自己所結交的人。他們相當重視如何影響以及是否影響自己的周遭世界，因此，非常樂於讓自己在公開的場合有所表現。與此相應的是，他們通常會儘可能把集體性賦予本身的世界觀及倫理道德，並格外強調利他主義，至於他們的良知則高度取決於周遭人們的意見。當別人「知道什麼」時，他們主要的道德考量才會展開，而且他們的宗教信念在某種程度上也受制於多數人的決定。

只要有一丁點兒可能，外傾者本身的主體就會處於隱晦之中。外傾者會以無意識遮掩主體，而讓自己無法察覺到它的存在，而且他們特別厭惡對本身的動機進行批判性檢驗。他們的祕密往往藏不了多久，就會跟別人分享。不過，如果他們真的有什麼無法向別人吐露的事情，就寧可忘記它們。他們不僅會避開任何可能損及自己在群體面前所表現出的樂觀和積極精神的東西，而且還會以信念和熱情展現自己的所思所欲，以及處理事情的方式。

外傾型的心靈生活在某種程度上是在周遭的環境裡──也就是在自身之外──進行的。他們活在別人之中，也和別人一起生活，但卻畏於面對自己。他們總覺得，自己的內在似乎潛伏著危險，所以，最好以忙碌來讓自己不去注意這些危險。如果他們懷有什麼「情結」，就會躲避該情結而逃向人群，並每天讓周遭的人多次向他保證，一切都沒有問題。如果他們不過於活躍、膚淺，以及愛出風頭，就顯然是、也會被凸顯為人類社會中有用的一分子。

在這份篇幅簡短的論文裡，我只能採取比較一般性和概略性的敘述。這樣的敘述最終應該可以把相當多的觀念材料傳達給讀者，如此一來，他們就可以在「外傾」這個概念裡，想到一些與自己對人的了解有關的東西。在這裡，我故意先談論外傾，因為，大家都普遍知道這種態度。外傾者不只以外傾態度過生活，而且原則上也會在別人面前表現出這種態度。除此之外，外傾態度也符合了人們的某些理想和道德要求。

反之，「內傾」是對主體、而非對客體的關注，而且這種態度不定向於客體，所以，無法立即而清楚地為人們所認識。換句話說，內傾者不會迎合客體，而是被認為，在客體面前始終退縮不前。他們自外於外在的發生，跟許多人在一起時，會表現得相當不合群，而不會一起參與活動。在比較大型的集會裡，他們會感到孤單和迷惘。愈多東西襲向他們，他們的抵抗就愈強烈。他們決不喜歡「在場」的感覺，對於參與和模仿也興趣缺缺。他們會儘可能排除外在的影響，以便可以依照自己的方式做事。他們的舉止表現往往是笨拙的，所以，經常顯得很拘束。他們時常因為自身某種生硬或悶悶不樂的難以親近性、或不合時宜的顧慮而怠慢或冒犯別人。他們身上那些較良善的特性主要是為自己保留的，所以，總是會努力地隱藏這些特性。他們比較多疑、固執，常常會感到自卑，也會因為這個緣故而對他人心生嫉妒。

他們對於客體的不安不是出於本身的畏懼，而是因為客體在他們看來，是負面的，且具有強制性和壓倒性，或甚至還帶有威脅性。因此，他們喜歡推測別人懷有不好的動機，始終很害怕自己會惹人笑話，本身通常很敏感，所以，會用帶刺鐵絲網的圍籬把自己包圍起來。不過，由於這些帶刺鐵絲網的圍籬通常很密實，因此，他們寧可有所行動，也不想讓自己常常待在裡面。在面對這個世界時，他們會使用擴大的安全系統，也就是由審慎、拘泥細節、節約、細心周到、謹小慎微、當心留神、令人難堪的正確性和客套，以及始終保持警覺的不信任感所組成的安全系統。由於他們具有批判性，會吹毛求疵，因此，他們的世界圖像缺乏愉悅的色調。在正常情況下，他們是悲觀和憂慮的，因為，他們認為，這個世界和人都不好，都會壓迫和制服個別的個體，所以，他們從不覺得自己為外界所接納。他們首先一定會依照自

己的批判性標準來衡量和評價這個世界的一切，然後，才以自己的方式接受這個世界，不過，頂多也只是間接地接受，而且最終只有那些基於許多他們的主觀原因而成為他們本身所擁有的東西，才會為他們所接受。

對內傾者來說，與自己打交道是一種樂趣。他們自身的世界是一個安全的避風港，是一座他們急於保護的、由銅牆鐵壁所圍砌起來的花園。對於群眾而言，內傾者的世界是隱藏的，是人們的好奇心所無法探知的。他們所往來的那一伙人，就是他們最喜歡的社交圈子。他們在自己的世界裡感到舒服安適，因為，只有他們改變的東西才會出現改變。他們最好的能力表現就是他們出於自願、且用自己的辦法和方式所達成的種種。如果他們經過了一個為期較長的、往往是艱難的同化過程，而把陌生的東西變成自己的東西，那麼，他們也會因此而有某些出色的表現。人群、團體裡的多數、社會輿論，以及一些大家普遍熱中的東西，不僅無法說服他們，反而只會使他們更加躲入他們那個無法被攻破的外殼裡。

只有當內傾者獲得自身安全的保證時，也就是當他們解除自身那種基於自我保護的猜疑時，他們跟別人的關係才會變得溫暖而平和。不過，他們卻無法經常如此，因此，他們會把所交往的朋友和熟人的圈子儘可能縮小。這種類型的心靈生活完全在主體的內在裡進行，而且對於周遭的人們是隱藏的。當他們的內在世界出現任何衝突或困難時，他們就會緊鎖心扉，會把自己連同本身的情結封閉起來，直到自己陷入與外界徹底阻絕的孤立狀態。

儘管內傾者具有這些特點，但他們決不是失敗者中的一員。他們退回自己本身並不意味著已永遠拒絕這個世界，而是要讓自己不受到打擾，因為，只有處於這種狀態，他們才有可能對群體的生活做出貢獻。這種類型的人會讓自己遭受許多誤解，這其實不是沒來由的，因為，承受這種誤解根本是他們自找的。他們會因為別人對他們的不解而暗自感到高興，也會因為被誤解而讓本身悲觀的世界觀再度獲得證實而感到滿意，因此，他們也應該為他人的誤解承擔一定的責任。人們會指責他們的冷漠、自負、驕傲自滿、自私自利、執拗、頑固不化等，而且還會出言告誡他們，對於社會目標無私的奉獻、以開放的態度面對這個世界、展現樂於冒險的精神，以及毫無保留地信

任推動一切的東西，才是一個充滿活力的健全生命所具備的特徵以及真正的美德。內傾者會碰到這樣的情況，絕對是其來有自。

內傾者雖然知道，有這樣的美德、而且或許在某一個地方（但卻不在他們所熟識的人當中）還有這種受到上帝恩賜、而具有十足理想性格的人存在，不過，他們的自我批判以及對本身動機的自覺，卻早已對自己具有這類美德不抱絲毫幻想，他們本身多疑的目光還會因為內心的恐懼而增強，而往往讓周遭的人們看出他們的偽裝。這個世界和人對他們來說，就是干擾和危險，而不是最終可以讓他們有所依從的有效性。在他們看來，只有自己的主觀世界才具備有效性，當他們偶爾糊塗時，甚至還相信，自己的主觀世界是客觀的。如果他們完全確信，只有一個客觀的世界存在時，人們就可以毫不遲疑地責備他們身上那種最糟糕的主觀主義，甚至是病態的個人主義。不過，這種內傾者的真相卻不是一個不證自明的命題（Axiom），而只是呈現了一半的真相，至於另一半的真相則存在於個別的個人最終所看到的世界。換句話說，進行察知的主體如果不存在，這個世界也就不存在了！主體也可能是微小的，而且不引人注目。它就相當於貫通個體和世界現象的那座橋梁的橋墩，而且是靠近個體這一邊的橋墩。個體對主體的採用絕對是依據心靈的狀況，因此，跟個體對所謂的「客觀世界」的採用具有同等的有效性。心靈的狀況是一種真實，心靈的定律則是心靈所固有的性質，而不只是從屬的性質。

內傾和外傾這兩種相反態度的作用無所不在，連人類的思想史也留下了它們的烙印。德國詩人席勒早已大大地料想到這兩種態度所造成的一些疑難問題，而他的《審美教育書簡》[3]這部美學經典就是以這些問題為基礎所撰寫而成的。不過，由於他當時還不知道「無意識」這個概念，因此，無法為這些疑難問題找到令人滿意的解答。至於最有資格處理這類問題的哲學家，卻不喜歡讓本身的思考功能接受基本的心理學批判，因此，他們會避開這方面的討論，儘管人類心靈態度的二元對立顯然對哲學家的觀點產生了極其重大

3　　{Vgl. Paragr. 101ff. dieses Bandes.}

的影響。

外傾者在先驗上會對客體感興趣，也會受到客體的吸引，正如內傾者在先驗上會關注內在的主體和心靈的狀況一樣。人們可以使用、也應該使用「神聖的重心」（numinaler Akzent）來表達這種情況，因為，對於外傾者來說，正面的意義和價值主要存在於客體，因此，客體從一開始便在外傾者所有的心靈過程裡扮演支配、制約和引導個體的角色。反之，主體在內傾者身上也扮演這樣的角色。

神聖的重心不只會選擇主體或客體，也會選擇人們優先使用的意識功能。我把人類的心理功能區分為四種，即「感知」、「思考」、「情感」和「直覺」。基本上，感知是在確定有什麼事物存在，情感是在確定什麼是有價值的事物，思考是在確定事物的意義，直覺則是對於過去的推測以及對於未來的預知。我把感知和直覺稱為非理性的察覺功能，因為，這兩種功能只關注發生和存在的事物；相反地，思考和情感則是理性的判斷功能。由於直覺並不關注當前的存在，而比較關注感官無法知覺的可能性，所以，不太受到當前現實的影響，但感知作為一種察知現實的功能，就會在個體裡阻礙直覺活動的同時發生。同樣地，思考也和情感對立，因為，思考不會因為情感價值而轉移自己的注意力或讓自己受到影響，而且情感大多會因為過多的思考而受到損害。因此，如果我們把這四大心理功能整理成一張示意圖，就會出現一個由水平的理性軸線和垂直的非理性軸線所組成的數學座標。

當然，這四種定向功能不一定包含意識的心靈（bewußte Seele）所提供的一切，比如意志和記憶──或更確切地說，回憶──就不包括在內。其原因就在於這四種定向功能的區別，就是以十分依憑經驗的方式對功能性態度進行類型劃分的結果。換句話說，有些人把神聖的重心擺在感知上，也就是對於現實情況的察覺上，並把現實情況提升為唯一具有制約性和指導性的原則。在這些著重事實的人們身上，智識的判斷以及情感和直覺都因為事件般的事實所代表的重大意義而退居次要地位。不過，如果重心落在思考上，個體就會對事實有所判斷，而判斷就是賦予事實某種意義，這便單單取決於個體是以何種方式接受既有的事物。如果情感成為神聖的重心，個體的適應便

完全取決於外在事實被賦予多少的情感價值。最後，如果個體把神聖的重心置於直覺上，已存在的現實只要在個體看來彷彿蘊藏著可能性，這些可能性就會獲得動機力量的所有重要性，此時個體就會毫不在意當前現實的存在。

隨著神聖的重心分別落在四大心理功能裡，四種功能類型便於為產生。我本人起初是在與人接觸的經驗裡，察覺到這四種功能類型的存在，經過許久之後，我才系統性地論述這些心理類型。在實際的情況裡，這四種功能類型一直都跟內傾或外傾的態度類型結合在一起。換句話說，功能的表現還增添了內傾或外傾的變化，所以，一共可以組合出八種可被證明實際存在的功能類型。在這份篇幅不長的論文裡，我當然無法一一呈現這八種心理類型在意識或無意識現象裡的特有心理，因此，我必須請讀者參閱《心理類型》這部我曾提過的拙作。

心理類型學的目的決不在於把人區分成幾個類別，畢竟這種作法本身實在毫無意義。其實，它代表一種具有批判性質的心理學，而且應該能完成心理學方法的研究以及心靈的經驗材料的整理。心理學研究者需要明確的觀點和指導方針來整理大量且近乎混亂的個體經驗，因此，心理類型學對他們主要是一種具有批判性的研究工具。在這個意義上，人們還可以把心理類型學和占星學的星象、甚至和清晰的座標系統相比較。其次，心理類型學也有助於人們掌握個體之間的差異，而且還能為一些具有基本差異性的心理學觀點主要所出現的可能性，提供明確的方向。最後但同樣重要的是，心理類型學也是臨床心理學家確定自身的個人方程式（persönliche Gleichung）[4]的重要工具。如果他們藉此而確切地認識本身的優勢和劣勢功能，就可以避免在判斷患者的病情時，出現差錯而造成嚴重的後果。

這個由我本人以臨床經驗為基礎而建立的心理類型學系統，試圖在心理學觀念的形成裡，賦予至今已獲普遍認識、且看似無窮盡的個體差異某種基礎和架構。在心理學這門還算年輕的學科裡，任何一種具有限制的確定性遲早都會變得無可避免，因為，心理學家們總有一天必須在某些已擺脫專斷解

4　譯註：關於這個專有名詞，請參照本書第一章第一節。

釋的基礎上，彼此達成共識。總之，他們的心理學不該繼續停留在不合乎科
學的、隨機混合個人意見的紛亂狀態。

參考文獻

ADLER, Alfred: Studie über Minderwertigkeit von Organen. Berlin und Wien 1907.

— Über den nervösen Charakter. Wiesbaden 1912.

AMBROSIUS: De Institutione Virginis. Migne PL XVI col. 315–348. Siehe auch Bibliothek der Kirchenväter. Hg. von O. Bardenhewer u. a. Bd. 32. Kempten und München 1917.

AMBROSIUS (Pseudo-): Expositio beati Ambrosii Episcopi super Apocalypsin. Paris 1554.

ANGELUS SILESIUS (Johann Scheffler): Cherubinischer Wandersmann. Sämtl. poet. Werke III. Hg. von H. L. Held. München 1924.

ANQUETIL DU PERRON, Abraham Hyacinthe: Siehe Oupnek'hat, Das.

ANSELM VON CANTERBURY: Proslogion seu Aloquium de Dei Existentia. In Sancti Anselmi Cantuariensis Monologium et proslogion nec non liber pro insipiente cum libro apologetico. Tubingae 1858.

ANTHANASIUS: Siehe BUDGE.

Atharvaveda. Siehe DEUSSEN.

AUGUSTINUS (S. Aurelius Augustinus): Opera omnia. Opera et studio monachorum ordinis S. Benedicti e congregatione S. Mauri. 11 Bde. Paris 1836–1838.

— Contra Epistolam Manichaei. Migne PL XLII col. 173–206.

— Sermones. Migne PL XXXVIII col. 1006.

AVENARIUS, Richard: Der menschliche Weltbegriff. Leipzig 1905.

AZAM, Charles Marie Etienne-Eugène: Hypnotisme, double conscience et altérations de la personnalité. Paris 1887.

BALDWIN, James Mark: Handbook of Psychology: Senses and Intellect. London und New York 1890.

BARLACH, Ernst: Der tote Tag. Drama in fünf Akten. Berlin 1912.

BARTSCH, Karl [Hg.]: Siehe *Meisterlieder der Kolmarer Handschrift.*

Bhagavad Gîtâ. In: Sacred Books of the East VIII.
    Siehe auch MÜLLER, Max.

Bhâgavata Purâna. Ins Englische übersetzt von S. Subbarau. Vyasa-Press. Tirupati 1928.

BINSWANGER, Ludwig: Über das Verhalten des psychogalvanischen Phänomens beim Assoziationsexperiment. In: JUNG (Hg.) Diagnostische Assoziationsstudien II (Leipzig 1910) pp. 113–195.

BJERRE, Paul: Zur Radikalbehandlung der chronischen Paranoia. In: *Jahrbuch für psychoanalytische Forschung* III (Leipzig und Wien 1911) pp. 795–847.

BLAKE, William: The Writings of William Blake. 3 Bde. London 1925.

BLEULER, Eugen: Die negative Suggestibilität. In: *Psychiatrisch-neurologische Wochenschrift* VI (Halle 1904) pp. 249–269.

— Affektivität, Suggestibilität, Paranoia. Halle 1906.

— Zur Theorie des schizophrenen Negativismus. In: *Psychiatrisch-neurologische Wochenschrift* XII (Halle 1910/1911) pp. 171–176, 184, 189, 195.

— Lehrbuch der Psychiatrie. Berlin 1916.

BOUSSET, Wilhelm: Hauptprobleme der Gnosis. (Forschung zur Religion und Literatur des Alten und Neuen Testaments 10) Göttingen 1907.

Brihadâranyaka-Upanishad. Siehe DEUSSEN.

    Siehe auch Sacred Books of the East XV.

BUBER, Martin: Siehe Ekstatische Konfessionen.

BUDGE, E. A. Wallis: The Book of Paradise. 2 Bde. London 1904 (bezüglich S. ATHANASIUS: The Life of St. Anthony I, pp. 3–108).

— The Gods of the Egyptians. 2 Bde. London 1904.

[BÜTTNER, Hermann:] Meister Eckehart's Schriften und Predigten. 2 Bde. Hg. und übers. von H' B'. Jena 1917.

Çânkhâyana-Brâhmanam. Siehe DEUSSEN.

Çatapatha-Brâhmanam. Siehe DEUSSEN.

Chândogya-Upanishad. Siehe DEUSSEN.

    Siehe auch Sacred Books of the East I.

COHEN, Hermann: Logik der reinen Erkenntnis. Berlin 1902.

CUMONT, Franz: Textes et monuments figurés relatifs aux mystères de Mithra. 2 Bde. Brüssel 1896/1899.

Çvetâçvatara-Upanishad. Siehe DEUSSEN.

    Siehe auch Sacred Books of the East XV.

DANTE ALIGHIERI: Die göttliche Komödie. Übersetzt und erläutert von Friedrich Notter. 2 Bde. Stuttgart 1871/1872.

DESSOIR, Max: Geschichte der neueren deutschen Psychologie. 2 Bde. 2. Aufl. Berlin 1902.

DEUSSEN, Paul: Allgemeine Geschichte der Philosophie. 2 Doppelbde. 2. Aufl. Leipzig 1906/1915.

— Sechzig Upanishad's des Veda. Aus dem Sanskrit übersetzt und mit Anleitungen und Anmerkungen versehen. 3. Aufl. Leipzig 1938.

DIELS, Hermann: Die Fragmente der Vorsokratiker griechisch und deutsch. 2 Bde. 3. Aufl. Berlin 1912.

EBBINGHAUS, Hermann: Grundzüge der Psychologie. 2 Bde. Leipzig 1905/1913.

EBERSCHWEILER, Adolf: Untersuchungen über die sprachliche Komponente der Assoziation. In: *Allgemeine Zeitschrift für Psychiatrie und psychisch-gerichtliche Medizin* LXV (Berlin 1908) pp. 240–271.

ECKHART, Meister: Siehe BÜTTNER.

Ekstatische Konfessionen. Gesammelt von Martin Buber. Jena 1909.

FÉRÉ, Charles Samson: Note sur des modifications de la résistance électrique sous l'influence des excitations sensorielles et des émotions. In: *Comptes rendus hebdomadaires des séances et mémoires de la Société Biologie* XL (Paris, 3. März 1888) pp. 217–219.

FERENCZI, Sandor: Introjektion und Übertragung. In: *Jahrbuch für psychoanalytische und psychopathologische Forschungen* I (Leipzig und Wien 1909) pp. 422–457.

FERRERO, Gauillaume: Les Lois psychologiques du Symbolisme. Übersetzung. Paris 1895.

FICHTE, Immanuel Hermann VON: Psychologie. 2 Bde. Leipzig 1864/1873.

FINCK, Franz Nikolaus: Der deutsche Sprachbau als Ausdruck deutscher Weltanschauung. Marburg 1899.

FLOURNOY, Théodore: Des Indes à la planète Mars. Etude sur un cas de somnambulisme avec glossolalie. 3. Aufl. Paris und Genf 1900.

— Nouvelles Observations sur un cas de somnambulisme avec glossolalie. In: *Archives de Psychologie* I (1901) pp. 101–255.

— La Philosophie de William James. Saint-Blaise 1911.

— Une Mystique moderne. In: *Archives de Psychologie* XV (1915) pp. 1–224.

FREUD, Sigmund: Zur Psychopathologie des Alltagslebens. Gesammelte Schriften IV. Wien 1924.

— Die Traumdeutung. Gesammelte Schriften II. Wien 1925.

FROBENIUS, Leo: Das Zeitalter des Sonnengottes. Berlin 1904.

Garuda-Purâna Pretakalpa. Vgl. Der Pretakalpa des Garuda-Purana. Eine Darstellung des hinduistischen Totenkultes und Jenseitsglaubens. Aus dem Sanskrit übersetzt und erklärt von Emil Abegg. 2. Aufl. Berlin 1956.

GOETHE, Johann Wolfgang VON: Werke. Vollständige Ausgabe letzter Hand. 31 Bde. Cotta, Stuttgart 1827–1834.

— Prometheus. Dramatisches Fragment (1773). Bd. VII.

— Pandora. Ein Festspiel. Bd. X.

— Geheimnisse. Bd. II.

— Briefwechsel mit Schiller in den Jahren 1794–1805. Hg. von Hans Heinrich Borcherdt. 2 Bde. Berlin, Leipzig, Wien, Stuttgart 1914.

GOMPERZ, Theodor: Griechische Denker. Eine Geschichte der antiken Philosophie. 2 Bde. 3. Aufl. Leipzig 1911/1912.

GROSS, Otto: Die zerebrale Sekundärfunktion. Leipzig 1902.

— Über psychopathische Minderwertigkeiten. Wien und Leipzig 1909.

HARTMANN, Eduard VON: Die moderne Psychologie. Ausgewählte Werke. Bd. 13. Leipzig 1901.

HASE, Karl August: Kirchengeschichte. 10. verbesserte Aufl. Leipzig 1877.

HEGEL, Georg Wilhelm Friedrich: Sämtliche Werke. Jubiläumsausgabe in 20 Bdn. Hg. von Hermann Glockner. Stuttgart 1927/1940.

— Vorlesungen über die Ästhetik I, Bd. 12.

— Logik. Bd. 4 und 5. Zitiert bei R. Eisler, Wörterbuch der philosophischen Begriffe. 3. Aufl. Berlin 1910.

HERAKLIT: Siehe DIELS.

HERBART, Johann Friedrich: Psychologie als Wissenschaft, neu gegründet auf Erfahrung, Metaphysik und Mathematik. Sämtliche Werke. Hg. von G. Hartenstein. Bd. 6/II. Leipzig 1850.

[HERMAS:] Hermae Pastor. Migne PG II col. 891 ff. Vgl. auch: Der Hirt des Hermas. In: Edgar HENNECKE, Neutestamentliche Apokryphen. 2. Aufl. Tübingen 1924.

Içâ-Upanishad. Siehe DEUSSEN.

Siehe auch Sacred Books of the East I.

INOUYE, Tetsujiro: Die japanische Philosophie. In: WUNDT u. a.: Allgemeine Geschichte der Philosophie. (s. d.)

JAMES, William: Pragmatism. A New Name for Some Old Ways of Thinking. London und New York 1911.

JERUSALEM, Wilhelm: Lehrbuch der Psychologie. 5. Aufl. Wien und Leipzig 1912.

JODL, Friedrich: Lehrbuch der Psychologie. 2 Bde. 3. Aufl. Stuttgart und Berlin 1908.

JORDAN, Furneaux: Character as Seen in Body and Parentage. 3. Aufl. London 1896.

JULIANUS Apostata: Oratio IV, In regem Solem. Juliani Imp. Opera omnia. Lipsiae 1696.

— Oratio V, In Matrem deorum. Juliani Imp. Opera omnia. Lipsiae 1696.

JUNG, Carl Gustav*: Die Beziehung zwischen dem Ich und dem Unbewußten. Reichl, Darmstadt 1928. Neuausgabe Rascher, Zürich 1933. Neuaufl. 1935, 1939, 1945, 1950, 1960 und (Paperback) 1966. Studienausgabe Walter, Olten 1971 [GW VII (1964, vollst. rev. ⁴1989)]

— Diagnostische Assoziationsstudien. Beiträge zur experimentellen Psychopathologie. Hg. von C' G' J'; von ihm verfaßt die Beiträge I (mit F. RIKLIN), III, IV, VI, VIII und IX. 2 Bde. Leipzig 1906/1910. Neuaufl. 1911, 1915. [GW II (1979, ³1991)]

— Der Inhalt der Psychose. (Schriften zur angewandten Seelenkunde III) Deuticke, Leipzig und Wien 1908. Erweiterte Neuaufl. 1914. [GW III (1968, ⁴1990)]

— Instinkt und Unbewußtes. In: Über die Energetik der Seele. 1928. Bzw.: Über psychische Energetik und das Wesen der Träume. (Psychologische Abhandlungen II) Rascher, Zürich 1948. (Paperback) 1965. Studienausgabe Walter, Olten 1971. [GW VIII (1967, vollst. rev. 1976, ⁶1991)]

— Kryptomnesie. In: Die Zukunft XIII/50 (1905) pp. 325–334. [GW I (1966, ⁴1989)]

— Die Psychologie der Übertragung. Erläutert an Hand einer alchemistischen Bilderserie für Ärzte und praktische Psychologen. Rascher, Zürich 1946. [GW XVI (1958, vollst. rev. ⁵1991)]

— Die Psychologie der unbewußten Prozesse. 1917. Umgearbeitet in: Das Unbewußte im normalen und kranken Seelenleben. 1926. Abgeändert in: Über die Psychologie des Unbewußten. (s. d.)

— Psychologie und Alchemie. (Psychologische Abhandlungen V) Rascher, Zürich 1944. Rev. Neuaufl. 1952. [GW XII (1972, ⁶1990)]

— Symbole der Wandlung. Analyse des Vorspiels zu einer Schizophrenie. Rascher, Zürich 1952. 4., umgearbeitete Aufl. von: Wandlungen und Symbole der Libido (1912). [GW V (1973, ⁶1991)]

— Symbolik des Geistes. Studien über psychische Phänomenologie, mit einem Beitrag von Riwkah SCHÄRF. (Psychologische Abhandlungen VI) Rascher, Zürich 1948. Neuaufl. 1953. [JUNGS Beiträge GW IX/1 (1976, ⁸1992); XI (1963, vollst. rev. 1988, ⁶1992) und XIII (1978, ⁴1993)]

— Synchronizität als ein Prinzip akausaler Zusammenhänge. In: C. G. JUNG und W. PAULI: Naturerklärung und Psyche. (Studien aus dem C. G. Jung-Institut IV) Rascher, Zürich 1952. [GW VIII (1967, vollst. rev. 1976, ⁶1991)]

* In diesem Band zitierte Werke, alphabetisch. Die der letzten Jahreszahl vorangestellte kleine Nummer gibt die bisherige Auflage an.

— Die transzendente Funktion. In: Geist und Werk. Festschrift zum 75. Geburtstag von D. Brody. 1958. [GW VIII (1967, vollst. rev. 1976, [6]1991)]

— Über die Bedeutung des Unbewußten in der Psychopathologie. In: *British Medical Journal* II (London 1914) pp. 964–966. Übers. aus dem Englischen von Hans Thiele-Dohrmann. [GW III (1968, [4]1990)]

— Über die Psychologie der Dementia praecox. Halle 1907. [GW III (1968, [4]1990)]

— Über die Psychologie des Unbewußten. Zürich 1943. Erweiterte Aufl. von: Das Unbewußte im normalen und kranken Seelenleben. Zürich 1926. [GW VII (1964, vollst. rev. [4]1989)]

— Über die psychophysischen Begleiterscheinungen im Assoziationsexperiment. In: *Journal of Abnormal Psychology* I (1907) pp. 247–255. Übers. aus dem Englischen von Sabine Lucas. [GW II (1979, [3]1991)]

— Über psychische Energetik und das Wesen der Träume. (Psychologische Abhandlungen II) 2., vermehrte und verbesserte Aufl. Rascher, Zürich 1948. (Paperback) 1965. [GW VIII (1967, vollst. rev. 1976, [6]1991)]

– – Von den Wurzeln des Bewußtseins. Studien über den Archetypus. (Psychologische Abhandlungen IX) Rascher, Zürich 1954. [Beiträge in verschiedenen Bänden verteilt: GW VIII (1967, vollst. rev. 1976, [6]1991), GW IX/1 (1976, [8]1992), GW XI (1963, vollst. rev. 1988, [6]1992), GW XIII (1978, [4]1993) und GW XVIII/2 (1981, [2]1993)]

— Wandlungen und Symbole der Libido. Leipzig und Wien 1912. Siehe Symbole der Wandlung.

— Zur Psychologie und Pathologie sogenannter occulter Phänomene. Diss. Mutze, Leipzig 1902. Studienausgabe Walter, Olten 1971. [GW I (1966, [4]1989)]

— und Karl KERÉNYI: Einführung in das Wesen der Mythologie. Das göttliche Kind / Das göttliche Mädchen. Rhein-Verlag, Zürich 1951. [JUNGS Beiträge: GW IX/1 (1976, [8]1992)]

KANT, Immanuel: Kritik der reinen Vernunft, Hg. von Kehrbach. Halle 1878.

— Kritik der praktischen Vernunft. Hg. von Kehrbach. Halle und Leipzig 1878.

— Logik. Ein Handbuch zu Vorlesungen. Hg. von G. B. Jäsche. Königsberg 1800. Zitiert bei R. Eisler, Wörterbuch der philosophischen Begriffe. 3. Aufl. Berlin 1910.

Kâthaka- oder *Katha-Upanishad.* Siehe DEUSSEN. Siehe auch Sacred Books of the East XV.

Kaushîtaki-Upanishad. Siehe DEUSSEN.

KERÉNYI, Karl und C. G. JUNG: Einführung in das Wesen der Mythologie. Siehe JUNG.

KING, Charles William: The Gnostics and Their Remains, Ancient and Mediveal. London 1864.

KÖNIG, Eduard: Ahasver, «der ewige Jude». Gütersloh 1907.

KÜLPE, Oswald: Grundriß der Psychologie. Leipzig 1893.

LANDMANN, S.: Die Mehrheit geistiger Persönlichkeiten in einem Individuum. Eine psychologische Studie. Stuttgart 1894.

LAO-TSE: Tao-te-king. Siehe DEUSSEN.

LASSWITZ, Kurd: Wirklichkeiten. Beiträge zum Weltverständnis. Leipzig 1900.

LEHMANN, Alfred: Die Hauptgesetze des menschlichen Gefühlslebens. 2. Aufl. Leipzig 1914.

LÉVY-BRUHL, Lucien: Les fonctions mentales dans les sociétés inférieures. Paris 1912.

LIPPS, Theodor: Ästhetik. Psychologie des Schönen und der Kunst. 2 Bde. Hamburg 1903/1906.

— Leitfaden der Psychologie. 3. Aufl. Leipzig 1909.

MAEDER, Alphonse: Über das Traumproblem. In: *Jahrbuch für psychoanalytische und psychopathologische Forschungen* V (Leipzig und Wien 1913), pp. 647–686.

Mahâbhârata. Siehe DEUSSEN.

    Siehe auch Sacred Books of the East.

Mânava-Dharmaçâstra. Siehe Sacred Books of the East XXV.

Manuscript. Oxford, Bodleian Library, Digby MS. 65. Von Godfrey, Prior of St. Swithin's Winchester. 13. Jahrhundert.

MARSILIUS FICINUS. Siehe SYNESIUS.

MATTER, M. Jacques: Histoire critique du Gnosticisme. 2 Bde. Paris 1828.

Meisterlieder der Kolmarer Handschrift. Hg. von Karl Bartsch. Bibliothek des Literarischen Vereins von Stuttgart. Bd. 68. Stuttgart 1862.

MEYRINK, Gustav: Der Golem. Leipzig 1915.

— Das grüne Gesicht. Leipzig 1915.

MIGNE, Jacques Paul: Patrologiae cursus completus. Series Latina. 221 Bde. Paris 1844–1880. [Hier zitiert als PL]

— Series Graeca. 116 Bde. Paris 1857–1866. [Hier zitiert als PG]

MÜLLER, G. E. und F. SCHUMANN: Über die psychologischen Grundlagen der Vergleichung gehobener Gewichte. In: *Pflügers Archiv für die gesamte Physiologie* XLV (Bonn 1889) pp. 37–112.

MÜLLER, Max: Sacred Books of the East. (s. d.)

NAHLOWSKY, Joseph Wilhelm: Das Gefühlsleben in seinen wesentlichsten Erscheinungen und Beziehungen. 3. Aufl. Leipzig 1907.

NATORP, Paul: Einleitung in die Psychologie nach kritischer Methode. Freiburg im Breisgau 1888.

NIETZSCHE, Friedrich Wilhelm: Werke. 16 Bde. Leipzig 1899–1911.

— Also sprach Zarathustra. Bd. VI.

— Die Geburt der Tragödie. Bd. I.

— Versuch einer Selbstkritik. In: Die Geburt der Tragödie.

— Vom Nutzen und Nachteil der Historie für das Leben. 2. Stück von: Unzeitgemäße Betrachtungen. Bd. I.

— Sanctus Januarius. In: Viertes Buch der Fröhlichen Wissenschaft. Bd. V.

NUNBERG, Hermann: Über körperliche Begleiterscheinungen assoziativer Vorgänge. In: JUNG (Hg.) Diagnostische Assoziationsstudien II (Leipzig 1910) pp. 196–222.

OLDENBERG, Hermann: Die Religion des Veda. Berlin 1894.

— Zur Religion und Mythologie des Veda. In: Nachrichten von der Königlichen Gesellschaft der Wissenschaften zu Göttingen. Philologisch-historische Klasse. Berlin 1916.

OSTWALD, Wilhelm: Große Männer. 3. und 4. Aufl. Leipzig 1910.

Oupnek'hat, Das. Die aus den Veden zusammengefaßte Lehre von dem Brahm. Aus der sanskrit-persischen Übersetzung des Fürsten Mohammed Daraschekoh in das Lateinische von Anquetil du Perron, in das Deutsche übertragen von F. Mischel. Dresden 1882.

Pancavinça-Brâhmanam. Siehe DEUSSEN.

PFEIFFER, F.: Deutsche Mystiker des vierzehnten Jahrhunderts. 2 Bde. Leipzig 1845/ 1857.

PLATO(N): Symposion. P's Gastmahl. Übersetzt von Rudolf Kassner. 2. Aufl. Jena 1906.

PORPHYRIUS: Siehe SCHULTZ.

POWELL, John Wesley: Sketch of the Mythology of the North American Indians. In: First Annual Report of the Bureau of Ethnology to the Secretary of the Smithsonian Institution 1879–1880. Washington 1881. pp. 19–56.

PRINCE, Morton: The Dissociation of a Personality. A Biographical Study in Abnormal Psychology. New York, London und Bombay 1906.

Râmâyana. Ins Englische übersetzt von T. H. Griffith. Benares und London 1870/1874.

RÉMUSAT, Charles DE: Abélard. 2 Bde. Paris 1845.

RIBOT, Théodule Armand: Die Persönlichkeit. Pathologisch-psychologische Studien. Berlin 1894.

— Psychologie der Gefühle. Altenburg 1903.

RIEHL, Alois: Zur Einführung in die Philosophie der Gegenwart. 4. Aufl. Leipzig und Berlin 1913.

Rigveda. Siehe DEUSSEN.

ROUSSEAU, Jean Jacques: Emile, ou de l'éducation. Paris 1851.

Sacred Books of the East. Hg. von Max Müller. 50 Bde. Oxford 1879/1910.

SALZER, Anselm: Die Sinnbilder und Beiworte Mariens in der deutschen Literatur und lateinischen Hymnenpoesie des Mittelalters. Linz 1886.

SCHÄRF, Riwkah: Die Gestalt des Satans im Alten Testament. In: C. G. JUNG: Symbolik des Geistes. (s. d.)

SCHEFFLER, Johann. Siehe ANGELUS SILESIUS.

SCHILLER, Friedrich VON: Über die ästhetische Erziehung des Menschen. Sämtliche Werke XVIII. Stuttgart und Tübingen 1826.

— Über naive und sentimentalische Dichtung. Sämtliche Werke XVIII. Stuttgart und Tübingen 1826.

— Über die notwendigen Grenzen beim Gebrauch schöner Formen. Sämtliche Werke XVIII. Stuttgart und Tübingen 1826.

— Briefwechsel mit Goethe. Siehe GOETHE.

SCHILLER, F. C. S.: Humanism. London 1906.

SCHOPENHAUER, Arthur: Die Welt als Wille und Vorstellung. In: Sämtliche Werke. Hg. von Eduard Grisebach. 6 Bde. Leipzig 1890/1891.

SCHULTZ, Wolfgang: Dokumente der Gnosis. Jena 1910.

SEMON, Richard: Die Mneme als erhaltendes Prinzip im Wechsel des organischen Geschehens. Leipzig 1904.

SILBERER, Herbert: Probleme der Mystik und ihrer Symbolik. Wien und Leipzig 1914.

SPENCER, Sir Baldwin und F. J. GILLEN: The Northern Tribes of Central Australia. London 1904.

SPITTELER, Carl: Prometheus und Epimetheus. Ein Gleichnis. Jena 1923.

STOBAEUS, Johannes: Eclogarum physicarum et ethicorum. Libri duo. Lugdunensi 1609.

SULLY, James: The Human Mind; a Text-book of Psychology. 2 Bde. London 1892.

SYNESIUS: De Somniis. In: Iamblichus De Mysteriis Aegyptiorum . . . Übersetzt von Marsilius Ficinus. Venedig 1497.

Taittirîya-Aranyakam. Siehe DEUSSEN.

Taittirîya-Brâhmanam. Siehe DEUSSEN.

Taittirîya-Samhitâ. Siehe DEUSSEN.

Taittirîya-Upanishad. Siehe DEUSSEN.

    Siehe auch Sacred Books of the East XV.

TALBOT, P. Amaury: In the Shadow of the Bush. London 1912.

TAYLOR, Henry Osborn: The Medieval Mind. 2 Bde. London 1911.

Tejobindu-Upanishad. Siehe DEUSSEN.

TERTULLIAN: Adversus Iudaeos. Migne PL II col. 595–642.

— Apologeticus adversus Gentes pro Christianis. Migne PL I col. 257–536.

— De carne Christi. Migne PL II col. 751–792. Siehe auch Bibliothek der Kirchenväter. Hg. von Hch. Kellner. 2 Bde. Kempten 1872.

Tishtriya-Lied. Siehe CUMONT.

Vâjasaneyi-Samhitâ. Siehe DEUSSEN.

Vedic Hymns. Siehe Sacred Books of the East XLVI.

VERAGUTH, Otto: Das psycho-galvanische Reflex-Phänomen. In: *Monatsschrift für Psychiatrie und Neurologie* XXI/5 (Berlin 1907) pp. 387–452.

VILLA, Guido: Einleitung in die Psychologie der Gegenwart. Leipzig 1902.

VISCHER, Friedrich Theodor: Auch Einer. 2 Bde. 9. Aufl. Leipzig 1902.

WARNECK, Johannes Gustav: Die Religion der Batak. Ein Paradigma für die animistischen Religionen des Indischen Archipels. (Relgions-Urkunden der Völker IV/I. Hg. von Julius Böhmer) Leipzig 1909.

WEBER, Albrecht: Indische Studien IX. Leipzig 1865.

WERNICKE, Carl: Grundriß der Psychiatrie in klinischen Vorlesungen. 3 Bde. Leipzig 1894/1900.

WORRINGER, Wilhelm: Abstraktion und Einfühlung. 3. Aufl. München 1911.

WULFEN, Willem VAN (Willem van Vloten): Der Genußmensch. Ein Cicerone im rücksichtslosen Lebensgenuß. München 1911.

WUNDT, Wilhelm: Grundriß der Psychologie. 5. Aufl. Leipzig 1902.

— Grundzüge der physiologischen Psychologie. 3 Bde. 5. Aufl. Leipzig 1902/1903.

— Logik. Eine Untersuchung der Prinzipien der Erkenntnis und der Methoden wissenschaftlicher Forschung. 3 Bde. 3. Aufl. Stuttgart 1906/1908.

— Philosophische Studien. Hg. von W' W'. 20 Bde. Leipzig 1883/1917.

— (u. a.): Allgemeine Geschichte der Philosophie. Leipzig 1909.

ZELLER, Eduard: Die Philosophie der Griechen in ihrer geschichtlichen Entwicklung dargestellt. 5 Bde. 2. Aufl. Tübingen 1856/1868.

西文與中文人名對照表

A

Abaerlard, Pierre　皮耶・**阿伯拉**

Adler, Alfred　阿佛烈德・**阿德勒**

Anastasius I.　**阿納斯塔修斯一世**

Anselm of Canterbury　坎特伯里的**安瑟倫**

Antiphon of Rhamnous　拉莫努斯的**安提豐**

Antisthenes　**安提西尼**

Aquinas, Thomas　托馬斯・**阿奎那**

Athanasius of Alexandria　亞歷山卓城的**亞他那修**

Augustin　**奧古斯丁**

Avenarius, Richard　理查・**阿芬那留斯**

B

Baldwin, James Mark　詹姆斯・**鮑德溫**

Bergaigne, Abel　阿貝爾・**貝庚尼**

Bergson, Henri　亨利・**柏格森**

Binet, Alfred　阿佛烈德・**比奈**

Blake, William　威廉・**布雷克**

Bleuler, Eugen　尤金・**布魯勒**

Blumhardt, Johann Christoph　約翰・**布倫哈特**

Budge, Sir Wallis　沃利斯・**巴奇爵士**

Burckhardt, Jacob　雅各・**布克哈特**

C

Caelestius　**賽勒西**

Calixtus I.　**加里斯都一世**

Cohen, Hermann　赫曼・**寇恩**

Galton, Sir Francis　法蘭西斯・**高爾頓爵士**

Gaunilo of Marmoutiers　馬爾毛帖的**高尼羅**

Gauss, Carl Friedrich　卡爾・**高斯**

Gillen, Francis J.　法蘭西斯・**吉倫**

Gomperz, Theodor　提奧多・**龔培茲**

Gross, Otto　奧圖・**格羅斯**

H

Hase, Karl August　卡爾・**哈瑟**

Héloise　**哀綠綺思**

Heraklit　**赫拉克利特**

Herbart, Johann F.　約翰・**赫巴**

Hippokrates　**希波克拉提斯**

Hoch, August　奧古斯特・**霍赫**

Höffding, Harald　哈拉德・**霍夫汀**

Hölderlin, Johann C. F.　約翰・**賀德林**

Hypatia　**希帕蒂亞**

J

James, William　威廉・**詹姆斯**

Janet, Pierre　皮耶・**賈內**

Jerusalem, Wilhelm　威廉・**耶路撒冷**

Jodl, Friedrich　弗利德里希・**尤德**

Jordan, F. R. C. S. Furneaux　費爾諾・**喬丹**

Justinian I.　**查士丁尼大帝**

K

Kerner, Justinus　尤斯迪努斯・**柯爾納**

King, Charles W.　查爾斯・**金恩**

Köhler, Ulrich Leopold　烏利希・**科勒**

Kretschmer, Ernst　恩斯特・**克雷奇默**

Kubin, Alfred　阿佛烈德・**庫賓**

Külpe, Oswald　奧斯華德・**屈爾佩**

L

Lasswitz, Kurd　庫特・**拉斯維茲**

Lavater, Johann Kaspar　約翰・**拉華特**

Lehmann, Alfred　阿佛烈德・**雷曼**

Lévy-Bruhl, Lucien　呂希安・**列維布呂爾**

Lipps, Theodor　提奧多・**利普斯**

Long, Constance E.　康絲坦斯・**隆恩**

Lord Beaconsfield　**畢肯斯菲德勛爵**

Lotze, Rudolf Hermann　魯道夫・**羅采**

Lullius, Raymundus　拉蒙・**柳利**

Luther, Martin　馬丁・路德

M

Maeder, Alphonse　阿方索・**梅德爾**

Matter, Jacques　雅各・**馬特**

Mayer, Robert　羅伯特・**麥爾**

Meister Eckhart　**埃克哈特大師**

Meyrink, Gustav　古斯塔夫・**麥林克**

Moleschott, Jacob　雅可布・**莫勒斯霍特**

Molière　**莫里哀**

Montanus　**孟他努**

Müller, Georg E.　格奧葛・**穆勒**

N

Nahlowsky, Joseph Wilhelm　約瑟夫・**納洛夫斯基**

Nestorius　**聶斯脫里**

Nicolai, Friedrich　弗利德里希・**尼可萊**

Nicoll, Maurice　莫里斯・**尼科爾**

Nutt, Alfred　阿佛烈德・**納德**

O

Origenes　**奧利金**

Ostwald, Wilhelm　威廉・**歐斯特華德**

P

Parmenides　**巴門尼德**

Pelagius　**伯拉糾**

Phidias　**菲迪亞斯**

Pius I.　**庇護一世**

Plotins　**普羅提諾**

Plutarch　**普魯塔克**

Porphyrius　**波菲利**

Powell, John W.　約翰・**鮑威爾**

Pythagoras　**畢達哥拉斯**

R

Radbertus, Paschasius　帕斯卡修斯・**拉貝圖斯**

Ratramnus　**拉特蘭努**

Ribot, Théodule-Armand　特奧督・**李波特**

Riegel, Alos　阿洛斯・**李格爾**

Rorschach, Hermann　赫曼・**羅夏克**

Roscellinus, Johannes　約翰・**羅賽林**

Rousseau, Jean-Jacques　尚一雅克・**盧梭**

S

Schiller, Friedrich　弗利德里希・**席勒**

Schultz, Wolfgang　沃夫岡・**舒茲**

Schumann, Friedrich　腓特烈・**舒曼**

Semon, Richard　理察・**賽蒙**

Seni, Giovanni Battista　喬萬尼・**塞尼**

Silesius, Angelus　安格魯斯・**希利修斯**

Smith, Sydney　西德尼・**史密斯**

Spencer, Sir Walter Baldwin　華爾特・**史賓賽爵士**

Spinoza, Baruch　巴魯赫・**史賓諾沙**

Spitteler, Carl　卡爾・**施皮特勒**

St. Ambrosius　**聖安布羅斯**

St. Antonius　**聖安東尼**

St. Bernhard　**聖貝納多**

St. Jerome　**聖杰羅姆**

Stilpon　**斯提波**

Stirner, Max　麥克斯・**施蒂納**

Sully, James　詹姆斯・**蘇里**

Swedenborg, Emanuel　伊曼紐・**斯威登堡**

Synesius　**西內修斯**

T

Taine, Hippolyte　伊波利特・**泰因**

Taylor, Henry Osborn　亨利・**泰勒**

Tertullian　**特圖良**

Themistocles　**特米斯托克力**

Tibullus　**提布魯斯**

西文與中文專有名詞對照表

A

Absicht　意向

Abstraktion　抽象化

Abstraktionsdrang　抽象衝動

Affekt　情緒

Affektempfindung　情緒感知

Affekthandlung　衝動行為

Affektivität　情緒性

Affektleben　情緒生活

Affektwert　情緒價值

Affinität　親和性

Affiziertsein　易感性

Akzidentien　非本質的屬性

All-Einheit　統一於一

allgemeines Ich　普遍的自我

alter ego　第二自我

anagogisch　解釋無意識寓意的

Analogie　類比

Analogieassoziation　類比聯想

Ânanda　狂喜

Anima　阿尼瑪

Animismus　泛靈信仰

Animus　阿尼姆斯

Anorganisch　無機的

anpassen; Anpassung　適應

Anschauung　具象的直觀

Aposteriorisch　後驗的

Apperzeption; apperzipieren　統覺

a priori; apriorisch　先驗的

archaisch　古老而原始的

Archaismus　古老的原始性

Archetypus　原型

Assimilation; assimilieren　同化

Assoziationsangst　連結的恐懼

Assoziationsprinzip　聯想原則

Assoziationsverlauf　聯想過程

assoziatives Denken　聯想性思考

ästhetische Beschaffenheit　審美的質素

ästhetische Stimmung　審美心境

Ästhetismus　審美主義

Ästhetizismus　唯美主義

Ätiologie　病因學

Âtman　眞我

Attribut　屬性

audition coloriée　色彩聽覺

Aufstauung　滯積

Ausgangsvorstellung　初始觀念

Auslebetheorie　縱欲理論

Automatismus　自動作用

äußere Persönlichkeit　外在人格

autonomer Komplex　自主情結

Axiom　不證自明的命題

B

bewußte Einstellung　意識態度

bewußte Seele　意識的心靈

bewußtes Ich　意識的自我

Bewußtsein　意識

Bewußtseinspsychologie　意識心理學

Bewußtseinsschwelle　意識閾限

Beziehungswahn　關係妄想

Bild　意象

Bildersprache　意象語言

Brahman　大梵

C

causa efficiens　動力因

causa finalis　目的因

characterological disposition　性格氣
　質

Charakter　性格

Charakterologie　性格學

Charakterspaltung　性格分裂

Collectivum　集合概念

consensus gentium　公眾的共識

D

das bewußte Innenleben　意識的內在生活

Dasein　此在；存有

das höchste Gut　至高的善

das Inhärenz-Prinzip　內屬性原則

das kollektive Unbewußte　集體無意識

deductio a priori　先驗演繹

Dementia praecox　早發性失智症

Denken　思考

Depersonalisieren　去個人化

der ethische Mensch　倫理人

der physische Mensch　自然人

die eleatische Schule　伊利亞學派

die James-Langesche Affekttheorie　詹郎二氏情緒論

Dienst am Selbst　自性崇拜

die valentinianische Schule　瓦倫廷學派

differenzieren; Differenzierung　分化

Ding an sich　物自身

Dinghaftigkeit　實物性

Disposition　氣質

Dissimilation; dissimilieren　異化

Doketen　幻影派

Drüsen-Physiologie　腺體生理學

Dynamismus　動力論

Dyophysiten　基督二性論者

E

einfühlen; Einfühlung　移情；移情作用

Einfühlungsdrang　移情衝動

Einheit　統一性；統一體

Einheit des Ich　自我的統一性

Einheit des Wesens　本質的統一性

einpassen; Einpassung　以完全融入的方式適應

Einstellung 態度

Einstellungstyp 態度類型

Eklektizismus 折衷主義

Elternimago 無意識中父母的影像

Elternkomplex 父母情結

Emotion 情緒

emotionaler Typus 情緒類型

Emotivität 易感動性

Empfänglichkeit 易感性

empfinden; Empfindung 感知

Empfindungsleben 感知生活

Empfindungsvorstellen 感知的設想

Enantiodromie 反向轉化

Endorgan 終端器官

Energetik 能量學

Energetiker 能量論者

Energiespannung 能量張力

Engramm 記憶痕跡

Entpsychologisierung 去心理化

Entsinnlichung 去感官化

Entsubjektivierung 去主體化

Entziehung der Libido 力比多的抽離

Erinnerungsbild 記憶影像

Erkenntnistheorie 認識論

Erregbarkeit 易激動性

Erscheinungskomplex 現象綜合體

Erschöpfung 耗竭

Exist; Existenz 存在

Exteriorisierung 外向化

Externalisation 外部化

Extraversion; extravertieren 外傾

Extraversionstypus 外傾型

extravertierter Intellekt 外傾的智識

F

familiäre Identifikation 家庭認同

Finalismus 目的論

Formtrieb 形式驅力

Frauendienst 女性崇拜

Fremdartigkeit 奇異性

Fühlen　情感

Funktion　功能

Funktionskomplex　功能綜合體

Funktionstyp　功能類型

G

Ganzheitsbetrachtung　全面式的研究
　方法

Gattungsbegriff　類概念

Gedanke　思維

Gefälle　位能的落差

Gefäßsymbolik　器皿象徵

Gefühl　情感

Gefühlsapperzeption　情感統覺

Gefühlsempfindung　情感感知

Gefühlsidee　情感觀念

Gefühlsintuition　情感直覺

Gefühlslogik　情感邏輯

Gegenpersönlichkeit　反面人格

Gegenstand　對象

Gegenstück　反面的對應物

Gemüt　心性

Gemütsform　心性形式

Gemütsvorgänge　心性的演變

generatio aequivoca　自然發生

gerichtete Funktion　導向性功能

gerichtetes Denken　導向性思考

Gerichtsein　導向性狀態

Gestalt　構形

Gnosis　諾斯底教派

Gottähnlichkeit　類神性

Gottesbild　上帝意象

Gottesdienst　上帝崇拜

Grenzbegriff　邊緣概念

Größe-Einheit　量的統一體

Grundtrieb　基本驅力

H

Hedonismus　享樂主義

Humoralpathologie　體液病理學

Humoralpsychologie　體液心理學

Hypostasierung　實體化

I

Ich　自我

Ichfunktion　自我功能

Ichgefühl　自我情感

Ich-Komplex　自我綜合體

Ich-Prozeß　自我過程

Ich-Psychologie　自我心理學

Ichpunkt　自我基點

Ichsuperiorität　自我優越性

Ichtrieb　自我驅力

Idealismus　唯心論

Idee　理型；觀念

idée-force　觀念的力量

ideelle Intuition　觀念直覺

Ideen-Einheit　觀念的統一體

Ideenlehre　理型論

Ideen-Realismus　理型唯實論

Identifikation; identifizieren　認同

Identität　同一性

Ideologismus　觀念主義

Illusion　幻覺

Imagination　想像

Imago　無意識影像

Impetus　原動力

Impuls　衝動

individualisieren; Individuation　個體化

Individualität　個體性

Individuum　個體

Infantil　嬰兒期的；嬰幼性的

infantiler Autoerotismus　嬰兒期的自淫

infantiler Wunsch　嬰兒期的願望

infantile Sexualität　嬰兒式性特質

Infantilismus　幼稚型症

Inhärenz　內屬性

innere Nötigung　內在敦促

innere Persönlichkeit　內在人格

Innervationserscheinung　神經刺激現象

Intellekt　智識

Intellektualismus　唯智主義

Introjektion　內向投射

Introversion; introvertieren　內傾

Introversion ins Unbewußte　內傾於無意識

Introversionstypus　內傾型

introvertierter Intellekt　內傾的智識

intuieren; Intuition　直覺

Intuitionismus　直覺主義

Inzest　近親相姦

irrationale Dynamis　非理性動能

Irrationalität　非理性

Irrealität　非實在性

K

Kasuistik　個案鑑別

Kindheitskomplex　童年情結

klinische Phänomenologie　臨床現象學

Kollektiveinstellung　集體態度

Kollektivgewissen　集體良知

Kollektivität　集體性

Kollektivmentalität　集體思維方式

Kollektivperson　集體性的個人

kompensieren; Kompensation　補償

Komplex　情結

Konkretismus　具體化

Konstitutionstypus　體質類型

Konstruicren　建構

konstruktiv　建構性的

Kontraktivwirkung　收縮效應

Konzeptualismus　概念論

Körperinnervation　身體的神經支配

Kosmogonie　宇宙起源論

Krankheitsbild　病象

Kryptomnesie　潛抑記憶

Kulturmensch　文化人

künstliche Subjektivierung　非自然的
　　主觀化

Kunsttrieb　藝術驅力

Kyniker　犬儒學派

L

Leidenschaft　熱情

leitende Fiktion　主導性假定

Libido　力比多

M

Machtabsicht　權力意向

Machtkomplex　權力情結

Machtpsychologie　權力心理

Machttrieb　權力驅力

magische Macht des Wortes　詞語魔力

magische Wirkung　魔力效應

Magna Mater　大母神

manischer Typus　躁症類型

Materialismus　唯物主義

Megariker　麥加拉學派

mehrwertige Funktion　優勢功能

Menschenverstand　常識

Mentalität　思維方式

minderwertige Funktion　劣勢功能

misautisch　自我憎恨的

Mittelstellung　中間立場

mittlerer Standpunkt　中間觀點

mittlere Stimmung　中間心境

Mneme　殘存於人類無意識裡的記憶
　　痕跡

Monophysiten　基督一性論者

Motivkraft　動機力量

mythische Identifikation　神祕認同

mystische Kollektivvorstellung　神祕
　　的集體觀念

N

Nachschwingung　後續震盪

nahe Analogie　近似類推

Narzißmus　自戀

Naturalismus　自然主義

nervöse Krankheit　神經疾病

nervous shock　神經性震慄

Nevellierung der Vorstellungen　觀念的齊平化

Nicht-Ich　非自我

Nominalismus　唯名論

Noumenon　本體

numinaler Akzent　神聖的重心

O

Objekteindruck　客體印象

objektiver Tatsachensinn　客觀事實感

Objektstufe　客觀層面

Ontologie　本體論

Opportunitätsinstinkt　投機本能

Optimismus　樂觀主義

Organisch　器質性的；生物有機的

Orientierung　定向

Originalität　原創性

P

Paradigma　範型

Paralogismus　不合邏輯的錯誤推斷

participation mystique　神祕參與

Persona　人格面具

persönliche Gleichung　個人方程式

Persönlichkeit　人格

Persönlichkeitsdissoziation　人格分裂

Persönlichkeitszerfall　人格解體

Perzeption　知覺

Perzeptionsbild　知覺意象

petitio principii　循環論證

Phantasie　幻想

Phantasiebild　幻想意象

Phantasma　幻象

philautisch　自戀的

Photismen　光幻覺

Phylogenese　種系發生

physiologische Psychologie 生理心理學

physiologische Typologie　生理類型學

Prädikat　述詞

Prädikation　述謂

Prädikationsprinzip　述謂原則

Prädisposition　先天遺傳傾向

Pragmatism　實用主義

Primärfunktion　主要功能

primum movens　第一推動者

Prinzip der Imagination　想像原則

Prinzip des kleinsten Kraftmaßes　最小
　作用量原理

Prinzip einer Minderbewertung　低價
　值的原則

principii individuationis　個體化原則

Projektion; projizieren　投射

Psychasthenie　精神衰弱

Psyche　心理

psychische Inertie　心理惰性

psychische Phänomenologie　心理現象
　學

psychischer Realismus　心理唯實論

psychisches Abbild　心理映象

psychisches Bild　心理意象

Psychoanalyse　精神分析學

psychodynamischer Zustand　心理動力
　狀態

psychogalvanisches Phänomen　心理電
　流現象

psychogen　心因性的

psychologische Differenzierung　心理
　分化

psychologische Symbiose　心理的共生
　現象

psychomotorisches System　心理動力
　系統

psychopatische Minderwertigkeit　心理
　病理的衰弱現象

Psychose　精神障礙

puer aeternus　永恆少年

R

Rapport　相互關係

Rationalität　理性

Raumscheu　空曠恐懼症

Rausch　恍惚迷醉

Reaktionshabitus　反應特徵

Realempfindung　現實感知

Realismus　唯實論

Realität　實在性

Realitätswert　實在性價值

reductio ad absurdum　歸謬法

Reduktion; reduzieren　還原

reduktiv　還原的；還原性的

Regel der Identität　同一律

Regression　退回；倒退

regressiv　退化的

regressive Extraversion　退化的外傾

regressive Introversion　退化的內傾

Regung　激動

Relativist　相對主義者

Reminiszenzkomplex　回憶情結

Reservat des Ich　保有自我

rezeptive Phantasietätigkeit　感受性的
幻想活動

S

sacrificium intellectus　智識的犧牲

Sammelbegriff　集合概念

Satz　命題

Schattenbild　陰影圖像

Schein　表象

Schlußkette　連鎖推理

schöpferische Dauer　創造性的持續存
在

schöpferische Phantasietätigkeit　創造
性的幻想活動

schöpferisches Weltprinzip　創造性的
世界原則

Schwellenwert　閾限值

scientia intuitiva　直覺的知識

Seele　心靈；靈魂

Seelenbild　心靈意象

Seelendienst　靈魂崇拜

Seelenfunktion　心靈功能

Seelisch Realität　心靈實在性

Sein　存在

Sejunktion　缺乏連結的隔離

sejunktive Persönlichkeit　缺乏連結的
　　隔離人格

sekundärer Charakter　次要性格

sekundärer Typ　次要類型

Sekundärfunktion　次要功能

Selbst　本質我

Selbstbehauptung　自我維護

Selbstentäußerung　自我擺脫

Selbstobjektivierung　自我客體化

Semiotik　符號學

Sensualismus　感官主義

Sermonismus　立言論

Sexualisierung　性欲化

Sexualkomplex　性情結

shut-in-personality　封閉人格

similia similibus curantur　同類法則

Sinnesempfindung　感官感知

sinnliche Libido　感官力比多

Sinnlichkeit　感官性

Solipsist　唯我論者

Sophist　詭辯學派辯士

sozialer Typus　社會類型

Sozietät　社會性；社群

Spannung　張力

Spiegelbild　鏡像

Spiegelwelt　鏡像世界

Spiritualismus　精神主義

spiritus phantasticus　幻想精神

Spontanität　自發性

Sprachmetaphysik　語言形上學

Stimmung　心境

Stofftrieb　物質驅力

Subjektivismus　主觀主義

Subjektstufe　主觀層面

Substantialität　實質性

Substanz　實質

Symbol　象徵

symbolische Einstellung　象徵態度

symbolische Ersetzung　象徵性替代

Symptomatologie　症狀學

Synkretismus　綜攝現象

synthetisch　綜合的；綜合性的

synthetisieren　綜合

T

Tagtraum　白日夢

Tapas　苦行

Tatbestand　事實情況

Tätigkeitstrieb　行動驅力

Tautologie　同義反覆；套套邏輯

Teleologie　目的論

Telepathie　心電感應

Temperament; temperament　性情

tender-minded　柔性傾向

Theosophie　神智論

Totalität　完整性

tough-minded　剛性傾向

Träger　載體

Transsubstantiationslehre　化體說

transzendent　超驗的；超越的

transzendental　先驗的

Transzendentalismus　先驗論

transzendente Funktion　超越功能

Trieb　驅力

Triebenergie　驅力能量

Triebkraft　驅力動力

Triebleben　驅力生活

triebmäßige Sinnlichkeit　驅力感官性

Triebprozeß　驅力過程

Trieb-Psychologie　驅力心理學

Triebrichtung　驅力方向

Triebvorgänge　驅力作用

Triebwesen　驅力體

Trinität　三位一體

Tritheismus　三位異體

Typus　類型

U

Überkompensieren　過度補償

Übertragung　轉移；轉移作用

überweltlich　超世俗的

Unbewußte　無意識

unbewußter Komplex　無意識情結

Universalia　共相

universalia ante rem　共相先於事物

universalia in re　共相存在於事物中

universalia post rem　共相後於事物

Unvereinbarkeit　互不相容性

unwillkürlich　非自主的

Urbild　原初意象

Ur-Eins　原初一體

Urteilsbildung　判斷的形成

urtümliches Bild　原初意象

V

verdrängen; Verdrängung　潛抑

Verdünnungsprozeß　稀釋過程

Vermögen　官能

Vermögenspsychologie　官能心理學

Verneinungslehre　否定理論

Verstand　理智

Vision　靈視；異象

Vitalismus　生機論

Vorlage　範式

Vorstellen　設想

Vorstellungskomplex　觀念群

Vorzugseinstellung　優先態度

W

Wahnvorstellung　妄想性意念

Weltanschauung　世界觀

Weltgrund　世界的本源

Weltvernunft　普世理性

Wesen　存在體

Wesenhaftigkeit　本質性

Wesenheit　客觀實體

Wesensform　本質型態

Wille　意志

Willensdisposition　意志的傾向

Willensvorgang　意志過程

Wirklichkeit　眞實性

wissenschaftliche Psychologie　科學心
　理學

Wortbegriff　詞語概念

Wortfetischismus　詞語崇拜

Wunscherfüllung　願望的達成

Wunschtendenz　願望傾向

Wunschtraum　表露願望的夢

Z

Zeichen　符號

Zurechnungsfähigkeit　責任能力

Zwangsabhängigkeit　強迫性依賴

Zwangsbindung　強迫性固定關係

Zwangsempfindung　強迫性感知

Zwangsneurose　強迫性精神官能症

Zwangsvorstellung　強迫觀念

Zweideutigkeit　雙義性

Zweiheit　二元性

zweite Persönlichkeit　二號人格

國家圖書館出版品預行編目資料

榮格論心理類型／卡爾‧榮格（Carl G. Jung）著；莊仲黎譯 . -- 初版 . -- 臺北市：
　　商周出版：家庭傳媒城邦分公司發行, 民 106.11

　　面；　公分

　　譯自：_Psychologische Typen_

　　　　ISBN 978-986-477-350-3（精裝）

　　1. 榮格 2. 心理類型

173.73　　　　　　　　　　　　　　　　　　　　　106019937

榮格論心理類型

原 著 書 名／_Psychologische Typen_
作　　　者／卡爾‧榮格（Carl G. Jung）
譯　　　者／莊仲黎
責 任 編 輯／賴芊曄

版　　　權／翁靜如
行 銷 業 務／李衍逸、黃崇華
總 編　 輯／楊如玉
總 經　 理／彭之琬
發　行　人／何飛鵬
法 律 顧 問／元禾法律事務所 王子文律師
出　　　版／商周出版
　　　　　　台北市 104 民生東路二段 141 號 9 樓
　　　　　　電話：(02) 25007008　傳真：(02)25007759
　　　　　　E-mail：bwp.service@cite.com.tw
　　　　　　Blog：http://bwp25007008.pixnet.net/blog
發　　　行／英屬蓋曼群島商家庭傳媒股份有限公司城邦分公司
　　　　　　台北市中山區民生東路二段 141 號 2 樓
　　　　　　書虫客服服務專線：(02)25007718；(02)25007719
　　　　　　服務時間：週一至週五上午 09:30-12:00；下午 13:30-17:00
　　　　　　24 小時傳真專線：(02)25001990；(02)25001991
　　　　　　劃撥帳號：19863813；戶名：書虫股份有限公司
　　　　　　讀者服務信箱：service@readingclub.com.tw
　　　　　　城邦讀書花園：www.cite.com.tw
香港發行所／城邦（香港）出版集團有限公司
　　　　　　香港灣仔駱克道 193 號東超商業中心 1 樓
　　　　　　E-mail：hkcite@biznetvigator.com
　　　　　　電話：(852) 25086231 傳真：(852) 25789337
馬新發行所／城邦（馬新）出版集團【Cite (M) Sdn. Bhd. 】
　　　　　　41, Jalan Radin Anum, Bandar Baru Sri Petaling,
　　　　　　57000 Kuala Lumpur, Malaysia.
　　　　　　Tel: (603) 90578822 Fax: (603) 90576622
　　　　　　Email: cite@cite.com.my

封 面 設 計／許晉維
排　　　版／極翔企業有限公司
印　　　刷／卡樂彩色製版印刷有限公司
經 銷　 商／聯合發行股份有限公司
　　　　　　電話：(02) 2917-8022 Fax: (02) 2911-0053
　　　　　　地址：新北市 231 新店區寶橋路 235 巷 6 弄 6 號 2 樓

■ 2017 年（民 106）11 月初版　　　　　　　　　　　　Printed in Taiwan
■ 2024 年（民 113）1 月 15 日初版 6 刷
定價 950 元

城邦讀書花園
www.cite.com.tw

| 廣　告　回　函 |
| 北區郵政管理登記證 |
| 北臺字第000791號 |
| 郵資已付，免貼郵票 |

104　台北市民生東路二段141號2樓

英屬蓋曼群島商家庭傳媒股份有限公司城邦分公司　收

- -

請沿虛線對摺，謝謝！

書號：BK7079　　書名：榮格論心理類型　　　編碼：

讀者回函卡

感謝您購買我們出版的書籍！請費心填寫此回函卡，我們將不定期寄上城邦集團最新的出版訊息。

不定期好禮相贈！
立即加入：商周出版
Facebook 粉絲團

姓名：_____ 性別：□男 □女

生日：西元_____年_____月_____日

地址：_____

聯絡電話：_____ 傳真：_____

E-mail ：

學歷：□ 1. 小學 □ 2. 國中 □ 3. 高中 □ 4. 大學 □ 5. 研究所以上

職業：□ 1. 學生 □ 2. 軍公教 □ 3. 服務 □ 4. 金融 □ 5. 製造 □ 6. 資訊

□ 7. 傳播 □ 8. 自由業 □ 9. 農漁牧 □ 10. 家管 □ 11. 退休

□ 12. 其他_____

您從何種方式得知本書消息？

□ 1. 書店 □ 2. 網路 □ 3. 報紙 □ 4. 雜誌 □ 5. 廣播 □ 6. 電視

□ 7. 親友推薦 □ 8. 其他_____

您通常以何種方式購書？

□ 1. 書店 □ 2. 網路 □ 3. 傳真訂購 □ 4. 郵局劃撥 □ 5. 其他_____

您喜歡閱讀那些類別的書籍？

□ 1. 財經商業 □ 2. 自然科學 □ 3. 歷史 □ 4. 法律 □ 5. 文學

□ 6. 休閒旅遊 □ 7. 小說 □ 8. 人物傳記 □ 9. 生活、勵志 □ 10. 其他

對我們的建議：_____

_____

_____